Senst-Eickmann-Mohn
Handbuch für das Konkursgericht

Handbuch für das Konkursgericht

5., völlig neubearbeitete Auflage von
Senst-Müller, Handbuch für den Konkursrichter

von
Dieter Eickmann
Dozent an der Bayerischen Beamtenfachhochschule,
Fachbereich Rechtspflege, Starnberg

und
Johann Mohn
Rechtspfleger am Amtsgericht München

1976

J. Schweitzer Verlag · Berlin

CIP-Kurztitelaufnahme der Deutschen Bibliothek

Eickmann, Dieter
Handbuch für das Konkursgericht / von Dieter Eickmann u. Johann Mohn. – 5., völlig neubearb. Aufl. von Senst-Müller, Handbuch für d. Konkursrichter. – Berlin : Schweitzer, 1976.
Frühere Aufl. u. d. T.: Senst, Julius : Handbuch für den Konkursrichter.
ISBN 3-8059-0391-X.
NE: Mohn, Johann :; Senst, Julius [Begr.]

Umschlagentwurf: Rudolf Hübler, Berlin.
Satz und Druck: Georg Wagner, Nördlingen. Bindearbeiten: Lüderitz & Bauer, Buchgewerbe GmbH, Berlin.

Vorwort

Das „Handbuch für den Konkursrichter“ von Senst und Müller ist zuletzt im Jahre 1928 in vierter Auflage erschienen. Obwohl in den seither vergangenen nahezu fünf Jahrzehnten das Konkursrecht bedeutsame Änderungen und Weiterentwicklungen erfahren hat, greift die Praxis immer noch gerne zu diesem Buch. Auch wir haben es in unserer beruflichen Praxis häufig benutzt und sind deshalb dem Vorschlag des Verlages, es für eine Neuauflage zu bearbeiten, gerne gefolgt.

Die Neuauflage eines solchen Werkes kann nach nahezu fünfzig Jahren nur in einer völligen und umfassenden Neubearbeitung bestehen. Wir haben deshalb das Buch in allen seinen Teilen neu geschrieben, haben uns jedoch dabei gerne von der bewährten Gliederung und Stoffeinteilung der Vorgänger leiten lassen.

Das Buch ist wie seine Vorauflagen in erster Linie dazu bestimmt, der täglichen Praxis zu dienen. Es soll jedoch auch den Lernenden, insbesondere den Studenten der Rechtspflegerfachhochschulen, Hilfestellung dabei geben, sich in das Konkursverfahren und seine praktische Handhabung einzuarbeiten.

Ein für die Gerichtspraxis geschriebenes Buch hat andere Absichten als ein wissenschaftliches Lehrbuch: Sein Gegenstand ist nicht die wissenschaftliche Auseinandersetzung mit und die Vertiefung von bestimmten Lehrmeinungen. Trotzdem haben wir versucht, nicht nur eine Aneinanderreihung verschiedener Ansichten aus Literatur und Judikatur zu bringen. Wir haben bei jedem Gegenstand Position bezogen und unsere Auffassung dargestellt. Bei einigen uns besonders bedeutsam erscheinenden Fragen haben wir auch eine ausführliche Auseinandersetzung mit der sog. »herrschenden Meinung« nicht gescheut. Nicht zuletzt haben wir uns bemüht, verschiedene Vorschriften der Konkursordnung verfassungskonform auszulegen; wir teilen die in der Literatur allmählich Platz greifende Auffassung, daß auch die Auslegung der insolvenzrechtlichen Vorschriften sich den Wertentscheidungen des Grundgesetzes nicht verschließen darf.

Rechtsprechung und Literatur haben wir nach dem Stand vom 1. Juli 1975 verarbeitet; die Novelle zum Gerichtskostengesetz und zur BRAGebO ist noch eingearbeitet worden.

Wir hoffen, den Konkurspraktikern, aber auch all denen, die sich in das Konkursverfahren einarbeiten wollen, ein Buch an die Hand geben zu können, dessen sie sich gerne und mit Nutzen bedienen. Für Anregungen und Kritik sind wir stets dankbar.

München, im August 1975 Die Verfasser

Inhalt

Literatur- und Abkürzungsverzeichnis

AcP	Archiv f. d. civilistische Praxis (Band und Seite)
a. M.	anderer Meinung
AnwBl	Anwaltsblatt (Jahrgang und Seite)
AP	Hueck-Nipperdey-Dietz, Nachschlagewerk des Bundesarbeitsgerichts (arbeitsrechtl. Praxis)
Arnold/Meyer-Stolte	Komm. z. Rechtspflegergesetz, 2. Aufl., 1971
AWD (BB)	Außenwirtschaftsdienst des Betriebsberaters
BAnz	Bundesanzeiger
Baumbach-Lauterbach	Komm. z. ZPO, 33. Aufl., 1975
BB	Der Betriebsberater (Jahrgang und Seite)
Betr	Der Betrieb (Jahrgang und Seite)
BFHE	Entscheidungen des Bundesfinanzhofs
BGHZ	Entscheidungen des Bundesgerichtshofs in Zivilsachen
Bleier	Komm. z. KO, 3. Aufl., 1928
BStBl	Bundessteuerblatt
B-St	Böhle-Stamschräder, Komm. z. KO, 11. Aufl. 1974
Büro	Das juristische Büro (Jahrgang und Seite)
BVerfGE	Entscheidungen des Bundesverfassungsgerichts (Band und Seite)
DJ	Deutsche Justiz (Jahrgang und Seite)
DJZ	Deutsche Juristen-Zeitung (Jahrgang und Seite)
DR	Deutsches Recht (Jahrgang und Seite)
DRiZ	Deutsche Richterzeitung (Jahrgang und Seite)
Eickmann	Konkurs- und Vergleichsrecht, 1973
Eickmann-Riedel	Komm. z. Rechtspflegergesetz, 1970
Fn	Fußnote
Frotscher	Steuern im Konkurs, 1974
Geist	Insolvenzen und Steuern, 1973
GSch	Gemeinschuldner
Hachenburg	Komm. z. GmbHGes., 6. Aufl., 1956
Haegele	Konkurs, Vergleich, Gläubigeranfechtung, 3. Aufl. 1973
Herbst	Komm. z. Rechtspflegergesetz, 1970
HRR	Höchstrichterliche Rechtsprechung (Jahrgang und Seite)
JR	Juristische Rundschau (Jahrgang und Seite)
JuS	Juristische Schulung (Jahrgang und Seite)
JVBl	Justizverwaltungsblatt (Jahrgang und Seite)
JW	Juristische Wochenschrift (Jahrgang und Seite)
J-W (L)	Jaeger- Weber (Lent), Komm. z. KO, 8. Aufl.

KGJ	Jahrbuch f. Entscheidungen des Kammergerichts
KTS	Konkurs-, Treuhand- und Schiedsgerichtswesen (Jahrgang und Seite)
KuT	Konkurs und Treuhand (Jahrgang und Seite)
L	Lauterbach, Kostengesetze, 16. Aufl.
LM	Lindenmaier-Möhring, Nachschlagewerk f. d. Entscheidungen des Bundesgerichtshofs
LZ	Leipziger Zeitschrift für Deutsches Recht (Jahrgang und Seite)
Ma	Markel, Komm. z. GKG, 1967
MDR	Monatsschrift f. Deutsches Recht (Jahrgang und Seite)
M-K	Mentzel-Kuhn, Komm. z. KO, 7. Aufl. 1962
M-M	Meyer-Meulenbergh, Komm. z. GenG, 9. Aufl., 1961
Mohrbutter	Handbuch des gesamten Vollstreckungs- und Insolvenzrechts, 2. Aufl., 1974
Mohrbutter-Haarmann	Leitfaden f. Vergleichs- und Konkursverwalter, 1958
Mot.	Begründung des Entwurfs einer Konkursordnung
NJW	Neue Juristische Wochenschrift (Jahrgang und Seite)
OLGE	Sammlung der Entscheidungen der Oberlandesgerichte (Band und Seite)
Pagenstecher-Grimm	Der Konkurs, 1968
Palandt (-Bearb.)	Komm. z. BGB u. a., 33. Aufl. 1974
Petersen-Kleinfeller	Komm. z. KO, 4. Aufl., 1900
Rn	Randnummer
Rosenberg-Schwab	Zivilprozeßrecht, 11. Aufl., 1974
Rpfleger	Der Deutsche Rechtspfleger (Jahrgang und Seite)
Schrader-Bauer	Konkurs und Vergleich (Handbuch f. d. Rechtspraxis, Bd. 3) 3. Aufl., 1973
Schönke-Baur	Zwangsvollstreckung-, Konkurs- und Vergleichsrecht, 9. Aufl., 1974
Serick	Eigentumsvorbehalt und Sicherungsübertragung, 3 Bde., (1963-1970)
Stein-Jonas-Pohle	Komm. z. ZPO, 18. Aufl., 1975
Stöber	Forderungspfändung, 4. Aufl., 1975
Thomas-Putzo	Komm. z. ZPO, 8. Aufl., 1974
WM	Wertpapier-Mitteilungen (Rechtsprechungsteil)
Wolff	Komm. z. KO, 1921
Zöller (-Bearb.)	Komm. z. ZPO, 11. Aufl., 1973
ZZP	Zeitschrift für Zivilprozeß (Jahrgang und Seite)

Teil I: Die allgemeinen Verfahrensgrundsätze

1. Das Verfahren und die es beherrschenden Vorschriften

Der Konkurs ist ein Zwangsvollstreckungsverfahren besonderer Art, das zugleich Elemente eines Erkenntnisverfahrens beinhaltet; es »gewährt Rechtsschutz durch Feststellung und Zwangsvollstreckung« *(Seuffert)*. 1
§ 72 ordnet es der streitigen Gerichtsbarkeit zu (vgl. *Gaul Rpfleger 71, 1/41, 81 (51); M-K,* § 72 Anm. 1). Verfahrensbeherrschend sind also die Vorschriften der KO und der ZPO (§ 72). Daneben finden Anwendung die Vorschriften des GVG und die Vorschriften des ZPO und GVG hinsichtlich der funktionellen Zuständigkeit ergänzenden RpflG.

1.1 Einschlägige Vorschriften der Zivilprozeßordnung

Von den **Vorschriften der ZPO** sind im Konkursverfahren einschlägig die Regelungen über

Ablehnung und Ausschließung: §§ 41–49 ZPO in Verbindung mit § 10 RpflG sind auch im Konkurs anwendbar. Sie gelten nur für Gerichtspersonen (Richter und Rechtspfleger sowie über § 49 ZPO auch für den Urkundsbeamten); für den Konkursverwalter gelten Sondervorschriften (vgl. § 84; s. dazu unten Rn 43). Die nur entsprechende Anwendbarkeit fordert im Einzelfall eine den Besonderheiten des Konkurses Rechnung tragende Auslegung der Vorschriften; vgl. dazu *Heilberg* JW 1930, 65 und insbesondere *Berges* KTS 1958, 80. 2

Akteneinsicht: Vgl. dazu ausführlich *Boennecke* KTS 1955, 176. 3

Allgemeiner Gerichtsstand: Der Begriff des allgemeinen Gerichtsstandes ist für die Bestimmung der Zuständigkeit im Konkursverfahren von Bedeutung (s. unten Rn 76 ff); die Vorschriften der § 13–19 ZPO sind anwendbar. Anwendbar sind gleichfalls die Vorschriften über die Bestimmung eines zuständigen Gerichts (s. unten Rn 8,76). 4

Armenrecht: Die Bewilligung des Armenrechts kommt im Konkursverfahren regelmäßig nicht in Betracht, vgl. dazu unten Rn 114. 5

Berichtigung: Die Berichtigung offenbarer Unrichtigkeit gem. § 319 ZPO ist auch im Konkursverfahren zulässig (so schon Mot. S. 297; ebenso LG Berlin JW 38, 1835). In erster Linie wird sie in Frage kommen, wenn im Eröffnungsbeschluß der Name des Gemeinschuldners unrichtig angegeben worden ist (*M-K,* § 72 Anm. 3). Sie ist jedoch auch bei offenbar unrichtigen Einträgen in die Konkurstabelle möglich (LG Wuppertal KTS 1970 237; *M-K,* § 145 Anm. 7; vgl. dazu unten Rn 344). 6

7 **Beschwerde:** S. dazu unten Rn 146 ff.

8 **Bestimmung des zuständigen Gerichts:** S. dazu unten Rn 76.

9 **Beweisaufnahme:** Zwar sind die grundsätzlichen Regelungen über den formellen Ablauf einer Beweisaufnahme auch im Konkursverfahren anwendbar (*M-K,* § 72 Anm. 3), doch erfahren sie durch den das Konkursverfahren beherrschenden Grundsatz der Amtsermittlung gewisse Modifikationen. Das Konkursgericht ist berechtigt und verpflichtet, alle zur Aufklärung der das Verfahren betreffenden Fragen erforderlichen Ermittlungen anzustellen, ohne daß es deswegen an Anträge der Beteiligten gebunden wäre (§ 75). Diese Ermittlungen sind nicht nur zulässig in bezug auf Fragen, die das gerichtliche Verfahren im engeren Sinne betreffen, sondern auf schlechthin alle Fragen, die für eine ordnungsgemäße und bestmögliche Durchführung des Konkurses von Bedeutung sind. Insbesondere gehört hierher die Unterstützung des Verwalters bei der Prüfung der angemeldeten Forderungen (vgl. OLG Frankfurt LZ 1908, 555 und *Weber,* Festschrift für Lent, 1957, S. 323). Zu den möglichen Ermittlungsmaßnahmen die das Gericht nach pflichtgemäßem Ermessen bestimmt, gehören die Erholung von Auskünften und Gutachten, die Einsicht in Akten anderer Gerichte und Behörden, sowie schließlich die Vernehmung von Zeugen und Sachverständigen. Ein förmlicher Beweisbeschluß ist dafür nicht erforderlich (LG Hannover KTS 1955, 190), jedoch ist dem Zeugen der Gegenstand seiner Vernehmung vorher mitzuteilen (§ 377 Abs. 2 ZPO). Ob Zeugen (Sachverständige) zu beeidigen sind, entscheidet ausschließlich das Konkursgericht. Dabei gibt es weder einen Grundsatz der Beeidigung noch die generelle Notwendigkeit, von der Beeidigung abzusehen. Da die Art und Durchführung der Ermittlungen dem Ermessen des Gerichts unterliegen, kann es im Einzelfall von einer Vereidigung absehen oder sie anordnen. Ein Verzicht der Beteiligten wie ihn §§ 391, 402 ZPO vorsehen, ist mit Rücksicht auf den Amtsbetrieb unbeachtlich (ebenso: *M-K,* § 75 Anm. 2). Über die Notwendigkeit der Beeidigung entscheidet, wenn der Rechtspfleger als Konkursgericht amtiert, der Richter (§ 4 Abs. 2 Nr. 1, Abs. 3 RpflG); der Rechtspfleger kann sich jedoch, ohne den Richter einschalten zu müssen, von vornherein mit der Abgabe einer uneidlichen Aussage oder einer eidesstattlichen Versicherung begnügen. Hat der Richter jedoch eine Eidesleistung angeordnet und der Rechtspfleger möchte nachträglich nur noch eine eidesstattliche Versicherung entgegennehmen, so ist erneute Vorlage an den Richter gem. § 5 Abs. 1 Nr. 1 RpflG geboten.

Zeugen können sofern sie gleichzeitig Konkursgläubiger sind, die Aussage verweigern, soweit ihre Belange im Konkurs betroffen werden (OLG Düsseldorf KTS 1964, 245 = NJW 1964, 23 57; LG Braunschweig MDR 1969, 674; *B-St,* § 75 Anm. 1).

Streitig ist, ob der Gemeinschuldner als Partei vernommen werden kann (Bejahend: BGHSt 3, 309 = NJW 1953 151; *M-K*, § 75 Anm. 3; verneinend: *J-W*, § 75 Anm. 3a; LG Nürnberg-Fürth NJW 1961, 834). Der ablehnenden Auffassung ist zuzustimmen. Die Vorschriften über die Parteivernehmung sind geschaffen worden, um im Zweiparteienstreit der beweisbelasteten Partei, der andere Beweismittel fehlen, eine weitere Hilfe, ein subsidiäres Beweismittel an die Hand zu geben. Dieser Ausgangspunkt ist im Konkurs nicht gegeben. Auch die Vorschrift des § 79 VerglO, für die die KO keine Parallele kennt, deutet darauf hin, daß der Gesetzgeber keineswegs davon ausging, die Vorschriften der §§ 545 ff. ZPO seien in den Insolvenzverfahren kraft Verweisung ohne weiteres anwendbar. Eine über § 125 hinausgehende eidliche Vernehmung des Gemeinschuldners dürfte deshalb ausscheiden. Darüber hinaus bestehen auch gegen die weitere Annahme der herrschenden Meinung, der Gemeinschuldner sei verpflichtet bei seiner Anhörung auch eigene strafbare Handlungen zu offenbaren (*M-K*, § 75 Anm. 3; RGSt 66, 152) erhebliche verfassungsrechtliche Bedenken.

Beweismittel, insbesondere die Urkunden, hat der Gemeinschuldner auf Verlangen vorzulegen, die Rechtsgrundlage dazu dürfte § 100 liefern, die Erzwingbarkeit ergibt sich aus § 101 Abs. 2. Das Verfahren nach §§ 22 ff. ZPO ist im Konkurs nicht anwendbar (*M-K*, § 75 Anm. 3); das Gleiche gilt für die §§ 45 ff., 100 ff. HGB.

Fristen: Die Vorschriften über die Berechnung, Abkürzung und Verlängerung von Fristen (§§ 222, 224 Abs. 2, 225 ZPO), sowie über Fristversäumung und Wiedereinsetzung in den vorigen Stand (§§ 232 ff. ZPO) sind anwendbar. Sie gelten jedoch stets nur für das Verfahren; für Fristen des materiellen Konkursrechts, also z. B. für die Anfechtungsfristen, sind sie nicht anzuwenden (RGZ 17, 328; *M-K*, § 72 Anm. 2). 10

Glaubhaftmachung: Die Regeln des § 294 ZPO gelten auch im Konkursverfahren. 11

Parteifähigkeit: Der Parteifähigkeit im Zivilprozeß entspricht die **Beteiligtenfähigkeit** des Konkursverfahrens. Sieht man vom Gemeinschuldner ab, für den die Verfahrensvoraussetzung der Konkursfähigkeit besteht (als ein Begriff zu verstehen, der sowohl Partei- als auch Prozeßfähigkeit des Zivilprozeßrechts umfaßt, vgl. dazu unten Rn 82 ff.), so muß für alle anderen Verfahrensbeteiligten (zum Begriff s. unten Rn 276) die Fähigkeit gegeben sein, im Verfahren als Konkursgläubiger, Absonderungs-, Aussonderungsberechtigte oder Massegläubiger usw. aufzutreten. Diese Beteiligtenfähigkeit dürfte mit der Parteifähigkeit des § 51 ZPO identisch sein. Beteiligtenfähig sind also insbesondere: Jeder Mensch, die Leibesfrucht bzw. ein noch nicht Erzeugter (§§ 1912, 1913 BGB), unbekannte Erben einer bestimmten Person (§ 1913 BGB, s. dazu BGH LM Nr. 10 zu § 25 ZPO); jede juristische 12

Person des öffentlichen oder privaten Rechts (also insbesondere: Gemeinden, rechtsfähige Vereine, GmbH, AG, Genossenschaft). Die juristischen Personen sind parteifähig bis zum Verlust ihrer Rechtsfähigkeit, also auch noch in der Liquidation. Selbst nach ihrer Löschung wegen Vermögenslosigkeit können sie für nachträglich aufgefundene Ansprüche noch parteifähig sein (BGH LM Nr. 1 zu § 74 GmbHB); die oHG, KG, die Reederei, sowie die politischen Parteien (§ 3 ParteienG). Nach der Rechtsprechung des BGH sind – gegen den an sich klaren Wortlaut des § 50 Abs. 2 ZPO – auch die arbeitsrechtlichen Gewerkschaften aktiv parteifähig (BGHZ 50, 325). Entsprechendes wird für die Beteiligtenfähigkeit im Konkursverfahren zu gelten haben, soweit man die wohl nicht ganz bedenkenfreie Auffassung des BGH teilt.

Nicht beteiligtenfähig sind insbesondere die nicht rechtsfähigen Vereine sowie die BGB-Gesellschaft.

13 **Prozeßfähigkeit:** Auch die Vorschriften über die Prozeßfähigkeit und die bei ihrem Fehlen erforderliche gesetzliche Vertretung (§ 52 ZPO) gelten für die Beteiligten des Konkursverfahrens. Prozeßfähigkeit ist im Konkursverfahren zu definieren als die Fähigkeit, Verfahrenshandlungen aller Art selbst oder durch gewillkürte Vertreter wirksam vorzunehmen und entgegenzunehmen (Vgl. zum Begriff der Prozeßfähigkeit im Zivilprozeß *Rosenberg-Schwab,* § 44 I). Zur Vornahme aller Verfahrenshandlungen (Konkursantragstellung, Forderungsanmeldung, Bestreiten von Forderungen, Stimmabgabe in den Gläubigerversammlungen usw.) bedarf der Beteiligte der Prozeßfähigkeit.

Prozeßunfähig sind insbesondere:

a) Geschäftsunfähige (§ 104 BGB)

b) beschränkt Geschäftsfähige (§§ 106, 114 BGB).

Die beschränkte Prozeßfähigkeit der §§ 112, 113 BGB gilt auch im Konkurs soweit die geltendgemachte Forderung aus dem Erwerbsgeschäft bzw. Dienst- oder Arbeitsverhältnis entstammt.

Auf die wohl mehr theoretische Streitfrage, ob auch juristische Personen als prozeßfähig anzusehen sind, braucht hier nicht eingegangen werden; juristische Personen handeln ohnehin stets durch ihre gesetzlichen Vertreter.

Während im Prozeß die Prozeßfähigkeit stets im Zeitpunkt der letzten mündlichen Verhandlung vorliegen muß, ist sie im Konkursverfahren bereits im Zeitpunkt der Vornahme der jeweiligen Verfahrenshandlung erforderlich, weil im Konkurs jede einzelne Verfahrenshandlung in sich abgeschlossen betrachtet werden muß. Ein Zwischenstreit über die Prozeßfähigkeit kann nicht im Konkursverfahren selbst ausgetragen werden; kann ein Beteiligter seine Prozeßfähigkeit nicht eindeutig nachweisen, so muß er als prozeßunfähig angesehen werden und seine Verfahrenshandlung hat als unwirksam zu gelten.

Rechtskraft: Auch die Entscheidungen des Konkursgerichts sind der formellen Rechtskraft fähig. Entscheidungen, die materiellrechtlich rechtskräftig werden können, fallen im Konkurs nicht an, da insbesondere der Zwangsvergleich nebst gerichtlicher Bestätigung nach h. M. nicht als Urteil angesehen wird. **14**

Der materiellen Rechtskraft nach Maßgabe des § 322 ZPO ist jedoch der Tabelleneintrag fähig, der eine Konkursforderung feststellt (§ 145). Er wirkt hinsichtlich der festgestellten Forderung gegenüber allen Konkursgläubigern, gegenüber dem Konkursverwalter und gegenüber dem Gemeinschuldner, der nicht widersprochen hat (vgl. RGZ 144, 246; BGH WM 1961, 429). Der Tabelleneintrag hat die gleichen Wirkungen wie ein rechtskräftiges Urteil (so schon Mot. S. 346; vgl. auch RGZ 37,2). Diese Rechtskraftwirkung schließt aus, daß ein Widerspruch – außer im Falle des § 165 – nachgeholt wird (RGZ 57, 274), oder ein Anspruch nach Feststellung gem. §§ 29 ff. (*M-K,* § 145 Anm. 5, vgl. RGZ 27, 92 und *Berges* KTS 1957, 26) oder gem. §§ 119 ff. BGB (RG LZ 1918, 859) angefochten wird. Auch Dritten gegenüber wirkt der Tabelleneintrag nach Maßgabe der allgemein geltenden materiell- und prozeßrechtlichen Bestimmungen (RGZ 46, 10); jedoch beschränkt sich die Rechtskraft auf die festgestellte Forderung selbst und ergreift nicht etwaige Sicherungsrechte (RG Warn 30 Nr. 124).

Diese Rechtskraftwirkung erfaßt nur tatsächliche Konkursforderungen; ist versehentliche eine unanmeldbare Forderung (§ 63) oder eine Masseschuld festgestellt worden, so ist dies ohne rechtliche Bedeutung. Die Forderung wird dadurch nicht zur Konkursforderung (*B-St,* § 145 Anm. 4; *M-K,* § 145 Anm. 12; *J–W,* § 145 Anm. 7). Ist die Forderung irrtümlich als festgestellt beurkundet worden, obwohl sie streitig geblieben war, so ist der Tabelleneintrag zu berichtigen (vgl. oben Rn 6 und unten Rn 344).

Gegen die Eintragung des Prüfungsergebnisses, die wie ein rechtskräftiges Urteil wirkt, stehen den Beteiligten die Rechtsbehelfe zur Seite, die gegen rechtskräftige Endurteile zulässig sind (vgl. unten Rn 347).

Verfahrenskosten: Wegen der im Verfahren selbst zu erhebenden Kosten s. unten Rn 561 ff. Wegen der Kostentragungspflicht vgl. unten Rn 563, 568, 574, 577, 579. **15**

Vertretung: Zu unterscheiden sind **16**

a) die gesetzliche Vertretung
b) die gewillkürte Vertretung (Bevollmächtigung).

a) Wer **gesetzlicher Vertreter** ist, muß für die natürlichen Personen, die juristischen Personen und andere nach dem Privatrecht Beteiligtenfähige (s. oben Rn 12) nach den entsprechenden Regelungen des Bürgerlichen Rechts entschieden werden; für juristische Personen des öffentlichen

Rechts bestimmt sich die gesetzliche Vertretung nach den für sie jeweils geltenden Rechtsvorschriften. Vgl. im einzelnen die Zusammenstellung im ZPO-Schrifttum z. B. bei *Thomas-Putzo,* Anm. III 1 zu § 51.

Im Anmeldungsverfahren wird die ordnungsgemäße gesetzliche Vertretung von Amts wegen durch den Urkundsbeamten der Geschäftsstelle geprüft, weil sie zu den formellen Voraussetzungen der Anmeldung gehört (vgl. unten Rn 271). Im Prüfungstermin und den anderen Gläubigerversammlungen ist durch das Gericht ebenfalls die ordnungsgemäße gesetzliche Vertretung von Amts wegen zu prüfen; § 56 ZPO ist im Konkurs anwendbar. Entsprechend der Regelung im Zivilprozeß ist auch im Konkurs ein falscher gesetzlicher Vertreter von Amts wegen durch Beschluß aus dem Verfahren zu weisen (vgl. für den Zivilprozeß: KG in NJW 1968, 462).

Zu beachten ist, daß die Einzelvertretungsmacht d. h. bei gesetzlicher Bestimmung einer einzelnen Person zum gesetzlichen Vertreter auch im Falle mehrerer Einzelvertreter (z. B. bei den Personengesellschaften) die Vertretung durch einen genügt. Bei Gesamtvertretung, also in den Fällen, in denen mehrere nur gemeinschaftlich zur Vertretung berufen sind (z. B. Eltern) müssen die Vertreter gemeinsam auftreten und handeln; zur Entgegennahme einer Verfahrenshandlung genügt allerdings, wenn sie einem der mehreren Vertreter gegenüber vorgenommen wird.

Auch der gesetzliche Vertreter muß nach h. M. prozeßfähig sein.

b) Jeder Beteiligte kann sich durch **gewillkürte Vertreter (Bevollmächtigte)** vertreten lassen. Dabei ist der Umfang der erteilten Vollmacht genau zu prüfen:

Die in einem vorhergegangenen Rechtsstreit erteilte allgemeine Prozeßvollmacht ermächtigt nicht zur Vertretung im Konkursverfahren, weil der Konkurs keine Zwangsvollstreckung im Sinne des § 81 ZPO darstellt (*J-W,* § 139 Anm. 4; *M-K,* § 139 Anm. 8; *B-St,* § 139 Anm. 2). Der anmeldende Gläubiger bedarf also einer ausdrücklichen für die Forderungsanmeldung oder allgemein für das Konkursverfahren erteilten Vollmacht (vgl. auch unten Rn 271).

Ist eine Vollmacht nur zur Forderungsanmeldung erteilt, so ermächtigt sie zur Vertretung der Forderung im Prüfungstermin, nicht jedoch zum Bestreiten anderer Forderungen oder zur Ausübung des Stimmrechts in Gläubigerversammlungen (*M-K,* § 139 Anm. 8). Zur Wahrnehmung aller Gläubigerrechte ermächtigt lediglich die allgemein für das gesamte Verfahren erteilte Konkursvollmacht, sie umfaßt auch die Befugnis zur Abstimmung im Zwangsvergleichsverfahren (RG LZ 1911, 557).

Die Wirksamkeit und der Umfang der Bevollmächtigung sind von Amts wegen zu prüfen (§ 88 Abs. 2 ZPO).

Ein **vollmachtloser Vertreter** kann gem. § 89 ZPO einstweilen zugelassen werden (*M-K,* § 139 Anm. 8; *B-St,* § 139 Anm. 2).

Die Zulassung, die im freien Ermessen des Gerichts steht (BGH NJW 1965, 1041), geschieht durch den Richter oder Rechtspfleger, weil sie über das Anmeldeverfahren hinaus wirkt und der Urkundsbeamte nur zur formellen Prüfung berechtigt ist, nicht aber zu Entscheidungen, die darüberhinauswirken. Die einstweilige Zulassung ermöglicht keine Prüfung der angemeldeten Forderung. Da die Feststellung der angemeldeten Forderung einem rechtskräftigen Endurteil gleichsteht, kann sie gem. § 89 Abs. 1 S. 2 ZPO nur vorgenommen werden, wenn die Vollmacht vorgelegt ist. Kann der einstweilen Zugelassene im Prüfungstermin seine Vollmacht nicht vorlegen, so ist die Anmeldung durch Beschluß von den Prüfungsverhandlungen auszuschließen; die Kosten sind dem vollmachtlosen Vertreter aufzuerlegen. § 89 Abs. 1 S. 3 ZPO.

Nach § 157 Abs. 2 ZPO kann das Gericht Personen, denen die Fähigkeit zum geeigneten Vortrag mangelt, den weiteren Vortrag untersagen, sofern es sich nicht um Rechtsanwälte handelt. Nach *M-K* (§ 72 Anm. 3a E) soll diese Vorschrift im Konkurs nur dann anwendbar sein, wenn ein Vertreter in einem zur Vorbereitung einer Entscheidung angesetzten Termin zur mündlichen Verhandlung erscheint. Diese Auffassung ist zu eng. Es ist zwar richtig, daß alle Gläubigerversammlungen im strengen Sinn keine Verhandlungen vor dem »erkennenden Gericht« i. S. des § 169 GVG sind (vgl. dazu Rdn. 22). Diese rein formale Betrachtung allein kann jedoch nicht dazu zwingen, ungeeignete Ausführungen, die den Fortgang des Verfahrens nur hindern, nach Belieben des Erschienenen zur Kenntnis nehmen zu müssen. § 72 erklärt die Vorschriften der ZPO auf das Konkursverfahren für „entsprechend" anwendbar; d. h. sie sind anwendbar, wenn sie ihrem Sinngehalt nach sich zu einer Anwendung im Konkursverfahren eignen und sich dort eine Notwendigkeit zu ihrer Anwendung ergibt. Die Gläubigerversammlungen stehen unter Leitung des Gerichts (§ 94). Diese Vorschrift soll – bei aller Anerkennung des Selbstverwaltungsgrundsatzes – eine sachgerechte Durchführung der Versammlung und insgesamt eine rationelle Verfahrensgestaltung – und Förderung gewährleisten. Die Erfahrung lehrt, daß gerade die ersten Gläubigerversammlungen häufig zu nicht zur Sache gehörigen Ausfällen gegen Gemeinschuldner und Konkursverwalter mißbraucht werden. Es kann nicht der Wille des Gesetzgebers sein, daß das Gericht gehindert ist, solche oder andere absolut ungeeignete Vorträge zu unterbinden. § 157 Abs. 2 ZPO ist deshalb in *allen* Sitzungen und Gläubigerversammlungen anwendbar.

Vollstreckungsschutz: Ob die allgemeine Schuldnerschutzvorschrift des **17**

§ 765a ZPO im Konkursverfahren Anwendung finden kann, ist lebhaft umstritten (bejahend: *Jonas-Pohle,* Zwangsvollstreckungsnotrecht, S. 33; *B-St,* § 105 Anm. 5; LG Darmstadt BB 1956, 870; verneinend: *J-W,* § 105 Anm. 7; *M-K,* § 105 Anm. 7; *Berges* KTS 1959, 160; *Unger* KTS 1962, 210; *Bohnenberg* NJW 1964, 1782). Daß sie um dessentwillen nicht anwendbar sei, weil sie eine auf die Einzelzwangsvollstreckung zugeschnittene Vorschrift darstelle (so *M–K,* a.a.O.), vermag nicht zu überzeugen. § 765a ZPO ist vielmehr ein Ausdruck des elementaren Gerechtigkeitsgebotes, des Rechtsstaatsprinzips, das sich in dieser Vorschrift lediglich beispielhaft konkretisiert: Keine staatliche Behörde, kein staatliches Gericht darf sich dazu hergeben, sittenwidriges Handeln eines Staatsbürgers gegenüber einem anderen Staatsbürger zu unterstützen. Dieser Gedanke beherrscht ganz selbstverständlich auch das Konkursverfahren. In welchem Rahmen er innerhalb des Verfahrensablaufes zur Geltung kommt, ist eine andere Frage. Hier ist gewiß richtig – worauf *B-St* (a.a.O.) zu Recht hinweisen – daß im Eröffnungsverfahren einmal die §§ 1, 2, 46 VerglO, zum anderen insbesondere der Grundsatz des notwendigen Rechtsschutzbedürfnisses zur Konkursantragstellung (vgl. dazu unten Rn 100) den Schuldner hinreichend schützen. Die Anwendung des § 765a ZPO muß sich jedoch keineswegs auf das Antragsverfahren beschränken; vielmehr muß eine später zu Tage tretende sittenwidrige Handlungsweise des antragstellenden Gläubigers auch in einem späteren Verfahrenstadium noch eine Berücksichtigung des § 765a ZPO ermöglichen. Sicherlich kann eine Geltendmachung des § 765a ZPO in einem späteren Verfahrensstadium nicht mehr zur Einstellung des gesamten Verfahrens führen, weil eben das Konkursverfahren nach seiner Eröffnung nicht mehr nur im Interesse eines einzelnen Gläubigers betrieben wird, sondern sich zu Gunsten aller anmeldenden Gläubiger ausweitet. Andererseits kann es nicht richtig sein, daß das Konkursgericht etwa trotz erkennbarer bzw. nachgewiesener Sittenwidrigkeit der Rechtsverfolgung eines einzelnen Konkursgläubigers Unterstützung gewähren müßte. Die erfolgreiche Geltendmachung des § 765a ZPO hinsichtlich eines bestimmten Gläubigers muß deshalb z. B. auch noch zu dessen Ausschluß von der Forderungsprüfung führen können; erst wenn die Forderung festgestellt und damit rechtskräftig tituliert ist, muß der Gemeinschuldner dagegen nach Maßgabe des § 826 BGB (vgl. dazu *M-K,* § 145 Anm. 8) vorgehen.

18 **Zustellungen:** S. dazu unten Rn 29 ff.

1.2 Einschlägige Vorschriften des Gerichtsverfassungsgesetzes

Von den **Vorschriften des GVG** sind im Konkursverfahren anwendbar die Regeln über

Gerichtssprache: Die Gerichtssprache ist auch im Konkursverfahren deutsch, § 184 GVG. Deshalb ist z. B. eine fremdsprachig abgefaßte Anmeldung unwirksam (*M-K,* § 139 Anm. 7). 19

Geschäftsverteilung: Die Regeln für die Verteilung der richterlichen Geschäfte (§ 21e GVG) sind auch im Konkurs anwendbar. Sie sind das sowohl im Bereich der richterlichen Zuständigkeit (s. dazu Rn 38), als auch im Bereich der Rechtspflegerzuständigkeit (*Eickmann-Riedel,* § 1 Rn 6; *Giese* Rpfleger 1953, 149; *Koellreuther* Rpfleger 1953, 1; *Schorn* Rpfleger 1957, 267; *Wedewer* JVBl. 1958, 2). Der gegenteiligen Ansicht (*Herbst,* Vorbem. § 1 Anm. 3; *Brüggemann* JR 1964, 81) kann nicht zugestimmt werden. Jeder Verfahrensbeteiligte soll »seinen« Richter im Voraus mit Sicherheit feststellen können (BVerfGE 6, 50), nicht zuletzt darum, damit er die Frage prüfen kann, ob Ablehnungsgründe vorliegen. Das Ablehnungsrecht der Verfahrensbeteiligten hat durch die neueste Rechtsprechung grundrechtlichen Charakter erhalten (vgl. *Teplitzky* JuS 1969, 318), dieses Recht kann nur dann ausgeübt werden und ist für die Rechtsuchenden nur dann im unerläßlichen Ausmaß der Ausübung gesichert, wenn auch der in vielen Fällen an Stelle dieses Richters in gleichem Umfang entscheidende Rechtspfleger und dessen eventueller Vertreter aus dem Geschäftsverteilungsplan einwandfrei erkennbar sind. Das rein formale Argument, der Rechtspfleger sei nicht »gesetzlicher Richter« i. S. des Art. 101 GG vermag daran nichts zu ändern, weil gerade in Konkurssachen besonders bedeutsame Entscheidungen nicht anfechtbar sind (vgl. § 11 Abs. 5 RpflG). Hier hilft die Verweisung auf einen in diesen Angelegenheiten nicht anrufbaren »gesetzlichen Richter« nicht weiter, sondern dem Bedürfnis der Rechtssuchenden entsprechend muß die Möglichkeit der Ablehnung durch genaue Bezeichnung des entscheidenden Rechtspflegers gegeben werden. 20

Leitung von Sitzungen: Die allgemeinen Vorschriften über die Leitung von Sitzungen und die Sitzungspolizei (§§ 176–183 GVG, auch §§ 136–144, 156 ZPO) finden auf die Sitzungen im Konkursverfahren Anwendung. Das muß auch für die Gläubigerversammlung gelten (s. oben Rn 16 a. E.). 21

Öffentlichkeit: Die Gläubigerversammlungen sind nicht öffentlich, da es sich hier nicht um Sitzungen des »erkennenden Gerichts« handelt und auch kein Bedürfnis für eine Zulassung der Öffentlichkeit besteht (*B-St,* § 72 Anm. 3). Das gleiche gilt für Anhörtermine und Beweisaufnahmen. Öffentlich sind mündliche Verhandlungen, die zur Vorbereitung einer Entscheidung durchgeführt werden. 22

Protokollierung: Die Vorschriften über die Protokollierung (§§ 182, 183, 185, 190 GVG, §§ 159–165 ZPO) sind für alle Sitzungen anwendbar, auch auf die Niederschrift über eine Gläubigerversammlung (RGZ 64, 85). Vgl. allgemein zu den Protokollen die *Muster* Anl. A, B, D, E, F, G u. J. 23

24 **Rechtshilfe:** Das Konkursgericht kann andere Gerichte um Rechtshilfe ersuchen (§§ 156 ff. GVG), allerdings kann ein anderes Gericht nicht um die Durchführung der Konkurstermine, also z. B. eines Prüfungstermines ersucht werden (OLG München OLGE 42, 76); es handelt sich dabei um ein Kernstück des Verfahrens, das vor dem zuständigen Konkursgericht durchgeführt werden muß.

1.3 Der Einfluß verfassungsrechtlicher Vorschriften auf das Verfahren

25 Es ist überraschend, festzustellen, daß die seit dem Inkrafttreten des GG das gesamte Rechtsleben immer mehr beeinflussenden Grundrechtsinterpretationen und die durch sie bewirkte teilweise Umformung der Verfahrensrechte das Konkursrecht – sieht man einmal von der Entscheidung über die Verfassungswidrigkeit des § 45 (BVerfGE 24, 104) ab – nicht berührt hat.
Das ist umso verwunderlicher, als doch gerade der Konkurs schwerwiegende Eingriffe in Grundrechte des GemSch nach sich zieht, deren Konformität mit den Absichten der Verfassung jedenfalls nicht von vorneherein unterstellt werden kann.
Quack kommt das Verdienst zu, erstmals auf die Bedeutung hingewiesen zu haben, die das Verfassungsrecht auch für den Konkurs hat und haben muß (Rpfleger 1975, 185).

26 Mit *Quack* (a.a.O.) können zunächst solche Regelungen festgestellt werden, die selbst bei weitherziger Betrachtung kaum noch als verfassungskonform angesehen werden können:

a) **Residenzpflicht** (§ 101; s. dazu unten Rn 160). Die Vorschrift kann mit Art. 11 GG nicht vereinbart werden. Zwar steht Art. 11 GG unter dem allgemeinen Gesetzesvorbehalt, jedoch lassen die mit § 101 verfolgten Zwecke eine so weitgehende Grundrechtsbeschränkung nicht zu. § 101 soll verhindern, daß der GemSch sich den in der KO vorgesehenen Auskunfts- und Mitwirkungspflichten entzieht (*M-K,* § 101 Anm. 1). Tut er dies im Einzelfall wirklich, so können gegen ihn die in § 101 Abs. 2 vorgesehenen Maßnahmen angeordnet werden. Der bloße Verdacht, der GemSch könnte sich seinen Pflichten entziehen, reicht jedoch für einen so bedeutsamen generellen Eingriff nicht aus.

b) **Postsperre** (§§ 106, 121; vgl. unten Rn 112, 134): Sie greift in das Grundrecht des Art. 10 Abs. 1 GG ein. Wie *Quack* (a.a.O.) mit Recht betont, wäre von der gesetzgeberischen Absicht her gegen eine Postsperre nichts einzuwenden, wenn sie sich zum einen auf die konkursrelevanten Sendungen beschränken ließe und nicht auch die der Privat- und Intimsphäre zugehörigen Schreiben erfassen würde und wenn zum anderen die Kontrolle der beschlagnahmten Post – wie in vergleichbaren Fällen –

durch das Gericht vorgenommen würde. Es muß als einmalige Situation bezeichnet werden, daß eine Privatperson – und eine solche ist der Verwalter trotz des von ihm ausgeübten »Amtes« – das Recht besitzt, selbst in den intimsten Briefverkehr einer anderen Privatperson gegen deren Willen Einblick zu nehmen. Diese Bloßstellung des GemSch im Intimbereich zum Zwecke der Durchsetzung privater Vermögensinteressen entspringt einer längst überwunden geglaubten Schuldturmmentalität; sie dürfte gegen Art. 1 und Art. 10 GG verstoßen.

c) **Ehegattenstimmrecht** (§ 183): Zum Inhalt der Norm vgl. unten Rn 440. In der Schlechterstellung eines Gläubigers nur auf Grund seiner Eigenschaft als Ehegatte des GemSch – also ohne jede Differenzierung, etwa nach Art und Weise des Forderungserwerbes und ohne Berücksichtigung selbst der Tatsache, daß die Forderung des Ehegatten allgemein unbestritten sein kann – muß ein Verstoß gegen Art. 6 GG erblickt werden; ebenso wohl auch ein Verstoß gegen Art. 3 GG, weil die Tatsache allein der bestehenden Ehe mit dem GemSch eine sachlich nicht zu rechtfertigende Differenzierung zwischen mehreren Gläubigern darstellt.

Quack a.a.O.) hat weiter darauf hingewiesen, daß das Verfahren allgemein **27**
im Hinblick auf verfassungsrechtliche Grundsätze überprüft werden muß. Es ist in der Tat eigentümlich, die Durchführung einer Zwangsvollstreckungsmaßnahme, zumal der für den Schuldner schwerwiegendsten, den wechselnden Mehrheitsentscheidungen der Gläubigerschaft und der Führung eines Privatmannes zu überlassen. Eine verfassungskonforme Auslegung des Konkursverfahrensrechts aus rechtsstaatlicher Sicht muß deshalb – freilich im Rahmen der gegebenen Gesetzeslage – die Einflußmöglichkeiten des Gerichts z. B. gegen Beschlüsse der Gläubigerversammlung erweitern, die Aufsichts- und Eingriffsrechte gegenüber dem Verwalter betonen kurz: überhaupt die Stellung und Aufgabe des Gerichts stärker betonen.

Grundrechtsschutz im Konkurs berührt jedoch nicht nur den GemSch sondern auch die Beteiligten. Hierher gehört z. B. die Frage des Rechtsschutzbedürfnisses für die Antragstellung (s. Rn 100) und die Frage der Gewährung **rechtlichen Gehörs** an die Beteiligten:

Zwar schreibt die KO an einigen Stellen ausdrücklich die Anhörung von Beteiligten vor (s. Rn 28). Daraus kann jedoch wohl nicht der Schluß gezogen werden, in anderen Fällen sei eine Anhörung nicht veranlaßt. Zwar geht Art. 103 GG davon aus, daß die nähere Ausgestaltung des rechtlichen Gehörs nach wie vor den einzelnen Verfahrensordnungen überlassen bleiben muß (BVerfGE 9, 95), doch ist jede Verfahrensordnung daran zu messen, ob sie den mit Art. 103 GG verfolgten Zwecken genügt. Im Einzelfall wird jeweils abzuwägen sein, ob die zu treffende Entscheidung einen so bedeutsamen Eingriff in die Rechte eines Beteiligten (zum Begriff s. Rn 276) enthält, daß ihm vorher Gelegenheit zur Äußerung gegeben werden muß. Eine solche Notwendigkeit entfällt allerdings wohl dann, wenn die zu entscheidende Frage Gegenstand einer Gläubigerversammlung war, in der Gelegenheit zur Äußerung bestanden hat und in der der Gläubiger nicht erschienen ist.

2. Die Entscheidungen des Konkursgerichts

28 Die Entscheidungen des Konkursgerichts ergehen grundsätzlich ohne mündliche Verhandlung (§ 73 Abs. 1). Eine mündliche Anhörung ist nur erforderlich vor der Festsetzung der Vergütung der Gläubigerausschußmitglieder (§ 91 Abs. 1 S. 2), vor der Bestätigung des Zwangsvergleichs (§ 184 Abs. 2) und vor der Einstellung mangels Masse (§ 204 Abs. 2).

In einigen Fällen schreibt die KO die **Anhörung** der Beteiligten und zwar mündlich oder schriftlich bzw. in einer dieser Formen vor (§ 84 Abs. 2, 95, 101 Abs. 2, 105 Abs. 2, 121 Abs. 2, 127 Abs. 2, 203 Abs. 2, 208 Abs. 2, 210 Abs. 2, 217 Abs. 2, 218 Abs. 2, 230 Abs. 2, 236). Inwieweit in anderen Fällen auf einseitigen Antrag und ohne Anhörung anderer Beteiligter entschieden werden kann, ist nach ält. Rspr. (vgl. *J-L,* § 73 Anm. 1) offen. Heute kann oft wegen der Gewährung rechtlichen Gehörs Anhörungspflicht bestehen. (S. oben Rn 27.) Die Entscheidung ergeht als Beschluß oder Verfügung, niemals als Urteil. Demzufolge ist eine fehlende Begründung keine Gesetzesverletzung (RGZ 30, 339; 60, 402; OLG 39, 65; OLG Celle NJW 1966, 936), jedoch eine Amtspflichtverletzung (OLG Hamburg HRR 1930, 258). Tatbestand und Gründe dürften jedoch überall da entbehrlich sein, wo kein gegenteiliger Antrag vorliegt. Bei Einlegung eines Rechtsmittels ist dann die Begründung nachzuholen (*Baumbach-Lauterbach,* § 329 Anm. 14). Zu einer Änderung seiner Entscheidung ist das Konkursgericht nicht befugt, soweit gegen sie die sofortige Beschwerde zulässig ist (§ 72 KO, § 577 Abs. 3 ZPO). In jedem Fall ist die Entscheidung schriftlich niederzulegen.

Keine Entscheidung ist die bloß vorbereitende Tätigkeit des Gerichts (z. B. Zulassung eines Gläubigerantrages auf Konkurseröffnung – KG KTS 1960, 61; 1963, 111; oder die Anordnung einer Ermittlung, wie die Bestellung eines Gutachters bzw. der Erlaß eines Vorführungs- oder Haftbefehls: *J-W* § 73 Anm. 1, *M-K* § 73 Anm. 1, *B-St* § 73 Anm. 1). Daher besteht hier auch keine Beschwerdemöglichkeit. Nur soweit ein Ermessensmißbrauch vorliegt, ist ein Rechtsmittel zulässig.

3. Zustellungen und öffentliche Bekanntmachungen

3.1. Grundsätze

Die Entscheidungen in Konkurssachen, auch wenn sie verkündet wurden (so z. B. bei einer Entscheidung nach mündlicher Verhandlung – § 329 Abs. 1 ZPO – Ausnahme § 185) bedürfen grundsätzlich der **Zustellung.** Sie ist stets erforderlich, wenn die Entscheidung der sofortigen Beschwerde bzw. befristeten Erinnerung unterliegt, denn die für die Einlegung des Rechtsbehelfs bestimmte Notfrist läuft erst von der Zustellung der Entscheidung an. Eine **formlose Mitteilung** muß jedoch genügen, wenn die Entscheidung einem Antrag vollständig stattgibt und ein anderer als der Antragsteller bei dem Gegenstand der Entscheidung nicht beteiligt ist oder wenn ausnahmsweise das Gesetz die sofortige Beschwerde bzw. die befristete Erinnerung ausschließt. Auch die Anwendung von § 329 Abs. 3 S. 2 ZPO wird für zulässig erachtet. Für die von *J-W* § 73 Anm. 4, *M-K* (§ 73 Anm. 6) und *B-St* (§ 73 Anm. 3) vertretene gegenteilige Auffassung, die von *Jäger* überwiegend auf den Zusammenhang von § 73 Abs. 1 mit Abs. 2 gestützt wird, ist kein gesetzliches Erfordernis ersichtlich. Sie entspricht nicht den praktischen Bedürfnissen, sondern verursacht nur unnötige Kosten. Soweit ersichtlich betrifft die bisher bekanntgewordene Judikatur auch nur Beschlüsse, die anfechtbar sind. In ihr wird ohne nähere Begründung auf die oben bezeichnete Literaturmeinung verwiesen. 29

Bei Verfügungen, die keine eigentlichen Entscheidungen enthalten, ist auf den Einzelfall abzustellen. Eine Aufforderung zur Abgabe des fälligen Berichts an den KV wird z. B. formlos angefordert, während die Anhörung des Schuldners gem. § 106 Abs. 2 durch Zustellung erfolgt.

Sofern eine Zustellung der Entscheidung erforderlich ist, erfolgt sie von Amts wegen (§ 73 Abs. 2). Ob und an wen zuzustellen ist, entscheidet der Richter oder Rechtspfleger. Die Zustellung selbst hat die Geschäftsstelle nach Maßgabe der §§ 208 ff. ZPO bzw. § 76 ff. zu veranlassen.

3.2. An wen ist zuzustellen?

Die Beantwortung dieser Frage, mit der die Beantwortung der weiteren Frage, in welcher Art die Zustellung zu bewirken ist, im Zusammenhang steht, ist vielfach schwierig. In vielen Fällen ist es nämlich zweifelhaft und streitig, welchen Personen ein Recht auf sofortige Beschwerde bzw. befristete Rechtspfleger-Erinnerung zusteht. 30

Im allgemeinen ist als Grundsatz aufzustellen: Beschwerdeberechtigt sind diejenigen, in deren Rechtslage die Entscheidung dergestalt eingreift, daß sie

sich beschwert fühlen können. Diesen Personen muß die Entscheidung zugestellt werden. Im einzelnen wird die Zustellung zu erfolgen haben:
An den **Antragsteller,** wenn sein Antrag ganz oder zum Teil abgelehnt wird;
an den **Verwalter,** wenn die Entscheidung ihn persönlich oder die Konkursmasse beschweren kann;
an den **Schuldner** bzw. **GSch** wenn die Entscheidung in seine Rechte eingreift, ihm persönliche Auflagen macht oder die ihm verbliebenen Vermögensrechte berührt (Nicht aber, wenn die Entscheidung lediglich die Rechte seiner Gläubiger an der Konkursmasse zum Gegenstand hat);
an die **Konkursgläubiger,** wenn ihre durch die KO geregelten persönlichen Rechte von der Entscheidung betroffen sind (s. dazu unten Rn 31).

3.3. Die betroffenen Konkursgläubiger

31 Sie werden von jeder Entscheidung berührt, die sich auf die Konkursmasse bezieht. Es müßte daher eine Vielzahl von Zustellungen bzw. öffentlicher Bekanntmachungen vorgenommen werden. Da die Vertretung der Gesamtinteressen der Gläubiger an der Konkursmasse dem Verwalter übertragen ist, genügt die Zustellung an ihn, wenn die Entscheidungen allein die Konkursmasse berühren. Zustellungen an die Konkursgläubiger sind nur dann erforderlich, wenn die Entscheidungen entweder Sonderrechte der Gläubiger betreffen, deren Wahrnehmung dem Verwalter nicht zugewiesen oder aus besonderen Gründen nicht möglich ist (vergl. auch *J-W* § 73 Anm. 5).

3.4. In welcher Weise sind die Zustellungen zu bewirken?

32 Die Zustellungen erfolgen, sofern nur an einzelne bestimmte Personen zuzustellen ist, nach den Vorschriften der ZPO. Wenn jedoch neben einer öffentlichen Bekanntmachung eine besondere Zustellung vorgeschrieben ist (§§ 111 Abs. 3, 179 Abs. 1, 198 Abs. 2), so genügt die Zustellung durch Aufgabe zur Post gemäß §§ 175, 213 ZPO nach § 77 Abs. 1 S. 1. Sie gilt als bewirkt mit der Übergabe an die Post (z. B. Einwurf in den Briefkasten, bei Einschreibesendungen – § 175 Abs. 2 ZPO– mit Einlieferung am Postschalter), ohne Rücksicht, ob der Empfänger die Sendung erhält oder nicht (*J-W,* § 77 Anm. 1; *M-K,* § 77 Anm. 1; *B-St,* § 77 Anm. 1); das zuzustellende Schriftstück bedarf keiner Beglaubigung (§ 77 Abs. 1 S. 2).
Ist eine Zustellung an sämtliche Beteiligten oder an sämtliche Konkursgläubiger nötig (vorgeschrieben nach §§ 81, 93, 98, 111, 116, 151, 163, 179, 190, 198, 203, 205, – im übrigen steht es im Ermessen des Gerichts z. B. beim Erlaß eines allgemeinen Veräußerungsverbotes gem. § 106, der Bestimmung eines besonderen Prüfungstermins § 142, des Schlußtermins gemäß § 162

und der Mitteilung von Entscheidungen gemäß §§ 80, 87, 99 – s. *J-W,* § 76 Anm. 1 –), so erfolgt sie, da alle vorhandenen Konkursgläubiger niemals dem Konkursgericht mit voller Sicherheit bekannt sein können, durch öffentliche Bekanntmachung. Sie wird durch das Konkursgericht veranlaßt. Nur die Bekanntmachung gilt stets als Zustellung an alle Beteiligten (also auch als Zustellung an den Verwalter und zwar selbst dann, wenn neben ihr eine besondere Zustellung vorgeschrieben ist (§ 76 Abs. 3).
Die Verkündung der Entscheidung vermag eine besondere Zustellung nicht zu ersetzen (*J-W,* § 73 Anm. 4; *M-K,* § 73 Anm. 6; *B-St,* § 73 Anm. 3.)

Ausnahmen: 33

1. Die **Verkündung** in einem Termin genügt, wenn in einer Gläubigerversammlung eine Vertagung der Verhandlung angeordnet wird (§ 93 Abs. 2 S. 2) oder wenn die Entscheidung über die Bestätigung oder die Verwerfung eines Zwangsvergleichs ergeht (§ 185).
2. Anstelle einer öffentlichen Bekanntmachung ist die **Niederlegung** der Entscheidung auf der Geschäftstelle vorgeschrieben, wenn die Entscheidung die Abänderung des Verzeichnisses der bei einer Verteilung zu berücksichtigenden Forderungen anordnet (§§ 158 Abs. 2, 162 Abs. 2, s. *J-W,* § 158 Anm. 7; *M-K,* § 158 Anm. 8; *B-St,* § 158 Anm. 3).

3.5 Die Öffentlichen Bekanntmachungen

Die öffentlichen Bekanntmachungen erfolgen im Konkurs teilweise zum Zweck der Zustellung von Entscheidungen, teilweise zur Benachrichtigung der Konkursinteressenten. 34
Die Bekanntmachungen haben die Konkurssache, in der sie ergehen – einschließlich des Geschäftszweiges –, das Gericht, das sie erläßt, sowie den Gegenstand zu bezeichnen und sind mit der Angabe des Datums und mit der Bezeichnung des Gerichts zu versehen. In allen Fällen sind die Belegblätter über die Bekanntmachung zu den Akten zu bringen.

3.6 Ausführung der Bekanntmachungen

Zur Rechtswirksamkeit der Bekanntmachung ist erforderlich, daß sie in das zur Veröffentlichung amtlicher Bekanntmachungen des Gerichts bestimmte Blatt – Amtsblatt– eingerückt wird. Die Bestimmung des Blattes erfolgt durch die Landesjustizverwaltung. 35
Es genügt stets einmalige Einrückung, auch kann die Einrückung auszugsweise geschehen (§ 76 Abs. 1). Der Auszug muß mindestens die Bezeichnung der Konkurssache, des Gerichts und eine Verweisung auf eine anderweite vollständige Veröffentlichung enthalten.

Die Anheftung der Bekanntmachung an die Gerichtstafel ist weder vorgeschrieben noch erforderlich.
Vorgeschrieben ist die auszugsweise Veröffentlichung von wichtigen Beschlüssen im Bundesanzeiger (§§ 111 Abs. 2, 116 S. 2, 163 Abs. 3, 190 Abs. 3, 198 Abs. 3, 205 Abs. 2). Aber auch sie ist nicht so wesentlich, daß davon die Wirksamkeit der Bekanntmachung abhinge.
Weitere Bekanntmachungen z. B. in den Lokalzeitungen, durch Aushänge in der Börse, der Gemeindeverwaltung usw. oder durch mehrmalige Veröffentlichungen stehen im Ermessen des Gerichts. Hier hat das Gericht die Interessen der Beteiligten, die von der Mitteilung des Gerichts wirklich Kenntnis erhalten sollen, gegenüber den Kosten abzuwägen. Die Beibehaltung der für die Bekanntmachung der Konkurseröffnung gewählten Blätter auch für spätere Bekanntmachungen erscheint nicht erforderlich. In der Praxis hat sich gezeigt, daß der Aufwand in keinem Verhältnis zu dem nach der Eröffnung des Verfahrens rapid schwindenden Interesse steht.

3.7 Der Zeitpunkt für die Wirksamkeit der Bekanntmachungen

36 Die Bekanntmachung gilt als bewirkt mit dem Ablauf des zweiten Tages nach der Ausgabe des die Einrückung enthaltenden Amtsblattes. Bei wiederholter Einrückung bildet die erste Ausgabe die Grundlage (§ 76 Abs. 1 S. 2). Die Berechnung der Frist geschieht in der Weise, daß für ihren Beginn nicht das Datum der betreffenden Nummer des Amtsblattes, sondern der Tag der wirklichen Ausgabe dieses Blattes am Orte seines Erscheinens maßgebend ist; der Ausgabetag wird nicht mitgerechnet. Die Berechnung erfolgt nach § 222 ZPO (§ 72), obwohl keine eigentliche prozessuale Frist vorliegt. Ist somit der zweite Tag nach der Ausgabe des Blattes ein Sonnabend, Sonntag oder allgemeiner Feiertag, so wird die öffentliche Bekanntmachung erst wirksam mit Ablauf des folgenden Werktages (*J–W,* § 76 Anm. 4; *M–K,* § 76 Anm. 3; *B–St,* § 76 Anm. 2). Wenn die öffentliche Bekanntmachung eine Terminsbestimmung enthält, so ist die Einhaltung der Ladungsfrist zu beachten (§ 217 ZPO, § 72).
Die öffentliche Bekanntmachung gilt als Zustellung an alle Beteiligten (§ 76 Abs. 3). Erfolgt daneben eine Einzelzustellung, so entscheidet für den Beginn der Beschwerdefrist (§ 73 Abs. 3), die Beendigung des Konkursbeschlages (§§ 163, 190, 205) und der Verfügungsbefugnis des Verwalters (§ 6), sowie der Beendigung der Prozeßunterbrechung allein die Wirksamkeit der Veröffentlichung im Amtsblatt. Veröffentlichungen im Bundesanzeiger oder Lokalblatt sind insoweit ohne Bedeutung. Es ist dabei auch unbeachtlich, ob die Zustellung vor oder nach diesem Zeitpunkt liegt (*J-W,* § 76 Anm. 3, 5; *M-K,* § 76 Anm. 4; *B-St,* § 76 Anm. 2).

Die Einzelzustellung ist insofern von Bedeutung, als dadurch der Beweis der Kenntnis von ihrem Inhalt gegenüber dem Zustellungsempfänger geführt werden kann. Dies spielt eine erhebliche Rolle hinsichtlich der Kenntnis der Konkurseröffnung (§§ 7, 8, 15, 23). Die Nichtvornahme vorgeschriebener Einzelzustellungen kann zu einer Schadensersatzpflicht führen (*J-W,* § 76 An. 2; *M-K,* § 76 Anm. 4; *B-St,* § 76 Anm. 2).

Teil II: Die Organe des Konkursverfahrens

1. Das Konkursgericht

1.1 Allgemeines

37 Konkursgericht ist das Amtsgericht. Zur sachlichen und örtlichen Zuständigkeit s. ausf. unten Rn 76 ff.
Funktionell zuständig für die dem Gericht obliegenden Aufgaben sind

- **der Richter**
- oder **der Rechtspfleger.**

Die Tätigkeit dieser beiden, das Gericht repräsentierenden Rechtspflegeorgane wird unterstützt durch den *Urkundsbeamten der Geschäftstelle.*

1.2 Der Richter

38 Der Richter ist gem. § 18 Abs. 1 RpflG zuständig für das Verfahren bis zur Entscheidung über den Konkursantrag (unter Einschluß dieser Entscheidung und der Ernennung des Konkursverwalters). Zum Eröffnungsverfahren gehören

- die Entscheidung über die Zulassung eines Konkursantrages (§ 105 Abs. 1; s. unten Rn 102);
- die Durchführung aller notwendigen Ermittlungen und die Anhörung des Schuldners (§ 105 Abs. 2; s. unten Rn 103–105);
- die Anordnung von vorläufigen Sicherungsmaßnahmen (§ 106; s. unten Rn 106 ff.); hierher gehört auch das Ersuchen um Eintragung von Sicherungsmaßnahmen ins Grundbuch (*Arnold/Meyer-Stolte,* Anm. 18.2.1);
- die Abweisung mangels Masse (§ 107, s. unten Rn 118);
- der Erlaß des Eröffnungsbeschlusses (§ 110; s. unten Rn 120).

Aus dem Kreis dieser ihm durch den Gesetzgeber zugewiesenen Tätigkeiten kann der Richter ein Geschäft nur dann dem Rechtspfleger übertragen, wenn eine dazu ausdrücklich ermächtigende Anordnung der Landesjustizverwaltung vorliegt (§ 25 RpflG). Solche Vorschriften sind ergangen in Nordrhein-Westfalen (AV vom 21. 12. 1970, JMBl. NRW 1971, 17) und in Hamburg (AV vom 1. 9. 1970, HmbJVBl. S. 105). In den anderen Bundesländern besteht keine Möglichkeit, dem Rechtspfleger Tätigkeiten im Eröffnungsverfahren zuzuweisen (vgl. *Eickmann-Riedel,* § 18 Rn 3; *Zimmermann* Rpfleger 1966, 361 – zum RpflG 1957, jedoch auch auf das geltende Recht anwendbar).

Ob der Richter im Eröffnungsbeschluß die an sich nicht mehr in seine Zuständigkeit fallenden (vgl. *Arnold/Meyer-Stolte* Anm. 2.2) weiteren in § 110 genannten Entscheidungen trifft, oder ob er dies – wie *Arnold/Meyer-Stolte* a.a.O. vorschlagen – einem gesonderten Beschluß des Rechtspflegers überläßt, ist eine Frage, die zu sehr von dem bei einem Gericht üblichen Arbeitsstil her beantwortet werden muß, als daß hier für sie allgemein geltende Regeln aufgestellt werden könnten. Daß der Richter insbesondere die Bestimmung der Termine mit dem Rechtspfleger jedenfalls abstimmen wird, dürfte selbstverständlich sein.

1.3 Der Rechtspfleger

Dem **Rechtspfleger** obliegt das gesamte weitere Verfahren, das nach der **39** Eröffnung durchzuführen ist. Die Befugnisse des Rechtspflegers werden dabei lediglich durch die Vorschriften des § 4 RpflG eingeschränkt. Diese Zuständigkeitsfolge tritt kraft Gesetzes ein, es sei denn, der Richter behält sich das Verfahren ausdrücklich zur eigenen Bearbeitung vor (§ 18 Abs. 2 RpflG). Das Gesetz sagt nicht, wann ein solcher Vorbehalt getroffen werden soll. Der Regierungsentwurf (BTDrS V 3134) sprach von »besonders umfangreichen Verfahren«, von Verfahren mit »großer Bedeutung für die Wirtschaft oder jedenfalls für den Kreis der Betroffenen« und von »erheblichen rechtlichen Schwierigkeiten«. Mit diesen Feststellungen ist jedoch wenig gewonnen. Rechtliche Schwierigkeiten lassen sich meist im Anfangsstadium eines Verfahrens nicht absehen, der Umfang eines Verfahrens allein (große Zahl von Gläubigern?) ist ein ungeeigneter Anknüpfungspunkt. Bei einer verfassungskonformen Auslegung der Vorschrift (vgl. zu diesen verfassungsrechtlichen Bedenken gegen § 18 Abs. 2 RpflG *Eickmann-Riedel,* § 1 Rn 5 und § 18 Rn 4, sowie *Eickmann,* Konkurs- und Vergleichsrecht, Abschn. IV 3, Fußn. 48) muß sie so verstanden werden, daß der Vorbehalt nur ausgeführt werden soll, wenn dies wegen der besonderen wirtschaftlichen oder sozialpolitischen Bedeutung des Falles objektiv (!) geboten erscheint.
Der Vorbehalt bedarf keines formellen Beschlusses (*Arnold/Meyer-Stolte,* Anm. 18.3), er sollte jedoch aktenkundig gemacht werden (BGHZ 50, 25 = Rpfleger 1968, 276); ein Vorbehaltsbeschluß ist unanfechtbar (*Mohrbutter/Drischler* NJW 1971, 361).
Der Richter kann vom ausgesprochenen Vorbehalt wieder absehen (§ 18 Abs. 2 S. 2 RpflG), jedoch danach das Verfahren erneut wieder an sich ziehen (sog. Evokationsrecht, § 18 Abs. 2 S. 3 RpflG). Das Evokationsrecht besteht nicht für alle Verfahren, sondern nur für solche, die sich der Richter zunächst nach der Eröffnung vorbehalten hatte, in denen er dann jedoch vom Vorbehalt wieder absah (ebenso: *Arnold/Meyer-Stolte,* Anm. 18.3 aE; *Hoff-*

mann Rpfleger 1970, 373; *Mohrbutter/Drischler* NJW 1974, 362; *Drischler* KTS 1971, 127. Anderer Ansicht: *Herbst,* § 18 Anm. 3; *Schrader-Bauer,* Rn 26).
Zur Stellung des Rechtspflegers und zu seinem Verhältnis zum Richter darf im übrigen auf die Erläuterungswerke zum RpflG verwiesen werden.

1.4 Der Urkundsbeamte der Geschäftsstelle

40 Der **Urkundsbeamte der Geschäftsstelle** (U. d. G.) ist zuständig für

- die Schließung der Geschäftsbücher des Gemeinschuldners (§ 122 Abs. 2, vgl. dazu unten Rn 143);
- die Behandlung der angemeldeten Forderungen vor Eintragung in die Tabelle und die Vornahme dieser Eintragung sowie die Ablehnung der Eintragung wegen formeller Mängel (§ 140 Abs. 2, s. dazu unten Rn 277 ff., 282)
- den Vermerk der Feststellung der Forderungen auf Wechsel- und Schuldurkunden (§ 145 Abs. 1, vgl. Rn 336) und
- die Erteilung vollstreckbarer Ausfertigungen aus der Konkurstabelle (§ 164 Abs. 2, s. dazu unten Rn 504 ff.).

Das Gesetz (auch nicht die ZPO oder das GVG) regelt nicht, wer als U. d. G. tätig werden kann. Regelungen darüber finden sich in den von den Landesjustizverwaltungen erlassenen *Geschäftsststellenanordnungen:*

Baden-Württemberg:	AV vom 20. 7. 1970, DJ S. 254
Bayern:	VO vom 31. 8. 1970, GVBl. S. 444,
Berlin:	AV vom 2. 12. 1970, Amtsblatt S. 1357,
Bremen:	AV vom 25. 6. 1970 (in einem Verkündungsorgan nicht nachweisbar)
Hamburg:	AV vom 2. 7. 1970, HJVerwBl. S. 68,
Hessen:	RdErl vom 24. 6. 1970, JMBl. S. 500,
Niedersachsen:	AV vom 4. 6. 1970, NdsRpfl S. 127,
Nordrhein-Westfalen:	AV vom 2. 5. 1969, JMBlNRW S. 121
Rheinland-Pfalz:	AV vom 19. 6. 1970, JBl. S. 130,
Saarland:	VO vom 2. 1. 1973 Amtsbl. S. 65

Diese Geschäftsstellenanordnungen haben die Aufgaben des U. d. G. den Beamten des mittleren Justizdienstes zugewiesen. Die Geschäftsstellenanordnungen aller Länder sehen vor, daß alle Aufgaben des U. d. G., für die der Beamte des mittleren Dienstes zuständig ist, daneben auch von geeigneten Justizangestellten wahrgenommen werden können.
Durch die Beseitigung des bisherigen „Dualismus Rechtspfleger/Urkundsbe-

amter“ in den §§ 26 und 27 RpflG hat der Bundesgesetzgeber bekundet, daß er als U. d. G. grundsätzlich nur noch den Beamten des mittleren Dienstes (oder entsprechende Justizangestellte) ansieht. Der Beamte des gehobenen Dienstes ist demzufolge nur noch dann für Urkundsbeamtengeschäfte zuständig, wenn keine geeigneten Beamten des mittleren Dienstes oder Angestellte zur Verfügung stehen.

2. Der Konkursverwalter

2.1 Allgemeines

Der Verwalter ist das zentrale Organ des Konkursverfahrens; seine Aufgaben, Rechte und Pflichten werden im einzelnen bei den jeweiligen Verfahrensabschnitten darsgestellt. Über seine rechtliche Stellung herrscht viel Streit. Wenngleich die damit zusammenhängenden Fragen einmal als das „Kernproblem des Konkursrechts“ *(Jaeger)* bezeichnet worden sind, muß sich ein Buch, das allein der Praxis zu dienen bestimmt ist, bei der Erörterung dieser Frage daran orientieren, daß die Rechtspraxis diesen Theorienstreit weitgehend ignoriert. Die Praxis steht ausnahmslos auf dem Boden der sogenannten Amtstheorie (RGZ 29, 29; BGHZ 32, 118 und 35, 17; *M-K,* § 6 Anm. 17; *Rosenberg-Schwab,* § 14 II 1; *Schönke-Baur,* § 56 I 2; *Stein-Jonas-Pohle,* Anm. I, 2a vor § 50). Sie sieht im Verwalter ein amtliches Organ, das auf Grund eines eigenständigen Rechts im eigenen Namen, jedoch mit unmittelbarer Wirkung für und gegen die Masse und den Gemeinschuldner handelt. **41**

Wegen der anderen Theorien zur Rechtstellung des Verwalters s. *Eickmann,* Abschn. 4.2.1.

Der Verwalter ist allen Beteiligten (zum Begriff s. BGH NJW 1958, 1351, 1681) gegenüber für die Erfüllung der ihm obliegenden Pflichten verantwortlich (§ 82), zwischen ihm und den Beteiligten besteht ein gesetzliches Schuldverhältnis (BGH KTS 1958, 142).

2.2 Auswahl und Ernennung

Der Verwalter wird bei der Konkurseröffnung ernannt. Wegen der Auswahl s. unten Rn 123. Ausgeschlossen ist die Ernennung des Gemeinschuldners oder seines gesetzlichen Vertreters, ebenso die Bestellung einer juristischen Person oder einer Personengemeinschaft, z. B. eines Vereins, (*J-W,* § 78 Anm. 7; LG Göttingen BW 1954 912; vgl. auch *Skrotzki* KTS 1961, 145). **42**
Mehrere Verwalter können nur bestellt werden, wenn ein Fall des § 79

vorliegt. Es ist also nicht möglich, in einem noch so umfangreichen Großverfahren mehr als einen Verwalter zu ernennen.
Davon zu unterscheiden ist die Bestellung eines Sonderverwalters. Sie ist zulässig bei rechtlicher oder tatsächlicher Verhinderung des ernannten Verwalters. Eine rechtliche Verhinderung liegt vor, wenn ein Fall der Interessenkollision gegeben ist, so z. B. wenn der Masse ein bereits vor Konkurseröffnung entstandener Anspruch gegen den Verwalter zusteht oder wenn der Verwalter seinerseits eine Forderung anmelden möchte oder wenn etwa der Verwalter Aussonderungs- oder Absonderungsrecht etc. geltend macht. Eine tatsächliche Verhinderung liegt z. B. vor bei längerer Erkrankung des Verwalters. In diesen Fällen kann, beschränkt auf den in der Bestellung genau zu bezeichnenden Fall, ein Sonderverwalter ernannt werden (*J–W,* § 78 Anm. 6). Sein Amt endet mit dem Wegfall der tatsächlichen oder rechtlichen Verhinderung des Konkursverwalters; die Bestellung ist alsdann aufzuheben.

2.3. Die Aufsicht über den Verwalter

43 Der Verwalter steht unter der Aufsicht des Konkursgerichts (§ 83). Aus dieser Vorschrift ergibt sich eine Rechtspflicht des Gerichts zur Ausübung seiner Aufsicht (*M-K,* § 83 Rn 1; RGZ 154, 291); das Konkursgericht sollte sich der Bedeutung der ihm hier obliegenden Aufgabe stets bewußt sein.
Die dem Gericht im einzelnen zustehenden Befugnisse sind im Gesetz nicht bestimmt; sie richten sich auch stets nach den Notwendigkeiten des Einzelfalles und können deshalb nur in ihren Grundzügen umschrieben werden. Wieweit das Gericht von seinen Befugnissen Gebrauch macht, steht dabei stets in seinem pflichtgemäßen (nachprüfbaren) Ermessen (RGZ 154, 296; BGH KTS 1966, 17 ff.). Jeder Beteiligte kann Maßnahmen nach § 83 anregen (LG Berlin NJW 1957, 1563; lehnt das Gericht ab, ist befristete Erinnerung (sofortige Beschwerde) zulässig (*B-St,* § 83 Anm. 1).

44 **Auskünfte** über die Geschäftsführung des Verwalters, also über den Massebestand, die geltend gemachten Sonderrechte, über den Kassenbestand (s. dazu auch unten Rn 46) usw. kann das Gericht stets verlangen. Dazu gehört auch die Befugnis zur Überprüfung von Büchern und Belegen (*M–K,* § 83 Anm. 2).
Ob das Gericht den Verwalter zur **Auskunftserteilung gegenüber Gläubigern** anhalten darf, ist streitig (verneinend: *M-K,* § 83 Anm. 4; LG Berlin NJW 1937, 1563; bejahend wohl BGH KTS 66, 17). Hier dürfte eine differenzierende Betrachtungsweise angebracht sein: Es ist gewiß nicht Aufgabe des Verwalters, Auskünfte, die er etwa in einer Gläubigerversammlung ausführlich erteilt hatte, solchen Gläubigern gegenüber zu wiederholen, die an dieser

Versammlung nicht teilgenommen haben. Zu einer solchen Auskunftserteilung wird das Gericht den Verwalter nicht anhalten; wer als Gläubiger die allgemein angebotenen Informationsmöglichkeiten nicht wahrnimmt, hat kein Recht darauf nochmals gesondert unterrichtet zu werden. Andererseits darf der Verwalter eine andere, sachdienliche Anfrage nicht einfach deshalb ablehnen, weil ihre Beantwortung beschwerlich oder lästig sein mag. Man wird in solchen Fällen ein grundsätzliches Weisungsrecht des Gerichts bejahen müssen. Soweit die Rechtsprechung eine nicht nur materiellrechtlich sondern aus der Verwalterstellung und dem Verfahrensbetrieb als solchem erwachsende Auskunftspflicht bejaht (vgl. BGH BB 1967, 455 = BJW 1968, 300 sowie Anm. von *Mohrbutter* in NJW 1968, 1267; OLG Celle MDR 1965, 1001; LG München I KTS 1967, 182 und *Häsemeyer* ZZP 1967, 263), wird das Gericht den Verwalter auch anhalten können, dieser Pflicht nachzukommen.

Davon unberührt bleibt die auf § 82 beruhende materiellrechtliche Auskunftspflicht des Verwalters gegenüber den Beteiligten (vgl. OLG Köln NJW 1957, 1032 und ArbG KTS 1969, 60).

Bei **Eingriffen in das eigentliche Verwalteramt** ist zu unterscheiden: 45

a) Das Gericht darf stets dann eingreifen, wenn der Verwalter *rechtswidrige* Maßnahmen trifft. Dies entspricht der Absicht des Gesetzgebers, der in den Motiven (S. 306) davon spricht, das Gericht habe die „Pflichtwidrigkeit der Handlungen oder Unterlassungen des Verwalters zu prüfen" und „direkte Verstöße gegen die gesetzlichen Vorschriften" zu ahnden; die Vornahme einer gegen das Gesetz verstoßenden Handlung ist stets eine Pflichtwidrigkeit.
b) Bestehen Meinungsverschiedenheiten über die **Zweckmäßigkeit** einer Maßnahme, so ist ein Eingriff des Gerichts jedenfalls dann zulässig, wenn es sich um eine Maßnahme handelt, für die das Gesetz selbst – meist nach entsprechender Antragstellung durch einen Beteiligten – eine gerichtliche Überprüfung vorsieht (so z. B. §§ 99, 130 Abs. 2, 135 Abs. 2, 161, 188 Abs. 1 Nr. 2).

   Darüber hinaus dürfte ein Eingreifen des Gerichts dann zulässig sein, wenn sie sich als so offenkundig unzweckmäßig herausstellt, daß sie ein ordnungsgemäß amtierender Verwalter bei vernünftiger Würdigung nicht vorgenommen hätte.

Auch die **Aufsicht über den Geldverkehr und die Kassenführung** des Verwalters steht dem Gericht zu. Es kann jederzeit Bücher und Belege einsehen und den Kassenbestand prüfen (RGZ 154, 291/296; BGH Rpfleger 1966, 171). Freilich obliegt dem Konkursgericht keine Pflicht zur regelmäßigen Prüfung der Kassengeschäfte. Eine Prüfung der Kassenbestände insbesondere wird 46 wohl nur bei einem besonderen Anlaß vorzunehmen sein; ein solcher Anlaß kann ein Antrag eines Beteiligten sein (*M-K*, § 83 Anm. 3), aber auch ein anderer Hinweis auf die Gefahr einer Unregelmäßigkeit (vgl. z. B. BGH a.a.O., der aus „alkoholischen Exzessen“ des Konkursverwalters einen Anhaltspunkt entnommen hat, der dem Konkursgericht Anlaß zu Mißtrauen in die Zuverlässigkeit des Verwalters hätte geben müssen). Weiter kann Anlaß zu einer Beaufsichtigung der Kassengeschäfte bestehen, wenn ein Gläubigerausschuß nicht vorhanden ist und das Verfahren bereits länger andauert (BGH a.a.O., vgl. auch AV des preußJMin vom 25. 6. 1931, PrJMBl. S. 2223). Das Gericht kann den Verwalter auch anweisen, den baren Massebestand von seinem eigenen Geld getrennt zu halten und die Barmasse, soweit sie nicht zur Bestreitung laufender Ausgaben benötigt wird, zu hinterlegen.

47 **Maßregeln zum Schutze der Masse** bei groben Pflichtverletzungen des Verwalters stehen dem Gericht nur in unzureichender Gestalt zur Verfügung. (s. zum Ordnungsstrafrecht = Zwangsgeld = unten Rn 48). Bei grober Pflichtwidrigkeit, insbesondere bei Unregelmäßigkeiten in der Kassenführung, versagt das Zwangsgeld. Dem Gericht ist jedoch eine sofortige Entlassung des Verwalters nach der ersten Gläubigerversammlung nicht mehr möglich (§ 84 Abs. 1 S. 2).

48 Die **Ordnungsstrafgewalt des Gerichts** ergibt sich aus § 84 Abs. 1, auch sie ist allerdings im Gesetz nur unzureichend geregelt.

Zunächst ist streitig, ob sie nur zur Erzwingung von Handlungen oder Unterlassungen (Beugestrafe) besteht oder ob sie auch als Strafe für die begangene Pflichtwidrigkeiten verhängt werden kann. Die überwiegende Auffassung im Schrifttum und in der Rechtsprechung will dem Gericht lediglich eine Befugnis zur Verhängung von Beugestrafen zugestehen (*J-W*, § 84 Anm. 1; *B-St*, § 84 Anm. 1; *Wolff*, § 84 Anm. 1; *Bleier*, § 84 Anm. 2, *Boyens* KuT 1930, 92; *Waldmann* DJ 1943, 518). Lediglich die ältere Literatur (*Petersen-Kleinfeller*, § 84 Anm. 3; *Kiesow*, VerglO, § 84 Anm. 3) die noch von *Menzel-Kuhn* (§ 84 Anm. 1) aufrecht erhalten wird, bejaht auch eine Buße für bereits abgeschlossene Pflichtwidrigkeit des Verwalters.

Wenngleich nicht bestritten werden kann, daß die von *M-K* vertretene Auffassung den Notwendigkeiten einer geordneten Verfahrensdurchführung häufig besser gerecht würde als die h. M., wird es doch – jedenfalls nach dem neuesten Rechtszustand – im Ergebnis bei dieser h. M. (= nur Beugestrafe) verbleiben müssen. Durch das EGStGB vom 2. 3. 1974 (BGBl I S. 469) ist § 84 insoweit geändert worden, als das Wort „Ordnungsstrafe“ durch das Wort „Zwangsgeld“ ersetzt worden ist. Das hat nicht nur verbale Bedeutung, sondern auch inhaltliche: Zwangsgeld kann rein begrifflich nur verhängt

werden, um ein bestimmtes künftiges Tun oder Unterlassen zu erzwingen. Dadurch unterscheidet es sich vom sog. Ordnungsgeld, das für vergangene Ungebühr oder Pflichtwidrigkeit verhängt wird (vgl. z. B. § 178 GVG n. F.). Der Gesetzgeber hat bei der Neufassung der einschlägigen Vorschriften jeweils zwischen den Begriffen „Zwangsgeld“ und „Ordnungsgeld“ genau unterschieden. Es muß deshalb davon ausgegangen werden, daß bei der Anwendung des Begriffes „Zwangsgeld“ eine Ahndung bereits begangener Pflichtwidrigkeiten ausscheidet. (So auch – wenngleich für das bisherige Recht: OLG Köln KTS 1969, 59; LG Wuppertal KTS 1958, 46).
Das Zwangsgeld ist dem Verwalter vorher anzudrohen (vgl. § 84 Abs. 2).
Wegen der Höhe des Zwangsgeldes vgl. Art 6 Abs. 1 EGStGB.

2.4 Die Entlassung des Verwalters

Eine Entlassung des Verwalters ist gem. § 84 Abs. 1 S. 2 von Amts wegen 49
möglich bis zu der auf seine Ernennung folgenden Gläubigerversammlung. Nach diesem Zeitpunkt ist Verfahrensvoraussetzung einer Entlassung eine darauf gerichtete Antragstellung. Antragsberechtigt sind die Gläubigerversammlung oder der Gläubigerausschuß. In jedem Fall, also sowohl bei der Entlassung von Amts wegen wie bei der Entlassung auf Antrag muß ein gewichtiger Grund bestehen, der eine Weiterführung der Verwaltertätigkeit ausschließt. Es müssen derart schwerwiegende Gründe sein, daß von dem Verwalter eine dem Interesse des Konkurses (das ist das Interesse der Gläubigergesamtheit) entsprechende Fortführung der Geschäfte nicht mehr erwartet werden kann.
Insbesondere bei einer Antragstellung durch den Gläubigerausschuß ist sorgfältig zu prüfen, ob nicht etwa nur zwischen den wenigen im Ausschuß vertretenen Gläubigern und dem Verwalter Differenzen bestehen. In diesem Fall kann sich durchaus empfehlen, vor der Entscheidung über den Antrag auch eine Gläubigerversammlung zu diesem Antrag zu hören.
Hauptgründe, die zu einer Entlassung führen können sind:

- Voraussichtlich länger andauernde Krankheit (bei kürzerer Krankheit empfiehlt sich unter Umständen die Bestellung eines Sonderverwalters, s. oben Rn 42);
- schuldhafte Nichterfüllung der Verwalterpflichten trotz vorhergehender Aufforderung, Strafandrohung und Strafverhängung (es kann davon ausgegangen werden, daß das Gericht in der Regel nicht verpflichtet ist, einen Verwalter durch immer neue Strafandrohung zur Erfüllung seiner Pflichten anzuhalten);
- späteres Zutagetreten einer Ungeeignetheit, die schon die Ernennung ausgeschlossen hätte (vgl. BGHZ 17, 141).

Hält das Gericht eine Abberufung des Verwalters für erforderlich und kann es ihn nicht mehr von Amts wegen entlassen (§ 84 Abs. 1 S. 2, 2. Halbsatz), so kann es zum Zwecke der Entscheidung über eine dahingehende Antragstellung eine Gläubigerversammlung einberufen (§ 93 Abs. 1 S. 1). Dabei ist § 98 zu beachten. Vor der Entscheidung ist der Verwalter zu hören (§ 84 Abs. 2). Die Entscheidung des Gerichts ist in jedem Falle mit Gründen zu versehen. Spricht sie die Entlassung aus, so ist sie dem Verwalter zuzustellen und öffentlich bekannt zu machen (entsprechend § 81 Abs. 1). Diese öffentliche Bekanntmachung enthält jedoch nur den Tenor der Entscheidung und zweckmäßigerweise zugleich die Bekanntmachung des Namens des neuernannten Verwalters.
Die Entscheidung, durch die ein Entlassungsantrag abgelehnt wird, ist dem Antragsteller bekanntzugeben. Da jedoch das Anfechtungsrecht in diesem Fall nicht mit der Zusammensetzung der Gläubigerversammlung identisch ist (s. unten), muß der ablehnende Bescheid öffentlich bekanntgemacht werden.
Hinsichtlich der Befugnis, einen Rechtsbehelf zu ergreifen, ist folgendes zu bemerken:

- Der **Verwalter** kann den Entscheid dann anfechten, wenn er entlassen wird. Eine Anfechtung des Beschlusses, der seine Entlassung ablehnt, ist auch dann nicht möglich, wenn dieser Beschluß in seinen Entscheidungsgründen Ausführungen enthält, die der Verwalter als belastend oder ehrenrührig ansieht;
- Jeder **Gläubiger** kann eine ablehnende Entscheidung anfechten, wenn die Entlassung von der Gläubigerversammlung beantragt worden ist und er selbst in der Gläubigerversammlung entweder nicht anwesend war, nicht mitgestimmt hat oder für die Entlassung gestimmt hat. Kein Anfechtungsrecht besteht somit für Gläubiger, die in der Gläubigerversammlung gegen die Entlassung gestimmt haben (*B-St*, § 84 Anm. 2). Kein Beschwerderecht hat ein nicht dem Gläubigerausschuß angehörender Gläubiger, wenn ein vom Gläubigerausschuß gestellter Antrag abgelehnt worden ist;
- Jedes **Mitglied des Gläubigerausschusses**, sofern es sich um einen Antrag des Gläubigerausschusses handelt und das Mitglied im Ausschuß nicht gegen die Entlassung gestimmt hat.

2.5 Die Amtsniederlegung

50 Streitig ist, ob der Verwalter sein Amt niederlegen kann. Die ältere Literatur hatte dem Verwalter überwiegend ein solches Recht zugestanden (*Petersen-*

Kleinfeller, § 78–81 Anm. II 9; *Wolff*, § 78 Anm. 3; *Senst/Müller*, 4. Aufl. S. 29); das neuere Schrifttum lehnt ein Recht des Verwalters zur Aufkündigung seiner Tätigkeit ab (*J-W*, § 84 Anm. 6; *M-K*, § 84 Anm. 4; *B-St*, § 84 Anm. 3). *M-K* (a.a.O.) führen für diese Auffassung an, das Gericht könne den Verwalter durch Zwangsgelder zur Erfüllung seiner Pflicht anhalten und deshalb auch durch sie eine Fortführung seiner Tätigkeit erzwingen. Dem ist entgegenzuhalten, daß die Ordnungsstrafgewalt nur solange besteht, als das Verwalterverhältnis Bestand hat; sie sagt also nichts darüber aus, wann und auf welchem Wege das Verwalterverhältnis beendet werden kann. Wesentlich dürfte jedoch sein, daß das Verwalterverhältnis einem öffentlichen Amt zwar nicht gleichsteht aber doch stark angenähert ist (vgl. dazu *Berges* KTS 1970, 99/104 und *Mohrbutter-Haarmann*, S. 65). Die Bindung des Verwalters an sein Amt geht also über die eines bloßen Beauftragten hinaus. Der Verwalter muß einen Antrag auf Entlassung durch das Gericht stellen; bis zum Wirksamwerden dieser Entlassung, die erst auszusprechen ist, wenn ein neuer Verwalter zur Verfügung steht, muß der Verwalter sein Amt fortführen.

Davon unabhängig ist die – praktische – Frage zu beantworten, ob es sich empfehlen kann, einen Verwalter an seinem Amt festzuhalten, wenn er es nicht mehr fortführen will. Eine erzwungene Fortführung der Geschäfte durch den Verwalter wird dem Interesse der Gläubigerschaft kaum entsprechen und einer optimalen Verfahrensabwicklung schwerlich dienlich sein. Einem Entlassungsantrag sollte daher aus diesem Grunde regelmäßig entsprochen werden; ihn vom Vorliegen eines wichtigen Grundes abhängig zu machen (*M-K*, a.a.O.), erscheint aus praktischen Erwägungen nicht empfehlenswert.

Legt ein Verwalter allerdings zur Unzeit oder ohne jeden vernünftigen Grund sein Amt nieder, so kann dies bei der Bemessung seiner Vergütung in Betracht gezogen werden (Gesamthonorar für das Verfahren abzüglich voraussichtlichem Honorar des neuzubestellenden Verwalters!).

2.6 Andere Beendigungsgründe

Das Amt des Verwalters endet außer durch Entlassung auch durch den Tod **51**
des Verwalters oder durch den Verlust der Geschäftsfähigkeit (*M-K*, § 78 Anm. 6; *J-W*, § 78 Anm. 10). Auch bei Verlust der Geschäftsfähigkeit bedarf es somit keiner Entlassung, sondern die Beendigung des Amtes ist lediglich festzustellen und öffentlich bekanntzumachen.

Ist gegen einen Rechtsanwalt oder Notar, der zum Verwalter bestellt ist, ein vorläufiges Berufsverbot oder ein Vertretungsverbot ausgesprochen, so hat dies zwar keinen unmittelbaren Einfluß auf die Amtsstellung als Verwalter, weil es sich bei dieser Tätigkeit nicht um eine Berufstätigkeit des Anwalts oder Notars im eigentlichen Sinne handelt. In einem solchen Fall wird jedoch sehr sorgfältig zu prüfen sein, ob nicht die Art der dem Anwalt oder Notar angelasteten Verfehlungen auch zu Zweifeln an seiner Zuverlässigkeit als Verwalter Anlaß gibt. Gegebenenfalls ist eine Gläubigerversammlung einzuberufen, die zu der Frage eines weiteren Verbleibens im Amte zu entscheiden hat.

3. Der Gläubigerausschuß

3.1 Stellung und Befugnisse

52 Der Gläubigerausschuß ist dazu berufen, die Interessen der Konkursgläubiger dauernd im Konkurse wahrzunehmen. Er ist diesen verantwortlich, vertritt sie aber nicht, sondern bildet ein selbständiges Organ für die Verwaltung der Konkursangelegenheiten, das seine Befugnisse unmittelbar aus dem Gesetz herleitet. Seine Mitglieder stehen also zu den Konkursgläubigern nicht in dem Verhältnis von Bevollmächtigten zu ihren Auftraggebern. Der Gläubigerausschuß hat den Verwalter in dessen Tätigkeit einerseits zu unterstützen, andererseits zu überwachen. Im einzelnen sind seine **Obliegenheiten** die folgenden:
Er ist berechtigt, vom Verwalter **Berichterstattung** über die Lage der Sache und die Geschäftsführung zu verlangen. Die Mitglieder des Ausschusses können sich auch selbst von dem Gange der Geschäfte unterrichten, die Bücher und Schriften des Verwalters einsehen und den Bestand seiner Kasse untersuchen. Eine Untersuchung der Kasse des Verwalters muß wenigstens einmal in jedem Monat durch ein Mitglied des Gläubigerausschusses vorgenommen werden, § 88. (S. dazu OLG Hamm BB 1955, 296; OLG Koblenz KTS 1956, 159). Die Kassenprüfung hat sich nicht nur auf die Barbestände, sondern auch auf die Konten und Belege zu erstrecken (vgl. BGHZ 49, 121 = KTS 1968, 109). Unabhängig von der Beauftragung eines einzelnen Mitgliedes besteht jedoch die Pflicht aller anderen Mitglieder, sich um die Vorlage und das Ergebnis der Prüfung zu kümmern (RGZ 150, 287; OLG Koblenz a.a.O.).
Quittungen des Verwalters über den Empfang von Geldern, Wertpapieren oder Kostbarkeiten von der Hinterlegungsstelle, sowie seine Anweisungen auf die Hinterlegungsstelle bedürfen in der Regel zu ihrer Gültigkeit der Mitzeichnung eines Mitgliedes des Ausschusses (§ 137). Der Verwalter hat auch dem Gläubigerausschuß Rechnung zu legen, wenn und soweit die Gläubigerversammlung dies beschlossen hat (§ 132 Abs. 2). Die Schlußrech-

nung des Verwalters hat der Gläubigerausschuß zu prüfen und mit seinen Bemerkungen zu versehen. Ferner steht dem Gläubigerausschuß eine erhebliche Mitwirkung bei der Verwaltung, Verwertung und Verteilung der Masse zu. Zu zahlreichen wichtigeren Geschäften bedarf der Verwalter seiner Genehmigung (§§ 133, 134, 123 Abs. 2). Verteilungen können nur mit Zustimmung des Ausschusses stattfinden (§ 150); auch bestimmt dieser bei Abschlagsverteilungen den zu verteilenden Prozentsatz (§ 159 Abs. 1). Dagegen ist er nicht befugt, Verwaltungshandlungen an Stelle des Verwalters vorzunehmen oder sonstwie in der Tätigkeit des Verwalters einzugreifen. So z. B. kann er diesen nicht hindern, Forderungen der Ausschußmitglieder gegen die Konkursmasse zu bestreiten.

Der Gläubigerausschuß ist weiter befugt, Anträge auf Entlassung des Verwalters zu stellen (§ 84 Abs. 1), vom Gemeinschuldner Auskunft über alle den Konkurs betreffenden Verhältnisse zu fordern (§ 100), und die Berufung von Gläubigerversammlungen zu beantragen (§ 93). Auch im Zwangsvergleichsverfahren ist ihm ein erheblicher Einfluß eingeräumt (vgl. §§ 176, 177, 179, 184). Schließlich hat bis zur Beschlußfassung durch eine Gläubigerversammlung der Gläubigerausschuß auch zur Bewilligung einer Unterstützung des Gemeinschuldners aus der Konkursmasse seine Genehmigung zu erteilen und darüber zu befinden, ob das Geschäft des Gemeinschuldners zu schließen oder fortzuführen ist und wie und wo Gelder, Wertpapiere und Kostbarkeiten zu hinterlegen sind (§ 129).

3.2 Berufung des Gläubigerausschusses

Die Bestellung eines Gläubigerausschusses ist grundsätzlich eine Frage der **53**
Zweckmäßigkeit und des am jeweiligen Verfahren sich orientierenden Ermessens. Lediglich im Konkurs einer Genossenschaft **muß** ein Gläubigerausschuß bestellt werden (§ 103 GenG).

Vor der ersten Gläubigerversammlung kann das Gericht einen vorläufigen Gläubigerausschuß bestellen, ihm dürfen nur Konkursgläubiger oder deren Vertreter angehören (§ 87 Abs. 1). Die erste Gläubigerversammlung beschließt – und zwar auch dann, wenn kein vorläufiger Ausschuß bestellt wurde – endgültig, ob ein Ausschuß zu bestellen ist und wer ihm angehört. Diesem endgültigen (eigentlichen) Gläubigerausschuß können neben den Gläubigern und ihren Vertretern auch andere Personen angehören (§ 87 Abs. 2).

Die Gläubigerversammlung entscheidet über die Frage, ob ein Ausschuß zu bestellen ist, mit absoluter Mehrheit, über die Besetzung mit einfacher Mehrheit (§§ 94 Abs. 2, 97). Bei der Auswahl der Mitglieder sollten die verschiedenen Interessen der Gläubigerschaft (Groß- und Kleingläubiger) repräsentiert sein. Die Wahl eines Großgläubigers kann nicht schon aus diesem Grund als ungeeignet angesehen werden (LG Augsburg KTS 1971, 119); Zurückhaltung ist jedoch angebracht, wenn es sich um den einzigen Großgläubiger handelt oder wenn etwa nur Großgläubiger zur Wahl stehen. Zur Zusammensetzung des Gläubigerausschusses vgl. auch noch *Mohrbutter-Haarmann* KTS 1956 178. Bei größeren Betrieben empfiehlt sich die Wahl eines Mitgliedes des Betriebsrates (*Gaul* KTS 1955, 182; *Mohrbutter* KTS 1955, 57). Wegen Beamten als Gläubigerausschußmitglieder s. *Skrotzy* KTS 1958, 105; wegen der Berufung von Rechtsanwälten s. *Robrecht* AnwBl. 1969, 106.

54 Über die **Zahl der Ausschußmitglieder** bestimmt das Gesetz nichts. Es ist deshalb auch ein Ausschuß mit nur zwei Mitgliedern zulässig (*M-K*, § 87 Anm. 4; *J-W*, § 87 Anm. 2; OLG Düsseldorf LZ 1913, 75). Es empfiehlt sich jedoch um der Herbeiführung klarer Mehrheiten willen stets die Bestellung einer ungeraden Zahl von Mitgliedern.

55 Zweifelhaft ist, ob das Gericht die **Ausführung des Beschlusses über die Bestellung** eines Ausschusses gem. § 99 **untersagen** kann. (Davon zu unterscheiden ist das Veto gegen die Wahl einzelner Mitglieder, dazu vgl. unten Rn 56). Die Frage wird von *M-K* (§ 87 Anm. 6) und *B-St* (§ 87 Anm. 2) bejaht. Die Voraussetzungen des § 99 dürften jedoch nur sehr selten gegeben sein, weil schwerlich gesagt werden kann, daß die Bestellung eines Ausschusses als solche bereits dem gemeinsamen Interesse der Konkursgläubiger widerspricht; die gesetzliche Ausgestaltung dieses Organs geht ja gerade von der Interessenwahrung der Gläubigerschaft durch den Ausschuß aus. Man könnte allenfalls daran denken, daß bei massearmen Verfahren und bei Kleinverfahren die durch die Bestellung eines Ausschusses anfallenden Kosten die Masse so schmälern, daß der durch die Ausschußtätigkeit gestiftete Nutzen in keinem Verhältnis zur Verringerung der auf die Gläubiger entfallenden voraussichtlichen Quote steht. Ein Vorgehen des Gerichts nach § 99 bei einer lediglich unzweckmäßigen Entscheidung dürfte jedoch nicht möglich sein.

56 Anders ist die Rechtslage bei der **Wahl der einzelnen Mitglieder** des Gläubigerausschusses. Hier hat das Gericht das Recht und die Pflicht, gegen die Wahl ungeeigneter Personen sein Veto einzulegen. (*M-K*, § 99 Anm. 4; *J-W*, § 87 Anm. 5; *B-St*, § 87 Anm. 2; *Kiesow* JW 1936 1143; *Waldmann* DJ 1943, 518; *Berges* KTS 1956, 14; OLG Köln JW 1936 1143; LG Düsseldorf KTS 1957, 191; LG Augsburg KTS 1971, 119). Die abweichende Meinung (OLG Neustadt NJW 1955, 1931; OLG Nürnberg KTS 1968, 252) stützt sich auf die grammatikalische Interpretation des § 99, der nur ein Veto gegen die Ausführung von Beschlüssen erlaube; sei ein Beschluß mit seiner Fassung bereits ausgeführt – so insbesondere bei einer Wahl – stehe dem Gericht kein

Vetorecht zu. Dieser Auffassung kann nicht beigetreten werden; sie ist Ausdruck eines längst überwunden geglaubten Rechtspositivismus, der Zweck und Sinn der Norm völlig außer acht läßt. § 99 will Maßnahmen verhindern, die nicht im Interesse und Nutzen aller Gläubiger stehen (vgl. dazu ausführlich unten Rn 74). Es kann nicht im gemeinschaftlichen Interesse aller Konkursgläubiger sein, daß unfähige Personen oder Personen, die allein im Interesse einer Gläubigergruppe tätig werden wollen, in den Ausschuß berufen werden. Die Tätigkeit solcher Mitglieder würde nicht nur das Verfahren nicht fördern, sondern zu ständigem Unfrieden, zu Auseinandersetzungen und zu unsachlichen Eingaben und Beschwerden führen. Das kann das Gesetz nicht wollen. Die Interessenwertung führt deshalb zu einer entsprechenden Anwendung des § 99 auch auf den vorliegenden Fall.

Ist ein Ausschußmitglied gewählt und das Gericht hat dagegen kein Veto eingelegt, so kann bei späterem Hervortreten der Ungeeignetheit oder Pflichtwidrigkeit ein Ausschußmitglied nicht durch das Gericht abberufen werden. (LG Nürnberg–Fürth Rpfleger 1971, 435). In diesem Fall muß vielmehr eine Gläubigerversammlung einberufen werden, die über die Sachlage zu unterrichten ist und über die Abberufung des Ausschußmitgliedes zu entscheiden hat.

3.3 Ausschuß und Gericht

Dem Konkursgericht gegenüber ist der Gläubigerausschuß unabhängig **57**
(BGH Rpfleger 66, 171 = KTS 66, 17). Das Gericht ist nicht befugt, ihm Anweisungen zu erteilen oder Beschlüsse, die er wirksam gefaßt hat, umzustoßen.

Er kann insbesondere eine vom Gläubigerausschuß erteilte Genehmigung nicht rückgängig machen oder eine vom Ausschuß versagte Genehmigung nicht an dessen Stelle erteilen. Weder gegen den Gläubigerausschuß als solchen, noch gegen dessen einzelne Mitglieder kann das Gericht Strafen festsetzen oder irgendwelche Aufsichtsbefugnisse ausüben. Auch zur Entscheidung von Streitigkeiten unter den Mitgliedern des Gläubigerausschusses oder zwischen diesem und dem Verwalter über die Gültigkeit von Beschlüssen des Ausschusses ist das Konkursgericht nicht berufen.

Im Falle eines pflichtwidrigen Verhaltens des Gläubigerausschusses oder einzelner Mitglieder kann das Gericht auf dessen Entschließung einen Einfluß nur dadurch ausüben, daß es die Mitglieder des Ausschusses auf die ihnen nach § 89 obliegende Verantwortlichkeit hinweist. Eine Belehrung geschieht regelmäßig bereits bei Antritt des Amtes durch Aushändigung eines Merkblattes (abgedruckt bei *Schrader-Bauer*, Rn 282). Sollte dies vergeblich sein, so kann das Gericht eine Gläubigerversammlung einberufen

und dieser die Entlassung der ungeeigneten oder pflichtwidrig handelnden Ausschußmitglieder sowie eine etwaige Neuwahl anderer Mitglieder anheimgeben.
Seine Geschäftsordnung hat sich der Gläubigerausschuß selbst zu geben. Der Konkursrichter hat nicht das Recht, den Gläubigerausschuß zu berufen oder an dessen Beratung und Beschlußfassung teilzunehmen, eine Beratung ist jedoch zulässig.

3.4 Die Beschlußfassung des Ausschusses

58 Ein Beschluß des Gläubigerausschusses ist gültig, wenn

- die Mehrheit der Mitglieder an der Beschlußfassung teilgenommen hat und
- der Beschluß mit absoluter Mehrheit der abgegebenen Stimmen gefaßt wurde.

Bei einem Drei-Mann-Ausschuß müssen somit mindestens zwei stimmberechtigte Mitglieder teilnehmen (OLG Koblenz KTS 1962, 124), bei einem Zwei-Mann-Ausschuß müssen stets beide Mitglieder anwesend sein. Kein Stimmrecht hat ein Ausschußmitglied, wenn über ein mit ihm selbst abzuschließendes Rechtsgeschäft oder über einen ihn betreffenden Rechtsstreit abgestimmt wird. Dies ergibt sich aus einer entsprechenden Anwendung des in § 34 BGB enthaltenen Rechtsgedankens (BGH NJW 1959, 193; vgl. *Jaeger* KuT 1934, 1). Diese Regelung kann jedoch auf Rechtsgeschäfte oder Prozesse mit nahen Verwandten oder mit dem Ehegatten eines Ausschußmitgliedes nicht ausgedehnt werden (*B-St,* § 90 Anm. 1; vgl. auch *Palandt-Danckelmann,* Anm. zu § 34 BGB). Etwas anderes kann gelten, wenn sichere Anhaltspunkte dafür bestehen, daß der Ehegatte (Verwandte) nur als Strohmann für das Ausschußmitglied auftritt.
Für Rechtsanwälte als Mitglieder des Gläubigerausschusses kann sich eine Pflicht zur Stimmenthaltung aus § 45 Nr. 2 BRAO ergeben.

59 Ein Antrag ist angenommen, wenn er mit absoluter Mehrheit der stimmberechtigten Ausschußmitglieder gefaßt worden ist. Bei Stimmengleichheit ist der Antrag abgelehnt (*M-K,* § 90 Anm. 1); die Geschäftsordnung des Ausschusses kann nicht bestimmen, daß bei Stimmengleichheit die Stimme des Vorsitzenden oder des anderen Ausschußmitgliedes den Ausschlag geben solle, sie kann auch keinen Stichentscheid des Gerichts vorsehen und erst recht keinen Losentscheid. Die Abstimmung muß nicht unbedingt in einer gemeinsamen Sitzung vorgenommen werden; es ist auch zulässig, schriftlich abzustimmen.
Wenngleich das Gericht keine Möglichkeit hat, wirksam zustandegekom-

mene Beschlüsse des Ausschusses deshalb zu beanstanden, weil sie nicht dem gemeinsamen Interesse der Konkursgläubiger entsprechen (s. oben Rn 57), sollte ihm doch das Recht zustehen, die Unwirksamkeit von Beschlüssen festzustellen, die gem. § 90 nicht wirksam zustandegekommen sind. Damit wird keineswegs in das Selbstverwaltungsrecht in unzulässiger Weise eingegriffen, weil kein Organ ein Recht darauf hat, daß rechtswidrige Beschlüsse beachtet werden und formell bestehen bleiben.

3.5 Beendigung der Tätigkeit des Ausschusses und einzelner Mitglieder

Die Tätigkeit des Ausschusses dauert in der Regel bis zur Beendigung des Verfahrens. Doch kann die **Gläubigerversammlung** jederzeit mit den erforderlichen Mehrheiten (s. oben Rn 53) ihren Beschluß über die Bestellung des Ausschusses ändern und die von ihr berufenen Ausschußmitglieder **abberufen** (§ 92). Dieser Beschluß ist unanfechtbar (*M-K*, § 92 Anm. 1; *B-St*, § 92 Anm. 2). 60

Vor der ersten Gläubigerversammlung kann **das Gericht** jederzeit ein Mitglied des von ihm berufenen vorläufigen Gläubigerausschusses **abberufen.** Verschiedentlich wird die Auffassung vertreten, diese Abberufung sei auch ohne Angabe von Gründen möglich (so *B-St*, § 92 Anm. 1). Dem kann nicht zugestimmt werden. Wenn auch auf die Bestellung als Mitglied des Ausschusses keinerlei Recht besteht, so wird doch durch diese Bestellung, ist sie einmal ausgesprochen – auch wenn es sich nur um ein Organ von vorläufigem Bestand handelt – eine besondere Rechtsstellung verliehen, in die nicht nach freiem, sondern nur nach pflichtgemäßem Ermessen eingegriffen werden darf. Die Entscheidung sollte daher stets begründet werden; daß die Abberufung nur aus wirklich wichtigem Grund ausgesprochen wird, sollte selbstverständlich sein. 61

Die h. M. bejaht zwar die grundsätzliche **Anfechtbarkeit** dieses Widerrufes (*B-St*, § 92 Anm. 1; *M-K*, § 92 Anm. 2), ist jedoch der Auffassung, daß für einen Rechtsbehelf die erforderliche Beschwer fehle, da die Bestellung ohnehin bis zur ersten Gläubigerversammlung andauere. Dem kann in dieser pauschalen Form ebenfalls nicht zugestimmt werden. Es sind durchaus Verfahren – insbesondere Großverfahren – denkbar, in denen dem vorläufigen Gläubigerausschuß bereits wichtige Aufgaben zufallen und durch die Entlassung eines Mitgliedes unter Umständen Verzerrungen in der Repräsentationsgewichtung und den Stimmenverhältnissen eintreten. 62

Strittig ist, ob ein Ausschußmitglied in entsprechender Anwendung der §§ 627, 672 BGB seine Tätigkeit **aufkündigen** kann. Das dürfte zu bejahen sein (*M-K*, § 92 Anm. 3; *Bleyer*, § 92 Anm. 1a; LG Stuttgart MDR 1960, 321). Die abweichende Meinung (J-W, § 92 Anm. 2; *B-St*, § 87 Anm. 3; AG 63

Kaufbeuren KTS 1966, 121) geht wohl zu Unrecht davon aus, daß die Mitglieder des Ausschusses ein Amt auch nur im weitesten Sinne inne hätten. Das kann jedoch nicht angenommen werden; die Ausschußmitglieder sind Beauftragte der Gesamtgläubigerschaft, die bestimmte Rechte der Gläubiger für diese wahrnehmen. Wäre die Mitgliedschaft der Gläubiger ein Amt (selbst im weitesten Sinne), so müßte das Mitglied wohl durch das Gericht bestellt und nicht nur von den Gläubigern gewählt werden.

3.6 Honorar und Auslagenersatz

64 Die Mitglieder des Gläubigerausschusses haben Anspruch auf Erstattung angemessener barer Auslagen und auf Vergütung für ihre Geschäftsführung. Die Beträge werden vom Gericht festgesetzt, die Gläubigerversammlung ist vorher anzuhören. Zur Festsetzung im einzelnen s. unten 554 ff.

Zu den zu erstattenden baren Auslagen können unter Umständen – insbesondere bei einem schwierigen und tatsächlich verwickelten Verfahren – auch die Prämien einer von den Ausschußmitgliedern abgeschlossenen Vermögenshaftpflichtversicherung gehören (*Uhlenbruck* KTS 1967, 203; *derselbe* VersR 1973, 499).

4. Die Gläubigerversammlung

4.1. Allgemeines

65 Die einzelnen Konkursgläubiger können ihre Teilnahmerechte an der Konkursmasse unabhängig voneinander geltend machen. Demnach ist jeder einzelne Gläubiger befugt, der Forderung und dem Vorrechtsanspruch jedes anderen Gläubigers im Prüfungstermin zu widersprechen, gegen die Zulassung der überhaupt noch nicht oder noch nicht unbedingt festgestellten Konkursforderung zur Teilnahme an den Abstimmungen Widerspruch zu erheben, sowie gegen die Verzeichnisse der bei den Verteilungen zu berücksichtigenden Forderungen Einwendungen vorzubringen (§§ 144 Abs. 1, 95, 96, 158 Abs. 1, 162). Ferner kann jeder einzelne Gläubiger Ansprüche gegen den Verwalter und die Mitglieder des Gläubigerausschusses aus ihrer Geschäftsführung erheben und die Schlußrechnung des Verwalters bemängeln (§§ 86, 89). Dagegen steht den einzelnen Konkursgläubigern auf die Verwaltung und Verwertung der Konkursmasse nur mittelbar und nur in sehr beschränktem Maße ein Einfluß zu (s. § 99). Bei der Verwaltung und Verwertung der Masse ist nur die Versammlung der Konkursgläubiger zu unmittelbarer Mitwirkung berufen.

Die Gläubigerversammlung ist ein Selbstverwaltungsorgan; sie ist aber kein Organ der Gläubigerschaft, dem eigene Rechtspersönlichkeit zukäme. Sie ist deshalb weder zur Prozeßführung noch zum Abschluß von Rechtsgeschäften oder zur Einlegung von Rechtsbehelfen in der Lage (*J-W,* § 93 Anm. 1; *M-K,* 1 93 Anm. 1).

4.2. Die Aufgaben der Gläubigerversammlung

Die Gläubigerversammlung **ist zuständig**

1. für die in den §§ 110 und 132 bezeichneten Angelegenheiten;
2. Zu Anträgen an das Gericht auf Entlassung des Verwalters (§ 84);
3. Zur Bestellung und zur Beseitigung eines Gläubigerausschusses, sowie zur Wahl und zur Absetzung einzelner Auschußmitglieder (§§ 87, 92);
4. Zur Beschlußfassung über die Vornahme einer vom Verwalter beabsichtigten Rechtshandlung, die auf Anrufen des Gemeinschuldners das Gericht dem Verwalter vorläufig untersagt hat (§§ 129, 130, 135 Abs. 1);
5. Zur Beschlußfassung darüber, ob und inwieweit Quittungen des Verwalters von der Hinterlegungsstelle oder Anweisungen des Verwalters auf die Hinterlegungsstelle zu ihrer Gültigkeit der Mitzeichnung eines Mitgliedes des Gläubigerausschusses etwa nicht bedürfen sollen (§ 137);
6. Zur Beschlußfassung darüber, was mit den nicht verwertbaren Vermögensstücken geschehen soll (§ 162);
7. Zur Beschlußfassung über einen vom Gemeinschuldner gemachten Zwangsvergleichsvorschlag (§ 182).

Die Genehmigung der Gläubigerversammlung zu Rechtshandlungen des Verwalters ist, wenn ein Gläubigerausschuß besteht, in keinem Falle erforderlich. Wenn dagegen ein Gläubigerausschuß nicht vorhanden ist, so bedarf der Verwalter nach § 134 der **Genehmigung der Gläubigerversammlung:**

1. wenn er einen zur Konkursmasse gehörigen unbeweglichen Gegenstand aus freier Hand veräußern will;
2. wenn er das Geschäft oder das Warenlager des Gemeinschuldners im ganzen veräußern will;
3. wenn er einen Anspruch des Gemeinschuldners auf den Bezug wiederkehrender Einkünfte veräußern will;
4. wenn er Darlehen aufnehmen will;
5. wenn er fremde Verbindlichkeiten übernehmen will;
6. wenn er Gegenstände, die zur Konkursmasse gehören, verpfänden will;
7. wenn er Grundstücke erstehen will.

67 Zur Erfüllung ihrer Aufgaben kann die Gläubigerversammlung sich vom Gericht ermächtigen lassen, vom Gemeinschuldner alle erforderlichen **Auskünfte** zu erhalten (§ 100). Liegt die notwendige Anordnung des Gerichts vor, so kann die Auskunft nach § 101 Abs. 2 erzwungen werden. Es kann auch die Abgabe der eidesstattlichen Versicherung des § 125 verlangt werden (*B-St,* § 100 Anm. 1); wenn dieses Recht schon einem einzelnen Gläubiger zusteht, kann es erst recht von einer Mehrheit der Gläubiger ausgeübt werden.

Auskunftspflicht besteht für den Gemeinschuldner bzw. seinen gesetzlichen Vertreter. Bei juristischen Personen sind auskunftsverpflichtet die Vorstandsmitglieder und die Liquidatoren. Bei Personengesellschaften besteht die Auskunftspflicht für alle Gesellschafter; beim Nachlaßkonkurs für alle Erben. Wegen der Auskunftspflicht bei einer Einmann-GmbH vgl. LG Düsseldorf, KTS 1961, 191. Allgemein zur Auskunftspflicht *Uhlenbruck* JR 1971, 445.

4.3 Die Einberufung der Gläubigerversammlung

68 Die Gläubigerversammlung wird durch das Konkursgericht einberufen (§ 93). Deshalb ist eine vom Konkursverwalter durchgeführte und einberufene Versammlung der Gläubiger keine Gläubigerversammlung im Sinne des Gesetzes; ihren Beschlüssen kommt keine Rechtsverbindlicheit zu (*Mohrbutter,* HB, S. 882).

Das Gericht muß bei regelmäßigem Verlauf des Verfahrens eine Gläubigerversammlung einberufen:

- Zur Durchführung der in §§ 110 genannten Aufgaben (= **Wahltermin** und **Prüfungstermin**; s. dazu unten Rn 165 ff., 297 ff.)
- Zur Abnahme der **Schlußrechnung** (§ 86); s. unten Rn 396;
- Zur Erhebung von **Einwendungen gegen das Schlußverzeichnis** usw. (= **Schlußtermin,** § 162), vgl. unten Rn 402;
- Im Falle des § 135 Abs. 2;
- Wenn ein Vergleichsvorschlag vorliegt (§ ;179; = **Vergleichstermin**), s. dazu unten Rn 431 ff.;
- Wenn ein zulässiger **Antrag** auf Einberufung gestellt worden ist (s. dazu unten 69).

Im Konkurs eines Ausstellers von Schuldverschreibungen ist daneben noch eine Versammlung der Schuldverschreibungsgläubiger einzuberufen (vgl. §§ 6, 7, 18 SchVG und *Kalter* KTS 1957, 107).

Im übrigen steht die Einberufung einer Gläubigerversammlung im pflichtgemäßen Ermessen des Konkursgerichts.

Zum **Antrag** auf Einberufung einer Gläubigerversammlung sind **berechtigt:** 69

1. Der Konkursverwalter,
2. der Gläubigerausschuß (nicht aber auch dessen Mitglieder als einzelne),
3. die Konkursgläubiger unter folgenden Voraussetzungen:

Der Antrag muß von mindestens fünf Konkursgläubigern gestellt werden und deren Forderungen müssen nach der Schätzung des Gerichts den fünften Teil der gesamten bekannten Schuldenmasse erreichen. Die Schätzung des Gerichts tritt nur bezüglich der noch nicht festgestellten Forderungen ein, dabei sind die §§ 95, 96 entsprechend anwendbar. Streitige Forderungen werden also insoweit berücksichtigt, als ihnen nach dem Ergebnis des Prüfungstermines ein Stimmrecht zusteht. Ausfallsforderungen (z. B. der Gesellschaftsgläubiger im Konkurs über das Privatvermögen eines persönlich haftenden Gesellschafters oder Forderungen der Absonderungsberechtigten) kommen in Höhe ihres festgestellten oder wiederum zu schätzenden mutmaßlichen Ausfalls in Ansatz. Bei aufschiebend bedingten Forderungen ist die größere oder geringere Wahrscheinlichkeit des Eintritts der Bedingung in Betracht zu ziehen. Auflösend bedingte Forderungen werden, so lange die Bedingung nicht eingetreten ist, voll berücksichtigt. Aussonderungsberechtigte und Massegläubiger zählen in keinem Falle mit.
Der Antrag muß angeben, zu welchem Zweck eine Gläubigerversammlung einberufen werden soll. Dies ist schon deshalb erforderlich, weil der Gegenstand der Versammlung zu veröffentlichen ist, § 98.
Fraglich ist, ob **das Gericht den** – mit gehöriger Mehrheit gestellten – **Antrag** 70
ablehnen kann, wenn nach der Angabe der Antragsteller eine Entscheidung der Gläubigerversammlung begehrt wird, die offensichtlich nicht getroffen werden kann, weil der Gläubigerversammlung dafür die Kompetenz fehlt (z. B. Antrag auf Verlegung des Verfahrens an ein anderes Gericht, Antrag auf Bestellung eines zusätzlichen Verwalters oder auf Bestellung eines Gegenverwalters). *Senst-Müller* haben in der Vorauflage (S. 108) eine solche Ablehnung nicht für möglich erachtet. Für diese Auffassung könnte zwar zunächst der Wortlaut des § 93 Abs. 1 sprechen. Bei sach- und interessengerechter Auslegung muß jedoch § 93 so verstanden werden, daß eine Versammlung nur zur Herbeiführung eines rechtlich wirksamen Beschlusses einberufen werden muß. Das Gericht kann nicht gezwungen werden, eine Versammlung einzuberufen, von der von vornherein eindeutig feststeht, daß sie einen Beschluß des beantragten Inhalts nicht fassen kann bzw. daß ein solcher Beschluß, würde er gefaßt, unwirksam wäre. An der Herbeiführung nichtiger Beschlüsse kann niemand ein rechtlich schützenswertes Interesse haben. Der Konkurs steht unter dem Leitprinzip einer möglichst umfassenden Gläubigerbefriedigung. Es kann unmöglich Pflicht des Gerichts sein,

Massegelder zu Lasten der Gläubigerschaft dadurch zu verschwenden, daß für unsinnige Anträge Gläubigerversammlungen einberufen werden. Wenn der im Antrag angegebene Zweck eindeutig und ohne jeden Zweifel nach den gesetzlichen Vorschriften nicht erreichbar ist, muß das Gericht das Recht haben, den Antrag auf Einberufung einer Gläubigerversammlung abzulehnen, auch wenn er mit der in § 93 vorgeschriebenen Mehrheit gestellt worden ist.

4.4 Rechtsbehelfe

71 Gegen den Entscheid, eine Gläubigerversammlung einzuberufen, kann jeder Beteiligte befristete Erinnerung (sofortige Beschwerde) erheben. Der gleiche Rechtsbehelf steht dem Antragsteller zu, wenn der Antrag auf Einberufung einer Gläubigerversammlung abgelehnt wird.

Im Falle des § 93 Abs. 1 S. 2 kann die Entscheidung des Gerichts (sowohl die positive wie die negative) nicht mit der Behauptung angefochten werden, die Schätzung des Gerichts über die Forderungshöhe der Antragsteller sei nicht zutreffend. Das ist daraus zu folgern, daß auch die Stimmrechtsentscheidungen des Gerichts bei bestrittenen Forderungen unanfechtbar sind ((§ 95 Abs. 3, § 96 Abs. 3, § 11 Abs. 5 RpflG). Dieser Grundsatz muß hier entsprechend gelten (*J-W,* § 93 Anm. 6; *M-K,* § 91 Anm. 2; *B-St,* § 94 Anm. 2).

4.5 Die Form der Einberufung

72 Die Berufung einer jeden Gläubigerversammlung erfolgt durch das Konkursgericht (§ 93 Abs. 1). Die Berufung muß öffentlich bekanntgemacht werden. Der öffentlichen Bekanntmachung bedarf es nur dann nicht, wenn in einer früheren Gläubigerversammlung eine Vertagung der Verhandlung angeordnet worden ist (§ 93 Abs. 2). In diesem Falle genügt die Verkündung der Anordnung. Die öffentliche Bekanntmachung muß stets durch das Amtsblatt des Gerichts geschehen. Wie sie sonst noch erfolgen soll, hat das Gerich in jedem Fall zu bestimmen (vgl. dazu allgemein oben Rn 34 ff.)

In der Bekanntmachung muß der Gegenstand, über den in der Versammlung Beschluß gefaßt werden soll, derart angegeben werden, daß jedermann ersehen kann, worum es sich handelt. Die Angabe braucht jedoch nur eine allgemeine zu sein; Mitteilung von Einzelheiten ist entbehrlich.

Die Bekanntmachung soll so zeitig geschehen, daß zwischen dem Tage, mit dem sie als bewirkt gilt (§ 76 Abs. 1), und dem Terminstage noch mindestens drei volle Tage liegen (§ 72, § 217 ZPO). Vgl. oben Rn 34 ff.

Neben der öffentlichen Bekanntmachung braucht irgendwelche besondere Zustellung nicht zu erfolgen, da die öffentliche Bekanntmachung als Zustel-

lung an alle Beteiligten gilt (§ 76 Abs. 3). Nur zu dem Vergleichstermin müssen die nicht bevorrechtigten Gläubiger, der Verwalter und der Gemeinschuldner besonders geladen werden (§ 179).
Wegen des **äußeren Ablaufs der Gläubigerversammlung,** des **Stimmrechts** und der **Durchführung der Abstimmungen** s. unten Rn 168 ff.

4.6 Die Wirksamkeit der Beschlüsse der Gläubigerversammlung

Da die Beschlüsse der Gläubigerversammlung keine Entscheidungen des Gerichts sind, können sie mit Rechtsbehelfen nicht angefochten werden (*J-W,* § 73 Anm. 1; *M-K,* § 73 Anm. 11; LG Düsseldorf KTS 1970, 56). 73
Unwirksam und daher rechtlich unbeachtlich sind Beschlüsse, die unter Verletzung der gesetzlichen Vorschriften über die Einberufung, die Leitung und die Abstimmung ergangen sind. Überschreitet die Gläubigerversammlung ihre Zuständigkeit und faßt Beschlüsse, die nicht in ihrer Macht stehen, (so z. B. das Ruhen des Verfahrens oder die Bestellung eines weiteren Verwalters), so sind auch diese Beschlüsse unwirksam (*J-W,* § 93 Anm. 2). Die Unwirksamkeit solcher Beschlüsse kann von jedermann geltendgemacht werden (*M-K,* § 98 Anm. 2; *J-W,* § 98 Anm. 1. Die ältere Literatur, die dem vereinzelt widersprach, so z. B. *Kleinfeller* JW 1931, 2588, dürfte überholt sein). Da eine Anfechtung der Beschlüsse nicht möglich ist, nachdem es sich nicht um gerichtliche Entscheidungen handelt, kann auch von einer »Rechtskraft« solcher Beschlüsse keine Rede sein (diese vom RG in RGZ 143, 266 vertretene Auffassung hat keine Zustimmung gefunden, sie kann als überholt gelten). Unwirksame Beschlüsse sind dies also von Anfang an und ohne daß die Unwirksamkeit durch eine gerichtliche Entscheidung festgestellt werden müßte.
Wirksame Beschlüsse können vom Konkursgericht unter bestimmten Umständen mit einem **Veto** belegt werden: Gem. § 93 kann das Gericht bei Beschlüssen, die dem gemeinsamen Interesse der Konkursgläubiger widersprechen, auf Antrag **die Ausführung untersagen.** 74
Ein Widerstreit zwischen einem Beschluß und dem gemeinsamen Interesse der Gläubiger liegt vor, wenn der Beschluß einen einzelnen Gläubiger oder einen Dritten zum Nachteil der (anderen) Gläubiger begünstigt, oder wenn er niemandem nützlich ist (so *M-K,* § 99 Anm. 2). Das Veto ist nicht möglich, wenn nur ein einzelner oder einige wenige Gläubige benachteiligt werden, oder wenn die Benachteiligung Massegläubiger oder Absonderungsberechtigte betrifft.
Aus dem Wortlaut des § 99 wird zuweilen geschlossen, er sei nur bei solchen Beschlüssen anwendbar, die noch einer Ausführung bedürfen, nicht jedoch bei Beschlüssen, deren Auswirkungen sofort mit der Beschlußfassung eintre-

ten (so OLG Neustadt MDR 56, 47 und OLG Nürnberg KTS 1968, 252). Dem ist nicht zuzustimmen. Eine interessengerechte Auslegung der Vorschrift muß dazu führen, daß alle Beschlüsse beanstandet werden können, die dem Interesse der Gläubigerschaft entgegenstehen; an der Durchführung solcher Beschlüsse kann außer dem unmittelbar Begünstigten niemand ein Interesse haben. Der Konkurs ist auf die Durchsetzung der Gemeinschaftsinteressen hin angelegt. Ihnen gegenüber müssen Einzelinteressen stets zurücktreten. § 99 ist also als Vetomöglichkeit gegen alle Arten von Beschlüssen der Gläubigerversammlung aufzufassen (*J-W,* § 87 Anm. 5, § 99 Anm. 3; *M-K,* § 99 Anm. 41 *B-St,* § 99 Anm. 1).

Das gilt, entgegen der Auffassung von *Senst-Müller* in der Vorauflage (S. 44) auch bei Beschlüssen, die auf Unterlassen gerichtet sind. Das gemeinsame Interesse der Konkursgläubiger ist das vorrangige Prinzip des gesamten Verfahrens. Dieses Interesse muß stets – wie *M-K* (§ 99 Anm. 5) zu Recht betonen – gegenüber einer eigensüchtigen und unverständigen Mehrheit geschützt werden. Wenn die Gläubigerversammlung deshalb eine Maßnahme des Verwalters untersagt und die Voraussetzungen des § 99 liegen vor, so liegt im Veto des Gerichts eine zulässige Genehmigung dieser Handlung (*J-W,* § 99 Anm. 3; *M-K,* a.a.O.; *B-St,* § 99 Anm. 1). Das Gericht tritt in solchen Fällen mit seiner Genehmigung an die Stelle der Gläubigerversammlung; es erweist sich damit letztlich als die übergeordnete und zur Wahrung der Gesamtinteressen berufene Instanz des Konkursverfahrens.

Wegen des Vetos gegen die Wahl von Mitgliedern des Gläubigerausschusses s. oben Rn 55,56.

75 Gegen einen Beschluß des Gerichts, der vom Veto des § 99 Gebrauch macht, kann befristete Erinnerung (sofortige Beschwerde) eingelegt werden. Beschwerdeberechtigt sind:

- der Verwalter;
- alle in der Gläubigerversammlung anwesend gewesenen Gläubiger, sofern sie
  a) nicht den Antrag auf Erlaß des Vetos gestellt haben, und
  b) nicht zu der überstimmten Minderheit gehört haben,

sowie alle Gläubiger, die an der Gläubigerversammlung nicht teilgenommen haben (*J-W,* § 99 Anm. 5).

Weist das Gericht den Antrag auf Einlegung eines Vetos zurück, steht das Beschwerderecht zu dem Verwalter, dem Antragsteller, sowie allen überstimmten Gläubigern. Die letzteren sind deshalb beschwert, weil sie gegen den Beschluß der Gläubigerversammlung gestimmt haben und somit der Vollzug dieses Beschlusses gegen ihren Willen geschehen würde. Daß sie das Veto nicht beantragt haben, kann nichts besagen; nachdem Voraussetzung des Vetos gerade ein gemeinsames Interesse aller Gläubiger ist, muß angenommen werden, daß jeder Antragsteller bei Beantragung des Vetos das Interesse aller Gläubiger im Auge hat und zu wahren entschlossen ist (*M-K*, § 99 Anm. 6. Anderer Ansicht: *J-W*, § 99 Anm. 6).

Teil III: Die Voraussetzungen der Konkurseröffnung

1. Die Zuständigkeit des Gerichts

76 Konkursgericht ist im Regelkonkurs das Amtsgericht, bei dem der Gemeinschuldner seine gewerbliche Niederlassung hat; in Ermangelung einer solchen ist zuständig das Amtsgericht des allgemeinen Gerichtsstandes (§§ 13–19 ZPO). Sind danach mehrere Gerichte zuständig, so hat das den Vorzug, bei dem zuerst der Antrag gestellt worden ist § 71 Abs. 1 und 2.
Zum Begriff der gewerblichen Niederlassung vgl. *Strotzki* KTS 1960, 71. Wichtig ist insbesondere, daß unter »Niederlassung« i. S. des Gesetzes nur die Hauptniederlassung und nicht jede Filiale zu verstehen ist (*B-St,* § 71 Anm. 3; *Mohrbutter,* HB, § 80 I 1).
Bei Anträgen gegen mehrere Gesellschafter einer (nicht konkursfähigen) BGB-Gesellschaft kann das zuständige Konkursgericht gem. § 36 Nr. 3 ZPO bestimmt werden (BGH NJW 1951, 312).
Für die Eröffnung des Anschlußkonkurses ist das Vergleichsgericht zuständig. Dies gilt für alle Fälle (§ 19, 80, 101, 96 VerglO); auch in den Fällen des § 96 Abs. 6 VerglO bei Antragstellung durch einen Gläubiger während des Nachverfahrens (*J-W,* § 71 Anm. 9; *B-St,* § 71 Anm. 3; *Mohrbutter,,* HB, § 80 I. Anderer Ansicht: OLG Stuttgart NJW 1955, 1932 und AG Pyrmont KTS 1956, 95).
Beim Nachlaßkonkurs bestimmt sich die Zuständigkeit nach dem letzten Wohnsitz des Erblassers. § 214.
Wer im Inland keinen allgemeinen Gerichtsstand hat, aber eine gewerbliche Niederlassung i. S. des § 21 Abs. 1 ZPO (hier genügt also auch eine Zweigniederlassung, *J-J,* § 238 Anm. 76) kann an diesem Ort mit Konkurs überzogen werden, § 238. Dieses Verfahren umfaßt dann allein das Inlandsvermögen. Hinsichtlich der Voraussetzungen des § 238 Abs. 1 genügt es, wenn sie im Zeitpunkt der Eröffnung vorliegen (*Weber* KTS 1965, 95; LG Freiburg KTS 1964, 189. Vgl. auch allgemein *Baumgärtel* AWD BB 1971, 564).
Eine vergleichbare Zuständigkeitsregel enthält § 238 Abs. 2 für einen Schuldner, der im Inland weder einen allgemeinen Gerichtsstand noch eine gewerbliche Niederlassung, wohl aber ein mit Wohn- und Wirtschaftsgebäuden versehenes Gut hat, das durch ihn oder für seine Rechnung bewirtschaftet wird.

77 Gem. § 71 Abs. 3 ist es zulässig, durch Rechtsverordnung der Landesregierung oder der ermächtigten Justizverwaltung die Konkurssachen mehrerer Amtsgerichtsbezirke bei einem Amtsgericht zusammenzufassen. Davon wurde Gebrauch gemacht in

Baden-Württemberg	VO vom 20. 12. 1968 (GBL 1969, 6) in der Fassung der VO vom 19. 12. 1969 (GBl 1970, 15).
Bayern	VO vom 21. 6. 1957 (GVBl. 1957, 127i. d. F. der VO vom 22. 5. 1973 (GVBl. S. 316)
Berlin	Bekanntmachung vom 27. 3. 1949 (VOBl. I S. 128)
Niedersachsen	VO vom 11. 3. 1971 (GVBl. 1971. 112)
Nordrhein-Westfalen	VO vom 10. 9. 1969 (GVBl. 1969, 696) in der Fassung der VO vom 30. 9. 1970 (GVBl. 1970, 708).
Rheinland-Pfalz	LVO vom 30. 10. 1969 (GVBl. 1967, 316).

Auch wenn eine solche Anordnung ergangen ist, wird dadurch der Gerichtsbezirk i. S. des GVG nicht geändert. Das Konkursgericht kann deshalb auch Gerichte um Rechtshilfe ersuchen, die innerhalb des gem. § 71 Abs. 3 erweiterten Zuständigkeitsbereiches liegen (OLG Düsseldorf JMBl. NRW 1968, 115; OLG Nürnberg KTS 1958, 156).
Wegen der funktionellen Zuständigkeit s. oben Rn 37 ff.

2. Der Konkursgrund

2.1. Allgemeines

Voraussetzung für die Konkurseröffnung ist das Vorliegen eines Konkursgrundes. Das Gesetz kennt zwei Konkursgründe: **78**

die **Zahlungsunfähigkeit**
und die **Überschuldung.**

Zahlungsunfähigkeit ist Konkursgrund bei natürlichen Personen und Personengesellschaften (§§ 102, 209). Bei AG, KGaA, GmbH, allen juristischen Personen und Vereinen ist daneben auch die Überschuldung ausreichend (§§ 207, 209, 213; § 33 GmbHG). Beim Nachlaßkonkurs und dem Konkurs über das Gesamtgut einer fortgesetzten Gütergemeinschaft ist Konkursgrund nur die Überschuldung (§ 215). Bei Erwerbs- und Wirtschaftsgenossenschaften ist Konkursgrund grundsätzlich die Zahlungsunfähigkeit (§ 98 Abs. 1 Nr. 1 GeuG) die Überschuldung unter bestimmten Voraussetzungen (§ 98 Abs. 1 Nr. 2 u. 3).
Wegen der Notwendigkeit für diese unterschiedliche Festlegung von Konkursgründen vgl. *Eickmann,* Abschn. 3.1.3 (= S. 22).

2.2 Die Zahlungsunfähigkeit

Zahlungsunfähigkeit ist das auf dem Mangel an Zahlungsmittel beruhende dauernde Unvermögen des Schuldners, seine fälligen Geldschulden noch im wesentlichen zu berichtigen (BGH KTS 1957, 12; KG KTS 1960, 172). **79**

Die Zahlungsunfähigkeit ist somit hauptsächlich durch das zeitliche Erfordernis der dauernden Unfähigkeit gekennzeichnet. Wesentlich ist also, daß der Schuldner trotz Versilberung vorhandener Vermögenswerte (vgl. BGH a.a.O.) und trotz Ausschöpfung aller noch vorhandenen Kreditmöglichkeiten zur Erfüllung der laufenden Verpflichtungen nicht mehr in der Lage sein wird. Damit unterscheidet sich die Zahlungsunfähigkeit von der bloßen **Zahlungsstockung**, die eingetreten ist, etwa weil Außenstände nicht rechtzeitig eingegangen und unerwartete größere Zahlungen zu leisten sind (RGZ 50, 42, vgl. zur Unterscheidung auch OLG Nürnberg KTS 1966, 107). Entscheidend ist somit allein, ob es gelingen kann, innerhalb einer angemessenen und der Verkehrsauffassung nach zumutbaren Frist Kredit oder Stundung zu erhalten (RGZ a.a.O.; BGH LM § 30 KO Nr. 6); das Verhältnis der bezahlten zu den unbezahlten Schulden ist insoweit ohne Bedeutung (BGH LM a.a.O.).

80 Ein wesentliches Indiz dafür, daß Zahlungsunfähigkeit vorliegt, ist die **Zahlungseinstellung** (§ 102 Abs. 2); sie ist »die wichtigste Äußerung der Zahlungsunfähigkeit« (*J-L*, § 30 Anm. 1; *J-W*, § 102 Anm. 2; *Böhle-Stamschräder* in KTS 1957, 26).

Die Rechtsprechung hat für das Vorliegen einer Zahlungseinstellung eine Anzahl von Kriterien entwickelt:

Einstellung des Geschäftsbetriebes: Nach RG JW 1927, 386 soll es für die Zahlungseinstellung nicht von ausschlaggebender Bedeutung sein, ob der Geschäftsbetrieb geschlossen wird oder nicht. Das erscheint zweifelhaft. Regelmäßig kann davon ausgegangen werden, daß die Schließung des Geschäftes – zumal wenn es der einzige Geschäftsbetrieb des Schuldners ist – auf Zahlungseinstellung hindeutet (so auch *Mohrbutter*, HB § 81 II).

Erklärung der Zahlungseinstellung durch den Schuldner: Sie ist allenfalls ein Indiz für die Zahlungseinstellung (vgl. RGZ 6, 97). Liegt Zahlungseinstellung objektiv jedoch nicht vor, weil der Schuldner objektiv durchaus in der Lage wäre, seine fälligen Verbindlichkeiten zu erfüllen, so kann die Zahlungseinstellung allein aus der Erklärung nicht entnommen werden (RG in Gruch 53, 1128).

Nichtbezahlung von Energie- und Rohstofflieferungen: Die Nichtzahlung von betriebsnotwendigen Energie- oder Rohstofflieferungen (Elektrischer Strom, Gas, Wasser, Kohle etc.) kann Zahlungseinstellung bedeuten, wenn ihre zwangsläufige Folge die Einstellung der Belieferung ist und damit die Fortführung des Betriebes unmöglich werden wird (RGZ 50, 42; BGH WM 1955, 1470).

Haftbefehl: Daß gegen einen Schuldner ein Haftbefehl zur Erzwingung der Offenbarungsversicherung ergangen ist, reicht alleine zur Annahme einer Zahlungseinstellung nicht aus (LG Berlin KTS 1963, 188; LG Düsseldorf

KTS 1964, 127). Allerdings kann eine Häufung von Haftbefehlen durchaus ein Indiz für das Vorliegen von Zahlungseinstellung sein.

Krankenkassenbeiträge: Die Nichtzahlung der Krankenkassenbeiträge braucht nicht auf Zahlungseinstellung hinzudeuten, solange sich die Kasse mit Teilzahlungen zufrieden gibt und auch im übrigen, wenn auch schleppend, die fälligen Schulden bezahlt werden (HansOLG Hamburg MDR 1972, 659).

Löhne und Gehälter: Die Nichtzahlung der laufenden Löhne und Gehälter kann für die Annahme einer Zahlungseinstellung von ausschlaggebender Bedeutung sein (RG in Recht 1910 Nr. 3594, vgl. auch RG WarnRspr 1933, Nr. 30 und BGH BB 1957, 941). Andererseits ist das Vorliegen einer Zahlungseinstellung keineswegs ausgeschlossen, weil die Löhne und Gehälter noch weiter bezahlt werden, während die übrigen fälligen Schulden unbezahlt bleiben (RG LZ 1907, 917; RG KuT 1935, 6; BGH WM 1961, 1297).

Steuern: Auch für die schleppende und nur teilweise – vom Finanzamt geduldete – Bezahlung von Steuern gilt, was vorne für die Krankenkassenbeiträge festgestellt wurde (so ausdrücklich HansOLG a.a.O.). Insbesondere kann eine Zahlungseinstellung nicht angenommen werden, wenn der Schuldner Steuern nicht zahlt, gegen deren Festsetzung er Rechtsmittel eingelegt hat, die später Erfolg hatten (BGH WM 1961, 1297).

Wechselproteste: Die Tatsache, daß bei einem Kaufmann Wechselproteste vorgenommen wurden, kann allein die Annahme einer Zahlungseinstellung noch nicht begründen (RGZ 50, 42; *M-K,* § 30 Anm. 3). Angesichts der Folgen jedoch, die mit Wechselprotesten verbunden sind, insbesondere im Hinblick auf die Kreditfähigkeit, muß jedenfalls aus einer über einen gewissen Zeitraum sich erstreckenden größeren Zahl von Wechselprotesten auf Zahlungseinstellung geschlossen werden (so auch *B-St,* § 30 Anm. 2c).

Zwangsvollstreckungen: Auch hier sind entscheidend Umfang und Dauer der Vollstreckungsmaßnahmen. Gewiß kann die einmalige oder vereinzelte Vornahme von Zwangsvollstreckungen nicht auf Zahlungseinstellung schließen lassen. Andererseits sind Zwangsvollstreckungen größeren Umfanges oder in kürzeren Abständen wohl sichere Anzeichen der Zahlungseinstellung. Insbesondere gilt dies dann, wenn sich Zwangsvollstreckungen wegen an sich unstreitiger Forderungen (insbesondere Lieferantenforderungen) häufen (so auch *Mohrbutter,* HB, § 81 II). Führt die Zwangsvollstreckung mehrmals zu Pfandabstandserklärungen, so ist dies im besonderen Maße geeignet, Zahlungseinstellung zu kennzeichnen.

Die Frage der Zahlungseinstellung ist eine auf tatsächlichem Gebiete liegende Frage, die sich nur aufgrund der Gesamtlage und des Gesamtverhaltens des Schuldners im gegenwärtigen Zeitpunkt und in der Zukunft beantworten läßt (BGH WM 59, 470; *Berges* in der Anmerkung zu BGH KTS 1962, 242).

2.3 Die Überschuldung

81 Sie liegt vor, wenn die Passiven die Aktiven übersteigen; das vorhandene Vermögen also zur Abdeckung der Schulden nicht mehr ausreicht. Um diese Voraussetzungen ermitteln zu können, ist ein Vermögensstatus zu erstellen, der die tatsächlichen Werte enthält, also nicht nach den handels- und steuerrechtlichen Bilanzgrundsätzen aufgestellt wird (vgl. dazu ausführlich *Pribilla* KTS 1958, 2 und *Papke* KTS 1968, 129/143). Mit dieser Liquiditätsbilanz wird das Gericht regelmäßig einen Sachverständigen beauftragen.

3. Die Konkursfähigkeit

3.1 Allgemeines

82 Der Konkursantrag ist nur zulässig, wenn er sich gegen ein konkursfähiges Rechtssubjekt richtet. Konkursfähig sind neben den natürlichen und juristischen Personen die OHG und die KG sowie die rechtsfähigen und nichtrechtsfähigen Vereine (§§ 109, 213).
Hinzu treten die sog. Sonderkonkurse über bestimmte abgesonderte Vermögensmassen: Der Nachlaß (§ 214), das Gesamtgut einer fortgesetzten Gütergemeinschaft (§ 236) und das gemeinschaftlich verwaltete Gesamtgut einer Gütergemeinschaft (§ 236a). Neben diesen im Gesetz ausdrücklich genannten Sondervermögen sind jedoch weiter konkursfähig alle **begrenzten Vermögensmassen,** die bestimmten persönlichen Gläubigern kraft Gesetzes allein oder im Voraus haften (*Baur* DRiZ 1950, 11; *J-L,* § 1 Anm. 66; *M-K,* § 1 Anm. 8). Hier ist in erster Linie zu nennen das übernommene Vermögen gem. § 419 BGB. Weiter gehört hierher der Konkurs über das auf den sog. Einziehungsbegünstigten übergegangene Vermögen eines gem. § 3 des Vereinsgesetzes verbotenen Vereins (vgl. §§ 3 Abs. 2, 11 Abs. 3 des Vereinsgesetzes und § 15 der DVO vom 28. 7. 1966, BGBl. I S. 457 sowie *J-W,* § 213 Anm. 5).

3.2 Konkursfähigkeit juristischer Personen während ihres Entstehens

Besondere Probleme wirft die Frage der **Konkursfähigkeit der juristischen Personen während ihrer Entstehung** (Gründung etc.) auf. Dazu ist folgendes festzuhalten:

Aktiengesellschaft: Bis zur Eintragung in das Handelsregister (§§ 39, 41 Abs. 1 S. 1 AktG) mit der die AG entsteht, werden verschiedene rechtlich unterschiedlich zu wertende Stadien durchlaufen. 83

Nach einleitenden Vorbesprechungen entsteht zunächst ein Zusammenschluß von Personen, der überwiegend als sog. **Nebengesellschaft** bezeichnet wird (*Kölner Kommentar,* § 1 AktG Anm. 27). Sie ist noch nicht konkursfähig.

Auch die nach der Gründungsübereinkunft der Beteiligten entstehende **Vorgründungsgesellschaft** ist nicht konkursfähig; sie ist eine BGB-Gesellschaft (*Mohrbutter,* HB, § 88 Anm. I 1). Betreibt die Vorgründungsgesellschaft allerdings bereits ein vollkaufmännisches Unternehmen, das in die zu gründende AG eingebracht werden soll, dann ist dieses Unternehmen als OHG voll konkursfähig (BGHZ 22, 245 und 32, 310). Nach der Feststellung der Satzung durch die Gründer und der Aktienübernahme (§§ 2, 23, 28, 29 AktG) besteht die sog. **Gründergesellschaft** (auch Vor-AG; – die Bezeichnungen sind sehr unterschiedlich, was die rechtliche Wertung nicht eben erleichtert, vgl. RGZ 144, 356 und BayObLG in MDR 1965, 915 sowie *Kalter* KTS 1955, 41). Diese Gründergesellschaft ist zwar noch nicht rechtsfähig (BGHZ 45, 347), sie ist jedoch nach h. M. bereits konkursfähig (*J-B,* §§ 207, 208 Anm. 3b; *Skrotzki* KTS 1962, 138, *B-St,* § 207 Anm. 1; Anderer Ansicht: *M-K,* § 207 Anm. 2).

GmbH: Auch hier besteht zunächst eine sog. **Vorgründungsgesellschaft,** die nicht konkursfähig ist (s. oben Rn 83). Mit dem Abschluß des Gesellschaftsvertrages entsteht die **Gründergesellschaft** (oder Vor-GmbH, vgl. *Schilling* in *Hachenburg,* Anm. 2 A vor § 1; *Scholz-Fischer,* § 11 Anm. 3b. Zu den einzelnen Gründungsstufen s. ferner BAG in WM Teil IV 1973, 1330). Auch bei der GmbH muß die Gründergesellschaft als konkursfähig angesehen werden (wie oben Rn 83; sowie *Schmidt* in *Hachenburg,* § 63 Anm. 28). 84

Genossenschaft: Die **werdende Genossenschaft** ist konkursfähig, sobald das Statut errichtet ist (§§ 5 ff., GenG). Zwar ist sie in diesem Zeitpunkt noch keine Rechtsperson, sie ist jedoch bereits ein Zusammenschluß, der dem Recht der Genossenschaft untersteht, ausgenommen nur die Vorschriften, die die Eintragung voraussetzen (BGHZ 17, 391 und BGHZ 22, 281). In diesem Stadium ist sie konkursfähig (*B-St,* § 208 An. 3; *Mohrbutter,* HB, § 88 CI). 85

KG aA: Die Rechtslage ist hier ähnlich der bei der AG. Die Konkursfähigkeit setzt ein mit der Feststellung der Satzung durch die Gründer (vgl. BGHZ 45, 347 und *J-W,* §§ 209, 210 Anm. 10a). 86

OHG und KG: Vor der Eintragung der Gesellschaft in das Handelsregister besteht nach dem Abschluß des Gesellschaftsvertrages eine sog. **Vorgesellschaft.** Sie ist regelmäßig Gesellschaft gem. § 705 BGB (BGHZ 11, 192) und 87 als solche nicht konkursfähig (s. unten Rn 93). Etwas anderes gilt dann, wenn die Vorgesellschaft bereits ihre Geschäfte aufgenommen hat und somit gegenüber Dritten rechtlich in Erscheinung getreten ist (vgl. § 123 Abs. 2 HGB). Sie ist dann konkursfähig (*Baur* DRiZ 1950, 9; *B-St*, § 209 Anm. 1). Etwas anderes gilt wiederum, wenn die von der Vorgesellschaft betriebenen Geschäfte unter die §§ 2, 3 Abs. 2 HGB fallen, weil in diesem Fall wiederum nur eine nichtkonkursfähige BGB-Gesellschaft gegeben ist (BGHZ 11, 192; *Fischer* im Großkommentar zum HGB, § 105 Anm. 14; *J-B*, §§ 209, 210 Anm. 3).

88 **Faktische Gesellschaft:** Eine faktische Gesellschaft liegt vor, wenn der abgeschlossene Gesellschaftsvertrag unwirksam ist, die Gesellschaft jedoch ihre Geschäfte aufgenommen hat, den Vertrag also tatsächlich ausführt. Die faktische Gesellschaft ist konkursfähig, sofern ein gemeinsames Vermögen der Gesellschaft entstanden ist, das von dem Privatvermögen getrennt werden kann (BGHZ 13, 321 und BGHZ 44, 326; *Fischer* im Großkommentar, § 105 Anm. 88 ff., 94).

Davon zu unterscheiden ist die sog. **Scheingesellschaft,** die entweder keinen oder einen aufschiebend bedingten Gesellschaftsvertrag aufzuweisen hat, bei dem die Bedingung noch nicht eingetreten ist. Diese Scheingesellschaft ist nicht konkursfähig (*J-B*, §§ 209, 210 Anm. 3; *M-K*, § 209 Anm. 2; *B-St*, § 209 Anm. 1; OLG Schleswig SchlHAnz 1959, 214. Anderer Ansicht: *Wichert* MDR 1960, 976).

3.3 Konkursfähigkeit juristischer Personen während ihrer Auflösung

Ähnliche Fragen stellen sich hinsichtlich der **Konkursfähigkeit von Gesellschaften, die sich in Auflösung befinden.**

89 **Aktiengesellschaft:** Die Konkursfähigkeit besteht, solange das Vermögen nicht verteilt ist (§ 207 Anm. 2) und zwar auch dann, wenn die AG nach §§ 396 ff. AktG aufgelöst worden ist (*J-W*, §§ 207, 207 Anm. 4; *B-St*, § 207 Anm. 1).

Auch eine gem. § 275 AktG nichtige AG ist – selbst nach rechtskräftiger Feststellung und Eintragung der Nichtigkeit in das Handelsregister – konkursfähig (*M-K*, § 207 Anm. 4; *Mohrbutter*, HB, § 88 A I).

Werden Aktiengesellschaften verschmolzen (§§ 339 ff. AktG) oder wird eine AG in eine KGA oder GmbH umgewandelt (§§ 362, 369 AktG), so ist konkursfähig nur die übernehmende bzw. die neuentstandene Gesellschaft (*J-W*, §§ 207, 208 Anm. 5).

Etwas anderes gilt, wenn die AG in eine oHG oder KG umgewandelt worden ist (§§ 3 ff. UmwG). Hier ist bis zur rechtswirksamen Vereinigung der

Vermögen ein eigener Konkurs über das übernommene Vermögen zulässig (*Widmann-Mayer,* § 8 UmwG, Rn 233).

GmbH: Für die GmbH gilt gleiches, wie für die AG: Bis zur Verteilung des Vermögens bleibt die Konkursfähigkeit erhalten (§ 63 Abs. 2 GmbHGes.), dies gilt auch für die Auflösung nach § 62 GmbHGes. (s. oben Rn 89). Für die gem. § 75 GmbHGes. nichtige Gesellschaft gilt das gleiche wie oben (Rn 89) für die Nichtigkeit bei einer AG. **90**

Wird eine GmbH in eine AG umgewandelt (§§ 376 ff. AktG), so ist konkursfähig nur die neu entstandene AG (s. oben Rn 89).

Wird eine GmbH nach Maßgabe der §§ 24, 3, 9, 15 UmwG in eine oHG umgewandelt, ist gleichfalls bis zur Vereinigung der Vermögensmassen ein gesonderter Konkurs über das übernommene Vermögen möglich.

Genossenschaft: Die Genossenschaft ist konkursfähig, solange das Vermögen noch nicht vollständig verteilt ist (§ 98 Abs. 2 GenG). Die nichtige Genossenschaft gerät ebenfalls in den Liquidationszustand (§ 97 Abs. 1 GenG); sie ist daher wie die normale Liquidationsgenossenschaft konkursfähig (*J-W,* §§ 207, 208 Anm. 1). **91**

OHG, KG: Nach der Auflösung der Gesellschaft (§§ 131, 11, 161 Abs. 1, 177 HGB) besteht die Liquidationsgesellschaft fort und bleibt konkursfähig (vgl. *B-St,* § 209 Anm. 2; BGH NJW 1966, 51). **92**

3.4 Nicht konkursfähige Rechtssubjekte

Nicht konkursfähige Rechtssubjekte sind **93**

- die BGB-Gesellschaft (*J-W,* Vorbem. 12 vor § 207; *M-K,* Vorbem. 2 vor § 207; *B-St,* § 1 Anm. 9). Die Praxis versucht sich durch die oft gleichzeitige Eröffnung des Konkurses über das Vermögen aller Gesellschafter – häufig mit demselben Konkursverwalter – zu helfen (vgl. BGHZ 23, 307; OLG Neustadt in NJW 1956, 26). Damit kann jedoch nicht der gleiche Effekt erzielt werden, weil das Gesellschaftsvermögen erst nach der Berichtigung der Gesellschaftsschulden den einzelnen Konkursmassen zugeführt werden kann (vgl. zu den auftretenden Problemen *Kuhn* KTS 1960, 76 und KTS 1961, 4);
- die stille Gesellschaft (*M-K,* Vorbem. 3 vor § 207);
- der Bund, die Länder und die Gemeinden sowie andere öffentlich-rechtliche Körperschaften (vgl. BVerfGE 15, 126 = NJW 1963, 32. Aufgrund des Art IV des EG zum Konkursänderungsgesetz vom 17. 5. 1898 können durch landesrechtliche Vorschriften Regelungen über die Konkursfähigkeit öffentlich-rechtlicher Körperschaften getroffen werden; Nachweise dazu *J-W,* § 213 Anm. 2).

4. Die ordnungsgemäße Antragstellung

4.1 Die Antragsberechtigung

94 Das Verfahren wird nur auf Antrag eröffnet. Antragsberechtigt sind der Schuldner, jeder Konkursgläubiger (zum Begriff s. unten Rn 206 ff.) sowie jeder Massegläubiger nach § 59 Abs. 1 Nr. 3 (zum Begriff s. unten Rn 266), § 103 Abs. 2.

Bei der AG ist außer den Konkursgläubigern und den genannten Massegläubigern jedes Vorstandsmitglied und jeder Liquidator berechtigt (§ 208 Abs. 1); der Aufsichtsrat oder die Hauptverwaltung haben kein Antragsrecht (RGZ 36, 30).

Bei Personengesellschaften ist neben den Konkursgläubigern und den genannten Massegläubigern jeder persönlich haftende Gesellschafter und jeder Liquidator zur Stellung des Antrages berechtigt, § 210 Abs. 1.

Beim Nachlaßkonkurs schließlich ist antragsberechtigt jeder Erbe, der Nachlaßverwalter oder ein anderer Nachlaßpfleger, ein Testamentsvollstrecker, dem die Verwaltung des Nachlasses zusteht und jeder Nachlaßgläubiger, § 217.

4.2 Der Antrag des Gemeinschuldners

95 Der Antrag muß die Zuständigkeit des Gerichts, die Konkursfähigkeit des Antragstellers und den Konkursgrund ergeben.

Die Zuständigkeit und die Konkursfähigkeit müssen erforderlichenfalls durch geeignete Unterlagen nachgewiesen werden.

Hinsichtlich des Konkursgrundes ist eine Glaubhaftmachung dann erforderlich, wenn ein Fall der §§ 217 Abs. 2, 218 Abs. 2, 236a Abs. 3, 208 Abs. 2, 210 Abs. 2, § 63 Abs. 2 GmbHGes; § 100 Abs. 2 GenG vorliegt. (= Antragstellung nur durch einen von mehreren gemeinschaftlich Antragsberechtigten).

Mit dem Antrag sind vorzulegen:

- eine Vermögensübersicht
- ein Verzeichnis der Gläubiger und Schuldner.

Während das Vermögensverzeichnis bei Meidung der Abweisung des Antrages mit dem Antrag vorzulegen ist, kann das Gläubiger- und Schuldnerverzeichnis, weil es erst zur Zustellung des § 111 Abs. 3 erforderlich ist, auch noch nach Konkurseröffnung nachgereicht werden (*J-W*, § 104 Anm. 2; *B-St*, § 104 Anm. 3).

Die Vermögensübersicht soll dem Gericht die Beurteilung ermöglichen, ob ein Konkursgrund gegeben ist. Sie hat alle Vermögensstücke mit ihrem tatsächlichen Wert anzugeben und muß Herausgabeansprüche und Ansprüche auf abgesonderte Befriedigung kennzeichnen. Bei Forderungen ist der Schuldgrund anzugeben, ferner ist zu ihrer Einbringlichkeit Stellung zu nehmen.

4.3 Der Antrag eines Gläubigers

Stellt ein Gläubiger den Konkursantrag, so hat das Gericht zunächst eine Vorprüfung hinsichtlich der Zulässigkeit des Antrages durchzuführen (vgl. *Oldorf* Rpfleger 1950, 495).
Dabei sind verschiedene Voraussetzungen durch den Gläubiger glaubhaft zu machen:

a) **Glaubhaftmachung des Gläubigerrechtes:** Der Gläubiger hat durch geeignete Beweismittel oder durch eidesstattliche Versicherung (vgl. § 294 ZPO) darzutun, daß ihm eine Konkursforderung oder eine Masseschuld gem. § 59 Abs. 1 Nr. 3 zusteht. Dazu kann der Gläubiger entsprechende Belege vorlegen (Lieferscheine, Rechnung, Wechsel, Schuldscheine, insbesondere selbstverständlich auch Vollstreckungstitel) oder den Forderungstatbestand an Eidesstatt versichern (so z. B. die Hingabe eines Darlehens). 96
Eine Behörde braucht ihre Forderung nicht glaubhaft zu machen (BGH LM Nr. 4 zu § 839 BGB). Zur Antragstellung durch die Finanzbehörden vgl. *Uhlenbruck* BB 1972, 1266.
Ist eine Forderung verpfändet, so besteht die Antragsberechtigung sowohl des Gläubigers als auch des Pfandschuldners (§ 1281 S. 2 BGB; die Anmeldung muß jedoch für beide gemeinschaftlich erfolgen (*J-B,* § 103 Anm. 2; *M-K,* § 103 Anm. 6); etwas anderes gilt nur, wenn der Pfandgläubiger allein zur Einziehung berechtigt ist (§ 1282 BGB).
Ist eine Forderung gepfändet und dem Gläubiger zur Einziehung oder an Zahlungsstatt überwiesen, so ist der Gläubiger allein antragsberechtigt. Zur Glaubhaftmachung seiner Antragsberechtigung hat er in diesem Falle den Pfändungs- und Überweisungsbeschluß vorzulegen.

b) **Glaubhaftmachung notwendiger Angaben zur Person des Schuldners:** Der Schuldner ist vollständig und ordnungsgemäß zu bezeichnen, insbesondere bei juristischen Personen ist die Person der Vertretungsberechtigten mit vollem Namen anzugeben. Bei kaufmännischen Firmen ist die Person des Inhabers mit Vor- und Zunamen zu bezeichnen. In der Regel wird es sich empfehlen, die Vorlage eines Handelsregisterauszuges zu verlangen (vgl. 97

LG Berlin ZZP 1952, 109), weil erfahrungsgemäß gerade in dieser Hinsicht die Angaben äußerst ungenau und unzuverlässig sind.
Der Antrag hat auch durch geeignete Angaben zum Wohnsitz bzw. zur kaufmännischen Niederlassung des Schuldners die Zuständigkeit des Gerichts glaubhaft zu machen. Ergibt sich die Unzuständigkeit des Gerichts, so ist der Gläubiger zu hören, ob Verweisungsantrag gestellt wird (*J-W,* § 71 Anm. 12). Keinesfalls ist es richtig, den Antrag formlos an das zuständige Gericht weiterzugeben. (So ganz richtig *Schrader-Bauer,* Rn 69). Wird Verweisungsantrag gestellt, so ist förmlich an das zuständige Gericht zu verweisen (vgl. RGZ 121, 22 und 131, 200; *J-W,* § 71 Anm. 12; *M-K,* § 71 Anm. 7). Wird kein Antrag gestellt, so ist der Konkursantrag als unzulässig abzuweisen.

98 **c) Die Glaubhaftmachung des Konkursgrundes:** Der Antragsteller hat auch den Konkursgrund (s. oben Rn 78) glaubhaft zu machen. Da insoweit vor der Zulassung des Antrages keine Ermittlungspflicht des Gerichts besteht, hat eine unzureichende Glaubhaftmachung die sofortige Abweisung des Antrages zur Folge (*B-St,* § 105 Anm. 1b). Die Glaubhaftmachung wird sich darauf erstrecken, die in Erscheinung getretenen äußeren Anzeichen der Zahlungseinstellung (s. oben Rn 80) nachzuweisen. Dies kann in vielfältiger Weise geschehen, z. B. durch Vorlage einer Erklärung des Gerichtsvollziehers über mehrfache Pfandabstandserhebung, durch Bescheinigung von Banken über wiederholte Wechselproteste oder durch das Zeugnis von Beschäftigten des Gemeinschuldners, die die Einstellung der Lohn- und Gehaltszahlung bekunden.

4.4 Allgemeines zum Konkursantrag

99 Der Antrag ist eine Prozeßhandlung, daraus ergibt sich, daß er weder bedingt, noch befristet sein darf (*J-W,* § 103 Anm. 5; ganz h. M.). Bewilligt der Antragsteller nach der Antragstellung dem Schuldner Stundung oder Ratenzahlung, so wird sein Antrag dadurch zu einem bedingten und deshalb unzulässig (OLG Frankfurt JW 1926, 2114; *Krantz* NJW 1952, 291; *Lorenz* NJW 1959, 1958).
Dei Antragsteller muß prozeßfähig sein (vgl. oben Rn 13), anderenfalls ist der Antrag von seinem gesetzlichen Vertreter zu stellen.
Eltern und Vormünder bedürfen zu einem Konkursantrag sowohl über das Vermögen des Mündels als auch über das Vermögen eines Schuldners keiner vormundschaftsgerichtlichen Genehmigung (*M-K,* § 103 Anm. 7). Ein gewillkürter Vertreter bedarf der besonderen Konkursvollmacht, die allgemeine Prozeßvollmacht genügt nicht (s. oben Rn 16, 271).

Ein Gläubiger kann vertraglich auf das Recht verzichten, Konkursantrag zu stellen (*J-W*, § 103 Anm. 8; *M-K*, § 103 Anm. 4; *B-St*, § 103 Anm. 2; vgl. allgemein *Bohn* KTS 1955, 138). Zweifelhaft ist, wie der Schuldner dies geltend zu machen hat. Die h. M. nimmt an, dies könne aus Anlaß seiner Anhörung auf § 105 Abs. 2 geschehen (so *M-K*, a.a.O. und Bohn a.a.O.). Dabei darf jedoch nicht verkannt werden, daß nach der Zulassung des Antrages (§ 105 Abs. 1) regelmäßig bereits Sicherungsmaßnahmen angeordnet werden, die den Schuldner nicht nur in seiner wirtschaftlichen und persönlichen Bewegungsfreiheit stark belasten, sondern auch zu einer nicht unerheblichen Rufschädigung führen können. Sofern der Gemeinschuldner von einem Konkursantrag gegen sich Kenntnis erlangt, muß es ihm möglich sein, schon die Zulassung des Antrages durch die Geltendmachung des Antragsverzichts zu verhindern.

5. Das Rechtsschutzbedürfnis des Antragstellers

Auch der Konkursantrag ist, wie jede Rechtsverfolgung, nur zulässig, wenn **100**
ein Rechtsschutzbedürfnis besteht, d. h. wenn der Gläubiger ein rechtlich anzuerkennendes, schutzwürdiges Interesse an der Konkurseröffnung hat (vgl. allgemein und ausführlich zum Rechtsschutzbedürfnis im Konkursantragsverfahren: *Unger* KTS 1962, 205; *Uhlenbruck* NJW 1968, 685; *Sprung* JurBl. 1969, 232).

Rechtsprechung und Literatur haben eine Reihe von Fallgestaltungen daraufhin untersucht, ob dem Gläubiger ein schutzwürdiges Interesse an der Durchführung des Verfahrens im Einzelfall zur Seite steht:

Abwicklung von Verträgen: Soll der Konkurs nur dazu dienen, dem antragstellenden Gläubiger eine schnelle und günstige Abwicklung bzw. Beendigung eines Vertragsverhältnisses zu ermöglichen, so ist der Antrag unzulässig (OLG Oldenburg 1955, 175).

Auflösung eines Miet- oder Pachtverhältnisses: Hat der Antrag den Zweck, über § 19 die Auflösung eines Miet- oder Pachtverhältnisses herbeizuführen, um einem Konkurrenten des Gemeinschuldners die Bewirtschaftung zu ermöglichen, so ist darin eine mißbräuchliche Ausnutzung des Konkursantragsrechtes zu erblicken (BGH WM 1962, 930).

Druckmittel zur **Ratenzahlung** oder zur Eingehung irgendwelcher Verträge: Wer den Konkursantrag dazu mißbraucht, den Schuldner lediglich zur Ratenzahlung zu drängen, ist nicht schutzwürdig, ein solcher Antrag ist unzulässig (BGH KTS 1957, 12; AG Köln JMBl. NRW 1967, 128; AG Burgsteinfurt MDR 1968, 1020; *Krantz* NJW 1952, 291; *Lorenz* KTS 1963, 32). Das

Gleiche muß gelten, wenn der Konkursantrag als Druckmittel für Vertragsabschlüsse irgendwelcher Art verwendet wird.

Ermittlung von Pfandhabe: Häufig dient der Konkursantrag dazu, durch die Anhörung des Gemeinschuldners etc. pfändbares Vermögen des Gemeinschuldners zu ermitteln. Anträge solcher Art sind meist daran zu erkennen, daß beantragt wird, das Gericht solle zunächst nur den Schuldner anhören und dem Gläubiger sodann das Protokoll über diese Anhörung übersenden, der Gläubiger werde dann prüfen, ob eine Weiterverfolgung des Antrages angezeigt sei. Mit solchen Anträgen will sich der Gläubiger meist nur den Notwendigkeiten der §§ 901, 911 ZPO entziehen. Auch für einen solchen Antrag fehlt deshalb das Rechtsschutzbedürfnis (AG Gummersbach KTS 1964, 61; *Boennecke* KTS 1955, 173).

Geringe Forderungshöhe: Äußerst problematisch ist die Frage, ob der Antrag eines Gläubigers etwa deshalb unzulässig sein könnte, weil seine Forderung nur gering ist. Die Rechtsprechung hat dabei die Höhe der »notwendigen« Forderung ständig gesteigert (vgl. LG Lübeck SchlHAnz 1964, 194; LG Nürnberg-Fürth Rpfleger 1968, 57; AG Köln JMBlNRW 1967, 128; LG Bremen Rpfleger 1972, 27; AG Hildesheim Rpfleger 1972, 61). Den vorläufigen Höhepunkt dieser Entwicklung stellt die Entscheidung des OLG Hamburg (Rpfleger 1973, 254) dar, die bereits eine Forderung von mindestens 1000,– DM verlangt, soll der Konkursantrag zulässig sein. Der mit dieser Rechtsprechung verfolgten Linie kann nicht zugestimmt werden. Die zitierte Rechtsprechung hebt stets ab auf das Verhältnis zwischen dem Interesse des Gläubigers an der Durchführung des Verfahrens, das mit der ihm voraussichtlich zufallenden Quote dargestellt wird und dem Arbeitsaufwand des Gerichts und des Verwalters einerseits, sowie andererseits dem Schaden, der dem Schuldner durch das Verfahren entsteht. Eine solche Betrachtungsweise ist unzulässig. Sie ist es auf jeden Fall, soweit sie das Interesse des Gläubigers und die Arbeit des Gerichts bzw. des Verwalters zueinander in Beziehung bringt. Das Gericht ist kein Wirtschaftsunternehmen, das nach Nutzen- und Kostenerwägung arbeitet, sondern ein Rechtsschutzorgan, das jedem Bürger den ihm zukommenden Rechtsschutz zu gewähren hat. Es dürfte geradezu elementaren Grundprinzipien des Rechtsstaates widersprechen, Rechtsschutz nur dem Reichen zukommen zu lassen, den kleinen Mann jedoch darauf zu verweisen, seine Forderung – die für ihn von vielleicht existenzieller Bedeutung ist – „lohne nicht den Aufwand". Die Gegenüberstellung von Nutzen für den Gläubiger und Belastung für den Schuldner ist zwar im Ansatzpunkt zulässig, weil in jedem gerichtlichen Verfahren das Übermaßverbot gilt, d. h. es darf kein Schaden für den Schuldner der im Vergleich zu dem für den Gläubiger erzielten Nutzen außer jedem Verhältnis steht, hervorgerufen werden. Auch dabei muß jedoch berücksichtigt werden, daß

ein Schuldner, der sich gerade der Vollstreckung einer kleinen Forderung hartnäckig entzogen hat, nur in sehr geringem Umfang schutzwürdig ist. Gerade in den Fällen, in denen ein Schuldner – durch betrügerische Kaufverträge etc. – eine Vielzahl von meist minderbemittelten Personen um kleine Beträge geschädigt hat, ist es auch bei Abwägung der beiderseitigen Interessen völlig gerechtfertigt, den Schuldner einem Konkursverfahren zu unterziehen und den Geschädigten wenigstens zu einem Teil ihrer Forderungen zu verhelfen. Überdies darf nie außer Acht gelassen werden, wie oft sich im Laufe des Konkursverfahrens noch Vermögensstücke finden, oder durch das Anfechtungsrecht des Verwalters Vermögen wieder zur Masse gezogen werden kann, so daß auch eine Prognose auf eine voraussichtlich zu erwartende geringe Quote sehr häufig wenig Aussagewert besitzt.
Die von der Rechtsprechung vertretene Auffassung stellt eine mit dem Rechtsstaat- und Sozialstaatgedanken nicht mehr zu vertretende Einschränkung des Rechtsschutzes dar; diese Rechtsprechung ist daher abzulehnen. Eine Unzulässigkeit des Konkursantrages kann aus der Höhe der geltendgemachten Forderung allenfalls bei ausgesprochenen Minimalforderungen hergeleitet werden, deren Verfolgung eindeutig nur schikanösen Zwecken dient.
Ähnlich: *Uhlenbruck* MDR 1973, 636 und *Mohrbutter* KTS 1973, 190.
Gestundete Forderung: Ist eine Forderung gestundet, so fehlt es gleichfalls am Rechtsschutzbedürfnis (LG Braunschweig, NJW 1961 2316), sofern nicht schon das Vorliegen eines Konkursgrundes zweifelhaft ist, wenn die Forderung des Gläubigers die Zahlungsunfähigkeit gerade erst bedingen würde. Zahlungsunfähigkeit liegt jedoch nur vor bei Unfähigkeit zur Zahlung der **fälligen** Verbindlichkeiten (s. oben Rn 79).
Hinreichende Sicherung: Ist ein Gläubiger hinreichend gesichert, (so z. B. durch Hypotheken, durch Eigentumsvorbehalt oder durch ausreichende Pfändungspfandrechte), so kann er auf einfachere und zweckmäßigere Weise die Befriedigung seiner Forderung erreichen (OLG Hamm MDR 1973, 1029; OLG Schleswig NJW 1951, 119; LG Osnabrück KTS 1972, 270). Dies muß wohl auch gelten, wenn dem Gläubiger für die Forderung ein zahlungsfähiger Bürge zur Verfügung steht.
Klärung von Forderungen: Das Konkursverfahren ist nicht dazu da, strittige oder sonst zweifelhafte Forderungen zu klären. In einem solchen Fall hat der Gläubiger zunächst die Forderung auszuprozessieren (*Baur* JZ 1951, 210; OLG Hamm Rpfleger 1970, 348; OLG Frankfurt MDR 1973, 235).
Verjährte Forderungen: Auch bei der Geltendmachung einer verjährten Forderung ist das Rechtsschutzbedürfnis regelmäßig zu verneinen (OLG Köln KTS 1970, 226). Zwar muß die Verjährung, soll sie im Prozeß beachtet werden, einredeweise geltend gemacht werden. Da jedoch im Konkurs mit

einer solchen Geltendmachung seitens des Verwalters regelmäßig gerechnet werden muß, besteht an der Einleitung des Verfahrens aufgrund einer verjährten Forderung kein schutzwürdiges Interesse. Etwas anderes kann gelten, wenn die Verjährung zumindest rechtlich zweifelhaft oder umstritten ist. Bezügl. d. bloßen Anmeldung einer verjährten Forderung vgl. Rn 299.
Zum Antrag vergleiche noch allgemein *Franzheim* Betr. 1970, 1675; *Proebstin* Betr. 1970, 2427; *Benning-Leyendeckers* Betr. 1971, 609.

Teil IV: Ermittlungen und Sicherungsmaßnahmen

1. Das Verfahren nach Antragstellung

Liegt ein zulässiger Antrag vor, also ein Antrag, der sämtliche oben Rn 95 ff. dargestellten Voraussetzungen erfüllt, so ist zu unterscheiden: **101**

- Der zulässige Antrag **des Schuldners** führt, wenn das Gericht vom Vorliegen des Konkursgrundes überzeugt ist, sofort zur Eröffnung;
- Ist das Bestehen des Konkursgrundes zweifelhaft, so ordnet das Gericht die notwendigen Ermittlungen an (s. dazu unten Rn 105);
- Der zulässige Antrag des **Gläubigers** führt zunächst zur Zulassung (§ 105 Abs. 1), sodann zur Anhörung des Schuldners (§ 105 Abs. 2).

1.1 Die Antragszulassung

Für die Zulassung (§ 105 Abs. 1) ist ein gesonderter Beschluß zwar nicht vorgeschrieben, jedoch empfehlenswert (so auch *Schrader-Bauer*, Rn 94) weil die Zulässigkeit von Sicherungsmaßnahmen mit der Zulassung einsetzt (*B-St*, § 106 Anm. 1) und überhaupt ein neuer Verfahrensabschnitt beginnt. Die Entscheidung über die Zulassung ist aber in jedem Falle nur eine vorbereitende, also ein innerdienstlicher Vorgang, der der Anfechtung entzogen ist (*J–W*, § 73 Anm. 1; KG KTS 1960, 61 und 1963, 111). **102**

1.2 Die Anhörung des Schuldners

Die **Anhörung des Schuldners** (§ 105 Abs. 2) ist zwingend vorgeschrieben (vgl. OLG Düsseldorf KTS 1959, 175), Von ihr kann nur abgesehen werden, wenn sie eine öffentliche oder eine Auslandszustellung erfordern würde (vgl. §§ 199, 203 ff. ZPO), in diesen Fällen ist ein Vertreter oder Verwandter des Schuldners zu hören. § 105 Abs. 3. **103**
Von der Anhörung dieser Ersatzpersonen kann abgesehen werden, wenn sie untunlich ist. Das wird insbesondere anzunehmen sein, wenn diese Personen wegen fehlendem Einblick in die Vermögens- und Geschäftsverhältnisse des Schuldners keine sachdienlichen Auskünfte geben können. Ist der Schuldner bereits vor der Zulassung gehört worden, so genügt dies auch für § 105 Abs. 2 (KG KTS 1960, 188).
Zur Anhörung ausführlich s. *Skrotzki* KTS 1956, 105; OLG Köln KTS 1958, 13; OLG Düsseldorf KTS 1959, 175; KG KTS 1959 175; KG KTS 1960, 188.

Der Anhörungspflicht ist genügt, wenn dem Schuldner – bei einer oHG allen Gesellschafter (OLG Düsseldorf KTS 1959, 175) – Gelegenheit zur Stellungnahme gegeben wird (OLG Köln KTS 1958, 13).

Zuständig zur Anhörung des Schuldners ist der Richter (s. oben Rdn. 38). In der Praxis wird jedoch häufig diese unangenehme und zeitraubende Tätigkeit dem Rechtspfleger zugewiesen. Dies ist, wie oben (Rn 38) bereits ausgeführt wurde, nur zulässig, wenn eine ausdrücklich dazu befugende Anordnung der Landesjustizverwaltung nach § 25 RpflG vorliegt. Es sollte eines Richters unwürdig sein, Tätigkeiten unangenehmer Art dem Rechtspfleger zuzuweisen, während sonst – völlig zu Recht – auf die Einhaltung der Zuständigkeitsabgrenzung großer Wert gelegt wird. Die vielfach zur Begründung dieser Praxis herangezogene Auffassung, die Anhörung des Gemeinschuldners könne auch zu Protokoll des Urkundsbeamten der Geschäftsstelle geschehen, geht fehl. Das Verfahren bis zur Eröffnung des Konkurses ist dem Richter zugewiesen. Er kann sich dieser Zuständigkeit weder zu Lasten des Rechtspflegers noch zu Lasten des Urkundsbeamten der Geschäftsstelle entziehen. Selbstverständlich kann er sich bei Durchführung der Anhörung zur Protokollierung der Mithilfe des Urkundsbeamten bedienen.

Äußert sich der Schuldner nicht, so kann darin keineswegs stets ein Bestreiten des Konkursgrundes gesehen werden, wie dies *J-W* (§ 105 Anm. 1) annehmen. Eher kann vom Gegenteil ausgegangen werden, denn der Konkursgrund ist ja immerhin bereits glaubhaft gemacht.

Es ergeben sich somit folgende **Möglichkeiten:**

Der Schuldner äußert sich nicht: Hier ist entscheidend, ob das Gericht angesichts der Glaubhaftmachung und dem unter Umständen für die Richtigkeit der Gläubigerangaben sprechenden Schweigen des Schuldners vom Vorliegen des Konkursgrundes überzeugt ist. Ist dies der Fall, wird das Verfahren eröffnet. Ist dies nicht der Fall, müssen die notwendigen Ermittlungen eingeleitet werden (s. unten Rn 105).

Der Schuldner **anerkennt Forderung** und **Konkursgrund**: Hier wird in aller Regel für weitere Ermittlungen keine Notwendigkeit mehr bestehen; das Gericht eröffnet das Verfahren. Sollte das Gericht trotz der Glaubhaftmachung und dem Geständnis des Gemeinschuldners vom Vorliegen des Konkursgrundes immer noch nicht überzeugt sein, was wohl nur in seltenen Ausnahmefällen der Fall sein wird, so hat es weiter zu ermitteln (s. unten Rn 105);

Der Schuldner **anerkennt den Konkursgrund, bestreitet** aber **die Forderung**: Das Gericht braucht zur Eröffnung des Verfahrens an sich vom Bestehen der – glaubhaft gemachten – Forderung nicht überzeugt zu sein (*Jaeger* ZZP 1954, 143; *J-W*, § 105 Anm. 2; *B-St*, § 105 Anm. 2). Wenn jedoch der Gem.-Schuldner seinerseits gewichtige Einwände gegen die Forderung glaubhaft machen kann, die jedenfalls nicht offensichtlich unbegründet erscheinen, so ist der Gläubiger auf den Prozeßweg zu verweisen (OLG Hamm KTS 1971, 54). Dies gilt in besonderem Maße, wenn gerade von der Begründetheit der Forderung des Gläubigers das Vorliegen des Konkursgrundes abhängt. In einem solchen Fall kann die Glaubhaftmachung der Forderung alleine nicht genügen.

Der Schuldner **anerkennt** die **Forderung, bestreitet** aber den **Konkursgrund**: In diesem Fall kann sich das Gericht die erforderliche Überzeugung vom Vorliegen des Konkursgrundes nur durch weitere Ermittlungen verschaffen.

Wenn der Schuldner sich nicht äußert und auch auf Vorladung nicht erscheint, kann seine Vorführung angeordnet werden (§ 106 Abs. 1). Dies erscheint – entgegen einer weit verbreiteten Praxis – keineswegs in jedem Fall erforderlich und zulässig (ebenso: OLG Frankfurt BB 1971, 847). So ist die Vorführung nicht erforderlich, wenn das Gericht sich bereits aufgrund der vorliegenden, glaubhaft gemachten Angaben des Gläubigers vom Vorliegen des Konkursgrundes überzeugen kann. Dabei wird das Schweigen des Gemeinschuldners gerade ein Anhaltspunkt dafür sein können, daß er die Angaben des Gläubigers nicht zu bestreiten vermag.

1.3 Die Ermittlungen des Konkursgerichts

Ermittlungen sind – wie bereits ausgeführt – notwendig, wenn das Konkurs- **105**
gericht sich aufgrund des bisherigen Verfahrensverlaufes vom Vorliegen des Konkursgrundes noch nicht überzeugen konnte. Da der Konkursgrund aber zur Überzeugung des Gerichts feststehen muß (vgl. LG Tübingen KTS 1961, 159; OLG Hamm Rpfleger 1970 348) hat das Gericht von Amts wegen (§ 75) alle erforderlichen Maßnahmen durchzuführen, um sich Gewißheit zu verschaffen. Die Ermittlungen müssen wegen der Bedeutung des Verfahrens und der wirtschaftlichen Tragweite der Entscheidung besonders sorgfältig geführt werden (BGH KTS 1957, 12; LG Köln KTS 1964, 248).

In erster Linie wird die Vorlage einer vollständigen und geordneten Vermögensübersicht in Frage kommen (BGH a.a.O.) und zwar in Form einer Liquiditätsbilanz (vgl. dazu *Papke* KTS 1968, 129, 131), zumeist wird es sich empfehlen, damit einen Sachverständigen zu beauftragen (vgl. LG Stuttgart, Rpfleger 1950, 522). In diesem Falle ist vom Antragsteller ein Vorschuß einzuholen (vgl. *Oldorf* Rpfleger 1950, 495).

2. Sicherungsmaßnahmen

2.1. Allgemeines

106 Je komplizierter die Vermögenssituation des Schuldners ist und je schwieriger und zeitraubender deshalb die anzustellenden Ermittlungen sind, desto mehr besteht die Gefahr zwischenzeitlicher Schmälerungen der künftigen Masse, sei es durch den Schuldner selbst oder durch einzelne Gläubiger.
Das Gesetz sieht deshalb vor, daß nach der Zulassung des Antrages Sicherungsmaßnahmen ergriffen werden können (§ 106).
Anordnungen nach § 106 stehen im pflichtgemäßen Ermessen des Konkursgerichts. Bei erkennbarer Gefahr für die Masse ist das Gericht verpflichtet, solche Maßnahmen zu erlassen. Andererseits ist jedoch auch sehr sorgfältig zu prüfen, ob die einzelnen Maßnahmen notwendig und unabweisbar sind. Nahezu alle der gängigen Sicherungsmaßnahmen bedeuten schwerwiegende Eingriffe in Grundrechte des Schuldners. Es muß deshalb davor gewarnt werden, solche Maßnahmen, wie es oft geschieht, routinemäßig in jedem Fall zu verhängen, ohne ihre Erforderlichkeit im Einzelfall gründlich genug geprüft und aktenkundig festgehalten zu haben.
Im einzelnen sind zu nennen:

2.2 Das allgemeine Veräußerungsverbot

107 Es ist das Hauptsicherungsmittel (§ 106 Abs. 1 S. 3). Das allgemeine Veräußerungsverbot ist ein gerichtliches Veräußerungsverbot i. S. der §§ 136, 135 BGB. Wegen seiner Auswirkungen im rechtsgeschäftlichen Verkehr, im Grundbuch-, Vollstreckungs- und Zwangversteigerungsverfahren vgl. *Eickmann* KTS 1974, 202.
Das Veräußerungsverbot ist dem Gemeinschuldner zuzustellen (§ 73 Abs. 2), dadurch erlangt es Wirksamkeit. Üblicherweise wird das Verbot auch öffentlich bekannt gemacht (*J-W*, § 106 Anm. 3; B-St, § 106 Anm. 1); ob dies im Hinblick auf § 932 Abs. 2 BGB von Nutzen sein kann, mag dahinstehen (= der Nachweis, daß ein Erwerber die Veröffentlichung gelesen hat, ist wohl nicht zu führen; ob die Nichtkenntnis der öffentlichen Bekanntmachung als grobe Fahrlässigkeit i. S. der Vorschrift angesehen werden kann, erscheint äußerst zweifelhaft!). Man kann wohl im Regelfall davon ausgehen, daß die öffentliche Bekanntmachung sinnlos ist und deshalb die entstehenden Kosten eingespart werden können.
Wichtig ist die Eintragung des vorläufigen Veräußerungsverbotes in das Grundbuch, wenn der Schuldner Grundstückseigentümer oder Inhaber von Grundstücksrechten ist. § 113. Zum Ersuchen an das Grundbuchamt ist das

Konkursgericht verpflichtet. Das Eintragungsersuchen ist vom Richter zu unterzeichnen, da er bis zur Eröffnung für alle gerichtlichen Maßnahmen funktionell zuständig ist (vgl. oben Rn 38).

2.3 Das besondere Veräußerungsverbot

Das Gericht kann dem Schuldner auch, sofern dies zur Massesicherung **108**
ausreichend erscheint, die Verfügung über einzelne, genau zu bezeichnende Vermögensgegenstände verbieten. Soweit es sich um ein Veräußerungsverbot bezüglich bestimmter Forderungen handelt, ist es dem Drittschuldner zuzustellen. Auch dieses Veräußerungsverbot ist, wenn es sich um Grundstücke und Grundstücksrechte handelt, in das Grundbuch einzutragen.

2.4 Siegelung

Sie kann sich insbesondere bei der Sicherstellung von Geschäftspapieren, **109**
Buchhaltungen usw. empfehlen, wenn diese nur schwer aus den Geschäftsräumen entfernt werden können, so z. B. wenn sie in eine EDV-Anlage eingespeichert sind.
Zuständig zur Vornahme der durch das Gericht anzuordnenden Siegelung ist der Gerichtsvollzieher. Das Verfahren ist im Länderanhang der Geschäftsanweisung für Gerichtsvollzieher geregelt.

2.5 Sequestration

Sie bedeutet die Unterstellung der Verwaltung eines Grundstückes oder **110**
Geschäftsbetriebes unter eine vom Gericht zu bestellende Vertrauensperson. Ausführlich dazu BGH NJW 1961, 1305; *Mohrbutter* KTS 1963, 21; *Noack* KTS 1957, 75; *Mohrbutter/Haarmann*, S. 66; speziell zur Sequestration eines Betriebes: *Mohrbutter* Betr. 1954, 343 und KTS 1963, 21; *Noack* MDR 1967, 642.
Wegen der Kosten der Sequestration ist folgendes zu bemerken: Der Sequester hat Anspruch auf eine Vergütung, die durch das Gericht in entsprechender Anwendung von § 85 festzusetzen ist (LG München I Rpfleger 1969, 212); die Vergütung ist auf eine eventuelle spätere Verwaltervergütung nicht anzurechnen. Wird der Konkurs eröffnet, so hat der Sequester einen Masseanspruch nach § 58 Nr. 2 (LG Düsseldorf KTS 1957, 126), die Vergütung ist somit nicht Teil der gerichtlichen Auslagen (LG Köln, KTS 1969, 124).
Kommt es nicht zur Konkurseröffnung, so muß sich der Sequester an den Schuldner halten. Wenn dem antragstellenden Gläubiger bei Abweisung des Antrages die Kosten auferlegt worden sind. (vgl. unten Rn 117), so gehören

zu den zu erstattenden Kosten auch die Kosten der Sequestration (*J-W*, § 106 Anm. 14).

2.6 Haft des Schuldners

111 Sie ist der einschneidenste Eingriff in die Rechte des Schuldners und ist deshalb nur als ultima ratio zulässig (*M-K*, § 106 Anm. 1; *J-W*, § 106 Anm. 1). Sie ist nur möglich, wenn eine mit Sicherheit bevorstehende Schmälerung der Masse oder Beeinträchtigung der Ermittlungen auf keine andere Weise abgewendet werden kann. Keinesfalls dient sie anderen Zwecken, wie etwa der Erzwingung der Räumung eines Grundstückes (vgl. OLG Stuttgart NJW 1953, 389), oder der Herbeiführung von Aussagen bei der Ermittlung. Eine Vorschußpflicht für die entstehenden Kosten besteht für den antragstellenden Gläubiger nicht (§ 911 ZPO ist nicht anwendbar).

2.7 Postsperre

112 Auch sie wird in vielen Fällen geradezu routinemäßig verhängt, ohne daß näher geprüft wird, ob sie unumgänglich ist. Immerhin greift sie in ein wichtiges Grundrecht des Schuldners (Art. 10 GG) ein und darf nach dem Verhältnismäßigkeitsgrundsatz wohl nur erlassen werden, wenn zwingende Anhaltspunkte dafür vorhanden sind, daß der Schuldner den Postverkehr zur Beeinträchtigung der Masse oder Verschleierung seiner Vermögensverhältnisse benützt (vgl. die für die Postsperre des § 121 Abs. 1 ergangene Entscheidung des OLG Coburg KTS 1972, 124).

2.8 Rechtsbehelfe

113 Gegen die Anordnung von Maßnahmen des § 106 steht dem Schuldner die sofortige Beschwerde zu (§ 73 Abs. 3); gegen die Ablehnung solcher durch einen Gläubiger beantragter Maßnahmen steht dem Antragsteller der gleiche Rechtsbehelf zur Seite (*M-K*, § 106 Anm. 8 will dem Gläubiger nur die Anfechtung des Beschlusses zugestehen, der ein beantragtes Veräußerungsverbot ablehnt. Für eine solche Einschränkung ist kein Grund ersichtlich). Unter Umständen können Gläubiger auch dann beschwerdeberechtigt sein, wenn eine Maßnahme gem. § 106 verhängt worden ist. Das kommt dann in Betracht, wenn eine Maßnahme sich im Einzelfall für den Gläubiger beschwerend auswirkt und ihre Voraussetzungen nicht vorgelegen haben (so OLG Frankfurt JW 1926, 2114 für die Anordnung eines allgemeinen Veräußerungsverbotes, das vom Schuldner zur Durchsetzung eines außergerichtlichen Vergleiches mißbraucht worden war).

Teil V: Die Entscheidungen über den Konkursantrag.

1. Kostenvorschuß und Armenrecht

Die Entscheidung über den Konkursantrag darf nicht von der Einzahlung eines Auslagenvorschusses abhängig gemacht werden. LG Berlin KuT 1928, 171). 114

Die Armenrechtsgewährung an den Gem.-Sch. ist nicht zulässig (LG Traunstein NJW 1963, 959; *B-St*, § 72 Anm. 4). Dem Verwalter kann es unter bestimmten Voraussetzungen zur Führung von Masseprozessen gewährt werden, nach § 114 Abs. 3 ZPO (*M-K*, § 6, Anm. 31, *B-St*, § 6, Anm. 8). Dem antragstellenden Gläubiger wird man es nicht verweigern können (AG Köln KTS 1972, 126). Die Armenrechtsbewilligung für die Zwangsvollstreckung umfaßt nicht den Konkurs (LG Berlin KTS 1967, 187). Es erstreckt sich jedoch nicht auf die Vorschußzahlung nach § 107 (*M-K* § 107, Anm. 5; *B-St* § 107, Anm. 2).

Im übrigen dürften für den anmeldenden Gläubiger die Voraussetzungen zur Armenrechtsgewährung nicht vorliegen: Bei rechtzeitiger Anmeldung entsteht keine Gebühr (§ 52 GKG). Bei der Prüfung in einem besonderen Termin entstehen grundsätzlich minimale Kosten.

2. Entscheidung nach Zurücknahme des Konkursantrages

Die Rücknahme ist zulässig bis zum Wirksamwerden des Eröffnungsbe- 115
schlusses, d. h. bis zu dem Augenblick, in welchem er aufhört, innere Angelegenheit des Gerichts zu sein (LG Nürnberg–Fürth NJW 1953, 1147; LG Osnabrück KTS 1968, 62; OLG Köln KTS 1958, 13). Das ist z. B. der Fall, wenn der GSch, der Verwalter oder ein Konkursgläubiger davon Kenntnis erlangen oder wenn beim Grundbuchamt bzw. Registergericht Eintragungsersuchen eingehen. Sie ist selbst dann unzulässig, wenn eine Zustellung des Eröffnungsbeschlusses noch nicht erfolgt ist oder gegen den Beschluß sofortige Beschwerde erhoben wurde (*J-W*, § 103, Anm. 9; *M-K*, § 103, Anm. 3 und *B-St*, § 103, Anm. 2 mit weiteren Hinweisen). Nur soweit das Beschwerdegericht die Konkurseröffnung vornimmt, ist die Rücknahme im Hinblick auf § 74 bis zur Rechtskraft zulässig, soweit nicht die sofortige Wirksamkeit angeordnet wurde, § 74 S. 2 (*J-W, M-K, B-St* a.a.O.).

Im übrigen kann der Konkursantrag auch noch nach Zurückweisung, bis zur Rechtskraft der Entscheidung, zurückgenommen werden (*B–St* a.a.O.). Ausgenommen hiervon ist die Abweisung mangels Masse (s. *Lorenz* KTS 1963,

237 a. M. LG Berlin KTS 1974, 182). Die Rücknahme kann in der gleichen Form wie die Antragsstellung erfolgen. Sie hat zur Folge, daß der Konkursantrag als nicht gestellt gilt (§ 271 Abs. 3 S. 1 ZPO, § 72). Der Antrag kann also erneut gestellt werden und wird auch wie ein Erstantrag behandelt. Bei wiederholten Anträgen wegen der gleichen Forderung dürfte jedoch besonders das Rechtsschutzbedürfnis zu prüfen sein. Dieses ist nicht mehr gegeben, wenn der Konkursantrag als Druckmittel für Ratenzahlungen verwendet wird (s. oben Rn 100). Von einer wirksamen Zurücknahme, die nicht durch einen förmlichen Beschluß festgestellt wird, werden die von der Antragstellung verständigten Personen benachrichtigt. Angeordnete Sicherungsmaßnahmen sind aufzuheben. Die bisher entstandenen Kosten einschließlich der Kosten von Sicherungsmaßnahmen, hat der Antragsteller zu tragen (§ 271 Abs. 3, S. 2 ZPO, § 72, s. auch LG Köln KTS 1956, 128; *Uhlenbruck* MDR 1970, 644/647; LG Berlin KTS 1963, 188; differenzierend *Boetius* KTS 1964, 224 ff. mit weiteren Hinweisen, *B-St*, § 103, Anm. 2. Anderer Ansicht: LG Köln KTS 1956, 127 – das im Umkehrschluß von § 93 ZPO dem Schuldner die Kosten auferlegt; dagegen *Skrotzki* KTS 1957, 29 ff. Seine o. e. Meinung aufgegeben und § 91a ZPO für entsprechend anwendbar erklärt hat nunmehr das LG Köln in KTS 1964, 250 ff., mit kritischer Stellungnahme von *Skrotzki*).

Ein vertraglicher Verzicht auf einen Konkursantrag wird als zulässig erachtet (s. oben Rn 99).

Gegen die Rücknahme gibt es mangels Beschwer kein Rechtsmittel. Nur soweit auf Antrag ein Kostenausspruch gemäß § 271 Abs. 3 S. 1 gefällt wurde, ist dagegen die sofortige Beschwerde zulässig (*Baumbach-Lauterbach* § 271, Anm. 4 D; *Zöller*, § 271, Anm. 4).

Hat der Schuldner die Eröffnung des gerichtlichen Vergleichsverfahrens beantragt, so wird ein solcher Antrag zugleich als bedingter Antrag auf Konkurseröffnung behandelt, der nach Eröffnung des Vergleichsverfahrens nicht mehr zurückgenommen werden kann. Kann dem Vergleichsantrag nicht stattgegeben werden, so ist darüber zu entscheiden, ob der Konkurs zu eröffnen ist (§§ 19, 80, 101 VerglO).

3. Die Erledigung der Hauptsache

116 Umstritten ist die Abwicklung und Zulässigkeit des Verfahrens, wenn der Schuldner den Gläubiger nach zulässigem Antrag befriedigt hat, der Gläubiger die Hauptsache für erledigt erklärt und beantragt, dem Schuldner die Kosten des Verfahrens, einschließlich der für angefallene Sicherungsmaßnahmen, aufzuerlegen (zum Grundsätzlichen: OLG München, unveröffentl.

Beschluß vom 11. 4. 68 – 2 W 650/68; LG Köln KTS 1964, 250; LG Hamburg MDR 1963, 144; LG München I KTS 1969, 184. Anderer Ansicht – nur Rücknahme zulässig: LG Bonn KTS 1966, 64; LG Berlin KTS 1963, 188/190; *Skrotzki* KTS 1957, 29/30; 1964, 252 ff.).
Hier ist zu unterscheiden:

a) Erklärt sich der **Schuldner** mit der Erledigung der Hauptsache **einverstanden**, nachdem ihm eine Abschrift des Gläubigerantrages zugestellt wurde, so ist über die Kosten gemäß § 91a ZPO zu entscheiden (LG München I KTS 1969, 187 = Rpfleger 1969, 302; *Zöller* § 91a, Anm. 2; für Unanwendbarkeit von § 91a ZPO und Umkehrschluß aus § 93 ZPO: LG Bonn KTS 1966, 64).
b) Erklärt sich der **Schuldner** mit der Erledigungserklärung **nicht einverstanden**, ist die **Hauptsache jedoch tatsächlich erledigt**, so stellt das Gericht fest, daß die Hauptsache erledigt ist. Über die Kosten ist nach § 91 ZPO zu entscheiden (BGHZ 23, 340; BGHZ 40, 265; s. auch *Baumbach* § 91a, Anm 2 C; *Zöller* § 91a, Anm. 3d. OLG Celle KTS 1970, 309 erklärt hier § 93 ZPO für entsprechend anwendbar).

Soweit die Konkursanträge berechtigt waren, wird man in beiden Fällen die Kosten dem Schuldner auferlegen (so auch *Schrader-Bauer* Rdz. 154). Die einschlägige Konkursliteratur (*J-W* § 103, Anm. 7; *M-K* § 103, Anm. 11; *B-St* § 103, Anm. 2 und *Skrotzki* KTS 1957, 29 ff., LG Bonn KTS 1966, 64) und das LG Bremen KTS 1974, 50 ff. lehnen die Anwendung der § 91 ff. ZPO ab. Sie sind der Ansicht, daß bei einer Zahlung durch den Schuldner nur eine Rücknahme des Konkursantrages möglich ist mit der Folge des § 271 Abs. 3 S. 2 ZPO. Die Kosten des Verfahrens wären dann als Verzugsschaden gegenüber dem Schuldner geltend zu machen.
Diese Ansicht wird nicht geteilt. Das Verfahren bis zur Eröffnung des Konkurses steht und fällt mit der Antragstellung bzw. deren Rücknahme, ist also insoweit vom Antragsteller abhängig, wie der Prozeß. Dazwischen ist es die Aufgabe des Gerichts, nach § 75 alle Ermittlungen vorzunehmen, damit eine Entscheidung gefällt werden kann. Wenn nun auf Grund der Zahlung der berechtigte Konkursantrag seine Grundlage verloren hat, so ist dem Amtsermittlungsverfahren durch die Hauptsacheerledigung der Boden entzogen und es verbleibt bei der Parteimaxime. Ohne § 91a ZPO, dessen entsprechender Anwendung über § 72 nichts im Wege stehen dürfte, müßte der Antragsteller die Kosten des Verfahrens tragen und als Verzugsschaden im Wege eines neuen Rechtsstreites geltend machen. Dies ist prozeßökonomisch unwirtschaftlich und daher nicht zu vertreten. Bei der Erledigung der Hauptsache nach § 91a ZPO ist gegen die Kostenentscheidung die sofortige Beschwerde zulässig. (§ 91a Abs. 2 ZPO). Erklärt das Gericht nach Wider-

spruch des Schuldners die Hauptsache für erledigt, so ist gegen diese Entscheidung einschließlich der Kostenentscheidung, die sofortige Beschwerde zulässig (§ 73 Abs. 3).

4. Die Zurückweisung des Konkursantrages

117 Sind die Voraussetzungen des Konkursantrages nicht gegeben, da z. B. sich das Gericht für unzuständig erachtet und kein Verweisungsantrag gestellt wurde, bzw. der Schuldneraufenthalt unbekannt ist oder die Legitimation des Antragstellers bzw. Vertreters nicht geführt werden kann oder der Antragsteller nicht zu den antragsberechtigten Personen gehört, das Gericht nicht die Überzeugung von der Zahlungsunfähigkeit bzw. Überschuldung gewonnen hat, der Schuldner nicht konkursfähig ist, so ist der Antrag als unzulässig zurückzuweisen. Dies hat zur Folge, daß der Antragsteller die Kosten des Verfahrens zu tragen hat § 91 ZPO, § 72.
Die gleiche Entscheidung ist zu fällen bei fehlendem Rechtsschutzbedürfnis (vgl. dazu oben Rn 100). Die Ablehnungsentscheidung des Konkursgerichts ist dem Schuldner nicht bekanntzugeben, wenn er vorher nicht gehört wurde (aM *Erdsiek* NJW 1962, 1048, damit sich der Schuldner schützen kann, wenn bekannt wird, daß gegen ihn ein Konkursantrag gestellt wurde). Die neuere Literatur und Rechtsprechung läßt auch die Anwendung des § 765a ZPO zu (vgl. oben Rn 17).
Gegen die Zurückweisung des Konkursantrages steht dem Antragsteller die sofortige Beschwerde zu (§ 73 Abs. 3).

5. Die Abweisung mangels Masse

118 Ist nach der Überzeugung des Konkursgerichts, eine die Kosten des Verfahrens entsprechende Masse nicht vorhanden und wurde auch kein Vorschuß geleistet zur Deckung der Kosten nach § 58 Nr. 1 und 2, so ist der Eröffnungsantrag mangels Masse abzuweisen (§ 107 Abs. 1).
Dies ist unzulässig bei einem Antrag auf Eröffnung des Konkurses über das Vermögen einer Genossenschaft (§ 100 Abs. 3 GenG). Vor der abweisenden Entscheidung über einen Gläubigerantrag ist der Schuldner zu hören – § 105 Abs. 2 – (LG Bielefeld MDR 1956, 363, *J-W*, § 107, Anm. 1; *M-K*, § 107, Anm. 3; *B-St*, § 107, Anm. 1).
Hat der Schuldner selbst den Antrag gestellt, so ist eine Auflage zur Vorschußzahlung nicht erforderlich, denn es ist nicht damit zu rechnen, daß der Schuldner die Mittel aufbringen kann und will (*J-W*, § 107, Anm. 3; *B-St*,

§ 107, Anm. 2). Gleiches gilt bei einem Antrag auf Eröffnung des Nachlaßkonkurses durch die Erben (LG München II vom 17. 7. 1970 – 7 T 8/70, nicht veröffentl.).

Während der vorgeschossene Betrag des Schuldners Konkursmasse wird, ist der Vorschuß des Gläubigers Treuhandgeld, das nur zur Deckung der Kosten nach § 58 Ziff. 1 und 2 verwendet werden darf. Bei der Befriedigung derselben rückt der Gläubiger wie ein Bürge in die Rangstelle des mit seinen Mitteln gedeckten Massegläubigers ein (*B-St,* § 107, Anm. 2). Dies gilt auch dann, wenn der Gläubiger den Betrag im Vergleichsverfahren einbezahlt und das Anschlußkonkursverfahren eröffnet wird (OLG Hamburg KTS 1968, 54). Armenrecht oder Gebührenfreiheit haben auf die Vorschußleistung keinen Einfluß (AG Köln KTS 1972, 126).

Der wegen Masseunzulänglichkeit den Antrag zurückweisende Beschluß ist dem Antragsteller und, wenn die Schuldnerin eine Kapitalgesellschaft ist, auch dieser zuzustellen. Weiter sind das Arbeitsamt wegen des Konkursausfallgeldes und das Vormundschaftsgericht gemäß § 50 FGG in Verbindung mit § 1667 BGB zu verständigen. Der Urkundsbeamte der Geschäftsstelle hat ferner für das statistische Landesamt das Zählblatt A auszufüllen.

Mit der Abweisung mangels Masse wird jeder Schuldner in die sog. Schuldnerliste eingetragen (§ 107 Abs. 2) und zwar für den Zeitraum von 5 Jahren, gerechnet von der Entscheidung des Gerichts an. Eine vorzeitige Löschungsmöglichkeit besteht nicht. Nur soweit ein Entscheidungsfehler vorliegt (z. B. Abweisung mangels Masse anstatt der Zurückweisung eines unzulässigen Antrages), wird auch nach Rechtskraft des Beschlusses eine Änderung der Entscheidung zugelassen, die eine Berichtigung der Schuldnerliste nach sich führt (*J-W,* § 107, Anm. 8, 9 und § 109, Anm. 6; *M-K,* § 107, Anm. 10; *B-St,* § 107, Anm. 6; so auch LG München I KTS 1973, 74, wo vor Wirksamkeit des Abweisungsbeschlusses der Antrag zurückgenommen wurde). Gleiches gilt, wenn sich nachträglich ergibt, daß der Anspruch z. B. gestundet war oder der Titel erfolgreich angefochten wurde (s. hierzu *Lorenz* NJW 1959, 1958).

Das RG (RGZ 118, 241 und RGZ 140, 153) hat die Löschung bei Eintragung einer falschen Person für zulässig erachtet. Umfassend hierzu ist die Abhandlung von *Uhlenbruck* in MDR 1971, 891, der jedoch – sehr weitgehend – auch § 915 Abs. 2 ZPO für anwendbar hält.

Weiter ist auf Grund von § 1 des Gesetzes über die Auflösung und Löschung von Gesellschaften und Genossenschaften vom 9. 10. 1934 (RGBl I S. 914, „Löschungsgesetz") bei einer AG, KGaA oder GmbH auf Grund einer beglaubigten Abschrift des Abweisungsbeschlusses mit Rechtskraftvermerk die Auflösung in das Handelsregister einzutragen.

Gegen den Abweisungsbeschluß steht nur dem Antragsteller die sofortige

Beschwerde zu (§ 109, s. auch KG KTS 1965, 41). Innerhalb der Beschwerdefrist kann noch die Zahlung des Vorschusses gemäß § 107 Abs. 1 S. 2 nachgewiesen werden (KG KTS 1957, 30; OLG Hamm KTS 1966, 51; LG Bonn JMBl NRW 1967, 128). Soweit es sich um Kapitalgesellschaften handelt, hat auf Grund des Löschungsgesetzes auch der Schuldner das Recht der sofortigen Beschwerde. Die im Verfahren über den Eröffnungsantrag entstandenen Kosten hat der erfolglose Antragsteller zu tragen. Dazu gehören auch die Kosten des Schuldnervertreters (*J-W,* § 103, Anm. 7. Dagegen mit eingehender Begründung *Boetius* in KTS 1964, 229 ff., der § 788 Abs. 1 i. V. mit § 91 ZPO für anwendbar hält).
Durch die rechtskräftige Abweisung des Eröffnungsantrages werden weder andere Beteiligte noch der Antragsteller selbst gehindert, erneut einen Eröffnungsantrag zu stellen. Hat die Beschwerde gegen den abweisenden Beschluß Erfolg, so kann das Beschwerdegericht entweder die Konkurseröffnung dem Konkursgericht übertragen oder, was empfehlenswert erscheint, gemäß § 74 S. 2 sogleich selbst den Konkurs eröffnen und nur die weiteren Anordnungen dem Konkursgericht übertragen (*J-W,* § 109, Anm. 7).
Gegen einen Beschluß, der nur über eine Voraussetzung der Konkurseröffnung entscheidet, aber weder die Eröffnung ausspricht, noch den Antrag auf Konkurseröffnung abweist oder die Eröffnung von Bedingungen abhängig macht, findet eine Beschwerde nicht statt (*J-W,* § 73, Anm. 1).
Mit der Rücknahme, Zurückweisung oder Abweisung mangels Masse, sind alle getroffenen Sicherungsmaßnahmen aufzuheben (§ 106 Abs. 2) und die Beteiligten hiervon zu verständigen. Wird gegen den ablehnenden Beschluß Beschwerde eingelegt, so kann nur das Beschwerdegericht neue Sicherungsmaßnahmen anordnen (*J-W,* § 106, Anm. 13).

6. Die Aussetzung des Verfahrens gemäß § 46 VerglO

Stellt der Schuldner Antrag auf Eröffnung des Vergleichsverfahrens zur Abwendung des Konkurses, so ist die Entscheidung über vorher oder nachher eingehende Konkursanträge bis zur Rechtskraft der Entscheidung über den Vergleichsantrag auszusetzen. Bei einem Scheitern des Vergleichsverfahrens wird von Amts wegen über die Eröffnung des Anschlußkonkursverfahrens entschieden (§§ 19 Abs. 1, 80, 96 Abs. 5, 101, 102 VerglO). Wird der Vergleich bestätigt, so gilt der Konkursantrag als nicht gestellt (§ 84 VerglO). Die Einstellung tritt kraft Gesetzes ein. Der Richter stellt dies nur fest und benachrichtigt den Antragsteller und ggfs. den Schuldner. Nur wenn die Eröffnung des Vergleichsverfahrens abgelehnt und der Anschlußkonkurs nicht eröffnet wurde, ist der Konkursantrag weiter zu behandeln.

Da es sich um keine Entscheidung des Gerichts, sondern nur um die Feststellung einer kraft Gesetzes eingetretenen Rechtsfolge handelt, unterliegt diese keinem Rechtsmittel.

7. Die Eröffnung des Konkursverfahrens

7.1. Allgemeines

Erachtet das Gericht seine Zuständigkeit für begründet und liegen die übrigen Voraussetzungen der Konkurseröffnung (s. oben Rn 78 ff.) alle vor, so spricht es die Konkurseröffnung durch Beschluß aus. Wegen der Bedeutung des Beschlusses ist es empfehlenswert, in der Begründung anzugeben, auf wessen Antrag er ergeht und welche den Konkurs rechtfertigenden Tatsachen das Gericht als feststehend ansieht. Bezüglich der Begründungspflicht *J-W,* § 108, Anm. 5 mit weit. Hinw.
Mit Rücksicht auf die einschneidenden Rechtswirkungen, die an die Eröffnung geknüpft sind (vgl. Rn 154), ist vorgeschrieben, daß in dem Beschluß die Stunde der Konkurseröffnung anzugeben ist. Wurde dies versäumt, so gilt als Zeitpunkt der Konkurseröffnung die Mittagsstunde des Tages, an dem der Beschluß erlassen ist (§ 108).
Umstritten ist, zu welchem Zeitpunkt der Eröffnungsbeschluß als „erlassen" anzusehen ist. Die herrschende Meinung hält die Unterschriftsleistung des Konkursrichters unter den Eröffnungsbeschluß für maßgebend (*J-W,* § 108, Anm. 1; *M-K,* § 108, Anm. 1, 2 und *B-St,* § 108, Anm. 1). Wird der Beschluß auf Grund des § 238 gefaßt, so ist darin zum Ausdruck zu bringen, daß nur über das im Inland befindliche Vermögen des Gemeinschuldners der Konkurs eröffnet wird.
Es kann vorkommen, daß in ein und demselben Antrage gegen mehrere Schuldner der Konkurs beantragt wird. In diesem Falle liegen mehrere Anträge vor, über die je ein besonderes Verfahren stattfindet und über die durch gesonderte Beschlüsse entschieden werden muß. Gegen mehrere Personen in **einem** Verfahren Konkurs zu eröffnen ist nur dann zulässig, wenn ihre Gemeinschaft als solche konkursfähig ist (vgl. oben Rn 82 ff.) Wird über das Vermögen eines Ehegatten das Konkursverfahren eröffnet, der bei Gütergemeinschaft das Gesamtgut allein verwaltet, so ist im Beschluß zum Ausdruck zu bringen, daß das Gesamtgut in die Konkursmasse fällt (z. B. „. . . sowie das seiner alleinigen Verwaltung unterliegende Gesamtgut aus der Gütergemeinschaft zwischen ihm und seiner Ehefrau . . .").
Liegen Konkursanträge verschiedener Gläubiger gegen einen Schuldner vor, so ist nur **ein** Eröffnungsbeschluß zu erlassen, in dem alle Antragsteller

aufzuführen sind, bei denen das Verfahren bereits so weit fortgeschritten ist, daß die Voraussetzungen der Konkurseröffnung gegeben sind. Bei Anträgen, zu denen der Schuldner z. B. noch nicht gehört werden konnte, ist der Gläubiger von der Eröffnung zu verständigen und aufzufordern, den Antrag zurückzunehmen. Eine Hauptsacheerledigung hätte hier keine Vorteile, da der Gläubiger, wenn auch als Zweitschuldner immer die Kosten zu tragen hat (§ 95 GKG); zudem können ggfs. zusätzliche Kosten nach § 28 a GKG entstehen.

121 Das Konkursverfahren über das **Vermögen eines Einzelkaufmanns** wird unter seinem bürgerlichen Namen eröffnet. Dem ist, insbesondere mit Rücksicht auf die Geschäftsgläubiger, die handelsgerichtlich eingetragene Firma beizufügen, vor allem dann, wenn sie vom bürgerlichen Namen abweicht. (Weitere Ausführungen hierzu bei *J-W,* § 108, Anm. 6, Muster bei *Schrader-Bauer* Rdz. 180) Bei **Personen- und Kapitalgesellschaften** wird davon abgeraten, die Bezeichnung des persönlich haftenden Gesellschafters bzw. des gesetzlichen Vertreters in den Beschluß aufzunehmen. Dies soll verhindern, daß persönliche Ansprüche gegen den Komplimentär, bzw. den gesetzlichen Vertreter im Konkursverfahren der Gesellschaft angemeldet werden, die zu bestreiten wären, was wiederum bei den Gläubigern infolge falscher Einschätzung der Rechtslage zu unnötigen Klagen usw. führen könnte.
Daß § 313 ZPO nicht auf Beschlüsse nach § 329 ZPO, § 72 KO anwendbar ist, bringen *Baumbach-Lauterbach,* § 329, Anm. 3; *Zöller,* § 329, Anm. 3 e und *Thomas-Putzo,* § 329, Anm. 4 zum Ausdruck.

122 **Maßregeln zur Ausführung des Eröffnungsbeschlusses:** Um den Konkurs de facto wirksam werden zu lassen und das Verfahren in Gang zu bringen, ist eine Reihe von Maßnahmen teils erforderlich, teils statthaft, die gleich bei der Konkurseröffnung der Konkursrichter ggfs. der Rechtspfleger und der Urkundsbeamte der Geschäftsstelle zu treffen haben. Diese im folgenden besprochenen Maßregeln sind dem Konkursgericht auch dann zu überlassen, wenn die Konkurseröffnung durch Beschluß des Beschwerde-Gerichts erfolgt ist. Der Eröffnungsbeschluß wird auch dann sofort wirksam, wenn ein Antrag auf Eröffnung eines gerichtlichen Vergleichsverfahrens gestellt war, aber abgelehnt wird (§ 19 VerglO). Ist dagegen der Konkurs im Anschluß an die Verwerfung oder an eine Einstellung des Vergleichsverfahrens eröffnet, so wird die Entscheidung über die Eröffnung erst mit der Rechtskraft wirksam (§ 80 Abs. 3, 96 Abs. 4 S. 2, 101 VerglO). Bis dahin sind also in den genannten Fällen alle Maßnahmen auszusetzen, durch die eine die Konkurseröffnung anordnende Entscheidung ausgeführt werden soll.
Der Konkursrichter hat zugleich mit der Konkurseröffnung eine Reihe von Anordnungen zu treffen *(vgl. Muster A d. Anlage);* er hat insbesondere:

a) den Konkursverwalter zu ernennen (s. Rn 123)
b) eine Gläubigerversammlung zu berufen (s. Rn 124)
c) den offenen Arrest zu erlassen und die Anzeigefrist festzusetzen (s. Rn 125)
d) die Anmeldefrist und den allgemeinen Prüfungstermin zu bestimmen (s. Rn 126)
e) die Eintragung der Konkurseröffnung in das Grundbuch, Schiffs-, Schiffsbau- und Luftfahrtregister zu veranlassen,
f) sofern er einen Gläubigerausschuß nicht bestellt, Anordnungen darüber zu treffen, wo der Verwalter einstweilen Gelder, Wertpapiere und Kostbarkeiten hinterlegen soll (s. Rn 128)
g) dem Verwalter eine urkundliche Bescheinigung seiner Ernennung zu erteilten (s. Rn 129)
h) die Zustellung des Eröffnungsbeschlusses an den GSch anzuordnen.
i) in besonderen Fällen Maßregeln zu treffen, um gewissen Arten von Konkursgläubigern, deren Interessen gemeinsame sind, zur Wahrung dieser Interessen im Bedarfsfalle einen Vertreter zu bestellen. Die Fälle sind folgende:

- Im Konkursverfahren über das Vermögen einer privaten Lebensversicherungsgesellschaft (AG oder VVaG), Kranken- oder Unfallversicherung hat das Konkursgericht nach Anhörung der Aufsichtsbehörde zur Wahrung der Rechte der Versicherten hinsichtlich des Prämienfonds einen Pfleger zu bestellen (§§ 78, 79 VAG).
  Im Konkurs eines Wertpapier-Kommissionärs, -Verwahrers oder -Pfandgläubigers kann erforderlichenfalls zur Wahrung der Rechte der Kommittenten ein Pfleger bestellt werden. Auch hier ist vorher die Aufsichtsbehörde zu hören (§ 32 Abs. 5 DepG).
- Im Konkurs eines Unternehmens, das Schuldverschreibungen auf den Inhaber ausgegeben hat, muß das Konkursgericht unverzüglich eine Versammlung der Schuldverschreibungsgläubiger einberufen zum Zwecke der Beratung und Beschlußfassung darüber, ob ein gemeinsamer Vertreter für das Konkursverfahren bestellt werden soll. Ist ein solcher Vertreter schon bestellt, so kann die Berufung der Versammlung unterbleiben (Schuldverschreibungsgesetz vom 4. 12. 1899, RGBl. S. 691 mit mehreren Änderungen).

Gleichzeitig hat der Richter darüber zu entscheiden

k) ob ein Gläubigerausschuß zu bestellen ist, bejahendenfalls sind die Mitglieder des Ausschusses zu ernennen und zur Erklärung über die Annahme des Amtes zu veranlassen. Eine **Verpflichtung** zur Bestellung besteht im Genossenschaftskonkurs (s. Rn 183)

l) ob und welche Sicherheitsleistung vom Verwalter zu fordern ist (s. Rn 132)
m) ob und in welchen weiteren öffentlichen Blättern, als den gesetzlich bestimmten und wie etwa sonst noch die Konkurseröffnung bekanntzumachen ist (s. Rn 133)
n) ob die Postsperre anzuordnen ist (s. Rn 134)
o) ob und welche sonstigen Maßregeln gegen den GSch zu ergreifen sind (s. Rn 137).

Schließlich wird der Richter die Vorlage an den Rechtspfleger verfügen, wenn er sich das Verfahren nicht ausdrücklich vorbehalten hat. Ausschließlich ist der Richter zuständig bis zur Entscheidung über den Eröffnungsantrag unter Einschluß dieser Entscheidung und der Ernennung des Verwalters (vgl. oben Rdn. 38). Der Richter wird auch überwiegend die anderen Anordnungen noch treffen, da ein so enger Zusammenhang besteht, daß eine getrennte Bearbeitung nicht sachdienlich wäre (§ 6 RpflG). Die Termine sind jedoch zweckmäßigerweise mit dem Rechtspfleger und dem Verwalter abzusprechen. Ein allgemeines Veräußerungsverbot wird an den GSch nicht erlassen. Ein solches ist nur im Vorverfahren von Wert (vgl. oben Rn 107); eine im Vergleichsverfahren angeordnete Verfügungsbeschränkung gilt im Anschlußkonkurs als zugunsten der Konkursgläubiger angeordnet (§§ 103, 12, 58, 59, 94 VerglO).

7.2 Die Ernennung des Verwalters

123 Die Ernennung des Verwalters obliegt dem Richter (§ 18 Abs. 1 RpflG vgl. dazu oben Rn 38). Nur bei der Eröffnung des Anschlußkonkursverfahrens nach einem eröffneten Vergleichsverfahren, das sich der Richter nicht vorbehalten hat, ernennt der Rpfl den Verwalter. Das Gericht ist an die Anträge oder Vorschläge Beteiligter in keiner Weise gebunden; die Konkursgläubiger haben nur ein Vorschlagsrecht (§§ 78, 110, 80). In der Auswahl des Verwalters ist das Gericht gesetzlich nicht beschränkt. Die Auswahl einer geeigneten Person, die oft auf praktische Schwierigkeiten stößt, ist wegen der Stellung, die dem Verwalter durch die KO zugewiesen ist, für den Erfolg des Konkurses von höchster Bedeutung. Der KV muß zuverlässig und tüchtig sein, er muß Umsicht und Geschäftskunde besitzen und dabei imstande sein, die gesetzlichen Vorschriften bei der Verwaltung seines Amtes richtig zu handhaben. Ob die Wahl auf einen Wirtschaftsprüfer, Diplomkaufmann oder eine andere entsprechend vorgebildete Persönlichkeit, z. B. einen Rechtsanwalt fällt, wird davon abhängig sein, ob in dem betreffenden Verfahren wirtschaftliche oder rechtliche Fragen im Vordergrund stehen. Letztere überwiegen in

der Praxis, insbesondere im Zusammenhang mit Eigentumsvorbehalt, Zessionen, Sicherungsübereignungen, Anfechtungen usw. (weit. Ausf. u. Hinw. *J-W,* § 78 Anm. 7 Abs. 2; *M-K,* § 78 Anm. 1; *B-St,* § 78 Anm. 1). Fähig zur Führung des Amtes ist jede geschäftsfähige natürliche Person. Unfähig sind der Gemeinschuldner selbst und seine gesetzlichen Vertreter (LG Göttingen BB 1954, 912), auch die Vorstandsmitglieder oder Liquidatoren einer juristischen Person, sowie die Erben als Träger der Gemeinschuldnerrolle im Nachlaßkonkurs. Nicht ausgeschlossen sind Verwandte und Gläubiger des GSch. Bei einem Beamten bedarf es gegebenenfalls der Genehmigung der vorgesetzten Dienstbehörde. Die Ernennung einer ungeeigneten Person zum Verwalter, also z. B. des GSch oder seines gesetzlichen Vertreters, eines Geschäftsunfähigen oder eines Entmündigten, einer juristischen Person (dazu s. jedoch *Skrotzki* KTS 1961, 145 ff.) ist endgültig wirkungslos und wird auch durch den Eintritt der Rechtskraft nicht geheilt. Die Verwalterhandlungen sind wirkungslos und das Gericht hat – in jedem Stadium des Verfahrens – einen neuen Verwalter zu bestellen.

Untauglich sind Minderjährige, unter vorläufiger Vormundschaft Stehende, sowie Personen, denen die bürgerlichen Ehrenrechte aberkannt sind, für die Zeit der Aberkennung (§ 31 StGB). Ihre Ernennung ist wirksam, jedoch besteht ein Beschwerde- und Entlassungsgrund (weitere Ausführungen über unfähige u. untaugliche Personen s. *J-W,* § 78 Anm. 7, 9; *M-K,* § 78 Anm. 2, 3 und *B-St,* § 78 Anm. 1). Daß der Verwalter am Sitze des Konkursgerichtes wohnt, ist zwar in vielen Fällen wünschenswert, aber nicht erforderlich. Wieviel Gewicht darauf zu legen ist, wird sich nach der Lage des einzelnen Falles richten. Eine Verpflichtung zur Annahme des Amtes als Verwalter besteht fast nirgends; eine Ausnahme bilden die Bezirksnotare in Württemberg (Art. 1 württb. AGKO). Da es aber durchaus geboten ist, daß der Verwalter sofort nach der Konkurseröffnung in Tätigkeit tritt, wird das Gericht sich darüber, ob der zum Verwalter Vorgesehene zur Annahme des Amtes bereit ist und nicht Interessenkollisionen gegeben sind, vor der Ernennung vergewissern müssen. Wenn dies nicht geschieht, so dürfte für die aus einer Ablehnung des Ernannten der Konkursmasse entstehenden Verluste u. U. der Konkursrichter verantwortlich gemacht werden können.

Nur wenn die Verwaltung verschiedene Geschäftszweige umfaßt (z. B. Fabrik und Brauerei, auch bei einer Mehrheit von Niederlassungen) kann das Gericht mehrere Verwalter ernennen (§ 79). Macht das Gericht von dieser Befugnis Gebrauch, so hat es die Geschäftskreise der mehreren Verwalter zur Vermeidung von Streitigkeiten und anderen Unzuträglichkeiten genau abzugrenzen. Die Ernennung mehrerer Verwalter ist aber im allgemeinen, selbst bei sehr umfangreichen Verwaltungen, nicht empfehlenswert und auch nicht erforderlich. Die Einheitlichkeit der Verwaltung ist für den Konkurs von hohem Werte und kann selbst dann, wenn ein Einzelner nicht im Stande ist, alle Verwaltungsangelegenheiten selbst zu besorgen, meistens dadurch gewahrt werden, daß der Verwalter Gehilfen annimmt, die unter seiner Leitung und nach seinen Weisungen einzelnen Verwaltungszweigen vorstehen. Bei der Auswahl der Gehilfen bilden dann besondere Fachkenntnisse den Ausschlag (z. B. Beschäftigung eines pensionierten Bankdirektors im Bankkonkurs; Weiterbeschäftigung von vorhandenem Fach-Personal, z. B. Buchhaltungsleiter). Nur dann wird die Ernennung mehrerer Verwalter unvermeidlich sein, wenn keine der zur Verfügung stehenden Persönlichkeiten ihrer Befähigung oder dem Umfange der Geschäfte nach der Übernahme der gesamten Verwaltung gewachsen ist. Werden mehrere Verwalter ernannt, so ist ein jeder von ihnen in seiner Geschäftsführung selbständig (§ 79 S. 2). Streitigkeiten, die unter ihnen wegen der Zuständigkeit entstehen, entscheidet das Konkursgericht. Mehrere Verwalter zur **gemeinschaftlichen Verwaltung** zu bestellen, ist durch § 79 nicht gestattet.

Fast die Regel bildet es, daß ein Verwalter mehrere Konkurse gleichzeitig verwaltet. Dabei ist bei der Bestellung des Verwalters zu beachten, daß Interessenkollissionen vermieden werden. Wird z. B. über das Vermögen einer GmbH & Co. KG, sowie deren persönlich haftende Gesellschafterin, die GmbH, oder über das Vermögen einer OHG und deren Gesellschafter, oder auch über das Vermögen mehrerer GmbH's, die einen Geschäftsführer haben das Konkursverfahren eröffnet, so treten erfahrungsgemäß Interessenkollissionen auf, die durch die Bestellung verschiedener Verwalter verhindert werden können. Ist der Verwalter tatsächlich (z. B. infolge Erkrankung oder Urlaub) oder aus rechtlichen Gründen (z. B. § 181 BGB) an der Ausübung seines Amtes verhindert, so ist für den Verhinderungsfall ein Sonderverwalter zu bestellen (weitere Ausführungen hierzu *J-W,* § 78 Anm. 6; *M-K,* § 78 Anm. 6).

Das Verwalteramt beginnt nicht mit der Ernennung, sondern erst mit der ausdrücklichen oder stillschweigenden Übernahme des Amtes nach der Ernennung. Einer förmlichen Zustellung des die Ernennung aussprechenden Beschlusses bedarf es nicht. Auch eine besondere Verpflichtung oder Beeidigung des Verwalters findet nicht statt. Die Ernennung des KV kann vom GSch und von jedem Konkursgläubiger mit der sofortigen Beschwerde angefochten werden (§ 73 Abs. 3; *J-W,* § 78 Anm. 9 mit weiteren Hinweisen).

7.3 Die Berufung der ersten Gläubigerversammlung

124 Gleich bei der Konkurseröffnung ist eine Gläubigerversammlung zu berufen zur Beschlußfassung über die Wahl eines anderen Verwalters, über die

Bestellung eines Gläubigerausschusses und gegebenenfalls über die in den §§ 132, 134, 137 bezeichneten Angelegenheiten (§ 110 Abs. 1). Auch andere Gegenstände können von Amts wegen oder auf Antrag auf die Tagesordnung der Versammlung gesetzt werden, sind dann aber rechtzeitig vor der Versammlung öffentlich bekanntzumachen (§ 98).
Der Termin ist so anzuberaumen, daß nach dem Tage, mit dem die Bekanntmachung als bewirkt gilt (§ 76 Abs. 1) bis zum Termin mindestens die Ladungsfrist von 3 Tagen eingehalten ist (§ 217 ZPO, § 72 KO). Spätestens hat der Termin innerhalb eines Monats, gerechnet ab Wirksamkeit der öffentlichen Bekanntmachung (*J-W*, § 110 Anm. 2) stattzufinden. Die in der Vorauflage vertretene andere Ansicht wird aufgegeben. Gegen eine Ansetzung außerhalb dieses Zeitraumes steht den Beteiligten die sofortige Beschwerde zu (§ 73 Abs. 3). Mit Eintritt der Rechtskraft wird der Verstoß geheilt (*J-W*, § 110 Anm. 2). Der Termin ist so anzusetzen, daß den Beteiligten Zeit bleibt, sich auf den Termin vorzubereiten, ggf. die Forderungen anzumelden und zu ihm zu erscheinen.

7.4 Der offene Arrest

Der offene Arrest hat den Zweck, diejenigen Sachen, die sich nicht im Besitz **125**
des GSch befinden, aber zur Konkursmasse gehören, zu ermitteln und für die Masse zu sichern, sowie Zahlungen und andere Leistungen an den GSch zu verhindern. Durch den offenen Arrest wird demgemäß

a) allen Personen, die eine zur Konkursmasse gehörige Sache im Besitz haben oder zur Konkursmasse etwas schuldig sind, aufgegeben, nichts an dem GSch zu verabfolgen oder zu leisten. Verpflichtet sind die unmittelbaren und mittelbaren Besitzer; die Anzeige eines Besitzers entlastet den anderen. Für den Besitzdiener besteht keine Verpflichtung. *J-W*, § 118 Anm. 4; *M-K*, § 118 Anm. 2.
b) denen, die zur Konkursmasse gehörige Sachen im Besitz haben, die Verpflichtung auferlegt, von diesem Besitze und von den Forderungen, für die sie abgesonderte Befriedigung aus dem Erlös der Sachen in Anspruch nehmen, innerhalb einer bestimmten Frist dem Verwalter Anzeige zu machen (§ 118).

Die Auflage zu a) hat keine unmittelbare rechtliche Wirkung, sondern nur die Bedeutung, daß Leistungen an den GSch tatsächlich möglichst verhindert werden sollen. Die Wirksamkeit von Leistungen, die nach der Konkurseröffnung an den GSch erfolgen, ist in § 8 ohne Berücksichtigung des offenen Arrestes geregelt (*J-W*, § 118 Anm. 1; *M-K*, § 118 Anm. 1; *B-St*, § 118 Anm. 1).

Die Auflage zu b) hat dagegen auch rechtliche Bedeutung: Wer es unterläßt, dem Verwalter innerhalb der bestimmten Frist über den Besitz von Sachen des GSch Anzeige zu machen, haftet für allen aus der Unterlassung oder der Verzögerung der Anzeige entstehenden Schaden (§ 119). Zum Verschulden gehört die Kenntnis oder fahrlässige Unkenntnis des offenen Arrestes. Bei Kenntnis der Konkurseröffnung wird die Kenntnis des Arrestes als erwiesen erachtet, wenn nicht besondere vom Besitzer anzugebende und beweisende Umstände das Gegenteil dartun (*M-K,* § 119 Anm. 2; RG 130, 357. Nicht so weitgehend *J-W,* § 119 Anm. 1). Sonst hat der KV die Beweispflicht für das Verschulden, sowie für die Kenntnis oder fahrlässige Unkenntnis des Arrestes. Eine Vermutung wie in § 8, stellt § 119 nicht auf (*M-K,* § 119 Anm. 2).

Ein gesetzlicher Rahmen für die Anzeigefrist besteht nicht. Bei der Bemessung wird einerseits zu berücksichtigen sein, daß es im Interesse des Konkurses liegt, wenn der Verwalter möglichst bald einen Überblick über die gesamte vorhandene Masse erhält, anderseits, daß dem Besitzer von Massegegenständen hinreichend Zeit gewährt werden muß, um nach erlangter Kenntnis von dem offenen Arrest die vorgeschriebene Anzeige zu erstatten. Eine Frist von etwa 14 Tagen bis 3 Wochen, gerechnet ab Wirksamkeit der Veröffentlichung, dürfte in der Regel angemessen und ausreichend sein. Dann ist es dem Verwalter in aller Regel auch möglich in seinem Bericht zum Wahltermin gemäß § 131 den Gläubigern einen groben Überblick zu vermitteln.

7.5 Bestimmung der Anmeldefrist und des Prüfungstermins

126 Zur **Anmeldung** der Konkursforderungen wird gleich bei Eröffnung eine **Frist** bestimmt. Diese beträgt 2 Wochen bis 3 Monate (§ 138 S. 1), gerechnet ab Wirksamkeit der öffentlichen Bekanntmachung (§ 76 Abs. 1); innerhalb dieser Grenzen steht dem Konkursgericht freies Ermessen zu. Bei Bemessung der Frist ist auf die Umstände des Einzelfalles Rücksicht zu nehmen. In gewöhnlichen Konkursen wird eine mäßig lange Anmeldefrist genügen. Eine weite Erstreckung der Frist wird nur in sehr umfangreichen und verwickelten Konkursen, sowie dann erforderlich sein, wenn der GSch in weit entfernten Ländern Geschäfte betrieben hat. Die Anmeldefrist wird durch die Angabe des Endtermines bestimmt (z. B. „Konkursforderungen sind bis zum 25. 10. ... einschließlich bei dem Gericht anzumelden"). Es wäre auch zulässig, jedoch ist dies nicht gebräuchlich und für die Gläubiger mit erheblichen Schwierigkeiten verbunden, den Zeitraum der Anmeldefrist zu bestimmen (z. B. „Konkursforderungen sind binnen 2 Wochen bei dem Gericht anzumelden"). Bei der Bestimmung des Endtermines ist darauf zu achten, wann die öffentliche Bekanntmachung wirksam wird und daß die Fristen nach § 138 eingehalten werden.

Eine Verletzung des Rahmens des § 138 durch das Gericht macht das weitere Verfahren nicht unwirksam. Die beschwerten Beteiligten haben jedoch die Möglichkeit sofortiger Beschwerde (§ 73 Abs. 3) bzw. der befristeten Rechtspfleger-Erinnerung (§ 11 RpflG) vgl. *J-W,* § 138 Anm. 7.

Zulässig ist die Forderungsanmeldung frühestens mit der Konkurseröffnung. Vor Konkurseröffnung, z. B. bereits mit dem Konkursantrag, ist die Anmeldung unwirksam. Verfrühte Anmeldungen sind zurückzusenden, mit der Mitteilung, daß ein Konkursverfahren noch nicht eröffnet ist (*J-W,* § 138 Anm. 3). Selbst bei einem Anschlußkonkurs nach einem eröffneten Vergleichsverfahren mit einem durchgeführten Vergleichstermin, ist nochmals eine Forderungsanmeldung erforderlich. Steht die Eröffnung des Verfahrens unmittelbar bevor und ist z. B. bei den Zinsen nicht der ausgerechnete Betrag bis zur Anmeldung angegeben, sondern nur der Beginn des Zinszeitraumes, der Zinsfuß und der Kapitalbetrag, kann also die Anmeldung nach Konkurseröffnung auch nicht anders lauten, so ist sie zu den Akten zu nehmen und als Anmeldung am Eröffnungstag zu behandeln. Keine Forderungsanmeldung ist in den Fällen des § 229 und 236 erforderlich. Die Anmeldefrist ist keine Notfrist; gegen ihre Versäumung ist daher keine Wiedereinsetzung nach § 233 ZPO zulässig. Die Gerichtsferien haben auf die Anmeldefrist keinen Einfluß (§ 202 GVG). Sie ist auch keine Ausschlußfrist. Verspätet angemeldete Forderungen können, soweit der Prüfung nicht widersprochen wird, im allgemeinen Prüfungstermine erörtert werden (§ 142 Abs. 1). Ansonsten muß die Prüfung in einem besonderen Prüfungstermin erfolgen, für den besondere Kosten entstehen. Zulässig ist die Forderungsanmeldung bis zur Aufhebung oder Einstellung des Konkursverfahrens. Konnte jedoch die Forderung nicht mehr innerhalb der Ausschlußfrist für die Schlußverteilung (§ 152, 155) geprüft werden, so darf der Gläubiger weder bei der Schluß- noch bei der Nachtragsverteilung berücksichtigt werden. Es besteht dann nur noch die Möglichkeit, einen vollstreckbaren Tabellenauszug zu erwirken (§ 164).

Der **allgemeine Prüfungstermin** ist so anzuberaumen, daß zwischen dem **127**
Zeitpunkt des Ablaufs der Anmeldefrist und dem Termin ein Zeitraum von mindestens 1 Woche und höchstens 2 Monaten liegt (§ 138 S. 2). Die Nichtbeachtung der Fristbestimmung hat auf die Forderungsfeststellung keinen Einfluß. Die Beteiligten haben jedoch das Recht der sofortigen Beschwerde bzw. befristeten Rechtspfleger-Erinnerung (*J-W,* § 138 Anm. 6; *M-K,* § 138 Anm. 6; *B-St,* § 138 Anm. 3). Bei der Anberaumung des Termins ist darauf Rücksicht zu nehmen, daß die Geschäftsstelle in der Lage sein muß, innerhalb des ersten Drittels zwischen dem Ablauf der Anmeldefrist und dem Prüfungstermin die Tabelle fertigzustellen und eine Abschrift

davon dem Verwalter mitzuteilen (§ 140 Abs. 2), ferner, daß dem Verwalter und den Gläubigern noch hinreichend Zeit verbleiben muß, um über die in die Tabelle aufgenommenen Forderungen vor dem Prüfungstermin Erkundigungen einzuziehen. Aus diesen Gründen ist es ratsam, in Konkursen mit mehreren Gläubigern (ab ca. 100) die Frist von 2 Monaten voll auszuschöpfen. (Wird die Konkurstabelle in diesen Fällen, wie in Bayern im Wege der Datenverarbeitung erstellt, so ist der Prüfungstermin unbedingt auf den Endzeitpunkt der Frist zu setzen). Der Prüfungstermin kann mit dem Termin zur Abhaltung der ersten Gläubigerversammlung verbunden werden, wenn die Konkursmasse von geringem Betrage und der Kreis der Konkursgläubiger von geringem Umfang sind oder wenn der GSch einen Zwangsvergleichsvorschlag eingereicht hat (§ 110 Abs. 2, 180). Eines Antrages bedarf es zur Verbindung nach § 110 Abs. 2 (anders bei § 180) nicht. Die förmliche Zurückweisung des Verbindungsgesuches unterliegt jedoch der sofortigen Beschwerde des Gesuchstellers (§ 73 Abs. 3) bzw. der befristeten Rechtspfleger-Erinnerung (§ 11 RpflG *J-W,* § 110 Anm. 2). Der Termin darf dann frühestens nach dem Ablauf von 3 Wochen (§ 138) und spätestens innerhalb eines Monats (§ 110), gerechnet ab Wirksamkeit der öffentlichen Bekanntmachung (§ 76), anberaumt werden.

7.6 Anordnung wegen der Hinterlegung von Geldern, Wertpapieren und Kostbarkeiten

128 Die Entscheidung darüber, wo und zu welchen Bedingungen flüssige Gelder hinterlegt bzw. angelegt werden sollen, ist dem Verwalter entzogen. Diese Entscheidung steht der Gläubigerversammlung zu (§ 132 Abs. 1). Da meistens Gelder entweder gleich bei Eröffnung des Konkurses vorgefunden oder alsbald flüssig werden, ist eine einstweilige Bestimmung hierüber sogleich mit der Konkurseröffnung erforderlich. Soweit es sich um die Stelle handelt, bei der die Gelder einstweilen hinterlegt werden sollen, ist die Bestimmung dem vom Gericht bestellten Gläubigerausschuß und in dessen Ermangelung dem Gericht selbst übertragen (§ 129 Abs. 2). Hat das Gericht die Anordnung zu treffen, so hat dies sofort von Amts wegen zu geschehen. In der Auswahl bestehen keine Beschränkungen s. AVdRJM v. 30. 11. 1935 (DJ 1935, 1853 = JW 1936, 87). Es dürfte auch zulässig sein, die Stelle allgemein zu umschreiben, z. B. »bei einer Großbank«. Die Führung einer Handkasse sollte wegen der geringen Kontrollmöglichkeit auf Ausnahmefälle beschränkt werden. Die Praxis hat gezeigt, daß in den wenigsten Fällen ein Bargeldbestand beim Verwalter benötigt wird. Dasselbe gilt entsprechend für Wertpapiere und Kostbarkeiten. (Über den Begriff Wertpapiere und Kostbarkeiten s. *J–W.* § 129 Anm. 11; *M-K,* § 129 Anm. 6; *B-St,* §129 Anm. 3).

7.7 Die Bestallung des Verwalters

Dem ernannten Verwalter ist sofort zu seiner Legitimation eine urkundliche Bescheinigung seiner Ernennung zu erteilen (§ 81 Abs. 2). Die Vertretungsmacht ist von der Aushändigung der Urkunde nicht abhängig, daher erfolgt die Übergabe formlos. Im Falle des Verlustes kann ohne weiteres eine neue Bestallung ausgestellt werden. Die Bestallung ist bei Beendigung des Amtes vom Verwalter dem Gericht zurückzugeben (§ 81 Abs. 1 S. 2). Hierzu kann er durch Zwangsgelder angehalten werden (*J–W,* § 81 Anm. 3; *M–K,* § 81 Anm. 3; *B–Stt* § 81 Anm. 1). Bezüglich des Gutglaubenschutzes s. *J–W,* § 81 Anm. 2–4; *M–K,* § 81 Anm. 2–4; *B–St,* § 81 Anm. 1. **129**

7.8 Die Zustellung des Eröffnungsbeschlusses

Der Eröffnungsbeschluß, der auch die Termine enthält, soll dem GSch als Beschwerdeberechtigten zugestellt werden (*J-W,* Anm. 3 zu § 111, *M-K,* Anm. 2 zu § 111 – Zustellung an den Abwesenheitspfleger genügt den Anforderungen, KG in KTS 1965, 171). Die Zustellung an den Verwalter ist nicht erforderlich. Die Termine werden zweckmäßigerweise bei der Anberaumung mit dem Verwalter abgesprochen. **130**

7.9 Die Bestellung eines Gläubigerausschusses

Abgesehen von den Konkursen über Genossenschaften, in denen ein Gläubigerausschuß vom Gericht stets sofort bei der Konkurseröffnung bestellt werden **muß** (§ 103 GenG), bleibt es dem Ermessen des Gerichts überlassen, ob schon vor der ersten Gläubigerversammlung, die in jedem Fall über die Bestellung eines Gläubigerausschusses zu beschließen hat (§ 110), ein Gläubigerausschuß bestellt werden soll. Nur in Konkursen mit voraussichtlich besonderen rechtlichen, kaufmännischen oder technischen Schwierigkeiten empfiehlt sich die Ausschußbestellung sofort bei Konkurseröffnung, damit der Verwalter bei den oft sehr wichtigen Maßregeln, die gerade in der ersten Zeit nach der Konkurseröffnung zu treffen sind, von der Vertretung der Gläubiger sowohl unterstützt als überwacht werden und in den Fällen des § 133 nicht lediglich nach seinem eigenen Ermessen Verfügungen treffen kann. Die Vornahme von unaufschiebbaren Rechtshandlungen nach § 134 vor der ersten Gläubigerversammlung kann ebenfalls ein Grund zu einer Bestellung sein. Sind für verschiedene Geschäftszweige mehrere Verwalter ernannt, so kann insgesamt nur ein Gläubigerausschuß bestellt werden. Eine andere Regelung kann dem Gesetz nicht entnommen werden (s. auch *J-W,* § 87 Anm. 3a). Die in der Vorauflage vertretene Ansicht wird damit aufgegeben. **131**

Zu Mitgliedern des Gläubigerausschusses kann das Gericht nur Gläubiger (d. h. Personen, deren Eigenschaft als Konkursgläubiger glaubhaft feststeht) oder Vertreter von Gläubigern ernennen (§ 87 Abs. 1). Unter den Gläubigern und Gläubigervertretern steht dem Gericht die freie Auswahl zu. Verwandte des GSch sind nicht ausgeschlossen. Daß die zu Ernennenden am Sitz des Gerichts wohnen, ist zwar wünschenswert, aber nicht erforderlich. Fähig zur Führung des Amtes ist jede prozeßfähige, natürliche oder juristische Person (wegen Berücksichtigung verschiedener Gläubigergruppen: *Mohrbutter-Haarmann* KTS 1956, 178; wegen der Betriebsratsmitglieder *Mohrbutter* KTS 1955, 57 ff. u. *Gaul* KTS 1955, 182). Die Mitgliederzahl ist gesetzlich nicht bestimmt. Zweckmäßig, aber nicht geboten, ist eine ungerade Mitgliederzahl, damit eine Mehrheit bei der Abstimmung einfacher erzielt wird. Es ist jedoch auch die Wahl von nur 2 Mitgliedern zulässig (OLG Düsseldorf LZ 1913, 570; *J-W,* § 87 Anm. 2; *M-K,* § 87 Anm. 4; vgl. auch oben Rn 54). Die Ernannten sind alsbald von der Ernennung in Kenntnis zu setzen und zur Erklärung über die Annahme des Amtes aufzufordern. Verpflichtet zur Annahme ist niemand. Eine Beeidigung oder sonstige Verpflichtung der Mitglieder des Gläubigerausschusses erfolgt nicht. Diese erhalten auch von Amts wegen keine urkundliche Bescheinigung ihrer Ernennung. Auf Antrag wird ihnen jedoch eine solche zu erteilen sein. Über ihre Rechte und Pflichten sind sie durch ein Merkblatt aufzuklären. Die seitens des Gerichts erfolgte Bestellung zum Mitgliede des Gläubigerausschusses kann vom Gericht jederzeit widerrufen werden (§ 92). Eine Verpflichtung zum Widerruf besteht, wenn sich herausstellt, daß das bei der Bestellung angenommene Konkursgläubigerrecht nicht oder nicht mehr besteht (*J-W,* § 87 Anm. 4 mit weiteren Hinweisen; *M-K,* § 87 Anm. 2). Ein gerichtlicher Widerruf ist aber nur zulässig bis zur ersten Gläubigerversammlung. Wird die Frage der Ausschußbestellung nicht erörtert, z. B. wenn kein stimmberechtigter Gläubiger im Termin erschienen ist, tritt der vorläufige Gläubigerausschuß am Schlusse des Wahltermins außer Tätigkeit. Wird aber der Tagesordnungspunkt »Bestellung eines Gläubigerausschusses« vertagt, weil zunächst keine Einigung erzielt werden konnte, dann wirkt der vorläufige Gläubigerausschuß als socher weiter (*J-W,* § 87 Anm. 4; *M-K,* § 87 Anm. 2). Die Bestellung einer Person zum Mitglied des vorläufigen Gläubigerausschusses ist anfechtbar mit der sofortigen Beschwerde bzw. befristeten Rechtspfleger-Erinnerung (OLG Hamm KTS 1958, 92; **a. M.** *B-St,* § 87 Anm. 2; *J-W,* § 73 Anm. 7).

7.10 Sicherheitsleistung des Verwalters

132 Das Gericht kann dem Verwalter gleich bei der Konkurseröffnung die Leistung einer Sicherheit auferlegen (§ 78 Abs. 2). Die Gläubiger und der

GSch haben nicht die Befugnis, vom Verwalter Sicherheit zu fordern, wohl aber das Recht auf Antragstellung und zur Beschwerde bei einer förmlichen Zurückweisung, Verminderung oder Aufhebung (*J-W*, § 78 Anm. 11, 12c; *M-K*, § 78 Anm. 7). Dem Verwalter steht ein Beschwerderecht nur bei einer nachträglichen Sicherheitsleistung oder Erhöhung zu, nicht aber gegen die mit seiner Ernennung verbundene Anordnung. Im letzteren Falle bleibt ihm nur die Möglichkeit, das Amt abzulehnen (*J-W*, § 78 Anm. 11; *M-K*, § 78 Anm. 7).

Die Leistung einer nachträglich angeordneten Sicherheit kann durch Zwangsgelder (§ 84 Abs. 1 S. 1) oder durch Androhung der Entlassung (§ 84 Abs. 1 S. 2) erzwungen werden. Die früher vertretene gegenteilige Meinung wird aufgegeben. Der Verwalter kann jedoch auch seine Entlassung selbst fordern (*J-W*, § 78 Anm. 12c; *M-K*, § 78 Anm. 7). Das Gericht wird eine Sicherheitsleistung nur dann fordern, wenn es eine solche mit Rücksicht auf die Persönlichkeit und die Vermögensverhältnisse des Verwalters für angezeigt erachtet. Soweit das Gericht über die Art der Sicherheitsleistung keine Bestimmung getroffen hat, dürfte § 108 ZPO entsprechende Anwendung finden (*M-K*, § 78 Anm. 7). Eine Bindung an § 107 ZPO bzw. 232 BGB besteht nicht. Deshalb ist jede Art der Sicherheitsleistung namentlich auch die durch Pfand oder Bürgschaft, zulässig (*J-W*, § 78 Anm. 12a; *M-K*, § 78 Anm. 7; *B-St*, §78 Anm. 3). Es kommt nur darauf an, daß die Sicherheit im Verhältnis zu den Verpflichtungen des Verwalters als genügend erscheint. Die Bestellung der Sicherheit muß in rechtsverbindlicher Form und derart geschehen, daß das Gericht über die Sicherheit verfügen kann. Letzteres ist insbesondere nötig, damit das Gericht die spätere Rückgabe der Sicherheit veranlassen kann. Über die Rückgabe dürfte es ohne Zuziehung der Konkursbeteiligten zu entscheiden haben, wenngleich diesen die Sicherheit für ihre etwaigen Regreßforderungen gemäß § 233 BGB haftet. Nach der Entlastung des Verwalters durch die Anerkennung der Schlußrechnung hat das Konkursgericht umgehend die Rückgabe der Sicherheit anzuordnen. Wird ein Antrag auf Rückgabe durch Beschluß abgelehnt, ist die sofortige Beschwerde bzw. befristete Rechtspfleger-Erinnerung zulässig (*J-W*, § 78 Anm. 12b). Die Kosten der Sicherheitsleistung sind Massekosten (*J-W*, § 78 Anm. 13).

7.11 Bekanntmachung der Konkurseröffnung

Die Konkurseröffnung ist in jedem Fall ohne besondere Anordnung des **133**
Richters bzw. Rechtspflegers von der Geschäftsstelle des Konkursgerichts – nicht des Beschwerdegerichts (*J-W*, § 111 Anm. 1) – durch Einrückung in den Bundesanzeiger und in das zur Veröffentlichung amtlicher Bekanntma-

chung des Konkursgerichts bestimmte Blatt bekanntzumachen (§ 111 Abs. 2; 76 Abs. 1). Wenn die Bekanntmachung noch durch andere Blätter oder noch auf andere Art erfolgen soll, so bedarf es hierzu einer Verfügung des Richters bzw. Rechtspflegers. Bei der Wichtigkeit der Konkurseröffnung werden die Anordnungen wegen der Bekanntmachung so zu treffen sein, daß tunlichst die Beteiligten in weitestgehendem Umfange von der Konkurseröffnung Kenntnis erhalten. Die Bekanntmachung wird daher insbesondere in Lokalblättern und durch solche Zeitungen zu erfolgen haben, die in der Gegend, in der der GSch Geschäftsverbindungen hat, besonders verbreitet sind. Auch überregionale Wirtschaftsblätter sind in die Auswahl einzubeziehen. Neben der Einrückung in öffentliche Blätter kann die Anheftung an die Gerichtstafel, Aushang an der Börse u. dgl. zur Bekanntmachung dienen; der Verbreitungseffekt dürfte hier jedoch sehr gering sein. Das Gericht kann auch darüber bestimmen, wie oft in den einzelnen Blättern die Bekanntmachung der Konkurseröffnung erscheint und ob sie vollständig oder nur auszugsweise geschehen soll. Mangels besonderer Anordnungen braucht die Geschäftsstelle nur eine einmalige und, wenn die Landesjustizverwaltung nichts anderes vorgeschrieben hat, nur eine auszugsweise Einrückung zu veranlassen. Die auszugsweise Einrückung dürfte insbesondere im Amtsblatt dann unzureichend sein, wenn die Bekanntmachung des offenen Arrestes nicht in vollem Wortlaut erfolgt (*J-W,* § 111 Anm. 1). Zulässig und zweckmäßig ist es, für alle vorkommenden Konkurse gewisse zur Veröffentlichung der Bekanntmachungen zu benutzende Blätter zu bestimmen oder über gewisse Arten von Bekanntmachungen Anordnungen zu treffen; diese können dann noch für besondere Fälle ersetzt werden. Muster für Veröffentlichungen s. *Schrader-Bauer,* Rn 194/195.

7.12 Die Anordnung der Postsperre

134 Durch die Konkurseröffnung wird der GSch in seinen Rechten auf Aushändigung der für ihn mit der Post oder durch das Telegrafenamt eingehenden Sendungen, Briefe und Telegramme an und für sich nicht beschränkt. Nur das Konkursgericht ist durch § 121 jederzeit zu der Anordnung ermächtigt, daß die Postsendungen und Telegramme nicht dem GSch, sondern dem Verwalter auszuhändigen sind. Diese Vorschrift tangiert das Grundrecht des Brief- und Depeschengeheimnisses (Art. 10 GG, §§ 5, 6 PostG, § 10 Fernmeldeanlagengesetz). Gegen die Regelung hat *Quack* (Rpfleger 1975, 185/186) mit beachtlicher Begründung verfassungsrechtliche Bedenken geltend gemacht.

Trifft mit der Postsperre eine Anordnung nach § 99 StPO zusammen, so sind

die Sendungen zuerst dem die Untersuchung führenden Richter auszuhändigen (*J-W,* § 121 Anm. 3; *M-K,* § 121 Anm. 1; *B-St,* § 121 Anm. 5).
Bereits vor Konkurseröffnung ist zur Sicherung der Masse die Sperrung der Ausgabe von Postsendungen und Telegrammen an den Schuldner zulässig (*J-W,* § 106 Anm. 1 vgl. dazu oben Rn 112). Wird der Konkursantrag ohne Eröffnung erledigt, so erfolgt die Aushändigung der ungeöffneten Sendungen durch die Post an den Schuldner.
Soweit ersichtlich, liegt noch keine Literatur darüber vor, was mit den zurückgehaltenen Sendungen nach Konkurseröffnung zu erfolgen hat. *J-W,* § 121 Anm. 2 sind der Auffassung, daß Sendungen, die schon vor Konkursbeginn eingelaufen waren, nicht unter die Sperre fallen, wohl aber nach dem Zweck des Gesetzes bereits solche, die nach Konkursbeginn einliefen und zu der Zeit, da die Sperranordnung der Postanstalt zugeht noch bei dieser lagern. Weiter (Anm. 1), daß die Konkurseröffnung selbst den Verwalter nur zur Einsicht in die bereits eröffnete Geschäftskorrespondenz ermächtige. Die Anordnung einer »vorläufigen Postsperre« im Konkursverfahren hätte keinen Sinn, wenn dem Schuldner nach der Eröffnung die Möglichkeit bliebe, diese Post- und Telegrafensendungen zum Nachteil der Masse und Schuldner auszunützen. Aus diesem Grunde muß – hält man § 121 überhaupt für verfassungskonform – eine Aushändigung von Sendungen an den Verwalter zulässig sein, die vor Konkurseröffnung auf Grund der Anordnung des Konkursgerichts zurückbehalten wurden, da sonst der Sicherungszweck des § 106 nicht gegeben wäre.
Nicht ergriffen durch die Postsperre werden Nachrichten durch Funk und Fernsprecher (eine Übermittlung von Telegrammen durch den Fernsprecher ist jedoch unzulässig – *J-W,* § 121 Anm. 8; *B-St,* § 121 Anm. 27), Sendungen durch Boten, sowie Bahn- und Schiffssendungen. Das Telefon kann der Verwalter jedoch sperren lassen. Die Anordnung der Sperre wird meist gleich bei Konkurseröffnung zu treffen sein, da sie hier den meisten Wert hat. Später können Deckadressen zu einer Umgehung der Entscheidung führen. Wegen der verfassungsrechtlichen Problematik sollte die Entsch. nicht routinemäßig ergehen, sondern jedenfalls nur dann angeordnet werden, wenn eine Notwendigkeit dafür besteht. Die Anordnung ist in Konkursen jeder Art statthaft. In Konkursen von offenen Handelsgesellschaften oder Kommanditgesellschaften ist sie nicht nur bezüglich der an die Gesellschaft adressierten Sendungen, sondern auch für solche an die persönlich haftenden Gesellschafter zulässig (so auch *J-W,* § 121 Anm. 3). Bei einer Anordnung gegen die Gesellschafter, die ausdrücklich im Beschluß ausgesprochen werden muß, ist der Post noch deren genauer Name mit Anschrift mitzuteilen, da sich diese nicht aus dem Eröffnungsbeschluß ergeben.
In Konkursen über das Vermögen von jur. Personen, von Vereinen, von AG,

GmbH oder Genossenschaften ist die Sperre nur zulässig für Sendungen an die Gemeinschuldnerin selbst oder an deren gesetzliche Vertreter (z. B. an die AG selbst oder an deren Vorstand), nicht für Sendungen, die an die Vorstandsmitglieder persönlich gerichtet sind. Im Nachlaßkonkurs ist die Postsperre für Sendungen an den Erblasser und die Erben zulässig. Die bisher vertretene gegenteilige Ansicht wird aufgegeben (s. hierzu auch *J-W,* § 121 Anm. 3 mit weit. Hinw.; *B-St,* § 121 Anm. 4). Bei der Anordnung ist stets das Bedürfnis genau zu prüfen. Es dürfte fehlen, wenn eine Nachlaßpflegschaft, Testamentsvollstreckung oder Nachlaßverwaltung anhängig ist bzw. war. Die Postsperre braucht nicht auf die am Wohnort des GSch eingehenden Sendungen beschränkt, sondern kann – und muß u. U. – auf die an anderen Orten für ihn anlangenden Sendungen ausgedehnt werden. Dies wird z. B. geschehen, wenn der GSch außerhalb seines Wohnortes eine geschäftliche Niederlassung besitzt oder wenn er Vorkehrungen getroffen hat, daß die Sendungen nach einem von seinem Wohnort verschiedenen Ort adressiert werden. Auch postlagernde und unter »Chiffre« oder Postschließfach aufgegebene Sendungen fallen unter die Sperre, wenn sie nachweisbar dem GSch gehören (*J-W,* § 121 Anm. 2 und 3). Ob die Anordnung nur bezüglich der an den GSch adressierten Sendungen zulässig ist oder u. U. auch in Ansehung von Sendungen unter fremder Adresse, ist streitig. Es ist aber wohl anzunehmen, daß Sendungen unter einer fremden Adresse der Beschlagnahme nur unterliegen, wenn das Gericht genügend Beweise dafür hat, daß die fremde Adresse eine fingierte ist und in Wahrheit der GSch unter dieser Adresse Sendungen empfängt oder erwartet (s. auch *J-W* a.a.O.). Die Sperre kann nur von amtswegen (ggfs. auf eine Anregung hin – bei einer Abweisung des Verwalterantrages hat dieser ein Beschwerderecht *J-W,* § 121 Anm. 7; *B-St,* § 121 Anm. 3 –) sofort oder auch im Laufe des Verfahrens, bezüglich aller oder nur bezüglich gewisser Arten von Sendungen durch Beschluß angeordnet bzw. erweitert und erneuert werden. Dagegen steht dem GSch die sofortige Beschwerde (§ 73 Abs. 3) bzw. die befristete Rechtspfleger-Erinnerung (§ 11 RpflG) zu. Die Postsperre gilt, falls nicht etwas anderes ausdrücklich bestimmt ist, für die ganze Dauer des Verfahrens – mit Aufhebung des Verfahrens endet die Postsperre von selbst – bzw. bis zu ihrer Aufhebung durch das Konkursgericht.

135 Die Aufhebung oder Beschränkung während des Verfahrens ist nur auf Grund eines Antrages des Schuldners, nach Anhörung des Verwalters und nicht etwa von Amts wegen zulässig (§ 121 Abs. 2; *J-W,* § 121 Anm. 1, 2. Abs.; *M-K,* § 121 Anm. 6; *B-St,* § 121 Anm. 3). Bei der Entscheidung sind abzuwägen die Interessen des GSch an der Unverletzlichkeit des Briefgeheimnisses gegen den Schutz der übrigen Konkursbeteiligten vor einer ihnen nachteiligen Ausnutzung der Posteingänge (LG Coburg KTS 1972, 124).

Wird der Antrag abgelehnt, so steht dem GSch die sofortige Beschwerde bzw. befristete Rechtspfleger-Erinnerung zu, wird ihm stattgegeben, so hat der Verwalter das Beschwerde- bzw. Erinnerungsrecht. Die Entscheidung über die Anordnung ist dem GSch zuzustellen und dem Verwalter mitzuteilen. Der Beschluß über die Aufhebung ist nur dem widersprechenden Verwalter zuzustellen, ansonsten mitzuteilen. Von der Anordnung und Aufhebung ist die Bundespost schnellstens zu verständigen. Die Post- und Telegrafenämter sind verpflichtet, dem Ersuchen Folge zu geben. Soweit es sich um Postzustellungen handelt, werden sie als unbestellbar behandelt (§ 6 Abs. 4 der Anweisung des Reichspostamtes vom 26. 3. 1924 JMBl. S. 458).

Zur Vermeidung einer Unterbindung von erforderlichem Postverkehr mit **136**
dem GSch ist die Postsperre zweckmäßigerweise wie folgt zu beschränken: »Ausgenommen sind die Sendungen der Staatsanwaltschaften und des KV, sowie die mit dem Vermerk – trotz Postsperre – versehenen Sendungen der Gerichte«. Nicht betroffen von der Postsperre sind Sendungen, die vom GSch ausgehen, sowie Sendungen an Angehörige des GSch.

Auf Grund der Anordnung des Konkursgerichts ist der Verwalter befugt, die betroffenen Sendungen ohne Zuziehung des GSch in Empfang zu nehmen und zu öffnen ohne damit gegen § 229 StGB zu verstoßen. Der GSch kann die Herausgabe der eröffneten Sendungen nur insoweit verlangen, als deren Inhalt die Masse nicht betrifft. Im übrigen steht ihm nur das Recht zu, von dem Inhalt der Sendungen Kenntnis zu nehmen. Bei Streitigkeiten, die zwischen dem KV und dem GSch wegen des Umfanges der Herausgabepflicht entstehen, hat nach wohl herrschender Ansicht das Konkursgericht auf Grund seines Aufsichtsrechtes (§ 83) durch anfechtbaren Beschluß zu entscheiden (*J-W*, § 121 Anm. 4; *M-K*, § 121 Anm. 5 ; *B-St*, § 121 Anm. 1). *J-W* (a.a.O.) machen jedoch insoweit eine Einschränkung, als das Konkursgericht ein Einschreiten durch Beschluß ablehnen muß, wenn berechtigte Zweifel an der Herausgabepflicht des KV bestehen. Der GSch kann dann eine Entscheidung des Prozeßgerichts herbeiführen. Dieses Klagerecht wird auch dritten Personen eingeräumt, z. B. bei Sendungen, die an den GSch gerichtet sind, aber ausschließlich für Hausgenossen (z. B. Ehefrau, Kinder, Angestellte) bestimmt sind.

7.13 Vorführung und Haft des Gemeinschuldners

Im Interesse der Masse kann der **Richter** (§ 4 Abs. 2 S. 2; 4 Abs. 3 RpflG) **137**
die zwangsweise Vorführung oder die Haft des GSch anordnen. Die Vorführung genügt in der Regel, wenn der GSch sich seiner Verpflichtung zur Auskunftserteilung entzieht. Die Haft ist namentlich zur Sicherung der Masse gegen unberechtigte Verfügungen des GSch, Verdunkelungen, Behinderun-

gen der Geschäftsführung des KV u. dgl. bestimmt, kann aber auch als Zwangsmittel, nie als Strafe für eine Obliegenheitsverletzung, verhängt werden. Vor der Anordnung der Haft ist der Schuldner zu hören (§ 101 Abs. 2). Die Zwangsmittel können auch gegen die gesetzlichen Vertreter des GSch bzw. die Träger der GSch-Rolle verhängt werden.

7.14 Übergang des Verfahrens an den Rechtspfleger

138 Soweit sich der Richter das Verfahren nicht vorbehält (s. oben Rdn. 39), wird er die Vorlage an den Rechtspfleger verfügen (§§ 3 Ziff. 2e, 18 RpflG). Der Rechtspfleger oder bei einem vorbehaltenen Verfahren der Richter, wird eine Wiedervorlagefrist bestimmen. Ggfs. ist dann zu prüfen, ob die angeforderte Vervollständigung des Gläubiger- und Schuldnerverzeichnisses, die Vollzugsmitteilung über die Eintragung des Konkursvermerks im Grundbuch, Schiffs-, Schiffsbau- und Luftfahrtzeugregister usw. vorliegen. Zunächst ist es die Aufgabe des Verwalters, ein Inventar und eine Bilanz zu erstellen und eine unterzeichnete Abschrift davon auf der Geschäftsstelle zur Einsicht der Beteiligten nebst den etwaigen Siegelungs- und Entsiegelungsprotkollen niederzulegen (§ 124). Vorher ist auf Antrag des Verwalters bzw. des Gläubigerausschusses durch Beschluß die Genehmigung zu erteilen, daß die Aufzeichnung der einzelnen zur Konkursmasse gehörigen Gegenstände ohne Zuziehung einer obrigkeitlichen bzw. Urkunds-Person vorgenommen werden kann (§ 123 Abs. 2).
Die kurzfristig vorgelegten Vermögensübersichten können insbesondere bei umfangreichen Verfahren nicht vollständig sein und daher mehrerer Ergänzungen bedürfen. Aus diesem Grund wird empfohlen, eine Einreichungsfrist von ca. 4 Monaten zu bestimmen. In der Zwischenzeit sind vor allem die Aus- und Absonderungsrechte geklärt, ggfs. die Buchhaltung insbesondere hinsichtlich der Forderungen auf das Laufende gebracht und eine wirkliche Bewertung der Aktiven und Passiven in der Bilanz möglich.

8. Die Aufgaben der Geschäftsstelle nach Eröffnung

8.1 Allgemeines

139 Die Bediensteten der Geschäftsstelle haben die vom Richter bzw. Rechtspfleger erlassenen Anordnungen auszuführen. Ferner haben sie, auch ohne besondere Anordnung,

1. die Formel des Eröffnungsbeschlusses, den offenen Arrest, die Anmeldefrist und die Termine mit deren Tagesordnung, sowie den Namen des Verwalters sofort öffentlich bekanntzumachen (§§ 111, 81);

2. den ihrem Wohnorte nach bekannten Gläubigern und Schuldnern den Inhalt der öffentlichen Bekanntmachung (also nicht nur die Tatsache der Konkurseröffnung) besonders mitzuteilen (§ 111 Abs. 3);
3. die im § 112 vorgesehenen Mitteilungen den Registerbehörden und der etwaigen Dienstbehörde des GSch zu machen;
4. die Geschäftsbücher des GSch zu schließen (§ 122 Abs. 2);
5. das Register zu berichtigen und das Zählblatt A des statistischen Landesamtes zu erledigen;
6. gemäß XII/2 Mizi die für den Sitz oder Wohnsitz des GSch zuständigen Stellen zu verständigen wie
   a) die Staatsanwaltschaft
   b) den aufsichtsführenden Amtsrichter
   c) das Vormundschaftsgericht
   d) das Nachlaßgericht, wenn die Mitteilung ein Nachlaßkonkursverfahren betrifft
   e) die Gerichtsvollzieher-Verteilungsstelle
   f) die Gerichtskasse
   g) den Präsidenten des Landgerichts
   h) das Finanzamt
   i) das Hauptzollamt
   k) die Steuerkasse der Gemeinde
   l) die Krankenkasse
   m) die Berufsgenossenschaft
   n) die Versicherungs- und Sonderanstalten für die Arbeiterrentenversicherung
   o) die Bundesversicherungsanstalt für Angestellte
   p) die Knappschaften
   q) die Industrie- und Handelskammer oder die Handwerkskammer
   r) das Arbeitsamt

wenn dies im Hinblick auf den Beruf und den Geschäftsbetrieb des GSch erforderlich erscheint.

Soweit eine ausreichende Masse vorhanden ist, muß eine $^1/_1$-Gebühr nach §§ 50, 51 GKG gemäß § 14 KostVerfg. erhoben werden, daneben die bisher angefallenen Auslagen. Ist die ½-Gebühr gemäß §§ 49, 51 noch nicht zum Soll gestellt, so muß diese ebenfalls erhoben werden.

Bezüglich der vorstehend bezeichneten Obliegenheiten der Bediensteten der Geschäftsstelle ist im einzelnen folgendes zu bemerken:

8.2 Die öffentliche Bekanntmachung

140 Die Bekanntmachung wird, wenn eine (allgemeine oder besondere) Anordnung des Richters bzw. Rechtspflegers nicht getroffen sein sollte, je einmal

in das zur Veröffentlichung amtlicher Bekanntmachungen des Konkursgerichts bestimmte Blatt (s. Rn 34 ff.)
in den Bundesanzeiger

eingerückt. Die Einrückung in das amtliche Blatt ist so wesentlich, daß von ihr die Rechtswirksamkeit der Bekanntmachung abhängt. Die Einrückung in den Bundesanzeiger hat keine entscheidende Bedeutung; sie kann stets auszugsweise erfolgen. Die Veröffentlichungen in den sonstigen vom Gericht bestimmten Blättern können ebenfalls auszugsweise geschehen. Wenn nur ein Auszug veröffentlicht wird, so muß er jedenfalls alle wesentlichen Punkte enthalten.
Von dem Eröffnungsbeschluß wird nur die Formel, nicht die Begründung, veröffentlicht. Außer den in § 111 Abs. 1 bezeichneten Gegenständen ist in der Bekanntmachung nur noch der Name des Verwalters (§ 81 Abs. 1) aufzunehmen. Muster für Veröffentlichungen siehe *Schrader-Bauer* Rdn. 194, 195. Der offene Arrest ist mit seinem vollen gesetzlichen Wortlaut nach § 118 zu veröffentlichen, nicht nur die Tatsache des Arresterlasses (*J-W,* § 111 Anm. 1 mit weit. Hinw.). Erfolgt die Konkurseröffnung im Anschluß an die Verwerfung eines Vergleichs in einem gerichtlichen Vergleichsverfahren oder an die Einstellung eines solchen Verfahrens, so bedarf es der Bekanntmachung dieser Entscheidung nicht, die Bekanntmachung der Konkurseröffnung genügt (Muster s. *Schrader-Bauer,* Rn 992, die einen kurzen Hinweis auf die Beendigung des Vergleichsverfahrens mit aufnehmen). Die Bekanntmachung hat der Bedienstete der Geschäftsstelle zu entwerfen und zu unterschreiben. Er hat auch die erforderliche Korrespondenz wegen der Einrückung der Bekanntmachung zu führen, darüber zu wachen, daß die Einrückung ordnungsgemäß erfolgt ist und die Belegblätter über die erfolgte Veröffentlichung zu den Akten zu bringen. Die Rechnungen der Zeitungen sind dem Kostenbeamten zur Anweisung vorzulegen.

8.3 Die besonderen Mitteilungen an die Gläubiger und Schuldner

141 Die Mitteilungen an die Gläubiger und Schuldner des GSch erfolgen am besten auf der Grundlage eines in kürzester Frist einzureichenden Verzeichnisses dieser Personen. Wenn ein Verzeichnis bereits vom GSch eingereicht ist, so kann auch dieses, sofern es brauchbar ist, den Mitteilungen zugrundegelegt werden. Besondere Ermittlungen wegen der Adressen brauchen nicht

angestellt zu werden. Von Vorteil ist es, in jedem Fall das Postscheckamt als möglichen Schuldner zu verständigen. Die Zustellung der Mitteilungen geschieht durch Aufgabe zur Post (§ 77 Abs. 1 S. 1 KO, §§ 175, 213 ZPO). Einer Beglaubigung der zuzustellenden Schriftstücke bedarf es nicht (§ 77 Abs. 1 S. 2). Die Unterlassung der Zustellung hat keine rechtlichen Auswirkungen, da sie durch die öffentliche Bekanntmachung ersetzt wird (§ 76 Abs. 3). Dem Antragsteller bzw. Vertreter wird in der Praxis der Eröffnungsbeschluß unter Rückgabe der eingereichten Unterlagen sowie Beifügung von Anmeldeformularen und Merkblatt besonders zugestellt.

8.4 Mitteilungen an Behörden und Organisationen

Ist der GSch im Handels- oder Genossenschaftsregister eingetragen, so hat der Bedienstete der Geschäftsstelle zu diesem Register eine beglaubigte Abschrift der Formel des Eröffnungsbeschlusses unter Bezeichnung des Verwalters mitzuteilen (§ 112). Die Mitteilung bedarf keiner besonderen Form und kann ohne Beurkundung der Zustellung geschehen. Sie ist auch dann erforderlich, wenn das gleiche Amtsgericht Konkurs- und Registergericht ist, ja selbst, wenn die gleichen Rechtspfleger zuständig sind. Auf Grund der Mitteilung der Geschäftsstelle ist im Handels- bzw. Genossenschaftsregister die Konkurseröffnung zu vermerken (§ 32 HGB, § 102 GenG). Entsprechendes gilt, wenn über einen im Vereinsregister eingetragenen Verein das Konkursverfahren eröffnet ist (§ 75 BGB). Die Eintragungen sind gebührenfrei (§§ 83, 87 Nr. 1 KostO). Mitteilungen an das Güterrechtsregister sind nicht erforderlich (*J-W,* § 112 Anm. 3; *M-K* Anm. zu § 112, *B-St,* Anm. zu § 112), da eine Eintragung der Konkurseröffnung dort nicht vorgeschrieben ist. Ebenfalls keiner Mitteilung bedarf es an das Patentamt (*J-W,* § 112 Anm. 3 mit weit. Hinw.; *M-K,* Anm. zu § 112). **142**

Endlich ist eine Abschrift der Formel des Eröffnungsbeschlusses mit dem Namen des Verwalters der Dienstbehörde des GSch zu übersenden, wenn dieser ein öffentliches Amt bekleidet.

8.5 Schließung der Geschäftsbücher des Gemeinschuldners

Die Geschäftsbücher des GSch sind alsbald nach der Konkurseröffnung **143** durch den Urkundsbeamten der Geschäftsstelle zu schließen (§ 122 Abs. 2). Sie werden zu diesem Zweck meistens durch den Verwalter, der sie sofort nach der Konkurseröffnung in Besitz zu nehmen hat (§§ 1 Abs. 3, 117) dem Beamten vorgelegt. Der Verwalter ist hierzu auf dessen Verlangen verpflichtet. Der Urkundsbeamte kann sich aber die Bücher auch anderweitig verschaffen; er kann insbesondere die Schließung auch in den Geschäftsräumen vollziehen, was bei großer Zahl und großem Umfang der Bücher zweckmäßig ist. Befinden sich die Geschäftsbücher in einem anderen Amtsgerichtsbezirk, so hat das Konkursgericht das zuständige Amtsgericht um Schließung zu ersuchen (§§ 157 ff. GVG). Die Schließung soll dazu dienen, nachträgliche Eintragungen kenntlich zu machen (*J-W,* § 122 Anm. 3); sie dient nicht dazu, nachträgliche Eintragungen zu verhindern (*M-K* § 122 Anm. 3). Der Vermerk kann lauten: »Wegen Eröffnung des Konkursverfahrens geschlossen«, er ist mit Datum und Unterschrift des Urkundsbeamten zu versehen. Die Schließung erstreckt sich nicht nur auf die eigentlichen Handelsbücher, sondern auf alle Bücher, die der GSch mit Rücksicht auf ein Erwerbsgeschäft geführt hat.

Über die vorgenommene Schließung ist ein Protokoll aufzunehmen, worin der Tag der Schließung und die einzelnen geschlossenen Bücher anzugeben sind. Zweckmäßig wird in dem Protokoll auch vermerkt, in welchem Zustand sich die Bücher (z. B. bezgl. des Fehlens einzelner Blätter) befanden. Muster s. *Schrader-Bauer* Rn. 205.

Schwierigkeiten bereitet die vom Gesetzgeber gewollte Kenntlichmachung der Konkurseröffnung bei Buchhaltungen, die im Wege der Datenverarbeitung erstellt werden. Hier kann auf Abruf jederzeit ein neuer Ausdruck ohne Vermerk erstellt werden. Es empfiehlt sich, sofort die gesamten gespeicherten Daten zum Tage der Konkurseröffnung ausdrucken zu lassen, diese mit einem Abschlußvermerk zu versehen und beim Verwalter zu belassen. Werden nachträgliche Buchungen oder Änderungen vorgenommen, so ist dies auf Grund des Vergleichs mit dem abgeschlossenen Exemplar ersichtlich.

8.6 Registermäßige Behandlung

144 Der Tag der Eröffnung des Konkursverfahrens ist in dem nach Muster 14 der Aktenordnung zu führenden Vollstreckungsregister einzutragen. Zur Arbeitserleichterung ist es zweckmäßig auch den Namen des Verwalters und die Termine zu vermerken.

Daneben ist zum Zwecke der Konkursstatistik das Zählblatt A auszufüllen (XII/7 MiZi). Muster und nähere Erläuterungen hierzu s. *Schrader-Bauer* Rn 735 ff.

145 Insbesondere sind die Mitteilungen gemäß XII/2 der Anordnung über Mitteilungen in Zivilsachen (MiZi) vom 1. 10. 1967 zu fertigen: (Sonderdruck: Kulturbuch – Verlag 1 Berlin 30 – Über Veröffentlichungen und Ländervorschriften – s. *Schrader-Bauer* Rn 315.)

1. Die Mitteilung an die **Staatsanwaltschaft** ist dazu bestimmt, eine Untersuchung der strafrechtlichen Seite des Konkurses zu veranlassen.

2. Mit der Eröffnung des Konkursverfahrens wird ein anhängiger Prozeß gemäß § 240 ZPO unterbrochen. Aus diesem Grunde – und da ein Schöffe gemäß §§ 32 Ziff. 3, 84 GVG mit der Verfügungsbeschränkung über sein Vermögen zur Ausübung seines Amtes unfähig wird – sind der aufsichtsführende **Amtsrichter** bzw. der Präsident des Amtsgerichts und der **Präsident des LG** zu verständigen. Wegen der Prozeßunterbrechung sind erforderlichenfalls auch die besonderen Gerichte, z. B. das Arbeitsgericht zu verständigen.
3. Ist der GSch Vormund oder Pfleger, so hat das **Vormundschaftsgericht** ihn zu entlassen (§§ 1886, 1781 Nr. 3, 1915 BGB). Ferner endet die Vermögensverwaltung eines Elternteils, mit der Rechtskraft des Beschlusses, durch den das Konkursverfahren über sein Vermögen eröffnet wird (§ 1670 BGB). Soweit einer dieser Fälle vorliegt, ist das Konkursgericht verpflichtet, das zuständige Vormundschaftsgericht zu benachrichtigen (§ 50 FGG). Da diesbezügliche Ermittlungen oft auf Schwierigkeiten stoßen und über die Abgrenzung der Betroffenen nicht völlige Einigkeit besteht, ist es ratsam, in jedem Fall (auch bei dem Konkurs von Personen- und Kapitalgesellschaften – nicht aber beim Nachlaßkonkurs) das Vormundschaftsgericht zu verständigen.
4. Da mit der Eröffnung des Nachlaßkonkurses eine Nachlaßverwaltung endet (§ 1988 Abs. 1 BGB), eine Nachlaßpflegschaft jedoch vor Konkursbeendigung nicht aufgehoben werden darf, falls die Erbschaft nicht von allen Erben angenommen wurde, muß das **Nachlaßgericht** von der Konkurseröffnung verständigt werden.
   Die in einem Aufgebotsverfahren zum Zwecke der Ausschließung von Nachlaßgläubigern angemeldeten und nicht ausgeschlossenen Forderungen gelten auch als im Nachlaßkonkurs angemeldet, sofern das Aufgebot von dem Gericht, bei welchem der Konkurs abhängig wird, erlassen und das Verfahren nicht vor Eröffnung des Konkursverfahrens ohne Erlassung des Ausschlußurteiles erledigt ist (§ 229). Um diese Forderungen in die Tabelle eintragen zu können, muß bei der auf Grund des Geschäftsverteilungsplanes des Gerichts zuständigen Geschäftsstelle die Auskunft erholt werden, ob ein Aufgebotsverfahren anhängig war oder nicht (wegen der Zuständigkeit und des Verfahrens s. §§ 989 ff. ZPO). Entsprechendes gilt bei dem Konkurs über das Gesamtgut einer fortgesetzten Gütergemeinschaft (§ 236).
5. Da während der Dauer des Konkursverfahrens Arreste und Zwangsvollstreckungen zugunsten einzelner Konkursgläubiger weder in das zur Konkursmasse gehörige noch in das sonstige Vermögen des GSch stattfinden dürfen (§ 14), ist die **Gerichtsvollzieher-Verteilerstelle** zu verständigen. Bei größeren Gerichten hat es sich als vorteilhaft erwiesen, daß die

weiteren Vollstreckungsorgane, das Vollstreckungsgericht wegen der Forderungspfändung, der Abnahme der eidesstattlichen Versicherung und der Zwangsvollstreckung in das unbewegliche Vermögen unmittelbar von der Eröffnung verständigt werden. Soweit das Grundbuchamt als Vollstrekkungsorgan tätig wird, ist es bereits durch das Eintragungsersuchen gem. § 113 verständigt.

6. Eine Benachrichtigung des **Arbeitsamtes** ist gegenwärtig noch nicht angeordnet. Diese ist jedoch erforderlich, da das Arbeitsamt das Konkursausfallgeld anzuweisen hat (3. Gesetz zur Änderung des Arbeitsförderungsgesetzes vom 17. 7. 1974, BGBl I S. 1481 in der Fassung vom 20. 12. 1974, BGBl I S. 3666 ff.)

9. Die Anfechtung des Eröffnungsbeschlusses

9.1 Das Beschwerderecht

146 Gegen den Beschluß, durch den der Konkurs eröffnet wird, steht nur dem **Schuldner** das Rechtsmittel der sofortigen Beschwerde zu (§ 109). Sind mehrere Personen Träger der GSch-Rolle, so ist jeder von Ihnen beschwerdeberechtigt (§§ 208, 210, 217). Der GSch kann seine Beschwerde, wenn ein Gläubiger den Konkursantrag gestellt hat, auch darauf stützen, daß das Gläubigerrecht des Antragstellers nach der Wirksamkeit des Eröffnungsbeschlusses weggefallen ist (*J-W,* § 103 Anm. 10 und § 109 Anm. 2; *M-K,* § 109 Anm. 3; *B-St,* § 109 Anm. 1; LG Ulm NJW 1964, 2357; OLG Celle KTS 1957, 31, 32; 1962, 185; 1972, 264; LG Wiesbaden KTS 1973, 274; LG Düsseldorf KTS 1975, 46. **Dagegen** wenden sich mit beachtlichen Gründen LG Braunschweig NJW 1961, 2316; LG Hamburg MDR 1963, 144; LG Düsseldorf KTS 1964, 127; ebenso LG München I-13 T 357/64 – unveröffentlicht).

Es ist allgemein in Literatur und Rechtsprechung anerkannt, daß der Konkursantrag nach Eröffnung des Verfahrens nicht mehr wirksam zurückgenommen werden kann (*J-W,* § 103 Anm. 9; *M-K,* § 103 Anm. 3; *B-St,* § 103 Anm. 2, jeweils mit weit. Hinw.). Begründet wird dies damit, daß bereits der Eröffnungsbeschluß, nicht erst seine Rechtskraft die konkursrechtlichen Wirkungen auslöst (z. B. §§ 3, 6, 7, 8, 12 ff., 17 ff., 29 ff., 41, 44, 54), deren Beseitigung nicht mehr im Belieben des einzelnen Antragstellers stehen kann. Der Hinweis auf die allgemeine Zurücknehmbarkeit zivilprozessualer Anträge bis zur Rechtskraft greift nicht durch, weil der Eröffnungsbeschluß als solcher für und gegen die Allgemeinheit der Beteiligten wirkt (*J-W,* § 103 Anm. 9). Der vom LG Ulm a.a.O. vertretene Standpunkt wird darauf gestützt, daß auch bei einer Rücknahme noch eine Konkursforderung und damit ein Konkursantragsrecht besteht, während dies bei der Befriedigung des Gläubigers entfallen ist. Diese Interpretation findet in der Literatur, soweit ersichtlich, keine Stütze. Die Rücknahme kann auch wegen zwischenzeitlicher Befriedigung erfolgen. Ausschließlich maßgebend ist jedoch nur, daß die Konkurseröffnung bereits die konkursrechtlichen Wirkungen auslöst, sowie für und gegen die Allgemeinheit der Beteiligten wirkt; mit der Eröffnung also von einem Antrags- zu einem Amtsverfahren übergegangen wird, auf das ein einzelner Beteiligter keinen Einfluß mehr hat.

Lag also zum Zeitpunkt der Entscheidung ein ordnungsgemäßer Antrag vor und sind dessen Voraussetzungen erst nach Konkurseröffnung entfallen, so hat die Beschwerde nicht ohne weiteres Erfolg. Nur wenn der Konkursgrund durch die Befriedigung des Gläubigers bzw. durch eine Stundung des Antragstellers nach Konkurseröffnung entfallen ist, besteht ein berechtigter Beschwerdegrund. Diesen Standpunkt nimmt offensichtlich auch das LG München I in unveröffentlichten Entscheidungen vom 9. 11. 71 – 13 T 530/71 – und vom 1. 10. 73 – 36 T 205/73 – ein. Die Aufhebung des Eröffnungsbeschlusses ist danach immer davon abhängig, daß keine weiteren fälligen Verbindlichkeiten vorhanden sind. Eine nachträgliche Stundung wird zugelassen – LG München I vom 15. 9. 72 – 13 T 435/72 –. Offen ist nur, wann über die Beschwerde entschieden werden kann. Genügen die Angaben des Schuldners über seine Gläubiger und die Kenntnis des KV darüber, sowie die bis zur Entscheidung eingegangenen Anmeldungen? Obwohl die Anmeldefrist keine Ausschlußfrist ist, wird wohl vor deren Ablauf in den seltensten Fällen die Aufhebung der Konkurseröffnung beschlossen werden können, da meist erst zu diesem Zeitpunkt ein genauer Überblick über die Verbindlichkeiten möglich ist.

Den **Konkursgläubigern** ist das Beschwerderecht versagt, obwohl sie sehr wohl beschwert sein können. Die Beschwerde des GSch ist nicht nur gegeben, wenn das Verfahren auf Antrag eines Gläubigers eröffnet wurde, sondern kann auch bei einem Eigenantrag vorliegen (weitere Ausführungen hierzu *J-W*, § 109 Anm. 1; *M-K*, § 109 Anm. 1; *B-St*, § 109 Anm. 1).

Die Beschwerdefrist ist eine Notfrist und beträgt 2 Wochen (§ 577 Abs. 2 **148**
S. 1 ZPO, § 72 KO). Sie beginnt zu laufen ab Wirksamkeit der öffentlichen Bekanntmachung (§§ 111, 76), selbst wenn die Einzelzustellung früher erfolgte (*J-W*, § 76 Anm. 5; *M-K*, § 76 Anm. 4; *B-St*, § 76 Anm. 2; OLG Celle KTS 1972, 264).

Die Beschwerde hat keine aufschiebende Wirkung (§ 572 ZPO, § 72 KO). Jedoch können sowohl vom Konkursgericht als vom Beschwerdegericht einstweilige Anordnungen getroffen werden. (§ 72 KO, § 572 Abs. 2 und Abs. 3 ZPO; *J-W*, § 109 Anm. 3; *M-K*, § 109 Anm. 5; *B-St*, § 109 Anm. 3).

Über die Aussetzung der Vollziehung des Konkurseröffnungsbeschlusses eingehend *Pieper* KTS 1963, 193 ff. Ist der Vollzug der Entscheidung über die Konkurseröffnung nicht ausgesetzt, so müssen die im § 110 Abs. 1 bezeichneten Anordnungen und die im § 111 vorgeschriebenen öffentlichen Bekanntmachungen unverzüglich erfolgen. Selbst der Wahltermin kann abgehalten werden. Nur der Prüfungstermin soll nicht vor Rechtskraft des Eröffnungsbeschlusses durchgeführt werden. Er ist ggfs. im Termin zu vertagen (§ 93 Abs. 2 S. 2). Beschließt das Beschwerdegericht die Aufhebung des Eröffnungsbeschlusses, so wird diese Entscheidung erst mit der Rechtskraft wirksam, falls nicht die sofortige Wirksamkeit angeordnet wird (§ 74).

149 Hier steht nur dem die **weitere Beschwerde** zu, auf dessen Antrag die Konkurseröffnung erfolgte (*J-W,* § 109 Anm. 1). Dem GSch steht gegen eine ablehnende Beschwerdeentscheidung nur unter besonderen Voraussetzungen die weitere Beschwerde zu (*J-W,* § 73 Anm. 9; *B-St,* § 109 Anm. 5). Zur weiteren Beschwerde, die nur bei einem neuen selbständigen Beschwerdegrund zulässig ist siehe auch OLG Oldenburg KTS 1965, 175.

150 Gegen den Beschluß über die Eröffnung des **Anschlußkonkursverfahrens** kann in der sofortigen Beschwerde auch geltend gemacht werden, daß zu Unrecht die Eröffnung des Vergleichsverfahrens abgelehnt, der abgeschlossene Vergleich verworfen oder das Verfahren eingestellt wurde. Die Beschwerdefrist beträgt jedoch nur eine Woche. Sie beginnt mit der Verkündung der Entscheidung oder mit ihrer Zustellung (§§ 19 Abs. 2, 80 Abs. 2, 96 Abs. 6, 101, 121 VerglO). Die weitere Beschwerde ist hier unzulässig (§ 121 Abs. 3 VerglO).

9.2 Maßnahmen nach Aufhebung des Eröffnungsbeschlusses

151 Hebt das Beschwerdegericht den angefochtenen Eröffnungsbeschluß auf und ist der Aufhebungsbeschluß rechtskräftig geworden, so hat das Konkursgericht sämtliche zur Ausführung des Eröffnungsbeschlusses schon getroffenen Maßregeln rückgängig zu machen und alles sonst zur Beendigung der Sache Erforderliche anzuordnen. Ein besonderer Aufhebungsbeschluß ist nicht erforderlich (*Kuhn* KTS 1957, 6).
Es hat namentlich:

1. die Aufhebung des Konkursverfahrens durch die gleichen Blätter, durch die der Eröffnungsbeschluß bekanntgemacht ist, zu veröffentlichen (§ 116);
2. der Registerbehörde, der Dienstbehörde, sowie den Behörden, denen der Eröffnungsbeschluß mitgeteilt wurde (XII 3 MiZi) eine beglaubigte Abschrift der Formel des Aufhebungsbeschlusses mitzuteilen (§ 116); eine

Mitteilungspflicht an die Gläubiger und Schuldner, die gemäß § 111 Abs. 3 verständigt wurden, besteht nicht. Es kann jedoch zweckmäßig sein, diese Beteiligten und die Gläubiger, die Forderungen angemeldet haben, besonders zu verständigen (*Schrader-Bauer* sehen dies in Rn 108 ausdrücklich vor);

3. wegen der Löschung des Konkursvermerks in den Grundbüchern, Schiffs- und Schiffsbauregistern sowie den Luftfahrtzeugpfandregistern die erforderlichen Maßnahmen zu treffen (§§ 116, 113); die Löschung kann auch auf Veranlassung des Verwalters erfolgen;
4. die Post wegen der Beendigung der Postsperre zu verständigen;
5. die Bescheinigung des Verwalters zurückzufordern;
6. Honorar und Auslagen für den Verwalter und die Mitglieder des bestellten Gläubigerausschusses auf Verlangen festzusetzen;
7. das statist. Landesamt wegen der Zählkarte zu verständigen.

Muster zur Schlußverfügung und Veröffentlichung s. *Schrader-Bauer* Rn 208, 210.

Ein Termin zur Abnahme der Rechnung des Verwalters ist nicht anzuberaumen. Es ist Sache des GSch, Rechnungslegung zu fordern (*J-W*, § 116 Anm. 2 und § 86 Anm. 9; *Schrader-Bauer* Rn 207). Der Verwalter hat vor der Rückgabe der Konkursmasse an den GSch die entstandenen Massekosten und Masseschulden zu berichtigen oder sicherzustellen (§§ 116, 191). Dies kann auch noch nach Rechtskraft des Aufhebungsbeschlusses erfolgen (*Kuhn* KTS 1957, 6 ff.; nähere Ausführungen hierzu *J-W*, § 116 Anm. 2 und *M-K*, § 116 Anm. 6). **152**

9.3 Die Wirkungen des Aufhebungsbeschlusses

Mit Wirksamkeit der Entscheidung des Beschwerdegerichts über die Aufhebung der Konkurseröffnung (§ 74) entfallen Kraft Gesetzes die mit der Eröffnung eingetretenen Rechtsfolgen rückwirkend. Handlungen des Verwalters bleiben jedoch wirksam. Die Verfügungsmacht des Schuldners lebt rückwirkend wieder auf. Bei kollidierenden Handlungen des GSch und des Verwalters haben die des Verwalters den Vorzug. (Weitere Ausführungen hierzu *J-W*, § 109 Anm. 4; *M-K*, § 109 Anm. 6–8; *B-St*, § 109 Anm. 3; *Mittelbach* KuT 1927, 23). Der Antragsteller hat die Kosten des Eröffnungsverfahrens und des Beschwerdeverfahrens zu tragen, nicht aber auch dem GSch die Ausgaben für die Verwaltung der Konkursmasse (§ 58 Ziff. 2) zu erstatten (BGH KTS 1961, 172 = Rpfleger 1962, 91 = MDR 1961, 1010 = NJW 1961, 2016). War der Antrag bis zur Eröffnung des Verfahrens **153** begründet und wurde der Eröffnungsbeschluß nur aufgehoben, weil der Schuldner nachträglich die Gläubiger befriedigt hat, so treffen den Gsch die Kosten des Eröffnungsverfahrens (OLG Celle KTS 1962, 185 = MDR 1962, 911 = NJW 1962, 1970).

Teil VI: Die Folgen der Konkurseröffnung

1. Die allgemeine Rechtsstellung des Gemeinschuldners

1.1 Allgemeines

Der Gemeinschuldner wird durch die Konkurseröffnung nicht allgemein unfähig zum Abschluß von Rechtsgeschäften. Er behält die freie Verfügung über das Vermögen, das nicht zur Konkursmasse gehört, also namentlich über den nach der Konkurseröffnung erworbenen Neuerwerb und auch an der Konkursmasse wird ihm das Eigentum nicht entzogen. Dagegen verliert er mit der Konkurseröffnung das Recht, sein zur Konkursmasse gehöriges Vermögen zu verwalten und darüber zu verfügen (§ 6 Abs. 1). Dieses Recht wird durch den Konkursverwalter ausgeübt, der die Masse zu verwerten und den Erlös unter die Konkursgläubiger zu verteilen hat (§ 6 Abs. 2). Der Gemeinschuldner darf den Verwalter in den die Masse betreffenden Maßnahmen nicht behindern; der Gemeinschuldner hat kein Recht zur Mitwirkung. Das Interesse, das der Gemeinschuldner an der ordnungsgemäßen Verwaltung und Verwertung der Masse und möglicherweise an der Verhütung einer allzu schleunigen Verwertung hat, wird nur insoweit berücksichtigt, als der Verwalter verpflichtet ist, von den wichtigeren Geschäften (§§ 133, 134) vor deren Vornahme dem Gemeinschuldner, sofern er ohne Aufschub zu erlangen ist, Mitteilung zu machen. Ferner ist dem Gericht das Recht eingeräumt, auf Anrufen des Gemeinschuldners die Vornahme eines Geschäfts der bezeichneten Art vorläufig zu untersagen (§ 135). § 130 gewährt dem Gemeinschuldner auch einen gewissen Schutz gegen eine vorzeitige und ihm unerwünschte Schließung seines Geschäfts. **154**

Wegen der Auswirkung der §§ 6, 7 und 15 vgl. *Eickmann,* Kurzlehrbuch, Abschn. 5 (S. 32 ff.). **155**

1.2 Einfluß bei Grundbesitz

Für das Konkursgericht bedeutsam ist es, wenn Grundbesitz oder Rechte an Grundstücken zur Masse gehören, alsbald das Grundbuchamt um Eintragung des Konkursvermerkes zu ersuchen. § 113. Das Grundbuchamt ist zwar befugt, die Form des Ersuchens (§ 29 Abs. 3 GBO) zu prüfen, nicht jedoch das Vorliegen dessen tatsächlicher Voraussetzungen (BayObLG Rpfleger 1970, 346; *Mönch* DJ 1937, 1805 für den vergleichbaren Fall des Ersuchens auf Eintragung des Versteigerungsvermerkes). Das Grundbuchamt ist auch nicht befugt, die mangelnde Voreintragung des Betroffenen zu beanstanden **156**

(KG JFG 4, 301. Widersprüchlich insoweit *Haegele,* Grundbuchrecht, Rn 732, 723 und 733).
Das Eintragungsersuchen als solches ist unanfechtbar (OLG Hamm Rpfleger 1970, 210).
Zu den Auswirkungen im Grundstücksverkehr und Grundbuchverfahren vgl. ausführlich *Haegele* KTS 1968, 157 und *Eickmann* Rpfleger 1972, 77.

1.3 Unterhalt und Unterstützung des Gemeinschuldners

157 Ein Recht auf Unterhalt und Unterstützung aus der Masse hat der Gemeinschuldner grundsätzlich nicht. Das Gesetz gestattet jedoch die Bewilligung einer Unterstützung.
Die Bewilligung steht nach Eröffnung des Konkurses zunächst dem Verwalter zu, der jedoch dazu der Genehmigung des Gläubigerausschusses und, wenn ein solcher nicht bestellt ist, der Genehmigung des Gerichts bedarf (§ 129). Der Verwalter darf als Unterstützung nicht mehr gewähren, als zum notdürftigen Unterhalt für den Gemeinschuldner und dessen Familie erforderlich ist. Das ist der zur Befriedigung der einfachsten Lebensbedürfnisse ausreichende Unterhalt. Demnach kann auch nur in dieser Beschränkung das Gericht die etwa erforderliche Genehmigung zu der vom Verwalter beabsichtigten Bewilligung erteilen. Bei Bemessung des Betrages des zum notdürftigen Unterhalte Erforderlichen ist zu berücksichtigen, daß unter der »Familie« des Gemeinschuldners zu verstehen sind

1. die Personen, zu deren Unterhalt der Gemeinschuldner gesetzlich verpflichtet ist,
2. andere Verwandte des Gemeinschuldners, die zu seinem Hausstand gehören und in seinem Haushalt leben (*J-W,* § 129 Anm. 8).

Zum notdürftigen Unterhalt kann auch eine Wohnung gewährt werden. Sofern der Gemeinschuldner nicht nur eine einfache Wohnung, sondern die Beibehaltung seiner bisherigen Wohnung anstrebt, wird von ihm zugunsten der Masse ein Entgelt verlangt werden müssen (vgl. LG Oldenburg NJW 1967, 385).
Der Beschluß des Gerichts über die Genehmigung der Unterstützung des Gemeinschuldners ist dem Verwalter und dem Gemeinschuldner zuzustellen.
Der notdürftige Unterhalt kann dem Gemeinschuldner aus der Masse so lange bewilligt werden bzw. fortgeführt werden, bis eine Gläubigerversammlung etwas anderes beschließt. Gleich die erste Gläubigerversammlung ist zur Beschlußfassung über eine dem Gemeinschuldner und dessen Familie zu bewilligende Unterstützung berufen (§ 132 Abs. 1), aber auch spätere Gläu-

bigerversammlungen können, sofern § 98 beachtet ist, dem Gemeinschuldner eine Unterstützung bewilligen.
Stirbt der Gemeinschuldner während des Konkurses oder ist der Konkurs über den Nachlaß eines Schuldners eröffnet, so kann auch den Hinterbliebenen eine Unterstützung aus der Masse nach denselben Grundsätzen wie dem Gemeinschuldner gewährt werden (*M-K,* § 129 Anm. 3).
Das Konkursgericht ist in keinem Fall befugt, dem Gemeinschuldner eine Unterstützung aus der Masse zu bewilligen. Es kann auch nicht den Verwalter oder gar die Gläubigerversammlung zur Bewilligung einer Unterstützung anweisen.
Die Entziehung einer bewilligten Unterstützung steht dem Verwalter, wenn die Bewilligung durch ihn erfolgt ist, in jedem Fall aber der Gläubigerversammlung zu.
Die bewilligte Unterstützung gehört zu den Massekosten, rangiert unter diesen aber an der letzten Stelle (§ 58 Nr. 3, § 60).

1.4 Die Auskunftspflicht des Gemeinschuldners

Der Gemeinschuldner ist gegenüber dem Verwalter, dem Gläubigerausschuß **158**
und – wenn das Gericht es anordnet – gegenüber der Gläubigerversammlung auskunftspflichtig. § 100. Die Pflicht bezieht sich auf „alle das Verfahren betreffenden Verhältnisse“; d. h. zunächst auf alle Tatsachen, die für den Zusammenbruch des Schuldners, also für das Entstehen des Konkursgrundes bedeutsam sind. Hierher gehören also: Art und Umfang seiner Geschäftsbeziehungen, seiner privaten Aufwendungen, der von ihm geführten und gegen ihn geführten Prozesse usw. Hierher gehören weiter alle Dinge, die für die Durchführung des Verfahrens bedeutsam sein können, also insbesondere auch Angaben, die dem Verwalter die Prüfung evtl. Anfechtungsrechte ermöglichen.

1.5 Eidesstattliche Versicherung

Gem. § 125 ist der Gemeinschuldner nach Vorliegen des Inventars ver- **159**
pflichtet, auf Antrag des Verwalters oder eines Gläubigers, der seine Forderung angemeldet hat, eine eidesstattliche Versicherung abzugeben. Inhalt der Versicherung ist die Richtigkeit und Vollständigkeit der im Inventar bezeichneten Massebestandteile. Sie bezieht sich somit nicht auf Gegenstände, die nicht zur Masse gehören (BGH Betr. 1953, 39), soll aber zur Vollständigkeit des Inventars Stellung nehmen, muß also auch solche Gegenstände angeben, die im Inventar nicht genannt sind (LG Frankfurt KTS 1955, 191).

Allgemein zum Inventar s. *Siegelmann* KTS 1963, 160 und Betr. 1966, 412, sowie unten Rn 530 ff.

Zuständig zur Abnahme ist nicht das Konkursgericht, sondern das Vollstrekkungsgericht am Sitz des Konkursgerichts (vgl. dazu LG Frankfurt a.a.O.). §§ 903, 914 ZPO sind nicht anwendbar.

Ist der Gemeinschuldner nicht prozeßfähig, so trifft die Versicherungspflicht seinen gesetzlichen Vertreter (OLG Düsseldorf MDR 1961, 328; *Schmid* MDR 1960, 980).

Ausführlich zur Abnahme unten Rn 530 ff.

1.6 Wohnsitzbeschränkungen

160 Während des Verfahrens darf sich der Gemeinschuldner nur mit Erlaubnis des Gerichts von seinem Wohnort entfernen. § 101 Abs. 1. Das Gericht wird dabei zu bedenken haben, daß die Einschränkung eines bedeutsamen Grundrechtes (Art. 11 GG) nur zulässig ist, wenn dafür ein aus dem Zweck des Verfahrens fließendes unabweisbares Bedürfnis besteht. Eine verfassungskonforme Auslegung des § 101 Abs. 1 wird deshalb dazu führen müssen, daß die Genehmigung stets zu erteilen ist, solange nicht konkrete und zwingende Anhaltspunkte dafür bestehen, daß der Gemeinschuldner die beabsichtigte Reise etwa zu irgendwelchen gegen das Verfahren sich richtenden Manipulationen benützen wird oder daß er zu fliehen beabsichtigt. Bei verfassungskonformer Auslegung der Vorschrift wird die Verweigerung der Genehmigung somit die Ausnahme bleiben müssen; soll die Genehmigung verweigert werden, müssen ganz konkrete erhebliche Tatsachen vorgetragen werden oder bekannt sein, die dies rechtfertigen.

Quack (Rpfleger 1975, 185) hält § 101 mit beachtlicher Begründung für **verfassungswidrig!**

1.7 Zwangsmaßnahmen

161 Das Gesetz ermöglicht die Zwangsvorführung und die Anordnung der Haft des Schuldners, wenn er entweder die ihm vom Gesetz auferlegten Pflichten nicht erfüllt oder wenn diese Maßnahmen zur Sicherung der Masse notwendig erscheinen. § 101 Abs. 2.

Als Hauptpflichten des Schuldners sind zu nennen die Auskunftspflicht (s. oben Rn 158), die Pflicht zur Abgabe der eidesstattlichen Versicherung (s. oben Rn 159, unten Rn 530) und die Pflicht zum angeordneten Erscheinen im Prüfungstermin (s. unten Rn 298). Auf keinen Fall ist die Anordnung zur Erzwingung anderer Handlungen des Gemeinschuldners zulässig, so etwa zur Erzwingung der Herausgabe von Massegegenständen an den Konkursverwal-

ter (vgl. OLG Stuttgart NJW 1953, 389 und *Böhle-Stamschräder* NJW 1952, 1421).
Die Sicherung der Masse kann insbesondere gefährdet sein bei konkreten Anhaltspunkten dafür, daß der Schuldner Massegegenstände beiseite schaffen will. Ob auch die Gefahr der Einziehung von Außenständen bereits Maßnahmen nach § 101 Abs. 2 rechtfertigen (so *M-K,* § 101 Anm. 3 und *B-St,* § 101 Anm. 3, beide wohl fußend auf den Motiven II, 318) muß im Regelfall zumindest zweifelhaft sein.
Hier wird § 8 der Masse wohl regelmäßig hinreichenden Schutz gewähren.
Die Maßnahmen nach § 101 Abs. 2 sind die schwerwiegendsten Ausflüsse der Konkurseröffnung auf den Konkursschuldner. Wegen der damit verbundenen Einschränkungen des überragend wichtigen Grundrechtes nach § 2 GG ist stets besonders sorgfältig zu prüfen, ob nicht weniger einschneidende Maßnahmen ausreichen (LG Hamburg MDR 1971, 309). Da § 101 als die den Gemeinschuldner geringer belastende Maßnahme auch eine Geldstrafe zuläßt (vgl. Henze Rpfleger 1972, 163), ist immer zu prüfen, ob sie nicht ausreicht. Freilich ist ihre Verhängung von vorneherein nur sinnvoll, wenn der Gemeinschuldner über konkursfreie Einkünfte oder über sonstiges konkursfreies Vermögen verfügt.
Vorführung und Haft können nur vom Richter angeordnet werden (§ 4 Abs. 2 Nr. 2 RpflG).
Vor Anordnung der Haft ist der Gemeinschuldner zu hören.
Die Kosten der Haft sind Massekosten nach § 58 Nr. 1. Die Vorschußpflicht auch eines antragstellenden Gläubigers besteht nicht, weil die Anordnung im Gesamtinteresse aller Gläubiger geschieht (*M-K,* § 101 Anm. 2).

2. Der Einfluß der Eröffnung auf die Stellung der Gläubiger

2.1 Das Vollstreckungsverbot

Nach § 14 können **Konkursgläubiger** (zum Begriff s. Rn 206 ff.) nach der Eröffnung des Verfahrens nicht mehr wirksam in die Masse vollstrecken oder Maßnahmen der Arrestvollziehung in Massegegenstände durchführen. Das gleiche Verbot besteht hinsichtlich des konkursfreien Vermögens des Gemeinschuldners. Vgl. allgemein dazu *Eickmann,* Abschn. 9.4. (= S. 62 ff.). **162**
§ 14 spricht nur von „Konkursgläubigern", er findet also keine Anwendung auf Massegläubiger sowie Aus- und Absonderungsberechtigte. **Gläubiger,** die unter **§ 63** fallen (s. unten Rn 258 ff.), werden zwar von § 14 nicht erfaßt, ihren Zwangsvollstreckungen in die Masse ist jedoch nach § 15 die Wirksamkeit versagt; sie können allerdings in das konkursfreie Vermögen wirksam vollstrecken (*M-K,* § 14 Anm. 14).

Wegen **Masseschulden** kann sowohl in die Masse als auch in das konkursfreie Vermögen vollstreckt werden; der Zugriff auf konkursfreies Vermögen ist allerdings nur insoweit zulässig, als die Schuld bereits vor Konkurseröffnung in der Person des Gemeinschuldners entstanden war (*J-L,* § 57 Anm. 4; *M-K,* § 57 Anm. 10).

Unzulässig vorgenommene Zwangsvollstreckungsmaßnahmen lassen zwar kein wirksames Pfandrecht entstehen, führen aber eine wirksame Pfandverstrickung herbei (*M-K,* § 14 Anm. 7). Die Unzulässigkeit wird gem. § 766 ZPO geltend gemacht und zwar bei der Vollstreckung in Massegegenstände durch den Verwalter, bei der Vollstreckung in konkursfreies Vermögen durch den Gemeinschuldner.

2.2 Die Konkursteilnahmepflicht

163 Konkursforderungen (zum Begriff s. unten Rn 206 ff.) können während des Verfahrens nur nach den Vorschriften der KO verfolgt werden (§ 12), d. h. sie müssen im Konkurs angemeldet und geprüft werden; ein Titel kann im normalen Prozeß- oder Mahnverfahren über sie nicht erstritten werden (vgl. im einzelnen dazu *Eickmann,* Abschn. 9.1. = S. 59 ff.).

164 Dies gilt nach h. M. dann nicht, wenn der Gläubiger ausdrücklich auf **Teilnahme** am Konkurs und auf Deckung seiner Forderung aus der Konkursmasse **verzichtet** (RGZ 86, 297; BGHZ 25, 395; *M-K,* § 12 Anm. 4; **a. A.** *J-L,* § 12 Anm. 5; *Bernhardt* NJW 1961, 810. Vgl. zum Fragenkreis auch *P-Gr* § 7 IV A; *Stech* ZZP 1964, 212 und *Schulz* MDR 1969, 20).

In einem solchen Falle kann der Gläubiger seine Forderung im Prozeß- oder Mahnverfahren verfolgen, er kann jedoch keinesfalls nach Erstreiten eines Vollstreckungstitels nunmehr wieder am Verfahren – jetzt in der besseren Stellung des Inhabers einer titulierten Forderung – teilnehmen. Der Teilnahmeverzicht ist unwiderruflich; meldet der Gläubiger seine Forderung trotzdem an, so ist sie durch Beschluß von den Prüfungsverhandlungen auszuschließen.

Ebensowenig gestattet der Konkursverzicht nach dem Erstreiten eines Vollstreckungstitels die Zwangsvollstreckung. Auch der auf die Konkursteilnahme verzichtende Gläubiger ist den Vollstreckungsbeschränkungen des § 14 unterworfen.

Teil VII: Die Gläubigerversammlungen

1. Die erste Gläubigerversammlung, der sog. Wahltermin

1.1 Die Tagesordnung

Die erste Gläubigerversammlung ist dazu bestimmt, den Gläubigern zur Ausübung der ihnen bezüglich der Auswahl der Verwaltungsorgane zustehenden Rechte und zur Beschlußfassung über die durch §§ 132, 134, 137 der Entscheidung der Gläubigerversammlung vorbehaltenen Gegenstände Gelegenheit zu geben. Damit die Gläubiger einen zuverlässigen Anhalt für ihre Entschließungen gewinnen, hat zunächst der Verwalter gemäß § 131 Bericht zu erstatten. Hiernach bilden folgende Gegenstände die Tagesordnung der ersten Gläubigerversammlung **165**

1. Berichterstattung des Verwalters über die Entstehung der Zahlungsunfähigkeit des GSch, über die Lage der Sache und über die bisher ergriffenen Maßregeln (s. unten Rn 181);
2. Wahl eines anderen Verwalters (s. unten Rn 182);
3. Bestellung eines Gläubigerausschusses und Wahl der Mitglieder (s. unten Rn 183);

4.a) Wenn ein Gläubigerausschuß bestellt wurde:
Befreiung von der Beschränkung der Mitzeichnung eines Mitgliedes des Gläubigerausschusses bei Quittungen des Verwalters über den Empfang von Leistungen der Hinterlegungsstelle und bei Anweisungen des Verwalters an die Hinterlegungsstelle (§ 137);

b) wenn **kein** Gläubigerausschuß bestellt wurde:
Genehmigung des freihändigen Verkaufs eines unbeweglichen Gegenstandes, der Veräußerung des Geschäfts oder Warenlagers des GSch im ganzen oder der Veräußerung des Rechts auf den Bezug wiederkehrender Einkünfte. Genehmigung einer Darlehensaufnahme, der Übernahme fremder Verbindlichkeiten, der Verpfändung zur Masse gehöriger Gegenstände oder der Erstehung von Grundstücken;

4. Unterstützung des GSch aus der Konkursmasse;
5. Schließung oder Fortführung des Geschäftes des GSch;
6. Hinterlegung und Anlegung der Gelder, Wertpapiere und Kostbarkeiten;
7. Art und die Zeit der Berichterstattung und Rechnungslegung des Verwalters.

Außerdem können auch noch andere Gegenstände auf die Tagesordnung gesetzt werden.

1.2 Die Beteiligung an der Versammlung

166 Der **Verwalter** muß in der ersten Gläubigerversammlung wegen der ihm obliegenden Berichterstattung und zur Erteilung sonstiger Aufklärungen in der Regel persönlich erscheinen. Jedenfalls kann das Gericht sein persönliches Erscheinen verlangen. Nur ausnahmsweise wird an seiner Stelle ein Vertreter – Sonderverwalter – zugelassen werden können. Der **Gemeinschuldner** hat keine allgemeine Anwesenheitspflicht. Die gegenteilige Ansicht der Vorauflage wird aufgegeben. Er kann jedoch von dem Gericht von amtswegen (§ 75) oder auf Antrag des Verwalters, des Gläubigerausschusses oder der Gläubigerversammlung zur Auskunftserteilung (§ 100), nötigenfalls durch zwangsweise Vorführung, zum Erscheinen in der Gläubigerversammlung angehalten werden (§ 101 Abs. 2). Seine Haft kann das Gericht – nachdem es ihn gehört hat – anordnen, wenn er seine Auskunft, zu deren Erteilung er verpflichtet ist, verweigert. Die zwangsweise Vorführung und die Haft können nur vom Richter angeordnet werden (§§ 4 Abs. 2 S. 2, 4 Abs. 3 RpflG).

167 **Berechtigt** zum Erscheinen in der Versammlung sind die **Konkursgläubiger** mit ihren Bevollmächtigten und Beiständen und jedes Mitglied des etwa vom Gericht bestellten Gläubigerausschusses; im Genossenschaftskonkurs auch die Genossen. Außerdem kann das Gericht auch anderen Personen zu der nicht öffentlichen Verhandlung den Zutritt gestatten (*J-W,* § 94 Anm. 2; *M-K,* § 94 Anm. 1; *B-St,* § 94 Anm. 1), z. B. Massegläubigern, Aus- und Absonderungsberechtigten, Vertretern der Presse und Studenten des Rechts an Universitäten u. Rechtspflegerfachhochschulen; vor allem in großen Gläubigerversammlungen auch Ärzten und Sanitätspersonal (§ 175 Abs. 2 GVG).

1.3 Der Hergang der Versammlung

168 **a) Feststellung der Persönlichkeit und der Legitimation der Erschienenen**
Im Termin wird zunächst festgestellt, wer von den Beteiligten erschienen ist, nachdem die Sache aufgerufen wurde. Gesetzliche Vertreter, Mitinhaber von Handelsgesellschaften, sowie Bevollmächtigte haben ihre Vertretungsbefugnis nachzuweisen. Bevollmächtigte können ohne Vollmacht zwar einstweilen zugelassen werden, die Teilnahme an der Beschlußfassung wird ihnen aber nur dann zu gestatten sein, wenn sie eine Vollmacht vorlegen. Eine vorläufige Zulassung zur Abstimmung mit der Maßgabe, daß die Vollmacht bis zur Beendigung nachzubringen ist (so Vorauflage) kann zu erheblichen praktischen Schwierigkeiten führen (z. B. die Stimme des vollmachtlosen Vertreters entscheidet über die Bestellung des Gläubigerausschusses). Aus diesen Gründen wird dem vollmachtlosen Vertreter zwar die Anwesenheit zu gestat-

ten sein (§ 89 ZPO), eine Teilnahme an der Abstimmung jedoch erst nach Vollmachtsvorlage bezüglich der noch nicht abgeschlossenen Tagesordnungspunkte erlaubt werden. (*J-W,* Anm. 2 zu § 97 bejaht die Anwendung des § 89 ZPO allgemein, gibt aber hierzu keine Erläuterungen).
Als Bevollmächtigter kann jede prozeßfähige Person auftreten. Eine Beglaubigung der Vollmacht kann nicht verlangt werden (§ 80 Abs. 2 ZPO, *J-W,* Anm. 3 b zu § 72 mit weit. Hinw.). Vgl. **ausf. zur Vertretung** oben Rn 16, unten Rn 271.
Bei der Zulassung von Pressevertretern wird nachfolgende Auflage empfohlen: „Es wird Ihnen jedoch auferlegt, weder über einzelne Gläubiger oder Schuldner zu berichten, noch dritten Personen Mitteilungen darüber zu machen (§ 174 Abs. 2 GVG). Es wird darauf hingewiesen, daß ein Verstoß strafrechtlich geahndet werden kann."

b) Die Feststellung der Stimmrechte

Sodann ist über das Stimmrecht der erschienenen oder vertretenen Gläubiger **169**
zu verhandeln.
Stimmberechtigt ist jeder Konkursgläubiger, dem nicht durch § 63 die Teilnahme am Konkursverfahren versagt ist. Wegen des Begriffs „Konkursgläubiger" s. Rn 206 ff. Die bevorrechtigten und die nicht bevorrechtigten Konkursgläubiger stehen hinsichtlich des Stimmrechts einander gleich (*J-W,* § 95 Anm. 1; *M-K,* § 95 Anm. 1).

Aussonderungsberechtigte und **Massegläubiger** sind zur Teilnahme an der **170**
Abstimmung nicht befugt. **Absonderungsberechtigte** haben nur insoweit ein Stimmrecht, als sie zugleich persönliche Gläubiger des GSch sind und wegen ihrer persönlichen Forderung an ihn aus dem Gegenstand des Absonderungsrechts Befriedigung weder bisher erlangt, noch zu erlangen Aussicht haben. Ebenso sind die Gläubiger einer OHG, einer KG oder einer KGaA in dem Konkurse über das Privatvermögen eines persönlich haftenden Gesellschafters, wenn auch der Gesellschaftskonkurs eröffnet ist, nur in Höhe des Ausfalls stimmberechtigt, den sie voraussichtlich an ihrer Forderung in dem über das Gesellschaftsvermögen schwebenden Konkurs erleiden (§ 212).

Ist der Gläubiger an dem Gegenstand eines Dritten gesichert, so hat er kein **171**
Absonderungsrecht, sondern eine **Drittsicherheit** und somit ein Stimmrecht in voller Forderungshöhe.

Nun sind aber z. Zt. der ersten Gläubigerversammlung sämtliche Konkurs- **172**
forderungen noch nicht in der vorgeschriebenen Weise geprüft, ja sie brauchen in sehr vielen Fällen – weil die Anmeldefrist noch läuft – noch nicht angemeldet zu sein. Mit Rücksicht hierauf gelten hinsichtlich der Teilnahme an den in der Versammlung stattfindenden Abstimmungen folgende Grundsätze:

Das Konkursgericht hat von amtswegen nicht zu prüfen, ob und zu welchem Betrag einem angeblichen Gläubiger eine Konkursforderung wirklich zusteht. Es hat zunächst jeden zum Abstimmen zuzulassen, der erklärt, daß und welche Konkursforderung ihm zusteht. Weiter ist eine ordnungsgemäße Forderungsanmeldung, die auch während des Termins noch auf der Geschäftsstelle vorgenommen werden kann, erforderlich (so auch *J-W,* § 95 Anm. 5; *M-K,* § 95 Anm. 3). Die in der Vorauflage vertretene gegenteilige Ansicht wird aufgegeben. Eine entspr. Belehrung befindet sich auch in dem allgemein üblichen **Merkblatt für die Konkursgläubiger,** so daß diese sich nicht auf Unkenntnis berufen können.

Absonderungsberechtigte und im Konkurs über das Privatvermögen eines persönlich haftenden Gesellschafters die Gesellschaftsgläubiger (gleiches gilt beim Nachlaßkonkurs gem. § 234) sind zu dem Betrage zur Teilnahme an den Abstimmungen berechtigt, den sie als Ausfallsforderung oder als mutmaßliche Ausfallsforderung angeben, ohne daß es von vornherein einer Glaubhaftmachung des Ausfalls bedarf (*J-W,* § 96 Anm. 1; *M-K,* § 96 Anm. 1; *B-St,* § 96 Anm. 1).

173 Erst wenn gegen die Stimmberechtigung einer der genannten Personen von einem Konkursgläubiger oder vom Verwalter Widerspruch erhoben wird, entscheidet das Gericht über das Stimmrecht (§§ 95 Abs. 2, 96 Abs. 1). Als Konkursgläubiger werden hier diejenigen anzusehen sein, deren Stimmrecht unstreitig oder durch Entscheidung des Gerichts festgestellt ist. Haben zwei angebliche Gläubiger wechselseitig ihrer Stimmberechtigung widersprochen, so wird nichts anderes übrig bleiben, als zunächst beide Widersprüche zu berücksichtigen und über **einen** Widerspruch auf jeden Fall zu entscheiden. Die in der Vorauflage vertretene Ansicht, daß bei einem Widerspruch ungeprüfter Forderungen und Ausfallsforderungen eine gütliche Erledigung möglich ist, wird aufgegeben. (Die nunmehrige Ansicht vertreten auch *J-W,* § 95 Anm. 4 und § 96 Anm. 1; *M-K,* § 95 Anm. 3 und § 96 Anm. 1; *B-St,* § 95 Anm. 1 und § 96 Anm. 1; *Schrader-Bauer* Rn 299).

Das Konkursgericht wird vor der Entscheidung die streitenden Teile, den Verwalter und ggfs. auch den GSch summarisch hören. Hierauf hat es sofort zu entscheiden, ob und zu welchem Betrag der durch den Widerspruch Betroffene an den Abstimmungen in der Versammlung teilzunehmen befugt sein soll. Absonderungsberechtigte und Gesellschaftsgläubiger sind natürlich zu dem Betrage, bezüglich dessen sie ihren Verzicht auf die abgesonderte Befriedigung oder ihren Ausfall nachweisen, unbedingt zuzulassen.
Im übrigen hat das Gericht seine Entscheidung unter Würdigung der ermittelten Umstände nach freiem Ermessen zu treffen.
Vorrechtsforderungen nach § 35 Hypotheken-Bank-Gesetz, § 77 Versiche-

rungsaufsichts-Gesetz und § 32 Depot-Gesetz sind in vollem Umfange stimmberechtigt.

Gläubiger, denen eine **aufschiebend bedingte Forderung** zusteht, sind an und für sich gleich den unbedingt berechtigten Konkursgläubigern zum Mitstimmen befugt. Ihrer Beteiligung an den Abstimmungen kann, wenn die Forderung unstreitig ist, jedoch lediglich aus dem Grunde widersprochen werden, daß die Forderung aufschiebend bedingt ist. Widerspruchsberechtigt sind auch hier der Verwalter und jeder Konkursgläubiger. Ist Widerspruch erhoben, so hat sich die Erörterung hauptsächlich auf die größere oder geringere Wahrscheinlichkeit des Eintritts der aufschiebenden Bedingung zu erstrecken; je nach dem Ergebnis kann das Gericht für die Forderung kein Stimmrecht, bzw. ein Stimmrecht nur zu einem Teilbetrag oder auch zum vollen Betrag ein Stimmrecht bewilligen (*J-W,* § 96 Anm. 2; *M-K,* § 96 Anm. 2). 174

Gläubiger **auflösend bedingter Forderungen** sind, solange die Bedingung nicht eingetreten ist, so stimmberechtigt, wie wenn ihre Forderung nicht bedingt wäre. 175

Widersprüche gegen Stimmrechte können auch erst im Laufe der Verhandlung erhoben werden. Geschieht dies, so haben die Widersprüche nur auf die Abstimmung Einfluß, die nach deren Erhebung stattfinden. 176

Die Entscheidung des Gerichts über streitige Stimmrechte in den angeführten Fällen ist **unanfechtbar** (§§ 95 Abs. 3, 96 Abs. 2 KO, § 11 Abs. 5 S. 2 RpflG), aber nur für die erste Gläubigerversammlung wirksam. Sie ist im Termin zu verkünden. Eine besondere Zustellung der Entscheidung an die Beteiligten wird nicht für erforderlich erachtet (anders *J-W,* § 95 Anm. 2). Lehnt das Gericht es ab, eine Entscheidung zu treffen, so findet dagegen die sofortige Beschwerde bzw. die befristete Rechtspflegererinnerung statt.

Steht eine Forderung mehreren Personen gemeinschaftlich zu, so können diese das Stimmrecht nur gemeinschaftlich ausüben. Entsprechendes gilt, wenn eine Forderung verpfändet oder wenn sie gepfändet ist. Im Falle eines Pfandrechts oder Nießbrauchs muß der Gläubiger daher mit dem Berechtigten stimmen. (Nähere Ausführungen: *J-W,* § 182 Anm. 4; *M-K,* § 182 Anm. 3) Bei Gesamtgläubigern kann ein Anwesender das Stimmrecht ausüben. Bei Gesamthandsgläubigern müssen grundsätzlich alle Gläubiger zustimmen. 177

Zu den Abstimmungen im Konkurs siehe auch *Delhaes* KTS 1955, 45; zu Fragen des Stimmrechtes vgl. *Siegelmann* Betr. 1963, 161 u. DRiZ 1968, 133.

c) Die Erledigung der Tagesordnung 178

Beschlußfähig ist eine Gläubigerversammlung, wenn mindestens ein stimm-

berechtigter Konkursgläubiger erscheint (LG Berlin KuT 1929, 47; *J-W*, § 94 Anm. 4; *B-St*, § 94 Anm. 2). Erscheint kein stimmberechtigter Gläubiger im Termin, dann haben sich die Gläubiger ihrer Rechte begeben und der Verwalter hat das Verfahren nach seinem Ermessen abzuwickeln. (Die Vorauflage vertrat noch die Ansicht, sofern eine Beschlußfassung erforderlich ist, bleibe nur die Berufung einer neuen Gläubigerversammlung übrig. Wenn wiederum niemand erscheint, wäre ggfs. eine vorteilhafte Verwertung blockiert. Dies kann jedoch nicht im Interesse einer ordnungsgemäßen Konkursabwicklung sein. So auch *J-W*, § 94 Anm. 4 und § 136 Anm. 2).
Protokollmuster siehe Anlage B.

179 In der Praxis hat sich gezeigt, daß die Stimmrechtsfeststellung in den seltensten Fällen sofort erforderlich ist. Nach der Prüfung, ob die anwesenden Gläubiger ihre Forderungen angemeldet haben und mindestens ein Gläubiger stimmberechtigt ist, wird in die Tagesordnung eingetreten. Überwiegend kommt es dann bei den Abstimmungen zu einer einheitlichen Meinung, so daß die Stimmrechtshöhe bedeutungslos ist. Erst wenn gegenteilige Ansichten auftreten, die sich nicht bereinigen lassen, ist die Feststellung der Stimmrechte erforderlich.

180 Nachdem der Verwalter den im § 131 vorgeschriebenen Bericht erstattet hat, sind die unter Rn 165 bezeichneten Gegenstände, soweit dies nach Lage der Sache erforderlich ist, von dem Konkursrichter bzw. Rechtspfleger zur Beratung und Beschlußfassung zu stellen. Die Beschlüsse der Gläubigerversammlung sind nicht mit der sofortigen Beschwerde bzw. befristeten Rechtspfleger-Erinnerung anfechtbar (LG Düsseldorf KTS 1970, 56). Daß der Beratungsgegenstand erschöpfend erörtert wird, dafür hat das Gericht Sorge zu tragen. Dies kann aber auch von Einzelnen mißbraucht werden, so z. B. durch überlange Vorträge oder Fragen aller Art. Das Gericht kann zwar durch entsprechende Beschränkung bzw. durch Nichtzulassung von Fragen dem Einhalt gebieten, jedoch wird hier schnell mit einem Ablehnungsantrag wegen Befangenheit zu rechnen sein. Das Gericht kann dann über eine weitere Diskussion die Gläubigerversammlung abstimmen lassen. Unberührt bleibt die Befugnis des Gerichts zur Untersagung ungeeigneten Vortrages gem. § 157 Abs. 2 ZPO (vgl. oben Rn 16).
Bezüglich der einzelnen Punkte der Tagesordnung ist folgendes zu bemerken: (**Musterprotokoll** s. *Schrader-Bauer,* Rn 301 und **Anlage B**).

181 **Der Bericht des Verwalters:** Der Verwalter hat in der ersten Gläubigerversammlung über die Entstehung der Zahlungsunfähigkeit des GSch, über die Lage der Sache und über die bisher ergriffenen Maßregeln mündlich zu berichten (§ 131). In der Regel ist jedoch daneben die schriftliche Absetzung zu verlangen, die zu den Akten gegeben wird. Verzichtet der oder die anwesenden Gläubiger, nachdem ihnen eine Abschrift des Berichts ausge-

händigt wurde, auf mündlichen Vortrag, so wird auch dieses Verfahren zulässig sein.
Eine Verpflichtung zur Berichterstattung außerhalb einer Gläubigerversammlung gegenüber einem einzelnen Gläubiger besteht nicht (OLG Hamburg JR 28 Nr. 1641; *J-W*, § 131 Anm. 1; *M-K*, Anm. bei § 131; *B-St*, § 131 Anm. 1; *Oldorf* Ppfleger, 1951, 193 ff). In großen Konkursverfahren, die längere Zeit in Anspruch nehmen, ist es empfehlenswert, auf Kosten der Masse in gewissen Zeitabständen Rundschreiben durch den Konkursverwalter zu versenden, damit die Gläubiger über die Abwicklung informiert werden. Dieses Verfahren kann zu einer Verminderung der Sachstandsanfragen bei Gericht führen, zu deren Erledigung in vielen Fällen doch wieder der Verwalter in Anspruch genommen werden muß, da nur er die geforderte Auskunft geben kann. Bezüglich der Berichterstattung gegenüber dem Gläubigerausschuß wird auf §§ 88 Abs. 2 S. 1, 132 Abs. 2 verwiesen; die Berichtspflicht gegenüber dem Konkursgericht ergibt sich aus § 83.
Die in der Vorauflage und von *Schrader-Bauer* Rn 298 vertretene Ansicht, daß das Inventar und die Bilanz bereits in der Versammlung vorliegen müssen, kann nicht geteilt werden. In einer Vielzahl von Fällen ist dies wegen des Umfangs der Arbeiten nicht möglich; im übrigen findet die Ansicht weder im Gesetz noch, soweit ersichtlich in der Rechtsprechung, eine Stütze.
Das Gericht hat darauf hinzuwirken, daß der Bericht möglichst klar und vollständig erstattet wird. Es kann auch den GSch zur Erteilung weiterer Auskünfte veranlassen. Den erschienenen Gläubigern und Gläubigervertretern ist Gelegenheit zur Äußerung über den Bericht und zur Stellung von Fragen an Verwalter und GSch zu geben.

Wahl eines anderen Verwalters: Es ist natürlich nicht erforderlich, daß die **182**
Gläubiger einen anderen Verwalter wählen;es genügt, daß ihnen hierzu Gelegenheit gegeben wird (§ 80). erfolgt von seiten der Erschienenen keine Anregung zur Wahl eines anderen Verwalters, oder erscheint überhaupt kein Konkursgläubiger indem Termin, so verbleibt der vom Gericht ernannte Verwalter imAmt. Nur die **erste** nach der Ernennung des Verwalters statfindende Gläubigerversammlung kann einen neuen Verwalter wählen, d. h., dem Gericht zur Ernennung vorschlagen, spätere Gläubigerversammlungen sind auf den Entlassungsantrag beschränkt (§ 84).
Die Wahl kann nur mit absoluter Mehrheit, die nach Forderungsbeträgen zu berechnen ist (§ 94 Abs. 2 und Abs. 3) erfolgen. Wird ein anderer Verwalter gewählt, so ist dieser zur Vermeidung eines weiteren Wahltermins, wenn irgend möglich, noch vor Schluß der Gläubigerversammlung zur Erklärung über die Annahme der Wahl zu veranlassen. Da das Gericht an die erfolgte Wahl nicht gebunden ist, kann es von amtswegen – ohne Antrag nach § 99 –

die Ernennung des Gewählten **versagen.** Jedenfalls wird der Gewählte nicht schon durch die Wahl, sondern erst durch die daraufhin erfolgende gerichtliche Ernennung Konkursverwalter (§§ 80, 78 Abs. 1). Eine Entscheidung des Gerichts über die von der Gläubigerversammlung getroffene Wahl ist stets erforderlich. Ernennt es den Gewählten zum Verwalter, so setzt es davon den bisherigen Verwalter, dessen Tätigkeit mit jener Ernennung von selbst beendigt ist, in Kenntnis, fordert die ihm erteilte Bescheinigung zurück, erteilt dem neuen Verwalter eine Bescheinigung und veranlaßt das Erforderliche wegen der Legung und Abnahme der Schlußrechnung des früheren Verwalters und der Festsetzung seines Honorars und seiner erstattungsfähigen Auslagen. Gleichzeitig hat die Geschäftsstelle den Namen des neuen Verwalters öffentlich bekanntzumachen (§ 81 Abs. 1).
Versagt das Gericht die Ernennung des Gewählten, was es aber nur aus gewichtigen Gründen tun wird (z. B. wegen mangelnder Fähigkeit, minderer Vertrauenswürdigkeit oder Besorgnis der Abhängigkeit von einer Gläubigergruppe – OLG Dresden KuT 1928, 57 –; umstritten ist die Ansicht von *Schuhmann* DJ 1935, 1215, der eine Versagung damit begründet, daß ein Wechsel in der Person des Verwalters unzweckmäßig ist; siehe hierzu *J-W,* § 80 Anm. 1 mit weit. Hinw.; *M-K,* § 80 Anm. 21 *B-St,* § 80 Anm. 1), so bleibt der bisherige Verwalter im Amte, ohne daß es seiner Bestätigung oder nochmaligen Ernennung bedarf.
Die eine Ernennung des Gewählten versagende Entscheidung ist öffentlich bekanntzumachen (= Ersetzung der Zustellung), gleichgültig, ob die Entscheidung im Termin verkündet (§ 329 Abs. 1 ZPO, § 72 KO) oder der Beschluß erst nachher erlassen wurde. Mit der Wirksamkeit der Bekanntmachung (§ 76) beginnt die Beschwerde – bzw. Erinnerungsfrist einheitlich für alle Beteiligten. Beschwerdeberechtigt sind der GSch und jeder einzelne Konkursgläubiger, auch wenn er bei der Abstimmung nicht anwesend war oder sich der Stimme enthalten hat, nicht aber die Gläubigerversammlung oder der Gläubiger-ausschuß als solche und grundsätzlich die Gläubiger, die gegen den Vorschlag gestimmt haben. Die Verwalter haben kein Beschwerderecht (*J-W,* § 80 Anm. 2 mit weit. Hinweisen; *M-K,* § 80 Anm. 2; *B-St,* § 80 Anm. 1).
Obwohl die Angabe der Ablehnungsgründe im Beschluß nicht ausdrücklich vorgeschrieben ist, empfiehlt sich diese wegen des Beschwerderechts (*J-W,* § 80 Anm. 1; *M-K,* § 80 Anm. 2; *B-St,* § 80 Anm. 1).
Rechtshandlungen und Verfügungen des bisherigen Verwalters bleiben wirksam, da die Entscheidung bei einem Verwalterwechsel ex nunc wirkt. Anhängige Prozesse werden in entsprechender Anwendung von § 241 ZPO unterbrochen, während Prozeßvollmachten weiterwirken.

183 **Bestellung eines Gläubigerausschusses und Wahl der Mitglieder:** Die erste

Gläubigerversammlung und auch spätere Gläubigerversammlungen mit entsprechender Tagesordnung haben darüber zu beschließen, ob ein Gläubigerausschuß bestellt werden und aus wievielen Mitgliedern er bestehen soll (§ 87. Ausnahme im Genossenschaftskonkurs, § 103 GenG). Diese Beschlüsse werden, wie gewöhnlich, mit absoluter Stimmenmehrheit gefaßt, gerechnet nach den Forderungsbeträgen 6§ 94 Abs. 2 und Abs. 3). Bei der dann folgenden Wahl der Mitglieder des Gläubigerausschusses genügt dagegen relative Stimmenmehrheit (§ 94 Abs. 2 S. 2), so daß diejenigen als gewählt gelten, für die die meisten Stimmen, wenn auch weniger als die Hälfte der Stimmen, abgegeben sind. Jeder Gläubiger hat soviel Stimmen, wie Mitglieder bestellt werden sollen (entsprechend: LG Düsseldorf KTS 1957, 191). Aus wievielen Mitgliedern der Gläubigerausschuß bestehen soll, ist der Bestimmung der Gläubigerversammlung überlassen. Die in der Vorauflage vertretene Ansicht, daß es nicht weniger als drei sein dürfen, wird aufgegeben. Die Zahl von nur zwei Mitgliedern ist zulässig (s. oben Rn 54).
Empfehlenswert zur möglichen Erleichterung des Geschäftsganges und zur Vermeidung ergebnisloser Abstimmungen des Gläubigerausschusses ist eine ungerade, nicht zu große Zahl der Mitglieder. Ausschüsse von drei oder fünf Mitgliedern dürften sich am besten bewähren und auch in der Praxis die Regel sein.
In der Auswahl der Mitglieder des Gläubigerausschusses ist die Gläubigerversammlung unbeschränkt. Wählbar sind alle prozeßfähigen, natürlichen oder juristischen Personen, ohne Rücksicht, ob sie zu den Konkursgläubigern gehören oder nicht. Auch solche Personen sind wählbar, die mit dem GSch verwandt sind oder in gewissen Angelegenheiten ein dem Interesse der Konkursmasse widerstreitendes Interesse haben. Der Besitz der bürgerlichen Ehrenrechte ist zur Wählbarkeit nicht erforderlich. Ein Gläubiger kann sich auch selbst wählen (*J-W,* § 95 Anm. 6; ***M-K,*** § 95 Anm. 5; ***B-St,*** zu § 95 Anm. 1).
Die in der Vorauflage vertretene Ansicht, daß die Wahl der Mitglieder des Gläubigerausschusses nicht auf Grund des § 99 aufgehoben werden kann, wird aufgegeben. (vgl. dazu ausf. oben Rn 56)
Die Vetoentscheidungen können mit der sofortigen Beschwerde (§ 73 Abs. 3) bzw. der befristeten Rechtspfleger-Erinnerung (§ 11 RpflG) angefochten werden.
Die Gläubigerversammlung kann ferner gleich Ersatzmänner wählen, für den Fall, daß einzelne Gewählte die Annahme der Wahl ablehnen – zur Annahme besteht keine Verpflichtung – oder später ausscheiden infolge Tod, Widerruf (§ 92), wegen Kollisionsfällen, sowie Amtsenthebung.
Die Gläubigerversammlung hat wohl auch die Macht, dem Gläubigerausschuß ein beschränktes oder sogar ein unbeschränktes Selbstergänzungsrecht

einzuräumen (*J-W,* zu § 87 Anm. 6; *M-K,* § 87 Anm. 5 mit weit. Hinw.: *B-St,* § 87 Anm. 3). Jedoch muß u. E. auch in diesem Falle gegen neue Mitglieder ein Vetorecht gem. § 99 bestehen; auch sie führen ihre Rechtsstellung auf einen Beschluß der Gläubigerversammlung zurück.
Es ist Aufgabe des Gerichts, eine Entscheidung über die Wahl von Ersatzmännern anzuregen. Eine Mehrheit von Gläubigerausschüssen gibt es, auch bei der Bestellung von mehreren Verwaltern, nicht (*J-W,* § 87 Anm. 3a). Die in der Vorauflage vertretene gegenteilige Ansicht wird aufgegeben.
Der vom Gericht bestellte vorläufige Gläubigerausschuß tritt als solcher mit der ersten Gläubigerversammlung außer Tätigkeit. Es bedarf daher eines besonderen Beschlusses der Gläubigerversammlung, wenn er beibehalten werden soll (*J-W,* § 87 Anm. 4; *B-St,* § 87 Anm. 2; *a. M. M-K,* § 87 Anm. 2).
Die Mitglieder des von der Gläubigerversammlung bestellten Gläubigerausschusses bedürfen keiner gerichtlichen Ernennung oder Bestätigung, erhalten auch keine Bestallung und werden nicht besonders auf die Erfüllung Ihrer Obliegenheiten verpflichtet. Dagegen hat sie das Konkursgericht, soweit sie in der Gläubigerversammlung anwesend sind, sofort zur Erklärung über die Annahme der Wahl zu veranlassen, damit im Falle der Ablehnung sofort eine Ersatzwahl vorgenommen werden kann. Die nicht erschienenen Mitglieder des bestellten Gläubigerausschusses hat das Gericht von der Wahl in Kenntnis zu setzen und zur Erklärung über die Annahme der Wahl aufzufordern. Lehnen soviele ab, daß ein beschlußfähiger Gläubigerausschuß nicht zustandekommt, so dürfte in der Regel von amtswegen eine neue Gläubigerversammlung zur Wahl anderer Mitglieder des Gläubigerausschusses zu berufen sein.
Den Gläubigerausschuß-Mitgliedern soll ein Merkblatt über ihre Rechte und Pflichten ausgehändigt werden (Muster s. *Schrader-Bauer* Rdz. 282). Die Gläubigerversammlung hat kein Recht, einzelnen Mitgliedern einen Teil ihrer gesetzlichen Aufgaben zu erlassen (RG in KuT 1936, 57).

184 Die Gläubigerversammlung hat auch die Möglichkeit, anstelle eines Gläubigerausschusses einen **Gläubigerbeirat** zu bestellen. Dieser übt ohne Vergütung nur eine beratende und keine überwachende Funktion aus. Daß ein Gläubigerausschuß unentgeltlich arbeitet, besagt jedoch noch nicht, daß es sich um einen Gläubigerbeirat handelt(*J-W,* § 87 Anm. 7; *M-K,* § 87 Anm. 8; *B-St,* § 87 Anm. 4).
Es erscheint zweckmäßig, daß das Gericht die Gläubigerversammlung vor der Entscheidung über die Bestellung eines Gläubigerausschusses, über die Funktion und die entstehenden Kosten aufmerksam macht und die sich bewerbenden Mitglieder über ihre Aufgaben und die Entschädigung belehrt. Die Praxis hat gezeigt, daß nur in schwierigen Konkursen (insbesondere in

technischer Hinsicht) ein Gläubigerausschuß seine Berechtigung hat. In den übrigen Verfahren erlahmt bald das Interesse der Beteiligten, nachdem sie sehen, daß nicht nur ihre eigenen Interessen vertreten werden können und daß die Vergütung nur kostendeckend ist. Hier wird der Gläubigerausschuß dann zum Hemmschuh.

Ist ein Gläubigerausschuß bestellt, und hat die Gläubigerversammlung nicht etwas anderes beschlossen, so bedürfen Quittungen des Verwalters über den Empfang von Geldern, Wertpapieren oder Kostbarkeiten von der Hinterlegungsstelle und Anweisungen des Verwalters an die Hinterlegungsstelle zu ihrer Gültigkeit der Mitzeichnung eines Mitgliedes des Gläubigerausschusses (§ 137). Wirksam wird die Beschränkung mit der Amtsannahme des ersten Gläubigerausschußmitgliedes (*Kolbenschlag* Rpfleger 1971, 425, abweichend unter bestimmten Voraussetzungen BGH in KTS 1962, 180). **185**

Da dies überwiegend eine untragbare Einschränkung bewirkt, erfolgt in fast allen Fällen eine Befreiung durch die alleine zuständige Gläubigerversammlung. Wird diese nicht beschlossen, so hat das Konkursgericht der Hinterlegungsstelle die Namen der Gläubigerausschuß-Mitglieder bekanntzugeben.

Wurde kein Gläubigerausschuß bestellt, so hat die Gläubigerversammlung erforderlichenfalls zu beschließen ob **186**

a) ein unbeweglicher Gegenstand aus freier Hand,
b) das Geschäft oder das Warenlager des GSch im ganzen oder
c) das Recht auf den Bezug wiederkehrender Einkünfte veräußert werden sollen;

Weiter wenn
d) Darlehen aufgenommen,
e) fremde Verbindlichkeiten übernommen,
f) zur Masse gehörige Gegenstände verpfändet oder
g) Grundstücke erstanden
werden sollen (§ 134).

Die Punkte 4–7 der Tagesordnung: Die Gegenstände zu 4–7 der in Rdn. 165 aufgeführten Tagesordnung müssen zwar stets auf der Tagesordnung stehen, gelangen aber zur Beratung und Beschlußfassung nur insoweit, als dies nach Lage der Sache erforderlich ist. Die Bestimmung über diese Gegenstände kann die Gläubigerversammlung auch dem bestellten Gläubigerausschuß oder dem Verwalter ganz oder teilweise überlassen. Doch bedarf es dazu eines ausdrücklichen Beschlusses (*J-W*, § 132 Anm. 3 mit eingehender Begründung; *M-K*, § 132 Anm. 1; *B-St*, § 132 Anm. 1; LG Wuppertal KTS 1958,47). Trotzdem behält die Gläubigerversammlung das Recht, selbst Anordnungen zu treffen. **187**

188 Zur Bewilligung einer **Unterstützung** für den GSch und dessen Familie sind die Gläubiger in keiner Weise verpflichtet. Andererseits unterliegt die Höhe der zulässigen Unterstützung keiner gesetzlichen Beschränkung. Die Bewilligung einer übermäßigen Unterstützung würde nur gemäß § 99 angefochten werden können. Die Unterstützung kann z. B. auch in Sachbezügen unter Überlassung der Wohnung bestehen. Einer Beschlußfassung bedarf es nur, wenn der Antrag einer zur Familie des GSch gehörigen natürlichen Person vorliegt. Gesetzliche Vertreter des GSch, auch Vereinsvorstände, gehören nicht hier her (*J-W*, § 129 Anm. 2).

Unter den Begriff der Unterstützung fällt es nicht, wenn der GSch für Dienste, die er der Masse leistet oder leisten soll, eine Vergütung erhält. Diese Vergütung ist nicht von der Gläubigerversammlung zu bewilligen, sondern unterliegt der freien Vereinbarung zwischen dem GSch und dem Verwalter.

189 Hat der GSch ein Erwerbsgeschäft betrieben, so steht der Gläubigerversammlung die Entscheidung darüber zu, ob, wie lange und in welchem Umfang dieses Geschäft für Rechnung der Masse fortbetrieben oder ob es geschlossen werden soll. Kein Eingriffsrecht besteht in einen Betrieb mit rein persönlicher Tätigkeit, z. B. bei einem Arzt oder Anwalt usw. Dieser Tagesordnungspunkt entfällt, wenn das Geschäft bereits vor Konkurseröffnung geschlossen wurde, da das Gesetz nur von einer Schließung oder Fortführung spricht. Zur Überwachung der Rentabilität eines fortzuführenden Geschäftes ist das Konkursgericht ggfs. verpflichtet (LG Wuppertal KTS 1958, 45). Dies kann durch regelmäßige Einforderung von Monatsabschlüssen erfolgen (Allgemeine Abhandlung über Geschäftsfortführung von *Berges* KTS 1956, 113 ff., über die Mitwirkung des Betriebsrates *Uhlenbruck* KTS 1973, 83, dagegen *H. J. Müller* KTS 1974, 69).

Das Bundesarbeitsgericht hatte in seinem Urteil vom 17. 9. 1974 – 1 ZR 16/74 – zwar nicht zu entscheiden, welchen Einfluß das Betriebsverfassungsgesetz auf eine Betriebseinstellung durch Beschluß der Gläubigerversammlung hat, legte jedoch darin fest, daß der Verwalter bei einer Schließung nach § 129 Abs. 2 an die Vorschriften der §§ 111–113 BetrVG 1972 gebunden ist, da er in die Rechte und Pflichten des GSch eintritt. Ein zu zahlender Abfindungsanspruch wird als Masseschuld nach § 59 Nr. 1 behandelt.

190 Die Bestimmung der Stelle, wo Gelder, Wertpapiere und Kostbarkeiten **hinterlegt** werden sollen, steht im freien Ermessen der Gläubigerversammlung. Trifft sie keine Bestimmung, so bleibt es bei den Anordnungen, die der Gläubigerausschuß oder das Gericht gemäß § 129 getroffen haben. Die Gläubigerversammlung hat auch darüber zu beschließen, in welcher Art und zu welchen Bedingungen verfügbare Gelder angelegt werden sollen. Sie kann

insbesondere die Anlegung in bestimmten Wertpapieren oder auch als Termingelder beschließen.
Zu beachten ist, daß die Konten als Konkurskonten und nicht als Anderkonten geführt werden. Bei letzterer Art können im Falle des Todes oder des Wechsels des Verwalters erhebliche Schwierigkeiten entstehen bezüglich der sofortigen Verfügungsmacht. Weitere Ausführungen zum Anderkonto und Anderdepot siehe *B-St,* § 129 Anm. 4; *Uhlenbruck,* KTS 1970, 187/189.

Die erste Gläubigerversammlung ist endlich zur Beschlußfassung darüber **191**
zuständig, in welcher Weise und in welchen Zeiträumen der Verwalter über die Verwaltung und Verwertung der Masse ihr oder dem Gläubigerausschuß **Bericht** erstatten und **Rechnung** legen soll (§ 132 Abs. 2). Beschließt sie hierüber nichts, so hat der Verwalter Rechnung nur bei Beendigung seines Amtes zu legen, während die Berichterstattung ihm auch während der Dauer des Konkurses nach Maßgabe der § 83 und 88 obliegt. Es empfiehlt sich, der Gläubigerversammlung durch das Gericht vorzuschlagen, auf periodische Berichterstattung und Rechnungslegung zu verzichten, da dies umständlich und unzweckmäßig wäre und dafür dem Verwalter aufzuerlegen, etwa in vierteljährlichen Abständen einen schriftlichen Bericht über den Fortgang der Verwaltung und Verwertung dem Gericht einzureichen, den die Beteiligten auf der Geschäftsstelle des Gerichts einsehen können (*J-W,* § 132 Anm. 2; *B-St,* § 132 Anm. 3; *Berner* DJ 1938, 107). Damit besteht auch für das Konkursgericht die Möglichkeit, seine Aufsicht auszuüben. Zweckmäßig ist es daher auch im Wahltermin bei dem kein Gläubiger erscheint, dem Verwalter die Erklärung abzunehmen, daß er sich verpflichte, vierteljährlich einen schriftlichen Bericht einzureichen. Zur Erfüllung der Auflage gemäß § 132 Abs. 2 kann das Gericht den Verwalter durch Zwangsgelder anhalten (§ 84).

Leitung der Versammlung: Die Leitung der nicht öffentlichen Versammlung **192**
obliegt dem Gericht (§ 94 Abs. 1). Es eröffnet und schließt die Versammlung, bestimmt den Gang der Verhandlung, erteilt und entzieht das Wort und hat die Disziplinarbefugnisse gemäß §§ 176 ff. GVG.
Abstimmungen zu einzelnen Tagesordnungspunkten darf der Richter oder Rechtspfleger nur dann zulassen, wenn diese bei der Berufung der Versammlung in eindeutiger Weise öffentlich bekanntgemacht wurden. Das gilt auch für Gegenstände, die kraft ausdrücklicher gesetzlicher Vorschrift auf die Tagesordnung einer bestimmten Gläubigerversammlung gesetzt werden müssen (RG 143, 265; *J-W,* § 98 Anm. 1; *M-K,* § 98 Anm. 1; *B-St,* § 98 Anm. 2). Werden Beschlüsse über nicht oder nicht bestimmt angekündigte Gegenstände gefaßt, so ermangeln sie von rechtswegen jeder Wirksamkeit, es sei denn, daß alle Beteiligten anwesend waren und keiner widersprochen hat (OLG Königsberg JW 1931, 2588; *J-W,* § 98 Anm. 1; *M-K,* § 98 Anm. 1

und 2; *B-St,* § 98 Anm. 2 LG Düsseldorf KTS 1970, 56). Die Ansicht, daß der Beschluß bis zur Aufhebung durch das Konkursgericht als rechtswirksam zu behandeln ist, vertritt das RG (143,266 u. 149,185) unter Zustimmung von *Titze* (JW 1934, 980); siehe auch *Kleinfeller* JW 1931, 2588. Es ist richtig, daß das Konkursgericht einen Beschluß der Gläubigerversammlung nicht „aufheben" kann, da er kein gerichtliches Erkenntnis ist, das der Anfechtung unterliegt. Eine gerichtliche Entscheidung liegt jedoch hinsichtlich der Zulassung zur Abstimmung über einen einzelnen Tagesordnungspunkt vor, die fehlerhaft war. Wenn diese auf eine sofortige Beschwerde bzw. befristete Rechtspfleger-Erinnerung aufgehoben wird, ist die Grundlage für den Versammlungsbeschluß weggefallen. Dieser Weg dürfte auch zu einer gewissen Rechtssicherheit beitragen. Bei den weitreichenden Wirkungen rechtlicher und wirtschaftlicher Art, welche die Beschlüsse der Gläubigerversammlung zur Folge haben können, würde es zu schweren, in der Tragweite nicht zu übersehenden Erschütterungen des Rechts- und Wirtschaftslebens kommen, wenn jede Maßnahme von jedermann in Zweifel gezogen und ihre Wirkungen rückwärts wieder beseitigt werden könnten.

193 **Die Abstimmung:** Die Beschlüsse werden (ausgenommen die Wahlen der Mitglieder des Gläubigerausschusses) mit absoluter Mehrheit gefaßt (§ 94 Abs. 2). Vorrechtsgläubiger und im Nachlaßkonkurs die Minderberechtigten nach § 266 haben mit Ausnahme des Zwangsvergleichs Stimmrecht (*J-W,* § 94 Anm. 3; *M-K,* § 94 Anm. 2; *B-St,* § 94 Anm. 2). Die Selbstwahl in den Gläubigerausschuß ist zulässig. Der Gläubiger hat jedoch kein Stimmrecht, wenn über ein mit ihm abzuschließendes Geschäft Beschluß gefaßt wird (*J-W,* § 95 Anm. 6; *M-K,* § 95 Anm. 5; *B-St,* § 95 Anm. 1).

Die Mehrheit wird nach den Forderungsbeträgen der Stimmrechte (= Summenmehrheit) und erst im Falle einer etwaigen Gleichheit dieser Beträge nach der Anzahl der stimmberechtigten Personen (= Kopfmehrheit) berechnet (§ 94 Abs. 3). Bei Berechnung der Forderungsbeträge werden der Hauptforderung die Nebenforderungen an Zinsen, Schäden und Kosten, deren Geltendmachung durch § 63 nicht ausgeschlossen ist, hinzugerechnet (§ 62). Gezählt werden nur die Stimmen, welche in der Versammlung von stimmberechtigten Konkursgläubigern oder deren legitimierten Vertretern (*M-K,* § 94 Anm. 2; *B-St,* § 94 Anm. 2) abgegeben werden (§ 97). Gläubiger, die ihre Erklärung schriftlich abgegeben haben, oder die im Termin zwar anwesend sind, aber nicht mitstimmen, werden bei der Berechnung der Stimmenmehrheit nicht berücksichtigt.

Bilden sich in Beziehung auf Beträge, über die Beschluß zu fassen ist, mehr als zwei Meinungen, deren keine die absolute Mehrheit für sich hat, so werden, sofern es sich um Leistungen **aus** der Konkursmasse handelt, die für die größte Summe abgegebenen Stimmen den für die zunächst geringere

abgegebenen hinzugezählt (z. B. bei der Unterhaltsgewährung für den GSch bewilligt der, der für DM 500,– stimmt, auch einen geringeren Betrag). Sofern es sich um Leistungen **an die** Konkursmasse handelt, werden die für die niedrigste Summe abgegebenen Stimmen den für die zunächst höhere abgegebenen so lange hinzugerechnet, bis sich eine Mehrheit ergibt (§ 196 Abs. 2 GVG; *J-W,* § 94 Anm. 8).
Werden z. B. drei Verwalter zur Wahl vorgeschlagen und erhält bei der Abstimmung keiner die erforderliche absolute Mehrheit, so scheidet zunächst der bei der Abstimmung aus, der die geringste Mehrheit erreicht hat. Bei der nächsten Abstimmung muß dann einer die erforderliche Mehrheit erreichen.

Der Inhalt des Protokolls: Über die Verhandlung ist ein Protokoll aufzu- 194
nehmen. Dieses hat außer Ort und Datum den Namen des Richters oder Rechtspflegers und des Urkundsbeamten der Geschäftsstelle sowie die Bezeichnung der Konkurssache zu enthalten:

1. den Namen des Verwalters, des erschienenen Gemeinschuldners und der anwesenden Gläubiger und Gläubigervertreter, bei letzteren unter Hinweis auf die Vollmacht;
2. die Angabe, daß die Sitzung nicht öffentlich war (§ 160 ZPO);
3. die Forderungen, für die die erschienenen oder vertretenen Gläubiger ein Stimmrecht beansprucht haben;
4. falls Widersprüche gegen Stimmrechte erhoben und nicht zurückgenommen wurden, die Angabe, von wem und gegen welche Forderung die Widersprüche erhoben wurden und welche Entscheidungen darauf ergangen sind;
5. die Tagesordnungspunkte, die zur Verhandlung gekommen sind;
6. die gefaßten Beschlüsse und das Ergebnis der durchgeführten Wahlen. Dabei ist anzugeben, mit welcher Mehrheit die Beschlüsse und die Wahlen zustandegekommen sind, sowie welche Gläubiger die Mehrheit und welche die Minderheit gebildet haben;
7. die Erklärung gewählter Mitglieder des Gläubigerausschusses über die Annahme oder Ablehnung der auf sie gefallenen Wahl;
8. etwaige sonstige Vorkommnisse, deren protokollarische Feststellung gesetzlich vorgeschrieben ist (z. B. §§ 182, 183 GVG). Neben § 160 ZPO kommen weiter die §§ 162 und 163 ZPO zur entsprechenden Anwendung. Muster s. *Schrader-Bauer* Rn 301, 302 und **Anlage B.**

Im Konkursverfahren mit einer Vielzahl von Gläubigern hat es sich als 195
vorteilhaft erwiesen, mit dem Konkurseröffnungsbeschluß noch Eintrittsscheine für den Wahl- und Prüfungstermin zu versenden – **Muster siehe Anlage C.** Sie müssen beim Termin am Eingang abgegeben werden und

dienen einmal als Kontrolle, daß nur Gläubiger bzw. Vertreter in den Sitzungssaal gelangen und gleichzeitig als Anwesenheitsliste, indem vor den Namen durch ein Kreuz gekennzeichnet wird, ob der Gläubiger, der Vertreter, oder beide erschienen sind. Auf der Rückseite befindet sich ein Vordruck für die Stimmliste. Während der Verwalter den Bericht gemäß § 131 erstattet, kann die Vorbereitung zur Abstimmung von der Geschäftsstelle getroffen werden. Von jedem erschienenen Gläubiger ist die Forderungsanmeldung herauszusuchen, zu prüfen, ob diese ordnungsgemäß erfolgte und bei der Anwesenheit eines Vertreters darauf zu achten, ob eine Vollmacht vorliegt. Das Ergebnis der Vollmachtsprüfung ist entsprechend zu vermerken; im übrigen kann auf Mängel hingewiesen werden. Der angemeldete Gesamtbetrag nebst Zinsen ist zu berechnen und vom Urkundsbeamten in die Rubrik „Stimmrechte" einzutragen. Im Termin sind dann der Name und der angemeldete Betrag zu verlesen, was zweckmäßigerweise durch den Protokollführer geschieht, während der Richter bzw. Rechtspfleger die Angaben mit der Anmeldung vergleicht. Ergeben sich auf Grund eines Widerspruchs Änderungen bezüglich des Stimmrechts, so kann ohne weiteres eine Berichtigung erfolgen. Im Protokoll ist das Ergebnis festzuhalten. Soweit Eintrittsscheine nicht mitgebracht wurden, können die Beteiligten diese nochmals zur Ausfüllung vor dem Termin ausgehändigt erhalten, nachdem die Berechtigung an Hand der Gläubigerliste geprüft wurde. Erfahrungsgemäß ist dieses Verfahren in Großkonkursen bereits mit Erfolg praktiziert. Der reibungslose Ablauf ist jedoch davon abhängig, daß die Anmeldungen vor dem Termin bereits nach Namen geordnet sind, bei den Berechtigungsscheinen dies sogleich nach deren Abgabe geschieht und entsprechendes Personal zur Vorbereitung zur Verfügung steht. Der Zeitraum während der Berichterstattung des Verwalters und der Beantwortung von Fragen hat bisher zur Vorbereitung ausgereicht.

196 **Verfügungen auf dem Protokoll:** Das über die erste Gläubigerversammlung aufgenommene Protokoll ist in der Regel einfach zu den Akten zu nehmen. Besondere Verfügungen sind (abgesehen von der Rückgabe von Legitimationurkunden und der Anordnung einer Wiedervorlage) nur erforderlich

1. wenn ein anderer Verwalter gewählt wurde (über die dann vorzunehmenden Entscheidungen und Maßnahmen siehe Rn 182);
2. sofern Mitglieder des bestellten Gläubigerausschusses noch von ihrer Wahl in Kenntnis zu veranlassen sind siehe Rn 183;
3. falls ein Gläubigerausschuß gewählt wurde und die Befreiung gemäß § 137 nicht erteilt wurde siehe Rn 185;
4. falls die Gläubigerversammlung beschlossen haben sollte, daß ihr noch vor Beendigung des Konkurses vom Verwalter Bericht zu erstatten oder

Rechnung zu legen ist (hier: Wiedervorlage zum Zwecke der rechtzeitigen Berufung der neuen Gläubigerversammlung);
5. wenn über einen auf Grund des § 99 gestellten Antrag zu entscheiden oder die Entscheidung zwar getroffen, aber noch zuzustellen ist.

2. Die weiteren Gläubigerversammlungen

2.1 Voraussetzungen der Berufung

Nach der ersten Gläubigerversammlung werden weitere Versammlungen **197**
teils von amtswegen, teils auf Antrag berufen (§ 93). Die Berufung einer Gläubigerversammlung muß erfolgen

a) von amtswegen:

1. zur endgültigen Entscheidung über die Vornahme oder Unterlassung einer vom Verwalter beabsichtigten Rechtshandlung, wenn das Gericht dem Verwalter auf Antrag des GSch die Vornahme der Rechtshandlung vorläufig untersagt hat, § 135. (Im Fall der Geschäftsschließung nach § 130 entscheidet die erste Gläubigerversammlung);
2. zur Wahl eines anderen Verwalters, wenn der frühere Verwalter ausgeschieden und ein neuer vom Gericht ernannt worden ist, § 80. (In diesem Fall braucht die Berufung nicht sofort nach dem Ausscheiden des Verwalters geschehen, siehe hierzu Rn 182);
3. zur Ergänzung des Gläubigerausschusses, wenn die Gläubigerversammlung die dauernde Bestellung eines solchen beschlossen hat, der Ausschuß aber durch das Ausscheiden von Mitgliedern beschlußunfähig geworden ist;
4. zur Abnahme der Schlußrechnung des Verwalters, zur Erhebung von Einwendungen gegen das Schlußverzeichnis und zur Beschlußfassung über die nicht verwertbaren Vermögensstücke bei Beendigung des Konkurses durch Schlußverteilung (§ 162);
5. zur Abnahme der Schlußrechnung des Verwalters auch in anderen Fällen (§ 86);
6. zur Beschlußfassung über einen vom GSch eingebrachten, nicht zurückgewiesenen Zwangsvergleichsvorschlag (§ 179);

b) auf Antrag Berechtigter: **198**

Antragsberechtigt sind nach § 93 Abs. 1:

1. der Konkursverwalter
2. der Gläubigerausschuß (nicht aber auch dessen Mitglieder als Einzelne)
3. die Konkursgläubiger unter folgenden Voraussetzungen:

Der Antrag muß von mindestens fünf Konkursgläubigern gestellt werden und deren Forderungen müssen nach Schätzung des Gerichts den fünften Teil der gesamten bekannten Schuldenmasse erreichen. Die Schätzung des Gerichts tritt natürlich nur bezüglich der noch nicht festgestellten Forderungen ein. Dabei sind die §§ 95, 96 entsprechend anzuwenden. Streitige Forderungen werden also insoweit berücksichtigt, als ihnen ein Stimmrecht gewährt wurde. Erfolgt keine Stimmrechtsfeststellung, so liegt es im pflichtgemäßen Ermessen des Gerichts, mit welchem Betrag die Forderungen zu bewerten sind. Ausfallsforderungen (der Gesellschaftsgläubiger im Konkurs über das Privatvermögen eines persönlich haftenden Gesellschafters und der Absonderungsberechtigten) kommen in Höhe ihres festgestellten oder mutmaßlichen Ausfalls in Ansatz. Bei aufschiebend bedingten Forderungen ist die größere oder geringere Wahrscheinlichkeit des Eintritts der Bedingung in Betracht zu ziehen. Auflösend bedingte Forderungen werden, so lange die Bedingung nicht eingetreten ist, voll berücksichtigt. Aussonderungsberechtigte und Massegläubiger zählen in keinem Fall mit. Die Schätzung des Gerichts ist unanfechtbar, da selbst dessen Entscheidungen über streitige Stimmrechte keiner Anfechtung unterliegen (§§ 95 Abs. 3, 96 Abs. 3 KO, § 11 Abs. 5, S. 2 RpflG; *J-W,* § 93 Anm. 6; *M-K,* § 93 Anm. 2; *B-St,* § 93 Anm. 2).

In dem Antrage muß, wenn er Berücksichtigung finden soll, angegeben werden, zu welchem Zwecke die Berufung der Gläubigerversammlung geschehen soll (§ 98). Die Berufung kann nicht deshalb abgelehnt werden, weil der Gegenstand, der der Beschlußfassung der Gläubigerversammlung unterbreitet werden soll, außerhalb des Kreises der in der KO der Entscheidung oder Genehmigung der Gläubigerversammlung vorbehaltenen Angelegenheiten liegt. Entscheidungen in diesen Gläubigerversammlungen, die außerhalb ihres gesetzlichen Wirkungskreises liegen, binden den Verwalter nicht, sondern sind nur Vorschläge (*J-W,* § 93 Anm. 2).

Zur Entscheidung der Gläubigerversammlung über die Freigabe eines Gegenstandes vor dem Schlußtermin s. LG Wiesbaden MDR 1970, 598.

In anderen als den unter a) und b) bezeichneten Fällen **kann** das Gericht Gläubigerversammlungen berufen, sofern es die Berufung für geboten oder doch für so wünschenswert erachtet, daß die Inanspruchnahme der Gläubiger und die entstehenden Kosten hinreichend gerechtfertigt erscheinen.

Gegen die Einberufung der Gläubigerversammlung steht allen Beteiligten, gegen die Ablehnung der Einberufung dem Antragsteller die sofortige Beschwerde bzw. befristete Rechtspflegererinnerung zu (§ 73 KO, § 11 RpflG, *J-W,* § 93 Anm. 5 unter Angabe von Beschwerdegründen; *M-K,* § 93 Anm. 2; *B-St,* § 93 Anm. 2).

2.2 Die Art der Berufung

Die Berufung einer jeden Gläubigerversammlung erfolgt durch das Konkursgericht (§ 93 Abs. 1). Die Berufung muß öffentlich bekanntgemacht werden (§ 93 Abs. 2 S. 1; § 76). Der öffentlichen Bekanntmachung bedarf es nur dann nicht, wenn in einer Gläubigerversammlung eine Vertagung der Verhandlung angeordnet wird (§ 93 Abs. 2 S. 2). In diesem Fall genügt die Verkündung der Anordnung in der Versammlung. Die öffentliche Bekanntmachung muß stets durch das Amtsblatt des Gerichts geschehen (vgl. Rn 35). Wie sie sonst noch erfolgen soll, hat das Gericht in jedem Fall zu bestimmen; die Bekanntmachung im Bundesanzeiger ist nicht erforderlich. In der Bekanntmachung ist neben dem Ort und der Zeit der Gegenstand, über den in der Versammlung Beschluß gefaßt werden soll, derart anzugeben, daß ein jeder ersehen kann, worum es sich handelt. Die Angabe braucht jedoch nur eine allgemeine zu sein; die Mitteilung von Einzelheiten ist entbehrlich. (Zu den Wirkungen mangelhafter Veröffentlichungen vgl. RG KuT 1934, 70; LG Greifswald KuT 1935, 45). **199**

Die Bekanntmachung hat so rechtzeitig zu geschehen, daß zwischen dem Tag, mit dem sie als bewirkt gilt (§ 76 Abs. 1) oder durch Verkündung nach § 93 Abs. 2 S. 2 ersetzt ist und dem Terminstage noch mindestens 3 volle Tage liegen (§ 72 KO, §§ 217, 221, 222 ZPO). Ist die Frist nicht eingehalten, so können die Beteiligten die Verlegung oder Vertagung des Termins verlangen, § 227. Neben der öffentlichen Bekanntmachung braucht eine weitere besondere Zustellung nicht zu erfolgen, da die öffentliche Bekanntmachung als Zustellung an alle Beteiligten gilt (§ 76 Abs. 3). In der Praxis werden jedoch meist der Verwalter, die Gläubigerausschußmitglieder und der GSch noch formlos vom Termin verständigt. In besonderen Fällen wird das Gericht abzuwägen haben, ob es nicht auch die Gläubiger mit einfachem Brief verständigt (*Schrader-Bauer* Rn 287). Nur zu dem Zwangsvergleichstermin müssen die nicht bevorrechtigten Gläubiger, der Verwalter und der GSch besonders geladen werden (§ 179).

2.3 Die Leitung der Gläubigerversammlung, die Beratung und Beschlußfassung

Bezüglich der Leitung der Gläubigerversammlung, der Beteiligung an der Beratung und Abstimmung, vgl. Rn 192 ff.; über die Beschlüsse der Gläubigerversammlung und deren Anfechtung siehe Rn 73 ff. **200**

Stimmberechtig sind nach § 95 Abs. 1: **201**

1. die Gläubiger der im Prüfungstermin oder später festgestellten Forderungen. Diesen kann das Stimmrecht, abgesehen von den unten Rn 202 ff.

erwähnten Einschränkungen nur auf Grund einer einstweiligen Verfügung im Rahmen einer Vollstreckungsgegen- oder Restitutionsklage vorläufig verweigert werden (*J-W*, § 95 Anm. 1; *B-St*, § 95 Anm. 1). Daß die Feststellung sich aus der Tabelle ergibt, ist trotz § 146 Abs. 7 nicht unbedingt erforderlich. Es genügt auch ein anderweitiger Nachweis der Feststellung, wenn diese erst nach dem Prüfungstermin stattgefunden hat. Dagegen muß die Feststellung **im Rahmen des Konkurses** erfolgt sein; selbst eine rechtskräftige Verurteilung des GSch **vor** der Konkurseröffnung vermag sie nicht zu ersetzen;

2. die Gläubiger geprüfter aber streitig gebliebener Forderungen, wenn und soweit für diese Forderungen im Prüfungstermine durch gütliche Einigung oder Entscheidung des Konkursgerichtes ein Stimmrecht festgestellt worden ist. Die Einigung muß zwischen dem anmeldenden Gläubiger und dem Bestreitenden (Verwalter und/oder Gläubiger – unbeachtlich ist der Schuldnerwiderspruch –) erfolgen. Ist dies mangels Vergleichsbereitschaft oder Anwesenheit eines der Beteiligten nicht möglich, so hat das Gericht zu entscheiden. (Über die Stimmrechtsgewährung bei bestrittenen Forderungen s. auch OLG München in Rpfleger 1970, 201.) Ist für eine streitig gebliebene Forderung aus Versehen im Prüfungstermin ein Stimmrecht nicht festgestellt, so wird dies später auf Antrag nachgeholt. Ein unter den streitenden Teilen vereinbartes Stimmrecht bleibt während der ganzen Dauer des Konkurses in Kraft und kann von Gläubigern, die der Forderung im Prüfungstermin nicht widersprochen haben, nicht angefochten werden. Ein durch die Entscheidung des Gerichts bewilligtes Stimmrecht besteht bis zur Abänderung dieser Entscheidung. Die Abänderung ist nur auf Antrag eines der streitenden Teile zulässig. Der Antrag kann aber jederzeit, auch außerhalb einer Gläubigerversammlung, gestellt werden. Die Änderung der über das Stimmrecht getroffenen Entscheidung kann ohne mündliche Verhandlung und ohne daß die Sachlage eine andere geworden ist, erfolgen. Die Stimmrechtsentscheidungen sind unanfechtbar (§ 95 Abs. 3 KO, § 11 Abs. 5 RpflG). Auch bei bestrittenen, titulierten Ansprüchen ist dieses Verfahren einzuhalten (*M-K*, § 95 Anm. 2).

In der Praxis erfolgt keine Stimmrechtsentscheidung im Prüfungstermin. Die Gründe liegen darin, daß in diesem Termin keine Abstimmung stattfindet und fast alle Verfahren ohne Stimmrechtsentscheidungen beendet werden können, außerdem hat die Stimmrechtsfestsetzung durch das Gericht nach § 95 Abs. 1 S. 4 nur einen vorläufigen Charakter (*B-St*, § 95 Anm. 1; *Schrader-Bauer*, Rn 469). Das Stimmrecht der unter 1 und 2 bezeichneten Gläubiger unterliegt jedoch folgenden Einschränkungen:

202 a) Das Stimmrecht besteht für die Forderungen nur insoweit, als sie zur Zeit der Gläubigerversammlung noch nicht aus der Masse getilgt sind. Abschlagsverteilungen haben also zur Folge, daß in Höhe der dabei bezahlten Beträge das Stimmrecht der betreffenden Gläubiger erlischt. Das Stimmrecht erlischt weiter, wenn in einem Feststellungsprozeß die streitige Forderung rechtskräftig aberkannt wurde.

b) Ausfallsforderungen (der Gesellschaftsgläubiger im Konkurse eines persönlich haftenden Gesellschafters und der absonderungsberechtigten Gläubiger) gewähren ein dauerndes Stimmrecht nur, soweit der Ausfall bereits feststeht oder ein Verzicht erklärt ist (*J-W*, § 96 Anm. 1; *M-K*, § 96 Anm. 1; *B-St*, § 96 Anm. 1).

Kein Stimmrecht haben unanmeldbare Forderungen, § 63, sowie Gläubiger **204**
von Masse- und Aussonderungsansprüchen.
Das Stimmrecht

1. der noch nicht geprüften Forderungen
2. der aufschiebend bedingten Forderungen
3. der Ausfallsforderungen, deren Ausfall noch nicht feststeht ist unter Rdn. 170 erörtert. Hier ist nur hinzuzufügen, daß das Stimmrecht der bezeichneten Forderungen immer nur für die betreffende Abstimmung gilt, daß mithin gegen die Beteiligung der betreffenden Gläubiger an der Abstimmung in jeder Gläubigerversammlung Widerspruch erhoben werden kann, ohne Rücksicht darauf, ob dies schon früher geschehen und ob etwa für eine frühere Versammlung der Forderung ein Stimmrecht bewilligt worden war („in **einer** Gläubigerversammlung" §§ 95 Abs. 2, 96, s. auch *J-W*, *M-K*, *B-St* a.a.0.).

Protokolle: Über den Hergang in den Gläubigerversammlungen sind Proto- **205**
kolle aufzunehmen, für deren Inhalt das unter Rn 194 Gesagte entsprechend gilt.

Teil VIII: Der Begriff der Konkursforderung, ihre Anmeldung und Prüfung

1. Der Begriff der Konkursforderung

1.1 Allgemeines

206 Zur Teilnahme am Konkursverfahren berechtigen alle zur Zeit der Eröffnung des Verfahrens begründeten persönlichen Vermögensansprüche, also Forderungen, die auf Geld gerichtet oder in Geld schätzbar (§ 69) sind, gleichviel, auf welchem Rechtsgrund sie beruhen und ob sie bürgerlich- oder öffentlich-rechtlichen Ursprungs sind. Kraft besonderer gesetzlicher Bestimmung gehören zu den Konkursforderungen auch solche, die erst infolge der Konkurseröffnung zur Entstehung gelangen (§§ 26–28), dagegen nicht die öffentlichen Geldstrafen, die Forderungen aus einer Freigebigkeit des Gemeinschuldners und die Teilnahmekosten der einzelnen Gläubiger, sowie die Zinsen seit der Konkurseröffnung (§ 63: sog. **konkursfreie Forderung** s. unten Rn 259 ff.).

207 Ausgeschlossen von der Teilnahme am Konkurs sind sonach

1. die rein familienrechtlichen und die auf höchst persönliche Leistung durch den Gemeinschuldner gerichteten Ansprüche (s. Rn 214),
2. die Ansprüche auf Aussonderung und Absonderung (§§ 4, 43 ff.),
3. die Masseansprüche (§§ 58, 59, s. Rn 263 ff. wegen den Masseschulden; und wegen den **Massekosten** Rn 568, 551 und 560, 157).

Die Geltendmachung dieser Ansprüche hat gegen den Konkursverwalter zu erfolgen, und zwar außerhalb des Konkursverfahrens (§ 4 Abs. 2, §§ 43, 57). Für die Konkursforderungen gilt als Regel volle Gleichstellung, ohne Rücksicht auf die Entstehung der einzelnen Forderung und auf den Zeitpunkt der Anmeldung. Nur einzelne Klassen von Forderungen genießen nach besonderer gesetzlicher Vorschrift ein Vorrecht mit bestimmter Rangordnung (§ 61 s. dazu unten Rn 231 ff.).

1.2 Einzelne Forderungsarten

Im einzelnen ist auszuführen:

208 **Absonderungsrechte:** Das Absonderungsrecht als solches (zum Begriff s. *Eickmann* Abschn. 6.3 = S. 40 ff.) ist außerhalb des Konkursverfahrens geltend zu machen (§ 4 Abs. 2). Hat daneben der Gläubiger auch eine persönliche Forderung gegen den Gemeinschuldner, (also nicht nur dingliche, sondern auch persönliche Haftung des Gemeinschuldners!), so kann

diese persönliche Forderung im Konkurs geltend gemacht werden (§ 64). Sie kann allerdings nur „für den Ausfall" angemeldet werden, d. h. für den Betrag, für den sie bei der abgesonderten Befriedigung keine Deckung erlangt, sei es weil sie ausgefallen ist oder weil auf abgesonderte Befriedigung verzichtet wurde (vgl. RGZ 155, 91).

Arbeitslohn: Hinsichtlich der Lohn- und Gehaltsansprüche sind durch das Gesetz über Konkursausfallgeld vom 17. 7. 1974 (BGBl I S. 1481) wichtige Neuregelungen getroffen worden. Hier ist hinsichtlich der Eigenschaft der Ansprüche als Konkursforderung auf den Zeitraum des Entstehens der Forderung abzustellen: 209

Ansprüche die während der letzten sechs Monate vor Konkurseröffnung entstanden sind, sind Masseschulden gem. § 59 Abs. 1 Nr. 3 (vgl. unten Rn 266). Konkursforderungen sind somit erst die Rückstände, die älter als sechs Monate sind; sie sind nach § 61 Nr. 1 bevorrechtigt (s. dazu unten Rn 233), soweit sie nicht älter als ein Jahr sind. Für die letzten drei Monate vor Konkurseröffnung steht dem Arbeitnehmer regelmäßig ein Anspruch auf Zahlung des sog. Konkursausfallgeldes zu (§ 141a des Arbeitsförderungsgesetzes in der Fassung des Gesetzes über Konkursausfallgeld). Stellt der Arbeitnehmer den Antrag auf Zahlung dieses Konkursausfallgeldes (zur Höhe vgl. § 141d AFG), so geht sein Anspruch auf Arbeitsentgeld für den genannten Zeitraum auf die Bundesanstalt für Arbeit über (§ 141m Abs. 1 AFG). Nach diesem Übergang handelt es sich nicht mehr um Masseschulden, sondern die Bundesanstalt für Arbeit kann die übergegangenen Beträge nur als Konkursforderungen mit dem Rang des § 61 Abs. 1 Nr. 1 geltend machen. § 59 Abs. 2.

Beispiel

Konkurseröffnung 2. 1. 1975

a) Rückstände für Dezember, November und Oktober 74: Masseschulden, wenn vom Arbeitnehmer geltend gemacht (§ 59 Abs. 1 Nr. 3); Konkursforderungen wenn von der Bundesanstalt für Arbeit geltend gemacht § 59 Abs. 2.
b) Rückstände für September, August und Juli 1974: Masseschulden, § 59 Nr. 3,
c) Rückstände für Juni mit Januar 1974: Konkursforderungen gem. § 61 Nr. 1
d) noch ältere Rückstände: nicht bevorrechtigte Konkursforderung.

Vgl. ausf. zur Neuregelung *Hornung* Rpfleger 1975, 196, 235, 285.

Aussonderung: Ansprüche auf Aussonderung werden durch Herausgabe des betreffenden Gegenstandes an den Berechtigten vollzogen; sie können rein begrifflich keine Konkursforderungen sein. Eine Konkursforderung kann 210 jedoch entstehen, wenn ein Aussonderungsrecht vereitelt wird und ein Anspruch auf Ersatzaussonderung (§ 46) nicht gegeben ist, vgl. *Eickmann* Abschn. 6.3. (= S. 44)

211 **Auskunftserteilung und Rechnungslegung:** Diese Ansprüche sind keine Konkursforderung, auch nicht mit ihrem umgerechneten Geldwert, (*J-L,* § 3 Anm. 10; *M-K,* § 3 Anm. 21; LG Berlin NJW 1957, 1563). Hierher gehört auch der Anspruch eines Handelsvertreters auf Erteilung eines Auszuges aus den Büchern und auf Abrechnung seiner Provisionsforderung (OLG Neustadt NJW 1965, 257). Unabhängig davon dürften jedoch in diesen Fällen die bestehenden Auskunftspflichten auf den Verwalter übergegangen sein. Dies ist zweifelsfrei, sofern der Verwalter in das bestehende Vertragsverhältnis gem. § 17 eingetreten ist (*M-K,* § 3 Anm. 21; *J-L,* § 3 Anm. 10); wird jedoch auch dann zu bejahen sein, wenn der Verwalter die Vertragserfüllung ablehnt (OLG Köln HRR 1938, 758), weil sonst der Verwalter durch die Verweigerung der Auskunft die Geltendmachung der dem Vertragspartner zustehenden Ansprüche vereiteln könnte. Unter Umständen könnte die Auskunftspflicht auch auf die Rechtsprechung des BGH gestützt werden, die den Konkursverwalter allgemein zur Auskunft über Handlungen des Gemeinschuldners verpflichtet, die von Einfluß auf den Massebestand gewesen sind (vgl. BGHZ 49, 11/16 = NJW 1968, 300/302; s. auch *Gärtner* KTS 1958, 184; *Häsemeyer* ZZP 80, 263; *Kuhn* WM 1969, 226).

212 **Betagte, bedingte und befristete Forderungen:** Sie sind Konkursforderungen, sofern der Vertragsschluß **vor** Konkurseröffnung liegt (RGZ 152, 322; BGHZ 38, 371; *M-K,* § 3 Anm. 12; *B-St,* § 3 Anm. 4).

Eine betagte Forderung gilt als fällig (§ 65 Abs. 1); ist sie unverzinslich, so muß sie um den Zwischenzins gekürzt werden (§ 65 Abs. 2). Nach BGHZ 31, 337 soll dies bei einer dinglich gesicherten Forderung auch für das Absonderungsrecht gelten (ebenso: *B-St,* § 65 Anm. 3; *J-L,* § 65 Anm. 4). Diese Auffassung ist abzulehnen. § 65 stellt auf die schuldrechtliche Forderung ab, er gilt nicht für die Rechtsverfolgung aus dem dinglichen Recht (ebenso: *Dassler-Schiffhauer,* § 174 Anm. 6; *M-K,* § 65 Anm. 5; *Kuhn* MDR 1960, 490; *Mohrbutter,* HB, § 68 I 2), weil seine Anwendung häufig zu unvertretbaren Verlusten für die Masse führen würde.

Auflösend bedingte Ansprüche werden wie unbedingte behandelt (§ 66). Tritt die Bedingung während des Verfahrens ein, so ist zu unterscheiden: Ist die Forderung noch nicht geprüft, so kann sie der Verwalter nunmehr bestreiten. Ist die Forderung bereits anerkannt, so muß der Verwalter gegen die Feststellung Vollstreckungsgegenklage erheben (§ 767 ZPO). Hat er bereits Zahlung auf die Forderung geleistet, so kann er diese gem. § 159 BGB zurückverlangen.

Eine aufschiebend bedingte Forderung (hierher gehören auch die Provisionsansprüche der Handelsvertreter, vgl. ArbG Ulm BB 1953, 87) berechtigt zunächst zur Sicherung (§ 67), sofern der Vertragsabschluß bereits vor Konkurseröffnung liegt. Ist der Eintritt der Bedingung allein vom freien Willen des Gemeinschuldners abhängig, so kann dadurch eine Konkursforderung allerdings nicht mehr begründet werden. (§ 7). In diesem Falle entsteht nur eine außerhalb des Verfahrens verfolgbare Neuschuld (*J-L,* § 3 Anm. 15; *M-K,* § 3 Anm. 11).

Bürgschaft: Der Rückgriffsanspruch des Bürgen gem. § 774 BGB ist, sofern **213**
der Bürgschaftsvertrag vor Konkurseröffnung abgeschlossen wurde, grundsätzlich eine Konkursforderung (RGZ 58, 11; allgemeine Meinung). Das gilt auch vor der Befriedigung des Gläubigers durch den Bürgen; der Rückgriffsanspruch ist dann aufschiebend bedingt (s. dazu oben Rn 212). Damit ist jedoch noch nichts über die Möglichkeit seiner Geltendmachung im Konkurs gesagt:

Der aufschiebend bedingte Rückgriffsanspruch des Bürgen kann nämlich nicht neben der Forderung des Hauptgläubigers geltend gemacht werden, weil aus der Masse für ein- und dieselbe Forderung nur einmal die Quote bezahlt wird (*J-L,* § 67· Anm. 5; *B-St,* § 67 Anm. 1; OLG Nürnberg BB 1964, 237). Eine solche Anmeldung ist durch Beschluß des Gerichts von den Prüfungsverhandlungen auszuschließen.

Ist der Anspruch des Bürgen durch Befriedigung des Gläubigers bereits endgültig entstanden, so ist wiederum zu unterscheiden: Hat der Bürge **vor Konkurseröffnung** bezahlt, so ist die Forderung auf ihn übergegangen und er kann sie nunmehr als deren Gläubiger anmelden. Dies gilt auch dann, wenn der Bürge nur eine Teilleistung erbracht hat. Durch die Vorschrift des § 774 Abs. 1 S. 2 BGB wird die Geltendmachung der Forderung im Konkurs nicht gehindert. Die Vorschrift führt lediglich dazu, daß der Bürge im Innenverhältnis dem Gläubiger den Quotenanteil erstatten muß, der diesem bei einer Nichtteilnahme des Bürgen mehr zugeflossen wäre (*Palandt-Thomas,* § 774 BGB, Anm. 2).

Hat der Bürge **nach Konkurseröffnung** die **gesamte Forderung** bezahlt, so kann er nunmehr anstelle des Gläubigers diese Forderung anmelden (BGHZ 39, 320 = NJW 1963, 1873). Hat der Gläubiger bereits angemeldet, und der Bürge bezahlt die angemeldete Forderung nach Konkurseröffnung voll, so muß der Tabelleneintrag auf den Bürgen umgeschrieben werden. Eine Neuanmeldung durch den Bürgen (vgl. § 142 Abs. 2) kann ausscheiden, weil die sich auf § 774 BGB stützende Rechtsnachfolge des Bürgen regelmäßig unstreitig sein dürfte (*M-K,* § 142 Anm. 3; *J-L,* § 140 Anm. 8, § 141 Anm. 3). Geht ein solcher Antrag des Bürgen auf Umschreibung des Tabelleneintrages auf ihn ein, so ist dazu der bisherige Gläubiger zu hören. Erkennt er die Rechtsnachfolge an, so kann die Tabelle entsprechend berichtigt werden (s. dazu Rn 6, 344). Sollte der Gläubiger die Rechtsnachfolge bestreiten, so ist der Antrag des Bürgen als Neuanmeldung zu behandeln, für die ein besonderer Prüfungstermin bestimmt werden muß.

Hat der Bürge **nach Konkurseröffnung** einen **Teilbetrag** bezahlt, so kann er den auf ihn übergegangenen Teilbetrag nicht anmelden. In diesem Fall bleibt allein der Hauptgläubiger mit seiner voll angemeldeten Forderung am Verfahren beteiligt (BHGZ 27, 51 = NJW 1958, 787; BGH NJW 1969, 796). Erst wenn der Hauptgläubiger voll befriedigt ist, gebührt ein Quotenüberschuß dem Bürgen.

214 **Familienrechtliche Ansprüche:** Die in § 3 Abs. 2 genannten familienrechtlichen Ansprüche (§§ 1360–1361, §§ 1601–1615, 1615a bis 1, §§ 1615 K, l und o BGB, §§ 37, 39 Abs. 2 S. 2, §§ 58–72 Ehegesetz) sind sog. Wiederkehrschuldverhältnisse (zum Begriff unten Rn 230). Daraus folgt, daß nur die vor Konkurseröffnung bereits entstandenen Ansprüche Konkursforderungen sind. Die erst nach der Eröffnung fällig werdenden Ansprüche können nur dann als Konkursforderung geltend gemacht werden, wenn der Gemeinschuldner als Erbe des Verpflichteten haftet (vgl. §§ 58 ff., 70 Ehegesetz, §§ 1615 k, 1615 l, 1615 n BGB).

Diese Rechtslage bleibt selbst dann bestehen, wenn die wiederkehrenden Unterhaltsansprüche richterlich oder vertraglich festgestellt sind. Etwas anderes gilt, wenn eine einmalige Kapitalabfindung vereinbart worden ist; sie kann als Konkursforderung geltend gemacht werden (*M-K,* § 3 Anm. 42).

Unterhaltsansprüche, die nicht auf familienrechtlichen Vorschriften beruhen, so z. B. solche nach §§ 843, 844 BGB, sind unbeschränkt anmeldbar, sofern die unerlaubte Handlung vor Konkurseröffnung begangen worden ist (RGZ 142, 295).

215 **Gesellschafteransprüche:** Die Gesellschafter können im Konkurs der Gesellschaft ihre Einlage nicht als Konkursforderung geltend machen, weil es sich bei den Einlagen um das den Gläubigern der Gesellschaft haftende Kapital handelt (*M-K,* § 3 Anm. 29). Etwas anderes gilt für Ansprüche der Gesellschafter, die diese wie jeder andere Vertragspartner der Gesellschaft aus Vertragsabschlüssen mit der Gesellschaft (Darlehen, Kauf etc.) haben. Solche Ansprüche sind Konkursforderungen. Davon unberührt bleibt die Frage, ob sie unter Umständen gegenüber Fremdforderungen zurücktreten müssen (vgl. RG JW 1938, 862; RGZ 166, 57; BGHZ 31, 258/268; *Schilling* JZ 1953, 162; *Unger* KTS 1959, 39). Selbst wenn dies der Fall ist, kann es jedoch an der Eigenschaft einer Forderung als Konkursforderung nichts ändern; ihrer Geltendmachung steht lediglich ein Gegenrecht entgegen, das vom Konkursverwalter durch Bestreiten durchzusetzen ist.

Etwas anderes gilt für den alleinigen Gesellschafter einer unterkapitalisierten Kapitalgesellschaft: Hat er der Gesellschaft zur Abwendung des Konkurses

Gelder darlehensweise zur Verfügung gestellt, so muß er diese Gelder wie haftendes Kapital behandeln lassen (BGHZ 31, 258), sie sind dann keine Konkursforderung. Da diese Sachlage jedoch vom Konkursgericht regelmäßig mit ausreichender Sicherheit nicht festgestellt werden kann, müssen wohl auch solche Anmeldungen zugelassen werden; es obliegt dem Verwalter, sie zu bestreiten.

Der stille Gesellschafter kann im Konkurs des Geschäftsinhabers den Teil der Einlage, der den Verlustanteil übersteigt, als Konkursforderung anmelden. § 341 HGB.

Höchstpersönliche Rechte: Ansprüche, die höchstpersönlicher Natur sind, (z. B. die sich aus § 12 BGB ergebenden Rechte und Ansprüche, die Rechte auf Anerkennung der Vaterschaft usw.) sind keine Konkursforderung. **216**

Kostenforderungen des Fiskus: Der Anspruch des Fiskus auf Bezahlung von Gerichtskosten ist dann Konkursforderung, wenn **217**

- bei Kosten aus einem **Zivilprozeß** der darin geltend gemachte Hauptanspruch auch eine Konkursforderung ist oder gewesen war (*J-L,* § 3 Anm. 31; *B-St,* § 3 Anm. 4i) und der Prozeßbeginn vor Konkurseröffnung lag (RGZ 145, 15; *J-L,* § 3 Anm. 30, 31);
- bei Kosten aus einem **Strafverfahren** (einschl. der Strafvollstreckungskosten) wenn die Strafverfolgungstätigkeit vor der Konkurseröffnung begonnen hatte (OLG Stuttgart Rpfleger 1965, 67). *J-L* (§ 3 Anm. 32) halten die Kosten eines Strafverfahrens nicht für Konkursforderungen, weil sie nur einen Nebenanspruch neben dem staatlichen Anspruch darstellten. Dem ist nicht beizupflichten; der Gerichtskostenanspruch ist – ob im Strafverfahren oder im Zivilverfahren entstanden – ein pauschaliertes Entgelt für die Aufwendungen des Staates, er steht in keinerlei Zusammenhang mit dem Strafanspruch.

Laufende Bezüge sind nur dann Konkursforderungen, wenn sie ein für alle Mal aus einem vor Konkurseröffnung begründeten Stammrecht fließen (so z. B. Pensions- und Rentenansprüche – vgl. RGZ 152, 295 und RGZ 87, 84 –). Nicht hierher gehören Ansprüche aus sog. Wiederkehrschuldverhältnissen (vgl. unten Rn 230), also insbesondere Ansprüche aus Miet- oder Pachtverträgen (RGZ 52, 52), aus Versicherungsverträgen (RGZ a.a.O.) u. ä. **218**

Naturalobligationen, also Ansprüche aus §§ 656, 762, 764 BGB, Ansprüche aus Börsentermingeschäften, sofern nicht die Voraussetzungen der §§ 53 ff. BörsG vorliegen, sowie Forderungsteile, die durch einen Zwangsvergleich erlassen worden sind, stellen keine Konkursforderungen dar. Wenn solche Forderungen angemeldet werden und ihre Rechtsnatur eindeutig ist, so sind sie von den Prüfungsverhandlungen auszuschließen. **219**

220 **Prozeßkosten (Kostenerstattungsansprüche)** gem. §§ 91, 271 ZPO sind dann Konkursforderungen, wenn

- der geltendgemachte Hauptanspruch eine Konkursforderung darstellt
- **und** der Prozeßbeginn (das ist die Klageerhebung) vor Konkurseröffnung lag (RGZ 245, 14; *J-L,* § 3 Anm. 31).

Beim Mahnverfahren muß an die Stelle der Klageerhebung die Zustellung des Zahlungsbefehls treten. Zwar wird die Rechtshängigkeit im Mahnverfahren erst mit der Anberaumung des Termins nach Widerspruch herbeigeführt (§ 696 Abs. 2 ZPO); dies hätte zur Folge, daß die im Vollstreckungsbefehl titulierten Kosten bei wörtlicher Anwendung der reichsgerichtlichen Rechtsprechung nie als Konkursforderung anerkannt werden könnten. Entscheidend ist jedoch, wie bei allen Fällen einer erst während des Konkursverfahrens zur Entstehung gelangten Forderung, daß das sie auslösende Ereignis vor der Konkurseröffnung liegt; das ist im Mahnverfahren die Zustellung des Zahlungsbefehls.
Wegen der Rechtsnatur von Kosten aus Prozessen, die vom Verwalter aufgenommen worden sind, vgl. *Eickmann,* Abschn. 9.3. (S. 61).

221 **Steuerforderungen:** Sie sind Konkursforderung, sofern der die Steuerpflicht auslösende Tatbestand vor Konkurseröffnung eingetreten ist (vgl. § 3 Abs. 1 StAnpG) und es sich nicht um Steuern handelt, die dem Gemeinschuldner außerhalb des Konkursverfahrens zur Last fallen (dazu vgl. *Geist,* Insolvenzen und Steuern, S. 65, RZ 131; S. auch allgemein BFH BStBl. 1953, III 111; BGZ 13. 73; *Berges* KTS 1961, 162). Unbeachtlich ist in diesem Zusammenhang, wann die Steuer festgesetzt oder fällig wird (BFH a.a.O.; BGH a.a.O.); die Fälligkeit ist jedoch für die Feststellung des Vorrechts nach § 61 Nr. 2 (s. unten Rn 241 ff.) von Bedeutung.
Im einzelnen ist noch zu bemerken:

222 **Einkommensteuer:** Soweit nach den Vorschriften des EStG Einkünfte erzielt worden sind und damit Einkommen errechnet wird, unterliegt es der Besteuerung. Die Veranlagung erfolgt ohne Berücksichtigung einer durch die Konkurseröffnung herbeigeführten Trennung der Vermögensmassen (BFH BStBl. 1964 III, 70 = BB 1963, 545). Dessen ungeachtet muß jedoch sodann die einheitlich ermittelte Steuerschuld je nach der Zugehörigkeit der Einkommen zur Masse oder zum Neuerwerb aufgeteilt werden (vgl. dazu mit Beispielen: *Frotscher,* S. 61/62 ff.). Nur der Anteil an der einheitlichen Steuerschuld, der auf die massezugehörigen Einkünfte entfällt, ist Konkursforderung.

223 **Lohnsteuer:** Hier ist der Zeitpunkt der Entstehung streitig. Während der BFH (BStBl. 58 III 319 = KTS 1958, 136) und ihm folgend *Geist* (a.a.O. = Rdn. 221) die Steuerforderung erst in dem Zeitpunkt als entstanden ansieht,

in dem der Arbeitslohn dem Arbeitnehmer tatsächlich zufließt, gehen *Berges* (KTS 1958, 137 und KTS 1961, 163) sowie *B-St,* (§ 3 Anm. 4k) davon aus, daß der Steueranspruch in dem Zeitpunkt entsteht, in dem der seine Rechtsgrundlage bildende Lohnanspruch entstanden ist.

Umsatzsteuerforderungen sind vor Konkurseröffnung begründet und damit Konkursforderungen, wenn **224**

- bei Besteuerung nach vereinnahmten Entgelten die Zahlungen beim Gemeinschuldner eingegangen sind;
- bei Besteuerung nach vereinbarten Entgelten die entsprechenden Leistungen durch den Gemeinschuldner erbracht wurden.

Auf die Entstehung nach § 3 Abs. 5 Nr. 4 UStG kommt es dabei nicht an (BGHZ 19, 163/168; BFH KTS 1956, 125).

Gesellschaftssteuer: Vgl. dazu *Meyer* DVR 1954, 133.

Kraftfahrzeugsteuer: Vgl. BFH BStBl 1954, III 49; *Müller* DVerKStRdsch 1956, 467.

Sukzessivlieferungsverträge: Ein Sukzessivlieferungsvertrag liegt vor, wenn sich der eine Teil in einem einheitlichen Vertrag zur ratenweisen Leistung einer festen oder nach dem Bedarf des anderen Teiles für eine gewisse Zeit zu bestimmenden Warenmenge verpflichtet hat, während der andere Teil zur ratenweisen Zahlung verpflichtet ist (RGZ 148, 330; BGH NJW 72, 246). Wesentlich ist also, daß der **einheitliche** (!) Vertrag sich von vorneherein auf eine bestimmte oder bestimmbare Menge zu einem feststehenden Preis erstreckt. Wählt der Konkursverwalter gem. § 17 in einem solchen Fall Erfüllung, so sind die Ansprüche des Vertragspartners, der weiter zur Masse liefert, in voller Höhe, also bezüglich der Lieferungen vor und nach Konkurseröffnung Masseschulden nach § 59 Nr. 2 (RGZ 98, 138; 129, 228; BGH LM KO § 17 Nr. 3). Wählt der Konkursverwalter Nichterfüllung, so sind der Anspruch auf Bezahlung der bereits erbrachten Leistungen und der Schadensersatzanspruch für teilweise Nichterfüllung Konkursforderungen (vgl. *Eickmann,* Abschn. 8.3. = S. 52 ff.). **225**

Wichtig – und im Einzelfall unter Umständen schwierig – ist die Abgrenzung zum sog. Wiederkehrschuldverhältnis; vgl. dazu unten Rn 230.

Unvertretbare Handlungen: Ist der Schuldner zur Vornahme einer Handlung verpflichtet, die durch einen Dritten nicht vorgenommen werden kann (sog. unvertretbare Handlung, vgl. § 888 ZPO), so ist dieser Anspruch keine Konkursforderung und kann nicht mit seinem Geldwert im Konkurs angemeldet werden. Hierher gehören: **226**

Auskunftserteilung und Rechnungslegung (s. dazu aber oben Rn 211), die Ausstellung von Zeugnissen, insbesondere aber künstlerische und wissenschaftliche Leistungen (*Th-P,* § 888 Anm. 1).

227 Ansprüche auf **vertretbare Handlungen,** also solche, die auch von einem Dritten vorgenommen werden können, berechtigen zur Konkursteilnahme mit dem Geldwert des Anspruches (vgl. dazu KG JW 1929, 1671). Hierher gehören Arbeits- und Dienstleistungen, soweit sie nicht wissenschaftlicher oder künstlerischer Art sind, Anfertigung oder Reparatur von Sachen, Erstellung von Buchauszügen (OLG Hamm NJW 1965, 1387), sowie Provisionsabrechnung (OLG Hamm OLG 1967, 410).

228 **Unterlassungsansprüche** als solche sind keine Konkursforderungen, denn sie richten sich nur gegen die Person des Gemeinschuldners sind also höchstpersönlicher Art (RGZ 134, 379; *J-L,* § 3 Anm. 11; *M-K,* § 3 Anm. 20; vgl. aber auch RGZ 132, 363). Aus der Verletzung von Unterlassungspflichten können allerdings Schadensersatzansprüche entstehen, die als Konkursforderung geltend gemacht werden können.

229 **Verjährte Ansprüche** können grundsätzlich im Konkurs geltend gemacht werden (*J-L,* § 3 Anm. 14; *M-K,* § 3 Anm. 25); daß regelmäßig mit dem Widerspruch des Verwalters gerechnet werden muß, vermag daran nichts zu ändern. Etwas anderes gilt für verjährte Steueransprüche, sie sind erloschen (vgl. § 148 S. 1 AO) und deshalb keine Konkursforderung.

Von der Frage der möglichen Anmeldung einer verjährten Forderung ist die Frage streng zu unterscheiden, ob wegen einer solchen Forderung auch ein Konkursantrag gestellt werden kann; vgl. dazu oben Rn 100.

230 **Wiederkehrschuldverhältnis:** Im Gegensatz zum Sukzessivlieferungsvertrag (s. Rn 225) liegt ein Wiederkehrschuldverhältnis stets dann vor, wenn kraft einer auch nur stillschweigenden Wiederholung des Vertragsabschlusses für die einzelnen Zeitabschnitte oder Bezugsmengen das Schuldverhältnis jeweils neu entsteht. Dies ist stets dann der Fall, wenn beim laufenden Bezug die bezogenen Mengen und die dafür geschuldeten Gegenleistungen nicht von vorneherein feststehen oder auch nur bestimmbar sind. Hierher gehören insbesondere Verträge von Kleinabnehmern auf Abnahme von Gas, Wasser, elektrischem Strom, Heizwärme etc. (vgl. RGZ 148, 330; BGH BB 1952, 868; *Ullmann* JW 1933, 2634; *Fischer* NJW 1954, 379). Trotz der vereinzelten abweichenden Stellungnahmen (*Larenz,* Lehrbuch § 2 VI Fn 2; OLG Nürnberg BayJMBl 1954, 136; LG Hagen KTS 1958, 93; wohl auch *J-L,* § 17 Anm. 18a) dürfte das Wiederkehrschuldverhältnis heute überwiegend anerkannt sein. Seine konkursrechtliche Bedeutung zeigt sich in der Behandlung der Ansprüche, die vor Konkurseröffnung entstanden sind: Sie sind, wählt der Konkursverwalter gem. § 17 Erfüllung, nur gewöhnliche Konkursforderung; Masseschulden sind nur die Ansprüche für Leistungen nach Konkurseröffnung.

2. Die Rangordnung der Konkursforderungen

2.1 Allgemeines

Die Konkursforderungen werden nach § 61 in sechs Rangklassen eingeordnet. Die Reihenfolge des § 61 ist eine Rangfolge, d. h. die Forderungen vorhergehender Rangklassen werden vor den Forderungen der folgenden Rangklassen befriedigt. Die Forderungen haben innerhalb der einzelnen Rangklassen jeweils gleichen Rang. § 61 ist zwingendes Recht, der Konkursverwalter kann weder durch Vereinbarung mit einzelnen Gläubigern noch im Einverständnis aller anderen Gläubiger eine Forderung anders als der gesetzlichen Rangordnung gemäß einstufen und behandeln (BGHZ 34, 298 = MDR 1961, 488). Davon zu unterscheiden ist die Nichtgeltendmachung eines bestehenden Vorrechts durch den Gläubiger. Da das Vorrecht nur berücksichtigt wird, wenn der Gläubiger es ausdrücklich in Anspruch nimmt, kann eine Forderung, der an sich ein Vorrecht zustünde nur in Rangklasse VI eingeordnet werden, wenn der Gläubiger das Vorrecht nicht ausdrücklich in Anspruch nimmt. **231**

Außerhalb der KO bestehen aufgrund gesetzlicher Sondervorschriften noch **232**
weitere Konkursvorrechte:

§ 32 DepG: Vorrecht für Kommittenten, Hinterleger und Verpfänder im Konkurs des Verwahrers, Pfandgläubigers, Kommissionärs oder Eigenhändlers von Wertpapieren;

§§ 35, 41 HypBankG: Vorrecht der Pfandbrief- und der Schuldverschreibungsgläubiger im Konkurs einer Hypothekenbank;

§§ 77, Abs. 3, 79 VAG: Vorrecht der Versicherungsnehmer im Konkurs einer Lebensversicherungs-, Kranken- oder Unfallversicherungsgesellschaft.

§ 80 VAG: Vorrecht im Konkurs eines Schadensversicherers: (vgl. dazu RGZ 141, 62; 147, 71, 149, 257).

Das Vorrecht ist ein besonderes Recht, das der Forderung zusätzlich anhaftet und auf dem Entstehungsgrund der Forderung beruht; es haftet – auch bei einem Gläubigerwechsel – an der Forderung selbst (vgl. §§ 401 Abs. 2, 412 BGB; hingegen für die Schuldübernahme § 418 BGB).
Zur Rechtsnatur des Vorrechts vgl. RGZ 135, 32; BGHZ 3, 138; BGHZ 34, 298 = NJW 1961, 1022.

2.2 Das Vorrecht der Rangklasse I (§ 61 Abs. 1 Nr. 1)

Bevorrechtigt sind Forderungen der in Nr. 1 genannten Personen für das letzte Jahr vor Konkurseröffnung oder dem Ableben des Gemeinschuldners, **233** sofern sie nicht Masseschulden sind (vgl. dazu oben Rn 209 und unten Rn 266). Die Jahresfrist berechnet sich nach dem Entstehen der Forderung, nicht nach ihrer Fälligkeit (BAG KTS 1967, 229). Die Frist verlängert sich auch durch ein vorhergehendes Vergleichsverfahren nicht. Das kann dazu führen, daß Vorrechtsgläubiger des § 61 Nr. 1 bei erfolglos verlaufendem Vergleichsverfahren ihrer Vorrechte infolge Zeitablaufes verlustig gehen, wenn es zu einer späteren Konkurseröffnung kommt (vgl. BAG NJW 1967, 1055; *M-K,* § 61 Anm. 76). Voraussetzung für das Vorrecht nach Nr. 1 ist stets das Bestehen eines sozialen Abhängigkeitsverhältnisses. Unbedeutend ist, ob es sich um ein Verhältnis handelt, das aufgrund Arbeitsvertrages oder aufgrund eines faktischen Arbeitsverhältnisses besteht (BAG KTS 1967, 231 = NJW 1967, 224). Keine Arbeitnehmer im Sinne der Bestimmung sind die Organe juristischer Personen so z. B. die Mitglieder des Aufsichtsrates (RGZ 120, 300), insbesondere die Vorstände von AG und Verein sowie die Geschäftsführung einer GmbH (BGHZ 51, 288; OLG Frankfurt Rpfleger 1970, 211). Diese Rechtsprechung ist nach der Änderung, die § 61 Nr. 1 durch das Gesetz über Konkursausfallgeld erfahren hat, gleicherweise weiter anwendbar. Da die Gesetzesänderungen den Zweck hatten, die durch die Gewährung des Konkursausfallgeldes entstandene neue Rechtssituation in die Systematik der Konkursordnung einzugliedern, besteht kein Anlaß, aus dem neuen Wortlaut der Vorschrift auch abzuleiten, der Gesetzgeber habe nunmehr auf das in jahrzehntelanger Rechtsprechung entwickelte soziale Abhängigkeitsverhältnis für § 61 Nr. 1 verzichten wollen. Weder aus der Begründung des Regierungsentwurfes, noch aus den Ausschußberichten, der Stellungnahme des Bundesrates oder den Plenarprotokollen ergeben sich irgendwelche Anhaltspunkte dafür, daß außer dem Einbau des Konkursausfallgeldes irgendwelche grundlegenden Änderungen in § 61 Nr. 1 beabsichtigt waren. Es geht wohl nicht an, aus dem geänderten Wortlaut des Gesetzes durch eine reine Wortinterpretation nunmehr eine so grundsätzliche Änderung auch auf anderem Gebiet herbeiführen zu wollen; vgl. dazu auch *Hornung* Rpfleger 1975, 196/235/285.

Neben Löhnen und Gehältern sowie allen anderen Arten von Dienstbezügen fallen unter Nr. 1:

234 **Gratifikationen:** Sofern ein Rechtsanspruch auf sie besteht, (= Einzelvertrag, Tarifvertrag oder jahrelange vorbehaltslose Gewährung) s. dazu BAG NJW 1967, 1926;

235 **Ruhegehalt:** Sofern es sich gegen den Gemeinschuldner, und nicht gegen eine Pensionskasse richtet (BGH KTS 1970, 222). Nach der Begründung des Gesetzes über Konkursausfallgeld gehören hierher alle Ansprüche der unter § 7 des Entwurfes eines Gesetzes zur Verbesserung der betrieblichen Altersversorgung (BTDrS/7/1281) fallenden Personen;

Ansprüche aus einem **Sozialplan** (§§ 111 ff. BetrVG 1972): Sie gelten weder sozialversicherungs- noch steuerrechtlich als Arbeitsentgelt (*Schmidt* Betr 1965, 1629) und fallen deshalb auch nicht unter § 61 Nr. 1 (*Mohrbutter* HB, § 68 II, 2; *Fitting-Auffahrt*, BetrVG 1972, § 113 Anm. 16). Die gegenteilige Auffassung wird vertreten vom LAG Hamm Betr. 1972, 632. Ihr kann jedoch nicht zugestimmt werden. Ansprüche können nicht – auch wenn dies aus sozialen Gesichtspunkten wünschenswert erscheinen mag – rechtlich unterschiedliche Bewertungen und Betrachtungen erfahren. Die im Sozialplan festgelegten Forderungen sind gerade nicht mehr Ansprüche aus dem Arbeitsverhältnis, sondern Ansprüche, die durch die Beendigung des Arbeitsverhältnisses begründet werden; sie können nicht unter das Vorrecht I fallen (ebenso: *Uhlenbruck* KTS 1973, 490). Nach der jüngsten Rspr. des BAG sind sie vielmehr Masseschulden gem. § 59 Nr. 1 (BAG NJW 1975, 182); vgl. dazu Rn 264. 236

Sozialversicherungsbeiträge: Sofern für den in Nr. 1 genannten Zeitraum gesetzliche Sozialversicherungsbeiträge rückständig sind, genießen sie auch das Vorrecht I (§ 28 Abs. 3 RVO, § 205 AVG, § 142 Abs. 2 RKnappSchG; vgl. allgemein dazu *Noack* KTS 1972, 72). Selbstverständlich gelten – wegen ihrer zwar verwandten aber doch anderen Rechtsnatur – nur die in § 61 Nr. 1 genannten Fristen, nicht jedoch die anderen darin genannten Voraussetzungen (BGHZ 34, 293). Das Vorrecht genießen nur die aufgrund Gesetzes geschuldeten Beiträge, nicht jedoch auch weitere aus einer freiwilligen Versicherung (SozG Düsseldorf KTS 1968, 121). 237

Urlaubsabgeltungsansprüche: Sie sind bevorrechtigte Konkursforderungen, sofern der Urlaubsanspruch im letzten Jahr vor der Konkurseröffnung entstanden ist und auch nicht mehr innerhalb des Laufes des Arbeitsverhältnisses nach Konkurseröffnung durch Urlaubsgewährung erfüllt werden kann (BAG KTS 1966, 124 und KTS 1967, 231). 238

Versorgungsanwartschaft: Ansprüche aus einer Versorgungsanwartschaft sind zwar Konkursforderungen (sie sind gem. §§ 69, 70 in eine Geldforderung umzuwandeln), sie sind jedoch nicht bevorrechtigt (BAG KTS 1973, 133). 239

Für **Streitigkeiten über das Vorliegen des Vorrechts** gilt folgendes: 240
Wird über die Berechtigung des Vorrechts für Arbeitnehmeransprüche gestritten, so sind dafür die Arbeitsgerichte zuständig, sofern sie auch für die Entscheidung über das Bestehen der Forderung selbst zuständig wären (BAG KTS 1961, 78 = NJW 1961, 847; BAG KTS 1967, 231 = MDR 1967, 953; BAG KTS 1968, 176 = NJW 1968, 719).
Wird über die Berechtigung des Vorrechts für Sozialversicherungsbeiträge gestritten, so ist dafür der Rechtsweg zu den Sozialgerichten gegeben, sofern

sie auch für die Entscheidung über das Bestehen der Forderung selbst zuständig wären (BSG KTS 1961, 143 = NJW 1961, 1087).

2.3 Das Vorrecht der Rangklasse II

241 Im Vorrecht II können geltend gemacht werden die öffentlichen Abgabeforderungen, das sind Ansprüche, bei denen eine genaue Beziehung der geschuldeten Leistung zu bestimmten Vorteilen des Leistenden nicht besteht (RGZ 431, 139; 156, 371; BGHZ 10, 312).

Zu den verschiedenen Anspruchsarten vgl. die Kommentarliteratur (gute Aufstellung bei *B-St,* § 61 Anm. 5).

Bevorrechtigt sind die Forderungen, die im letzten Jahr vor Konkurseröffnung fällig geworden sind. Gemeint ist damit die Fälligkeit im steuerrechtlichen Sinne (BGH KTS 1959, 108). Wird eine Steuerschuld nach Fälligkeit wieder gestundet (§ 127 AO), so wird dadurch die Frist des § 61 Nr. 2 nicht geändert, maßgebend ist der Zeitpunkt der ersten Fälligkeit (BGHZ 19, 163 = NJW 1956, 180); die vor Fälligkeit bereits bewilligten Zahlungsfristen schieben den Fälligkeitstermin hinaus (RGZ 140, 309; *Knorr* KTS 1957, 2).

242 **Lohnsteuer:** Inwieweit Lohnsteuern überhaupt als Konkursforderungen anzusehen sind, ist streitig. Im einzelnen wird unterschieden:

a) **Vor Konkurseröffnung ist zwar der Lohn ausbezahlt, nicht jedoch die Lohnsteuer abgeführt worden:** Hier ist die Lohnsteuer nach wohl einhelliger Auffassung als – bevorrechtigte – Konkursforderung anzusehen (RFH JW 1930, 3166; *Mattern* DStZ 1951, 34; *Rieger* KTS 1957, 43; *Schaade* KTS 1957, 83).

b) **Vor Konkurseröffnung sind weder Lohn noch Steuer bezahlt worden:** Hier werden, wenn der Konkursverwalter die vor Konkurseröffnung fällig gewordenen Löhne nach Konkurseröffnung bezahlt, auch die rückständigen Lohnsteuerforderungen als Massekosten betrachtet (BFH 38, 18 = KTS 1958, 136; *Hübschmann-Hepp-Spitaler,* AO, § 325 Anm. 9k). Diese Auffassung stützt sich auf die steuerrechtliche Betrachtungsweise, die die Lohnsteueransprüche erst entstehen läßt, wenn der Lohn dem Arbeitnehmer zufließt. Das kann jedoch konkursrechtlich nicht von Belang sein, weil es zu dem grotesken Ergebnis führen würde, daß der Gläubiger durch die Zahlungsverzögerung des Schuldners einen Vorteil erreichen würde. Hätte nämlich der Gemeinschuldner die Löhne rechtzeitig ausbezahlt, so wäre die Lohnsteuer wie oben (Buchst. a) ausgeführt, bevorrechtigte Konkursforderung. Durch die Nichtzahlung der Löhne erleiden die Arbeitnehmer neben diesem unmittelbaren Schaden noch den, daß ihnen als Massekosten angesehene Lohnsteuerrückstände jedenfalls insoweit vorgingen, als ihre rückständigen Arbeitslöhne nicht mehr als Masseschuld betrachtet werden. Es kann also nicht darauf ankommen, wann die Löhne bezahlt werden; die auf sie entfallenden rückständigen Lohnsteueransprüche sind – innerhalb der vorgesehenen Zeitschranke – als bevorrechtigte Konkursforderung nach § 61 Nr. 2 anzusehen (so: *Berges* KTS 1957, 84; 1958, 137 und 1961, 163; *Rieger* KTS 1957, 43; *B-St,* § 61 Anm. 5).

Die Auszahlungszeitpunkte der Löhne usw. dienen nur als Anknüpfungspunkt für die Berechnung der Jahresfrist. Teilweise wird von der Steuerverwaltung die Auffassung vertreten, der Konkursverwalter sei verpflichtet, auch von den an Arbeitnehmer abzuführenden **Quoten**beträgen die Lohnsteuer abzuziehen. Diese Auffassung ist falsch; sie verkennt, daß der Konkursverwalter nicht „Arbeitslohn" ausbezahlt, sondern er erfüllt eine andersartige Forderung, nämlich den Anspruch auf Ausschüttung einer Konkursdividende (vgl. dazu *Skrotzi* KTS 1955, 27).

Einkommensteuer: Nach § 35 EStG 1971 sind am 10. 3., 10. 6., 10. 9. und 243
10. 12. jeden Jahres Vorauszahlungen auf die Steuerschuld zu leisten. Von diesen einzelnen Fälligkeitszeitpunkten ab berechnet sich jeweils die Jahresfrist; das Vorrecht geht also verloren, wenn der Konkurs später als ein Jahr nach dem jeweiligen Fälligkeitstermin eröffnet worden ist. Die Abschlagszahlung wird fällig einen Monat nach Bekanntgabe des Bescheides, § 47 Abs. 2 EStG.

Umsatzsteuer: Hier sind zu unterscheiden die Fälligkeiten der Vorauszahlun- 244
gen (§ 18 Abs. 2 S. 1-3, Abs. 3 S. 1-2 UStG 1973), sowie die beiden Abschlagszahlungen (§ 18 Abs. 4 S. 1 und 3 UStG 1973). Die Vorauszahlungen werden 10 Tage nach Ablauf des Vorauszahlungszeitraumes fällig; die Abschlagszahlungen ersten Grades sind stets ein Monat nach Abgabe der Jahressteuererklärung fällig; Abschlagszahlungen zweiten Grades sind fällig ein Monat nach Bekanntgabe des Steuerbescheides (vgl. allgemein *Geist* KTS 1968, 1/11). Die im Konkurs anzumeldende Umsatzsteuer erhöht sich unter Umständen um die Vorsteuer, die der Schuldner aus noch nicht bezahlten Rechnungen in Abzug gebracht hat.

Vermögenssteuer: Vorauszahlungen zur Vermögenssteuer werden fällig am 245
10. 2., 10. 5., 10. 8. und 10. 11.; die Abschlagszahlung ist innerhalb eines Monats nach Bekanntgabe des Steuerbescheides fällig (§§ 17, 18 VStG).

Grundsteuer: Für sie gilt entsprechendes wie für die Vermögenssteuer. 246

Gewerbesteuer: Die Gewerbesteuer wird für das Kalenderjahr erhoben (§ 14 247
Abs. 2 GewStG); die Eröffnung des Konkurses unterbricht die Steuerpflicht nicht, solange der Geschäftsbetrieb fortgeführt wird (§ 4 Abs. 2 GewStDV).

Für **Säumniszuschläge** besteht das Vorrecht des § 61 Nr. 2 nicht. Das kann 248 nunmehr als gesicherte Rechtsauffassung gelten (BFH NJW 1974, 719; OLG München KTS 1971, 52; *Stier* NJW 1969, 783; andere Ansicht: *Rittmann* NJW 1964, 911; *Geist* a.a.O., Rn 50).

249 **Streit über das Bestehen des Vorrechts** wird vor den Gerichten der Finanzgerichtsbarkeit ausgetragen, der Rechtsweg zu den Zivilgerichten ist verschlossen (so übereinstimmend BFH = NJW 1973, 295 und BGH = NJW 1973, 468).
Inwieweit ausländische Staaten das Vorrecht geltend machen können, beurteilt sich nach Maßgabe der dazu notwendigen Staatsverträge.

2.4 Das Vorrecht der Rangklasse III

250 Unter § 61 Nr. 3 fallen:
Kirchen, das sind die anerkannten Religionsgemeinschaften;
Schulen, also die öffentlichen Schulen gem. Art. 7 GG;
öffentliche Verbände und Anstalten, das sind alle Körperschaften des öffentlichen Rechts (z. B. Handwerksinnungen, Industrie- und Handelskammern, Handwerkskammern, Ärzte-, Anwalts- und Landwirtschaftskammern etc.);
öffentliche Feuerversicherungsanstalten, sofern sie einem Kontrahierungszwang unterliegen.

Das Vorrecht besteht nur wegen Forderungen, die den genannten Gläubigern selbst zustehen und auf dem öffentlichen Recht beruhen (BGZ 1952, 164). Nicht bevorrechtigt sind Ansprüche aller Art, wenn sie auf privat-rechtlichen Verträgen oder Rechtsverhältnissen begründet sind (vgl. dazu OLG Bremen KTS 1969, 101 und OLG Celle KTS 1969, 103).

2.5 Das Vorrecht der Rangklasse IV

251 Das Vorrecht haben Ärzte, Zahnärzte, Tierärzte, Apotheker, Hebammen, Krankenpfleger und Krankenanstalten, wohl auch Heilpraktiker (AG Syke MDR 1950, 236).
Für die Berechnung der Jahresfrist ist nicht maßgebend die Fälligkeit des Anspruches, sondern dessen Entstehen, d. h. also, ob die Leistung für die Entgelt verlangt wird, im letzten Jahr vor Konkurseröffnung erbracht worden ist (*B-St,* § 61 Anm. 7). Das Vorrecht besteht nur, wenn die Forderung der geltenden Gebührentaxe (Gebührenordnungen für Ärzte und Zahnärzte, Pflegesatzverordnungen etc.) entspricht. Besteht eine solche Taxe nicht, so genießen die Ansprüche nur das Vorrecht, wenn sie angemessen sind (*B-St,* § 61 Anm. 7; *Mohrbutter,* HB, § 68 II e). *J-L* (§ 61 Anm. 30) und *M-K,* (§ 61 Anm. 71) wollen das Vorrecht, soweit eine Taxe nicht besteht, ohne Rücksicht auf die Forderungshöhe zugestehen. Dem ist jedoch nicht zuzu-

stimmen. Die Vorrechte können nur für bestimmte, eng umgrenzte Ansprüche in Anspruch genommen werden. Keinesfalls ist es möglich, daß der Gläubiger den Umfang einer Vorrechtsforderung durch die Festsetzung der Forderungshöhe selbst bestimmt; dieses widerspräche den Grundsätzen, die § 61 beherrschen. Zwar besteht in einem solchen Falle für das Gericht regelmäßig keine Möglichkeit, bevorrechtigte und nicht bevorrechtigte Forderungsteile schon bei der Tabellenanlegung bzw. bei der Zulassung zur Forderungsprüfung zu trennen; das Gericht wird jedoch den Verwalter auf die Rechtslage hinweisen und ihn zu einem (teilweisen) Bestreiten des Vorrechts zu veranlassen haben.

Das Vorrecht besteht für alle Versorgungs-, Behandlungs-, Kur- und Pflegekosten, also für alle Leistungen, die regelmäßig bei ärztlicher Behandlung anfallen oder durch die Unterbringung und Behandlung in einem Krankenhaus entstehen. Nicht unter das Vorrecht fallen die Herstellung von künstlichen Gliedmaßen, Zahnprothesen und ähnlicher prothetischer Hilfsmittel. Das Vorrecht genießen allerdings die Kosten, die für die mit der Anpassung solcher prothetischer Hilfsmittel zusammenhängender Untersuchungen notwendig geworden sind. Das Vorrecht besteht auch für die Kosten von Arzneimitteln und Verbandsstoffen, wohl auch für alle Untersuchungsmittel.

Die entsprechenden Leistungen müssen nicht gegenüber dem Gemeinschuldner erbracht worden sein; es genügt, daß der Gemeinschuldner für die Leistung Kraft Gesetzes oder Kraft Vertrages einstehen muß.

2.6 Das Vorrecht der Rangklasse V

Unter das Vorrecht des § 61 Nr. 5 fallen alle Ansprüche derjenigen Perso- **252**
nen, deren Vermögen durch den Gemeinschuldner kraft gesetzlicher Vorschrift verwaltet worden ist. Hierher gehören:

Kinder: Alle Abkömmlinge ersten Grades, auch legitimierte und adoptierte Kinder (§§ 1719, 1736, 1757 BGB). Ob auch Kinder aus geschiedener Ehe hierher gehören, könnte insoweit zweifelhaft sein, als das Recht zur Vermögensverwaltung in einem solchen Fall nicht unmittelbar auf Grund Gesetzes besteht, sondern durch Richterspruch begründet wird. Es erschiene jedoch grob unbillig, diesen Kindern keinen Vorrechtsanspruch zuzubilligen. Es kann wohl davon ausgegangen werden, daß der Gesetzgeber bei der Beschränkung des Vorrechts auf die Ansprüche aus gesetzlicher Vermögensverwaltung lediglich diejenigen Personen nicht bevorrechtigt wissen wollte, die dem Gemeinschuldner freiwillig durch Rechtsgeschäft ihr Vermögen zur Verwaltung übertragen haben. Mit diesen Fällen eines bewußt eingeräumten

Vertrauens ist die Vermögensverwaltung eines Elternteiles bei einem Kind aus geschiedener Ehe schon im Ansatzpunkt nicht vergleichbar. Deshalb muß das Vorrecht – schon auch im Hinblick auf Art. 6 Abs. 5 GG – auch Kindern aus geschiedener Ehe zustehen (im Ergebnis – wenn auch ohne Begründung – ebenso: *B-St,* § 61 Anm. 8a; *M-K,* erwähnt in Anm. 73 a.a.O. nur Kinder aus nichtigen Ehen, nicht aber Kinder aus geschiedenen Ehen).

Mündel: Alle Personen, die kraft wirksamer Bestellung des Gemeinschuldners unter dessen Vormundschaft stehen; ob es sich um minderjährige oder volljährige Personen handelt, ist gleichgültig.

Pflegebefohlene: Alle Personen, die kraft wirksamer Bestellung unter die Pflegschaft des Gemeinschuldners gestellt worden sind. Da ein Nachlaßpfleger gesetzlicher Vertreter des zukünftigen Erben ist (*Palandt-Keidel,* § 1960 Anm. 5 Cc; BGH NJW 1972, 1752), steht das Vorrecht auch dem Erben im Konkurs des Nachlaßpflegers zu (*M-K,* § 61 Anm. 72). Kein Vorrecht besteht für Forderungen gegen einen Nachlaßverwalter.

253 Das Vorrecht umfaßt alle Ansprüche, die gegen den Vermögensverwalter aus Anlaß dieser Verwaltertätigkeit erhoben werden (vgl. OLG Karlsruhe MDR 1969, 152); also zunächst den Anspruch auf Herausgabe des verwalteten Vermögens selbst, sodann Ansprüche aus Schadensersatz oder ungerechtfertigter Bereicherung. Zum verwalteten Vermögen gehören auch Forderungen gegen den Gemeinschuldner, die dem Mündel etc. zustehen oder von ihm erworben worden sind. Sie sind grundsätzlich auch dann bevorrechtigt, wenn mit ihnen in der Person des ursprünglichen Gläubigers ein Vorrecht nicht verbunden war (RGZ 144, 252; *J-L,* § 61 Anm. 36). Fraglich ist, ob das Vorrecht solchen Forderungen zukommen kann, die nach Konkurseröffnung an eine in § 61 Nr. 5 bezeichnete Person abgetreten worden sind. Das RG (RGZ 144, 252) sieht in einer Abtretung allein zu dem Zwecke der Begründung eines Vorrechts einen Sittenverstoß, der die Geltendmachung des Vorrechts als unzulässige Rechtsausübung erscheinen ließe. Dem kann nur zugestimmt werden, wenn die Herbeiführung des Vorrechts das alleinige Motiv der Abtretung war – ein Tatbestand, der wohl nie eindeutig nachgewiesen werden kann. Das Abstellen auf das Abtretungsmotiv ist somit ein wenig taugliches Mittel, die Masse vor unerwünschter Ausweitung der Vorrechtsforderungen zu schützen. Es erscheint geeigneter, daran anzuknüpfen, daß nach der Konzeption des Konkurses Ansprüche gegen die Masse nach Konkurseröffnung – von wenigen gesetzlichen genau geregelten Ausnahmefällen abgesehen – grundsätzlich nicht mehr begründet werden können. So ist z. B. die der Masse nachteilige Aufrechnung in § 55 eingeschränkt, sofern Forderungen nach der Konkurseröffnung erst entstanden und von einem Gläubiger erworben worden sind (§ 55; vgl. dazu RGZ 124, 349). Insbesondere aber den §§ 7, 15 liegt der Rechtsgedanke zu Grunde, daß die Vermögenssituation wie sie im Augenblick der Konkurseröffnung besteht, ohne Mitwirkung des Verwalters nicht mehr zum Nachteil der Konkursgläubiger verändert werden kann. Man kann diese Festschreibung der Vermögenssituation als ein Grundprinzip des Konkursrechts bezeichnen. Dagegen verstößt es jedoch, wenn nach der Konkurseröffnung ein vorher nicht bestehendes Vorrecht neu begründet wird.

Wenn seit der Beendigung der Vermögensverwaltung zwei Jahre verstrichen **254** sind, besteht das Vorrecht nur dann, wenn der Anspruch gerichtlich geltend gemacht oder bis zur Konkurseröffnung weiter verfolgt worden ist. Die Vermögensverwaltung endet:

Bei Kindern: Mit Eintritt der Volljährigkeit, mit der Entziehung gem. §§ 1629 Abs. 2, 1796 BGB und mit der Konkurseröffnung gem. § 1670 BGB;
Bei Mündeln: Mit Beendigung der Vormundschaft gem. § 1882 BGB z. B. wegen Volljährigkeit des Mündels oder Eintritt bzw. Wiedereintritt der elterlichen Gewalt, mit Aufhebung gem. §§ 1883, 1884 BGB oder Entlassung des Vormundes gem. §§ 1886, 1888, 1889 BGB. Zur Entlassung gem. § 1886 BGB führt auch die Eröffnung des Konkurses über das Vermögen des Vormundes (§§ 1886 i. V. mit § 1781, 3 BGB);
Bei Pflegebefohlenen: In den in § 1918 genannten Fällen sowie bei Aufhebung gem. §§ 19–1921 BGB.
Gerichtlich geltend gemacht wird ein Anspruch durch Klageerhebung oder durch eine andere der in § 209 Abs. 2 BGB genannten Maßnahmen. Insbesondere ist hinzuweisen auf § 209 Abs. 2 Nr. 2 BGB der auch die Anmeldung des Anspruches im Konkurs als gerichtliche Geltendmachung behandelt. Wird eine begonnene Rechtsverfolgung nicht weitergeführt, so ist die Zweijahresfrist dann gewahrt, wenn mit dem Innehalten dem Schuldner Stundung gewährt werden sollte (ähnlich *J-L,* § 61 Anm. 39).

2.7. Die sogenannten Nebenforderungen

An der gleichen Rangstelle wie die Hauptforderung können verschiedene Nebenforderungen geltend gemacht werden:

a) **Kosten:** Hierher gehören die Kosten der vor dem Konkurs durchgeführten **255** Rechtsverfolgung, also die Kosten des Prozeß- bzw. Mahnverfahrens, bisherige Vollstreckungskosten sowie die Kosten, die dem Gläubiger durch seine Vertretung in dem vorhergegangenen Vergleichsverfahren oder im Konkurseröffnungsverfahren entstanden sind. Die Kosten für die

Vertretung im Verfahren nach Konkurseröffnung können im Konkurs nicht geltend gemacht werden, § 63 Nr. 2 (s. unten Rn 260).

256 b) **Vertragsstrafen:** Hierher gehören sowohl Vertragsstrafen die neben der Erfüllung des Hauptanspruches verlangt werden (§§ 339, 341 BGB) als auch solche, die anstelle des Hauptanspruches gefordert werden (*M-K*, § 62 Anm. 3). Ist eine Vertragsstrafe vor Konkurseröffnung vereinbart, aber noch nicht entstanden (verwirkt), so kann sie als bedingte Konkursforderung gem. § 67 angemeldet werden; allerdings ist es nicht möglich, daß aus den Wirkungen der Erfüllungsschranken der KO (§§ 6 ff., 17, 21 ff.) ein Anspruch auf Vertragsstrafe abgeleitet wird.

257 c) **Zinsen:** Zinsen können nach vertraglicher Vereinbarung oder gesetzlicher Vorschrift anfallen. Keine Zinsen sind Steuerzuschläge (s. dazu oben Rn 248) und Tilgungsbeiträge (Amortisationsbeträge).

Wird nach einem gescheiterten Vergleichsverfahren der Anschlußkonkurs eröffnet, so schließt § 107 Abs. 2 VerglO die Geltendmachung von Zinsen bis zum Tage der Konkurseröffnung nicht aus (vgl. dazu *Schneider* KTS 1955, 150; *Stein* KTS 1959, 152).

Wegen der Zinsen nach Eröffnung s. Rn 259.

3. Die konkursfreien Forderungen

3.1 Allgemeines

258 In § 63 sind bestimmte Forderungen, die an sich gem. § 3 Konkursforderungen sein würden, von der Konkursteilnahme ausgeschlossen. Diese Forderungen sind keine Konkursforderungen. Das hat für die Gläubiger solcher Forderungen folgende Wirkungen:

a) **Teilnahmeverbot:** Die Gläubiger können am Verfahren nicht teilnehmen, sie sind keine Konkursgläubiger. Anmeldungen von Forderungen die unter § 63 fallen, hat das Gericht von den Prüfungsverhandlungen auszuschließen (vgl. *Eickmann* Rpfleger 1970, 318 ff.).

b) **Klagbarkeit:** § 12 findet auf solche Forderungen keine Anwendung, Forderungen des § 63 können somit auch während der Dauer des Verfahrens durch Klage oder durch Mahnverfahren gegen den Gemeinschuldner geltend gemacht werden (OLG Hamburg MDR 1959, 221; OLG Bamberg MDR 1965, 306; LG Frankfurt KTS 1968, 191).

c) **Vollstreckungsmöglichkeit:** Die konkursfreien Forderungen können während der Dauer des Konkursverfahrens in das konkursfreie Vermögen (insbesondere also den sog. Neuerwerb) vollstreckt werden (vgl. LG Frankfurt a.a.O.; AG Osnabrück KTS 1965, 182). Nicht möglich ist die

Vollstreckung konkursfreier Forderungen in Gegenstände der Konkursmasse (vgl. *Eickmann,* Abschn. 9.4).

3.2 Konkursfreie Zinsen

Hierher gehören gesetzliche und vertragliche Zinsen. Streitig ist, ob nach **259**
Konkurseröffnung noch Verzugszinsen entstehen können. Dazu ist zu bemerken: Ist der Verzug bereits vor Konkurseröffnung eingetreten, so laufen die einmal angelaufenen Verzugszinsen weiter (OLG Düsseldorf KTS 1969, 108; LG Frankfurt KTS 1968, 191; BSG NJW 1973, 774). Ist der Verzug bisher noch nicht eingetreten, so kann durch die Forderungsanmeldung allein jedoch kein Verzug ausgelöst werden (OLG Hamburg MDR 1959, 221; *M-K,* § 63 Anm. 2).

§ 63 gilt auch für den Rechtsnachfolger.

Beim Kontokorrentverhältnis können nach Konkurseröffnung nur noch einfache Zinsen vom Schlußsaldo berechnet werden. Auch solche Zinsen fallen unter § 63.

Unter § 63 fallen auch die sog. zinserweiternden Vergütungen, wie z. B. Überziehungsprovisionen (vgl. *Obermüller* BB 1954, 521).

3.3 Teilnahmekosten

Hieher gehören die Kosten, die dem Gläubiger durch seine Teilnahme am **260**
(bereits eröffneten) Verfahren entstanden sind. Die Kosten für die Vertretung des Gläubigers im Eröffnungsverfahren fallen unter § 62 (s. oben Rn 255).

3.4 Geldstrafen, Geldbußen

Hierher gehören Straf- und Zwangsgelder, nicht jedoch Beträge, die als **261**
Säumnisfolgen oder wegen Nichterfüllung von Vertragsverpflichtungen als Vertragsstrafen verwirkt sind (RGZ 49, 189). Auch Bußen fallen nicht unter § 63 (RGST 55, 185; 60, 12; 67, 323), auch nicht die Kosten eines Strafverfahrens (*J-L,* § 63 Anm. 4; *M-K,* § 63 Anm. 5). Unter § 63 fallen weiter Kraft ausdrücklicher Erwähnung die Einziehung des Wertersatzes gem. § 40c StGB i. d. F. des Art. 1 Nr. 2 EGOWIG; § 21 OWIG sowie die Abführung des Mehrerlöses gem. §§ 8 ff. WESTG 1954.

3.5 Ansprüche aus Freigebigkeit

Ansprüche aus Schenkung verleihen nach unserer Rechtsordnung in vielerlei **262**
Hinsicht gegenüber anderen Ansprüchen eine schwächere Stellung (vgl.

§§ 528, 530, 816 Abs. 1 S. 2, § 822 BGB). Dies zeigt sich auch im Konkurs: Ansprüche aus Schenkung können im Konkursverfahren nicht geltend gemacht werden.
Eine Forderung gem. § 63 Nr. 4 liegt vor, wenn dem Anspruch keine Gegenleistung gegenübersteht und eine Leistung freiwillig, d. h. ohne Vorliegen einer gesetzlichen Pflicht versprochen wurde.
Auch ein selbständiges Schuldanerkenntnis oder die Begebung eines Wechsels ändern an der Rechtsnatur einer Forderung nach § 63 Nr. 4 nichts (vgl. RG WarnRspr 1918, 65, RGZ 51, 159, RGZ 71, 289). Etwas anderes muß jedoch gelten, wenn ein Dritter den Wechsel im Wechselgang erworben hat. Soweit § 63 von einer Freigebigkeit von Todes wegen spricht, ist dieser Wortlaut irreführend: Ansprüche aus einer Verfügung von Todes wegen entstehen erst mit dem Erbfall und fallen im gewöhnlichen Konkurs über das Vermögen des Testators schon wegen § 3 nicht unter die Konkursforderungen; im Nachlaßkonkurs besteht die Sondervorschrift des § 226 (vgl. dazu *Pagenstecher-Grimm,* § 7 Fußn. 5).

4. Die Masseschulden

4.1 Allgemeines

263 In § 59 sind bestimmte Gruppen von Ansprüchen aufgeführt, die gegenüber den Konkursforderungen bevorzugt werden. Sie sind insbesondere:
Befriedigungsbegünstigt, weil sie vorweg aus der Masse beglichen werden, § 57;
Klageberechtigt, denn sie fallen nicht unter § 12, sondern unter § 11 und können also auch während des Verfahrens klageweise geltendgemacht werden;
Vollstreckungsberechtigt, denn sie fallen nicht unter § 14, sondern können während des Verfahrens in Massegegenstände vollstreckt werden (vgl. dazu *Eickmann,* Anm. 9.4).
Wir unterscheiden vier Arten von Masseschulden:

1. **Ansprüche aus Verwalterhandeln** (s. unten Rn 264)
2. **Ansprüche aus notwendiger Vertragserfüllung** (s. unten Rn 265)
3. **Ansprüche aus besonders geschütztem Arbeitslohn** (s. unten Rn 266)
4. **Ansprüche aus Massebereicherung** (s. unten Rn 267).

Es kann nicht Aufgabe dieser vorwiegend dem gerichtlichen Verfahren gewidmeten Darstellung sein, die materiellrechtlichen Voraussetzungen der Masseschulden umfassend darzustellen; die nachstehenden Bemerkungen verweisen deshalb wegen der Einzelheiten auf die Ausführungen in der Literatur zum materiellen Konkursrecht.

4.2 Ansprüche aus Verwalterhandeln

Ansprüche gegen die Masse können entstehen durch Rechtshandlungen des Konkursverwalters zu Lasten der Masse innerhalb seines gesetzlichen Wirkungskreises. Hierher gehören insbesondere Verbindlichkeiten aus Vertragsabschlüssen des Konkursverwalters (vgl. dazu ausführlich *M-K,* § 59 Anm. 1 ff. und *J-W,* a.a.O.) sowie Kostenerstattungsansprüche aus Rechtsstreiten, die der Verwalter geführt hat (s. dazu *Eickmann,* Abschn. 9.3). 264
Keine Masseschulden werden durch Handlungen des vorläufigen Vergleichsverwalters im nachfolgenden Konkursverfahren begründet (BGHZ 23, 318). Anderes gilt, wenn ein Fall des § 106 VerglO vorliegt (vgl. dazu BGH MDR 60, 756; *Berges* KTS 1955, 3; 1959, 150; *Mohrbutter* KTS 1963, 22).
Umstritten ist, inwieweit Ansprüche aus einem Sozialplan (§§ 111 ff. BetrVG) Masseschulden sind. Während *Uhlenbruck* (KTS 1973, 94 und Betr 1974, 628) sie als einfache Konkursforderungen ansieht, sollen sie nach der Auffassung von *Gaul* (Anm. zu AP § 112 BetrVG Nr. 1) als bevorrechtigte Konkursforderungen gem. § 61 Nr. 1 behandelt werden. Demgegenüber vertritt das BAG die Auffassung, daß die Ansprüche aus einem Sozialplan auf einem Rechtsgeschäft des Verwalters i. S. des § 59 Nr. 1 beruhen und deshalb als Masseschulden anzusehen sind (BAG NJW 1975, 182; ebenso *Prill* AuR 1967, 337; *Hanau* ZfA 1974, 89/116 sowie LAG Arnsberg Betr 1973, 1902). Der Auffassung des BAG ist beizustimmen, weil die Ansprüche unmittelbar aus dem vereinbarten Sozialplan entstehen und ihre Rechtsgrundlage allenfalls noch mittelbar im bisherigen Arbeitsverhältnis haben.

4.3 Ansprüche aus notwendiger Vertragserfüllung

Ansprüche aus gegenseitigen Verträgen die nach Konkurseröffnung noch weiter erfüllt werden müssen, weil ihre Beendigung nicht oder erst nach Konkurseröffnung möglich ist, sowie Ansprüche aus Verträgen, die gem. § 17 zu erfüllen sind, werden als Masseschulden behandelt. § 59 Nr. 2. 265
Zur ersteren Gruppe gehören die Verträge gem. §§ 19, 21, 22 und 25 (vgl. bei Mietverträgen OLG Nürnberg MDR 1973, 678; bei Dienstverträgen LAG Frankfurt BB 1955, 289).
Wegen der Wahlbefugnis des Verwalters nach § 17 und der Behandlung der betroffenen Ansprüche vgl. *Eickmann,* Abschn. 8.

4.4 Ansprüche aus besonders geschütztem Arbeitsentgelt

266 Die Ansprüche aus besonders geschütztem Arbeitslohn sind durch das Gesetz über Konkursausfallgeld vom 17. 7. 1974 (BGBl I S. 1481) in § 59 eingefügt worden. Die Erklärung solcher Ansprüche zu Masseschulden muß als gesetzgeberische Fehlleistung angesehen werden (vgl. dazu die berechtigte Kritik von *Hornung* in Rpfleger 1975, 196 ff.).
Wegen des Umfanges der Masseschuld s. oben Rn 209, 233. Hierher gehören weiter

- Ansprüche der Arbeitnehmer auf Entschädigung aus einer Wettbewerbsabrede;
- Ansprüche der in der Bestimmung genannten Handelsvertreter auf Vergütung einschl. Provision;
- Ansprüche auf Leistungen aus einer betrieblichen Altersversorgung (s. dazu oben Rn 235).

4.5 Ansprüche aus Massebereicherung

267 Eine Masseschuld nach § 59 Nr. 4 liegt nur vor, wenn **nach** Konkurseröffnung eine Bereicherung der Masse eingetreten ist, ohne daß für diese Bereicherung ein rechtfertigender Grund vorgelegen hat.
Voraussetzungen sind also

- der Eintritt einer echten Bereicherung i. S. der §§ 812 ff. BGB, wobei es genügt, daß der rechtliche Grund infolge der Konkurseröffnung weggefallen ist. Eine Bereicherung tritt auch ein, wenn der Verwalter nicht zur Masse gehörige Sachen mit Massegegenständen vermischt oder verbindet und ein Anspruch auf Ersatzaussonderung ausscheidet (vgl. RGZ 112, 102; BGHZ 30, 180);
- der Eintritt der Bereicherung nach Konkurseröffnung. Eine schon vor Konkurseröffnung beim Gemeinschuldner eingetretene Bereicherung begründet keinen Anspruch nach § 59 sondern gewährt nur eine Konkursforderung (RGZ 45, 172; 66, 390; 94, 25; BGHZ 23, 317).

5. Die Anmeldung der Konkursforderungen

5.1. Allgemeines

268 Leitender Grundsatz der Konkursordnung ist, daß die Konkursgläubiger nur dann bei der Verteilung der Konkursmasse berücksichtigt werden, wenn sie

ihre Forderung im Konkurs anmelden. Die Anmeldung ist bei allen Konkursforderungen erforderlich, selbst bei denen, die gegen den GSch bereits rechtskräftig ausgeklagt sind. Nach § 209 Abs. 1 Nr. 2 BGB wird durch eine ordnungsgemäße Forderungsanmeldung die Verjährung unterbrochen. Die nachträgliche Ergänzung oder Berichtigung einer mangelhaften Anmeldung kann eine inzwischen eingetretene Verjährung nicht wieder beseitigen (RGZ 39, 47; *M-K,* § 139 Anm. 1; *B-St,* § 139 Anm. 3). Die Unterbrechungswirkung bleibt jedoch bei einer ordnungsgemäßen Anmeldung nach Aufhebung des Eröffnungsbeschlusses durch das Beschwerdegericht bestehen (OLG Celle NJW 1959, 941).
Im Konkurs über einen Nachlaß genügt die Anmeldung in dem vorausgegangenen Aufgebotsverfahren, sofern dieses Verfahren nicht vor der Konkurseröffnung ohne Erlassung des Ausschlußurteiles erledigt oder durch das Ausschlußurteil die Forderung des Nachlaßgläubigers trotz der Anmeldung ausgeschlossen worden ist (§ 229 KO, §§ 1970 ff. BGB, §§ 989 ff. ZPO). Der Anmeldung bedürfen auch Steuerforderungen und Ansprüche der Sozialversicherungsträger (*J-W,* § 139 Anm. 5; *M-K,* § 139 Anm. 10; *B-St,* § 139 Anm. 1a jeweils mit weit. Hinw.). Ausländische Gläubiger stehen den inländischen gleich (§ 5).
Die Anmeldung enthält weder eine Zahlungsaufforderung, noch begründet sie einen Verzug (RGZ 121, 211; *J-W,* § 139 Anm. 13; *M-K,* § 139 Anm. 1;*B-St,* § 139 Anm. 3). Daher begründet sie auch nicht den Anfall von Prozeßzinsen nach § 291 BGB. Sie bewirkt auch nicht den Eintritt der Rechtshängigkeit im Sinne der §§ 263 ff. ZPO (*J-W,* § 139 Anm. 13; *M-K,* § 139 Anm. 1 jeweils mit weit. Hinw.). Doch muß unterstellt werden, daß der Anspruch den höchstpersönlichen Charakter nach §§ 847, 1300 BGB, § 852 ZPO verliert (*B-St,* § 139 Anm. 3).

5.2 Inhalt der Anmeldung

Die Anmeldungen haben die Angabe des Betrages und des Grundes der Forderung, sowie das beanspruchte Vorrecht zu enthalten (§ 139 S. 1). Die nachträgliche Vorrechtsanmeldung ist jedoch statthaft (BGH LM 2, 3 zu § 61 KO). Sie müssen stets auf einen bestimmten Geldbetrag in Deutscher Mark lauten (§ 2 Währungsgesetz). Forderungen, die nicht auf einen Geldbetrag gerichtet sind oder deren Geldbetrag unbestimmt oder ungewiß oder nicht auf die im Währungsgebiet geltende Währung festgesetzt ist, sind nach ihrem Schätzwert in DM geltend zu machen (§ 69). Zur Kapitalisierung wiederkehrender Hebungen von einem bestimmten Betrag und von einer bestimmten Zeitdauer siehe § 70 und zur Anmeldung betagter und bedingter Forderungen §§ 65–67. Bei Wahlschulden mit Wahlbefugnis des Schuldners ist eine **269**

Alternativanmeldung erforderlich (*J-W,* § 139 Anm. 1; *B-St,* § 139 Anm. 1a). Anmeldungen, die diesen Anforderungen nicht entsprechen, haben nicht die Wirkung einer ordnungsgemäßen Forderungsanmeldung (OLG Stuttgart NJW 1962, 1018. – Die Ansicht des LG Mönchengladbach in KTS 1970, 62, die den Schuldgrund „Kaufpreisforderung" als ungenügend erachtet, kann in dieser pauschalen Form nicht geteilt werden.

Weder dem Gericht noch dem Verwalter obliegt es, die fehlenden Angaben zu ergänzen (*Gutzschebauch* BB 1950, 880). Was insbesondere die Nebenforderungen anbelangt, so ist bei Zinsforderungen (sie können bis einschließlich dem Tage vor Konkurseröffnung angemeldet werden) die Anmeldung eines bestimmten Betrages zwar nicht gerade erforderlich, ihr Betrag muß sich aber wenigstens auf Grund der gemachten Angaben berechnen lassen (BGH WM 1957, 1334 ff.; *Kuhn* WM 1959, 104; *J-W,* § 139 Anm. 3 mit weit. Hinw.; *B-st,* § 139 Anm. 1b). Schäden und Kosten müssen jedenfalls zu einem bestimmten Betrag angemeldet werden.

Ausfallsforderungen, d. h. die persönlichen Forderungen der Absonderungsberechtigten und die Forderungen, die den Gläubigern einer in Konkurs befindlichen OHG, KG oder KG aA im Konkurs über das Privatvermögen eines persönlich haftenden Gesellschafters zustehen (zum Nachlaß- und Erbenkonkurs § 234) können zunächst ihrem vollen Betrag nach angemeldet werden (RG KuT 1933, 37) jedoch zweckmäßigerweise unter Hinweis auf das Absonderungsrecht (§§ 64, 212). Erst bei den Verteilungen und Abstimmungen gewinnt die Eigenschaft der Forderung als Ausfallsforderung Bedeutung. Der Grund der Forderung ist der Tatbestand, aus dem die Forderung entspringt. Anzugeben sind die genauen Tatumstände, daß über deren Identität keine Zweifel bestehen, nicht rechtliche Ausführungen (RG 93, 14). Die Bezugnahme auf beigefügte Urkunden genügt (RG 39, 45; OLG Dresden LZ 1915, 1467; *J-W,* zu § 139 Anm. 1; *M-K,* § 139 Anm. 3). Bei einem Kontokorrent genügt die Anmeldung des Saldos und als Schuldgrund „Aus Kontokorrentverhältnis". (Zur Auswechslung von Posten siehe RG 93, 24/15; *J-W* § 139 Anm. 1; *M-K,* § 139 Anm. 4). Zum Grund der Forderung gehören auch Angaben, warum der Anmelder Gläubiger ist, z. B. durch Zession (*J-W,* § 139 Anm. 2; *B-St,* § 139 Anm. 1a).

270 Wenn ein Gläubiger ein **Vorrecht** beansprucht, so muß er dies unter Angabe der Tatsache, auf welche es gestützt wird, **ausdrücklich** mit **anmelden,** sonst wird es bei der Feststellung nicht berücksichtigt (RG JW 1890, 256, LZ 1908, 391). Die Angabe der maßgebenden Gesetzesstelle wird vom Anmelder nicht verlangt, es genügt, daß er z. B. das Vorrecht für sein Arzthonorar verlangt (*J-W,* § 139 Anm. 4). Von amtswegen sind die Vorrechte nicht zu berücksichtigen, selbst wenn aus den Ausführungen des Gläubigers sich diese zweifellos ergeben. Jedoch besteht eine Belehrungspflicht des Gerichts

(§ 139 ZPO). Meldet ein Gläubiger mehrere Forderungen gleichzeitig an, so muß er bei jeder einzelnen den Grund, Betrag und das etwa beanspruchte Vorrecht besonders angeben (RGZ 39, 37). Die Anmeldung muß neben der genauen Angabe des GSch, ggfs. das Aktenzeichen des Gerichts, eine ordnungsgemäße Gläubigerbezeichnung und ggfs. die vollständige Bezeichnung des Vertreters enthalten (§§ 253, 690 ZPO).

5.3 Form der Anmeldung

Die Anmeldungen sind beim Konkursgericht einzureichen, zweckmäßig unter Beifügung einer Abschrift für den Verwalter. Sie werden durch die Aufnahme in das Inventar nicht überflüssig (*J-W*, § 139 Anm. 6; *B-St*, § 139 Anm. 2). Anmeldungen beim Verwalter sind wirkungslos. Sobald sie vom Verwalter an das Gericht abgegeben werden, sind sie, mit dem Tage des Eingangs beim Gericht, zu berücksichtigen (*J-W*, § 139 Anm. 6; *B-St*, § 139 Anm. 2). Umstritten ist, ob der Verwalter verpflichtet ist, die Anmeldung an das Gericht weiterzuleiten, bzw. den Gläubiger aufzuklären (*J-W*, § 139 Anm. 6 bejaht eine Amtspflicht zur Weiterleitung an das Gericht, das LG Berlin KTS 1972, 121 steht auf dem gegenteiligen Standpunkt). **271**

Die Anmeldungen können schriftlich eingereicht oder zu Protokoll der Geschäftsstelle erklärt werden. Eine Anmeldung zu Protokoll im Termin ist nicht zulässig (entspr. LG Berlin Rpfleger 1974, 407). Anmeldungen, die nicht in deutscher Sprache abgefaßt sind, bleiben unberücksichtigt (§ 184 GVG, RGZ 31, 428; *J-W*, § 139 Anm. 10). Es ist jedoch empfehlenswert, die Gläubiger auf den Mangel hinzuweisen. Auch telegrafische Anmeldungen sind für zulässig zu erachten, wenn die Urschrift vom Anmelder unterschrieben oder erkennbar von ihm ausgegangen ist (*J-W*, § 139 Anm. 10 mit weit Hinw.; *B-St*, § 139 Anm. 2). Daß schriftliche Anmeldungen unterzeichnet sind, ist nicht erforderlich, doch muß sich aus ihnen wenigstens erkennen lassen, von wem sie ausgehen (*J-W*, zu § 139 Anm. 11; *B-St*, § 139 Anm. 2). Für prozeßunfähige Personen hat die Anmeldung durch den gesetzlichen Vertreter zu erfolgen (§ 51, 56 ZPO, § 72 KO). Für juristische Personen des bürgerlichen und des öffentlichen Rechts erfolgt sie durch die zur gerichtlichen Geltendmachung berufenen Organe. Bei Gesamtgläubigern kann jeder einzelne die volle Forderung anmelden (*J-W*, § 67 Anm. 8). Auch Pfandgläubiger haben das Recht, vor Eintritt der Pfandreife den Anspruch im Konkurs des Drittschuldners anzumelden. Jedoch kann die Dividende erst nach Eintritt der Pfandreife beansprucht werden, vorher ist nur eine Leistung an beide zulässig (*J-L*, § 67 Anm. 9). Eine Gesamtgutsforderung der Gütergemeinschaft wird durch den Verwaltungsberechtigten angemeldet (*J-W*, § 139 Anm. 9). Bei der noch nicht auseinandergeserzten Erbengemeinschaft kann jeder Erbe den vollen Forderungsbetrag anmelden, die Auszahlung darf jedoch nur an alle Erben erfolgen (§ 2039 BGB). Über die gemeinsame Vertretung von Pfandbriefgläubigern im Konkurs einer Hypothekenbank, eines Pflegers im Konkurs einer Lebensversicherungsanstalt und eines Pflegers für die bevorrechtigten Gläubiger nach dem DpotG s. *J-W,* § 139 Anm. 7 und 8.

Erfolgt eine Anmeldung nicht durch den Gläubiger selbst, sondern durch einen Vertreter – Anwaltszwang besteht nicht – so ist dessen Vertretungsmacht von amtswegen zu prüfen (§ 88 Abs. 2 ZPO, § 72 KO). Fehlt die Vollmacht oder wird sie als ungenügend befunden, so kann zwar trotzdem die Anmeldung nach Maßgabe des § 89 Abs. 1 ZPO einstweilen zugelassen werden; die Vollmacht ist aber spätestens im Prüfungstermin nachzureichen bzw. zu ergänzen, andernfalls die Forderung zurückgewiesen werden muß (vgl. oben Rn 16). Wird die Vollmacht nach dem Termin eingereicht, so wird die Forderung erneut in die Tabelle eingetragen und auf Kosten des Gläubigers ein besonderer Termin anberaumt.

Eine allgemeine Prozeßvollmacht nach § 81 ZPO berechtigt nicht zur Vertretung im Konkursverfahren, da nach dem festen Sprachgebrauch das Gesetz mit dem Wort „Zwangsvollstreckung" die im Gegensatz zum Konkurs stehende Einzelzwangsvollstreckung bezeichnet (*J-W,* zu § 139 Anm. 6; *M-K,* zu § 139 Anm. 8; *B-St,* zu § 139 Anm. 2). Die Vollmacht zur Vertretung im Vergleichsverfahren erstreckt sich nicht auf den Anschlußkonkurs (JW a.a.O.). Die Bevollmächtigung aus dem Schuldtitel genügt nicht (**a.M.** *Schrader-Bauer,* Rn 443 mit weit. Hinw.).

272 Den Anmeldungen sind auch die etwaigen urkundlichen Beweisstücke in Urschrift oder Abschrift beizufügen (z. B. Schuldscheine, Wechsel, Schecks, Urteile, vgl. RGZ 54, 314, LZ 1914, 396). Dies gilt auch für Abtretungsurkunden (KG OLG 5, 144). Eine Beglaubigung der Abschriften ist nicht erforderlich (§ 139). Ein wesentliches Erfordernis der Anmeldung ist die Beifügung der Beweisurkunden nicht. Die Nichtbeifügung der Urkunden macht daher die Anmeldung nicht unwirksam oder unzulässig (RGZ 85, 68); aber in vielen Fällen wird sie jedoch einen Widerspruch im Prüfungstermin auslösen. Erkennt der Verwalter im Prozeß die Forderung nach Vorlage der Urkunden an, hat der Gläubiger die Kosten des Verfahrens zu tragen (OLG Hamburg KTS 1975, 43; LG Hamburg KTS 1975, 46 hält in bestimmten Fällen z. B. bei Schecks die Vorlage der Originalurkunde für erforderlich). Die Weigerung zur Vorlage der Urkunden steht der Feststellung nicht entgegen (RG LZ 1914, 394).

Muster einer Forderungsanmeldung siehe *Schrader-Bauer* Rn 444, 445.

5.4 Wie lange ist die Anmeldung von Konkursforderungen statthaft?

Die Anmeldung von Konkursforderungen ist während der ganzen Dauer des Konkurses zulässig. Die Anmeldefrist, die bei der Konkurseröffnung bestimmt wird, hat nur die Bedeutung, daß die innerhalb dieser Frist angemeldeten Forderungen in dem allgemeinen Prüfungstermin stets ohne besondere Kosten für die Gläubiger geprüft und bei allen Verteilungen – nach Maßgabe der §§ 152 ff. KO – berücksichtigt werden müssen, während den anderen Forderungen ein unbedingter Anspruch hierauf nicht zusteht. Die Anmeldungen müssen aber im Konkurs erfolgen. Anmeldungen **vor** der Konkurseröffnung sind nicht zu berücksichtigen (*B-St,* § 138 Anm. 2; *J-W,* § 138 Anm. 3 will Anmeldungen, die kurz vor Eröffnung des Verfahrens eingehen, als mit dem Eröffnungsantrag angemeldet ansehen). 273

Eine Ausnahme gilt im Nachlaßkonkurs (§ 229).

Unzulässig werden Anmeldungen nach Aufhebung des Konkursverfahrens (*J-W,* § 142 Anm. 2 mit weit. Hinw.; *M-K,* § 142 Anm. 1). Die in der Vorauflage vertretene Ansicht, daß eine Anmeldung nach endgültiger Feststellung des Schlußverzeichnisses oder Annahme des Zwangsvergleichs unzulässig sei, wird aufgegeben. Wenn auch Forderungen, die nach Ablauf der Ausschlußfrist gemäß § 152 geprüft werden, nicht mehr bei der Schluß- oder Nachtragsverteilung berücksichtigt werden können, so kann der Gläubiger trotzdem noch einen Vollstreckungstitel erhalten.

5.5 Ergänzungen, Berichtigungen, Zurücknahme von Anmeldungen

Die Anmeldungen können jederzeit ergänzt oder berichtigt werden, jedoch läuft der Gläubiger Gefahr, daß eine ursprünglich ungenügende Anmeldung im Prüfungstermin bestritten oder zurückgewiesen wird. Auch würde eine in der Zwischenzeit eingetretene Forderungsverjährung durch die nachträgliche Ergänzung nicht wieder beseitigt werden können. 274

Auch die – gänzliche oder teilweise – Zurücknahme der Anmeldung ist zulässig. Damit gilt die Unterbrechung der Verjährung als nicht eingetreten (§ 214 Abs. 2 BGB). Die Rücknahme geschieht in gleicher Form wie die Anmeldung. Sie bewirkt keinen Verzicht auf den angemeldeten Anspruch, so daß eine Wiederanmeldung zulässig ist (*J-W,* § 139 Anm. 20). Ist die angemeldete Konkursforderung einmal als festgestellt in die Tabelle eingetragen, so kann die Anmeldung als solche (als gerichtliche Geltendmachung des Anspruchs) nicht mehr zurückgenommen oder später wiederholt werden, weil die Rechtskraft (§ 145 Abs. 2) durch Parteiverzicht nicht beseitigt werden kann (RGZ 112, 299; *J-W,* § 139 Anm. 21; *M-K,* § 139 Anm. 11; *B-St,* § 139 Anm. 2). Ergibt sich nach der Feststellung, daß der Anspruch

tatsächlich nicht besteht oder daß er erloschen ist, so soll eine Zurücknahme möglich sein (so LG Stuttgart ZZP 70, 393).
Verzichtet der Gläubiger aber nur auf die Geltendmachung im Konkursverfahren, so muß diese Erklärung sich aus der Tabelle ergeben – Eintragung in die Bemerkungsspalte – da dann der Gläubiger bei der Verteilung ausgeschlossen ist und seine Stimm- und Antragsbefugnisse als Konkursgläubiger entfallen. Ihm steht aber das Recht zu, eine vollstreckbare Ausfertigung zu erhalten, da für eine neue Klage das Rechtsschutzbedürfnis fehlt. Das Konkursgericht hat also bei der Rücknahme einer festgestellten Forderung zu prüfen und ggfs. nach § 139 ZPO aufzuklären, ob der Anspruch untergegangen ist oder nur auf seine Geltendmachung im Konkurs verzichtet wurde. Zu dem Problem siehe auch *Schuhmann* in KuT 1933, 65 ff.

5.6 Die geschäftliche Behandlung der eingegangenen Anmeldungen

275 Die eingegangenen Anmeldungen werden, nachdem auf ihnen die Zeit des Eingangs bei Gericht vermerkt wurde auf der Geschäftsstelle zur Einsicht der Beteiligten niedergelegt (§ 140 Abs. 1). Die Einsicht braucht selbstverständlich nur während der gewöhnlichen Dienststunden gestattet zu werden.

276 **Beteiligte** sind der Verwalter, die Mitglieder des Gläubigerausschusses, der GSch, die Konkursgläubiger und deren Vertreter, aber auch Massegläubiger und wer „das Geschäft im ganzen" kaufen will oder gekauft hat (*J-W,* § 140 Anm. 1; *M-K,* § 140 Anm. 1; *B-St,* § 140 Anm. 1). Zur Einsichtnahme in Konkurstabellen und Gläubigerverzeichnisse durch Beamte der Landeszentralbanken wird auf die landesrechtlichen Vorschriften verwiesen (*B-St,* § 140 Anm. 3; *Schrader-Bauer,* Fn 236 bei Rn 454).
Den Beteiligten ist auf Verlangen eine Abschrift der Anmeldungen auf ihre Kosten zu erteilen (§§ 91, 101, 106 GKG). Von amtswegen werden jedoch Abschriften der Anmeldungen niemandem erteilt, auch dem Verwalter nicht, obschon dieser vielfach der Kenntnis des Inhalts der Anmeldungen bedarf, um sich über die angemeldeten Forderungen erklären zu können. Beantragt der Verwalter Abschriften, so bilden die Auslagen nach *J-W* (Anm. 1 zu § 140) Masseschulden gem. § 59 Nr. 1; nach *M-K* (Anm. 2 zu § 140) sind sie Massekosten gem. § 58 Nr. 1.
Gerichtskosten werden für die Anmeldungen nicht erhoben. Wer aber seine Forderungen erst nach dem Ablauf der Anmeldefrist anmeldet, hat die Kosten des besonderen Prüfungstermins zu tragen (§§ 52, 92 Nr. 3 GKG, § 142 Abs. 3 KO).

5.7 Die Prüfung der Anmeldungen und die Behandlung ungenügender Anmeldungen

Die Anmeldungen werden in der Regel nicht dem Konkursrichter bzw. **277** Rechtspfleger vorgelegt; es ist zunächst Aufgabe der Geschäftsstelle, zu prüfen, ob sie den in § 139 aufgestellten Erfordernissen entsprechen. Sind die Anmeldungen mit formellen Fehlern behaftet oder handelt es sich nicht um Konkursforderungen (z. B. §§ 58, 59, 63) bzw. ist ein zu beanspruchendes Vorrecht nicht oder falsch geltend gemacht, so wird der Urkundsbeamte in analoger Anwendung von § 139 ZPO den Gläubiger belehren und ihm ggfs. zur Beseitigung von Mängeln eine Frist setzen.

Werden die **formellen Erfordernisse** des § 139 (also Angabe des Forderungs- **278** grundes, des Betrages der Forderung, sowie Abfassung der Anmeldung in deutscher Sprache) trotz Auflagenerteilung nicht erfüllt, so hat der Urkundsbeamte die Befugnis, die Anmeldung zurückzuweisen und nicht in die Tabelle einzutragen. Gegen diese Entscheidung ist die Erinnerung nach § 576 ZPO zulässig, über die nach § 4 Abs. 2 Nr. 3 RpflG der Richter zu entscheiden hat (**a. M.:** Dienstaufsichtsbeschwerde: *J-W*, § 140 Anm. 2; *M-K*, § 140 Anm. 3; *B-St*, § 140 Anm. 2; zu dem gesamten Fragenkomplex – auch zum Zurückweisungsrecht des UdG – siehe *Eickmann* Rpfleger 1970, 318; zustimmend *Schrader-Bauer* Rn 446).

Zur Entscheidung durch den Urkundsbeamten wird es in den seltensten Fällen kommen, da die Auflagenfrist meist erst im Prüfungstermin abläuft. Dies trifft vor allem dann zu, wenn die Tabelle im Wege der EDV erstellt wird, da hier die Monierungsschreiben erst mit der Erstellung der Tabelle, also nach Ablauf der Anmeldefrist im Wege der EDV erstellt und dann versandt werden. Der Urkundsbeamte hat jedenfalls **nicht** zu prüfen, ob die angemeldete Forderung nach den Angaben des Gläubigers begründet erscheint. Wenn er auch nicht darüber entscheiden kann, ob es sich überhaupt um eine Konkursforderung handelt, so wird man ihm doch einen Hinweis an den Gläubiger über Bedenken gestatten müssen, was in den meisten Fällen zu einer Bereinigung führt und oft den Gläubigern zum Vorteil gereicht.

Wenn in der Anmeldung Betrag und Grund der Forderung angegeben sind, **279** aber eine über die Forderung vorhandene **Urkunde** weder urschriftlich noch abschriftlich beigefügt ist, so ist gleichwohl die Forderung in die Tabelle einzutragen. Das Fehlen der Urkunde kann zwar Nachteile für die Gläubiger zur Folge haben, ist aber kein wesentlicher Mangel der Anmeldung (RGZ 85, 68). Für die Bezeichnung des beanspruchten Vorrechts genügt es, daß das Vorrecht z. B. für die Lohnforderung beansprucht wird. Die Angabe der genauen Gesetzesstelle wird nicht verlangt (*J-W*, § 139 Anm. 4). Die in der Vorauflage vertretene Ansicht wird aufgegeben.

Über die Zulassung von mangelhaften Forderungsanmeldungen hat im übrigen der Richter oder Rechtspfleger vor bzw. spätestens im Termin zu entscheiden.
Anmeldungen können vor der Prüfung des Anspruchs berichtigt oder ergänzt werden. Sofern es sich um einen wesentlichen Bestandteil der Anmeldung handelt, wirken sie nur für die Zukunft und sind als Neuanmeldung zu behandeln (*J-W,* § 139 Anm. 17; *M-K,* § 139 Anm. 1; *B-St,* § 139 Anm. 3). So z. B. bei Auswechslung des Schuldgrundes oder der Erhöhung der angemeldeten Forderung bezüglich des Betrages der Erhöhung, selbst wenn der Schuldgrund derselbe bleibt (*J-W,* § 139 Anm. 17 mit Hinw. auf andere Meinung). Das Vorrecht kann vor und nach der Prüfung der Forderung nachträglich noch beansprucht werden (*J-W,* a.a.O.; *M-K,* § 139 Anm. 6; *B-St,* § 138 Anm. 2 jeweils mit weit. Hinw.).

5.8 Die Tabelle der angemeldeten Forderungen

280 Jede den formellen Erfordernissen des § 139 entsprechend angemeldete Forderung, hat der Urkundsbeamte alsbald nach Eingang der Anmeldung in die Tabelle einzutragen (§ 140). Hierfür sind der Urkundsbeamte und der Richter bzw. Rechtspfleger den Beteiligten verantwortlich (RG JW 1894, 463n, JW 1904, 85; *J-W,* § 140 Anm. 2; *M-K,* § 140 Anm. 3). Im Nachlaßkonkurs sind unter den Voraussetzungen des § 229 auch die Forderungen einzutragen, die in einem bei dem Amtsgericht des Konkurses vorausgegangenen Aufgebotsverfahren angemeldet und nicht ausgeschlossen worden sind.

281 Umstritten ist, ob Forderungsanmeldungen, denen wesentliche Erfordernisse fehlen und die daher nicht die Wirkungen einer ordnungsgemäßen Geltendmachung auslösen, in die Tabelle eingetragen werden sollen oder nicht. **Für** eine Eintragung *M-K* (Anm. 3 zu § 140) *B-St,* § 140 Anm. 2. **Gegen** eine Eintragung *J-W,* § 140 Anm. 2 mit weit. Hinw.; *Eickmann* Rpfleger 1970, 318; *Schrader-Bauer,* Rn 464. Es besteht Einigkeit darüber, daß nur nach einer fristlos verstrichenen Auflage eine Zurückweisung erfolgen soll. Wenn die Auflagenfrist erst mit dem Prüfungstermin endet wäre es unpraktisch, die Aufnahme in die Tabelle nicht vorzunehmen, da die Auflagen häufig im Termin erfüllt werden. Außerdem können die zurückzuweisenden Anmeldungen nicht übersehen werden.

282 Jede Forderung ist in der Rangordnung des beanspruchten Vorrechts einzutragen (§ 140 Abs. 2). Der Anmelder kann nur bei einer fehlerhaften Anmeldung belehrt werden. Wird jedoch für eine Forderung das Vorrecht I beansprucht, obwohl ihr nur das Vorrecht II zusteht, so ist sie nach h. M. im Vorrecht I einzutragen (*J-W,* § 139 Anm. 4; *B-St,* § 139 Anm. 1c; OLG

Königsberg OLG 32, 384 ff.; *Oldorf* Rpfleger 1951, 194 ff.). Diese Ansicht hat sich in der Praxis nicht als zweckmäßig erwiesen. Ergibt sich eindeutig aus der Anmeldung, daß einer Forderung, für die ein Vorrecht beansprucht wurde, keines zusteht, so muß es zulässig sein, sie in die Tabelle II einzutragen mit dem Hinweis in der Bemerkungsspalte (Vorrecht . . . beansprucht). Dies ist einmal ein Anstoß für den Verwalter, ggfs. auch für Gläubiger, das Vorrecht zu bestreiten und bei der Erstellung des Schlußverzeichnisses werden Fehler verhindert. Wird eine bessere Vorrechtsklasse beansprucht, als der Forderung zusteht, so erfolgt die Eintragung in die richtige Tabelle unter Hinweis in der Bemerkungsspalte auf das beanspruchte Recht. Wenn eine Forderung, für die das Vorrecht I beansprucht wurde, im Vorrecht II eingetragen ist und dort anerkannt wurde, genügt der Eingrag »festgestellt, Vorrecht I bestritten«. Nur wenn die Beteiligten wider Erwarten dem Anspruch das Vorrecht I zuerkennen wollen, genügt die Eintragung „Festgestellt mit Vorrecht I". Unzulässig ist es, wenn das Vorrecht II beansprucht wurde, der Forderung aber das Vorrecht I zusteht, den Anspruch im Vorrecht I einzutragen. Es kann einem Beteiligten nicht mehr zuerkannt werden, als das, was er beansprucht hat (§ 308 ZPO).
Bezüglich der bis zum Ablauf der Anmeldefrist erfolgten Anmeldungen ist die Tabelle innerhalb des ersten Drittels des Zeitraums, der zwischen dem Ablauf der Anmeldefrist und dem allgemeinen Prüfungstermin liegt, fertigzustellen, auf der Geschäftsstelle zur Einsicht der Beteiligten niederzulegen und dem Verwalter abschriftlich mitzuteilen (§ 140 Abs. 2).
Hält der Urkundsbeamte diese Frist nicht ein, so ist der Verwalter, der GSch und jeder Konkursgläubiger befugt, Vertagung des Prüfungstermins zu verlangen.
Allen Beteiligten kann auf Antrag und ihre Kosten eine Abschrift erteilt werden.

Die EDV-Konkurstabelle wird grundsätzlich erst nach Ablauf der Anmeldefrist und nicht unmittelbar nach Eingang der Anmeldungen erstellt. Soweit Anmeldungen nach Ablauf der Anmeldungsfrist bis zum Prüfungstermin eingehen, sind sie ebenfalls in die Tabelle aufzunehmen, da eine Prüfung erfolgen kann, wenn weder der Verwalter, noch ein Gläubiger Widerspruch erheben. Zum Einsichtsrecht siehe Rn 284 a. E. **283**

Die **Gestaltung und Führung der Konkurstabelle** richtet sich nach § 15 AktenO in Verbindung mit Muster 17 bzw. 17a. Danach ist die Tabelle in zwei Abteilungen zu führen, deren erste (I) für die Aufnahme bevorrechtigter und deren zweite (II) für die gewöhnlichen Forderungen bestimmt ist. Im Nachlaßkonkurs sind die Forderungen nach § 226 in eine weitere Abteilung (III) aufzunehmen. In Konkursen, bei denen das VAG, das DepG oder das HypBankG zur Anwendung kommt, sind noch weitere Vorrechtstabellen **284** anzulegen. Näheres hierüber *J-L,* § 61 Anm. 2–6; *M-K,* § 61 Anm. 8–23; *B-st,* § 61 Anm. 9–11. Für die Reihenfolge der Eintragungen in Abteilung I gilt die Rangordnung des § 61. Für jedes der fünf Vorrechte, die mit römischen Zahlen bezeichnet werden (I–V, einzutragen in Spalte 1), ist bei der Tabelle nach Muster 17 entsprechender Raum zu belassen. Dies entfällt bei dem Muster 17a, da für jede Anmeldung ein eigenes Blatt anzulegen ist. In jeder einzelnen Vorrechtsklasse beginnt die in Spalte 2 einzutragende laufende Nr. mit 1. In der Abteilung II erfolgt der Eintrag nach der Reihenfolge des Eingangs unter laufender Nr., beginnend mit 1. Bei Verfahren mit einer Vielzahl von Gläubigern, hat es sich als zweckmäßig erwiesen, wenn das Muster 17a zur AktO verwendet wird, die Eintragung nach dem Alphabet vorzunehmen. Hier ist es auch möglich, bei jedem Buchstaben mit 1 anzufangen (z. B. A 1, B 2) und die Buchstaben selbst noch zu unterteilen (z. B. S 1, Sch 1, St 1 usw.). Die laufende Nr. der Tabelle wird auf der Anmeldung vermerkt.

In der Spalte 3 der Tabelle wird die genaue Bezeichnung des Gläubigers eingetragen, in Spalte 4 ein event. Vertreter mit einem Hinweis, falls keine Vollmacht vorliegt, in Spalte 5 der Tag des Eingangs der Anmeldung und in Spalte 6 die beanspruchte Forderung.

Der genau bezeichnete Grund der Forderung ist in Spalte 7 einzutragen. Unter ihm ist auch zu vermerken, wenn der Anspruch voll oder zu einem Teilbetrag (die Summe ist anzugeben) tituliert ist.

In Spalte 8 wird das Ergebnis der Prüfungsverhandlung eingetragen, in Spalte 9 Berichtigungen, Zurücknahmen, Ermäßigungen und nachträgliche Feststellungen.

In der Bemerkungsspalte 10 sind Vermerke über Absonderungsrechte, aufschiebend bedingte Forderungen, weitere Eintragungen für den gleichen Gläubiger, Löschungen, Stimmrechtsgewährungen bei bestrittenen Forderungen, der Widerspruch des GSch und über die Erteilung einer vollstreckbaren Ausfertigung einzutragen.

Genaue Aufstellung über den Inhalt der einzelnen Spalten und Muster einer Tabelle siehe *Schrader-Bauer* Rn 457, sow. Anl. *Muster K.*

Die Tabelle nebst den Anmeldungen wird bis zur Beendigung des Konkurses im Band B der Akten (§ 15 AktO) gesondert in der Geschäftsstelle aufbewahrt, um jederzeit, auch wenn die Konkursakten anderweitig gebraucht werden, zur Hand zu sein. Die Einsicht steht denjenigen Personen zu, die das Recht haben, die Anmeldungen einzusehen. Siehe hierzu Rn 275, 276.

285 Über die **Führung der Tabelle** ist im einzelnen noch zu bemerken:

1. Meldet ein Gläubiger **mehrere selbständige Forderungen** an, die zur gleichen Rangklasse gehören, so sind sie je unter einer besonderen Nr.

einzutragen. Nur bei einem Kontokorrentverhältnis genügt die Einstellung des Saldos (*J-W*, § 140 Anm. 5; *Schrader-Bauer*, Rn 449). Wird die Tabelle im Wege der EDV erstellt, so werden Forderungen nur einzeln aufgeführt, soweit es sich um verschiedene Schuldgründe handelt. Unter einer Tabellen-Nr. können dann jeweils bis zu vier Einzelbeträge mit dem entsprechenden Schuldgrund eingetragen werden. Sind mehrere selbständige Forderungen zu verschiedenen Tabellen bzw. verschiedenen Vorrechten angemeldet, so werden sie jeweils an den hierzu bestimmten Stellen eingetragen. Gleiches gilt, wenn sich die verschiedenen Rangklassen auf Teilbeträge einer Forderung beziehen. In Spalte 10 erfolgt dann jeweils eine Verweisung (*J-W*, a.a.O.; *Schrader-Bauer*, a.a.O.).

2. Die **Nebenforderungen** an Zinsen und Kosten werden unter der Nr. der Hauptforderung aufgeführt, aber nicht zu einer Summe zusammengezogen. Die Kennzeichnung der Haupt- und Nebenansprüche erfolgt zweckmäßigerweise durch Buchstaben in Spalte 6 (*Schrader-Bauer*, Rn 450). Bei der Tabelle nach Muster 17a erweist sich der Vermerk des Buchstabens in der Spalte 2 als vorteilhaft. Bei der maschinell erstellten Tabelle besteht die Möglichkeit, wenn es sich nur um einen Schuldgrund handelt, die Kosten und Zinsen ebenfalls getrennt auszudrucken. Der Urkundsbeamte hat aber auch die Möglichkeit, Haupt- und Nebenforderungen in einer Summe zusammenzufassen, wa rechtlich nicht unbedenklich erscheint. Handelt es sich um verschiedene Schuldgründe, so können die Zinsen, sowie die Kosten grundsätzlich nur für alle Forderungen gemeinsam in die Tabelle eingetragen werden. 286

3. Besteht für eine angemeldete Forderung ein Anspruch auf **abgesonderte Befriedigung** und wird ihre Berücksichtigung im Konkurse nur für den Betrag beansprucht, zu dem der Gläubiger Befriedigung aus dem Gegenstand des Absonderungsrechts nicht erlangen sollte (§ 64), so ist dies in Spalte 10 zu vermerken. Hierbei wird jedoch vorausgesetzt, daß die Forderung als bloße Ausfallsforderung angemeldet ist. Ist dies nicht geschehen und geht nur sonst aus den Angaben des Gläubigers hervor, daß für die angemeldete Forderung ein Absonderungsrecht besteht, so erfolgt die Eintragung in die Tabelle lediglich nach Maßgabe des Inhalts der Anmeldung und es bleibt dem Verwalter und den anderen Gläubigern überlassen, im Prüfungstermin der Zuvielforderung des Anmeldenden durch Erhebung des Widerspruchs entgegenzutreten. 287

Das Vorstehende gilt entsprechend für **aufschiebend bedingte Forderungen** und für Forderungen, die von Gläubigern einer Handelsgesellschaft im Konkurs über das Privatvermögen eines persönlich haftenden Gesellschafters oder von Nachlaßgläubigern in den Fällen des § 212 bzw. § 234 angemeldet werden. Diesen stehen gleich die bevorrechtigten Gläubiger 288 nach dem HypBankG, des VAG und des DepG, soweit sie aus den Sondermassen nicht befriedigt werden können (*J-L,* § 61 Anm. 2–6; *M-K,* § 61 Anm. 8–23; *B-St,* § 61 Anm. 9–11).

289 4. Besteht für die angemeldete Forderung ein mit der Vollstreckungsklausel versehener **Schuldtitel,** der vor Konkurseröffnung erlassen wurde (vgl. LG Stade KTS 1960, 47; die Vollstreckungsklausel kann auch nachher erteilt werden, § 7 und § 14 stehen dem nicht entgegen: *J-W,* § 146 Anm. 35; *M-K,* § 146 Anm. 30–31; *B-st,* § 146 Anm. 1) so ist dies in der Tabelle zu vermerken (RGZ 85, 64). Dies gilt auch für ein nicht vollstreckbares Endurteil (hier kann die Urteilsverkündung auch nach Konkurseröffnung liegen, nur die letzte mündliche Verhandlung muß vorher stattgefunden haben – § 249 Abs. 3 ZPO – vgl. *J-W,* § 146 Anm. 35; *M-K,* § 146 Anm. 31; *B-St,* § 146 Anm. 1). Die Vorlage muß spätestens im Prüfungstermin erfolgen (*J-W,* § 146 Anm. 2 und 34; *M-K,* § 146 Anm. 32; *B-St,* § 146 Anm. 1). Für die Bezeichnung als titulierte Forderung ist nicht erforderlich, daß die Titel zugestellt sind, auch nicht beim Vollstreckungsbefehl. Bei schriftlichen Verfahren nach §§ 128 Abs. 2, 310 Abs. 2 ZPO muß jedoch vor Konkurseröffnung das Urteil zugestellt sein. Bei Wechsel- und Schecktiteln wird man auch den Originalwechsel bzw. -Schecks anfordern, falls er nicht beiliegt, jedoch wird man auch bei mangelnder Vorlage den Anspruch als titulierbar bezeichnen müssen.

Während die Urkunden im Prüfungstermin zur Einsicht aller Beteiligten vorliegen müssen, genügt bei öffentlich rechtlichen Forderungen des Staates und bei Sozialversicherungsträgern die Behauptung, daß der Anspruch vollstreckbar ist (**a. M.** *J-W,* § 146 Anm. 2aE mit weit. Hinw.). Es ist jedoch dann bei den Anmeldungen anzugeben, seit welchem Zeitpunkt und aus welchem Rechtsgrund die Titulierung besteht.

290 Der Vorrechtsanspruch kann **nie** tituliert sein, auch nicht bei öffentlich rechtlichen Forderungen, da naturgemäß hierüber vor Konkurseröffnung nicht entschieden wird (siehe hierzu *Frotscher,* Steuern im Konkurs, S. 137).

Urteile über den Grund des Anspruchs und Arrestbefehle (RGZ 85, 68) können nicht als Grundlage für eine titulierte Forderung dienen.

291 5. Forderungen, die nicht auf Geld oder doch nicht auf einen bestimmten Betrag in Reichswährung gerichtet sind, können nur dann in die Tabelle aufgenommen werden, wenn ihr Wert in Reichswährung bestimmt angegeben ist. Ist dies geschehen, so ist bei der Angabe des Grundes der Forderung zu vermerken, worauf die Forderung ursprünglich gerichtet war.

292 6. Die Spalte „Berichtigungen“ dient nicht nur zur Richtigstellung von Schreibfehlern u. dgl., sondern auch zur Aufnahme von Berichtigungen, die durch Erklärungen und Entscheidungen über streitige Forderungen veranlaßt waren. In dieser Spalte wird insbesondere auch die Ermäßigung und die Zurücknahme angemeldeter Forderungen vermerkt. Fällt eine eingetragene Forderung entweder überhaupt oder doch an der Stelle, wo sie eingetragen ist, ganz fort, so wird das zweckmäßig mittels eines Querstrichs durch die ganze Eintragung augenfällig gemacht.

7. In Spalte 10 gehören alle Vermerke, die sich nicht zur Aufnahme in eine **293**
andere Spalte eignen; u. a. solche über einen Widerspruch des GSch gegen eine angemeldete Forderung, sowie über die Zurücknahme eines derartigen Widerspruchs, ferner Vermerke über die Einreichung und Zurückgabe von Originalurkunden. Einfacher ist es jedoch, wenn Letzteres auf der Anmeldung vermerkt wird. Weiter ist in der Bemerkungsspalte der Vermerk über die Erteilung der vollstreckbaren Ausfertigung einzutragen. Ein nach der Anmeldung eingetretener Wechsel in der Person des Gläubigers muß in der Tabelle nicht vermerkt werden, ist aber auch nicht unzulässig und dürfte sich empfehlen. Bei Erteilung einer vollstreckbaren Ausfertigung sind jedoch die §§ 727, 730 ZPO zu beachten (*J-W* Anm. 8 zu § 140 mit weit. Hinw.).

8. In die Tabelle gehören nur Konkursforderungen, nicht auch Aussonde- **294**
rungs-, Absonderungs- und Masseansprüche. Werden sie „angemeldet“, so sind die Berechtigten durch den Urkundsbeamten zu belehren, daß diese Ansprüche gegenüber dem Verwalter geltend zu machen sind oder die „Anmeldung“ ist unmittelbar an den Verwalter, unter Übersendung einer Abgabenachricht weiterzuleiten (*J-W*, § 140 Anm. 9; *Eickmann* Rpfleger 1970, 320). Bestehen jedoch Zweifel, ob es sich nicht doch um Konkursforderungen handelt, so sind die Forderungen einzutragen.

9. Die Tabelle ist zur Aufnahme sämtlicher Anmeldungen, auch der nach **295**
Ablauf der Anmeldefrist eingehenden, bestimmt. Da aber die Letzteren anders, als die rechtzeitig erfolgten Anmeldungen zu behandeln sind und da es vorkommen kann, daß rechtzeitig angemeldete, nicht bevorrechtigte Forderungen infolge unrichtiger Anmeldung oder eines Irrtums des Urkundsbeamten als bevorrechtigt oder gar nicht eingetragen sind und ggfs. im Prüfungstermin bei den nicht bevorrechtigten Forderungen eingestellt werden müssen, so empfiehlt es sich hinter der Eintragung der letzten, rechtzeitig angemeldeten, nicht bevorrechtigten Forderungen einen angemessenen Raum zur äußerlichen Scheidung der rechtzeitig und der nicht rechtzeitig angemeldeten Forderungen und für erforderlich werdende Nachtragungen offenzulassen.

Dies entfällt, wenn das Muster 17a zur Aktenordnung verwendet wird. Die Umtragung einer Forderung von einer Tabelle zur anderen, wie dies die Aktenordnung vorschreibt, ist nicht mehr empfehlenswert, wenn die

Forderung bereits geprüft ist und nachträglich ein Vorrecht beansprucht wird. Hier ist es praktischer, in der zuständigen Vorrechtstabelle einen entsprechenden Vermerk zu machen (z. B. weitere Forderungen Tabelle II, Nr. 10). Dies kann bei der Tabelle nach Muster 17 am Ende der letzten Eintragung, bei der Tabelle nach Muster 17a im Vorblatt erfolgen.

6. Die Feststellung der Schuldenmasse

6.1. Grundzüge des Verfahrens

296 Ist durch die Anmeldung die Voraussetzung erfüllt, unter der allein die Berücksichtigung der Konkursforderungen bei der Verteilung der Konkursmasse erfolgen kann, so ist weiter festzustellen, welche von den angemeldeten Forderungen wirklich Anspruch darauf haben, bei der Verteilung berücksichtigt zu werden.

Diese Feststellung erfolgt in einem eigenartig gestalteten Verfahren, unter gerichtlicher Leitung und Beurkundung, aber unter tunlichster Vermeidung von Prozessen.

Nach Verlesung der Tabelleneintragung durch den Richter bzw. Rechtspfleger oder den Urkundsbeamten werden die angemeldeten Forderungen und Vorrechtsansprüche im Wege der mündlichen Erörterung mit den Beteiligten geprüft. Die Erörterung ist jedoch nur in einem beschränkten Umfang möglich, da sonst der Rahmen eines Prüfungstermins gesprengt würde.

Bleiben die Ansprüche bei der Prüfung unbeanstandet, so gelten sie für den Konkurs als feststehend und gewähren demgemäß ein Recht auf anteilige Befriedigung aus der Teilungsmasse (§§ 151 ff., 170) und auf ein festes Stimmrecht (§ 95). Erfolgt aber von seiten des Verwalters oder eines Konkursgläubigers ein Widerspruch, so wird dadurch die betroffene Forderung von der Berücksichtigung bei den Verteilungen zunächst gänzlich ausgeschlossen. Es ist nunmehr Sache des Gläubigers, den erhobenen Widerspruch, nötigenfalls im Prozeßwege, zu beseitigen. Erst der Nachweis der Klageerhebung gewährt dem Gläubiger Anspruch darauf, bei den Verteilungen überhaupt berücksichtigt zu werden (§ 152) und anteilige Befriedigung aus der Konkursmasse kann er erst nach endgültiger Beseitigung des erhobenen Widerspruchs verlangen, da erst dann seine Forderung als festgestellt angesehen wird.

Eine Ausnahme findet nur dann statt, wenn der Gläubiger für seine Forderung zur Zeit der Konkurseröffnung bereits einen vollstreckbaren Titel oder wenigstens ein obsiegendes Urteil erlangt hatte (§§ 151, 152). In diesem Falle wird seine Forderung trotz des erhobenen Widerspruchs solange wie

eine festgestellte behandelt, bis der Widersprechende seinen Widerspruch im Prozeß verfolgt und auch wenn dies geschieht, wird die Forderung wenigstens in den Verteilungsplan als zu berücksichtigend aufgenommen (§ 168 Ziff. 1).
Der Widerspruch des GSch hat während des Konkursverfahrens keine Bedeutung, nur kann nach Aufhebung des Verfahrens keine vollstreckbare Ausfertigung aus der Konkurstabelle erteilt werden (§ 164 Abs. 2).
Die Prüfung der angemeldeten Forderungen und Vorrechtsansprüche erfolgt durch Verhandlung des Gerichts mit den Beteiligten, d. h. dem Verwalter, den Konkursgläubigern und dem GSch. Der Verwalter hat sich über die tatsächlichen und rechtlichen Grundlagen der geltend gemachten Ansprüche zu unterrichten und über die einzelnen angemeldeten Forderungen zu erklären. Hierzu hat ihm der GSch die notwendigen Auskünfte zu erteilen (§ 100). Der Schuldner ist auch verpflichtet, im Termin sich über die Forderungen zu erklären (§ 142 Abs. 2). Seine Erklärung dient insoweit als Auskunft (§ 100).
Die Gläubiger sind weder verpflichtet im Termin zu erscheinen (§ 143), noch die Forderungen zu prüfen.
Die Erklärungen erfolgen im Termin, den das Gericht anzuberaumen und gemäß § 76 öffentlich bekannt zu machen hat. Die Termine haben vor dem Konkursgericht stattzufinden. Ihre Abhaltung durch ein ersuchtes Gericht erscheint nicht zulässig (OLG München OLG 42, 76). Gleich bei der Konkurseröffnung wird der allgemeine Prüfungstermin bestimmt (siehe Rn 127), diesem folgen nach Bedarf besondere Prüfungstermine.

6.2 Der allgemeine Prüfungstermin

Nach Prüfung der Legitimation der erschienenen Beteiligten werden mit diesen vom Richter bzw. Rechtspfleger die angemeldeten Forderungen einzeln der Reihe nach durchgegangen. Wenn weder seitens des Verwalters noch seitens eines Konkursgläubigers für den eine ordnungsgemäße Forderungsanmeldung vorliegt, ein Widerspruch folgt und der Schuldner sich erklärt hat, so wird die Verhandlung über die Forderung geschlossen und zur Erörterung der nächsten Forderung übergegangen. Wenn dagegen seitens des Verwalters oder eines Gläubigers ein Widerspruch erhoben und dieser Widerspruch nicht gütlich erledigt wird, so stellt der Richter bzw. Rechtspfleger genau fest, von wem und inwieweit der Forderung widersprochen wird und verhandelt sodann über das der streitig gebliebenen Forderung für die Gläubigerversammlungen zu bewilligende Stimmrecht. Mangels einer Einigung zwischen dem Anmeldenden und Bestreitenden entscheidet hierüber sofort das Gericht. Da in den meisten Konkursverfahren jedoch keine 297

Abstimmungen mehr stattfinden, kann von einer sofortigen Stimmrechtsfeststellung abgesehen werden.
Das Ergebnis der Prüfung und ggf. der Verhandlung über das Stimmrecht wird in die Tabelle eingetragen. In vorstehender Weise wird mit der Prüfung bis zur Erledigung sämtlicher innerhalb der Anmeldefrist angemeldeten Forderungen fortgefahren. Die nach Ablauf der Anmeldefrist angemeldeten Forderungen werden alsdann gleichfalls geprüft, sofern weder der Verwalter noch ein Konkursgläubiger dagegen Widerspruch erhebt. Eine Forderungsanmeldung im Termin zu Protokoll ist nicht zulässig (vgl. entspr. LG Berlin Rpfleger 1974, 407).

298 **Welche Personen sind zum Erscheinen verpflichtet?** Im Prüfungstermin muß der Verwalter über jede einzelne Forderung gehört werden. Das ist zwar in der KO nicht ausdrücklich ausgesprochen, folgt aber mit Notwendigkeit aus der Bestimmung des § 144 Abs. 1 und aus der ganzen Stellung des Verwalters gegenüber den Konkursgläubigern. Der Verwalter hat daher in der Regel persönlich zu erscheinen. Er kann hierzu im Aufsichtswege gezwungen werden (§§ 83, 84; *J-W,* § 141 zu Anm. 6). Kann er infolge Erkrankung oder Urlaub nicht erscheinen, so muß der Prüfungstermin vertagt werden (§ 227 ZPO, § 72 KO). Der öffentlichen Bekanntmachung des neuen Termins bedarf es jedoch dann nicht, wenn dieser gleich im Termin verkündet wird (§ 93 Abs. 2). Die durch die Vertagung entstehenden Kosten wird der Verwalter der Konkursmasse und den Gläubigern zu erstatten haben, falls ihn ein Verschulden trifft. Der Umstand, daß der Verwalter eine besondere Ladung zum Prüfungstermin nicht erhalten hat, schließt die Annahme eines Verschuldens nicht aus, da die öffentliche Bekanntmachung des Prüfungstermins auch für den Verwalter als Zustellung wirkt. In Ausnahmefällen kann vom Gericht ein Sonderverwalter bestellt werden. Dieser ist nicht Vertreter des Verwalters. Vielmehr hat er für die übertragene Aufgabe die Befugnisse und Verpflichtungen eines selbständigen Verwalters (*J-W,* § 141 Anm. 7 und § 78 Anm. 6; *M-K,* § 78 Anm. 6; *B-St,* § 78 Anm. 2). Die in der Vorauflage vertretene Ansicht, daß der Verwalter sich durch einen mit Vollmacht versehenen Vertreter vertreten lassen könne, wird aufgegeben (für Unzulässigkeit des Vertreters; *J-W,* § 141 Anm. 7; *M-K,* § 141 Anm. 1; *Schrader-Bauer* Rn 460). Das Erscheinen des GSch ist ungeachtet des Wortlauts des § 141 Abs. 2 nicht unbedingt erforderlich, kann aber verlangt und vom Gericht notfalls erzwungen werden (§§ 100, 101 Abs. 2). Er hat übrigens ein persönliches Interesse am Erscheinen (§§ 164 Abs. 2, 194, 206 Abs. 2) und kann sich auch durch einen Bevollmächtigten vertreten lassen. Zu beachten ist, daß zur Auskunft Prozeßfähigkeit nicht erforderlich ist, wohl aber zur Erhebung des Widerspruchs; er muß ggfs. durch den gesetzlichen Vertreter erfolgen (*J-W,* § 141 Anm. 1; *M-K,* § 141 Anm. 4).

Die Konkursgläubiger sind nicht verpflichtet, im Prüfungstermin zu erscheinen oder sich vertreten zu lassen. Auch im Falle ihres Ausbleibens werden die von ihnen angemeldeten Forderungen geprüft (§ 143). Die Ausbleibenden trifft nur der Rechtsnachteil, daß sie die Feststellung der übrigen zur Prüfung gelangenden Forderungen nicht verhindern können und daß, wenn ihre Forderung bestritten wurde, über das ihnen zu bewilligende Stimmrecht ohne ihre Zuziehung entschieden wird. Die Prüfung der Forderung ist keine mündliche Verhandlung »vor dem erkennenden Gericht« gemäß § 128 ZPO. Darum ist auch dieser Termin nicht öffentlich (§ 169 GVG).

Welche Forderungen gelangen zur Prüfung? Der allgemeine Prüfungstermin 299
ist zur Prüfung der Forderungen bestimmt, die bis zum Ablauf der Anmeldefrist ordnungsgemäß angemeldet wurde. Sollte eine solche Forderung versehentlich nicht in die Tabelle eingetragen sein, so ist sie noch zu prüfen und die Eintragung nachzuholen. Der Richter bzw. Rechtspfleger hat dafür bei eigener Verantwortung zu sorgen und deshalb vor oder in dem Termin die eingegangenen Anmeldungen einzeln durchzusehen (RG 1894, 63, Gruch. 38, 1178; *J-W,* § 141 Anm. 2). In dem Termin werden auch die später angemeldeten Forderungen geprüft, sofern dagegen weder der KV noch ein Konkursgläubiger Widerspruch erhebt (§ 142 Abs. 1). Dasselbe gilt für nachträglich beanspruchte Vorrechte und sonstige Änderungen einer Anmeldung (§ 142 Abs. 2).

Der Widerspruch des GSch hindert die Prüfung nachträglich angemeldeter Forderungen und Vorrechtsansprüche nicht, auch kann diese Prüfung nicht von Amtswegen vom Gericht versagt werden. Falls ein Widerspruch seitens eines Berechtigten nicht erfolgt, sind selbst die Ansprüche zur Prüfung zu bringen, die erst während des Termins schriftlich oder zu Protokoll der Geschäftsstelle angemeldet wurden.

Auszuschließen von der Prüfung sind dagegen die nicht nach den Vorschrif- 300
ten des § 139 angemeldeten Forderungen (siehe Rn 271 ff.), auch wenn sie in die Tabelle eingetragen sind (RGZ 39, 37, JW 1885, 354; LG Mönchengladbach KTS 1970, 62; OLG Stuttgart NJW 1962, 1018; *J-W,* § 141 Anm. 3; *M-K,* § 141 Anm. 2; *B-St,* § 141 Anm. 1). Grundsätzlich wird der Gläubiger bereits vor dem Termin auf den Mangel hingewiesen. Hat er so kurzfristig angemeldet, daß dies nicht mehr möglich war und erscheint er im Termin nicht, so kann ohne Anhörung die Zurückweisung erfolgen. § 139 ZPO verpflichtet nur zu einer Aufklärung im Termin, auch Art. 103 GG dürfte nicht entgegenstehen, weil durch die Terminsanberaumung Gelegenheit zur Äußerung eingeräumt wird.

Ferner sind die Forderungen solcher Gläubiger auszuschließen, für welche Vertreter ohne ordnungsgemäße Legitimation die Anmeldung bewirkt haben, sofern diese nicht spätestens im Termin nachgereicht wird. Eine vorläufige Zulassung nach §§ 56 Abs. 2, 89 Abs. 1 ZPO wie sie *J-W,* § 141 Anm. 2; *M-K,* § 141 Anm. 2 jeweils mit weit. Hinw.; *B-St,* § 141 Anm. 1 in beschränktem Umfang befürworten (vgl. oben Rn 16), wird nicht empfohlen. Hierdurch kann Rechtsunsicherheit entstehen über den Eintritt der Verjährung. Im übrigen dürften sich praktische Schwierigkeiten ergeben, wo das Anerkenntnis in der Zwischenzeit einzutragen ist und bis zu welchem Zeitpunkt die Vollmacht nachgereicht werden kann. Endlich sind die Ansprüche zurückzuweisen, die nicht auf Teilnahme an der Verteilung der Konkursmasse gerichtet sind, also namentlich die etwa in die Tabelle aufgenommenen Ansprüche von Aussonderungsberechtigten oder Massegläubigern, sofern sich dies einwandfrei feststellen läßt (*J-W,* § 141 Anm. 3, *a. M. M-K,* § 141 Anm. 2; *B-St,* § 141 Anm. 1) Siehe hierzu auch *Eickmann* Rpfleger 1970, 320.

Streit besteht darüber, was mit angemeldeten Ansprüchen geschehen soll, die im Konkurs nicht geltend gemacht werden können, da sie erst nach Konkurseröffnung entstanden oder zufolge § 63 unanmeldbar sind, bzw. wenn es sich um nicht erzwingbare Forderungen (Naturalobligationen) handelt. Die überwiegende Ansicht hält einen Ausschluß dieser Forderungen von der Prüfung nicht für zulässig (*J-W,* § 141 Anm. 3; *M-K,* § 141 Anm. 2; *B-St,* § 141 Anm. 1. *aM* LG München I, Beschluß vom 3. 10. 1973 – 36 T 430/73 – bei einer Forderung aus Freigebigkeit des GSch). Gegen die h. M. wendet sich *Eickmann* (Rpfleger 1970, 319) mit der Begründung, daß durch die Unterlassung eines Widerspruchs die Forderung festgestellt würde, diese Feststellung wäre jedoch nach einhelliger Ansicht ohne Wirkung, mache also diesen Anspruch nicht zu einer Konkursforderung (*J-W,* § 145 Anm. 7; *M-K,* § 145 Anm. 12; *B-St,* § 145, Anm. 4, OLG Düsseldorf NJW 1974, 1517). Zur Vermeidung derartiger Feststellungen, die ggfs. nur mit einer Klage nach § 256 ZPO wieder beseitigt werden können, empfiehlt es sich in klargelagerten Fällen, die Anmeldung als unzulässig zurückzuweisen.

Ist dies zweifelhaft, wird man den Verwalter und die anwesenden Gläubiger entsprechend belehren, mit der Wirkung, daß diese die Forderung mangels Anmeldbarkeit bestreiten.

Nach dem derzeitigen Programm für die Erstellung der Konkurstabelle im Wege der Datenverarbeitung müssen nicht ausgerechnete Zinsen, die für einen Zeitraum nach Konkurseröffnung angemeldet sind, grundsätzlich durch das Gericht zurückgewiesen werden, da Zinsen nur bis zur Eröffnung des Verfahrens in die Tabelle aufgenommen werden. Die Tabelle III im Nachlaßkonkurs muß daher manuell erstellt werden.

Die Zurückweisung der Zulassung einer Forderung ist durch Beschluß auszusprechen, der dem Gläubiger bzw. dessen Vertreter (§ 176 ZPO, § 72 KO) zuzustellen ist. Bei mangelnder Vollmachtsvorlage hat sich die zusätzliche formlose Mitteilung an den Gläubiger als zweckmäßig erwiesen. Die zurückgewiesene Forderung ist dann, wenn sie in die Tabelle eingetragen war, dort zu streichen. In Spalte 10 ist der Grund der Löschung einzutragen. Dabei ist es vorteilhaft, auf das Protokoll zu verweisen.

Der Anmeldende hat das Recht der sofortigen Beschwerde bzw. der befristeten Rechtspfleger-Erinnerung.

Wurde die Anmeldung zugelassen, obwohl der Verwalter Widerspruch erhoben hat, so gestehen *M-K* (Anm. 2 zu § 141) dem Verwalter das Recht der sofortigen Beschwerde bzw. befristeten Rechtspfleger-Erinnerung zu. *J-W* (Anm. 2 zu § 141) verneinen ein Widerspruchsrecht zur Entscheidung über die Zulassung, da die Gründe durch ein Bestreiten im Prüfungsverfahren geltend gemacht werden können. Letzterer Ansicht wird man sich anschließen müssen, nicht zuletzt deshalb, weil die erste Lösung zu umständlich ist und zu praktischen Schwierigkeiten führt. Wird z. B. eine nicht ordnungsgemäß angemeldete Konkursforderung nach Widerspruch des Verwalters zugelassen und mangels Bestreitens festgestellt, so kann auch durch eine Aufhebung der Zulassungsentscheidung die Feststellung nicht beseitigt werden (*J-W,* § 145 Anm. 10 ff.). Andererseits hat die Einlegung der Beschwerde bzw. der befristeten Rechtspfleger-Erinnerung keine aufschiebende Wirkung, § 572 ZPO, § 72 KO. Die in der Vorauflage vertretene Ansicht, daß den Beteiligten ein Antragsrecht auf Nichtzulassung einer Forderung zusteht, muß aus den vorbezeichneten Gründen aufgegeben werden.

Eine z. B. mangelhaft begründete Forderung kann der Verwalter nach einem Widerspruch im Prüfungstermin im Prozeß sofort anerkennen, ohne daß die Kosten des Rechtsstreits die Masse treffen (§ 93 ZPO, § 72 KO).

Verfahren bei der Prüfung: Die zur Prüfung gelangenden Forderungen **301**
werden im Termin nach Grund, Betrag und Vorrecht grundsätzlich in der Reihenfolge der Tabelleneintragung erörtert (§ 141 Abs. 1). Auch Anmeldungen, die nicht in die Tabelle aufgenommen worden sind, werden im Prüfungstermin zur Erörterung gebracht (*J-W,* § 141 Anm. 4; *M-K,* § 141 Anm. 3; *B-St,* § 141 Anm. 2).

Die Erörterung geschieht in der Weise, daß die Eintragungen unter Zugrundelegung der erfolgten Anmeldung (Für die Auslegung einer Eintragung ist der Inhalt der Anmeldung maßgebend, KG OLG 42, 76) einzeln vom Richter bzw. Rechtspfleger oder – was überwiegend praktiziert wird – vom Protokollführer vorgetragen werden. Eines besonderen Zulassungsbeschlusses bedarf es nicht. Sodann wird bei jeder Forderung dem Verwalter, dem GSch bzw. dessen Bevollmächtigten, den Konkursgläubigern und deren Vertretern Gelegenheit zur Abgabe einer Erklärung und zur sofortigen Verhandlung darüber gegeben. Der Einzelaufruf darf auch bei einer noch so großen Zahl von Anmeldungen nicht unterbleiben. Die Verweisung der

Beteiligten auf die Tabelle ersetzt ihn nicht (*J-W,* § 141 Anm. 5). Ohne die Erörterung jeder Forderung ist keine Entscheidung über die Zulassung und keine Aufklärung der Beteiligten (§ 139 ZPO, § 72 KO) möglich.
Daß zu jeder erörterten Forderung eine Erklärung abgegeben wird ist nicht notwendig, da zur Feststellung der Forderung ein ausdrückliches Anerkenntnis nicht erforderlich, vielmehr das Unterbleiben eines Widerspruchs hinreichend ist (RGZ 55, 160). Zur Vereinfachung und Beschleunigung dient es, wenn sich der Verwalter äußert.
Erfolgt gegen eine Forderung oder einen Vorrechtsanspruch ein Widerspruch, so ist geeignetenfalls dessen gütliche Erledigung zu versuchen. Zu diesem Zwecke können Ermittlungen angestellt werden, sofern dadurch eine erhebliche Verzögerung nicht verursacht wird. Namentlich werden die Einsicht in die Unterlagen des GSch und dessen Anhörung empfehlenswert sein.
Finden sich in den Anmeldungen oder den Eintragungen Mängel, so veranlaßt der Richter bzw. Rechtspfleger, soweit möglich, deren Beseitigung. Andernfalls erfolgt die Zurückweisung mangels Zulässigkeit.
Wird für eine Forderung, die als nicht bevorrechtigt in die Tabelle eingetragen ist, nachträglich ein Vorrecht beansprucht, so ist sie gemäß den für die Führung der Tabelle gegebenen Anweisungen (siehe Rn 284) hinter die letzten Vorrechtsforderungen der gleichen Rangklasse unter Hinweis auf die ursprüngliche Eintragung einzutragen und an ihrer bisherigen Stelle unter Hinweis auf die neue Eintragung als weggefallen zu vermerken. Es muß aber auch eine entsprechende Verweisung zulässig sein (a.a.O.). Bei der Tabelle nach Muster 17a besteht auch die Möglichkeit, das Tabellenblatt an der richtigen Stelle einzusortieren sowie neu zu numerieren und am ursprünglichen Ort ein Fehlblatt mit Verweisung einzulegen.

302 Wenn zu einer **Wechselforderung** der Wechsel (und, wenn nötig, der Protest) nicht beigebracht ist, so wird die Forderung vom Verwalter mangels Wechselvorlage (Protestvorlage) zu bestreiten sein. Eine Anerkennung der Forderung „vorbehaltlich der Beibringung des Wechsels" ist nicht zu empfehlen, weil die Rechtswirksamkeit eines solchen Vorbehalts angesichts des § 144 Abs. 1 zweifelhaft ist und über die Tragweite des Vorbehalts leicht Streitigkeiten entstehen können (**aM:** *J-W,* § 141 Anm. 3aE; § 144 Anm. 1 und § 145 Anm. 8; *M-K,* § 144 Anm. 3; RGZ 37, 4; OLG Dresden LZ 1914, 394). Ist der dem Wechsel zugrundeliegende Anspruch angemeldet (z. B. die Forderung aus Warenlieferung) so soll er nur unbestritten bleiben, wenn der Original-Wechsel spätestens Zug um Zug mit Anerkennung der Forderung an den Verwalter ausgehändigt wird. Nur so ist es möglich, eine Doppelanmeldung durch den Wechselinhaber und den ursprünglichen Gläubiger zu vermeiden.

Bei **absonderungsberechtigten Forderungen** ist nur zu erörtern, ob und inwieweit sie als Konkursforderung bestehen. Ihre Feststellung erfolgt nur mit Vorbehalt (§ 64), falls nicht der Gläubiger auf sein Absonderungsrecht verzichtet. 303

Die Frage, ob, an welchen Gegenständen und für welche Beträge ein Absonderungsrecht begründet ist, ist im Prüfungstermin nicht zu entscheiden (KG OLG 35, 261). Gleiches gilt für die Ausfallsforderungen, die von Nachlaßgläubigern in den Fällen des § 234 KO im Konkurs des Erben angemeldet sind. Das Anerkenntnis für den Ausfall hindert den Verwalter nicht, das Absonderungsrecht zu bestreiten (*J-L,* § 64 Anm. 11aE; OLG Hamburg 15, 242).

Macht der Verwalter oder ein Konkursgläubiger geltend, daß für eine angemeldete Forderung ein vom Gläubiger nicht zur Sprache gebrachtes Absonderungsrecht besteht, so kann die Feststellung der Forderung nur mit der Einschränkung erfolgen, daß der Forderung im Konkurs nur in Höhe ihres Ausfalls Anspruch auf Berücksichtigung zusteht (§ 64). Der Ausfall braucht aber zur Zeit der Feststellung nicht ziffernmäßig nachweisbar zu sein, überhaupt noch nicht feststehen (RGZ 26, 112). Dasselbe gilt für die Ausfallsforderungen, die die Gläubiger einer im Konkurs befindlichen oHG, KG, KGaA in dem Konkurs über das Privatvermögen eines persönlich haftenden Gesellschafters geltend machen, sowie für die Forderungen der Nachlaßgläubiger in den Fällen des § 234 KO und in den im Depot-Gesetz, Hypothekenbank-Gesetz und Versicherungsaufsichtsgesetz geregelten Fällen.

Aufschiebend bedingte Forderungen können nur als sicherungsberechtigt festgestellt werden (§ 67). Ist zweifelhaft, ob eine Bedingung als aufschiebend oder auflösend zu betrachten ist, so ist diese Frage im Termin zu erörtern, da aufschiebend bedingte Forderungen anders als auflösend bedingte bei der Verteilung zu berücksichtigen sind (§§ 154, 168). 304

Widersprüche gegen angemeldete Forderungen: Das Ergebnis der Prüfung muß entweder sein, daß die geprüfte Forderung festgestellt wurde oder daß sie zwischen bestimmten Beteiligten streitig geblieben ist. 305

Als festgestellt gilt eine Forderung, wenn und soweit gegen sie im Prüfungstermin ein Widerspruch weder vom Verwalter noch von einem Konkursgläubiger erhoben wird (§ 144 Abs. 1). Anerkenntnisse unter echten Bedingungen oder Vorbehalten sind einem Widerspruch gleichzuachten (RGZ 26, 112); *J-W,* § 144 Anm. 1).

Ein Widerspruch kann wirksam **nur** im Prüfungstermin erhoben werden. Ein schriftlich eingehender Widerspruch hindert die Feststellung der durch ihn betroffenen Forderungen nicht (*J-W,* § 141 Anm. 10 und § 144 Anm. 1; *M-K,* § 144 Anm. 2 Ziff. 5; *B-St,* § 144 Anm. 2; RGZ 57, 274; OLG Hamm Rpfleger 1965, 78/79). Etwaige schriftliche Erklärungen können aber zur

Erläuterung des Sachverhaltes herangezogen werden. Die nachträgliche Eintragung eines Widerspruchs ist gegenüber einer festgestellten Forderung wirkungslos (RGZ 57, 274).
Die Erhebung eines Widerspruchs muß jedoch bis zur Beeindigung des Termins zulässig sein und kann nicht bereits mit der Verlesung der nächsten Forderung ausgeschlossen werden.
Gegen die Versäumung rechtzeitigen Widerspruchs kann weder dem Verwalter noch einem Konkursgläubiger Wiedereinsetzung in den vorigen Stand gewährt werden (*J-W*, § 145 Anm. 14; *M-K*, Anm. zu § 143), dagegen dem GSch unter den Voraussetzungen des § 165.
Das Widerspruchsrecht gegen die angemeldeten Forderungen steht, soweit deren Feststellung für den Konkurs in Frage kommt, **nur** dem Verwalter und den Konkursgläubigern zu. Der Widerspruch des GSch hat zwar für dessen Verbindlichkeiten nach Beendigung des Konkurses, nicht aber für die Teilnahme der Gläubiger an der Verteilung der Konkursmasse Bedeutung. (Es kann beachtlich sein im Konkurs über eine oHG, KG, KGaA: Im Konkurs des persönlich haftenden Gesellschafters kann nämlich der GSch grundsätzlich keinen Widerspruch erheben, wenn er dies im Gesellschaftskonkurs unterlassen hat; es sei denn, der Widerspruch beruhe auf Einwendungen in der Person des Gesellschafters; *J-W* § 164, Anm. 9; *M-K*, § 212, Anm. 4; *B-St*, § 212, Anm. 2.
Widersprüche von Massegläubigern, Aussonderungsberechtigten und solchen Absonderungsberechtigten, die nicht zugleich Konkursgläubiger sind, haben keinen Anspruch auf Beachtung.
Andererseits sind die Widerspruchsberechtigten hinsichtlich der Ausübung des Widerspruchsrechts voneinander völlig unabhängig, so daß der Widerspruch eines Konkursgläubigers der Feststellung selbst in dem Falle entgegensteht, daß der Verwalter und der GSch die durch den Widerspruch betroffene Forderung ausdrücklich anerkennen.
Zum Widerspruch berechtigt sind alle Gläubiger, die Forderungen als Konkursforderungen angemeldet und dabei den Vorschriften des § 139 genügt haben (*J-W*, § 141, Anm. 8; *M-K*, § 144, Anm. 2; *B-St*, § 144, Anm. 1). Vor der Anmeldung ist für die Gläubiger des GSch, wie schon früher bemerkt, ein Anspruch auf Berücksichtigung im Konkursverfahren nicht vorhanden und deswegen ein berechtigtes Interesse am Bestreiten anderer Konkursforderungen nicht anzuerkennen. Hat aber ein Gläubiger vorschriftsmäßig seine Forderung angemeldet, so hindert sein Widerspruch gegen eine zur Prüfung stehende Forderung deren Feststellung stets, mag auch seine eigene Forderung gleichfalls durch einen Widerspruch betroffen oder noch gar nicht geprüft sein (*J-W*, § 141, Anm. 8, wollen vor Zulassung der widersprechenden Forderung dieser kein wirksames Widerspruchsrecht zuerkennen, wäh-

rend *M-K,* § 144, Anm. 2, allein auf die Anmeldung abstellen). Ob der Widersprechende wirklich Konkursgläubiger und deshalb widerspruchsberechtigt war, ist nicht im Prüfungstermin, sondern im Feststellungsprozeß zur Austragung zu bringen. Nur die Widersprüche stimmberechtigter Gläubiger zu berücksichtigen, ist nicht richtig. Die bevorrechtigten Konkursgläubiger sind in demselben Umfange wie die nicht bevorrechtigten widerspruchsberechtigt. Nach dem Wortlaut des Gesetzes kann ihr Widerspruch nicht deshalb unbeachtet bleiben, weil sie nach der gesetzlichen Rangordnung **vor** dem durch den Widerspruch Betroffenen Befriedigung aus der Masse erhalten (*J-W,* § 141, Anm. 8, 2. Abs mit weit. Hinw.; *M-K, § 144, Anm. 2).*

Eine besondere Begründung des erhobenen Widerspruchs ist in keinem Falle **306**
erforderlich. Anzugeben ist aber wegen der grundsätzlichen Verschiedenheit der ferneren Behandlung die **Widerspruchsrichtung**, also ob das Vorrecht, der Bestand oder Grund, der sich auch auf die Aktivlegitimation erstrecken kann, ein bestimmter Betrag oder die Anmeldbarkeit bestritten werden (*J-W,* § 141, Anm. 9; *M-K,* zu § 144, Anm. 2 Ziff. 2; *B-St,* zu § 144, Anm. 1). Bei Teilanerkenntnissen von titulierten Forderungen ist auch anzugeben, inwieweit der titulierte oder nicht titulierte Betrag bestritten wird.

Ein erhobener Widerspruch kann nachträglich beseitigt werden durch Erlö- **307**
schen der Forderung des Widersprechenden (z. B. vollständige Befriedigung des Absonderungsberechtigten), durch sein Unterliegen im Feststellungsrechtstreit (§ 146) oder durch Zurücknahme (*J-W,* § 144, Anm. 2; *M-K,* § 144, Anm. 3; *B-St,* § 144, Anm. 2; BGH WM 1957, 1226). Eine Zurücknahme des Widerspruchs unter Vorbehalt kann die Rücknahme allerdings gegenstandslos machen (RGZ 149, 264; *J-W,* § 141, Anm. 10).

Die Zurücknahme ist dem Konkursgericht oder dem Gläubiger der vom Widerspruch betroffenen Forderung zu erklären. Einer besonderen Form bedarf die Erklärung nicht. Geht sie dem Konkursgericht zu, so stellt sie zugleich den Antrag des Zurücknehmenden auf Berichtigung der Tabelle dar. Andernfalls hat der Anmelder die Berichtigung zu veranlassen. Die Zurücknahme wird wirksam, sobald sie dem Gläubiger zugegangen, nicht erst wenn die Tabelle berichtigt ist (*J-W,* § 141, Anm. 10 mit weit. Hinweis).

Vertagung der Prüfung von Forderungen

Wenn der Verwalter oder ein Konkursgläubiger sich die Erklärung über eine **308**
Konkursforderung vorbehalten, so wird dadurch nach § 144 Abs. 1 die Feststellung der Forderung an und für sich nicht aufgehalten. Verwalter und Gläubiger haben sich über die angemeldete Forderung vor dem Prüfungstermin zu unterrichten und im Termin zu erklären. Sind sie zur Erklärung über eine Forderung noch nicht in der Lage und wollen sie auch nicht Widerspruch erheben, so bleibt zur Vermeidung der sofortigen Feststellung der Forderung wohl nur der Ausweg übrig, daß die Prüfung der Forderung vertagt wird. Die

Vertagung ist auf Antrag anzuordnen, wenn urkundliche Beweisstücke für die Forderung vorhanden, aber weder gar nicht oder so spät beigebracht wurden, daß ihre Prüfung durch die Beteiligten bis zur Beendigung des Prüfungstermins nicht erfolgen konnte, ferner wenn der Grund der Forderung in der Anmeldung nicht deutlich angegeben und zu spät klargestellt wurde und in ähnlichen Fällen. Bei Ablehnung einer Vertagung durch das Gericht dürfte die sofortige Beschwerde bzw. befristete Rechtspfleger-Erinnerung zulässig sein, da der Vertagungsantrag eine vorgängige mündliche Verhandlung im Sinne des § 567 ZPO nicht erfordert (RGZ 23, 369 u. 62, 210).

309 Immer mehr wird in der Praxis versucht, die Vertagung durch ein sog. **„vorläufiges Bestreiten"** zu umgehen (so *Robrecht* KTS 1969, 67). Diese mit dem Gesetz nicht zu vereinbarende Verfahrensweise führt insbesondere zu Schwierigkeiten bei der Frage, ab wann eine Feststellungsklage zulässig ist (AG Detmold KTS 1971, 60; hierzu *Hoffmann* NJW 1961, 1343). Ihr tritt mit Recht unter eingehender Begründung und Literaturhinweisen das OLG Hamm (KTS 1974, 178) entgegen. Es betrachtet auch eine „vorläufig" bestrittene Forderung als bestritten mit allen sich hieraus ergebenden Folgen.

Es hat sich gezeigt, daß in den vorstehend aufgeführten Fällen folgende Lösung überwiegend gangbar ist: Der Verwalter bestreitet die Forderung und macht den Gläubiger im Termin oder sofort danach schriftlich darauf aufmerksam, daß er den Widerspruch nach Klärung einzelner genau aufgeführter Punkte oder nach Vorlage bestimmter Unterlagen zurücknehmen werde. Erfolgt trotzdem Klageerhebung, so besteht die Möglichkeit, über § 93 ZPO eine Kostentragungspflicht zu verhindern.

310 **Feststellung der Stimmrechte streitig gebliebener Forderungen:** Bei denjenigen Forderungen, die im Prüfungstermin streitig bleiben (für aufschiebendbedingte Forderungen und für Ausfallsforderungen wird ein dauerndes Stimmrecht nicht festgestellt § 96, vgl. Rn 170, 174) könnte sofort darüber verhandelt werden, ob und für welchen Betrag ihnen ein bleibendes Stimmrecht im Konkurs zustehen soll (§ 95 Abs. 1 Satz 2). Dies geschieht in der Praxis jedoch regelmäßig nicht, da in den wenigsten Fällen (z. B. bei der Abstimmung über einen Zwangsvergleich) die Stimmrechte alsbald benötigt werden (*B-St*, § 95 Anm. 1; *Schrader-Bauer*, Rn 469). Wird trotzdem so verfahren, so sind zur Verhandlung darüber einerseits die Gläubiger der streitig gebliebenen Forderungen, andererseits diejenigen, durch deren Widerspruch die Forderungen streitig geblieben sind, zuzuziehen. Die Personen, die der Forderung selbst nicht widersprochen haben oder wirksam nicht widersprechen konnten, insbesonders der GSch, dessen Widerspruch ja die Feststellung der Forderung nicht hindert, sind wegen des Stimmrechts nicht zu beachten. Kommt nun zwischen dem bzw. den bestreitenden und dem anmeldenden Gläubiger einer Forderung eine Einigung über das Stimmrecht zustande, so ist diese für die ganze Dauer des Konkurses – oder bei früherer Beendigung des Feststellungsprozesses bis zur rechtskräftigen Feststellung oder Aberkennung der streitigen Forderung – maßgebend. Kommt eine Einigung nicht zustande oder ist sie nicht möglich, weil der betroffene Gläubiger weder selbst anwesend noch vertreten ist, so hat das Konkursgericht sogleich im Termin über das Stimmrecht der Forderung zu entscheiden, es sei denn, daß der erhobene Widerspruch sich nur gegen die Forderung, nicht auch gegen das Stimmrecht richtet (§ 95 Abs. 1).

Vor der Entscheidung wird das Gericht beide Teile summarisch hören und Beweise, die sofort beigebracht werden, in entsprechender Anwendung von § 294 ZPO zu erheben haben. Die Bewilligung des Stimmrechts wird nur dann und nur soweit erfolgen dürfen, wenn und soweit die streitigen Forderungen rechtlich begründet und in ihren tatsächlichen Unterlagen glaubhaft erscheinen. Die Entscheidung des Gerichts ist im Termin zu verkünden. Sie ist unanfechtbar (§ 95 KO, § 11 Abs. 5 RpflG). Eine besondere Zustellung dieses Beschlusses wird nicht für erforderlich erachtet (a. M. *J-W*, § 95 Anm. 2). Das Gericht selbst kann die Entscheidung aber jederzeit auf Antrag einer Partei – nicht von amtswegen – abändern (§ 95 Abs. 1 S. 4). Der abändernde Beschluß kann ohne mündliche Verhandlung ergehen (§ 73), er setzt auch keine andere Sachlage voraus. Die Unanfechtbarkeit gilt auch hier (*J-W*, § 95 Anm. 3). Ist vom Gericht versäumt worden, die Entscheidung über das Stimmrecht einer streitig gebliebenen Forderung im Prüfungstermin zu treffen, so ist diese Entscheidung auf Antrag des Gläubigers in einer späteren Gläubigerversammlung (die Anberaumung allein für diesen Punkt ist jedoch nicht erforderlich) oder in einem besonderen Prüfungstermin, wozu die streitenden Teile zu laden sind, nachzuholen (*J-W*, § 95 Anm. 2). Titulierte und nicht titulierte Forderungen werden gleich behandelt.

Eintragung des Ergebnisses der Prüfung in die Tabelle: Das Ergebnis der **311**
Prüfung wird bei jeder einzelnen Forderung alsbald nach stattgefundener Erörterung in die dafür bestimmten Spalten der Tabelle eingetragen (§ 145 Abs. 1). Die Eintragung der Feststellung hat allen Konkursgläubigern, dem Verwalter und dem GSch gegenüber die Wirkung eines rechtskräftigen Urteils (§ 145 Abs. 2; vgl. RGZ 27, 92 und 144, 246). Diese Wirkung tritt nicht ein bei versehentlich geprüften Aussonderungs- und Masseansprüchen sowie unanmeldbaren Forderungen (*J-W*, § 145 Anm. 7; *M-K*, § 145 Anm. 10 und 12; *B-St*, § 145 Anm. 4; OLG Düsseldorf NJW 1974, 1517 f.).

Die irrtümliche Eintragung eines Feststellungsvermerkes erzeugt ebenfalls keine Rechtskraft. Hier ist eine Berichtigung zulässig, die selbst nach Aufhebung des Verfahrens noch möglich ist (OLG Celle KTS 1964, 118; OLG

Hamm Rpfleger 1965, 78; LG Wuppertal KTS 1970, 237; *J-W*, § 145 Anm. 3; *M-K*, § 145 Anm. 7; *B-St*, § 145 Anm. 4). Muster *Schrader-Bauer* Rn 501.

Gegen den Berichtigungsbeschluß hat der Beschwerte das Recht der sofortigen Beschwerde bzw. befristeten Rechtspflegererinnerung (§ 73 KO, § 11 RpflG).

Über die Wirkung der Eintragung, die für einen von mehreren Forderungsprätendenten erfolgt ist siehe *J-W*, § 145 Anm. 8; *B-St*, § 145 Anm. 3 Abs. 2; RGZ 58, 369.

Die Vermerke in der Tabelle bilden einen integrierenden Teil des über den Prüfungstermin aufzunehmenden Protokolls. Sie sind sämtliche im Termin zu verlesen. Hier muß es jedoch genügen, wenn der Richter bzw. Rechtspfleger den einzutragenden Vermerk bekannt gibt.

312 Das Muster 17 zur Aktenordnung sieht vor, daß jedes einzelne Prüfungsergebnis unter Angabe von Ort und Datum von den Gerichtspersonen zu unterschreiben ist, (siehe *Schrader-Bauer*, Rn 457, *M-K*, § 145 Anm. 1; *B-St*, § 145 Anm. 1; *J-W*, § 145 Anm. 1).

Bei dem teilweise großen Umfang der Verfahren (5000 und mehr Gläubiger in einem Konkurs!) bedeutet die Angabe von Ort, Datum und Unterschrift bei jedem Prüfungsvermerk einen erheblichen Arbeitsaufwand. Es könnte als ausreichend erachtet werden, daß am Ende jeder Tabelle bzw. jeden Vorrechts mit Datum und Unterschrift vermerkt wird, welche Forderungen geprüft wurden; bei der Tabelle nach Muster 17a wäre der Vermerk auf dem Vorblatt anzubringen. Die Problematik dieses von nordd. Gerichten zuweilen praktizierten Verfahrens liegt allerdings darin, daß dabei die zu den einzelnen Forderungen abgegebenen Erklärungen nicht im Einzelfall beurkundet sind. Die Gefahr einer Fälschung allerdings ist kaum gegeben und kann durch entsprechende Vermerke des Gerichts auf den Anmeldungen während der Prüfung unschwer aufgedeckt werden.

313 Zu vermerken ist nicht nur das Ergebnis der Verhandlung über Grund, Betrag und Vorrecht der Forderung, sondern auch bestreitende Erklärungen des GSch, die Rücknahme angemeldeter Forderungen, Änderungen von Anmeldungen, sowie sonstige Vorgänge, die für den Inhalt der Tabelle von Erheblichkeit sind. Bei festgestellten Forderungen genügt der Vermerk „Festgestellt“. Daß ein bestimmtes Vorrecht nicht bestritten wurde, braucht nur dann zum Ausdruck gebracht werden, wenn es nicht in der entsprechenden Abteilung eingetragen ist. Bei angemeldeten Ausfallsforderungen gemäß § 64 die nicht bestritten wurden, lautet der Vermerk, „Festgestellt als Konkursforderung für den Ausfall“. Hiervon sind zu trennen die Ausfallsforderungen nach §§ 212, 234 und nach den Sondergesetzen z. B. dem Depotgesetz usw. Da die Behandlung bei der Feststellung des Ausfalls unterschiedlich ist, muß auch der Vermerk entsprechend lauten, z. B. „Festgestellt als Konkursforderung für den Ausfall gemäß § 212 KO". Weil die Anerkennung oder Nichtanerkennung von Absonderungsrechten nicht in die Tabelle gehören und die Feststellung von Absonderungsrechten im Prüfungsverfahren auch nicht die im § 145 Abs. 2 vorgesehene Wirkung hat (RG in Gruchot 41, 1102), wird es nicht für zweckmäßig erachtet, die genaue Bezeichnung des Absonderungsrechts in die Tabelle aufzunehmen und zwar weder in die Spalte 10 noch in die Spalte 8.

Zur Vermeidung von Streitigkeiten bei der Auszahlung der Quote auf **Wechselforderungen** im Hinblick auf die Wechselvorlage und die Erteilung einer Quittung lautet hier der Feststellungsvermerk: „Festgestellt unter der Bedingung des Art. 39 WG". **314**

Bei **Scheckforderungen** gilt Entsprechendes. Der Vermerk lautet hier: „Festgestellt unter der Bedingung des Art. 34 ScheckG". Aufschiebend bedingte Forderungen sind beim Anerkenntnis wegen der Sonderbehandlung (§§ 154, 156, 168 Nr. 2, 169) kenntlich zu machen. Daher lautet hier der Vermerk: „Festgestellt als aufschiebend bedingte Konkursforderung" oder „Als sicherungsberechtigt festgestellt". **315**

Die bedingten Ansprüche der Bürgen oder Wechselindossanten dürfen nur dann anerkannt werden, wenn sich der Hauptgläubiger nicht selbst am Verfahren beteiligt (siehe hierzu oben Rn 213). **316**
Bei auflösend bedingten Forderungen genügt der allgemeine Feststellungsvermerk.
Über noch bestehende devisenrechtliche Bestimmungen siehe *Schrader-Bauer* Anhang 10 und Rn 457, sowie Muster-Tabelleneintrag Nr. 26.

Bei **streitig gebliebenen** Forderungen und Vorrechten ist anzugeben, von welchen Personen Widerspruch erhoben ist und ob er sich gegen den Bestand (Grund) den Betrag, das Vorrecht oder die Konkursforderungseigenschaft richtet (*J-W*, § 145 Anm. 1; *M-K*, § 145 Anm. 1; *B-St*, § 145 Anm. 1). Die Angabe des Grundes des Widerspruchs kann zweckmäßig sein, ist aber nicht notwendig und oft auch gar nicht tunlich (*J-W*, § 141 Anm. 9). **317**
Der Vermerk kann lauten: „Vom Konkursverwalter bestritten nach Grund und Höhe" oder „Vom Gläubiger Tab. II Nr. 10 Franz Maier, München, Jahnstr. 10 bestritten nach Grund und Höhe".
Ist nur das Vorrecht bestritten, dann ist einzutragen: „Festgestellt; Vorrecht vom Konkurs-Verwalter bestritten".
Wird eine Forderung, für die ein Absonderungsrecht besteht, nicht für den Ausfall angemeldet, so sollte der Anerkennungsvermerk lauten: „Festgestellt als Konkursforderung in Höhe des Ausfalls. Vom Konkurs-Verwalter insoweit bestritten, als mehr als die Ausfallsforderung geltend gemacht wird."

318 Bei Wechsel- und Scheckforderungen haben sich folgende Formulierungen als zweckmäßig und praktisch erwiesen:

a) Es wird eine Wechselforderung angemeldet, aber der Originalwechsel liegt im Prüfungstermin nicht vor. Der Verwalter bestreitet aus diesem Grund, dann lautet der Vermerk: „Vom Konkurs-Verwalter bestritten mangels Vorlage des Originalwechsels."
b) Es wird nicht die Wechselforderung, sondern der Anspruch aus dem Grundverhältnis angemeldet und der Verwalter ist nicht im Besitz des Wechsels, dann sollte bei einem Widerspruch des Verwalters der Tabelleneintrag lauten: „Vom Konkurs-Verwalter bestritten mangels Rückgabe des Originalwechsels."

Ebenso ist bei Scheckforderungen zu verfahren, um Doppelfeststellungen zu vermeiden.

319 Werden **Teilbeträge** anerkannt, so kann der Eintrag lauten: „Festgestellt bezüglich des Teilbetrages von DM . . ., Rest vom Konkurs-Verwalter nach Grund und Höhe bestritten."
Eine genauere Bezeichnung der einzelnen Teilbeträge ist noch erforderlich, wenn ein teilweise titulierter Anspruch nicht in voller Höhe bestritten wird. Wird eine Forderung von DM 1000,– die bezüglich DM 400,– tituliert ist, in Höhe von DM 600,– bestritten und ist das der nicht titulierte Teil, so lautet der Vermerk: „Festgestellt bezüglich des titulierten Teilbetrages von DM 400,–, Rest vom Konkurs-Verwalter nach Grund und Höhe bestritten." Richtet sich der Widerspruch bezüglich DM 100,– gegen die titulierte Forderung und bezüglich DM 500,– gegen den nicht titulierten Anspruch, so ist in die Tabelle einzutragen: „Festgestellt bezüglich des titulierten Teilbetrages von DM 300,– und des nicht titulierten Teilbetrages von DM 100,–, Rest vom Konkurs-Verwalter bestritten." Die genaue Unterscheidung ist von erheblicher Bedeutung für die Berücksichtigung bei der Verteilung und die Aktivlegitimation, für Maßnahmen zur Beseitigung des Widerspruchs und damit auch für die Übersendung des Tabellenauszuges nach § 146 Abs. 2 S. 2 und Abs. 6.

320 Werden **Zinsen** angemeldet, die teilweise vor, teilweise nach Konkurseröffnung liegen und kann das Gericht eine Trennung nicht vornehmen, so wird ein Teilwiderspruch des Verwalters einzutragen sein: „Festgestellt bezüglich DM . . ., Rest vom Konkurs-Verwalter mangels Anmeldbarkeit bestritten."
Das Bestreiten einer angemeldeten Ausfallsforderung bezüglich eines Teilbetrages lautet: „Festgestellt bezüglich eines Teilbetrages in Höhe von DM . . . für den Ausfall, Rest vom Konkurs-Verwalter nach Grund und Höhe bestritten." Nur „Festgestellt" ist einzutragen, wenn der Verwalter das Absonde-

rungsrecht einer für den Ausfall angemeldeten Forderung nicht anerkennen will.

Wird eine Forderung von zwei Gläubigern beansprucht, so ist dies in Spalte 10 zu vermerken. Als Prüfungsergebnis ist einzutragen: „Vom Konkurs-Verwalter bezüglich der Rechtszuständigkeit bestritten bis zur Austragung des Streits unter den Anmeldern" (*J-W*, § 139 Anm. 2; *M-K*, § 142 Anm. 3). Mustervermerke siehe *Schrader-Bauer*, Rn 457 u. Anlage. **321**

Außerdem ist bei den streitig gebliebenen Forderungen zu vermerken, ob und für welchen Betrag ein Stimmrecht vereinbart oder durch gerichtliche Entscheidung bewilligt oder versagt ist. Dieser Vermerk kann zwar in das Terminprotokoll selbst aufgenommen werden, wird aber besser in Spalte 10 der Tabelle eingetragen. Ob Vereinbarung oder richterliche Entscheidung dem Stimmrecht zugrundeliegen, muß ersichtlich gemacht werden, denn im Falle der Vereinbarung ist das Stimmrecht bis zur Erledigung des erhobenen Widerspruchs unabänderlich, (die in der Vorauflage vertretene Ansicht, es bestehe bis zu anderweitigen Vereinbarung wird nicht aufrechterhalten), während im Falle gerichtlicher Entscheidung jederzeit auf Antrag eine abändernde Entscheidung erfolgen kann. **322**

Die Zurücknahme von Anmeldungen wird in Spalte 9, bestreitende Erklärungen des GSch werden in Spalte 10 der Tabelle eingetragen (*J-W*, § 140 Anm. 8). Ein Bestreiten des GSch muß in der Regel, um wirksam zu sein, im Prüfungstermin selbst erfolgen. Nach § 165 KO ist aber auch ein nachträgliches Bestreiten wirksam und in die Tabelle einzutragen, wenn dem GSch gegen die Versäumung des Prüfungstermins Wiedereinsetzung in den vorigen Stand bewilligt wird und sein Bestreiten in dem die Wiedereinsetzung nachsuchenden Schriftsatz erfolgt ist. Die Anberaumung eines neuen Prüfungs-Termins zur Nachholung des Widerspruchs ist unzulässig (*J-W*, § 165 Anm. 10; *M-K*, § 165 Anm. 5; *B-St*, § 165 Anm. 3; *Schrader-Bauer* Rn 473). Über die Anträge auf Wiedereinsetzung siehe *J-W*, § 165 Anm. 6 ff. **323**

Das Terminprotokoll: Über den Hergang im Prüfungstermin wird ein Protokoll aufgenommen (**Muster** siehe *Schrader-Bauer*, Rn 472 und **Anlage D**). Darin ist nach Aufführung der erschienenen Beteiligten anzugeben, welche bevorrechtigten und nichtbevorrechtigten Forderungen geprüft worden sind. Wenn Anmeldungen geändert oder zurückgenommen wurden, so ist auch das unter Hinweis auf die betreffende Eintragung in der Tabelle kurz zu bemerken. Wegen des Ergebnisses der Prüfung sowie der Vereinbarungen und Entscheidungen über Stimmrechte ist auf die Eintragung in der Tabelle zu verweisen. Sind Forderungen, die nach Ablauf der Anmeldefrist aber vor dem Termin angemeldet wurden, nicht geprüft, so ist anzugeben, auf wessen Widerspruch hin die Prüfung unterblieben ist. Eine Mitteilung an die Gläubiger der ungeprüften Forderungen bedarf es nicht. **324**

325 Läßt das Gericht trotz gerechtfertigtem Widerspruch die Forderung zur Prüfung zu, so hat der Widersprechende nach h. M. das Recht der sofortigen Beschwerde bzw. befristeten Rechtspfleger-Erinnerung (§ 73 Abs. 3 KO, § 11 RpflG), bei deren Erfolg das Ergebnis der verfrühten Prüfung zu löschen ist (*J-W*, § 142 Anm. 1 am Ende; *M-K*, § 142 Anm. 1). Diese Ansicht kann nicht unwidersprochen bleiben. Da nach § 145 Abs. 2 eine Feststellung wie ein rechtskräftiges Urteil wirkt, das nur unter bestimmten Voraussetzungen beseitigt werden kann, wird die Beschwerde insoweit nicht für zulässig erachtet. Zulässig dürfte der Einwand nur bei bestrittenen Ansprüchen sein.

6.3 Besondere Prüfungstermine

326 Konnten Forderungen im allgemeinen Prüfungstermin nicht geprüft werden, so sind zu deren Prüfung, sofern nicht die Anmeldungen zurückgezogen wurden, besondere Prüfungstermine von amtswegen anzuberaumen. Dies hat zu geschehen, wenn die Anmeldung erst nach dem allgemeinen Prüfungstermin, aber auch dann, wenn sie vorher erfolgte und auf Grund Erhebung eines begründeten Widerspruchs wegen Versäumung der Anmeldefrist nicht mehr geprüft werden konnte. Ferner auch dann, wenn nachträglich eine wesentliche Änderung der Anmeldung stattfindet, also wenn entweder der Grund der angemeldeten Forderung geändert oder ein höherer Betrag oder ein Vorrecht beansprucht wird (§ 142).

327 Die **nachträgliche Beanspruchung eines Vorrechts** bei einer festgestellten Forderung wurde von der älteren Rechtsprechung des RG für unzulässig erklärt, diese Auffassung jedoch schließlich in Band 149, 263 ff. aufgegeben. Der BGH (LM § 61 Nr. 2,3) hat die Zulässigkeit der nachträglichen Vorrechtsinanspruchnahme bejaht (*J-W*, § 139 Anm. 17; *M-K*, § 61 Anm. 5; *B-St*, § 138 Anm. 2).
Eine wesentliche Änderung ist gegeben, wenn die Forderung von einem anderen Prätendenten in Anspruch genommen wird (zur Problematik hierzu *J-W*, § 139 Anm. 2; § 141 Anm. 3 und § 145 Anm. 8; *M-K*, § 142 Anm. 3; *B-St*, § 142 Anm. 2).

328 Die **Sonder- oder Gesamtrechtsnachfolge**, die außer Streit steht, braucht nicht angemeldet und in die Konkurstabelle eingetragen werden. Sie ist nur jeweils dem Gericht oder Verwalter nachzuweisen. Eine berichtigende Eintragung in die Tabelle (Spalte 10) ist jedoch vorteilhaft (*J-W*, § 142 Anm. 4; § 140 Anm. 8; *M-K*, § 142 Anm. 3, Abs. 2; *B-St*, § 142 Anm. 2).

329 Nachträgliche Prüfungstermine sind so oft anzuberaumen, wie sie sich nach Vorstehendem als erforderlich herausstellen. Wenn nicht ein Gläubiger auf der sofortigen Anberaumung besteht (hier sollte man ihn auf die zusätzlichen

Kosten aufmerksam machen, insbesondere wenn sie in keinem Verhältnis zu der Dividende stehen – *J-W*, § 142 Anm. 3 –), wird man erst vor einer Ausschüttung nach §§ 170, 149 ff., soweit hiervon ungeprüfte Forderungen betroffen werden, zur Vermeidung zu vieler Termine und zur Verminderung der Kosten, Termin bestimmen. Mit der Anberaumung einer Gläubigerversammlung sollte stets, wenn ungeprüfte Forderungen vorliegen, ein besonderer Prüfungstermin verbunden werden. Da eine bestimmte Frist für die Anberaumung nachträglicher Prüfungstermine nicht vorgeschrieben ist, hat sich grundsätzlich als beste Lösung die Ansetzung mit dem Schlußtermin erwiesen. Der Terminstag für die Forderungsprüfung kann dann so bestimmt werden, daß er vor Beginn der Ausschlußfrist des § 152 liegt, wenn der Verwalter seine öffentliche Bekanntmachung nach § 151 eine Woche später einrückt. Hier entsteht, wie bei der Zusammenlegung mit einer Gläubigerversammlung, nur die Gebühr nach § 52 GKG, jedoch entstehen keine Auslagen für die Veröffentlichung, da sich eine Trennung wegen der Geringfügigkeit nicht lohnt (*J-W*, § 142 Anm. 6 mit weit. Hinw.; *B-St*, § 142 Anm. 3). Auch wenn die Anmeldung so spät erfolgt, daß die Prüfung nicht mehr vor Ablauf der Ausschlußfrist zur Schlußverteilung nach § 152 bzw. vor der Annahme des Zwangsvergleichs (mit dem Zwangsvergleichstermin wird zweckmäßigerweise immer ein besonderer Prüfungs-Termin verbunden) erfolgen kann, ist eine grundsätzliche Ablehnung nicht zulässig. Die gegenteilige Ansicht der Vorauflage wird aufgegeben (*J-W*, § 142 Anm. 2; *M-K*, § 142 Anm. 2; *B-St*, § 142 Anm. 1). Nur dann kann der früheren Auffassung gefolgt werden, wenn die Erteilung einer vollstreckbaren Ausfertigung ausgeschlossen ist. Die nachträgliche Prüfung ist also im allgemeinen bis zur Aufhebung des Verfahrens zulässig (*Schrader-Bauer*, Rn 491).

Auch die nachträglichen Prüfungstermine sind gemäß § 76 Abs. 1 im Amts- **330**
blatt öffentlich bekanntzumachen. § 111 Abs. 2 findet hier keine Anwendung (*Schrader-Bauer*, Rn 492, Anm. 252; **a. M.** *J-W*, § 142 Anm. 3). In der Bekanntmachung brauchen die im Termin zu prüfenden Forderungen nicht einzeln bezeichnet zu werden. Es genügt und empfiehlt sich sogar, als Tagungsordnung für den Termin nur allgemein anzugeben: „Zur Prüfung nachträglich angemeldeter Forderungen." Bei solcher Angabe der Tagesordnung wird es möglich, alle Forderungen, die bis zu diesem Termin angemeldet sind, zu prüfen. Daß dies stets geschehen müsse, ist freilich nicht anzunehmen, da der Verwalter und die Gläubiger beanspruchen können, daß ihnen angemessene Zeit gelassen wird, über die zu prüfenden Forderungen Erkundigungen einzuziehen. Kritisch kann die Situation werden, wenn z. B. der Termin am letzten Tage der Ausschlußfrist nach § 152 stattfindet. Hier wird das Gericht wohl auf einer Prüfung bestehen müssen. Eine besondere Ladung der Konkursgläubiger [auch nicht der, deren Forderung zur Prüfung

anstehen,] ist nicht vorgeschrieben und mit Rücksicht auf § 76 Abs. 3 nicht für erforderlich zu erachten (**a. M.** *Schrader-Bauer* bezüglich beteiligter Gläubiger, vgl. dort Rn 492, im Gegensatz zu Rn 491). Dagegen wird die Benachrichtigung des Verwalters und des GSch, die zwar nicht vorgeschrieben ist, für zweckmäßig erachtet.

331 Das **Verfahren** im besonderen Prüfungstermin entspricht vollständig dem Verfahren im allgemeinen Prüfungstermine.

332 Die **Kosten der besonderen Prüfungstermine** haben ohne Rücksicht auf etwaiges Verschulden stets die säumigen Gläubiger zu tragen (§ 142 Abs. 3). Als Kosten kommen in Betracht die Gebühren nach § 52 GKG, deren Wert sich nach der Konkursdividende richtet, § 148 KO (bei nachträglicher Vorrechtsbeanspruchung Wert, Unterschied zwischen der Quote ohne Vorrecht und mit Vorrecht) und Auslagen des Gerichts für die Veröffentlichung (§ 92 GKG), sowie etwaige Unkosten, die dem Verwalter und den einzelnen Gläubigern durch die Teilnahme am Termin entstehen (zu Letzterem insbesondere mit weit. Hinweis. *J-W,* § 142 Anm. 5; *M-K,* § 142 Anm. 4; *B-St,* § 142 Anm. 3). Die Unkosten für die Gläubiger einzuziehen oder für den Verwalter festzusetzen, erscheint das Konkursgericht nicht befugt. Sind die Forderungen mehrerer Gläubiger geprüft, so haften diese für die Kosten als Gesamtschuldner; etwas anderes gilt für die Gerichtsgebühr, die von jedem gesondert erhoben wird. § 103 Abs. 1 GKG. Die Erhebung der Auslagen wird man jedoch nach Kopfteilen vornehmen. Zu beachten bei der Gebühr nach § 52 GKG ist, daß diese für die Anberaumung des Termins fällig wird, gleichgültig, ob die Forderung darin geprüft wird oder nicht, während die Prüfung einer nach Terminsanberaumung angemeldeten Forderung kostenlos ist. Nach § 114 GKG besteht Auslagenvorschußpflicht. Die Gebühr nach § 52 GKG haben Sozialversicherungsträger nach § 115 RVO nicht zu zahlen (OLG Colmar LZ 1912, 412; LG München SeuffBl 70, 399, **aM** AG Köln KTS 1968, 62). Gleiches gilt, soweit § 118 BSHG Anwendung findet (AG München Beschluß vom 28. 1. 1969, 32 N 746/51). Zu den Kosten s. auch Rn 572 ff.

6.4 Obliegenheiten des Gerichts im Anschluß an die Prüfungstermine

333 Nach Beendigung eines Prüfungstermins hat der Richter bzw. Rechtspfleger den Konkursgläubigern, deren Forderungen oder Vorrechtsansprüche ganz oder zum Teil streitig geblieben sind, und zwar sowohl den im Prüfungstermin Erschienenen, als den Nichterschienenen, von amtswegen Auszüge aus der Tabelle in beglaubigter Form zu erteilen (RGZ 85, 69) und die etwa eingereichten Urkunden über die Forderungen ohne besonderen Vermerk (§ 145 Abs. 1 S. 2 gilt nur bei festgestellten Forderungen), zurückzugeben

(§ 146 Abs. 1 KO, § 15 Abs. 5 AktO). Das ist jedoch nur bezüglich der Gläubiger erforderlich, die genötigt sind, ihrerseits die Feststellung der streitig gebliebenen Forderungen zu betreiben.

Handelt es sich um **titulierte Forderungen** (§ 146 Abs. 6) also um solche, für 334
die schon vor Konkurseröffnung ein unbedingtes, wenn auch noch nicht vollstreckbares Endurteil (Versäumnisurteil genügt, ebenso ein unter Vorbehalt erlassenes Endurteil, nicht aber Arrestbefehle oder Grundurteile, RGZ 85, 68), ein Vollstreckungsbefehl oder ein mit Vollstreckungsklausel versehener Schuldtitel vorliegt (RGZ a.a.O.) oder die sonst vollstreckbar sind, so ist jedenfalls dem Widersprechenden ein Tabellenauszug von amtswegen zu erteilen, da ihm die Verfolgung des Widerspruchs obliegt. Der Gläubiger einer solchen Forderung kann das weitere Vorgehen des Gegners abwarten, da er durch § 152 vor Nachteilen geschützt ist. Zu beachten ist, daß der **Vorrechtsanspruch nie** tituliert sein kann, da hierüber vor Konkurseröffnung naturgemäß nicht entschieden wird.

Auf Antrag ist auch bei nicht titulierten Forderungen dem Bestreitenden und 335
bei titulierten Forderungen dem Gläubiger ein beglaubigter Auszug aus der Tabelle zu erteilen (*J-W,* § 146 Anm. 15 und 42; *M-K,* § 146 Anm. 7 und 33; *B-St,* § 146 Anm. 2 und 3). Absatz 1 des § 146 findet auf Forderungen, für die ein Titel vorliegt, auch dann Anwendung, wenn nicht das Bestehen der titulierten Forderung, sondern nur ein etwa für sie beanspruchtes Vorrecht streitig ist oder wenn streitig ist, ob die Forderung zu den Konkursforderungen gehört, da diese Eigenschaften nicht Inhalt des Titels sind (*J-W,* § 146 Anm. 36; *M-K,* § 146 Anm. 34; *B-St,* § 146 Anm. 3).

Gläubiger **festgestellter Forderungen** erhalten von amtswegen weder einen 336
Auszug aus der Tabelle, noch Nachricht über das Ergebnis des Prüfungstermins, auch dann nicht, wenn der GSch ihrer Forderung widersprochen hat (zu dem Gesamtkomplex siehe *J-W,* § 146 Anm. 30; *M-K,* § 146 Anm. 21; *B-St,* § 146 Anm. 2 f). Sind über festgestellte Forderungen Wechsel, Titel (sie büßen ihre Vollstreckungswirkung ein, soweit ein vollstreckbarer Tabellenauszug erteilt werden kann), Schuldscheine oder andere Urkunden vorhanden und dem Gericht ur- oder abschriftlich eingereicht, so ist auf diesen Urkunden vom Urkundsbeamten der Geschäftsstelle die Feststellung in oder gleich nach dem Termin zu vermerken (§ 145 Abs. 1 S. 2 KO, § 15 Abs. 6 AktO). Wurde z. B. eine Wechselforderung von 5000 DM angemeldet und sind 5 Wechsel zu je 1000 DM vorgelegt, vom KV aber nur 4000 DM anerkannt, so ist auf jedem Wechsel die angemeldete Gesamtforderung und das Prüfungsergebnis einzutragen, da ja nicht festgestellt werden kann, welcher Wechselanspruch bestritten wurde. Die Vermerke sind zu siegeln und zu unterzeichnen. In ihnen ist zweckmäßig auf die Feststellungsvermerke in der Tabelle hinzuweisen. Daß nicht eingereichte Urkunden zum Zwecke

der Anbringung des Vermerks eigens eingefordert werden, ist nicht nötig. Die eingereichten Urkunden sind nach dem Vermerk der Feststellung sofort zurückzugeben. Die Verweigerung der Vorlage einer Schuldurkunde schließt die Feststellung nicht aus, kann aber zu einem Widerspruch führen (*J-W*, § 145 Anm. 2; *M-K*, § 145 Anm. 2).

6.5 Die Feststellung streitig gebliebener Forderungen

337 Als festgestellt gilt eine streitig gebliebene Forderung, wenn der gegen sie erhobene Widerspruch beseitigt ist (§ 144 Abs. 1). Die Entscheidung über den Widerspruch ist nicht Sache des Konkursgerichts, sondern des Prozeßgerichts, der besonderen Gerichte (§ 146 Abs. 5), gewisser Behörden (z. B. § 226a AO), oder auch eines Schiedsgerichts (*J-W*, § 146 Anm. 4–6, 19 ff.; *M-K*, § 146 Anm. 11–13, 15–19; *B-St*, § 146 Anm. 2 und 3). Vor der zuständigen Stelle ist die Feststellung zu betreiben, sofern sie im Wege der Güte nicht zu erreichen ist. Das Konkursgericht hat nicht darüber zu wachen, ob die Feststellung einer streitigen Forderung betrieben wird.

Im Prozeßweg ist die Feststellung nur gegen den oder die Widersprechenden zu betreiben. Dabei sind die Bestimmungen der Abs. 2–6 des § 146 maßgebend. Das Urteil, das eine Forderung feststellt, hat gegenüber allen Konkursgläubigern Wirkung (§ 147). Sollte jedoch der Rechtsstreit nur mit einem von mehreren Widersprechenden geführt worden sein (dies ist zulässig: RGZ 51, 97; *J-W*, § 146 Anm. 7 ff.; *M-K*, § 146 Anm. 3), so wirkt das Urteil trotz des Wortlauts des § 147 auch nur gegen diesen, nicht aber gegen die übrigen Widersprechenden, da deren Widerspruch durch Urteil nur beseitigt werden kann, wenn auch gegen sie ein Prozeß geführt ist. Die Rechtskraftwirkung nach § 145 Abs. 2 tritt erst ein, wenn sämtliche Widersprüche beseitigt sind.

Abgesehen vom Urteil im Prozeß kann ein Widerspruch auch durch Erlöschen der Forderung des Widersprechenden oder durch Zurücknahme beseitigt werden (siehe hierzu Rn 341).

6.6 Die Berichtigung der Tabelle

338 Sind infolge gütlicher Verhandlungen oder gerichtlicher Entscheidungen die Eintragungen in der Tabelle der Sachlage nicht mehr entsprechend, so bleibt es dem obsiegenden Teile überlassen, die Berichtigung der Tabelle zu beantragen. Solche Berichtigungen können in doppelter Richtung vorkommen; sie können dahin gehen, daß eine streitige Forderung ganz oder zum Teil nachträglich festgestellt ist, sie können aber auch die endgültige Beseitigung einer streitigen Forderung oder die nachträgliche Tilgung einer festgestellten

Forderung zum Gegenstand haben. Obwohl in der Tabelle der Widerspruch eingetragen ist, ist auch das Urteil, das ihn bestätigt, in der Tabelle zu vermerken. Der Grund liegt darin, daß die Entscheidung nach § 147 gegenüber allen Konkursgläubigern wirkt und eine Widerspruchszurücknahme bereits mit Rechtskraft des Urteils unzulässig wird, nicht erst mit der Tabellenberichtigung (*J-W,* § 147 Anm. 2 und § 146 Anm. 46).

Bei **Ausfallforderungen** brauchen der Betrag eines Ausfalls und ein Verzicht **339**
auf das Absonderungsrecht in der Tabelle nicht vermerkt zu werden. Der Ausfall bzw. der Verzicht sind zum Zwecke der Berücksichtigung der Forderung bei der Verteilung dem Verwalter – ohne Vermittlung des Gerichts – nachzuweisen (*J-W,* § 153 Anm. 3; *M-K,* § 153 Anm. 2; **a.M.** *Schrader-Bauer,* Rn 505). Der Übergang angemeldeter Forderungen kann, muß aber nicht eingetragen werden.

Soll eine streitig gebliebene Forderung als festgestellt in die Tabelle eingetra- **340**
gen werden, so ist entweder die Erklärung des Widersprechenden, daß er seinen Widerspruch zurücknehme, einzureichen (schriftlich oder zu Protokoll der Geschäftsstelle) oder das den Widerspruch zurückweisende Urteil in Ausfertigung und mit dem Zeugnis der Rechtskraft versehen vorzulegen; eine vollstreckbare Urteilsausfertigung ist nicht erforderlich. Sind gegen mehrere Widersprechende mehrere getrennte Urteile ergangen, so ist die Vorlage sämtlicher Urteile erforderlich. Soll dagegen vermerkt werden, daß eine streitig gebliebene Forderung rechtskräftig aberkannt ist, so genügt es, wenn ein Urteil vorgelegt wird, durch das irgendeiner der Widersprechenden die Aberkennung der Forderung erreicht hat. Selbst wenn andere Widersprechende mit ihrem Widerspruch abgewiesen sein sollten, gilt im angegebenen Falle die Forderung als aberkannt (§ 147).

Unbedenklich kann auch der Widersprechende selbst, insbesondere der **341**
Verwalter, wenn er seinen Widerspruch zurücknimmt, die Berichtigung der Tabelle beantragen.

Die Berichtigung der Tabelle erfolgt nur auf Antrag.

Nimmt der Bestreitende den Widerspruch zurück und beantragt er die Berichtigung der Tabelle, so genügt eine Verfügung, daß die Tabelle zu berichtigen ist, und der Gläubiger und ggfs. der Verwalter (bei Widerspruchsrücknahme eines Gläubigers) hiervon zu verständigen sind.

Eines gerichtlichen Beschlusses über die Anordnung einer Berichtigung der **342**
Tabelle bedarf es jedoch, wenn der Obsiegende sie beantragt. Vor der Entscheidung ist der Gegner des Antragstellers zu hören. Der Beschluß ist demjenigen, zu dessen Nachteil die Berichtigung gereicht, von amtswegen zuzustellen, also dem Widersprechenden, falls die Berichtigung die Feststellung einer streitig gebliebenen Forderung zum Gegenstande hat; dem Gläubiger, falls die Berichtigung die endgültige Beseitigung einer solchen Forde-

rung betrifft. Der Verwalter ist von der Berichtigung in jedem Fall zu benachrichtigen.
Bei Ablehnung einer Berichtigung ist der Beschluß dem Antragsteller zuzustellen.

343 Gegen den ergehenden Beschluß findet die sofortige Beschwerde bzw. die befristete Rechtspfleger-Erinnerung statt (§ 73 KO, § 11 RpflG; *J-W*, § 146 Anm. 46; *B-St*, § 146 Anm. 4). Die Eintragung der Berichtigung in die Tabelle, die in Spalte 9 erfolgt, sollte, wenn sie auf Grund eines anfechtbaren Beschlusses geschieht, erst nach dessen Rechtskraft vorgenommen werden. Zuständig hierfür ist der Urkundsbeamte der Geschäftsstelle, der den Vermerk neben dem Richter bzw. Rechtspfleger auch zu unterzeichnen hat.
Das Beschlußverfahren kann hinsichtlich der Eintragung einer Feststellung vermieden werden, indem der Widersprechende angeregt wird, den Widerspruch zurückzunehmen.
Die Berichtigung ist auch nach Konkursbeendigung noch zulässig (OLG Celle KTS 1964, 118; LG Berlin KuT 1927, 111).

344 **Berichtigung von Irrtümern:** § 146 Abs. 7 hat nur solche Berichtigungen im Auge, die infolge nachträglicher Erklärungen und Prozesse erforderlich werden und endgültige Feststellungen über das Bestehen oder Nichtbestehen anfänglich streitig gewesener Forderungen enthalten. Sonstige Berichtigungen, d. h. die Richtigstellung von Irrtümern, die bei den Eintragungen in die Tabelle vorgekommen sind, können nach den allgemeinen Grundsätzen stets – selbst nach Konkursbeendigung – auch von amtswegen vorgenommen werden, sofern es sich nicht um die irrtümliche Eintragung einer Feststellung handelt (LG Wuppertal KTS 1970, 237; OLG Hamm Rpfleger 1965, 78). Soll aber die Berichtigung eines Irrtums erfolgen, so muß der Irrtum klar zutage liegen oder von allen Beteiligten als solcher anerkannt sein. Andernfalls kann demjenigen, der einen Irrtum behauptet, nur anheimgegeben werden, ein Anerkenntnis der übrigen Beteiligten oder ein Urteil, welches diesen gegenüber den Irrtum rechtskräftig feststellt, beizubringen (BGH WM 1957, 1226; RGZ 82, 161 insbesondere 163 ff.).

345 Die Berichtigung der Tabelle ist auch hier durch gerichtlichen Beschluß anzuordnen, der den Beteiligten von amtswegen zuzustellen ist. Eine öffentliche Zustellung dürfte nicht erforderlich sein. Als Beteiligte dürften nur der Verwalter, der Gläubiger der durch die Berichtigung betroffenen Forderung und die Gläubiger, die etwa dieser Forderung widersprochen haben, anzusehen sein (zur gesamten Problematik siehe *J-W*, § 145 Anm. 3; *M-K*, § 145 Anm. 7).
Gegen jede Entscheidung über einen Antrag auf Berichtigung findet die

sofortige Beschwerde bzw. die befristete Rechtspfleger-Erinnerung statt (§ 73 KO, § 11 RpflG).

Die Berichtigung der Tabelle bezüglich festgestellter Forderungen: Besonderer Erwähnung bedürfen die Berichtigungen, die die **als festgestellt** in die Tabelle eingetragenen Forderungen betreffen. Bezüglich dieser Forderungen wirkt die Eintragung in die Tabelle – ohne, daß es einer Zustellung oder Verkündung bedarf – sowohl dem Betrag als dem Vorrecht nach wie ein rechtskräftiges Urteil gegenüber allen Konkursgläubigern (§ 145 Abs. 2). Diese gesetzliche Wirkung beginnt bereits mit dem Vollzug der Eintragung, d. h. mit deren Unterzeichnung (*J-W,* § 145 Anm. 3). 346

Die Anwendung von § 319 ZPO, wie auch von § 320 ZPO, wird nach wohl h. M. hier abgelehnt. Möglich bleibt hier nur ein förmlicher **Antrag** an das Konkursgericht auf Berichtigung der Tabelle. Die Entscheidung des Gerichts kann dann mit der sofortigen Beschwerde bzw. befristeten Rechtspfleger-Erinnerung (§ 73 KO, § 11 RpflG) angefochten werden (OLG Nürnberg JW 1931 S. 2158 f. Nr. 41; ZZP 50, 162 ff. – Berichtigung des Konkurseröffnungsbeschlusses nach dem Prüfungstermin nach § 319 ZPO – *J-W,* § 145 Anm. 3; *M-K,* § 145 Anm. 7). **Muster** siehe *Schrader-Bauer,* Rn 501.

Ist ein zulässiger Widerspruch gegen eine als festgestellt eingetragene Forderung nicht erhoben, so kann weder der Verwalter, noch irgendein Konkursgläubiger die Eintragung der Feststellung mit der Behauptung, daß er ohne seine Schuld die Erklärung im Prüfungstermin versäumt oder nur aus Irrtum nicht widersprochen habe, angreifen. Selbst der Nachweis, daß die festgestellte Forderung tatsächlich bereits getilgt war, vermag die einmal erfolgte Feststellung an sich nicht zu erschüttern. Indessen kann u. U. eine Nichtigkeits- oder Restitutionsklage (§§ 578 ff. ZPO) in Frage kommen oder der § 826 BGB eine Abhilfe gewähren (siehe hierzu mit weit. Hinw. *J-W,* § 145 Anm. 10; *M-K,* § 145 Anm. 8; *B-St,* § 145 Anm. 6). Nachträgliche Tilgung einer festgestellten Forderung berechtigt ebenfalls nicht dazu, ohne weiteres die Berichtigung der Tabelle zu verlangen. Falls nicht der Gläubiger die getilgte Forderung freiwillig zurückzieht, hat derjenige, der die Tilgung behauptet, seine Behauptung im Wege der Klage geltend zu machen (§ 767 ZPO; vgl. *J-W,* § 145 Anm. 11; *M-K,* § 145 Anm. 9; *B-St,* § 145 Anm. 6). Erst das rechtskräftige Urteil, das die Tilgung als erfolgt anerkennt, gewährt dann einen Anspruch auf Berichtigung der Tabelle. 347

Teil IX: Die Teilungsmasse, ihre Ermittlung und Verteilung

1. Die Teilungsmasse

1.1 Allgemeines

348 Das Konkursgericht hat, wie schon früher bemerkt, mit den eigentlichen Verwaltungsgeschäften so gut wie nichts zu tun. Diese obliegen dem Verwalter unter Mitwirkung des Gläubigerausschusses und der Gläubigerversammlung. Der Verwalter hat insbesondere die Konkursmasse in Besitz zu nehmen, sie, soweit nötig sicherzustellen, sie zu verwalten und zu verwerten, auch schwebende Rechtsangelegenheiten abzuwickeln und den Erlös zu verteilen.
Im folgenden sollen alle die Teilungsmasse betreffenden Geschäfte nur insoweit berührt werden, als es zur Klarstellung der Obliegenheiten des Konkursgerichtes erforderlich ist.

1.2 Ermittlung, Herbeischaffung und Sicherstellung der Konkursmasse

349 Gleich nach der Konkurseröffnung hat der Verwalter die vorhandene Masse festzustellen und in Besitz zu nehmen (§ 117). Verweigert der GSch die Herausgabe von Gegenständen, die zur Konkursmasse gehören, so kann sie ihm der Verwalter auf Grund einer auf seinen Antrag von der Geschäftsstelle zu erteilenden vollstreckbaren Ausfertigung des Konkurseröffnungsbeschlusses (§ 794 Nr. 3 ZPO) durch einen Gerichtsvollzieher zwangsweise wegnehmen lassen (siehe hierzu auch *Noack* KTS 1955, 170 und KTS 1966, 149; dort insbesondere unter Berücksichtigung des § 811 ZPO). Der Titel, der entsprechend §§ 883, 885 ZPO zu vollstrecken ist, enthält keinen Herausgabebefehl und nicht die Bezeichnung der herauszugebenden Gegenstände. Sie werden für den Gerichtsvollzieher durch die §§ 1, 2 bestimmt und ergänzt durch die Angaben des Verwalters im Vollstreckungsauftrag (*J-W,* § 117 Anm. 13; *M-K,* § 117 Anm. 6; *B-St,* § 117 Anm. 2 jeweils mit weit. Hinw.; LG Düsseldorf KTS 1957, 143).

350 Einwendungen des GSch, die das Verfahren des Gerichtsvollziehers betreffen (z. B. Unpfändbarkeit, Nichtzugehörigkeit zur Konkursmasse) sind nach § 766 ZPO geltend zu machen und vom **Konkursgericht** zu entscheiden (BGH KTS 1962, 171 = NJW 1962, 1392; *Noack* KTS 1966, 150, AG München KTS 1964, 255, LG Berlin KTS 1963, 58). Die funktionelle Zuständigkeit dürfte – trotz des für Einzelverfahren geltenden § 20 Nr. 17 S.

2 Buchst. a RpflG – beim **Rechtspfleger** liegen, wenn er für das Gesamtverfahren zuständig ist (vgl. *Eickmann,* Abschn. 6.1 Fn 60 = S. 37 u.). Streitigkeiten über die Massezugehörigkeit können durch eine vom Verwalter zu erhebende Feststellungsklage geklärt werden (BGH KTS 1962, 170). Hat der Gerichtsvollzieher dem Verwalter die Gegenstände aber ausgehändigt, so bleibt dem GSch nur noch die Möglichkeit der Klage beim Prozeßgericht (RGZ 37, 398; *J-W,* § 117 Anm. 14 und § 1 Anm. 48; *B-St,* § 117 Anm. 2). Nach *J-W* (§ 117 Anm. 14) ist es nicht vertretbar, dem Gerichtsvollzieher die Prüfung der Massezugehörigkeit der herauszugebenden Gegenstände aufzuerlegen. Sie schlagen eine Wegnahmeanweisung des Konkursgerichts, gestützt auf § 101 Abs. 2, an den Gerichtsvollzieher vor, in der die einzelnen Gegenstände, die zur Konkursmasse gehören, genau bezeichnet sind. Hiergegen wird von *M-K* (§ 117 Anm. 6) wegen der möglichen Verzögerungen durch die Prüfung der Rechtslage Bedenken erhoben. Hinzukommt, daß dem Verwalter in vielen Fällen die einzelnen Gegenstände nicht bekannt sein werden. Befindet sich die Masse im Besitz eines Dritten, (das ist auch der gesetzliche Vertreter, wenn er die Sache im eigenen Gewahrsam hat), so kann die Herausgabe nur im Prozeßwege erzwungen werden (LG Berlin GVZ 1972, 113).

Der Konkurseröffnungsbeschluß kann auch als Räumungstitel verwendet **351** werden (*Noack* KTS 1955, 171; LG Düsseldorf KTS 1957, 143; 1963, 58; zum Räumungsschutz LG Düsseldorf KTS 1963, 190). Als mehr praktikabel und besser hat sich die **Räumungsanweisung** des Konkursgerichts erwiesen. Während die vollstreckbare Ausfertigung des Konkurseröffnungsbeschlusses als Räumungstitel für eine Vollstreckung nach § 885 ZPO betrachtet wird, auf die die Schutzvorschriften wie §§ 721, 765a ZPO Anwendung finden, ist die Durchführung der Räumungsanordnung keine Zwangsvollstreckung im Sinne der ZPO. Gegen die Entscheidung des Konkursgerichts ist nur die sofortige Beschwerde bzw. befristete Rechtspfleger-Erinnerung zulässig (§ 73 Abs. 3 KO, § 11 RpflG).

Der Verwalter kann auch die Haft des GSch beantragen (§ 101 Abs. 2). Die **352** Anordnung ist unzulässig, wenn die Räumung oder die Herausgabe von beweglichen Gegenständen damit erzwungen werden soll (OLG Stuttgart NJW 1953, 389, *M-K,* § 101 Anm. 4; *B-St,* § 101 Anm. 4).

Vom Konkursbeschlag erfaßt ist auch das im Ausland befindliche Vermögen. **353** Praktisch hängt die Durchführung jedoch von dem im Ausland geltenden Recht ab (*J-W,* § 1 Anm. 71; *M-K,* § 1 Anm. 6; *B-St,* § 237 Anm. 1 jeweils mit weit. Hinw.). Nur wenn der GSch dem Verwalter freiwillig eine Vollmacht zur Verfügung über sein Auslandsvermögen erteilt, kann es tatsächlich zur Masse gezogen werden. Auch die Erfüllung der Pflichten, die im § 120 den absonderungsberechtigten Besitzern von Gegenständen der Konkursmasse auferlegt sind, kann das Konkursgericht nicht erzwingen. Inwieweit das Konkursgericht zur Sicherung der Masse Maßregeln zu treffen hat oder doch treffen kann, ist in Rn 106 ff. erörtert. Sonstige Sicherungsmaßregeln, namentlich die Siegelung der Masse, sind dem Ermessen des Verwalters überlassen (§ 122 Abs. 1).

1.3 Die Aufzeichnung der Konkursmasse

354 Der Verwalter hat umgehend nach Konkurseröffnung die sämtlichen zur Masse gehörigen Gegenstände, gleichgültig, ob sich diese in seinem oder im Besitze eines Dritten befinden, einzeln (bei gleichartigen Waren genügt die Angabe der Stückzahl und Art) unter Angabe ihres Wertes aufzuzeichnen. Aufzuzeichnen sind auch unbewegliches Vermögen sowie Rechte (z. B. Forderungen). Absonderungsrechte sind bei den einzelnen Vermögenswerten anzugeben. Nicht aufzunehmen ist unzweifelhaft fremdes, beschlagnahmefreies und bereits freigegebenes Gut (*J-W,* § 123 Anm. 1; *M-K,* § 123 Anm. 1).

Dabei hat der Verwalter eine obrigkeitliche (z. B. einen Bürgermeister) oder eine Urkundsperson (z. B. Gerichtsvollzieher) und zum Zwecke der Werterмittlung erforderlichenfalls einen ihm geeignet erscheinenden Sachverständigen zuzuziehen (§ 123 Abs. 1). Welche Personen als obrigkeitliche oder Urkundspersonen anzusehen sind, bestimmt das Landesrecht (nähere Hinweise hierzu *J-W,* § 123 Anm. 3; *Schrader-Bauer,* Fn. 177 bei Rn 310). Die Aufzeichnung der Massegegenstände obliegt dem Verwalter; der Gerichtsvollzieher wird nur als Urkundsperson tätig (OLG Celle KTS 1973, 200). Daher findet hier § 793 ZPO keine Anwendung (LG Lüneburg KTS 1973, 198). Außerdem hat der Verwalter dem GSch zuzuziehen, wenn dieser ohne Aufschub zu erlangen ist.

355 Das Gericht kann ausnahmsweise gestatten, daß die Aufzeichnung ganz oder teilweise unterbleibt oder ohne Zuziehung einer obrigkeitlichen oder Urkundsperson vorgenommen wird. Die Erlaubnis hierzu darf jedoch nur auf Antrag des Verwalters und, wenn ein Gläubigerausschuß bestellt ist, nur auf übereinstimmenden Antrag des Verwalters und des Gläubigerausschusses erteilt werden (§ 123 Abs. 2). Das Gericht wird eine Abweichung von den Vorschriften des § 123 Abs. 1 nur dann gestatten können, wenn auch ohne Befolgung dieser Vorschriften der Zweck der Aufzeichnung, eine vollständige und zuverlässige Übersicht über die vorhandene Masse und deren Wert zu gewinnen, sich erreichen läßt. So namentlich, wenn erst kurz vorher eine zuverlässige Inventur stattgefunden hat oder wenn ein baldiger Verkauf des Geschäftes des GSch im ganzen erfolgen soll. Während die Befreiung von der Aufzeichnung nur in besonderen Ausnahmefällen erfolgen soll, sind an die

Befreiung von der Pflicht zur Beiziehung einer obrigkeitlichen oder Urkundsperson keine allzugroßen Anforderungen zu stellen.

Die Entscheidung wird nur bei der Ablehnung dem Verwalter zugestellt, **356**
ansonsten formlos übersandt. Gegen die Zurückweisung des Antrags hat der Verwalter das Recht der sofortigen Beschwerde bzw. befristeten Rechtspfleger-Erinnerung (§ 73 KO, § 11 RpflG), die stattgebende Entscheidung ist mangels Beschwer unanfechtbar (*J-W,* § 123 Anm. 4; *M-K,* § 123 Anm. 5). Muster für Beschluß und Aufzeichnung s. *Schrader-Bauer,* Rn 310 ff.

1.4 Inventar und Bilanz

Auf Grund der Aufzeichnungen, sowie der Bücher und Papiere des GSch hat **357**
der Verwalter ein Inventar und eine Bilanz anzufertigen. Eine Frist zur Vorlage besteht nicht. Die in der Vorauflage vertretene Ansicht, daß diese zur ersten Gläubigerversammlung eingereicht werden müssen wird aufgegeben. Innerhalb dieses kurzen Zeitraumes ist es praktisch unmöglich, eine vollständige Übersicht zu erhalten. Meist ist dies erst nach dem allgemeinen Prüfungstermin, also nach etwa 4–5 Monaten, möglich.

Der Verwalter hat eine von ihm unterzeichnete Abschrift des Inventars und der Bilanz auf der Geschäftsstelle unter Beifügung der Protokolle über eine etwa stattgefundene Siegelung und Entsiegelung zur Einsicht der Beteiligten niederzulegen. Beispiele hierzu *Senst* „Verwaltung von Konkursen" – Beilagen; *Mohrbutter-Haarmann,* Seite 79 ff., 294; *Schrader-Bauer,* Rn 324, 325; *Orth* JW 1935, 2605; *Kottke* Betr. 1954, 437. Ausführungen zur **Bilanz:** *Goldbeck* KTS 1962, 154 ff.

Das Gericht hat darüber zu wachen, daß der Verwalter diesen Verpflichtungen nachkommt. Es kann ihn zu deren Erfüllung erforderlichenfalls durch Zwangsgelder anhalten. Das Gericht hat aber nicht nur darauf zu sehen, daß der Verwalter überhaupt eine Abschrift des Inventars und der Bilanz auf der Geschäftsstelle niederlegt, sondern auch darauf, daß Inventar und Bilanz den Anforderungen entsprechen.

Das **Inventar** hat den Zweck, dem Gericht, dem Verwalter und allen Beteilig- **358**
ten einen vollständigen Überblick über den Bestand der Konkursmasse und die gegen sie bestehenden Ansprüche zu gewähren und dient als Grundlage für die Überwachung der Masseverwertung, insbesondere auch bei der Prüfung der Schlußrechnung durch das Gericht.

Demgemäß sind im **Inventar** die zur Masse gehörigen beweglichen und unbeweglichen Sachen, die ausstehenden Forderungen und die sonstigen Vermögensrechte, ferner alle Schulden (geordnet nach Massekosten, Masseschulden, den einzelnen Vorrechten und den gewöhnlichen Konkursforderungen), wegen deren aus der Konkursmasse Befriedigung gesucht werden kann (die Aufnahme der Schulden und die systematische Zusammenstellung unterscheidet die Masse-Aufzeichnung nach § 123 von dem Inventar) einzeln in übersichtlicher Anordnung aufzuführen. Bei Grundstücken und beweglichen Sachen, an denen Absonderungsrechte bestehen, ist der Betrag der absonderungsberechtigten Forderung anzugeben. Bei den ausstehenden Forderungen und den Schulden sind auch die Nebenforderungen an Zinsen, Schäden und Kosten zu vermerken. Weiter ist bei den Ansprüchen darauf hinzuweisen, wenn die Einziehbarkeit zweifelhaft oder ausgeschlossen ist.

359 Die **Bilanz** hat eine summarische Gegenüberstellung der Teilungsmasse und der Schuldenmasse im Anschluß an das Inventar zu geben. Dabei ist die Teilungsmasse nur zu dem Betrage anzunehmen, der sich bei ihrer Verwertung voraussichtlich erzielen lassen wird. Gegenstände, die mit Pfand- oder sonstigen Absonderungsrechten belastet sind, werden am besten nur mit dem Wertbetrage eingestellt, den sie nach Abzug der Forderungen der Absonderungsberechtigten etwa noch für die Masse haben. Dagegen bleiben dann diese Forderungen, soweit sie durch den Wert der Gegenstände der Absonderungsrechte vermutlich Deckung finden, außer Ansatz. Die Absonderungsrechte erscheinen somit auf der Aktiv- und Passivseite und zwar in gleicher Höhe.

Wird die Bilanz in dieser Form aufgestellt, so läßt sich ohne besondere Schwierigkeit errechnen, welche Quote die Konkursgläubiger erwarten dürfen. Der Vereinfachung dient es, wenn der Verwalter den Prozentsatz in die Bilanz bereits aufnimmt.

360 Die Einsicht der auf der Geschäftsstelle niedergelegten Schriftstücke ist jedem Konkursgläubiger, den Mitgliedern des Gläubigerausschusses und dem GSch, den Massegläubigern und einem Käufer der Masse im ganzen (nicht jedoch Aussonderungsberechtigten und Absonderungsberechtigten, die keinen Ausfall erleiden) gestattet. Diesen Personen ist auch auf Antrag eine Abschrift der Schriftstücke gegen Erstattung der Kosten zu erteilen (§ 299 Abs. 1 ZPO, § 72 KO). Nach wohl herrschender Meinung erstreckt sich dieses Recht auch auf das Gläubigerverzeichnis (siehe hierzu *J-W*, § 124 Anm. 4, mit einer Darstellung der Rechtsprechung und *M-K* § 124 Anm. 3). Bei Verweigerung der Einsicht oder der Abschriftenerteilung durch den Urkundsbeamten der Geschäftsstelle hat der Antragsteller das Recht, binnen zwei Wochen ab Zustellung der Entscheidung sofortige Beschwerde einzulegen (§ 73 Abs. 2), die zunächst als Erinnerung behandelt wird. Hilft ihr das Konkursgericht nicht ab, so hat über das Rechtsmittel das übergeordnete LG zu entscheiden.

361 Das Gebot der Offenlegung erstreckt sich nicht auf die **Geschäftsbücher** des GSch. Inwieweit Gläubiger mit verlängertem Eigentumsvorbehalt ein Recht auf Einsicht haben, ist umstritten. Hierüber hat jedoch nicht das Konkursgericht, sondern das Prozeßgericht zu entscheiden (*J-W*, § 124 Anm. 5).

2. Die Verwaltung und Verwertung der Konkursmasse

2.1 Allgemeines

Die Verwaltung und Verwertung der Masse ist Sache des Verwalters (§ 117 Abs. 1). Dem Konkursbericht stehen keinerlei Verwaltungsbefugnisse zu, auch ist zu keinerlei Verwaltungsmaßregeln die gerichtliche Genehmigung erforderlich. Nur wenn ein Gläubigerausschuß nicht bestellt ist, steht dem Gericht eine positive Anordnung insofern zu, als es bei der Konkurseröffnung einstweilen zu bestimmen hat, wo die Gelder, Wertpapiere und Kostbarkeiten hinterlegt werden sollen (§ 129 Abs. 2). Abgesehen hiervon ist der Einfluß des Konkursgerichts auf die Verwaltung und Verwertung der Masse lediglich auf die allgemeinen Aufsichtsbefugnisse und auf das durch die §§ 99, 130 Abs. 2, 135 Abs. 2 verliehene Veto beschränkt (siehe auch AG Osnabrück KTS 1965, 181). **362**

Kraft des Rechts der Aufsicht über den Verwalter wird das Gericht von Zeit zu Zeit von ihm Berichterstattung über die Lage der Sache und über die bisher ergriffenen Maßregeln anfordern und geeignetenfalls auf eine Beschleunigung der Verwaltungsmaßnahmen hinzuwirken suchen. Hier ist die Regelung vorteilhaft, daß die Gläubigerversammlung im Wahltermin auf Berichterstattung und Rechnungslegung verzichtet, dem Verwalter aber auferlegt, in bestimmten Zeitabständen einen schriftlichen Bericht zu den Akten zu bringen. Die Einreichung ermöglicht die Ausübung des Aufsichtsrechts und treibt indirekt den Verwalter an, die noch durchzuführenden Maßnahmen zu erledigen. Die Praxis hat gezeigt, daß sich der Verwalter über Prozeßaussichten nur sehr zurückhaltend äußern soll, da dies von der Gegenpartei gelegentlich zum Nachteil der Masse ausgewertet werden kann (z. B. Beiziehung der Konkursakten, in denen der Verwalter die Prozeßaussichten aus bestimmten Gründen für ungünstig hält).

Die Überwachungspflicht des Gerichts ist eingeschränkt, wenn ein Gläubigerausschuß bestellt wurde. Hier wird jedoch auch zu unterscheiden sein, welche Persönlichkeiten diesem Gremium angehören (siehe hierzu auch Rn 54, 56). Eine Einmischung des Gerichts in die Einzelheiten der Geschäftsführung würde, ganz abgesehen von der Frage ihrer Zulässigkeit, den gemeinsamen Interessen der Konkursgläubiger nicht immer förderlich sein. Gelegentlich kann jedoch ein Meinungsaustausch zwischen Gericht und Verwalter oder ein Hinweis auf dem Verwalter nicht bekannte Tatsachen zu einer vorteilhafteren Abwicklung führen.

2.2 Die Untersagung von Rechtshandlungen des Verwalters

363 Auf Antrag des GSch kann das Gericht dem Verwalter die Vornahme einer Rechtshandlung, zu der er nach §§ 133, 134 einer Genehmigung bedarf, einstweilen untersagen. (Nach § 135 Abs. 1 hat der Verwalter den GSch, sofern dieser ohne Aufschub zu erlangen ist, vor der Vornahme einer jeden Maßregel der in den §§ 133, 134 bezeichneten Art von seinem Vorhaben in Kenntnis zu setzen.) Diese Befugnis wird nicht dadurch ausgeschlossen, daß der Gläubigerausschuß die Vornahme der Rechtshandlung genehmigt hat; sie fällt aber fort, wenn bereits eine Gläubigerversammlung die Genehmigung erteilt hat oder vom Verwalter die Rechtshandlung in verpflichtender Weise vorgenommen worden ist (§ 135 Abs. 2). Weiter ist der Antrag abzulehnen, wenn der Fall des § 177 Abs. 2 gegeben ist und er sich gegen die beabsichtigte Verwertung von Massegegenständen richtet.

364 Nach § 130 Abs. 2 kann bis zur Beschlußfassung der Gläubigerversammlung das Gericht auf Antrag des GSch, wenn dieser einen Zwangsvergleichsvorschlag eingereicht hat, auch die Schließung des Geschäfts einstweilen untersagen.

365 Ob das Gericht von seiner Befugnis im einzelnen Falle Gebrauch machen will, ist seinem Ermessen überlassen. Maßgebender Gesichtspunkt wird dabei aber sein, ob die Untersagung der Vornahme der Rechtshandlung im Interesse der Konkursgläubiger wünschenswert oder wenigstens unbedenklich ist. Ist dies nicht der Fall, so wird die Untersagung selbst bei einem erheblichen Interesse des GSch nicht erfolgen dürfen, da das Interesse der Konkursgläubiger dem des GSch unbedingt vorangestellt werden muß. Steht das Interesse der Gläubiger nicht entgegen, so wird die Untersagung jedoch nur dann ausgesprochen werden, wenn das Interesse, das der GSch an der Untersagung hat, bedeutend genug ist, um die Verzögerung der Ausführung der beabsichtigten Maßregeln und die infolge des Unterlassungsbeschlusses entstehenden Kosten zu rechtfertigen. Letztere entstehen, da das Gericht von amtswegen zur Beschlußfassung eine Gläubigerversammlung einberufen muß, und zwar auch, wenn es sich um eine Entscheidung der im § 133 bezeichneten Fälle handelt, wobei es gleichgültig ist, ob ein Ausschuß bestellt wurde und dieser die Genehmigung erteilt hat oder nicht (*J-W,* § 135 Anm. 2; *M-K,* § 135 Anm. 2; *B-St,* § 135 Anm. 2). Der über den Antrag des GSch ergehende Beschluß ist bei einer Ablehnung dem GSch, bei einer Bewilligung dem Verwalter zuzustellen, den anderen Beteiligten aber jeweils formlos mitzuteilen. (**A. M.** *J-W,* § 135 Anm. 3 – förmliche Zustellung an beide). Die Beschwerten können dagegen sofortige Beschwerde bzw. befristete Rechtspfleger-Erinnerung erheben (§ 73 KO, § 11 RpflG).

Wird dem Antrag stattgegeben, so geschieht die Berufung der Gläubigerversammlung in der gewöhnlichen Weise (siehe Rn 68 ff., 197 ff.); der besonderen Ladung des GSch oder des Verwalters bedarf es nicht. Der GSch ist, wenn er in der Gläubigerversammlung erscheint, mit seinen Ausführungen zu hören. Die Gläubigerversammlung entscheidet dann endgültig, ob die beanstandete Maßregel vorgenommen werden soll oder nicht (§§ 132, 135 Abs. 2). Nur noch eine gerichtliche Vetoentscheidung nach § 99 kann dies verhindern. Die gerichtliche Untersagung einer Maßregel des Verwalters hat in materiellrechtlicher Beziehung keine erhebliche Bedeutung, da sie nicht hindert, daß die untersagte Maßregel dennoch mit Rechtswirksamkeit vorgenommen werden kann, § 136. Wenn der Verwalter der gerichtlichen Anordnung zuwiderhandelt, so hat dies im allgemeinen nur zur Folge, daß er schadensersatzpflichtig wird (§ 82) und sich der Gefahr aussetzt, entlassen zu werden (§ 84). Die Festsetzung eines Zwangsgeldes (§ 84) dürfte nicht zum Tragen kommen, da dieses nicht zur Sühne für begangene Pflichtwidrigkeit, sondern als Zwang zur Erfüllung bestimmter Rechtspflichten bestimmt ist (vgl. unten Rn 48).

2.3 Die Festsetzung von Fristen im Falle des § 127 Abs. 2

Wenn ein absonderungsberechtigter Gläubiger befugt ist, sich ohne gerichtliches Verfahren aus dem Gegenstand des Absonderungsrechts zu befriedigen, so ist der Verwalter nicht berechtigt, den Gegenstand frei von den Rechten des Gläubigers zu veräußern (OLG Schleswig KTS 1967, 244), vielmehr hat zunächst der Gläubiger allein zu entscheiden, ob, wie und wann die Veräußerung erfolgen soll. Auf Antrag des Verwalters kann jedoch das Konkursgericht dem Gläubiger nach dessen Anhörung eine Frist bestimmen, innerhalb deren er den Gegenstand zu verwerten hat (§ 127 Abs. 2). Eine Klärung der materiellrechtlichen Sachlage durch das Konkursgericht hat nach h. M. nicht zu erfolgen (OLG Köln KTS 1968, 116 a. M. *Werner* KTS 1969, 215 ff. der – mit beachtlichen Gründen – die Prüfung des Eintritts der Verwertungsbedingungen für erforderlich hält). **366**

Das gleiche gilt bei der Verwertung von **gepfändeten Sachen** (hierzu mit eingehender Begründung und weit. Hinw. *J-W,* § 127 Anm. 7; *M-K,* § 127 Anm. 15; *B-St,* § 127 Anm. 5; *Johlen* KTS 1964, 142). Das Recht, sich ohne gerichtliches Verfahren aus Pfandgegenständen zu befriedigen, steht dem Gläubiger in der Regel zu (Zusammenstellung zu den Pfand- und Zurückbehaltungsrechten: *J-W,* § 127 Anm. 6; *M-K,* § 127 Anm. 1; *B-St,* § 127 Anm. 5). **367**

Das **Sicherungseigentum** ist ebenfalls dem § 127 Abs. 2 zuzuordnen. (*J-W,* § 127 Anm. 8; *M-K,* § 127 Anm. 16; *B-St,* § 127 Anm. 5). Bei der Herausgabe des Sicherungsgutes zur Verwertung ist jedoch zu beachten, daß diese **368** der Umsatzsteuer unterliegen kann, die der Verwalter aus der Masse zu zahlen hat und nicht vom Sicherungsnehmer verlangen kann (BGH KTS 1961, 186; BGHZ 58, 257 = MDR 1972, 687 = NJW 1972, 874 mit Anm. von *Dewein* in NJW 1972, 1321 = KTS 1973, 58; BFH NJW 1972, 1967 mit Anm. von *Mathiak*). Zur Vermeidung dieser Masseverbindlichkeiten verbleibt dem Verwalter nur die Möglichkeit der Freigabe, wenn kein Übererlös zu erwarten ist. Hierbei ist zu beachten, daß die Steuer einmal durch die Übergabe an den Sicherungsnehmer und weiter durch den Verkauf anfällt.

369 Der Beschluß, wodurch auf Grund des § 127 eine Frist gesetzt wird, ist sowohl dem Verwalter als auch dem Gläubiger zuzustellen, da beiden das Recht der sofortigen Beschwerde bzw. befristeten Rechtspflegererinnerungen zusteht (§ 73 KO, § 11 RpflG, *J-W,* § 127 Anm. 10). Einer vorgängigen mündlichen Verhandlung bedarf es nicht (§ 73), jedoch ist dem Gläubiger vor der Entscheidung rechtliches Gehör zu gewähren.

Ob die dem Absonderungsberechtigten gesetzte Frist eingehalten wird, braucht das Konkursgericht nicht zu überwachen. Die Wirkung der Fristsetzung ist lediglich die, daß nach Ablauf der Frist der Verwalter befugt ist, die Verwertung des Gegenstandes des Absonderungsrechts ohne Rücksicht auf dieses Recht nach Maßgabe der Vorschriften über die Zwangsvollstreckung oder über den Pfandverkauf zu betreiben und zu diesem Zweck die Herausgabe des Gegenstandes von dem Gläubiger zu verlangen und daß nach der Verwertung der Gläubiger sich nur an den Erlös halten kann. Der Gläubiger kann auch nach Ablauf der Frist die Vewertung noch selbst betreiben, bis ihm der Verwalter die Möglichkeit dazu entzogen hat (*J-W, § 127 Anm. 10; M-K,* § 127 Anm. 19; *B-St,* § 127 Anm. 6). **Muster** für Antrag des Verwalters und Entscheidung des Gerichts siehe *Schrader-Bauer* Rn 417, 418.

3. Die Verteilung der Konkursmasse

370 Ebenso wie die Verwaltung und Verwertung der Masse, ist auch deren Verteilung im wesentlichen Sache des Verwalters. Er hat die Verteilung vorzubereiten, über den Zeitpunkt der Vornahme zu entscheiden, ihre Grundlagen (die Verzeichnisse der zu berücksichtigenden Forderungen) herzustellen, die zu verteilenden Beträge zu ermitteln und festzustellen, endlich auch die Verteilung auszuführen. Bei diesen Geschäften ist er nur in gewissen Beziehungen an Anordnungen oder an die Genehmigung des Gläubigerausschusses oder des Gerichts gebunden (*Delhaes* KTS 1963, 240 ff.).

3.1 Die Berichtigung bevorrechtigter Forderungen

Auf **festgestellte bevorrechtigte Forderungen** (betroffen sind nur die Vorrechte nach § 61, nicht die einer eigenen Regelung unterworfenen besonderen Konkursvorrechte – *J-W,* § 170 Anm. 3; *M-K,* § 170 Anm. 1; *B-St,* § 170 Anm. 1) kann der Verwalter jederzeit unabhängig von allgemeinen Verteilungen Zahlungen leisten. Er bedarf jedoch dazu außerhalb einer allgemeinen Verteilung der Ermächtigung des Gerichts (§ 170). Das Gericht darf die Ermächtigung, die sich stets auf bestimmt bezeichnete Vorrechtsansprüche bezieht, bei denen das Erfordernis der Feststellung gegeben ist, nur erteilen, wenn sämtliche Masseansprüche und auch etwaige besser bevorrechtigte Forderungen durch die übrigbleibende Masse gesichert sind. Die Genehmigung hat auch dann zu unterbleiben, wenn keine weitere Masse mehr zu erwarten ist und mit einer Einstellung nach § 204 nach der Ausschüttung zu rechnen wäre. Diese Konkursbeendigung verhindert eine Nachtragsverteilung nach § 166 und kann daher zum Schaden der Gläubiger sein. 371

Die Ermächtigung nach § 170 setzt keinen förmlichen Antrag voraus (*J-W,* § 170 Anm. 2). Sie kann daher von amtswegen, auf Antrag eines Vorrechtsgläubigers mit einer festgestellten Forderung, oder – was die Regel ist – auf Antrag des Verwalters erteilt werden (*J-W,* a.a.O.; *M-K,* § 170 Anm. 3; *B-St,* § 170 Anm. 1).

Gegen einen ablehnenden Bescheid, der dem Antragsteller zuzustellen ist, kann dieser und jeder von der Ablehnung betroffene Vorrechtsgläubiger sofortige Beschwerde bzw. befristete Rechtspflegererinnerung einlegen (§ 73 KO, § 11 RpflG).

Die Erteilung der Genehmigung, die dem Verwalter und dem Antragsteller mitzuteilen ist, kann von den Massegläubigern und besser berechtigten Konkursgläubigern angefochten werden. *J-W* (Anm. 2 am Ende des § 170) empfehlen bei einer größeren Zahl von Beschwerdeberechtigten die öffentliche Bekanntmachung. In der Praxis wird diese jedoch, soweit bekannt, nicht durchgeführt. **Muster** für eine Genehmigung siehe *Schrader-Bauer* Rn 533.

Die in der Vorauflage vertretene Ansicht, daß eine Verpflichtung zur Erteilung der Genehmigung auch bei Vorhandensein genügender Masse nicht bestehe, kann nicht aufrecht erhalten werden. Es läge dann ein offensichtlicher Ermessensmißbrauch vor.

Trotz der Ermächtigung besteht keine Zahlungspflicht des Verwalters, noch haben die Bevorrechtigten einen Anspruch auf Befriedigung außerhalb der allgemeinen Verteilung. Die Ermächtigung ist eine Erlaubnis aber kein Befehl. Stellt sich nachträglich heraus, daß nach der Zahlung die Massegläubiger nicht mehr befriedigt werden könnten, so hat sie zu unterbleiben,

ansonsten der Verwalter nach § 82 haftbar gemacht werden könnte. Andererseits besteht kein Zurückforderungsrecht (KG KuT 1930, 84; *J-W,* § 170 Anm. 2; *M-K,* § 170 Anm. 4).
Bei Zahlungen ohne gerichtliche Ermächtigung, insbesondere schon vor dem Prüfungstermin, handelt der Verwalter auf persönliche Verantwortung (§ 82). Eine nachträgliche gerichtliche Genehmigung ist ausgeschlossen. Auf Grund des Konkursausfalls-Gesetzes dürften jedoch die früheren Schwierigkeiten wegen der rückständigen Löhne bei der Betriebsfortführung nunmehr überwiegend entfallen (*Mohrbutter-Harmann* KTS 1956, 178 f.; *J-W,* § 170 Anm. 4; *M-K* § 170 Anm. 4; *B-St,* § 170 Anm. 1 und 2).
Streitig ist, ob bei der Auszahlung im Vorrecht I, die entsprechenden Lohnsteuern berücksichtigt werden müssen. Wurde der Bruttobetrag angemeldet, so soll nur der Nettobetrag auszubezahlen sein. Bei Feststellung des Nettolohnes wären die Lohnsteuern Masseschulden nach § 59 Ziff. 1 (siehe hierzu *Leo* in KuT 1935, 2; *Schade* KTS 1957, 83, BFH in KTS 1958, 136 mit Anmerkung von *Berges*; **a.M.** *Rieger* KTS 1957, 43 und *Skrotzki* KTS 1955, 27; *Frotscher,* S. 106 zählt diese Ansprüche zu den Massekosten). Vgl. zu dieser Frage oben Rn 242.
Auf die nicht bevorrechtigten Konkursforderungen können Zahlungen aus der Konkursmasse nur in den durch die KO geordneten Verfahren erfolgen, in welchen alle Konkursgläubiger nach Maßgabe der § 152 ff. zu berücksichtigen sind. Ein klagbares Recht auf Vornahme einer Verteilung steht den Konkursgläubigern nicht zu (RG JW 1890, 114 = Gruchot 34, 1201). Sie können sich aber mit einer Aufsichtsbeschwerde an das Konkursgericht wenden, das Zwangsmaßnahmen nach § 84 anordnen kann (*J-W,* § 149 Anm. 5; *M-K,* § 149 Anm. 1; *B-St,* § 149 Anm. 1).
Verteilungen unter die Konkursgläubiger sind erst nach Abhaltung des allgemeinen Prüfungstermins zulässig, weil erst durch diesen eine Grundlage dafür gewonnen wird. Es soll aber damit nicht gewartet werden, bis die ganze Masse verteilt werden kann, sondern es sollen so oft Verteilungen stattfinden, als hinreichend bare Masse vorhanden ist (§ 149). Die Schlußverteilung erfolgt, wenn die Verwertung der Masse beendet ist. Die der Schlußverteilung vorhergehenden Verteilungen, die Abschlagsverteilungen, unterliegen etwas anderen Vorschriften als die Schlußverteilung und werden deshalb im folgenden gesondert behandelt.

3.2 Die Abschlagsverteilungen

372 Ob soviel bare Masse vorhanden ist, daß deren alsbaldige Verteilung unter die Gläubiger geboten erscheint, hat der Verwalter zu ermessen. Ohne seine Entschließung kann eine Abschlagsverteilung nicht stattfinden. Dem Gericht steht jedoch die Befugnis zu, den Verwalter wenn er eine Abschlagsverteilung pflichtwidrig verzögert, im Aufsichtswege zu deren Vornahme – nötigenfalls durch Zwangsgelder – anzuhalten. Bei dem großen Interesse, das die Gläubiger an der möglichst baldigen Ausschüttung der Masse haben, wird das Konkursgericht sich von Zeit zu Zeit vom Verwalter berichten lassen, wieviel bare Masse vorhanden ist; wenn aus einem Bericht sich das Vorhandensein hinreichender Masse ergibt, wird es auf die alsbaldige Vornahme einer Verteilung zu dringen haben. Die Überwachung ist am einfachsten, wenn die Gläubigerversammlung im Wahltermin beschließt, daß der Verwalter dem Gericht in vierteljährlichen Abständen Bericht zu erstatten habe. Dabei ist jedoch im Auge zu behalten, daß von der baren Masse nur der Teil für die Konkursgläubiger verfügbar ist, der nach Berücksichtigung sämtlicher Masse-, Aus- und Absonderungsansprüche (auch streitige Masse-, Aus- und Absonderungsansprüche, sowie bestrittene Konkursforderungen müssen berücksichtigt werden) übrig bleibt, sodann, daß jede Abschlagsverteilung nicht unerhebliche Kosten und Mühewaltungen verursacht, daß also die verteilbare Masse bedeutend genug sein muß, um die Aufwendungen zu rechtfertigen, endlich, daß nach § 150 der Verwalter, wenn ein Gläubigerausschuß vorhanden ist, bei der Vornahme jeder Verteilung an dessen Genehmigung gebunden ist. Diese Genehmigung kann vom Konkursgericht nicht erzwungen werden. Es kann nur in einer nach § 93 zu berufenden Gläubigerversammlung den Widerruf der Bestellung des Ausschusses anregen (*J-W*, § 150 Anm. 2; *M-K*, § 150 Anm.; *B-St*, § 150 Anm. 1). Zu berücksichtigen ist weiter, daß noch eine Schlußverteilung stattfinden kann, da sonst nur eine Einstellung nach § 204 möglich ist, die eine Nachtragsverteilung nach § 166 ausschließt.

Der Genehmigung des Gerichts bedarf es zu Abschlagsverteilungen in **373**
keinem Fall. Das Gericht kann überhaupt eine vom Verwalter beschlossene Abschlagsverteilung in der Regel nicht hindern. Ein Einschreiten im Aufsichtswege dürfte sich nur dann rechtfertigen lassen, wenn der Verwalter zu der Abschlagsverteilung die Genehmigung des bestellten Gläubigerausschusses nicht nachgesucht oder nicht erhalten hat. Abgesehen hiervon sieht die KO von obiger Regel nur **eine** Ausnahme vor: Wenn der GSch einen zulässigen Zwangsvergleichsvorschlag gemacht hat, so kann auf seinen Antrag das Gericht die Aussetzung einer vom Verwalter beschlossenen Abschlagsverteilung anordnen (§ 160). Diese Befugnis ist jedoch an die Voraussetzung geknüpft, daß zur Zeit des Antrages (nicht der Entscheidung: *J-W*, § 160 Anm. 3; *M-K*, § 160 Anm. 1; *B-St*, § 160 Anm. 1c) die Ausschlußfrist (§ 152) noch nicht abgelaufen ist. Der GSch hat auch kein Recht auf die Aussetzung der Abschlagsverteilung; es steht im Ermessen des Gerichts, ob es die Aussetzung anordnen will oder nicht. Bei seiner Entscheidung hat das

Gericht zu erwägen, ob die Vollziehung der Abschlagsverteilung dem Zustandekommen des vorgeschlagenen Zwangsvergleichs hinderlich sein kann und, wenn dies der Fall ist, ob die Hinausschiebung der Abschlagsverteilung sich im Interesse der Gläubiger rechtfertigen läßt. Der Beschluß, wodurch auf Grund des § 160 die Aussetzung der Abschlagsverteilung angeordnet wird, ist von amtswegen dem Schuldner zu übersenden und dem Verwalter, einem etwaigen Gläubigerausschuß und sämtlichen von der Abschlagsverteilung betroffenen Gläubigern zuzustellen oder öffentlich bekanntzumachen (*J-W,* § 160 Anm. 3; *M-K,* § 160 Anm. 2; *B-St,* § 160 Anm. 2). Der Verwalter und die Gläubiger haben das Recht sofortige Beschwerde bzw. befristete Rechtspfleger-Erinnerung einzulegen (§ 73 KO, § 11 RpflG). **Muster** siehe *Schrader-Bauer* Rn 561.

Der Beschluß wirkt, falls er nicht eine kürzere Dauer seiner Wirksamkeit bestimmt, bis über den vorgeschlagenen Zwangsvergleich eine endgültige Entscheidung ergangen ist. Wird der Zwangsvergleichsvorschlag des GSch von den Gläubigern abgelehnt oder der angenommene Zwangsvergleich vom Gericht rechtskräftig verworfen, so tritt der Beschluß von selbst außer Kraft; einer ausdrücklichen Aufhebung bedarf es nicht.

Der Lauf der Ausschlußfristen (§§ 152, 158) beginnt von neuem (das folgt aus einer entsprechenden Anwendung von § 249 ZPO) und zwar nach Wirksamkeit der vom Gericht vorzunehmenden öffentlichen Bekanntmachung über die Fortsetzung (*J-W,* § 160 Anm. 5 mit weit. Hinw. auch über abweichende Meinungen).

Eine Verteilung nach § 170 wird durch die Aussetzung nicht betroffen, da bei dem Zwangsvergleich die Vorrechtsgläubiger voll zu befriedigen sind. Ein den Aussetzungsantrag ablehnender Beschluß ist dem GSch zuzustellen und kann von diesem mit der sofortigen Beschwerde bzw. der befristeten Rechtspfleger-Erinnerung angefochten werden (§ 73 KO, § 11 RpflG).

374 Ist eine Abschlagverteilung vom Verwalter beschlossen und vom Gläubigerausschuß genehmigt, so stellt zunächst der Verwalter das Verzeichnis der bei der Verteilung zu berücksichtigenden Forderungen auf, legt es auf der Geschäftsstelle nieder und macht die Summe der zu berücksichtigenden Forderungen und den Betrag der verfügbaren Masse öffentlich (im Amtsblatt) bekannt (§ 151). Hierbei ist zu beachten, daß die Wirksamkeit der Veröffentlichung nur dann gegeben ist, wenn das Verzeichnis **vorher** niedergelegt wurde (*J-W,* § 151 Anm. 9; *M-K,* § 151 Anm. 1; *B-St,* § 151 Anm. 3).

375 Die Aufstellung des **Verzeichnisses der zu berücksichtigenden Forderungen** muß auf Grund und nach Maßgabe der gerichtlichen Eintragungen in der Tabelle geschehen. Abweichungen hiervon sind nur insoweit statthaft, als nach den Eintragungen endgültige Feststellungen über das Bestehen oder

Nichtbestehen streitig gewesener Forderungen durch Anerkenntnis, Verzicht, Vergleich oder Urteil stattgefunden haben. (Daß solche Feststellungen in der Tabelle vermerkt sind, ist nicht erforderlich; die im § 146 Abs. 7 vorgesehene Berichtigung der Tabelle hat nur beurkundende Bedeutung – *J-W,* § 146 Anm. 46).

Das Rangverhältnis der einzelnen Konkursforderungen wird dadurch hervorgehoben, daß zuerst die bevorrechtigten, dann die gewöhnlichen, sowie im Nachlaßkonkurs und im Konkurs über das Gesamtgut einer fortgesetzten Gütergemeinschaft an dritter Stelle die minderberechtigten Forderungen (§§ 226, 235) aufgeführt werden. Aufzunehmen in das Verzeichnis sind jedoch nur die Forderungen, die bei der Abschlagsverteilung zum Zuge kommen sollen, gleichgültig, ob dies durch Auszahlung oder Zurückbehaltung erfolgt.

Bei allen Verteilungen sind die Forderungen in voller Höhe in das Verzeichnis aufzunehmen, also ohne Abzug von bereits früher ausbezahlten Quoten (*J-W,* § 151 Anm. 7; *M-K,* § 151 Anm. 2; *B-St,* § 151 Anm. 2).

Von den in der Tabelle eingetragenen Forderungen sind nun zu berücksichti- **376**
gen und in das Verzeichnis aufzunehmen,

1. die **festgestellten** Forderungen, und zwar sowohl die gleich im Prüfungstermine, als auch die nachträglich festgestellten; selbst diejenigen, die nach der Feststellung getilgt sind (RGZ 21, 331; *J-W,* § 151 Anm. 3; *M-K,* § 151 Anm. 4; *B-St,* § 151 Anm. 2), falls die Tilgung nicht aus der Konkursmasse erfolgt ist und der Gläubiger die Forderung nicht hat fallen lassen;
2. die angemeldeten und geprüften aber **streitig gebliebenen** Forderungen, sofern
   a) entweder der Gläubiger dem Verwalter die Erhebung der Feststellungsklage gegen die Widersprechenden oder die Aufnahme des z. Z. der Konkurseröffnung anhängig gewesenen Prozesses bis zum Ablauf der Ausschlußfrist des § 152 nachgewiesen hat. (Dieser Nachweis erübrigt sich in der Praxis meistens dadurch, daß der Feststellungsprozeß gegen den Verwalter selbst geführt wird) Näheres über die Ausschlußfrist siehe Rn 382).
   b) oder die Forderung tituliert im Sinne des § 146 Abs. 6 ist; im letzteren Fall auch dann, wenn der Widersprechende gegen den Gläubiger das Verfahren wegen Abweisung der Forderung anhängig gemacht oder aufgenommen hat (§ 152).

   Ist bezüglich einer Forderung streitig, ob sie zu den Konkursforderungen gehört, d. h. ob sie überhaupt am Konkurs teilnehmen kann, so wird zu ihrer Berücksichtigung die Erfüllung der Voraussetzungen zu a) erforderlich sein; ihre Vollstreckbarkeit oder urteilsmäßige Feststellung erscheint dazu nicht genügend.

Ist eine streitig gebliebene Forderung später getilgt, so ist sie in das Verzeichnis nicht aufzunehmen. Die teilweise Tilgung einer streitig gebliebenen Forderung ist jedoch bei der Aufstellung des Verzeichnisses nicht zu berücksichtigen, wenn sie seitens eines Mitverpflichtenden bewirkt ist, § 68 (RGZ 2, 178; 8, 291). Nicht geprüfte Forderungen sind in keinem Fall zu berücksichtigen, auch wenn für sie ein Titel (§ 146 Abs. 6) vorliegt (*J-W,* § 151 Anm. 4).

3. festgestellte, **auflösend bedingte** Forderungen, wenn die Bedingung noch nicht eingetreten ist. Nimmt der Gläubiger bei Bedingungseintritt die Forderungsanmeldung nicht zurück, so bleibt dem Verwalter nur die Vollstreckungsgegenklage nach § 767 ZPO (*J-L,* § 66 Anm. 1; *M-K,* § 66 Anm. 2; *B-St,* § 66 Anm. 3);
4. festgestellte, **aufschiebend bedingte** Forderungen (§ 154 Abs. 1);
5. **Absonderungsberechtigte** Konkursgläubiger werden mit dem Betrag, für den sie das Absonderungsrecht in Anspruch genommen haben, erst berücksichtigt, wenn sie dem Verwalter nachweisen,
   a) daß sie auf das Absonderungsrecht in rechtsverbindlicher Weise verzichtet haben (Haftet dem Gläubiger ein Pfandgegenstand für mehrere Forderungen, so ist in seiner Erklärung, daß er nur für eine Forderung abgesonderte Befriedigung beanspruchen wolle, der Verzicht auf das Absonderungsrecht für die anderen Forderungen zu sehen (RGZ 85, 58); **oder**
   b) daß und mit welchem Betrage sie bei der Verwertung des Gegenstandes des Absonderungsrechts ausgefallen sind, **oder**
   c) daß die Veräußerung des zur abgesonderten Befriedigung in Anspruch genommenen Gegenstandes – vom Gläubiger selbst oder einem anderen – betrieben wird (*J-W,* § 153 Anm. 5; *M-K,* § 153 Anm. 3; *B-St,* § 153 Anm. 2b) und außerdem den Betrag ihres mutmaßlichen Ausfalls glaubhaft machen (§§ 64, 153 Abs. 2).

Zu den Sondervorrechten nach dem Hypothekenbankgesetz, Versicherungsaufsichtsgesetz und Depotgesetz, insbesondere über den Nachweis des Ausfalls siehe *J-W,* § 153 Anm. 7–10, und über die Erstellung eines besonderen Teilungsplanes siehe *J-W,* § 151 Anm. 1.

377 Der Grundsatz für die Berücksichtigung der Ausfallsforderung gilt auch dann, wenn der GSch dem Absonderungsberechtigten durch Vertrag die Befugnis eingeräumt hatte, sich wegen seiner Forderung in erster Linie aus dem sonstigen Vermögen und erst in zweiter Linie aus dem Gegenstand des Absonderungsrechts zu befriedigen (RGZ 6, 67). Hat ein Absonderungsberechtigter nicht angegeben, für welchen Betrag er abgesonderte Befriedigung beansprucht und ist dieser Betrag auch sonst nicht bestimmt ersichtlich, so

wird angenommen, daß der Gläubiger für seine ganze Forderung abgesonderte Befriedigung verlangt und es wird demgemäß die Forderung nicht berücksichtigt, solange dem § 153 nicht genügt ist.
Die Voraussetzung, daß die Veräußerung des Gegenstandes des Absonderungsrechts „betrieben" wird, kann durch alle Handlungen erfüllt werden, die auf Herbeiführung der abgesonderten Befriedigung gerichtet sind, also durch Androhung des Pfandverkaufs, Auftrag zur öffentlichen Versteigerung oder, falls es erst noch eines vollstreckbaren Titels bedarf, durch Erhebung der Klage auf Erlangung dieses Titels (*J-W*, § 53 Anm. 5; *M-K*, § 153 Anm. 3; *B-St*, § 153 Anm. 2b. Die Meinungen dazu, ob Klageerhebung genügt, sind geteilt, siehe hierzu *J-W* a.a.O.). Der mutmaßliche Ausfall kann durch alle geeignet erscheinenden Mittel glaubhaft gemacht werden; § 294 ZPO ist entsprechend anwendbar (*J-W*, § 153 Anm. 6; *M-K*, § 153 Anm. 3; *B-St*, § 153 Anm. 2b).
Ist die Verwertung des Gegenstandes des Absonderungsrechts bereits erfolgt, so wird von der Forderung des Absonderungsberechtigten nur der Betrag des nachzuweisenden wirklichen Ausfalls berücksichtigt.
Die gleichen Grundsätze, wie für die Forderungen der Absonderungsberech- **378**
tigten gelten für die Forderungen der Nachlaßgläubiger in den Fällen des § 234.
Forderungen der Gläubiger einer OHG, einer KG oder einer KGaA werden **379**
in dem Konkurs über das Privatvermögen eines persönlich haftenden Gesellschafters auch wenn über das Vermögen der Gesellschaft gleichfalls der Konkurs eröffnet ist, stets zu ihrem vollen Betrag berücksichtigt, sofern der Ausfall noch nicht feststeht, den sie im Gesellschaftskonkurs erleiden (§ 212 Abs. 2). Steht dagegen dieser Ausfall schon fest, so werden sie, gleich den Absonderungsberechtigten, nur in Höhe des Ausfalls berücksichtigt (§ 212 Abs. 3).
Die Voraussetzungen der Aufnahme in das Verzeichnis müssen zur Zeit der Herstellung erfüllt sein. Eine Aufnahme unter Vorbehalt des erforderlichen Nachweises ist unzulässig (*J-W*, § 151 Anm. 7).
Muster eines Anschreibens des Verwalters und eines Verzeichnisses siehe bei *Schrader-Bauer* Rn 540, 542.
Das aufgestellte Verzeichnis hat der Verwalter zur Einsicht der Beteiligten **380**
auf der Geschäftsstelle **niederzulegen** (§ 151). Es wird vom Verwalter eingereicht und vom Urkundsbeamten durch einen entsprechenden Vermerk, der zu unterschreiben ist, niedergelegt.
Der Richter bzw. Rechtspfleger ist zwar nicht verpflichtet, das Verzeichnis auf seine Richtigkeit und Vollständigkeit zu überprüfen (RGZ 154, 298); hierfür haftet der Verwalter nach § 82 (*J-W*, § 151 Anm. 10; *M-K*, § 151 Anm. 6; *B-St*, § 151 Anm. 4 mit weit. Hinw.). Zweckmäßigerweise wird aber

das Gericht den Verwalter auf Fehler aufmerksam machen, und auf eine Berichtigung hinwirken, damit unnötige Einwendungen vermieden werden (*J-W,* § 151 Anm. 10). Anweisungen zur Berichtigung des Verzeichnisses kann zwar das Gericht dem Verwalter nur nach Maßgabe des § 158 Abs. 2 erteilen, dies wird aber auch zur Erreichung des Zweckes meist nicht nötig sein, da in der Regel der Verwalter selbst daran interessiert ist, das Verzeichnis richtigzustellen. Allerdings ist auch der Verwalter selbst nur noch kurze Zeit nach Einreichung des Verzeichnisses zur Vornahme von Änderungen befugt (vgl. Rn 383) und deshalb kann die gerichtliche Prüfung des Verzeichnisses nur dann ihren Zweck erfüllen, wenn sie alsbald nach dessen Einreichung vorgenommen wird.

Die Einsicht des auf der Geschäftsstelle niedergelegten Verzeichnisses, das dort bis zum Ablauf der Einwendungsfrist liegenbleiben muß und grunbsätzlich Bestandteil der Akten wird, ist dem Verwalter, dem GSch und jedem Konkursgläubiger, nicht aber auch anderen Personen, zu gestatten.

381 Die vom Verwalter im Amtsblatt zu veranlassende Bekanntmachung muß enthalten: Die Angabe der Konkurssache, die Erklärung, daß eine Abschlagsverteilung erfolgen soll, die Mitteilung des verfügbaren Massebestandes und die Summe der zu berücksichtigenden Forderungen, endlich Ort, Datum und Unterschrift. Schließlich sollte hinzugefügt werden, daß das Verzeichnis der zu berücksichtigenden Forderungen auf der Geschäftsstelle des Konkursgerichts – Az . . . – zur Einsicht niedergelegt ist. **Muster** siehe *Schrader-Bauer,* Rn 545.

Über die Veröffentlichung der Bekanntmachung hat der Verwalter Belegblätter zu beschaffen, die im Bedarfsfall durch das Gericht einzufordern sind.

382 Die Bekanntmachung gilt als bewirkt mit dem Ablauf des zweiten Tages nach der Ausgabe des die Einrückung oder die erste Einrückung enthaltenden Amtsblattes (§ 76 Abs. 1). Von diesem Zeitpunkt an können binnen einer Ausschlußfrist von zwei Wochen die in das Verzeichnis nicht aufgenommenen Gläubiger ihre Berücksichtigung noch dadurch herbeiführen, daß sie die nach den §§ 152, 153 zu ihrer Aufnahme erforderlichen Nachweise oder Bescheinigungen dem Verwalter nachträglich beibringen. Die Berechnung der Ausschlußfrist erfolgt gemäß den §§ 187, 188 BGB, § 222 ZPO, vergleiche hierzu Rn 10. Eine Wiedereinsetzung in den vorigen Stand wegen Versäumung der Frist findet nicht statt, weil die Ausschlußfrist keine Notfrist ist (§ 233 Abs. 1 ZPO). Die Gerichtsferien hindern den Lauf der Frist nicht (§ 202 GVG). Da die Ausschlußfrist eine gesetzliche Frist ist, deren Änderung im Gesetz nicht vorgesehen ist, kann sie weder abgekürzt noch verlängert werden (§ 224 Abs. 2 ZPO). Eine Verlängerung durch Parteivereinbarung ist ebenfalls unzulässig (§ 224 Abs. 1 ZPO).

Beispiel für die Fristenberechnung *J-W*, § 152 Anm. 3.
Der Nachweis ist gegenüber dem Verwalter, nicht dem Konkursgericht, zu führen. Ein dem Gericht eingereichter Nachweis ist an den Verwalter abzugeben und wahrt die Frist nur, wenn er bei diesem rechtzeitig eingeht. Eine bestimmte Form des Nachweises ist nicht erforderlich. Zweckmäßig ist die Vorlage der Klageschrift oder das die Klage enthaltende Protokoll mit Zustellungsnachweis. Ist der Verwalter selbst Feststellungsgegner, so genügt als Nachweis die Zustellung. Hinsichtlich des Rückbezuges auf die Klageeinreichung siehe § 261b Abs. 3, 496 Abs. 3 ZPO. Bei mehreren Widersprüchen muß die Betreibung gegen alle Widersprechenden nachgewiesen werden (*J-W*, § 152 Anm. 5; *M-K*, § 152 Anm. 3; *B-St*, § 152 Anm. 3).

Auf Grund der innerhalb der Ausschlußfrist erbrachten Nachweise und **383**
Bescheinigungen hat der Verwalter binnen 3 Tagen (die Frist ist so kurz, damit noch Einwendungen innerhalb der Wochenfrist des § 158 erhoben werden können) nach dem Ablauf der Ausschlußfrist das Verzeichnis zu **berichtigen** bzw. zu **ergänzen.**

Dabei werden Berichtigungen in der Berichtigungsspalte vermerkt und Ergänzungen am Schluß des Verzeichnisses nachgetragen. Aber auch eine Änderung in einem getrennten Schriftsatz muß den Anforderungen genügen.

Das abgeänderte Verzeichnis ist nach § 151 auf der Geschäftsstelle des Konkursgerichts zur Einsicht der Beteiligten niederzulegen. Einer besonderen Anzeige oder Veröffentlichung bedarf es jedoch nicht mehr (*J-W*, § 157 Anm. 3). Nach dem Ablauf der drei Tage kann eine Änderung des Verzeichnisses, abgesehen von der Berichtigung offenbarer Irrtümer, nur noch nach Maßgabe des § 158 Abs. 2 vorgenommen werden. Zu Änderungen des Verzeichnisses, die nicht durch die nachträgliche Beibringung von Nachweisen oder Bescheinigungen gemäß § 152, 153 veranlaßt werden und auch nicht bloße Berichtigungen von Schreib- oder Rechnungsfehlern oder anderen offenbaren Unrichtigkeiten zum Gegenstand haben, ist der Verwalter schon von dem Zeitpunkt an nicht mehr befugt, zu dem die unter Rn 381 besprochene Bekanntmachung als bewirkt gilt. Denn mit diesem Zeitpunkt erlangen die in dem Verzeichnis berücksichtigten Gläubiger ein Recht darauf, daß die Abschlagsverteilung auf der Grundlage des aufgestellten Verzeichnisses vollzogen werden und daß Änderungen an dem Verzeichnis nur noch auf Grund der §§ 152, 153, 157, 158 vorgenommen werden (*J-W*, § 157 Anm. 1; *M-K*, § 157 Anm. 2; *B-St*, § 157 Anm. 1).

Das Gericht kann Änderungen des Verzeichnisses von amtswegen überhaupt nicht anordnen.

Verspätete Listenänderungen durch den Verwalter sind rechtswidrig und können durch Einwendungen der Beteiligten angefochten (§ 158) aber nicht von amtwegen durch das Konkursgericht berichtigt werden (*J-W,* § 157 Anm. 2; *B-St,* § 157 Anm. 1).

384 Sind in das Verzeichnis der zu berücksichtigenden Forderungen einzelne Forderungen zu Unrecht aufgenommen oder nicht aufgenommen und hat der Verwalter die erforderlichen Berichtigungen nicht rechtzeitig vorgenommen, so kann die Richtigstellung des Verzeichnisses nur auf dem Wege erreicht werden, daß ein beteiligter Gläubiger spätestens binnen einer Woche nach dem Ablauf der Ausschlußfrist des § 152 die Unrichtigkeit des Verzeichnisses durch Erhebung von **Einwendungen** rügt § 158 Abs. 1.

Die Einwendungsfrist und die Ausschlußfrist werden gleich behandelt (*J-W,* § 158 Anm. 3).

Die Erhebung von Einwendungen gegen das Verzeichnis steht nur den Konkursgläubigern zu. Massegläubiger, Aussonderungsberechtigte und solche Absonderungsberechtigte, die nicht Konkursgläubiger sind, sind dazu nicht berechtigt. Auch der GSch kann Einwendungen gegen das Verzeichnis nicht erheben. Wenn nach Aufstellung des Verzeichnisses eine darin aufgenommene Forderung sich als getilgt herausstellt, so kann der Verwalter diese Tilgung mangels Einigung mit dem betreffenden Gläubiger nur im Prozeßwege unter Zurückbehaltung der auf die Forderung entfallenden Quote geltend machen. Auch die Konkursgläubiger können Einwendungen nur unter der Voraussetzung erheben, daß sie durch die Verteilung beschwert sind und sich im Konkurs schon gemeldet haben oder doch gleichzeitig die Anmeldung ihrer Forderung bewirken. Eine Beschwer freilich ist bei jedem nicht vollständig befriedigten Gläubiger anzunehmen, sofern er nicht den Vorrang vor dem durch die Einwendung betroffenen Gläubiger hat (*J-W,* § 158 Anm. 2; *M-K,* § 158 Anm. 3; *B-St,* § 158 Anm. 1).

Die Einwendungen sind beim Konkursgericht vor Ablauf der genannten Frist schriftlich oder zu Protokoll des Urkundsbeamten der Geschäftsstelle zu erheben (*J-W,* § 158 Anm. 1a; *M-K,* § 158 Anm. 5; *B-St,* § 158 Anm. 3). **Muster** bei *Schrader-Bauer,* Rn 553.

Dabei ist bestimmt anzugeben, aus welchem Grunde die Einwendungen erhoben werden und wogegen sie sich richten. Die Einwendungen können nur darauf gestützt werden, daß das Verzeichnis nicht den gesetzlichen Vorschriften entspreche, daß also zu Unrecht in dem Verzeichnis eine Forderung berücksichtigt oder die Forderung des Einwendenden nicht berücksichtigt worden sei. Ein Gläubiger, der deshalb nicht berückssichtigt ist, weil er bis zum Ablauf der Ausschlußfrist die hierzu erforderlichen Nachweise oder Bescheinigungen dem Verwalter nicht beigebracht hat, kann seine Aufnahme nicht dadurch erreichen, daß er gegen das Verzeichnis Einwendungen erhebt und dabei nachträglich das Fehlende beschafft (*J-W,* § 158 Anm. 4; *M-K,* § 158 Anm. 2).

Ebenso sind Einwendungen, die nicht gegen die Richtigkeit des Verzeichnisses, sondern gegen die Vornahme der Verteilung überhaupt gerichtet sind, im Verteilungsverfahren nicht zulässig. Einwendungen der letzteren Art können nur beim Prozeßgericht geltend gemacht werden.

Über die erhobenen Einwendungen hat das Konkursgericht zu entscheiden. Sind sie nicht zulässig oder nicht in gehöriger Form oder verspätet erhoben, so werden sie durch zuzustellenden Beschluß ohne weiteres zurückgewiesen. Andernfalls hat das Konkursgericht zu prüfen, ob die erforderlichen Unterlagen für die Entscheidung vorhanden sind und, wenn noch etwas fehlt, dem Einwendenden zur Vorlage eine angemessene Frist zu setzen. Je nach Lage der Sache kann es auch selbst die Herbeischaffung fehlender Unterlagen veranlassen und andere Beteiligte, namentlich den Verwalter vor der Entscheidung entweder schriftlich oder in einem Termin hören (*J-W,* § 158 Anm. 5; *M-K,* § 158 Anm. 7; *B-St,* § 158 Anm. 3). Das Gericht hat bezüglich des Verfahrens über die erhobenen Einwendungen ganz nach seinem Ermessen zu befinden; die Konkursordnung enthält darüber keine Vorschriften. Die Entscheidung kann nur dahin lauten, daß entweder eine berücksichtigte Forderung ganz oder zum Teil aus dem Verzeichnis zu streichen oder daß eine nicht berücksichtigte Forderung in das Verzeichnis aufzunehmen ist; gegebenenfalls, daß die erhobenen Einwendungen als unbegründet zurückzuweisen sind. **Muster** siehe *Schrader-Bauer* Rn 556.

Die in der Vorauflage vertretene Ansicht, daß in dem Verzeichnis enthaltene Vermerke über das Vorrecht einzelner Forderungen zwar zweckmäßig und gebräuchlich, aber nicht notwendig und ohne rechtliche Bedeutung sind, wird aufgegeben. Daß auch hinsichtlich des Ranges begründete Einwendungen erhoben werden können, ist herrschende Meinung (*J-W,* zu § 158 Anm. 4; *M-K,* § 158 Anm. 2).

Die Entscheidung des Gerichts wird stets mit Gründen zu versehen sein. Der abweisende Beschluß ist dem Verwalter zu übersenden und den an den Einwendungen Beteiligten zuzustellen. Die Entscheidung unterliegt der sofortigen Beschwerde bzw. befristeten Rechtspfleger-Erinnerung. Beschwerdeberechtigt ist nur der Abgewiesene (*J-W,* § 158 Anm. 6; *M-K,* § 158 Anm. 7; *B-St,* § 158 Anm. 3).

Die Entscheidung, die eine Berichtigung anordnet, ist auf der Geschäftsstelle niederzulegen (§ 158 Abs. 2). Einer Bekanntmachung der erfolgten Niederlegung bedarf es nicht. Es ist aber zweckmäßig, die Beteiligten von der Entscheidung zu verständigen.

Vom Tage der Niederlegung ab läuft die Frist zur sofortigen Beschwerde bzw. befristeten Rechtspfleger-Erinnerung. Der Tag muß daher vom Urkundsbeamten auf der Urschrift der Entscheidung vermerkt werden. Beschwerdeberechtigt ist jeder Konkursgläubiger, den die angeordnete Änderung benachteiligt, sowie der Verwalter (*J-W,* § 158 Anm. 7 mit weit. Hinw.; *M-K,* § 158 Anm. 8; *B-St,* § 158 Anm. 3).

Wird teils berichtigt, teils abgewiesen, so ist die Entscheidung niederzulegen und zuzustellen (*J-W,* § 158 Anm. 8). Eine Frist, binnen deren die Entscheidung über erhobene Einwendungen zu treffen und auf der Geschäftsstelle niederzulegen ist, ist im Gesetz nicht bestimmt.

Das Verfahren vor dem Beschwerdegericht gestaltet sich entsprechend wie beim Konkursgericht (*J-W,* § 158 Anm. 9; *M-K,* § 158 Anm. 8).

Die Vorauflage und *Schrader-Bauer* (Rn 559) vertreten die Ansicht, daß die rechtskräftig angeordnete Berichtigung in dem Verzeichnis durch den Verwalter nachzutragen ist. Hierfür ist jedoch kein Bedürfnis ersichtlich.

Über den **Bereicherungsanspruch** des irrtümlich übergangenen Gläubigers siehe *J-W,* § 158 Anm. 11; *M-K,* § 158 Anm. 9; *B-St,* § 158 Anm. 4.

385 Nach Ablauf der Einwendungsfrist oder nach rechtskräftiger Erledigung der Einwendungen wird der zu verteilende Prozentsatz durch den Verwalter oder wenn ein Gläubigerausschuß vorhanden ist, durch diesen auf Antrag des Verwalters festgesetzt (§ 159). Die Bestimmung des Prozentsatzes und die Verteilung können schon vor Rechtskraft der Entscheidung erfolgen, falls keine gegenteilige Anordnung vorliegt – § 572 ZPO – jedoch ist dies nicht zu empfehlen (*J-W,* § 158 Anm. 10 und § 159 Anm. 1; *M-K,* § 159 Anm. 1. Bei pflichtwidriger Bestimmung durch den Verwalter bzw. durch den Gläubigerausschuß sind diese den Beteiligten verantwortlich (§§ 82, 89; RG Gruchot 34, 1202). Der Ausschuß ist an den Antrag des Verwalters nicht gebunden. Doch darf der Verwalter eine von ihm beschlossene gesetzwidrige Festsetzung nicht vollziehen, wenn dadurch Masseverbindlichkeiten nicht mehr gedeckt werden können (*J-W,* § 159 Anm. 2; *M-K,* § 159 Anm. 2; *B-St,* § 159 Anm. 1). Das Gericht hat auf die Bemessung des Prozentsatzes keinen Einfluß zu nehmen. Für die Verteilung bestimmt die maximale Höhe der nach § 151 veröffentlichte Barbestand. Dieser ist an alle Gläubiger gleichen Ranges gleichmäßig zu verteilen (§ 366 BGB findet keine Anwendung: RGZ 164, 219 ff). Zwischenzeitlich eingegangene Beträge können nur bei der nächsten Verteilung berücksichtigt werden.

Andererseits kann eine Schmälerung eingetreten sein durch unvorhergesehene Ausgaben oder durch eine die Masse mindernde unerlaubte Handlung. Wurde dies vor Festsetzung des Prozentsatzes bekannt, so ist dieser entsprechend geringer festzusetzen; wenn dies jedoch erst nachher ersichtlich wird, insbesondere auch eine Fehlberechnung vorliegt, dann muß der Prozentsatz erneut festgesetzt werden. Unzulässig ist jedoch eine Änderung mit der Begründung, daß nach Wirksamkeit der Festsetzung Masseverbindlichkeiten geltend gemacht wurden, die bisher unbekannt waren und nicht mehr getilgt werden können (§ 172).

Die **vollständige** Verteilung des verfügbaren Massebestandes ist **nicht** erforderlich (*J-W*, zu § 159 Anm. 3 und 5; *M-K*, § 159 Anm. 1 und 3; *B-St*, § 159 Anm. 1).

Wirksam wird die Festsetzung des Prozentsatzes, sobald sie wenigstens einem der berücksichtigten Gläubiger mitgeteilt wurde. Die Bekanntgabe kann erfolgen durch Veröffentlichung (aber nicht mit der nach § 151) oder besondere Mitteilung. Als zweckmäßigste Lösung hat sich bei Überweisungen ein entsprechender Vermerk auf dem Empfängerbeleg erwiesen (*J-W*, § 159 Anm. 4; *Schrader-Bauer*, Rn 564).

Die Ausführung der Verteilung ist Sache des Verwalters; gegen ihn steht den Gläubigern ein Recht auf Auszahlung, oder wenn einer der Fälle des § 168 vorliegt, auf Zurückbehaltung der festgestellten Prozentsätze ihrer berücksichtigten Forderungen zu (§ 167, 168). Nach der wohl überwiegenden Ansicht kann dieses Recht nicht im Prozeßwege gegen die Masse verfolgt, sondern nur der Verwalter persönlich bei einer Verletzung seiner Pflichten verantwortlich gemacht werden (*J-W*, § 159 Anm. 5 mit weit. Hinw.; *M-K*, § 159 Anm. 2).

Streitigkeiten über die Vollziehung hat das Konkursgericht nicht zu entscheiden; es kann nur im Aufsichtswege Abhilfe zu schaffen suchen und auch das nur, wenn der Verwalter zu einem Einschreiten durch sein Verhalten Grund gibt.

Die Abschlagsverteilungen sind so oft zu wiederholen, als infolge neuer **386**
Geldeingänge wieder hinreichende Masse vorhanden ist, ohne daß jedoch bereits die Schlußverteilung durchgeführt werden könnte. Hierbei ist zu beachten, daß auf jeden Fall soviel zurückzubehalten ist, damit eine Schlußverteilung stattfinden kann. Ist dies nicht mehr möglich, so kann das Verfahren grundsätzlich nur nach § 204 beendet werden, was eine Nachtragsverteilung ausschließt und daher zum Nachteil der Gläubiger gereichen kann.

Für die weiteren Anschlagsverteilungen gelten dieselben Grundsätze, wie für die erste. Gläubiger, die bei früheren Verteilungen nicht berücksichtigt worden sind, bei einer späteren aber beteiligt werden müssen, weil sie inzwischen die zu ihrer Aufnahme erforderlichen Nachweise oder Bescheinigungen beigebracht haben oder die Forderung geprüft wurde, erhalten aus der noch verfügbaren Masse, soweit diese reicht, die bei den früheren Verteilungen festgesetzten Prozentsätze vorweg. Gleiches gilt, wenn die frühere Beteiligung gesetzwidrig unterlassen wurde (z. B. auch durch ein Versehen oder Rechtsirrtum des Verwalters). In letzterem Falle ist eine nachträgliche Vorwegberücksichtigung eine Amtspflicht des Verwalters (*J-W*, § 155 Anm. 1a; *M-K*, § 155 Anm. 1), während andernfalls ein Gesuch um nachträgliche Berücksichtigung vor Ablauf der Ausschlußfrist des § 152 gestellt werden muß. Ein Klagerecht auf Beteiligung hat der Gläubiger nicht.

Es bleiben nur der Weg über §§ 83, 84 bzw. die persönliche Inanspruchnahme nach § 82, ggfs. noch das Einwendungsverfahren nach § 158 (*J-W,* § 155 Anm. 3; *M-K,* § 155 Anm. 1; *B-St,* § 155 Anm. 1).

Diese Prozentsätze können ihnen aber auch außerhalb einer allgemeinen Verteilung vom Verwalter nachgezahlt werden, sobald die Voraussetzung für eine Berücksichtigung eingetreten ist. Jedoch muß auch diese Maßnahme nach § 151 vorbereitet und angekündigt, sowie nach § 150 genehmigt sein (*J-W,* § 155 Anm. 2; *M-K,* § 155 Anm. 3; *B-St,* § 155 Anm. 1). Durchgeführt werden kann die nachträgliche Berücksichtigung nur, wenn eine entsprechende Teilungsmasse vorhanden ist. Reicht sie zur vollen Befriedigung nicht aus, so erfolgt diese verhältnismäßig. Ein nachträglich beanspruchtes und festgestelltes Vorrecht muß vorweg befriedigt werden (*J-W,* § 155 Anm. 4–7; *M-K,* § 155 Anm. 2, 4; *B-St,* § 155 Anm. 1). Hier bietet jedoch § 170 den einfacheren Weg (siehe Rn 371).

Falls die Auszahlung an die Nachzügler nicht erfolgen kann (s. § 168), so ist der auf ihre Forderung entfallende Prozentsatz für sie bei den folgenden Verteilungen zurückzubehalten.

3.3 Die Schlußverteilung

387 Die Schlußverteilung findet statt, sobald die Verwertung der Maße beendet ist (§ 161 Abs. 1). Sie ist also erst zulässig, wenn die zur Konkursmasse gehörigen beweglichen und unbeweglichen Gegenstände veräußert, die ausstehenden Forderungen eingezogen und die die Teilungsmasse betreffenden Prozesse erledigt sind (*J-W,* § 161 Anm. 1; *M-K,* § 161 Anm. 2; *B-St,* § 161 Anm. 1).

Das ist jedoch mit der Einschränkung zu verstehen, daß die Verwertung der Aktiva nur insoweit erfolgt zu sein braucht, als für die Konkursmasse ein Erlös zu erwarten und die Verwertung im gewöhnlichen Wege tunlich ist. Daß eine absolute Verwertbarkeit oft nicht möglich ist, hat das Gesetz in § 162 Abs. 1 berücksichtigt. Es hindert daher die Schlußverteilung nicht, wenn z. B. überbelastete Grundstücke nicht veräußert sind oder wenn die Beitreibung von Forderungen, deren Uneinbringlichkeit feststeht, nicht versucht ist. Auch dann ist die Vornahme der Schlußverteilung nicht ausgeschlossen, wenn Eingänge für die Konkursmasse zwar noch möglich, aber wenig wahrscheinlich oder so unbedeutend sind, daß es nicht lohnt, sie abzuwarten oder wenn für einzelne Vermögensstücke nur unter besonderen Umständen oder nur bei seltener Gelegenheit eine Verwertung gefunden werden kann und eine solche noch nicht gefunden worden ist. In Fällen dieser Art empfiehlt es sich, die Beschlußfassung über die noch unverwertbaren Vermögensstücke der Gläubigerversammlung anheimzugeben (*J-W,* § 161

Anm. 2 und § 162 Anm. 6; *M-K,*§ 161 Anm. 4 und § 162 Anm. 6; *B-St,* § 162 Anm. 1c).
Auch ein schwebender Prozeß über ein Masseaktivum, welches nicht freigegeben werden soll, hindert die Schlußverteilung nicht (KGJW 36, 2927; BAG KTS 1973, 269, 270; *J-W,* § 161 Anm. 3 mit weit. Hinw.; *M-K,* § 161 Anm. 3; *B-St,* § 161 Anm. 1). Diese noch eingehenden Beträge sind einer Nachtragsverteilung zuzuführen, deren Statthaftigkeit sich aus § 166 Abs. 2 ergibt. Für noch entstehende Masseverbindlichkeiten (z. B. Prozeßkosten) ist ein entsprechender Betrag zurückzubehalten. Ebenso ist zu verfahren, wenn eine Forderung erst später fällig oder eine größere Forderung in mehreren Jahren mittels kleinerer Raten getilgt wird.
Das Interesse an der Beendigung des Konkurses, insbesondere wegen des damit verbundenen Wegfalls des Verbots aus § 14 kann es rechtfertigen, die Genehmigung zur Schlußverteilung zu erteilen und bei der Aufhebung des Konkursverfahrens den einzelnen Gegenstand einer Nachtragsverteilung vorzubehalten (OLG Celle KTS 1972, 265 vertritt die Ansicht, daß dies auch ohne Vorbehalt möglich sei; zu dem Komplex siehe auch *Herb* BWNotZ 1960, 264. Die in der Vorauflage vertretene Ansicht, hier sei nur eine Abschlagsverteilung durchzuführen, wird aufgegeben).
Die – so aufgefaßte – Verwertung der Masse ist die einzige Voraussetzung der Schlußverteilung; ist keine zu verteilende Masse vorhanden, dann ist das Verfahren mangels Masse einzustellen. Auf Gläubiger, deren Forderung noch nicht geprüft oder noch gar nicht angemeldet sind, auf Absonderungsberechtigte, deren Ausfall noch nicht feststeht, auf die Beendigung der über die Schuldenmasse schwebende Prozesse, endlich auch auf die Erledigung der mit Massegläubigern bestehenden Streitigkeiten braucht mit der Schlußverteilung **nicht** gewartet zu werden (*J-W,* § 161 Anm. 1; *M-K,* § 161 Anm. 3; *B-St,* § 161 Anm. 1; *Bihler* KTS 1962, 85; *Bohnenberg* KuT 1933, 114). Der Verwalter macht sich schadenersatzpflichtig, wenn er zu früh zur Schlußverteilung schreitet oder diese verzögert (§ 82). Verzögert der Verwalter die Vorlage der Abschlußunterlagen, so kann das Gericht nach § 84 Zwangsmaßnahmen anordnen (*J-W,* § 161 Anm. 4; *M-K,* § 161 Anm. 2). Über den Zeitpunkt und die Art der Verwertung der Masse können ihm jedoch keine Anweisungen gegeben werden (AG Osnabrück KTS 1965, 181).
Das für die Schlußverteilung vorgeschriebene Verfahren ist, wenn der Konkurs durch Ausschüttung der Masse beendet wird, stets zu beachten, auch dann, wenn die noch vorhandene Masse durch Nachzahlungen, die gemäß § 155 zu leisten sind, erschöpft wird oder aber umgekehrt durch unerwarteten Wertzuwachs vollkommen zulänglich geworden ist. Eine Ausnahme ist die Einstellung nach § 202 (*J-W,* § 161 Anm. 10 und § 162 Anm. 2).
Die Vornahme der Schlußverteilung ist wegen ihrer Bedeutung von der **388**

Genehmigung des Konkursgerichts abhängig gemacht (§ 161 Abs. 2). Der Verwalter hat um die Genehmigung nachzusuchen und dabei darzulegen, daß die Verwertung der Masse beendet ist. Ist ein Gläubigerausschuß bestellt, so hat der Verwalter auch dessen Genehmigung beizubringen (§ 150). Wird diese pflichtwidrig vom Ausschuß versagt, so haften die Mitglieder nach § 89 hierfür. Sie können dann ihres Amtes enthoben werden (§ 92). Hierzu ist jedoch eine Gläubigerversammlung einzuberufen. Die Genehmigung kann jedoch nicht durch eine Gläubigerversammlung ersetzt werden (*J-W,* § 150 Anm. 2; *M-K,* Anm. zu § 150; *B-St,* § 150 Anm. 1).
Wie schon oben erwähnt hat das Gericht zu prüfen, ob die gesetzlichen Voraussetzungen der Schlußverteilung vorliegen. Zu diesem Zweck wird es die Schlußrechnung und den Schlußbericht des Verwalters anfordern und dessen gesamte Geschäftsführung einer Prüfung unterwerfen (*J-W,* § 161 Anm. 8; *M-K,* § 161 Anm. 5; *B-St,* § 161 Anm. 3). Wegen der Prüfung der Schlußrechnung siehe Rn 393.
Weiter hat der Verwalter dem Gericht auch das Schlußverzeichnis vorzulegen.
Die Vornahme der Schlußverteilung kann erst genehmigt werden, wenn grundsätzlich die Genehmigung des Gläubigerausschusses beigebracht und die Verwertung der Masse in dem unter Rn 387 dargestellten Sinne beendet ist. Wenn ein zulässiger Zwangsvergleichsvorschlag vom GSch eingereicht ist, so ist die Entscheidung darüber abzuwarten, § 173 (*J-W,* § 173 Anm. 24; *M-K,* § 173 Anm. 6; *B-St,* § 173 Anm. 2).
Der Beschluß, durch den die Genehmigung der Schlußverteilung erteilt oder versagt wird, ist dem Verwalter zuzustellen.
Der genehmigende Beschluß, der, wird er vom Richter erlassen, unanfechtbar ist (LG Düsseldorf KTS 1966, 119) wird mit seiner Zustellung wirksam; die Erinnerung nach § 11 RpflG ist jedoch nicht ausgeschlossen. Gegen die abweisende Entscheidung steht dem Verwalter das Recht der sofortigen Beschwerde bzw. befristeten Rechtspfleger-Erinnerung zu (§ 73 KO, § 11 RpflG). In der Praxis wird auch dem Schuldner die Entscheidung grundsätzlich mitgeteilt; eine Verpflichtung hierzu besteht nicht. Die Gläubiger werden durch die Veröffentlichung des Schlußtermins in Kenntnis gesetzt (*J-W,* § 161 Anm. 7; *M-K,* § 161 Anm. 5; *B-St,* § 161 Anm. 3).
Die erteilte Genehmigung kann vom Gericht bis zum Beginn der Schlußverteilung widerrufen werden (*Richert* NJW 1961, 2151 ff.; OLG Frankfurt Rpfleger 1971, 154 = KTS 1971, 218; *J-W,* § 161 Anm. 9 und § 173 Anm. 24; *M-K,* § 161 Anm. 7; *B-St,* § 161 Anm. 3; *Schrader-Bauer,* Rn 591). Bei einer Ablehnung des Widerrufs soll die Entscheidung nur dann unanfechtbar sein, wenn sie unter Berücksichtigung der gesamten Sach- und Rechtslage getroffen wurde (OLG Frankfurt a.a.O.; **a. M.** *J-W,* § 161

Anm. 9). § 11 RpflG läßt auf jeden Fall eine befristete Erinnerung zu, wenn der Rechtspfleger entschieden hat. Die in der Vorauflage vertretene Ansicht, daß der Widerruf nur bis zum Ablauf der Ausschlußfrist der §§ 152, 153 zulässig ist, wird aufgegeben.

Das Gericht hat auch die Möglichkeit, den Vollzug einer Schlußverteilung auszusetzen. Sie beginnt mit der Mitteilung an die Gläubiger über die auf sie entfallenden Beträge (*Bihler* KTS 1962, 84 ff.), also frühestens nach Abhaltung des Schlußtermins, da erst dann die Berechnungsgrundlagen endgültig sind. Dies kann auch auf dem Empfänger-beleg einer Überweisung geschehen (*J-W*, § 162 Anm. 8). Begründet ist die Aussetzung dann, wenn berechtigte Einwendungen gegen das Schlußverzeichnis, gegen die Schlußrechnung oder die Masseverwertung erhoben wurden (*J-W*, § 161 Anm. 9).

Eine vom Verwalter ohne Genehmigung durchgeführte Verteilung ist wirksam, es können jedoch Schadenersatzansprüche geltend gemacht werden, § 82 (*J-W*, § 161 Anm. 9, 2. Abs.; *M-K*, § 161 Anm. 6; *B-St*, § 161 Anm. 3).

Bei der Genehmigung der Schlußverteilung beraumt das Gericht den Schluß- **389**
termin sowie zweckmäßigerweise damit verbunden, einen besonderen Prüfungstermin und bei Bedarf noch einen getrennten besonderen Prüfungstermin an. Ist ein Gläubigerausschuß bestellt, so ist in die Tagesordnung noch aufzunehmen, daß die Gläubigerversammlung über die Auslagen und Vergütungen der Mitglieder gehört wird (§ 91 Abs. 1 S. 2, § 98). Die in der Vorauflage vertretene Ansicht, daß die Auslagen und Vergütungen mit der Schlußterminsanberaumung festgesetzt werden, kann nicht aufrechterhalten werden.

Festgesetzt werden jedoch das Honorar und die Auslagen des Verwalters. Diese Entscheidungen des Gerichts sind im Amtsblatt zu veröffentlichen. Endlich hat das Gericht, wenn die Schlußrechnung vom Verwalter noch nicht eingereicht sein sollte, darauf zu achten, daß diese rechtzeitig auf der Geschäftsstelle niedergelegt wird (§ 86 S. 2). Auch auf die rechtzeitige Niederlegung des Schlußverzeichnisses ist hinzuwirken. **Muster** siehe *Schrader-Bauer*, Rn 588, 589.

Zur Festsetzung des Honorars des Verwalters und seiner erstattungsfähigen Auslagen sowie der Entschädigung der Mitglieder des Gläubigerausschusses siehe Rn 537 ff., 554.

Der Schlußtermin ist nicht unter drei Wochen und nicht über einen Monat **390**
hinaus anzuberaumen (§ 162 Abs. 1). Diese Frist ist von dem Zeitpunkt ab zu berechnen, zu dem die Bekanntmachung des Schlußtermins nach § 76 Abs. 1 als bewirkt gilt (*J-W*, § 162 Anm. 1; *M-K*, § 162 Anm. 7). Jedenfalls muß die Anberaumung des Schlußtermins so erfolgen, daß die Ausschlußfrist des § 152 in Verbindung mit § 153 spätestens drei Tage vor dem Termin

abläuft, damit die Berichtigungen nach § 157 noch vorgenommen werden können. Diese Ausschlußfrist aber beginnt erst mit dem Ablauf des Tages, an welchem die vom Verwalter nach § 151 zu erlassende Bekanntmachung als bewirkt gilt und diese Bekanntmachung wiederum kann der Verwalter nicht eher erlassen, als bis ihm die Genehmigung der Schlußverteilung vom Gericht zugestellt worden ist. Die Bekanntmachung des Schlußtermins geschieht nach Maßgabe des § 76. Einer Benachrichtigung der einzelnen Gläubiger bedarf es nicht. Die Benachrichtigung des Verwalters und des GSch ist nicht erforderlich, aber empfehlenswert und erfolgt üblicherweise im Zusammenhang mit der Genehmigung der Schlußverteilung.

Um bisher noch nicht geprüften Forderungen ohne besondere Ausschreibungskosten noch die Gelegenheit zur Teilnahme an der Schlußverteilung zu ermöglichen, kann folgender Weg beschritten werden, der an Hand eines Beispiels erläutert wird: Die Ausschreibung des besonderen Prüfungs- und Schlußtermins erfolgt am Freitag, den 4. 4. und wird nach § 76 Abs. 1 wirksam am Montag, den 7. 4. um 24 Uhr. Dem Verwalter wird aufgegeben, seine Veröffentlichung gemäß § 151 am Freitag, den 11. 4. vorzunehmen; diese wird am Montag, den 14. 4., 24 Uhr, wirksam. Für die Anberaumung des besonderen Prüfungstermins ist nur die Ladungsfrist von 3 Tagen einzuhalten (§ 217 ZPO, 72 KO). Da die Frist mit der Wirksamkeit der Ausschreibung des Gerichts beginnt, also am 8. 4., 0.0 Uhr, kann dieser Termin frühestens auf Freitag, den 11. 4. anberaumt werden. Aber auch, wenn er auf Montag, den 14. 4. bestimmt wird, steht dem Gläubiger noch die gesamte Frist des § 152 offen, die am 15. 4., 0.0 Uhr, beginnt und am 28. 4., 24 Uhr, endet.

Wurde eine Forderung bis zum 28. 4., 24 Uhr, geprüft und festgestellt, so ist sie noch in das Schlußverzeichnis aufzunehmen. Wird aber eine Forderung bestritten oder für den Ausfall festgestellt, so könnten sich Schwierigkeiten ergeben und ggf. auch Haftungsansprüche gegenüber dem Staat. Es ist daher zu empfehlen, den besonderen Prüfungstermin vor Beginn der Ausschlußfrist zu terminieren, also auf den 11. oder 14. 4. und sofort die Tabellenauszüge gemäß § 146 Abs. 1 zu versenden. Bei der Abhaltung des Schlußtermins müssen die Fristen gemäß § 151 und § 157 abgelaufen sein. Die Frist des § 151 endet, wie oben ausgeführt, am 28. 4., 24 Uhr; darauf folgt die 3-Tagefrist nach § 157, die am 1. 5., 24 Uhr, enden würde. Da dies aber ein Feiertag ist, endet die Frist am 2. 5. um 24 Uhr (§ 222 Abs. 2 ZPO). Der Schlußtermin könnte am 3. 5. abgehalten werden, dies ist jedoch ein Samstag, so daß der 5. 5. der erste mögliche Schlußtermins-Tag ist (Die 3-Wochenfrist des § 162 ist am 28. 4., 24 Uhr, abgelaufen). Spätestens ist jedoch der Termin auf den 7. 5. anzuberaumen, da an diesem Tage die Monatsfrist des § 162 endet.

Die Anberaumung des besonderen Prüfungstermins soll nur erfolgen, wenn zum Zeitpunkt der Ausschreibung des Schlußtermins ungeprüfte Forderungen vorliegen. Jedoch hat es sich als zweckmäßig erwiesen, im Schlußtermin auf jeden Fall noch den Tagesordnungspunkt „Besonderer Prüfungstermin" hinzuzufügen, damit die Nachzügler wenigstens noch einen Titel erhalten. Wird diese Verfahrensweise strikt eingehalten und werden die Gläubiger hierauf aufmerksam gemacht, so gibt es während der Abwicklung des Verfahrens nur noch wenige besondere Prüfungstermine.

3.4 Die Schlußrechnung des Verwalters

Die Schlußrechnung, der Schlußbericht und das Schlußverzeichnis werden vom Verwalter meist schon mit seinem Antrag auf Genehmigung der Schlußverteilung eingereicht. Andernfalls besteht keine Möglichkeit zu einer Entscheidung. Ist dies bezüglich der Schlußrechnung und des Schlußberichts nicht geschehen, so hat das Gericht darauf zu achten, daß sie mit den dazugehörigen Belegen spätestens 3 Tage vor dem Schlußtermin auf der Geschäftsstelle niedergelegt werden (§ 86). Das Schlußverzeichnis muß bereits zum Zeitpunkt des Beginns der Ausschlußfrist des § 152 niedergelegt werden. Bei verspäteter Einreichung der Unterlagen oder der Veröffentlichung des Verwalters nach § 151 ist der Schlußtermin zu vertagen (§ 227 ZPO, § 72 KO). **391**

Zur Vorlage der Rechnung kann der Verwalter durch Zwangsgelder angehalten werden (§ 84), wenn das Verfahren abschlußreif ist (*J-W,* § 86 Anm. 1 am Ende; *M-K,* § 86 Anm. 1; *B-St,* § 86 Anm. 1). Die Vorlage steht jedoch ansonsten grundsätzlich im Ermessen des Verwalters (LG Essen KTS 1971, 295).

Die Schlußrechnung muß vom Gläubigerausschuß geprüft sein. Daß der Gläubigerausschuß – seine Genehmigung und nicht die der einzelnen Mitglieder ist erforderlich – dieser Verpflichtung wirklich nachkommt, kann freilich das Gericht nicht erzwingen. Die Mitglieder können sich jedoch dadurch schadenersatzpflichtig machen, § 89. Die Bemerkungen des Gläubigerausschusses sind gleichfalls auf der Geschäftsstelle niederzulegen.

Bei der Entlassung eines Verwalters hat dieser Rechnung zu legen. Zur Frage des Umfanges siehe OLG Nürnberg KTS 1966, 62. Die Übertragung dieser Aufgabe an einen Dritten ist unzulässig (LG Bayreuth Rpfleger 1965, 306). Wird der Verwalter entmündigt, so trifft die Rechnungslegungspflicht den Vormund. Bei Tod des Verwalters geht die Pflicht auf die Erben über; letztere sind jedoch nur verpflichtet, eine Aufstellung über die Einnahmen und Ausgaben nebst Belegen einzureichen, was notfalls nur im Klageweg durch einen neuen Verwalter erzwungen werden kann (*Eickmann* Rpfleger 1970, 320; *J-W,* § 86 Anm. 1; *M-K,* § 86 Anm. 2; *B-St,* § 86 Anm. 1).

392 Der Schlußbericht ist kein Rechenschaftsbericht, dazu besteht keine Verpflichtung (*J-W,* § 86 Anm. 2; *B-St,* § 86 Anm. 1; LG Aschaffenburg KTS 1959, 158), sondern hat über die gesamte Tätigkeit des Verwalters Auskunft zu erteilen, soweit dies nicht schon während des Konkurses geschehen ist. Insbesondere ist darzulegen, was der Verwalter an Masse vorgefunden hat, soweit dies nicht im Inventar aufgenommen wurde; welche Aussonderungs-, Absonderungs- und Massenansprüche erhoben wurden und wie die erhobenen erledigt sind; welche Anfechtungsansprüche sich ergeben haben und ob und wie sie durchgeführt sind; in welcher Weise die Abwicklung der bei der Konkurseröffnung schwebenden Rechtsangelegenheiten erfolgt ist; welche Prozesse über die Teilungs- und Schuldenmasse geführt sind und welches Ergebnis sie gehabt haben; wie die vorhandenen Massegegenstände verwaltet und verwertet worden sind; welche Gegenstände noch vorhanden sind und aus welchen Gründen deren Verwertung unterblieben ist; welche Vermögenswerte freigegeben wurden und warum endlich welche Ausgaben und aus welchen Veranlassungen entstanden sind.

Die eigentliche Schlußrechnung ist eine Aufstellung über die Einnahmen und Ausgaben mit einer kurzen Begründung und der Angabe des Einzahlers bzw. Empfängers, nebst den dazugehörigen Belegen. Die Ansicht des LG Aschaffenburg (KTS 1959, 168 ff.), daß die Beitreibungs- und Prozeßakten nicht vorzulegen sind, ist mit der Prüfungspflicht des Gerichts und dem Prüfungsrecht der Gläubiger nicht vereinbar. **Muster** siehe *Senst-Müller,* Verwaltung von Konkursen, S. 366 ff.; *Schrader-Bauer,* Rn 575, 576; *Mohrbutter-Haarmann,* S. 314 ff.

393 Nach der jetzt wohl vorherrschenden Meinung ist es das Recht und die Pflicht des Konkursrichters bzw. Rechtspflegers die **Schlußrechnung** des Verwalters nicht nur hinsichtlich ihrer förmlichen (rechnerischen) Richtigkeit, sondern auch in materiellrechtlicher Hinsicht **zu überprüfen,** bzw. bei eigenem Unvermögen durch einen Sachverständigen nachprüfen zu lassen; die Kosten hierfür hat die Masse zu tragen, *J-W,* § 75 Anm. 3 (*J-W,* § 86 Anm. 3, § 161 Anm. 8; *M-K,* § 86 Anm. 1 und § 161 Anm. 5; *B-St,* § 86 Anm. 2 und § 161 Anm. 3; *Orth* JW 1935, 2606; LG Aschaffenburg KTS 1959, 158/159; LG München I KTS 1965, 243 und KTS 1971, 58 ff.). Der Umfang der materiellen Prüfungspflicht umfaßt insbesondere die Richtigkeit des Ansatzes der einzelnen Positionen der Schlußrechnung, nicht dagegen – wie stets bei der gerichtlichen Aufsicht über den Konkursverwalter – bei richtigem Ansatz die Notwendigkeit und Angemessenheit einzelner Ausgaben; sie überprüft die **Rechtmäßigkeit** des Verwalterhandelns, **nicht** jedoch dessen **Zweckmäßigkeit** (*Baade* KTS 1958, 166; *J-W,* § 86 Anm. 2; LG München I, a.a.O.).

Insoweit haben die Beteiligten die Möglichkeit, Bedenken im Wege der Einwendungen gegen die Schlußrechnung im Schlußtermin vorzubringen. Der Verwalter, der über die Zweckmäßigkeit und Notwendigkeit einer Ausgabe zunächst selbständig befindet, ist hierfür den Beteiligten verantwortlich.

Die gerichtliche Vorprüfung der Schlußrechnung ist erforderlich im Hinblick auf die weiteren Folgen, die die Nichterhebung von Einwendungen gegen die Schlußrechnung im Schlußtermin hat. Soweit nämlich Einwendungen im Schlußtermin von den Beteiligten (= Konkursgläubiger, GSch und ggf. neuer Verwalter) nicht erhoben werden, gilt die Rechnung als anerkannt mit der Folge, daß der Verwalter von allen aus der Amtsführung gegen ihn entstandenen Ansprüchen insoweit endgültig befreit ist, als die Schlußrechnung in Verbindung mit dem Schlußbericht und eventuellen mündlichen Ergänzungen die Verwaltertätigkeit dargelegt und darzutun bestimmt ist. Unberührt bleiben nur Schadenersatzansprüche aus vorsätzlich begangenen unerlaubten Handlungen (RGZ 87, 153; *J-W,* § 86 Anm. 7; *M-K,* § 86 Anm. 7; *B-St,* § 86 Anm. 1).

Praktisch ist es so, daß die Gläubiger und oft auch der GSch weder gewillt noch in der Lage sind, die Rechnung des Verwalters einer gründlichen Prüfung zu unterziehen. Gerade in den größeren Konkursen wird zu einer solchen Prüfung häufig wegen des großen Umfangs der Rechnung schon die Zeit mangeln. Aber auch das Fehlen genügender Sach- und Rechtskenntnis, sowie die Scheu vor der mit der Prüfung der Rechnung verbundenen erheblichen Mühewaltung, endlich, und nicht zum wenigsten, das weitverbreitete Vertrauen, daß schon das Gericht für eine gehörige Prüfung der Rechnung sorge, halten die Gläubiger meistens davon ab, in die Schlußrechnung des Verwalters überhaupt Einsicht zu nehmen. Wegen der vielfachen, oft verwikkelten und umfangreichen Geschäfte, welche die Verwaltung von Konkursen mit sich bringt und wegen der Versuchungen, denen dabei die Gewissenhaftigkeit und die Redlichkeit des Verwalters nicht selten ausgesetzt sind, ist eine gründliche Prüfung der Schlußrechnung unbedingt geboten.

Besteht ein Gläubigerausschuß, so ist die Prüfung zunächst dessen Sache und kann ihm auch zumeist unbedenklich überlassen bleiben. Wenn aber ein Gläubigerausschuß nicht bestellt oder der bestellte wegen mangelnder Zuverlässigkeit oder ungenügender Sachkenntnis zu einer gehörigen Prüfung der Schlußrechnung nicht geeignet ist, oder diese Prüfungspflicht nicht vornimmt, so trägt die gesamte Prüfungslast das Gericht. Im Ergebnis bringt der Gläubigerausschuß fast keine Entlastung, da jeder Posten nochmals überprüft werden muß und, wie die Praxis zeigt, oft erhebliche Mängel nicht beanstandet wurden. Bereits vor der Genehmigung der Schlußverteilung hat das Gericht den Verwalter aufzufordern, bestehende Bedenken zu beseitigen. Verweigert der Verwalter die Berichtigung, so dürfte eine Erzwingung im Aufsichtswege (vor allem gegenüber einem entlassenen Verwalter) zulässig sein (LG München I a.a.O.; *J-W,* § 86 Anm. 3; *M-K,* § 86 Anm. 1; *B-St,* § 86 Anm. 1). Dem Konkursgericht bleiben folgende weiteren Wege offen, um seinem Willen Geltung zu verschaffen:

1. es lehnt die Erteilung der Genehmigung zur Vornahme der Schlußverteilung ab, indem es unter Aufführung der einzelnen Bedenken feststellt, daß die Voraussetzungen des § 161 nicht erfüllt sind. Hiergegen steht dem Verwalter dann der Weg der sofortigen Beschwerde bzw. befristeten Rechtspfleger-Erinnerung offen (§ 73 KO, § 11 RpflG); oder
2. es stellt die Entscheidung nach § 161 zurück und beruft eine Gläubigerversammlung ein. In dieser Versammlung bringt das Konkursgericht die gemachten Anstände und Bedenken zur Sprache und macht seine Entscheidung von dem Ereignis dieser Gläubigerversammlung abhängig. Es kann dann die Genehmigung versagen oder auch erteilen und letzterenfalls die Beteiligten im Schlußtermin nochmals auf die Bedenken hinweisen. Der unter 2. aufgezeigte Weg wird jedoch nur dann zum Erfolg führen, wenn die Beteiligten unter genauer Bekanntgabe der Tagesordnungspunkte besonders geladen werden und nicht nur die Veröffentlichung gemäß § 76 vorgenommen wird (so auch *Orth* JW 1935, 2606).

Besteht Grund zu der Annahme, daß der Verwalter die in der Schlußrechnung enthaltenen Angaben über die **Einnahmen** nicht mit der erforderlichen Sorgfalt gemacht hat, so hat er auf Verlangen zu Protokoll an Eides Statt zu versichern, daß er nach bestem Wissen die Einnahmen so vollständig angegeben habe, als er dazu imstande sei (§ 259 Abs. 2 BGB). Weitere Ausführungen hierzu siehe *J-W,* § 86 Anm. 4; *M-K,* § 86 Anm. 4. Werden Pflichtverletzungen des Verwalters entdeckt, so ist sofort im Aufsichtswege einzuschreiten (z. B. Kontensperrung).

394 *Einzelbeispiele häufiger Mängel:*

Allgemeine Geschäftsunkosten: Sie setzen sich aus dem Büroaufwand des Verwalters, Schreibgebühren und Gehältern von Angestellten, die im Rahmen ihrer laufenden Arbeiten auch bei der Konkursverwaltung beschäftigt werden, zusammen. Diese Kosten können der Masse nicht in Rechnung gestellt werden, § 5 Vergütungsverordnung (*J-W,* § 85 Anm. 2; *B-St,* § 85 Anm. 1 e).

Angestellte: siehe allgemeine und besondere Geschäftsunkosten.

Arbeitsgericht: Der Verwalter als Rechtsanwalt erhält in Prozessen vor dem Arbeitsgericht bei Werten über DM 300,– auf jeden Fall, darunter, wenn die

Voraussetzungen für die Zulassung eines Prozeßvertreters nach § 11 ArbGG gegeben waren, die Gebühren aus der Masse (LG München I KTS 1971, 58 ff. und LG München I Rpfleger 1970, 399; *B-St,* § 85 Anm. 2 a; *Eickmann* Rpfleger 1970, 321 mit eingehender Begründung; **aM** *J-W,* § 85 Anm. 3 b; *M-K,* § 85 Anm. 12).

Auslagen: siehe allgemeine und besondere Unkosten.

Besondere Unkosten: Zu ihnen gehören z. B. die Aufwendungen für Hilfskräfte für bestimmte Aufgaben im Rahmen des Konkursverfahrens, wie z. B. bei Millionenkonkursen die Beschäftigung eines Buchhalters und von Angestellten zur Abwicklung der laufenden Arbeiten. Sie sind Masseschulden nach § 59 (§ 5 Abs. 2 Vergütungsverordnung; LG Altona KuT 1936, 117; *J-W,* § 85 Anm. 2 b; *M-K,* § 85 Anm. 10; *B-St,* § 85 Anm. 3).

Durch die Vergütung abgegolten sind die zu den Aufgaben des Verwalters gehörenden Tätigkeiten der allgemeinen Abwicklung, so z. B. die Inbesitznahme und Inventarisierung der Masse, die Erstellung der Bilanz, der Schlußrechnung, die Prüfung der Forderungen, sowie die Durchführung der Verteilungen (LG München I KTS 1965, 243).

Besprechungsgebühr: § 118 BRAGebO, siehe Geschäftsgebühr.

Beweisgebühr: In nicht selbst geführten Prozessen steht einem Rechtsanwalt die Beweisgebühr nur dann zu, wenn er einen nicht am Sitz des Prozeßgerichts stattfindenden Beweistermin wahrnimmt (*M-K,* § 85 Anm. 12; *J-W,* § 85 Anm. 3 b; OLG Hamm JW 28, 74; OLG Celle JW 28, 2162). Kein Anspruch, wenn er in einem Masseprozeß als Partei vernommen wird (*J-W,* a.a.O.; *M-K,* § 85 Anm. 12. **aM** RGZ 10, 376).

Bilanz: Die Kosten für die Eröffnungsbilanz gehören ebenso zu den mit der Vergütung abgegoltenen Aufgaben des Verwalters, wie die Kosten noch laufend zu erstellender Bilanzen, soweit sie eine geschäftsgewandte Person grundsätzlich selbst fertigt. Werden besondere fachliche Kenntnisse erforderlich, z. B. für die Erstellung der Steuerbilanzen, so kann sie der Verwalter auf Kosten der Masse fertigen lassen oder eine gesonderte Vergütung hierfür verlangen.

Büromiete: siehe: Allgemeine Geschäftsunkosten.

Finanzgerichtliches Verfahren: Der Rechtsanwalts-Verwalter kann bei einem obsiegenden Urteil wie ein vom Steuerpflichtigen hinzugezogener Anwalt Gebühren und Auslagen erstattet verlangen (BFH in BStBL 1965 III, 463; hierzu *Oswald* KTS 1965, 208 u. NJW 1965, 2271/2272; FG Hannover mit Anmerkung von *Boeker* BB 1961, 516; *J-W,* § 85 Anm. 3 b α und 3 c; *M-K,* § 85 Anm. 12; *B-St,* § 85 Anm. 2 mit weit. Hinw.).

Geschäftsgebühren: Die Gebühr nach § 118 BRAGebO wird nur in Ausnahmefällen aus der Masse beansprucht werden können. So, wenn sich ein Prozeß auf Grund der rechtlichen Kenntnisse des Verwalters und umfangreichster Verhandlungen hat vermeiden lassen und eine geschäftsgewandte Person einen Rechtsanwalt beigezogen hätte. Im Interesse der Abwicklung ist es nicht vorteilhaft, wenn die Zubilligung dieser Gebühren ganz ausgeschlossen wird, da dann die Prozesse zunehmen und mit einer längeren Verfahrensdauer zu rechnen ist. Der Rahmen ist jedoch in engsten Grenzen zu halten.

Grundstücksverkauf: Da hier der Notar verpflichtet ist, die Parteien aufzuklären, können grundsätzlich keine Rechtsanwaltsgebühren erstattet werden (LG München I 36 T 42/73 vom 2. 7. 1973). Siehe auch *Schmidt* in Büro 1965, 119.

Beachte aber: Verkauf der Masse.

Haftpflichtversicherung: Grundsätzlich gehören die Prämien der Haftpflichtversicherungen zu den allgemeinen Geschäftsunkosten und werden nicht besonders vergütet. In Konkursen mit außerordentlich großen Risiken und Umfang wird auch in bezug auf die Höhe der Aufwendungen eine getrennte Festsetzung der gesamten Kosten bei Abschluß der Versicherung zu vertreten sein. Überwiegend wird nur die Erhöhung (jedoch nicht um die ganze Prämie) der Vergütung zur Deckung der Kosten für zulässig angesehen (*J-W,* § 85 Anm. 2b; *M-K,* § 85 Anm. 9; *B-St,* § 85 Anm. 1e; *Böhle-Stammschräder* KTS 1960, 111).

Hebegebühren: Da die Verwertung der Masse zu den Aufgaben des Verwalters gehört, kann ein Rechtsanwalt-Verwalter Hebegebühren nicht berechnen (OLG Celle JW 1928, 2162; OLG Hamm JW 1928, 74; *Schmidt* Rpfleger 1968, 255; *B-St,* Anm. 9 vor § 72; LG Aschaffenburg KTS 1960, 78; *J-W,* § 85 Anm. 3b; *M-K,* § 85 Anm. 12.

Wird jedoch vom Verwalter einem Rechtsanwalt mit Inkassovollmacht der Auftrag erteilt, eine Forderung einzuziehen und verlangt der Rechtsanwalt Hebegebühren, so können dagegen nur im Schlußtermin Einwendungen erhoben werden, da insoweit nur eine Schadenersatzforderung gegen den Verwalter besteht (OLG München, Beschluß vom 23. 2. 1970, 5 W 581/70).

Inventar: Die Erstellung des Inventars ist mit der Vergütung abgegolten, da dies zu den Aufgaben des Verwalters gehört.

Notar: Hier gilt das gleiche wie zu „Rechtsanwalt". Zur Entwurfsgebühr siehe *M-K,* § 85 Anm. 13 und *J-W,* § 85 Anm. 3d.

Prozeßgebühr: Die weitere Prozeßgebühr des Verwalter-Rechtsanwalts ist bei einem Anwaltswechsel nach Konkurseröffnung nicht erstattungsfähig (OLG Nürnberg KuT 1930, 27; *J-W,* § 85 Anm. 3b).

Ratenzahlungsvergleich: Wenn sich eine geschäftsgewandte Person der Hilfe eines Rechtsanwalts bedient hätte, sind die Rechtsanwalts-Gebühren hierfür berechtigt (LG München I, Beschluß v. 2. 7. 1973, 36 T 42/73).

Rechtsanwalt: Wenn ein Verwalter der nicht Rechtsanwalt ist entweder selbst nicht tätig werden kann, oder zwar selbst handeln könnte, aber in eigener Angelegenheit vernünftigerweise einen Anwalt beauftragt hätte, können auch von einem Rechtsanwalts-Konkursverwalter Anwaltsgebühren berechnet werden. Dies ist auf jeden Fall bei der gerichtlichen Geltendmachung eines Anspruchs dann gegeben, wenn Anwaltszwang besteht. Aber auch in amtsgerichtlichen Verfahren wird dies für gerechtfertigt gehalten, sofern es sich um schwierige Verfahren handelt (*J-W,* § 85 Anm. 3b; *B-St,* zu § 85 Anm. 2a; *M-K,* § 85 Anm. 11, 12; LG Aschaffenburg KTS 1960, 78). Die Honoraransprüche des Rechtsanwalts-Verwalters sind Massekosten nach § 58 Nr. 2 (BGH 55, 101 = NJW 1971, 381 = KTS 1971, 200 = Rpfleger 1971, 102 = MDR 1971, 294). Im Verhältnis zum erstattungspflichtigen Gegner gilt § 91 Abs. 2 S. 4 ZPO. Soweit eine Erstattungsfähigkeit gegen den Gegner nicht gegeben ist, können die Ansprüche nach h. M. der Masse nicht in Rechnung gestellt werden (*J-W,* § 85 Anm. 3b; *B-St,* § 85 Anm. 2a; **a. M.** mit eingehender Begründung *Eickmann* Rpfleger 1970, 321).

Reisespesen: Soweit sie im Rahmen des Vertretbaren liegen, sind sie als Auslagen nach § 85 festzusetzen. Auch bei einem Rechtsanwalt als Verwalter können sie nur nach § 85 berücksichtigt werden und nicht nach der BRAGebO (*M-K,* § 85 Anm. 12; *J-W,* § 85 Anm. 3b; *B-St,* § 85 Anm. 2a).
Bei Simultan-Anwalt siehe OLG München MDR 1970, 772.

Schriftwechsel mit Prozeßbevollmächtigten: Grundsätzlich keine Erstattung der Kosten des Schriftwechsels mit dem Prozeßbevollmächtigten (OLG Düsseldorf MDR 1961, 244; *B-St,* § 85 Anm. 2b; *J-W,* § 85 Anm. 3c; *Eickmann* a.a.O.).

Steuerberater: Hier gilt das gleiche wie zu „Rechtsanwalt". Siehe aber auch bei „Bilanz". § 2 Nr. 3 S. 2 der Vergütungsverordnung gilt entsprechend (*M-K,* § 85 Anm. 14).

Steuersachen: siehe „Steuerberater". Ein gewisses Maß von Fähigkeiten, Steuerfragen zu bearbeiten, wird bei jedem Verwalter vorausgesetzt (*M-K,* § 85 Anm. 14; *J-W,* § 85 Anm. 3c; *Haegele* KTS 1957, 81; *Röhm* BB 1957, 138; LG Düsseldorf KTS 1959, 28).

Umsatzsteuer: siehe Rn 546.

Vergleichsgebühr: Sie steht dem Rechtsanwalts-Konkursverwalter nicht zu, wenn er den Prozeß nicht selbst geführt hat (OLG Colmar LZ 1910, 489). Der Abschluß eines außergerichtlichen Vergleichs durch den Konkursverwalter-Rechtsanwalt löst die Gebühr nach § 23 BRAGebO nicht aus (*J-W,* § 85 Anm. 3b; *M-K,* § 85 Anm. 12). Die Ausführungen zur Geschäftsgebühr müssen jedoch auch hier Anwendung finden.

Verkauf von Masse: Für diese Tätigkeit erhält der Verwalter grundsätzlich keine Gebühren. Ist jedoch auf Grund des Verhandlungsgeschicks des Verwalters z. B. ein überbelastetes Grundstück veräußert worden und auf Grund Verzichts der letzten Grundpfandrechtsgläubiger ein Überschuß in die Masse gelangt, so können Gebühren nach § 118 BRAGebO gerechtfertigt sein, die aber nicht über den Erlös hinausgehen dürfen. Es hat sich jedoch als vorteilhaft erwiesen, wenn die Verwalter die Verwertung des beweglichen Vermögens einem Fachmann überlassen. Obwohl hier Provisionen anfallen (in München zwischen 10 und 15% des Erlöses), dürften infolge der Erfahrungen und Geschäftsbeziehungen des Verwerters höhere Erlöse erzielt werden, wie bei einer Verwertung durch den Verwalter. (Dies billigt auch *Schneider* in KuT 1933, 1.)

Verkehrsgebühr: Sie kann vom Konkursverwalter nicht beansprucht werden (OLG Celle JW 1928, 2162; OLG Nürnberg KTS 1963, 181; OLG Düsseldorf MDR 1961, 244; OLG München NJW 1966, 2416; OLG Nürnberg KuT 1927, 25; *J-W,* § 85 Anm. 3b mit weit. Hinw.; *M-K,* § 85 Anm. 12; *B-St,* § 85 Anm. 2a).

Zwangsvergleich: Die besonderen Bemühungen um den Abschluß des Zwangsvergleichs sind mit der Verwaltervergütung abgegolten (*J-W,* § 85 Anm. 3a). Für dessen Abwicklung kann der Verwalter jedoch eine besondere Entschädigung verlangen (OLG Braunschweig KTS 1968, 187).

Zwangsversteigerungstermin: Für die Teilnahme können keine besonderen Rechtsanwaltsgebühren beansprucht werden (LG München I, 36 T 42/73; siehe jedoch *J-W,* § 85 Anm. 3b).

3.5 Der Schlußtermin

395 Der Schlußtermin ist bestimmt

1. zur Abnahme der Schlußrechnung des Verwalters (s. Rn 396)
2. zur Erhebung von Einwendungen gegen das Schlußverzeichnis (s. Rn 402)
3. zur Beschlußfassung der Gläubiger über die nicht verwertbaren Vermögensstücke (s. Rn 403).

Hinzu kann noch kommen die Anhörung der Gläubigerversammlung zu den Auslagen und Vergütungen der Gläubigerausschußmitglieder.

396 Die **Abnahme der Schlußrechnung** geschieht durch die noch nicht vollständig befriedigten Konkursgläubiger und den GSch. Bei einem Verwalterwechsel hat auch der nachfolgende Verwalter das Recht und die Pflicht, Einwendungen zu erheben. Massegläubiger, sowie Aus- und Absonderungsberechtigte sind nicht beteiligt.

Die Beteiligten können die Abnahme der Rechnung verweigern, wenn diese verspätet auf der Geschäftsstelle niedergelegt ist oder nicht den Anforderungen entspricht, die an eine Schlußrechnung zu stellen sind. In diesen Fällen kann auch von Amts wegen die Rechnungsabnahme ausgesetzt werden. Geschieht das, so ist ein besonderer Termin zur Abnahme der Schlußrechnung anzuberaumen, der, wenn er im Schlußtermin verkündet wird, nach § 93 Abs. 2 S. 2 nicht öffentlich bekannt gemacht zu werden braucht. Ist die Schlußrechnung nur in einzelnen Punkten mangelhaft oder fehlen nur einzelne Belege, so wird dadurch eine Vertagung der Rechnungsabnahme nicht gerechtfertigt; dergleichen Mängel berechtigen nur zu Einwendungen gegen die Rechnung.

Die Abnahme der Schlußrechnung findet in der Weise statt, daß die erschienen Beteiligten zur Erklärung darüber aufgefordert werden, ob und was sie gegen die Rechnung zu erinnern haben. Dabei wird der Richter bzw. Rechtspfleger ggf. mitteilen, zu welchen Erinnerungen die vom Gericht vorgenommene Prüfung Anlaß gegeben hat. Hier sind insbesondere die Punkte vorzutragen, die vom Gericht nicht beanstandet werden können; hierher gehören Zweifel über die Notwendigkeit und Angemessenheit einzelner Ausgaben, sowie die Ordnungsmäßigkeit der Verwertung der Masse. Zweckmäßig ist es auch, die Erschienenen darauf hinzuweisen, daß Einwendungen nur im Termin erhoben werden können und daß, soweit dies nicht geschieht, die Rechnung als anerkannt gilt, § 86 S. 4 (RGZ 87, 151; *J-W*, § 86 Anm. 7 und 8; ***M-K***, § 86 Anm. 4; ***B-St***, § 86 Anm. 3 und 4). Die Entlastung tritt jedoch nur insoweit ein, als der Verwalter einzelne Punkte ausdrücklich angesprochen hatte, sei es in seinem schriftlichen Bericht oder in einer mündlichen Ergänzung. Unberührt bleiben stets Schadensersatzansprüche gegen den Verwalter wegen vorsätzlich begangener unerlaubter Handlungen (RGZ 87, 153; *J-W*, § 86 Anm. 7; ***B-St***, § 86 Anm. 1 Abs. 2; ***M-K***, § 86 Anm. 7). Das gleiche gilt von Ansprüchen solcher Personen, die nicht einwendungsberechtigt sind, aber zu den Beteiligten im Sinne des § 82 gehören (Aus- und Absonderungsberechtigte, Massegläubiger, Bürgen; vgl. *J-W*, § 86 Anm. 7; ***M-K***, § 86 Anm. 7).

Bei Versäumung von Einwendungen ist eine Wiedereinsetzung unzulässig. Ggfs. bleibt nur die Anfechtungsmöglichkeit wegen Irrtums oder Täuschung gem. §§ 119 ff. BGB (OLG Dresden LZ 1909, 711; *J-W*, § 86 Anm. 8; ***M-K***, § 86 Anm. 7; ***B-St***, § 86 Anm. 4).

Werden Einwendungen erhoben, so ist möglichst sogleich im Termin über sie **397**
zu verhandeln und ihre gütliche Erledigung zu versuchen. Können die Differenzen nicht behoben werden, so sind die Einwendungen in das Protokoll aufzunehmen, da zu einer Entscheidung nicht das Konkursgericht, sondern der Prozeßrichter zuständig ist (OLG Dresden KuT 1936, 92).

Einwendungen allgemeiner und unbestimmter Art haben keinen Anspruch auf Berücksichtigung. Auch vorbehaltene Einwendungen, die auf Grund einer noch vorzunehmenden Prüfung nicht in, sondern nach dem Schlußter-

min erhoben werden, bleiben unberücksichtigt (OLG Schleswig SchlHAnz 52, 154 ff.; *J-W,* § 86 Anm. 5; *B-St,* § 86 Anm. 3).
Der Richter bzw. Rechtspfleger dürfte es aber als seine Aufgabe zu betrachten haben, auf eine möglichst genaue Formulierung der erhobenen Einwendungen hinzuwirken (§ 139 ZPO, § 72 KO). Nur **mündliche** Einwendungen können im Termin erhoben werden; schriftliche Eingaben sind nur insoweit zu beachten, als sie zur Begründung der im Termin erhobenen Einwendungen verwendet werden.

398 Die Gläubiger können verlangen, daß der Verwalter wegen der Einnahmen die eidesstattliche Versicherung nach Maßgabe des § 259 Abs. 2 BGB abgibt. Dies kann durch Zwangsgelder, bei deren Erfolgslosigkeit im Klagewege erzwungen und nach §§ 888, 889 ZPO vollstreckt werden. Die Versicherung ist dann vor dem Prozeßgericht, sonst vor dem Amtsgericht, bei dem der Konkurs abhängig ist, abzugeben. – *J-W,* § 86 Anm. 4; *M-K,* § 86 Anm. 4.
Wenn nach dem Ergebnis der Verhandlungen Schadensersatzansprüche der Konkursmasse gegen den Verwalter begründet erscheinen, wird der Schlußtermin zu vertagen sein; über sie wird in einem neuen Termin mit dem Ziel der Entlassung des bisherigen Konkursverwalters zu verhandeln sein. Das Gericht hat im Termin sofort einen neuen Verwalter zu bestellen, der anwesend sein muß, damit er Einwendungen gegen die Schlußrechnung erheben kann. Wird der Schadensersatzanspruch anerkannt und bedarf es insbesondere nur zur Geltendmachung gegenüber der Haftpflichtversicherung einer aktiv legitimierten Person, so müßte auch die Bestellung eines Sonderverwalters genügen, wenn im übrigen keine Bedenken bestehen.
Das Verfahren kann dann trotzdem aufgehoben werden, wenn der Anspruch einer Nachtragsverteilung vorbehalten wird.

399 Die Frage, ob **Einwendungen gegen das Schlußverzeichnis** erhoben werden, ist gleichfalls Tagesordnungspunkt im Schlußtermin.
Spätestens nach Genehmigung der Schlußverteilung hat der Verwalter das Schlußverzeichnis aufzustellen und auf der Geschäftsstelle zur Einsicht der Beteiligten niederzulegen, sowie die im § 151 vorgeschriebene Bekanntmachung zu veranlassen.
Das Schlußverzeichnist ist das Verzeichnis der bei der Schlußverteilung zu berücksichtigenden Forderungen. Da es auch als Grundlage für eine Nachtragsverteilung dient, sind nicht nur die Forderungen aufzunehmen, die bei der Schlußverteilung eine Quote erhalten, sondern alle; eine Ergänzung nach dem Schlußtermin ist ausgeschlossen. Das Schlußverzeichnis wird im allgemeinen nach den gleichen Prinzipien aufgestellt, wie das Verzeichnis für eine Abschlagsverteilung, jedoch mit zwei Abweichungen:

400 a) Die Forderungen, für die ein Recht auf **abgesonderte Befriedigung** beansprucht war, werden bei der Schlußverteilung nur in Höhe des Betrages berücksichtigt, für den auf das Absonderungsrecht verzichtet ist oder in dessen Höhe bei der Verwertung des Gegenstandes des Absonderungsrechts nachweislich ein Ausfall entstanden ist. Abgesehen von dem Fall des Verzichts auf das Absonderungsrecht ist daher die Berücksichtigung absonderungsberechtigter Forderung bei der Schlußverteilung davon abhängig, daß die Verwertung des Gegenstandes des Absonderungsrechts erfolgt ist und der Ausfall des Absonderungsberechtigten dem Verwalter rechtzeitig nachgewiesen wird (§ 153 Abs. 1). Gleiches gilt im Falle des § 234 (*J-W*, § 234 Anm. 14). Nur wenn Gesellschaftskonkurs und persönlicher Konkurs gemäß § 212 zusammentreffen, wird, wenn der Eigenkonkurs vor dem Gesellschaftskonkurs endet, die volle Forderung berücksichtigt. Die Quoten sind jedoch nach § 169 zu hinterlegen, bis der Ausfall im Gesellschaftskonkurs feststeht (*J-W*, § 212 Anm. 10). Ein Überschuß wird für eine Nachtragsverteilung frei.

b) Forderungen unter einer **aufschiebenden Bedingung** werden bei der **401** Schlußverteilung der Regel nach ebenso wie bei der Abschlagsverteilung berücksichtigt. Sie bleiben jedoch dann außer Ansatz, wenn die Möglichkeit des Eintritts der Bedingung eine so entfernte ist, daß sie einen gegenwärtigen Vermögenswert nicht hat (§ 154 Abs. 2).
Wegen der Prüfung des Schlußverzeichnisses durch das Gericht wird auf Rn 380 verwiesen.
Die Bekanntmachung der Schlußverteilung erfolgt in derselben Art, wie bei der Abschlagsverteilung. Auch bei der Schlußverteilung läuft von dem Zeitpunkt an, mit welchem die Bekanntmachung als bewirkt gilt, eine Ausschlußfrist von zwei Wochen, innerhalb deren die nicht berücksichtigten Gläubiger durch Führung der erforderlichen Nachweise noch ihre Aufnahme erwirken können. Berichtigungen des Schlußverzeichnisses sind nur in demselben Umfang statthaft, wie Berichtigungen des Verzeichnisses bei Abschlagsverteilungen.

Auch bei der Schlußverteilung bleibt es den beteiligten Gläubigern überlas- **402** sen, gegen die Richtigkeit des Verzeichnisses **Einwendungen** zu erheben. Hierfür ist jedoch nicht, wie bei der Abschlagsverteilung, eine Frist gesetzt, sondern der Schlußtermin bestimmt. Weder vor noch nach, sondern nur **in** diesem Termin können – mündlich – gegen das Schlußverzeichnis wirksam Einwendungen erhoben werden (*J-W*, § 162 Anm. 4; *M-K*, § 162 Anm. 4; *B-St*, § 162 Anm. 1b und 5; LG Düsseldorf KTS 1966, 185. Vorausgesetzt ist dabei freilich, daß die Ausschlußfrist des § 152 und im Falle des § 157 (sie wird nur bedeutsam, wenn eine Berichtigung erforderlich ist) auch die dort bezeichnete Frist vor dem Schlußtermin abgelaufen sind. Um dies festzustellen, hat der Richter bzw. Rechtspfleger die Belegblätter über die vom

Verwalter bewirkte Bekanntmachung der Schlußverteilung einzusehen. Sollte sich herausstellen, daß die Bekanntmachung nicht rechtzeitig oder nicht in gehöriger Form erfolgt ist, so wird zur Erhebung von Einwendungen gegen das Schlußverzeichnis anderweitiger Termin bestimmt werden müssen.

Bezüglich der Berechtigung zur Erhebung von Einwendungen und der Zulässigkeit von Einwendungen, ferner hinsichtlich der Zuständigkeit zur Entscheidung über sie, die Art der Entscheidung und deren Zustellung gilt das gleiche, wie bei Abschlagsverteilungen (§ 162 Abs. 2, vgl. Rn 384).

Die Verhandlung über die erhobenen Einwendungen kann und wird in der Regel gleich im Schlußtermin, in dem ja der Verwalter meistens anwesend ist, stattfinden. Die Entscheidung über die Einwendungen kann sofort im Schlußtermin verkündet oder nachher durch einen schriftlich abgefaßten Beschluß erfolgen. Die Niederlegung der eine Abänderung des Schlußverzeichnisses anordnenden Entscheidung auf der Geschäftsstelle ist in jedem Falle erforderlich. Ist die Entscheidung in das Terminsprotokoll aufgenommen, so ist dieses niederzulegen. Daß daneben eine besondere Zustellung nicht für erforderlich erachtet, aber eine Mitteilung empfohlen wird, ist bei Rn 383 bemerkt.

Die eine Einwendung abweisende Entscheidung ist dagegen dem Abgewiesenen auch dann besonders zuzustellen, wenn sie im Schlußtermin verkündet und in das Protokoll aufgenommen ist (§ 577 Abs. 2 ZPO; vgl. *J-W,* § 162 Anm. 4 u. 5; *M-K,* § 162 Anm. 4. **Muster** siehe *Schrader-Bauer,* Rn 602, 604).

Die Nichterhebung von Einwendungen hat (im Gegensatz zu der nur für die Schlußrechnung geltenden Vorschrift des § 86) nicht die Wirkung einer Anerkennung des Schlußverzeichnisses. Ein darin übergangener Gläubiger behält deshalb seinen Anspruch gegen den GSch und kann auch den Verwalter nach § 82 schadensersatzpflichtig machen, wobei jedoch ein mitwirkendes eigenes Verschulden (Unterlassen der Einsicht in das Schlußverzeichnis) zu berücksichtigen ist (RGZ 87, 151; *J-W,* § 162 Anm. 4; *M-K,* § 162 Anm. 4). Ein nicht berücksichtigter Gläubiger hat jedoch keinen Anspruch gegenüber der Konkursmasse.

403 Weiterer Tagesordnungspunkt ist die **Beschlußfassung über nicht verwertbare Vermögensstücke:**

Sind Vermögensstücke aus tatsächlichen oder rechtlichen Gründen (LG Altona KuT 1936, 117) bisher nicht verwertbar gewesen, so haben die Gläubiger darüber zu beschließen, ob und wie die Verwertung versucht werden soll. Der Verwalter kann allerdings auch schon vorher die Einberufung einer Gläubigerversammlung verlangen, wenn er eine zweifelhafte Forderung freigeben, sich aber gegen spätere Vorwürfe der Konkursgläubiger sichern will (LG Wiesbaden MDR 1970, 598). Die Vermögensstücke können insbesondere in der Weise verwertet werden, daß sie einem Gläubiger zu einem bestimmten zu vereinbarenden Preis überlassen werden (zur Problematik bei der Übernahme unter Anrechnung auf die Konkursdividende siehe *J-W*, § 162 Anm. 6 Abs. 2). Die Gläubiger können sich aber auch die Vermögensstücke zur nachträglichen Verteilung ihres Erlöses vorbehalten. Die von *Berges* (KTS 1961, 166) vorgeschlagene Übertragung an einen Treuhänder wird nicht für zweckmäßig erachtet (ebenso: *J-W*, § 162 Anm. 6).

Die Beschlußfassung der Gläubiger geschieht in der gewöhnlichen Weise mit absoluter Stimmenmehrheit. § 99 findet Anwendung. Das Gericht hat jedoch kein Recht, sachlich in die Verhandlung einzugreifen (LG Altona KuT 1936, 117). Die Ausführung des gefaßten Beschlusses ist Sache des Verwalters. Vermögensstücke, die dem Verwalter bekannt, aber unverwertbar geblieben sind und über deren Verwertung auch im Schlußtermin Beschlüsse nicht gefaßt werden, insbesondere mangels Erscheinen eines Gläubigers, fallen in die freie Verfügung des GSch (RGZ 25,7; *J-W*, § 162 Anm. 6 Abs. 2, *M-K*, § 162 Anm. 6).

Bevor das Konkursgericht die **Festsetzung der Vergütung** und der Auslagen **404**
der Mitglieder des Gläubigerausschusses vornehmen kann, hat es einer Gläubigerversammlung Gelegenheit zur Äußerung zu geben (§ 91 Abs. 1 S. 2). Dies geschieht zweckmäßig im Schlußtermin, da dieser Termin immer abgehalten werden muß und die Tätigkeit der Gläubigerausschußmitglieder überwiegend beendet ist. Erscheint im Schlußtermin kein Gläubiger, so braucht ein neuer Termin nicht bestimmt zu werden (*J-W*, § 91 Anm. 1 u. 2; *M-K*, § 91 Anm. 2).

Die Festsetzung der Vergütung und der Auslagen, die getrennt zu erfolgen hat (bei Masseunzulänglichkeit könnte sonst die Berechnung nach § 60 nicht durchgeführt werden), wird dann meist im Schlußtermin vorgenommen. Die Festsetzung bedarf, auch wenn sie verkündet wird, der Zustellung (§ 73 Abs. 2). Da neben den beeinträchtigten Ausschußmitgliedern der Verwalter der GSch und jeder Konkursgläubiger das Recht der sofortigen Beschwerde bzw. der befristeten Rechtspfleger-Erinnerung (§ 73 KO, § 11 RpflG) haben, ist hier die Einzelzustellung durch die öffentliche Bekanntmachung zu ersetzen (§ 76 Abs. 3); von ihrer Wirksamkeit ab läuft die Rechtsmittelfrist einheitlich für alle Beteiligten. Es bestehen keine Bedenken, diese Veröffentlichung mit der über die Aufhebung des Verfahrens zu verbinden. Unzulässig ist es, sie ganz zu unterlassen (*J-W*, § 91 Anm. 5; *M-K*, § 91 Anm. 4; *B-St*, § 91 Anm. 2; *Schrader-Bauer*, Rn 605).

Der vom OLG Stuttgart (OLG 32, 394) und LG Berlin (JW 1935, 375) vertretene Standpunkt, daß nach Aufhebung des Verfahrens ein Rechtsmittel gegen die Festsetzung unzulässig sei, wird nicht geteilt (siehe hierzu auch *J-W*, § 91 Anm. 6 und *M-K* a.a.O.), weil die Aufhebung des Verfahrens auf den Lauf der in Gang gesetzten Rechtsbehelfsfrist keinen Einfluß hat.

405 Das über den Schlußtermin aufzunehmende **Protokoll** hat außer Ort, Datum, Namen des Vorsitzenden und Urkundsbeamten, Bezeichnung des Verfahrens und Termins die Namen der erschienenen Beteiligten und etwaige Feststellungen und Entscheidungen über Stimmrechte zu enthalten:

1. Die Feststellung, ob die Schlußrechnung rechtzeitig niedergelegt wurde;
2. die Angabe, ob, von wem und welche Einwendungen gegen die Schlußrechnung des Verwalters erhoben und nicht gütlich erledigt sind;
3. etwaige Vergleiche über Einwendungen gegen die Schlußrechnung;
4. die Feststellung, ob die Niederlegung des Schlußverzeichnisses und die Veröffentlichung des Verwalters gemäß § 151 rechtzeitig erfolgt sind;
5. die Angabe, ob, von wem und welche Einwendungen gegen das Schlußverzeichnis erhoben und welche Entscheidungen darauf im Termin erfolgt sind;
6. etwaige Beschlüsse der Gläubiger über nicht verwertbar gewesene Vermögenswerte unter Angabe der Mehrheit, mit der die Beschlüsse zustande gekommen sind;
7. die Feststellung über etwaige Anhörung der Gläubigerversammlung bezüglich der Vergütung und Auslagen der Gläubigerausschußmitglieder und die Stellungnahme, sowie die Beschlüsse des Gerichts hierüber.

Muster s. *Schrader-Bauer*, Rn 602 u. **Anlage F.**

Auf dem Terminsprotokoll ist in der Regel nichts weiter zu verfügen, als daß die Akten binnen einer angemessenen Frist wieder vorgelegt werden sollen. Die Aufhebung des Verfahrens erfolgt zweckmäßig erst nach Vollziehung der Schlußverteilung und es ist daher zunächst diese und der Bericht des Verwalters darüber abzuwarten (siehe hierzu Rn 410).

Besondere Verfügungen können erforderlich werden:

1. Wegen der Festsetzung der Vergütung und der Auslagen des Verwalters und der Gläubigerausschußmitglieder, soweit diese nicht bei der Schlußterminsanberaumung bzw. im Termin erfolgt sind;
2. wegen erhobener Einwendungen gegen das Schlußverzeichnis – Zustellungen und Niederlegungen – siehe hierzu Rn 402;
3. wegen einer Aussetzung des Vollzuges der Schlußverteilung;
5. infolge von Anträgen auf Grund des § 99, sei es, daß die Entscheidungen über solche Anträge noch zu treffen oder daß sie wenigstens noch öffentlich bekanntzumachen oder anderweit zuzustellen sind (vgl. Rn 74);
6. wegen Rückgabe einer vom Verwalter bestellten Sicherheit (siehe Rn 132).

Muster siehe *Schrader-Bauer*, Rn 604.

3.6 Die Vollziehung der Schlußverteilung

Nach Abhaltung des Schlußtermins ist nicht immer sofort der Konkurs aufzuheben, weil die Ausschüttung der Masse, die den Konkurs erst materiell erledigt, noch auf Hindernisse stoßen kann. Sind Einwendungen gegen das Schlußverzeichnis erhoben, so sollte gewartet werden, bis über sie rechtskräftig entschieden ist; hat die Schlußrechnung des Verwalters zur Bemängelung Anlaß gegeben und bestehen Regreßansprüche gegen den Verwalter, so kann das Gericht, falls für die Masse ein baldiger Ersatz des durch den Verwalter verursachten Schadens zu erwarten ist, anordnen, daß die **Vollziehung der Schlußverteilung** bis zur Erledigung der Regreßansprüche **ausgesetzt** werde. Ebenso kann das Gericht die Aussetzung des Vollzuges der Schlußverteilung anordnen, wenn infolge von Beschlüssen der Gläubigerversammlung über bisher nicht verwertbar gewesene Vermögensstücke noch Eingänge für die Masse in Aussicht stehen. Hier ist jedoch möglichst vom Vorbehalt der Nachtragsverteilung Gebrauch zu machen. Dagegen steht es dem Gericht nicht zu, aus anderen als den erwähnten Gründen, etwa wegen der Möglichkeit weiterer Ermittlungen die Vollziehung der Schlußverteilung hinauszuschieben. Es steht ihm auch nicht zu, die früher erteilte Genehmigung zur Vornahme der Schlußverteilung wegen eines noch bevorstehenden Eingangs von Massegegenständen ganz zurückzunehmen und etwa dem Verwalter eine Abschlagsverteilung anheimzugeben. Wenn ein längerer Zeitraum bis zum Eingang der noch zu erwartenden Beträge vergehen kann, empfiehlt es sich, diese Eingänge einer Nachtragsverteilung vorzubehalten (*Bihler* KTS 1962, 84). **406**

Die Anordnung einer Aussetzung des Vollzuges der Schlußverteilung ist nur erforderlich, wenn der Verwalter nicht bereits von sich aus mit der Verteilung wartet. Dies wird er insbesondere auch dann tun, wenn er die Umsatzsteuer auf seine Vergütung und die Auslagen, sowie die der Gläubigerausschußmitglieder auf Grund des Erstattungsantrages als Vorsteuer noch nicht zur Masse zurückerhalten hat. Entfällt auf das Finanzamt eine entsprechende Quote, so wird der Verwalter die Aufrechnung vornehmen und kann dann sofort die Schlußverteilung vollziehen.

Bis zum Beginn der Durchführung der Schlußverteilung hat das Gericht die Möglichkeit des Widerrufs der Genehmigung, wenn zwingende Belange der Gläubigergesamtheit dies rechtfertigen. Dies kann vor allem ein verspätet eingereichter Zwangsvergleichsvorschlag sein, der erhebliche Vorteile bietet (*J-W*, § 161 Anm. 9; *M-K*, § 161 Anm. 7; *B-St*, § 161 Anm. 3; *Richert* NJW 1961, 2151 f.; OLG Frankfurt Rpfleger 1971, 154 = KTS 1971, 218).

Die in der Vorauflage vertretene Ansicht, daß ein Widerruf nur bis zum Ablauf der Ausschlußfrist nach §§ 152, 153 zulässig ist, wird aufgegeben; sie kann der Interessenlage häufig nicht gerecht werden.

407 Die **Vollziehung** der Schlußverteilung, die in der Auszahlung oder Zurückbehaltung der Anteile besteht, obliegt dem Verwalter; an diesen haben sich die hebungsberechtigten Gläubiger unmittelbar zu wenden, § 167. Ausschließliche Grundlage bildet das Schlußverzeichnis. Der Verwalter darf dort nicht aufgeführte Gläubiger nicht berücksichtigen (RG KuT 1932, 97). Obwohl die Konkursquote eine Holschuld ist (§ 169 KO, § 269 Abs. 1 BGB), übersendet der Verwalter grundsätzlich die Beträge an die Gläubiger auf deren Kosten und Gefahr (*J-W,* § 167 Anm. 1; *M-K,* § 167 Anm. 1; *B-St,* § 167 Anm. 1). Problematisch wird es, wenn die Kosten für die Übersendung die Quote übersteigen oder nur um wenige Pfennige darunter liegen. Hier wird man aus wirtschaftlichen Gesichtspunkten von einer Überweisung absehen können (so auch *Bohnenberg* KuT 1936, 98; *Bihler* KTS 1962, 84 ff.) Besteht Streit, weil mehrere Prätendenten dieselbe Konkursforderung für sich in Anspruch nehmen, so hinterlegt der Verwalter die Quote nach § 372 S. 2 BGB.

408 **Zurückzubehalten** sind die Anteile nach § 168 in folgenden Fällen:

1.a) bei titulierten, vom Verwalter oder einem Konkursgläubiger bestrittenen Forderungen, wenn einer der Bestreitenden dem Verwalter vor dem Vollzug der Schlußverteilung die Verfolgung des Widerspruchs nachweist (*J-W,* § 168 Anm. 4; *M-K,* § 168 Anm. 1; *B-St,* § 168 Anm. 1 a);
b) bei nicht titulierten, vom Verwalter oder einem Konkursgläubiger bestrittenen Forderungen, wenn der Nachweis gemäß § 152 rechtzeitig geführt wird (*J-W,* § 168 Anm. 5; *M-K,* a.a.O.; *B-St* a.a.O.);
c) bei festgestellten Forderungen, wenn der Verwalter mit der Vollstrekkungsgegenklage (§ 767 ZPO) die nachträgliche Tilgung der Forderung geltend macht (*J-W,* § 168 Anm. 6; *M-K,* a.a.O.);
2. bei aufschiebend bedingten Forderungen, soweit die Bedingung noch nicht eingetreten ist. Dies steht im Zusammenhang mit §§ 67, 154, 156;
3. bei absonderungsberechtigten Gläubigern hat anläßlich der Schlußverteilung nur dann eine Zurückbehaltung zu erfolgen, wenn Streit besteht, ob die Voraussetzungen des § 153 Abs. 1 erfüllt sind (*J-W,* § 168 Anm. 8; *B-St,* § 168 Anm. 1 c);
4. bei auflösend bedingten Forderungen, sofern die Gläubiger zu einer Sicherheitsleistung verpflichtet sind und diese nicht leisten. Hier können nur vertragliche Sicherheitsleistungen oder Arrestsicherungen nach § 916 Abs. 2 ZPO in Frage kommen (*J-W,* § 168 Anm. 9; *M-K,* § 168 Anm. 4; *B-St,* § 168 Anm. 1 d).

409 Das Konkursgericht hat darüber zu wachen, daß der Verwalter die Vollziehung der Schlußverteilung nicht ungebührlich verzögert. Sobald diese statthaft ist, kann es den Verwalter zum Vollzug kraft seiner Aufsichtsbefugnisse

nötigenfalls durch Zwangsgelder anhalten. Das Gericht wird daher einige Zeit nach dem Schlußtermin den Verwalter zum Bericht darüber auffordern, ob und wieweit die Schlußverteilung vollzogen wurde und, wenn der Vollzug noch nicht erfolgt sein sollte, aus welchen Gründen er unterblieben ist.
Auf die Beschwerde eines Gläubigers hat das Konkursgericht im Aufsichtswege ebenfalls nur einzuschreiten bei pflichtwidrigem Verhalten des Verwalters. Sonst ist der Streit zwischen Gläubiger und Verwalter über Auszahlung oder Zurückbehaltung eines Anteils im Prozeßwege auszutragen (*J-W*, § 167 Anm. 2; *M-K*, § 167 Anm. 1; *B-St*, § 167 Anm. 1).

Der Bericht des Verwalters über die Vollziehung der Schlußverteilung wird **410**
häufig ergeben, daß einzelne Quoten nicht ausgezahlt sind. Die Nichtauszahlung kann in den Bestimmungen des § 168 oder darin ihren Grund haben, daß eine Auszahlung an den Berechtigten infolge unbekannten Aufenthalts nicht erfolgen kann. In diesen Fällen bleiben die Beträge bei Abschlagsverteilungen einfach bis zur Schlußverteilung in der Masse. Nach der Schlußverteilung ist aber der Verwalter zu einer weiteren Aufbewahrung der Quotenbeträge nicht verpflichtet; diese sind zu hinterlegen, § 169. (Eingehende Ausführungen hierzu *Bihler* KTS 1963, 226 ff.)
Bei welcher Stelle die Hinterlegung erfolgen soll, hat das Gericht von amtswegen nach freiem Ermessen zu entscheiden. Maßgebend für die Bestimmung wird in erster Linie die Sicherheit und erst in zweiter Linie die Höhe der Verzinsung der zu hinterlegenden Beträge sein. Die Anordnung bezüglich der Hinterlegung ist dem Verwalter und den Gläubigern, die ein Anrecht auf die zu hinterlegenden Beträge haben – das ist nicht nur der Bezugsberechtigte selbst, sondern auch jeder, dem am Freiwerden der Beträge gelegen ist – zuzustellen. Ihnen steht das Recht der sofortigen Beschwerde bzw. befristeten Rechtspfleger-Erinnerung zu (§ 73 KO, § 11 RpflG). Das Beschwerdegericht kann nur Ort und Art der Hinterlegung ändern, nicht die Entscheidung, ob auszuzahlen oder zu hinterlegen ist (*J-W*, § 169 Anm. 3; LG Düsseldorf KTS 1966, 65).
Bei der Art und Weise der Hinterlegung sind zwei Fälle zu unterscheiden:

1. Erfolgt die Hinterlegung aus den Gründen des § 168, so ist die Berechtigung des Gläubigers noch ungewiß. Hier erfolgt die Hinterlegung zugunsten der Konkursmasse; die Beträge unterliegen auch nach Aufhebung noch dem Konkursbeschlag. Ein Verzicht des Verwalters auf das Rücknahmerecht wäre hier unzulässig. Werden die hinterlegten Summen frei, so unterliegen sie einer Nachtragsverteilung (§ 166). Hier beläßt es das Gericht zweckmäßigerweise bei der bisherigen Hinterlegungsstelle (*J-W*, § 169 Anm. 4 Abs. 1 und Anm. 5; *M-K*, § 169 Anm. 3; *B-St*, § 169 Anm. 1).

2. Nicht erhobene Beträge, d. h. Dividenden, die z. B. mangels unbekannten Aufenthalts nicht ausbezahlt werden konnten, stehen nicht mehr der Konkursmasse zu. Gleiches gilt bei einem Prätendentenstreit. Hier erfolgt die Hinterlegung zum Zwecke der Schuldbefreiung nach Maßgabe der § 372 ff. BGB zugunsten der berechtigten Gläubiger bzw. Forderungsprätendenten. Die Hinterlegung sollte hier bei der Hinterlegungsstelle des Amtsgerichts unter Rücknahmeverzicht erfolgen. Bei einem Prätendentenstreit dürfte eine besser verzinsliche Anlegung vorzuziehen sein (*J-W,* a.a.O.; *M-K,* a.a.O.; *B-St,* a.a.O.).

Die Ausführung der angeordneten Hinterlegung ist Sache des Verwalters (§ 169). Es erscheint aber angezeigt, daß das Gericht die richtige Hinterlegung überwacht und zu diesem Zwecke die von der Hinterlegungsstelle dem Verwalter erteilten Quittungen einer Prüfung unterzieht; die geprüften Quittungen sind dem Verwalter wieder auszuhändigen.
Ebenso wie mit den nach Ziff. 1 nicht ausbezahlten Quoten von Konkursgläubigern ist mit den Beträgen zu verfahren, die auf dem Verwalter bekannte aber streitige Masseansprüche zurückbehalten sind; so namentlich auf entstandene und noch zu erwartende Kosten schwebender Prozesse, die die Masse betreffen.
Auf das weitere Schicksal der hinterlegten Beträge steht dem Konkursgericht ein Einfluß im allgemeinen nicht zu. Das Gericht ist nicht befugt, die Auszahlung hinterlegter Beträge anzuordnen. Diese Auszahlung kann nur nach Maßgabe der vom Verwalter bei der Hinterlegung abgegebenen Erklärungen oder eines unter den Beteiligten ergangenen Urteils erfolgen (§§ 376 ff. BGB). Nur wenn bei einer Hinterlegung aus den Gründen des § 168 Beträge frei werden, hat das Gericht eine Nachtragsverteilung anzuordnen (§ 166).

3.7 Die Aufhebung des Konkursverfahrens

411 Nach der Abhaltung des Schlußtermins hat das Gericht durch Beschluß, der einer Anfechtung nicht unterliegt (bei der Rechtspflegerentscheidung ist jedoch die befristete Erinnerung zulässig § 11 RpflG) die Aufhebung des Konkursverfahrens auszusprechen (§ 163 Abs. 1). Der Vollzug der Schlußverteilung wird nicht vorausgesetzt. Es besteht jedoch bei vielen Konkursgerichten die Übung, immer erst dann das Verfahren aufzuheben, wenn die Schlußverteilung vollzogen und der Auszahlungsbericht für in Ordnung befunden wurde (*Bihler* KTS 1962, 89). Dieser Verfahrensweise sollte auch grundsätzlich der Vorzug eingeräumt werden. Zwar ist auch nach Aufhebung der Verwalter noch verpflichtet abzurechnen, auch unterliegt er weiter der

Beaufsichtigung durch das Konkursgericht. Schwierigkeiten ergeben sich jedoch, wenn sich der Verwalter nach dem Zeitpunkt der Aufhebung schadenersatzpflichtig macht (*J-W,* § 163 Anm. 1 mit weit. Hinw.; *M-K,* § 163 Anm. 1; *B-St,* § 161 Anm. 1; *Schrader-Bauer,* Rn 611; *Bihler* KTS 1962, 89 ff.; *Bohnenberg* KuT 1934, 113).

Wird ein Antrag auf Aufhebung des Konkursverfahrens durch Beschluß abgelehnt, so unterliegt dieser auch der sofortigen Beschwerde bzw. befristeten Rechtspfleger-Erinnerung (§ 73 KO, § 11 RpflG).

Der vor dem Schlußtermin erlassene Aufhebungsbeschluß ist gesetzwidrig, aber nicht nichtig. Trotzdem hat das Gericht den Schlußtermin anzuberaumen und die Abschlußunterlagen einzufordern (*J-W,* § 163 Anm. 2; *B-St,* § 163 Anm. 2).

Der Beschluß hat den Grund der Aufhebung anzugeben (§ 163 Abs. 2), z. B. „nach Abhaltung des Schlußtermins" sowie ggfs. weiter „und Durchführung der Schlußverteilung". **Muster:** *Schrader-Bauer,* Rn 613. Werden Vermögenswerte einer Nachtragsverteilung vorbehalten, so sind diese im Aufhebungsbeschluß unter ihrer genauen Bezeichnung anzugeben. Es empfiehlt sich, zum Ausdruck zu bringen, daß der Konkursbeschlag insoweit aufrechterhalten und der Verwalter verfügungsbefugt bleibt. Eine Veröffentlichung wird diesbezüglich nicht für erforderlich erachtet; es bedarf jedoch einer Zustellung an die unmittelbar Beteiligten.

Nach Aufhebung des Konkursverfahrens ist folgendes zu veranlassen: **412**

1. Der Urkundsbeamte der Geschäftsstelle hat den Beschluß und den Grund der Aufhebung, sowie die festgesetzten Auslagen und Vergütungen der Gläubigerausschußmitglieder nach Maßgabe der für die Bekanntmachung der Konkurseröffnung geltenden Vorschriften öffentlich bekanntzumachen (§ 163 Abs. 2 und Abs. 3).
   Muster: *Schrader-Bauer,* Rn 620.
   Soweit keine besondere Verfügung durch den Richter oder Rechtspfleger getroffen ist, hat dies durch einmalige Einrückung im Amtsblatt und im Bundesanzeiger zu erfolgen. Eine besondere Benachrichtigung der einzelnen Gläubiger ist nicht erforderlich. Auch einer Zustellung des Beschlusses an Schuldner und Verwalter bedarf es nicht, jedoch ist eine Mitteilung zu empfehlen. Mit Wirksamkeit der öffentlichen Bekanntmachung (§ 76 Abs. 1) wird die Aufhebung des Konkursverfahrens wirksam und zwar einheitlich für alle Beteiligten, auch für den GSch (*J-W,* § 163 Anm. 4; *M-K,* § 163 Anm. 3; *B-St,* § 163 Anm. 2; *Matzke* JW 35, 375; LG Braunschweig MDR 1964, 64. **aM** RGZ 45, 326; OLG Breslau 21, 180; LG Berlin JW 35, 375; *Richert* NJW 1961, 645, die den Tag der Beschlußfassung als entscheidend ansehen). Der Beschluß ist, falls ihn der Richter

erlassen hat, sofort rechtskräftig, während bei einer Entscheidung des Rechtspflegers noch die Erinnerungsfrist läuft (§ 11 RpflG).
Die von *B-St* (§ 163 Anm. 2) vertretene Auffassung, daß bei einer Beschlußfassung durch den Rechtspfleger die öffentliche Bekanntmachung erst nach Rechtskraft des Aufhebungsbeschlusses zulässig ist, kann nicht geteilt werden. Teilte man sie, so wäre eine Zustellung an alle Beteiligten erforderlich, die jedoch nicht durch Aufgabe zur Post vorgenommen werden könnte (§ 77 Abs. 1 S. 1 ist nicht anwendbar, da keine Veröffentlichung vorliegt). Somit würden erhebliche Kosten und Arbeit verursacht werden. Eine Notwendigkeit dafür ist nicht ersichtlich. Auch bei der Einstellungsentscheidung des Rechtspflegers gem. § 204 wird mit der öffentlichen Bekanntmachung nicht bis zur Rechtskraft zugewartet. Obwohl der Einstellungsbeschluß mit der sofortigen Beschwerde bzw. befristeten Erinnerung anfechtbar ist, muß er sofort nach dem Erlaß öffentlich bekannt gemacht werden und es tritt die Wirksamkeit mit dem Vollzug der öffentlichen Bekanntmachung (§ 76 Abs. 1) ein (*J-W*, §§ 205, 206 Anm. 1 u. 4; *M-K*, § 205). Da die Wirkungen bei der Beendigung des Verfahrens nach § 163 und der nach § 204 die gleichen sind, ist eine unterschiedliche Behandlung nicht zu rechtfertigen.

2. Der Urkundsbeamte hat ferner beglaubigte Abschriften der Formel des Aufhebungsbeschlusses den in § 112 bezeichneten Behörden, also namentlich dem Registergericht, mitzuteilen (§ 163 Abs. 3).
3. Soweit noch an Grundstücken oder Rechten an Grundstücken der Konkursvermerk eingetragen ist (ggf. auch noch ein Veräußerungsverbot), hat das Gericht um Löschung der Vermerke zu ersuchen (§§ 163 Abs. 3, 113). Die Löschung erfolgt gebührenfrei (§ 115). Sie kann auch vom Verwalter und Schuldner beantragt werden (*J-W*, § 114 Anm. 3 und 4; *M-K*, § 114 Anm. 5; *B-St*, § 114 Anm. 1).
4. Wenn eine Postsperre noch besteht, so sind die zuständigen Stellen (z. B. das Postamt mit Verwaltung) von der Aufhebung des Konkurses zu verständigen.
5. Nach MiZi XII/3 sind daneben, wenn der GSch Angehöriger des öffentlichen Dienstes ist, die Dienstbehörde, der aufsichtsführende Amtsrichter (zweckmäßig auch der Landgerichts-Präsident), das Vormundschafts- bzw. Nachlaßgericht, die Gerichtsvollzieherverteilungsstelle, das Vollstreckungsgericht und die Gerichtskasse von der Aufhebung zu verständigen.
6. Hat der Verwalter eine Sicherheit bestellt, so ist ihm diese spätestens bei Aufhebung des Konkurses zurückzugeben, sofern Einwendungen gegen seine Schlußrechnung entweder nicht erhoben oder zugunsten des Verwalters erledigt sind. Sind dagegen Einwendungen gegen die Schlußrechnung

erhoben und noch nicht erledigt, so wird die Rückgabe der bestellten Sicherheit nicht erfolgen, es sei denn, daß die Beteiligten sich mit der Rückgabe einverstanden erklären (siehe Rn 132).

7. Das Gericht hat schließlich den Verwalter zur Rückgabe seiner Bestallung zu veranlassen (§ 81 Abs. 2).
Muster einer Schlußverfügung: *Schrader-Bauer,* Rn 619.

Mit der Wirksamkeit der öffentlichen Bekanntmachung erlangt der GSch **413** seine volle Verfügungsbefugnis wieder. (Über die Fortführung der anhängigen Prozesse siehe *J-W,* § 163 Anm. 6 u. 7; *M-K,* § 163 Anm. 6; *B-St,* § 163 Anm. 4.) Die Verfügungsbefugnis erstreckt sich indes nicht auf die etwa noch vorhandene, zur Verteilung an die Konkursgläubiger bestimmte Masse und auf die einer Nachtragsverteilung vorbehaltenen Vermögenswerte. In Ansehung aller dieser Vermögensgegenstände bleibt trotz der Aufhebung des Konkurses das Verwaltungs- und Verfügungsrecht des Verwalters in Kraft (*J-W,* § 163 Anm. 6 und 7; *M-K,* § 163 Anm. 6; *B-St,* § 163 Anm. 4). Die unverwertet gebliebenen Vermögensstücke, bezüglich deren im Schlußtermin nichts anderes beschlossen wurde, sind dem GSch vom Verwalter herauszugeben; die nicht veräußerten Geschäftsbücher gleichfalls. Sie hat der GSch zurückzunehmen (KuT 1933, 137 und 1935, 29; *Schumann* DJ 1935, 1210, *Kalter* KTS 1960, 65 Abschn. VII-S. 68 ff.; OLG Hamm NJW 1964, 2355; LG Koblenz KTS 1965, 241; LG Hannover KTS 1973, 191 – Erzwingung der Rücknahme nur bei AG: LG Hannover KTS 1973, 191 –. *J-W,* § 117 Anm. 19, 20; *M-K,* § 117 Anm. 12; *B-St,* § 117 Anm. 6). Auch die Geschäftsunterlagen, die der Verwalter neu angelegt hat, sind an den Schuldner herauszugeben (OLG Kolmar LZ 1907 Sp. 923), nicht jedoch die Handakten (LG Leipzig KuT 1934, 93). Wenn der GSch nicht bereit ist, die Bücher zurückzunehmen oder wenn er unbekannten Aufenthalts ist, so kann das Konkursgericht auf Antrag des Verwalters eine Anordnung über den weiteren Verbleib der Unterlagen treffen, z. B. Einlagerung auf Kosten der Masse (*Bliefert* KTS 1930, 110; KTS 1935, 29). *Braß* (JW 30, 1360) hält notfalls eine gerichtliche Aufbewahrung für erforderlich, die nach Anordnung des Konkursgerichts geschieht.
Soweit sich bei der Auszahlung der Quote und der gerichtlichen Abrechnung über die Kosten Überschüsse ergeben, deren Verteilung sich nicht mehr lohnt, so werden diese grundsätzlich auf Antrag des Verwalters seiner Vergütung zugeschlagen. Wegen Rechtsmittel gegen die Vergütungsfestsetzung vgl. OLG Celle KTS 1972, 265. Die Konkursgläubiger haben die Möglichkeit, ggf. eine vollstreckbare Ausfertigung aus der Konkurstabelle zu beantragen und die Einzelzwangsvollstreckung, insbesondere in den Neuerwerb vorzunehmen, soweit sie im Konkurs nicht befriedigt wurden.

3.8 Die Nachtragsverteilung

414 Die Nachtragsverteilung, die einmal oder mehrmals vorkommen kann, findet nur statt, wenn das Verfahren nicht durch einen Zwangsvergleich oder eine Einstellung (OLG Celle NdsRpfl 1965, 200), sondern durch eine Schlußverteilung beendet wurde. Voraussetzung ist, daß nach dem Schlußtermin (so *J-W,* § 166 Anm. 8; *M-K,* § 166 Anm. 1; *B-St,* § 166 Anm. 1; **a. M.:** Nach Beginn der Schlußverteilung, siehe hierzu *J-W,* a.a.O. Vorauflage) sich noch verteilbare Masse herausstellt (§ 166). Unbedeutend ist es, ob dies vor oder nach Aufhebung des Verfahrens geschieht.

Das ist der Fall

1. wenn noch Gegenstände, die zur Konkursmasse gehören, ermittelt werden. Das sind dem Verwalter unbekannt gebliebene, vor allem vom GSch verheimlichte oder beiseite geschaffte bzw. entgegen § 7 veräußerte Gegenstände. Aber auch solches Vermögen, das der Verwalter nicht als Konkursmasse ansah oder dessen Wert er wegen eines Irrtums nicht erkannte. Hierher gehören weiter auf Grund nachträglicher Feststellung einer Anfechtbarkeit zu erlangende Werte und Schadenersatzforderungen gegen den Verwalter nach § 82, sowie Beträge, die infolge Einwendungen gegen die Schlußrechnung vom Verwalter erstattet werden (*J-W,* § 166 Anm. 4 und 5; *M-K,* § 166 Anm. 4; *B-St,* § 166 Anm. 1 c, jeweils mit weit. Hinw.).
   Ist aber ein als massezugehörig bekannter Gegenstand einmal aus der Masse freigegeben worden, dann ist auch ein Irrtum über die Verwertbarkeit unbedeutend (*J-W,* § 166 Anm. 6). Weiter können nicht zur Nachtragsverteilung herangezogen werden Gegenstände, die bereits wirksam aus dem Vermögen des Schuldners ausgeschieden sind. Streitig ist jedoch, ob der Gegenwert, den der GSch aus der Veräußerung von früheren Massegegenständen zwischenzeitlich erzielt hat, für eine Nachtragsverteilung herangezogen werden kann (verneinend: *J-W,* § 166 Anm. 7; bejahend: *M-K,* § 166 Anm. 5). Zur Frage der Anfechtbarkeit der absichtlichen Vereitelung einer Nachtragsverteilung vgl. *J-W,* § 166 Anm. 7; *M-K,* § 166 Anm. 5; *B-St,* § 166 Anm. 1 c.
2. wenn Beträge, die bei der Schlußverteilung zurückbehalten wurden, nachträglich für die Masse freiwerden.
   Hierzu gehören:
   a) die Anteile auf Forderungen, deren Anmelder im Feststellungsprozeß unterliegen oder die Anmeldung zurücknehmen (§§ 152, 168 Nr. 1);
   b) Anteile auf aufschiebend bedingte Forderungen, wenn die Bedingung ausfällt oder ihr Eintritt aussichtslos wird (§§ 154 Abs. 2, 168 Nr. 2);

c) Anteile auf auflösend bedingte Forderungen, wenn die Bedingung eintritt (§ 168 Nr. 3);
d) hinterlegte Beträge für streitige Masseansprüche, soweit sich der Anspruch als unbegründet erweist;
e) Beträge zur Sicherstellung nach § 54 Abs. 3, wenn die Bedingung ausfällt oder ihr Eintritt aussichtslos wird;
f) Ansprüche, die einer Nachtragsverteilung vorbehalten waren und realisiert worden sind (z. B. auch Ansprüche auf Vorsteuererstattung, vgl. den Bescheid der OFD Berlin, abgedruckt in KTS 1971, 297).

3. wenn Beträge zur Masse zurückfließen; so bei irrtümlicher Zahlung einer Dividende oder wenn nach der Ausschüttung die auflösende Bedingung eintritt. Weiter, wenn auf eine titulierte Forderung (§ 146 Abs. 6) Anteile bereits ausbezahlt waren und eine nachträgliche Widerspruchsklage gewonnen wurde. Gleiches gilt bei ausbezahlten vermeintlichen Masseansprüchen, die sich als unbegründet erwiesen haben (siehe hierzu *Bohnenberg* KuT 1936, 99).
4. bei nachträglicher Realisierung von Vermögenswerten, bezüglich derer der Konkursbeschlag nicht aufgehoben wurde, die also für eine Nachtragsverteilung vorbehalten waren.

Eine großzügige Auslegung über die Voraussetzung einer Nachtragsverteilung ist angebracht (KuT 1937, 29).
Die Nachtragsverteilung bildet ihrem Wesen nach eine Fortsetzung der Schlußverteilung und erfolgt nach den selben Grundsätzen wie diese. Zeitlich begrenzt ist ihre Zulässigkeit nicht.
Die Nachtragsverteilung ist vom Richter bzw. Rechtspfleger von amtswegen **415**
oder auf Antrag anzuordnen; auch dann, wenn Gegenstände ausdrücklich oder stillschweigend einer Nachtragsverteilung vorbehalten waren. Wenn bei der Schlußverteilung sich als gewiß oder wahrscheinlich ergibt, daß eine Nachtragsverteilung erforderlich werden wird, so hat das Gericht darüber zu wachen, daß die Nachtragsverteilung auch wirklich geschieht. Es hat daher den Verwalter nach einer angemessenen Frist zur Berichterstattung über die Angelegenheit zur Durchführung einer Nachtragsverteilung aufzufordern. Daß stets sofort nach einem nachträglichen Eingange von Masse eine Nachtragsverteilung angeordnet wird, ist nicht notwendig. Wenn fernere Eingänge binnen nicht zu langer Zeit in Aussicht stehen, oder wenn durch eine einstweilige Aussetzung der Nachtragsverteilung vermieden werden kann, daß bei dieser Verteilung Beträge zurückbehalten werden müssen, die dann wieder zu einer Nachtragsverteilung Anlaß geben können, so empfiehlt es sich, mit der Anordnung der Nachtragsverteilung so lange zu warten, daß nur eine solche Verteilung auszuführen ist.

Der Beschluß über die Anordnung hat zu bezeichnen, was zur Nachtragsverteilung gebracht werden soll.

Muster: *Schrader-Bauer,* Rn 629.

416 In erster Linie ist der bisherige Verwalter zur Vollziehung der Nachtragsverteilung berufen. Dieser ist dazu verpflichtet, weil die Nachtragsverteilung nur eine Ergänzung der Schlußverteilung darstellt und deswegen sein Amt für die Nachtragsverteilung fortdauert. Handelt er pflichtwidrig, so kann er, wenn das Konkursverfahren noch nicht beendet ist, nur über § 84 Abs. 1 S. 2 entlassen werden (*J-W,* § 166 Anm. 12; **a. M.:** OLG Stuttgart LZ 1911, 872 und Vorauflage). Später steht dies im Ermessen des Gerichts, ohne daß es der Beschlüsse einer Gläubigerversammlung bedürfte. Ist der Verwalter verhindert, so ist ein anderer zum Vollzuge der Nachtragsverteilung zu ernennen. Auch hierfür ist der Rechtspfleger zuständig, wenn sich der Richter das Verfahren nicht vorbehalten hat (**a. M.** *J-W,* § 166 Anm. 9).

Anweisungen darüber, wie bei der Nachtragsverteilung zu verfahren und welche Gläubiger dabei zu berücksichtigen sind, sind nicht erforderlich. In der Praxis wird jedoch meistens im Beschluß aufgenommen, daß die Verteilung auf Grund des Schlußverzeichnisses angeordnet wird (siehe auch **Muster** bei *Schrader-Bauer* a.a.O.). Der Beschluß über die Anordnung ist dem Schuldner, dem Verwalter und dem Antragsteller zuzustellen. Dagegen ist die sofortige Beschwerde bzw. befristete Rechtspfleger-Erinnerung zulässig (§ 73 KO, § 11 RpflG; *J-W,* § 166 Anm. 9 unter Hinweisen auf abw. Meing.; *M-K,* § 166 Anm. 8; *B-St,* § 166 Anm. 2). Mit der Rechtskraft kann auch die Wirksamkeit außerhalb des Konkursverfahrens nicht mehr in Frage gestellt werden (BGH, Beschl. vom 16. 12. 1954, IV ZR 118/54).

Der Konkursbeschlag tritt bei den zur Masse zurückgeflossenen Beträgen und den nachträglich ermittelten Vermögenswerten ex nunc mit der Zustellung an den Schuldner in Kraft, während bei den freigewordenen Beträgen oder den der Nachtragsverteilung vorbehaltenen Werten der Beschlag nicht erloschen ist (*J-W,* § 166 Anm. 10).

417 Die Nachtragsverteilung ist **abzulehnen,** wenn sie sich nicht lohnt, weil die auf die Gläubiger entfallenden Beträge gegenüber den Kosten der nachträglichen Verteilung unangemessen gering sind (*J-W,* § 166 Anm. 9; *M-K,* § 166 Anm. 7; *B-St,* § 166 Anm. 2, jeweils mit weit. Hinw.; *Parsch,* KTS 1956, 148 ff.; kritisch hierzu LG Osnabrück KTS 1957, 142). Soweit bei den Beträgen der Konkursbeschlag noch bestand, können diese dem Verwalter als weitere Vergütung zugeschlagen werden (*J-W,* § 166 Anm. 9).

Der ablehnende Beschluß ist dem Antragsteller zuzustellen. Dagegen ist die sofortige Beschwerde bzw. befristete Rechtspfleger-Erinnerung zulässig (§ 73 KO, § 11 RpflG).

418 Der Verwalter hat nach § 166 lediglich das endgültig festgestellte Schlußverzeichnis zugrundezulegen, also nur die Gläubiger zu berücksichtigen, die in das Schlußverzeichnis aufgenommen sind. Auch bei der Vollziehung der Nachtragsverteilung hat er nach denselben Grundsätzen wie bei der Schlußverteilung zu verfahren. Wenn aber durch in der Zwischenzeit erfolgte, gänzliche oder teilweise außerkonkursmäßige Befriedigung eines Konkursgläubigers das Schlußverzeichnis unzutreffend geworden ist, so ist es entsprechend zu ändern, in der abgeänderten Form niederzulegen und die Summe der Forderungen erneut bekanntzumachen (*Wachtel,* Nachtragsverteilung im Konkurs, Würzburger Abhandlung zum deutschen und ausländischen Prozeßrecht, Heft 16/1926 Seite 45; *Meier,* Verteilung nachträglich ermittelter Vermögensstücke, Göttinger Diss. 1928, Seite 43 ff.; *J-W,* § 166 Anm. 11). Das Schlußverzeichnis kann also nur gekürzt, nicht jedoch inhaltlich erweitert werden. Grundsätzlich hat die vom Verwalter zu erlassende Bekanntmachung nur anzugeben, daß und in welchem Konkurs eine Nachtragsverteilung stattfinden soll und wie hoch sich die zu verteilende Masse beläuft. Bei der Berechnung hat er die Masseansprüche zu berücksichtigen, § 172 (vgl. *J-W,* § 166 Anm. 11; *M-K,* § 166 Anm. 8). Von der Veröffentlichung kann mit Genehmigung des Gerichts (sie ist im Anordnungsbeschluß auszusprechen) abgesehen werden, wenn die Kosten hierfür in keinem Verhältnis zur Höhe der Nachtragsmasse stehen (*J-W,* § 166 Anm. 9 u. 11; *Bohnenberg* KuT 1936, 99; LG Osnabrück KTS 1957, 142; *Baade* KTS 1958, 170). Die Mitteilung über die Höhe der Quote auf dem Empfängerabschnitt der Überweisung genügt.

Demnach braucht auch aus Anlaß von Nachtragsverteilungen kein Termin anberaumt zu werden und sind Einwendungen gegen die Richtigkeit des der Verteilung zugrunde zu legenden Verzeichnisses unzulässig (*J-W,* § 166 Anm. 11; *M-K,* § 166 Anm. 8; *B-St,* § 166 Anm. 2).

Nach Vollziehung einer jeden Nachtragsverteilung hat der Verwalter dem Gericht über die Verwaltung der verteilten Beträge und die Art des Vollzugs der Verteilung Bericht zu erstatten und Rechnung zu legen. Dem Gericht obliegt die Verpflichtung, diese Rechnung zu prüfen (§ 166 Abs. 1 S. 2); es ist die einzige Instanz, die für die Konkursgläubiger eine derartige Prüfung vornehmen kann, da der Gläubigerausschuß und die Gläubigerversammlung mit der Aufhebung des Konkurses außer Tätigkeit getreten sind. Aber auch wenn sie noch bestehen, hat alleine das Gericht die Prüfung vorzunehmen (*J-W,* § 166 Anm. 13; *M-K,* § 166 Anm. 8; *B-St,* § 166 Anm. 2). Diese Prüfung ist deshalb besonders wichtig und in jeglicher Hinsicht und Richtung durchzuführen.

Auch bei der Nachtragsverteilung hat der Verwalter Anspruch auf **Erstattung** 419
angemessener barer **Auslagen**. Eine Vergütung für seine Mühewaltung wird auch demjenigen Verwalter, der für die Nachtragsverteilung besonders er-

nannt ist, nicht versagt werden können. Führt dagegen der bisherige Verwalter die Nachtragsverteilung aus, so steht ihm ein Anspruch auf besonderes Honorar nur insoweit zu, als die Mühewaltung bei der Nachtragsverteilung nicht durch das bei Beendigung des Konkurses bewilligte Honorar als mitabgegolten zu betrachten ist (*J-W*, § 166 Anm. 12 mit weit. Hinw.; *B-St*, § 166 Anm. 2; *Schrader-Bauer*, Rn 628). Zweckmäßigerweise werden die Auslagen und die Vergütung sofort in Anordnungsbeschluß festgesetzt.
Neue Masseschulden können bei einer Nachtragsverteilung nur berücksichtigt werden, wenn sie ihre Grundlage in Tatsachen haben, die sich auf das der Nachtragsverteilung vorbehaltene Vermögen beziehen (LG Dresden KuT 1935, 10).

Teil X: Die Beendigung des Konkurses durch Zwangsvergleich

1. Die Zulässigkeit des Zwangsvergleichs

1.1 Allgemeines

Der GSch kann versuchen, den Konkurs durch einen Zwangsvergleich zu beenden. Diese Art der Beendigung ist heute (abgesehen vom Konkurs der registrierten Erwerbs- und Wirtschaftsgesellschaften des bayer. Rechts, vgl. § 6 Abs. 2 S. 2 EGKO) in allen Konkursverfahren statthaft; bei Genossenschaften und Versicherungsvereinen a. G. bestehen jedoch Sondervorschriften (§ 115e GenG; § 52 Abs. 2 VAG). 420

Zur Verhütung einer Benachteiligung der Gläubiger erklärt jedoch das Gesetz einen Zwangsvergleich für unzulässig, wenn der Verdacht einer unlauteren Verschleierung der Vermögenslage besteht. Die Vorschrift des § 175 schließt den Zwangsvergleich aus:

1. solange der GSch flüchtig ist, d. h. sich ohne Erlaubnis von seinem Wohnort entfernt hat und nicht aufzufinden ist oder auf ergangene Aufforderung ohne hinreichenden Grund nicht zurückkehrt. Ob der festgenommene Schuldner einem freiwillig Zurückgekehrten gleichgestellt werden kann, ist bestritten (Ja *M-K* § 175 Anm. 2, Nein *J-W* § 175 Anm. 6, AG Schweinfurt KTS 1956, 142); ob die Vorschrift wegen der verfassungsrechtl. Bedenken gegen die Residenzpflicht (vgl. oben Rn 160) noch praktizierbar ist, muß dahinstehen; sie ist wohl als verfassungswidrig anzusehen.
2. solange der GSch die Abgabe der im § 125 bezeichneten eidesstattlichen Versicherung verweigert;
3. solange gegen den GSch wegen betrügerischen Bankrotts eine gerichtliche Untersuchung oder ein wiederaufgenommenes Verfahren anhängig ist;
4. wenn der GSch wegen betrügerischen Bankrotts rechtskräftig verurteilt worden ist.

Zur Prüfung ob Ziff. 3 oder 4 vorliegt, hat der Schuldner seine genauen Personalien anzugeben, damit Anfragen an die Staatsanwaltschaft und das Strafregister gerichtet werden können. Nicht unzulässig ist der Zwangsvergleich, wenn der GSch nur seiner Pflicht zur Auskunfterteilung nicht genügt hat, ferner, wenn nur ein staatsanwaltschaftliches Ermittlungsverfahren anhängig ist. Gerichtliche Untersuchungen oder Verurteilungen wegen einfachen Bankrotts sind keine Ablehnungsgründe. Nach einer rechtskräftigen

Verurteilung, die im Zusammenhang mit dem schwebenden Konkurs stehen muß, kann nur eine im Wiederaufnahmeverfahren erkannte rechtskräftige Freisprechung oder eine Tilgung des Strafvermerks im Strafregister den Mangel beseitigen, nicht ein Erlaß im Gnadenwege.

Muß der Zwangsvergleichsvorschlag von mehreren Personen gemeinschaftlich gemacht werden, sind also mehrere Personen Träger der Gemeinschuldnerrolle, so ist der Zwangsvergleich schon ausgeschlossen, wenn auch nur in Ansehung **einer** der mehreren Personen ein Unzulässigkeitsgrund vorliegt.

Bestritten ist, wann § 175 bei juristischen Personen Anwendung findet. Hier treten an die Stelle des GSch die vertretungsberechtigten Organe. Voraussetzung ist jedoch, daß sich die Verurteilung oder gerichtliche Voruntersuchung wegen betrügerischen Bankrotts auf das gesellschaftsgebundene Sondervermögen bzw. das Vermögen der juristischen Person bezieht (*J-W,* § 175 Anm. 4; *M-K,* § 175 Anm. 4; *B-St,* § 175 Anm. 2).

Sind bei einem Organmitglied die Voraussetzungen des § 175 Nrn. 2 oder 3 gegeben und wird diese Person vor oder nach Konkurseröffnung ersetzt, so kann dadurch die Vergleichsunwürdigkeit nicht beseitigt werden (*J-W,* § 175 Anm. 4; *B-St,* § 175 Anm. 2).

Der Zwangsvergleich ist weiter unzulässig, wenn die Masse zur Befriedigung der Masseansprüche und Vorrechtsgläubiger nach Maßgabe des § 191 nicht ausreicht und dieser Mangel nicht behoben werden kann.

Vorrechtsgläubiger bleiben nur unberücksichtigt, wenn sie auf Deckung **und** Sicherstellung verzichtet haben (LG Frankfurt KTS 1962, 188; LG Düsseldorf KTS 1972, 199); eine Stundung allein genügt nicht (a. M.: *J-W,* § 191 Anm. 6). Wird von einem Dritten ein entsprechender Betrag zur Vergleichserfüllung zur Verfügung gestellt, mit der Maßgabe, daß darüber nur nach Annahme und rechtskräftiger Bestätigung des Zwangsvergleichs verfügt werden kann und sollen damit auch Masseverbindlichkeiten und Vorrechtsforderungen gedeckt werden, so ist der Vergleichsvorschlag nur zulässig, wenn bereits zum Zeitpunkt der Prüfung nach §§ 175, 191 eine entsprechende Bescheinigung vorliegt, daß über den Betrag nach rechtskräftiger Bestätigung des Zwangsvergleichs verfügt werden kann, der Betrag also schon bereit steht.

Ein Ablehnungsbeschluß ist dem GSch zuzustellen; dagegen steht ihm die sofortige Beschwerde bzw. befristete Rechtspfleger-Erinnerung zu (§ 73 KO, § 11 RpflG). **Muster** siehe *Schrader-Bauer,* Rn 644.

421 Zeitlich ist der Abschluß eines Zwangsvergleichs erst zulässig, wenn der allgemeine Prüfungstermin stattgefunden hat, da erst durch diesen Termin eine Grundlage zur Bestimmung des Kreises der zu berücksichtigenden und stimmberechtigten Gläubiger gewonnen wird. Andererseits macht die Schlußverteilung jeden Zwangsvergleich unzulässig. Der Abschluß eines

Zwangsvergleichs ist vom Gesetz nur solange zugelassen, bis der Beschluß des Gerichts, wodurch die Schlußverteilung genehmigt wird, dem Verwalter zugestellt ist (§ 173). Wird vor dieser Zustellung ein zulässiger Zwangsvergleichsvorschlag eingereicht, so ist die Beschlußfassung über die Genehmigung der Schlußverteilung bis zur Erledigung des Vergleichsvorschlages auszusetzen. Geht der Vorschlag aber erst nachher ein, so kann er nur zugelassen werden, wenn das Gericht seinen Genehmigungsbeschluß noch wiederrufen kann und von dieser Befugnis Gebrauch macht. Siehe dazu Rn 406.

Das Zwangsvergleichsverfahren hat zur Voraussetzung, daß der GSch einen Vorschlag zum Abschluß eines Zwangsvergleichs macht. Unterbreitet der GSch den Vorschlag nicht selbst, so haben seine Vertreter ihre Legitimation nachzuweisen. Für den nicht prozeßfähigen Schuldner kann nur sein gesetzlicher Vertreter, im Konkurs einer juristischen Person nur das verfassungsgemäß berufene Organ (Vorstand, Geschäftsführer, Liquidator) den Vorschlag unterbreiten. Sind mehrere Personen Vorstandsmitglieder, Geschäftsführer oder Liquidatoren einer juristischen Person und gilt die Kollektivvertretung – so nach der gesetzlichen Regelung bei der AG (§§ 78 Abs. 2 S. 1, 269 Abs. 2 S. 1 AktG) und der GmbH (§ 35 Abs. 2 S. 2, § 68 Abs. 1 S. 2 GmbHG) – so muß ein einheitlicher Vergleichsvorschlag von allen Vertretern angeboten werden. **422**

Im Konkurs einer oHG, KG und KGaA sind nur die **persönlich haftenden Gesellschafter** und sie **nur gemeinschaftlich** zu einem Zwangsvergleichsvorschlag berechtigt (§ 211 Abs. 1). Ausgeschiedene Gesellschafter und Liquidatoren, ebenso Kommanditisten haben kein Vorschlagsrecht (*J-W,* § 211 Anm. 1 und § 209, § 210 Anm. 21; *M-K,* § 211 Anm. 1). In Nachlaßkonkursen findet nur auf Vorschlag sämtlicher Erben der Abschluß eines Zwangsvergleichs statt (§ 230). Sind mehrere Nachlaßpfleger vorhanden, so werden auch diese den Vorschlag gemeinschaftlich machen müssen (§§ 1797, 1915 BGB).

Immer hat der Vergleichsvorschlag vom GSch auszugehen. Dritte Personen können wohl für diesen als Bürgen eintreten, aber nicht im eigenen Namen einen Zwangsvergleich vorschlagen und abschließen (*J-W,* § 173 Anm. 21; *M-K,* § 173 Anm. 7; *B-St, § 173 Anm. 2).*

Der Zwangsvergleichsvorschlag ist beim Gericht schriftlich einzureichen oder zu Protokoll des Urkundsbeamten der Geschäftsstelle zu erklären; die Einreichung kann bereits vor der Konkurseröffnung erfolgen (*J-W,* § 173 Anm. 23). Nur der **Abschluß** des Zwangsvergleichs kann nicht vor Abhaltung des allgemeinen Prüfungstermin geschehen. **423**

Der Vergleichsvorschlag muß bestimmt formuliert sein; er hat nach § 174 anzugeben:

1. In welcher Weise die Befriedigung erfolgen soll;
2. ob und in welcher Art eine Sicherstellung der Gläubiger bewirkt werden soll.

Eine bestimmte Angabe über die Höhe, Art und Zeit der Befriedigung der nicht bevorrechtigten Konkursgläubiger ist wesentliches Inhaltserfordernis. Es gibt hier im Gegensatz zur Vergleichsordnung (vgl. § 7 VerglO) keine Mindestquote. Der Schuldner kann z. B. einen sog. **Quotenvergleich** vorschlagen, d. h. er bezahlt einen Teil seiner Verbindlichkeiten, wenn die Gläubiger auf den Rest verzichten; oder einen sog. **Stundungsvergleich,** d. h. er zahlt in Raten die gesamte Schuld. Weiter ist zulässig ein **Stundungs- und Erlaßvergleich,** er hat zum Inhalt, daß der Schuldner einen Teil seiner Schulden in Raten bezahlt, während ihm der Rest erlassen wird. Möglich ist ferner ein **Liquidationsvergleich,** in dem der Schuldner sein Vermögen teilweise oder ganz den nicht bevorrechtigten Konkursgläubigern überläßt, mit der Abrede, daß der nicht durch die Verwertung gedeckte Teil der Forderungen erlassen werden soll (nähere Erläuterungen hierzu: *J-W,* § 174 Anm. 2–4; *M-K,* § 174 Anm. 1; *B-St,* § 174 Anm. 2 jeweils mit weit. Hinw.; zur Zulässigkeit und Art einer Besserungsklausel vgl. *J-W* § 174 Anm. 3; *M-K* a.a.O., *B-St* a.a.O.).

Während nach § 7 Abs. 3 VerglO die Mindestquote bar geboten werden muß, kann die Befriedigung im Zwangsvergleich in jeder Weise erfolgen, z. B. auch durch Ausgabe von Schuldverschreibungen und Anteilsrechten (*J-W,* § 174 Anm. 3, 5, 6). Die meisten Zwangsvergleiche kommen zustande durch Zuschüsse von Dritten. Diese Beträge werden auf ein Sonderkonto eingezahlt mit der Maßgabe, daß die Summe nur dann den nicht bevorrechtigten Konkursgläubigern zusteht, wenn der Zwangsvergleich angenommen und rechtskräftig bestätigt wurde (vgl. *Baur* DB 1971, 1557 über die Behandlung dieses Sondervermögens). Schließlich besteht entgegen § 7 Abs. 2 VerglO auch keine Zeitschranke für die Befriedigung.

Es ist nicht notwendig, daß den Gläubigern eine Sicherheit geboten wird. Wenn jedoch eine Sicherstellung erfolgen soll, so ist deren Art bestimmt zu bezeichnen.

Die Sicherheitsleistung ist nicht beschränkt auf die im § 232 BGB bezeichneten Mittel. Es liegt im Ermessen der Gläubiger, ob sie die Sicherheit als ausreichend erachten oder nicht. Meist wird ein Vergleichsgarant als Sicherheit geboten. Er haftet nur kraft besonderen Vorbehalts nicht selbstschuldnerisch (*J-W,* § 194 Anm. 7). Zulässig ist auch, die Sicherheitsleistung auf einen Teil der Quote zu beschränken (siehe hierzu *J-W,* § 174 Anm. 7–9; *M-K,* § 174 Anm. 2; *B-St,* § 174 Anm. 3).

424 Der Vergleichsvorschlag muß ferner sämtlichen nicht bevorrechtigten Konkursgläubigern **gleiche Rechte** gewähren (§ 181). Es ist z. B. nicht zulässig,

einzelne Konkursgläubiger sicherzustellen, andere nicht, oder einigen Gläubigern eine bessere Sicherheit als den übrigen zu gewähren. In der Regel wird überhaupt eine verschiedenartige Sicherstellung der Gläubiger nicht zugelassen werden können, da hierbei stets die Möglichkeit vorhanden ist, daß die gewährten Sicherheiten von unterschiedlicher Bonität sind. Nur wenn von den mehreren angebotenen Sicherheiten zweifellos eine jede zur Sicherung der nach dem Vergleichsvorschlag den Gläubigern zu gewährenden Leistungen hinreicht, wird das Gericht die Anforderungen des § 181 für erfüllt erachten können. Auch die Bestimmung verschiedener Zahlungstermine für die verschiedenen Konkursforderungen ist, wenn nicht ein wirtschaftlicher Ausgleich in anderer Weise erfolgt, gegen § 181; auch die Bevorzugung der angemeldeten vor den nicht angemeldeten Konkursforderungen würde dem § 181 zuwiderlaufen. Zulässig aber ist es, daß eine Sicherheit begrenzt ist und dadurch ein säumiger Gläubiger nicht mehr zum Zuge kommt (*J-W*, § 181 Anm. 2 und 3; *M-K*, § 181 Anm. 3; *B-St*, § 181 Anm. 1).
Eine Zurücksetzung einzelner Gläubiger ist nur mit deren **ausdrücklicher Zustimmung** zulässig (§ 181 S. 2). Eine solche Einwilligung braucht aber nicht im Vergleichstermin abgegeben werden. Sie kann schon vorher unwiderruflich erklärt werden, muß aber spätestens vor der Entscheidung über die Bestätigung des Vergleichs vorliegen. Sie kann schriftlich, mündlich im Termin oder zu Protokoll des Urkundsbeamten der Geschäftsstelle abgegeben werden. Das Sonderabkommen kann Sondernachteile oder Sondervorteile für einzelne Vergleichsgläubiger oder für Gläubigergruppen beinhalten. Bei Sonderbenachteiligungen brauchen nur die Zurückgesetzten die Einverständniserklärung abgeben (z. B. ein Angehöriger); bei Sonderbegünstigungen müssen alle benachteiligten Gläubiger einwilligen (z. B. bei Bevorzugung von Kleingläubigern). Da aber nicht ausgeschlossen werden kann, daß unbekannte Gläubiger vorhanden sind, ist eine derartige Regelung nur zulässig, wenn auch für sie allgemein die Sonderbegünstigung bewilligt wird (*J-W*, § 181 Anm. 4 u. 5; *M-K*, § 181 Anm. 2; *B-St*, § 181 Anm. 2).
Jedes Abkommen, das der GSch oder ein Dritter (auch ohne Wissen des GSch) abschließt und durch das einzelne Gläubiger vor den übrigen bevorzugt werden sollen, ist ohne die Zustimmung der zurückgesetzten Gläubiger nichtig (§ 181 S. 3) es ist ferner nach Maßgabe der §§ 241, 243 strafbar (*J-W*, § 181 Anm. 6 und 7; *M-K*, § 181 Anm. 5; *B-St*, § 181 Anm. 3). Auch die verschleierte Bevorzugung durch den Kauf einer Konkursforderung um einen die voraussichtliche Vergleichsquote übersteigenden Betrag ist nichtig (*J-W*, § 181 Anm. 11; *M-K*, § 181 Anm. 9; *B-St*, a.a.O.).
Die Nichtigkeit des Abkommens tritt nur ein, wenn der Zwangsvergleich angenommen und rechtskräftig bestätigt wird (*J-W*, § 181 Anm. 8; *M-K*, § 181 Anm. 6; *B-St*, § 181 Anm. 3).

Durch die Nichtigkeit des Sonderabkommens wird der Vergleich nicht berührt (RG JW 1893, 269; *J-W*, § 181 Anm. 12; *M-K*, § 181 Anm. 10; *B-St*, § 181 Anm. 4); jedoch bestehen ein Verwerfungsgrund nach § 188 Abs. 1 Ziff. 1 und die Möglichkeit der Anfechtung nach § 196.
Ein erst nach Bestätigung (gleichgültig ob vor oder nach deren Rechtskraft) des Vergleichs vereinbartes Sonderabkommen ist gültig, wenn es nicht mit einer verbotswidrigen Abrede in ursächlichem Zusammenhang steht (*J-W*, § 181 Anm. 9; *M-K*, § 181 Anm. 12; *B-St*, § 181 Anm. 5).

425 Die **bevorrechtigten** Konkursgläubiger haben stets Anspruch auf volle Befriedigung. Diese Gläubiger sind daher am Zwangsvergleichsverfahren **nicht** beteiligt und erhalten nach dem Zustandekommen eines Zwangsvergleichs in jedem Falle Zahlung oder doch Sicherstellung für ihre ganze Forderung (s. § 173, § 191 Abs. 2). Im Konkurs über einen Nachlaß nehmen am Zwangsvergleich diejenigen Gläubiger nicht teil, welchen die im § 226 Abs. 2 Nr. 2–6 und Abs. 4 bezeichneten Forderungen zustehen (§ 230 Abs. 2 S. 1).
Muster für Vergleichsvorschlag siehe *Schrader-Bauer*, Rn 636.

426 Die Ziff. 1 des dortigen Vergleichsvorschlags, daß Masseschulden, Massekosten und Vorrechtsforderungen voll befriedigt werden, ist zwar sehr zweckmäßig, aber kein notwendiger Bestandteil. Bei Ziff. 2 ist noch zur Vermeidung von Streitigkeiten hinzuzufügen, daß sich der Verzicht auch auf die nach Konkurseröffnung angefallenen Zinsen und die Kosten, welche den einzelnen Gläubigern durch ihre Teilnahme am Verfahren erwachsen, erstreckt (eine dem § 83 Abs. 2 VerglO entsprechende Regelung enthält die KO nicht, *J-W*, § 174 Anm. 1). Zu beachten ist weiter, daß der Vorschlag den Kreis der Betroffenen nicht unzulässigerweise beschränkt (z. B. die festgestellten nicht bevorrechtigten Konkursgläubiger . . ., oder die am Verfahren beteiligten nicht bevorrechtigten Konkursgläubiger . . .).
Die unter Ziff. 4 aufgenommene kassatorische Klausel ist ebenfalls kein wesentlicher Bestandteil des Vorschlags. Im Gegensatz zur Vergleichsordnung (§ 9 VerglO) bedarf es jedoch ihrer Aufnahme, wenn bei Verzug der Erfüllung die gesamte Forderung wieder aufleben soll.
Ein alternativer Vergleichsvorschlag (z. B. 30% innerhalb eines Jahres oder 40% innerhalb von 2 Jahren) ist nicht zulässig. Statthaft ist aber ein Eventualvorschlag. Über diesen kommt es im selben Termin zur Abstimmung, wenn der Erstvorschlag abgelehnt wurde (*J-W*, § 174 Anm. 1; *M-K*, § 174 Anm. 1; *B-St*, § 174 Anm. 2).

1.2 Die gerichtliche Prüfung des Vergleichsvorschlags

427 Wenn ein Vorschlag eingeht, so hat das Konkursgericht von amtswegen zu prüfen, ob er in Form und Inhalt den gesetzlichen Anforderungen entspricht,

weiter, ob derjenige, von dem der Vergleichsvorschlag ausgeht, dazu legitimiert ist, ob der Vergleichsvorschlag zeitlich zulässig ist und ob nicht einer der Fälle der Unzulässigkeit des Zwangsvergleichs vorliegt (vergl. § 173–175, 191). Zum Zwecke dieser Prüfung kann das Gericht Ermittlungen gemäß § 75 vornehmen. Verzichten einzelne bevorrechtigte Gläubiger auf Deckung **und** Sicherstellung ihrer Forderungen, so sind sie bei der Prüfung der Zulässigkeit des Zwangsvergleichs gemäß § 191 nicht mehr zu berücksichtigen (LG Frankfurt KTS 1962, 188); Stundung allein genügt nicht (LG Düsseldorf KTS 1972, 199). Stellen sich bei der Prüfung Mängel heraus, deren Beseitigung möglich ist, so ist der GSch aufzufordern, diese innerhalb einer bestimmten Frist zu beseitigen. Entspricht jedoch der Vergleichsvorschlag nur dem § 181 nicht, so braucht deswegen das Vergleichsverfahren nicht unbedingt aufgeschoben zu werden, da die Zustimmung der zurückgesetzten Gläubiger noch bis zur gerichtlichen Entscheidung über die Bestätigung oder Verwerfung des Zwangsvergleichs beigebracht werden kann.
Ergeben sich Mängel, die sich nicht beseitigen lassen, so ist der Vergleichsvorschlag durch begründeten Beschluß zurückzuweisen. Der Beschluß ist dem GSch zuzustellen; dagegen steht ihm das Recht der sofortigen Beschwerde bzw. befristeten Rechtspfleger-Erinnerung zu (§ 73 KO, § 11 RpflG).

Wird der Vergleichsvorschlag für zulässig befunden, so muß er in der Regel **428** den Gläubigern zur Beschlußfassung unterbreitet werden, selbst wenn ihn das Gericht nicht für annehmbar erachten sollte. Wenn jedoch in dem Konkurs bereits ein Vergleichsvorschlag von den Gläubigern abgelehnt (§ 182) oder vom Gericht nach §§ 186–188 verworfen (Keine Ablehnung in diesem Sinne: Verspätete Einreichung – § 173 –; Inhaltliche Unzulässigkeit – § 174 –; Frühere Unzulässigkeit nach § 175 Nr. 1 und 2 und § 191 oder auch auf Grund des § 176) oder vom GSch nach der öffentlichen Bekanntmachung des Vergleichstermins (d. h. nach dem Zeitpunkt, in welchem die öffentliche Bekanntmachung als bewirkt gilt) zurückgezogen ist, so **kann** der neue Vergleichsvorschlag zurückgewiesen werden, sofern der Verwalter – **und** wenn ein Gläubigerausschuß bestellt ist, **auch dieser** – die Zurückweisung beantragt haben (§ 176).

Falls ein zulässiger Antrag des Verwalters auf Zurückweisung des Vergleichsvorschlages eingeht, so hat das Gericht ihm nicht ohne weiteres stattzugeben, sondern zu erwägen, ob hinreichende sachliche Gründe für die Zurückweisung vorliegen; ein Recht in den Fällen des § 176 die Zurückweisung des Vergleichsvorschlages zu verlangen, steht dem Verwalter nicht zu. Zu der Zurückweisung des Vorschlags wird das Gericht nur dann Grund haben, wenn der neue Vergleichsvorschlag aussichtslos erscheint und deshalb durch das Vergleichsverfahren vermutlich nur unnütze Arbeit und Kosten erwachsen würden. Von **amtswegen** ist in den Fällen des § 176 eine Zurückweisung des Vergleichsvorschlages unzulässig, ebenso auf Antrag eines anderen Beteiligten als des Verwalters bzw. Gläubigerausschusses.

Das Interesse der Gläubiger an der möglichst baldigen Beendigung des Konkurses wird ja durch das Zwangsvergleichsverfahren nicht wesentlich berührt, da die Verwertung der Masse ihren Fortgang nehmen kann und Verteilungen, wenigstens Abschlagsverteilungen und Vorrechtsausschüttungen stattfinden können. Die Entscheidungen nach § 135 Abs. 2 und 160 liegen im Ermessen des Gerichts.

Wird der Vergleichsvorschlag auf Grund des § 176 zurückgewiesen, so ist der Beschluß dem GSch zuzustellen und dem Verwalter mitzuteilen. Der GSch hat das Recht der sofortigen Beschwerde bzw. befristeten Rechtspfleger-Erinnerung (§ 73 KO, § 11 RpflG).

Findet das Gericht keine Veranlassung, von der ihm nach § 176 verliehenen Befugnis Gebrauch zu machen, so stellt es seine Entscheidung dem antragstellenden Verwalter – und dem Ausschuß – zu. Dagegen steht alleine dem Verwalter – nicht dem Ausschuß und/oder dessen Mitgliedern – das Recht der sofortigen Beschwerde bzw. befristeten Rechtspfleger-Erinnerung zu (§ 73 KO, § 11 RpflG).

429 Sehr häufig wird dem Vergleichsvorschlag gleich eine Erklärung des Gläubigerausschusses, daß der Vorschlag für annehmbar erachtet werde, beigefügt. Alsdann kann, wenn keine Beanstandung vorliegt, der Vergleichstermin anberaumt werden (Siehe unten Rn 431). In allen anderen Fällen ist, sofern ein Gläubigerausschuß besteht, diesem zunächst der für zulässig befundene Vergleichsvorschlag zur Erklärung darüber mitzuteilen, ob der Ausschuß den Vorschlag für annehmbar hält oder nicht (§ 177 Abs. 1). Dem Gericht steht es aber trotzdem offen, den Vorschlag nachträglich noch zurückzuweisen.

Erklärt der Gläubigerausschuß den Vergleichsvorschlag nicht für annehmbar, so wird dadurch zwar der Fortgang des Verfahrens nicht gehemmt, die Erklärung hat aber nach § 177 Abs. 2 zur Folge, daß ein Widerspruch des GSch gegen die Verwertung der Masse nicht berücksichtigt wird, während sonst auf Antrag des GSch das Gericht dem Verwalter die Vornahme der Verwertung vorläufig untersagen kann (vgl. § 135, § 133 Nr. 1). Die Erklärung des Gläubigerausschusses (nicht die einzelnen Mitglieder sind dazu berechtigt) kann weder widerrufen noch erzwungen werden, ist aber auch nicht wesentliche Voraussetzung für das weitere Verfahren. Der Vergleichstermin ist anzuberaumen, auch wenn der Gläubigerausschuß sich innerhalb der gesetzten Frist nicht erklärt. Die Folge des § 177 Abs. 2 tritt jedoch dann nicht ein.

Hat das Gericht es unterlassen, den Gläubigerausschuß überhaupt zur Erklärung über die Annehmbarkeit des Vergleichsvorschlages aufzufordern, so

liegt darin ein Mangel des Verfahrens im Sinne des § 186 Ziff. 1. Dieser kann zwar durch Nachholung geheilt werden, wenn aber der Vorschlag bereits angenommen ist, muß die Abstimmung in einem neuen Termin wiederholt werden.
Zur Vorbereitung des Verfahrensabschlusses sind die Gläubigerausschußmitglieder noch aufzufordern, ihre Anträge auf Erstattung der Vergütung und Auslagen einzureichen.
Außer dem Gläubigerausschuß wird der Verwalter gehört werden. Der Erklärung des Verwalters kommt zwar keine rechtliche Bedeutung zu, sie ist aber von großer Wichtigkeit für die Entschließungen der Gläubiger. Schließlich hat er auch dazu Stellung zu nehmen, ob die Masse zur Befriedigung bzw. Sicherstellung der Masseansprüche und Vorrechtsforderungen ausreicht.
Weiter ist es zweckmäßig, die Schlußrechnung des Verwalters anzufordern, damit für den Fall der Annahme und Bestätigung des Vergleichs diese im Schlußtermin – er ist zweckmäßigerweise mit dem Zwangsvergleichstermin zu verbinden – abgenommen werden kann. Schließlich ist in den meisten Vergleichsvorschlägen enthalten, daß der Verwalter die Quote ausbezahlt; da dies nicht mehr zu seinen Aufgaben gehört, muß er sich dazu äußern, ob er dazu bereit ist. (Zur Vergütung hierfür siehe Mohrbutter KTS 1967, 181, *B-St,* § 85 Anm. 6)

Der Zwangsvergleichsvorschlag und die Erklärung des Gläubigerausschusses **430**
sind spätestens bei der öffentlichen Bekanntmachung des Vergleichstermins auf der Geschäftsstelle zur Einsicht der Beteiligten niederzulegen (§ 178). Dies kann auch bei Verbürgungszusagen geschehen, ist aber kein wesentliches Erfordernis, da derartige Erklärungen nicht vorzuliegen brauchen. Die Schriftstücke sollen im Zusammenhang mit der gleichfalls auf der Geschäftsstelle ausliegenden Abschrift des Inventars und der Bilanz und zweckmäßigerweise auch der Schlußrechnung des Verwalters den Gläubigern zur Information für den Vergleichstermin dienen. Die Einsicht der Schriftstücke ist dem Verwalter, dem GSch, den Mitgliedern des Gläubigerausschusses, etwaigen Bürgen für den Zwangsvergleich sowie allen denen zu gestatten, die glaubhaft machen, daß sie zu den nicht bevorrechtigten Konkursgläubigern oder deren Vertretern gehören. Die Erteilung von Abschriften kann auf Antrag erfolgen.

2. Der Vergleichstermin

2.1 Anberaumung und Vorbereitung des Termins

Sobald die Erklärung des Gläubigerausschusses über die Annehmbarkeit des **431**
Vergleichsvorschlages vorliegt oder die dem Gläubigerausschuß für die Ab-

gabe dieser Erklärung gestellte Frist abgelaufen ist, Ablehnungsgründe nach §§ 173–176, 191 nicht gegeben sind und zweckmäßigerweise die Schlußrechnung des Verwalters vorliegt, hat das Gericht zur Verhandlung und Beschlußfassung über den für zulässig befundenen Vergleichsvorschlag einen Termin – den sog. Vergleichstermin – anzuberaumen und öffentlich bekanntzumachen (§ 179). Auf Antrag des GSch kann das Gericht die Aussetzung einer Abschlagsverteilung anordnen, sofern nicht schon die Ausschlußfrist abgelaufen ist (§ 160).

Der Vergleichstermin soll nicht über einen Monat hinaus – vom Tage der Wirksamkeit der öffentlichen Bekanntmachung ab gerechnet (*M-K*, § 179 Anm. 2 **a. M.** *J-W*, § 179 Anm. 1; gerechnet vom Tage der Verfügung) – anberaumt werden. Die Verletzung dieser Ordnungsvorschrift ist kein Verfahrensmangel nach § 186 Ziff. 1 (*J-W*, § 186 Anm. 2; *B-St*, § 179 Anm. 2). Auf Antrag des GSch, zu dem aber im Falle des Vorhandenseins eines Gläubigerausschusses dessen Zustimmung erforderlich ist, kann der Termin mit dem allgemeinen Prüfungstermin in der Art verbunden werden, daß zunächst der Prüfungstermin und im unmittelbaren Anschluß daran der Vergleichstermin abgehalten wird (§§ 180, 173). Es ist auch zulässig, den Wahl-, Prüfungs- und Zwangsvergleichstermin zusammenzulegen (§§ 110, 180, 173. *M-K*, § 180 Anm. 1).

Ist der allgemeine Prüfungstermin bereits abgehalten, so ist mit dem Vergleichstermin ein besonderer Prüfungstermin zu verbinden (§ 142). Kann mit der Annahme des Vergleichsvorschlages und der Bestätigung gerechnet werden, so ist als Tagesordnungspunkt auch die Abnahme der Schlußrechnung des Verwalters (§ 86) aufzunehmen (vgl. Rn 396) und wenn ein Gläubigerausschuß bestellt ist, die Anhörung der Gläubigerversammlung zur Festsetzung der Auslagen und der Vergütung für die Mitglieder des Gläubigerausschusses (§ 91 Abs. 1 S. 2, 98).

Diese Maßregeln machen einen späteren besonderen Prüfungs- und Schlußtermin entbehrlich; sie sind wohl auch zulässig, da zwar die Tätigkeit des Verwalters mit dem Vergleichstermin noch nicht vollständig beendet ist, die Schlußrechnung aber auch nicht erst nach, sondern „bei“ Beendigung des Amtes vom Verwalter gelegt werden soll und demnach, wie auch aus §§ 162, 163 hervorgeht, die **gänzliche** Beendigung der Tätigkeit des Verwalters nicht die Vorbedingung für die Abnahme der Schlußrechnung bildet (*J-W*, § 180 Anm. 4; *Schrader-Bauer*, Rn 648–650).

Die öffentliche Bekanntmachung des Vergleichstermins erfolgt nur im Amtsblatt durch den Urkundsbeamten der Geschäftsstelle nach Maßgabe der allgemeinen Vorschriften. Die Unterlassung der Veröffentlichung stellt einen wesentlichen Verfahrensverstoß nach § 186 Ziff. 1 dar. In der Bekanntmachung ist mitzuteilen, daß über einen Zwangsvergleichsvorschlag des GSch

Beschluß gefaßt werden soll und daß der Vorschlag und die Erklärung des Gläubigerausschusses zur Einsicht der Beteiligten auf der Geschäftsstelle niedergelegt sind. Der vollständige Inhalt des Vergleichsvorschlages braucht nicht angegeben zu werden (§ 179 Abs. 2). Die Unterlassung der Beifügung des Zusatzes nach § 179 Abs. 2 ist kein Verfahrensverstoß, der zur Verwerfung nach § 186 Ziff. 1 führt. **Muster** siehe *Schrader-Bauer*, Rn 651.
Neben der öffentlichen Bekanntmachung hat eine besondere Ladung aller nicht bevorrechtigten Konkursgläubiger (Tab. II und bei Tab. I soweit das Vorrecht bestritten wurde), die Forderungen angemeldet haben (gleichgültig, ob sie geprüft bzw. festgestellt sind oder nicht) zu dem Vergleichstermine stattzufinden (§ 179 Abs. 1). Die Ladung erfolgt durch die Geschäftsstelle. **Muster** siehe *Schrader-Bauer*, Rn 653.
In oder mit ihr sind der Zwangsvergleichsvorschlag und das Ergebnis der Erklärung des Gläubigerausschusses mitzuteilen. Auf die besondere Ladung der Gläubiger findet § 77 Anwendung. Wenn auch nach § 76 Abs. 3 die öffentliche Bekanntmachung als Zustellung an alle Beteiligten gilt, kann deren **besondere Ladung** hier nicht ersetzt werden, da im Amtsblatt der Vergleichsvorschlag und die Stellungnahme des Gläubigerausschusses fehlen. Ihre Unterlassung ist ein wesentlicher Verfahrensverstoß nach § 186 Ziff. 1, der aber durch das Erscheinen der mangelhaft geladenen Gläubiger geheilt wird (*J-W*, § 179 Anm. 1 am Ende; *M-K*, § 179 Anm. 3 mit weit. Hinw.; *B-St*, § 179 Anm. 2, **a. M.** Vorauflage, die eine besondere Zustellung nicht für erforderlich hielt).
Die besondere Ladung des Verwalters und des GSch ist ebenfalls vorgeschrieben. Hinzu kommt, daß auch ein eventueller Bürge und die Mitglieder des Gläubigerausschusses zu laden sind. **Muster** siehe *Schrader-Bauer*, Rn 652.

Im Vergleichstermin hat eine Abstimmung der nicht bevorrechtigten Konkursgläubiger stattzufinden, bei der die eine der beiden gesetzlich erforderlichen Stimmenmehrheiten nach der Summe der Forderungen sämtlicher stimmberechtigten Gläubiger berechnet wird. Diese Berechnung kann sehr zeitraubend sein. Es ist daher dringend zu empfehlen, die sogenannte Stimmliste zur Vorbereitung des Vergleichstermins zu erstellen. Grundlage bildet die Tabelle in Verbindung mit den Vereinbarungen oder Entscheidungen über das Stimmrecht von streitig gebliebenen oder Ausfallsforderungen, soweit sie in der Zwischenzeit nicht weggefallen sind. Ergibt sich dann im Termin, daß noch andere stimmberechtigte Gläubiger vorhanden sind oder daß Forderungen in Wegfall kommen, bzw. hat noch keine Stimmrechtsfeststellung stattgefunden, so ist die Stimmliste entsprechend zu ergänzen. **Muster** siehe *Schrader-Bauer*, Rn 663 und **Anlage H**. **432**

2.2 Der Ablauf des Vergleichstermins

433 Nach Feststellung der erschienenen Personen und der Legitimation der Beteiligten, sowie der Gesetz- und Ordnungsmäßigkeit des bisherigen Verfahrens (§§ 177–180) wird zunächst darüber verhandelt, welche Gläubiger stimmberechtigt sind. Ist der Vergleichstermin mit einem Prüfungstermin verbunden, so erfolgt vorher noch die Forderungsprüfung. Sodann ist der Vergleichsvorschlag vorzutragen und zu begründen. Hierauf werden der Verwalter und die anwesenden Mitglieder des Gläubigerausschusses veranlaßt, sich gutachtlich über den Vorschlag zu äußern. Diese Anhörung der genannten Personen vor der Abstimmung ist zwar nicht ausdrücklich vorgeschrieben, aber zur Information der Gläubiger wünschenswert. Den Gläubigern ist zu Fragen und Erklärungen Gelegenheit zu geben. Soll der Vergleich durch eine Bürgschaft sichergestellt werden, so hat der Bürge oder sein Vertreter die Übernahme zu erklären.

Nach Schluß der Erörterung wird zur Abstimmung geschritten und deren Ergebnis festgestellt. Ist der Vergleich angenommen, so sind die Gläubiger, der Verwalter und der Gläubigerausschuß mit ihren Erklärungen und Anträgen im Hinblick auf die Bestätigung oder Verwerfung des Zwangsvergleichs – sofort oder in einem zu verkündenden Termin – zu hören. Schließlich wird die gerichtliche Entscheidung über die Bestätigung oder Verwerfung des Zwangsvergleichs verkündet (§§ 182 ff.). Anschließend sind ggf. die Tagesordnungspunkte „Schlußtermin" und „Anhörung der Gläubigerversammlung über die Vergütung und Auslagen der Gläubigerausschußmitglieder" zu erledigen.

434 Bezüglich der **Anwesenheit im Termin** ist folgendes zu bemerken: Der **GSch** muß im Termin entweder persönlich erscheinen oder sich durch eine mit gehöriger Vollmacht versehene Person vertreten lassen, andernsfalls nicht verhandelt werden kann (*J-W*, § 179 Anm. 3; *M-K*, § 179 Anm. 3; *B-St*, § 179 Anm. 1). Das persönliche Erscheinen des GSch ist für den Abschluß des Zwangsvergleichs nicht unbedingt notwendig, aber häufig nicht zu entbehren; es kann vom Gericht verlangt und gemäß § 101 erzwungen werden.

Der **Konkursverwalter** ist zwar im Vergleichstermin nicht Partei, wird indessen vom Erscheinen im Termin wegen der ihm obliegenden gutachtlichen Äußerung und der den Gläubigern erforderlichenfalls zu erteilenden Auskünfte nur ausnahmsweise entbunden werden können. Hinzu kommt, daß in fast allen Fällen mit dem Vergleichstermin ein Prüfungstermin verbunden ist.

Von den **Konkursgläubigern** ist keiner zum Erscheinen verpflichtet. Erklärungen nicht erschienener oder nicht vertretener Gläubiger werden jedoch nicht beachtet (§ 182). Ist im Termin kein Gläubiger erschienen, so kann der Vergleichsvorschlag nicht ohne weiteres als abgelehnt angesehen werden, da er rechtlich nicht wirksam erklärt werden konnte. Hier bleibt nur eine Vertagung nach § 227 ZPO, die im Ermessen des Gerichts liegt. Wird die Vertagung abgelehnt (die Ablehnung kann mit der sofortigen Beschwerde bzw. befristeten Erinnerung angefochten werden, § 73 Abs. 3 KO, § 11 RpflG; vgl. *J-W*, § 179 Anm. 7), so gilt der Vorschlag als gescheitert. (**a. M.** LG Düsseldorf KTS 1961, 15). Ein neuer Vorschlag unterliegt dann sinngemäß dem § 176. Berechtigt zum Erscheinen im Vergleichstermin sind außer den nicht bevorrechtigten Konkursgläubigern und deren Vertreter (wegen der Vollmacht siehe Rn 16) auch andere beteiligte Personen, namentlich die Bürgen des Zwangsvergleichs.

Bei der **Feststellung der Stimmrechte** handelt es sich nicht nur um das Stimmrecht der im Termin anwesenden oder vertretenen Gläubiger, sondern – wegen der Vorschrift des § 182 Abs. 1 Nr. 2 auch um das Stimmrecht aller übrigen Konkursgläubiger. Maßgebend für das Stimmrecht sind die § 95, 96 (vgl. oben Rn 169 ff.). Mit Rücksicht auf die §§ 173 und 182 ist jedoch folgendes zu bemerken: Stimmberechtigt sind im Vergleichstermin **nur** die **nicht bevorrechtigten** Konkursgläubiger, hierher gehören auch Vorrechtsgläubiger, die auf das Vorrecht verzichtet haben.

Im Nachlaßkonkurs sind auch diejenigen Gläubiger vom Stimmrecht ausgeschlossen, welchen die in § 226 Abs. 2 Nr. 2–6 und Abs. 4 bezeichneten Forderungen zustehen (§ 230 Abs. 2).

Die in der Vorauflage vertretene Ansicht, daß ungeprüfte Forderungen, Forderungen für die ein Absonderungsrecht besteht, Ausfallsforderungen nach § 212 und aufschiebend bedingte Forderungen nicht ohne weiteres ein Stimmrecht haben, sondern nur, soweit es im Vergleichstermin verlangt und durch die §§ 95 Abs. 2, 96 Abs. 1 und 212 Abs. 3 zugelassen wird, kann mangels Unvereinbarkeit mit § 182 Abs. 1 Nr. 2 nicht aufrechterhalten werden.

Ungeprüfte Forderungen können jedoch nur dann berücksichtigt werden, wenn sie schon angemeldet sind oder vor dem Schluß der Abstimmung angemeldet werden. Eine Anmeldung zu Protokoll im Termin ist nicht entgegenzunehmen (entspr. LG Berlin Rpfleger 1974, 407).

Auch die Auffassung, daß bei Ausfallsforderungen im Falle eines Widerspruchs die Gläubiger auf Verlangen des Gerichts den mutmaßlichen Betrag des Ausfalls glaubhaft zu machen hätten, (so die Vorauflage) wird nicht mehr aufrechterhalten. Wenn und soweit ein Ausfall bereits eingetreten und nachgewiesen ist oder die Gläubiger auf abgesonderte Befriedigung verzichtet haben, besteht ein Stimmrecht in Höhe des Ausfalls.

Nach Feststellung der Stimmrechte ist der auf der Geschäftsstelle niederge- **436** legte **Vergleichsvorschlag vorzutragen.** Daneben ist die Verpflichtungserklärung durch einen Dritten, namentlich eine Vergleichsbürgschaft, abzugeben, da dies nur in Form einer mündlichen Prozeßhandlung vollzogen werden kann (RG 143, 102; *J-W*, § 173 Anm. 5; *M-K*, § 173 Anm. 2; *B-St*, § 179 Anm. 1).

Der Vortrag des Vorschlages braucht nicht notwendig durch den GSch zu erfolgen, er kann namentlich dem Verwalter überlassen werden, aber auch durch das Gericht erfolgen. Die Begründung ist aber Sache des GSch. Das Gericht hat zur Vermeidung von Nachteilen darauf hinzuwirken, daß der Vergleichsvorschlag den gesetzlichen Bestimmungen entspricht, klar und erschöpfend formuliert wird und alle Punkte regelt, deren Regelung nötig ist, um nach Annahme und Bestätigung des Zwangsvergleichs das Konkursverfahren endgültig abschließen zu können.

Änderungen des Vergleichsvorschlags, sowie dessen Zurücknahme werden von der h. M. nur solange für zulässig erachtet, bis die Annahme des Vorschlages erfolgt ist (*M-K*, § 174 Anm. 4; *B-St*, § 173 Anm. 2). *J-W* (a.a.O.) meinen demgegenüber, daß es dem Sinne des Vorschlages entspreche, die Unwiderruflichkeit bereits mit Beginn der Abstimmung eintreten zu lassen; für diese Auffassung könnte eine entsprechende Anwendung von § 145 BGB sprechen.

Bis zu diesem Zeitpunkt können Bürgen des Zwangsvergleichs ihre Bürgschaftserklärung abändern oder auch gänzlich zurückziehen. Soweit die Änderung oder die Zurücknahme des Vergleichsvorschlages oder einer Bürgschaftserklärung nicht rechtzeitig erfolgt, sind der GSch und der Bürge an ihre ursprünglichen Erklärungen gebunden.

Falls infolge einer Änderung der Vergleichsvorschlag ungünstiger für die Gläubiger ist, als der z. Z. der Bekanntmachung des Vergleichstermins auf der Geschäftsstelle ausgelegte Vorschlag war, kann mit Rücksicht auf die nicht erschienenen Gläubiger der geänderte Vorschlag nicht zur Abstimmung gebracht werden. Hier ist das Verfahren nach §§ 177, 178, 179 zu wiederholen (*J-W*, § 174 Anm. 10 mit weit. Hinweis; *M-K*, § 174 Anm. 4; *B-St*, § 173 Anm. 2).

Einer Wiederholung des Verfahrens nach § 177 ff. bedarf es nicht, wenn die Abänderung zu Gunsten der Gläubiger erfolgt oder der bisherige Vorschlag den Erfordernissen des § 174 nicht genügt hat (LG Kiel JW 36, 1156; *J-W*, § 174 Anm. 10; *M-K*, § 174 Anm. 4; *B-St*, § 173 Anm. 2). Hierüber kann sofort abgestimmt werden.

Stirbt der Schuldner oder wird er vor Annahme des Vergleichsvorschlags geschäftsunfähig, so wird das Verfahren nur fortgesetzt, wenn sämtliche Erben bzw. der gesetzliche Vertreter den Vorschlag aufrechterhalten (*J-W*, § 173 Anm. 27; *M-K*, § 174 Anm. 5; *B-St*, § 174 Anm. 2). Treten diese

Ereignisse erst nach der Annahme ein, so bildet dies kein Bestätigungshindernis (*J-W*, § 173 Anm. 27).

Nach Erörterung des Vergleichsvorschlages wird, soweit nicht das Gericht zur weiteren Aufklärung, zur Beibringung neuer Sicherheiten, zur Ergänzung des Vergleichsvorschlages usw., – ggfs. auf Antrag der Gläubigerversammlung – den Termin vertagt (§ 227 ZPO), zur **Abstimmung** geschritten. Die in der Vorauflage vertretene Ansicht, daß die Gläubigerversammlung die Aussetzung der Abstimmung bis zu einem neuen Termin beschließen könne, wird aufgegeben. Zeit und Art der Abstimmung bestimmt allein das Gericht. Die Stimmabgabe kann bis zum Schluß der Abstimmung noch geändert werden; nach der Schließung der Abstimmung durch das Gericht ist dies nicht mehr möglich. **437**

Zur Annahme des Zwangsvergleichs sind nach § 182 Abs. 1 folgende **Mehrheiten** erforderlich: **438**

1. Die Mehrzahl der im Termin anwesenden oder vertretenen stimmberechtigten Gläubiger muß dem Vergleich ausdrücklich zustimmen (**Kopfmehrheit**).
2. Die Gesamtsumme der Forderungen der zustimmenden Gläubiger muß wenigstens dreiviertel der Gesamtsumme aller zum Stimmen berechtigten Forderungen betragen (**Stimmenmehrheit**). Gezählt werden bei der Ermittlung des Ergebnisses der Abstimmung nur die Stimmen der im Termin anwesenden oder vertretenen Gläubiger; schriftliche Erklärungen von Gläubigern sind nicht zu berücksichtigen.

Gläubiger, die zwar anwesend sind, aber nicht mitstimmen, werden bei der Berechnung der Personenmehrheit mitgezählt, gelten dabei als ablehnend (*J-W*, § 182 Anm. 3; *M-K*, § 182 Anm. 3d; *B-St*, § 182 Anm. 1).

Mehrere Personen, denen eine Forderung als **Gesamtgläubiger** zusteht, werden nur als **eine** Person gerechnet und müssen sich untereinander über die Ausübung des Stimmrechts einigen. Geben sie einander widersprechende Erklärungen ab, so werden sie als ablehnend behandelt. Erscheint nur einer, dann steht ihm nach Maßgabe des § 429 Abs. 3 BGB mit § 423 BGB allein das Recht zur Ausübung der Stimmabgabe zu. **439**

Bei der **ungeteilten Erbengemeinschaft** können die Miterben nur gemeinschaftlich stimmen (§§ 2033 Abs. 2, 2040 Abs. 1 BGB).

Wird das **Gesamtgut einer Gütergemeinschaft** gemeinschaftlich verwaltet, so können die Ehegatten nur gemeinschaftlich stimmen (§ 1450 BGB; siehe aber auch § 1452 BGB: Ersetzung; § 1454 BGB: Verhinderung; § 1456 BGB: Selbständiges Erwerbsgeschäft; vgl. weiter *J-W*, § 182 Anm. 4; *M-K*, § 182 Anm. 3; *B-St*, § 182 Anm. 1).

Hat ein Gläubiger **mehrere Forderungen**, so zählt er doch nur als eine Person (*J-W*, § 182 Anm. 8; *M-K*, a.a.O.).
Bei nur treuhänderischer Abtretung zur Vertretung im Konkursverfahren bleiben die einzelnen Stimmrechte bestehen.
Bei mehreren Personen, von denen jede zur Zeit des Abschlusses des Zwangsvergleichs einen Teil einer früher in einer Hand befindlichen Forderung erworben hat, zählt jede für sich, da maßgebend die Zahl der Gläubiger zur Zeit der Abstimmung, nicht zur Zeit der Konkurseröffnung ist. Hier bleiben nur die Anfechtung und der Schutz des § 188 Abs. 1 Nr. 1 (*J-W*, § 182 Anm. 5).
Ist eine Konkursforderung einem anderen **verpfändet** oder für einen anderen **gepfändet**, so können der Gläubiger und der aus der Verpfändung oder Pfändung Berechtigte das Stimmrecht für die Forderung nur gemeinschaftlich ausüben. Auch die Überweisung einer gepfändeten Forderung zur Einziehung ändert hieran nichts, weil der Zwangsvergleich eine Verfügung über die Forderung enthält (*J-W*, § 182 Anm. 4).
Nur bei der Abtretung oder Überweisung einer Forderung an Zahlung Statt steht dem Pfandgläubiger allein das Stimmrecht zu (*J-W*, § 182 Anm. 4; *M-K*, § 182 Anm. 3).
Zum Nießbrauch siehe § 1074 und 1076 BGB.
Nehmen Vertreter an der Abstimmung teil, so haben sie soviele Stimmen, als sie Gläubiger vertreten; sie können für ihre mehreren Machtgeber verschieden stimmen.

440 Verwandte des GSch oder andere interessierte Personen, namentlich auch der Vergleichsbürge oder der Verwalter sind von der Teilnahme an der Abstimmung nicht ausgeschlossen. Dabei bleibt jedoch nach § 183 der **Ehegatte** des GSch bei der Berechnung der im § 182 verlangten Mehrheiten (auch bei der Berechnung der Summen der überhaupt stimmberechtigten Forderungen) außer Betracht, wenn er dem Vergleich zugestimmt hat. Die ablehnende Stimme oder Stimmenthaltung wird berücksichtigt. Gegen die Regel des § 183 bestehen allerdings erhebliche verfassungsrechtliche Bedenken: Sie stellt den Ehegatten des GemSch nur deshalb schlechter als andere Gläubiger, weil er Ehegatte ist; das verstößt gegen Art. 6 GG; die Vorschrift ist als verfassungswidrig anzusehen (vgl. *Quack* Rpfleger 1975, 185) u. oben Rn 26. Steht die Forderung dem Ehegatten und einer anderen Person gemeinschaftlich zu und kommt § 183 Abs. 2 nicht zum Zuge, so besteht ein unbeschränktes Stimmrecht (*J-W*, § 183 Anm. 9; *M-K*, § 183 Anm. 6; *B-St*, § 183 Anm. 1).
Im Konkurs einer oHG, einer KG oder in einem Nachlaßkonkurs findet § 183 auch Anwendung auf den Ehegatten von Trägern der Gemeinschuldnerrolle. Keine Anwendung findet die Vorschrift beim Konkurs juristischer

Personen hinsichtlich der Ehegatten von Mitgliedern der Organe, ausgenommen bei Einmann-Gesellschaften (*J-W*, § 183 Anm. 10, 11; *B-St*, § 183 Anm. 1).

Der Zessionar eines Ehegatten und dessen Rechtsnachfolger sind nur stimmberechtigt, **441**

1. wenn die Forderung früher als ein Jahr vor Konkurseröffnung abgetreten wurde (zur Weiterverfolgung bei Streit über den Zeitpunkt der Abtretung siehe *J-W*, § 183 Anm. 8 u. *B-St*, § 183 Anm. 2a);
2. wenn das Stimmrecht nicht auf der abgetretenen Forderung beruht;
3. wenn der Ehegatte auf Grund Gesetzes, im Wege der Zwangsvollstreckung oder infolge eines vor mehr als einem Jahr vor Konkurseröffnung geschlossenen Vertrages zur Abtretung verpflichtet war (vgl. dazu *J-W*, § 183 Anm. 4–7; *M-K*, § 183 Anm. 4; *B-St*, § 183 Anm. 2).

Im Anschlußkonkurs wird die Frist vom Tage der Eröffnung des Vergleichsverfahrens an gerechnet (*J-W*, § 183 Anm. 12; *M-K*, § 183 Anm. 5).

Voraussetzung für die Berücksichtigung des § 183 ist es schließlich, daß im Zeitpunkt der Abstimmung eine gültige Ehe besteht. Wegen der **Verfassungswidrigkeit der Vorschrift** s. oben Rn 440.

Das **Ergebnis der Abstimmung** ist sofort festzustellen und zu verkünden. **442**

Die Erklärung der Beteiligten über die Annahme oder Ablehnung des Vorschlags stellt eine Prozeßhandlung der (RGJW 1911, 550; *J-W*, § 173 Anm. 15; *M-K*, § 173 Anm. 2; *B-St*, § 173 Anm. 1). Aus diesem Grunde hat das Gericht von amtswegen die Parteifähigkeit, die Prozeßfähigkeit und die Legitimation eines Vertreters zu prüfen (§§ 51, 56 ZPO). Die Vollmacht zur Vertretung im Konkursverfahren erstreckt sich im Zweifel auch auf das Zwangsvergleichsverfahren (§§ 81, 83 ZPO, § 72 KO; *J-W*, § 182 Anm. 3).

Ob und welcher Genehmigung gesetzliche Vertreter zum Abschluß eines Zwangsvergleichs bedürfen, bestimmt sich nach bürgerlichem Recht: Ein Vormund bedarf nur zur Zustimmung ggfs. der Genehmigung des Vormundschaftsgerichts nach Maßgabe des § 1822 Nr. 12 BGB. Gleiches gilt beim Pfleger, § 1915 BGB (vgl. dazu *J-W*, § 173 Anm. 17 und § 182 Anm. 3; *M-K*, § 182 Anm. 3; *B-St*, § 173 Anm. 1).

Ohne Genehmigung sind Vormund oder Pfleger als abwesend zu betrachten.

Beteiligt sich ein Konkursverwalter eines anderen Konkursverfahrens an dem Zwangsvergleich, so sind die Voraussetzungen des § 133 Nr. 2 nicht zu prüfen (§ 136).

Die von amtswegen zu berücksichtigenden erforderlichen Genehmigungen nach § 1822 Ziff. 12 BGB sowie der Nachweis der Vertretungsbefugnis sind

spätestens bis zur Entscheidung des Gerichts über Bestätigung oder Verwerfung des Zwangsvergleichs beizubringen.
Vertritt ein Rechtsanwalt den GSch und zugleich einen Konkursgläubiger, so ist seine Abstimmung wegen Verstoßes gegen das Verbotsgesetz des § 45 Nr. 2 BRAO unwirksam; der Vergleichsgläubiger gilt als nicht ordnungsgemäß vertreten. Siehe hierzu und zur Streitfrage, wie zu verfahren ist, wenn Gläubiger und Schuldner mit der beiderseitigen Vertretung einverstanden sind, *J-W*, § 182 Anm. 3.

443 Wird keine der beiden im § 182 Abs. 1 vorgeschriebenen Mehrheiten erreicht, so ist der Vergleichsvorschlag abgelehnt (siehe auch LG Düsseldorf KTS 1961, 15, für den Fall, daß kein Gläubiger erschienen ist). Das Vergleichsverfahren ist dann, ohne daß es deswegen eines besonderen Beschlusses bedarf beendet und das Konkursverfahren nimmt derart seinen Fortgang, daß eine Verfügung, wodurch etwa das Gericht die Aussetzung einer Abschlagsverteilung auf Grund des § 160 angeordnet hat, von selbst außer Kraft tritt.
Es kann jedoch ein neuer Vorschlag unterbreitet werden, für den aber § 176 gilt. Im übrigen wird das Konkursverfahren durch Schlußverteilung oder Einstellung beendet (*J-W*, § 182 Anm. 9; *M-K*, § 182 Anm. 5; *B-St*, § 182 Anm. 2).
Besteht Streit darüber, ob die Mehrheiten erreicht sind, so können die Beteiligten entweder die Bestätigung des Vergleichs beantragen, bzw. bei Erreichen nur einer Mehrheit, die Vertagung. Bei Ablehnung haben die Beteiligten das Recht der sofortigen Beschwerde bzw. der befristeten Rechtspfleger-Erinnerung (§ 73 KO, § 11 RpflG; vgl. *J-W*, § 182 Anm. 10; § 184 Anm. 2).

444 Ist wenigstens **eine** der beiden nach § 182 Abs. 1 erforderlichen Mehrheiten erreicht, so kann der GSch bis zum Schlusse des Vergleichstermins verlangen, daß **die Abstimmung** über den Vergleich in einem neuen Termin **wiederholt** werde. Eine Schließung der Sitzung (§ 136 Abs. 4 ZPO) vor Bekanntgabe des Abstimmungsergebnisses ist daher nicht zulässig. Der nicht vertretene Schuldner ist über die Möglichkeit gem. § 139 ZPO aufzuklären. Auf einen entsprechenden Antrag hat das Gericht den neuen Termin sofort im Vergleichstermin zu verkünden (§ 182 Abs. 2); neben der Verkündung bedarf es weder der öffentlichen Bekanntmachung noch einer besonderen Ladung (§ 93 Abs. 2 S. 2 KO, § 218 ZPO, § 72 KO).
Bei Ablehnung des Antrages des Schuldners steht diesem die sofortige Beschwerde bzw. befristete Rechtspfleger-Erinnerung zu (§ 73 KO, § 11 RpflG). Wird hierauf ein Termin anberaumt, so ist nach § 179 zu verfahren (*J-W*, § 182 Anm. 9; *M-K*, § 182 Anm. 5; *B-St*, § 182 Anm. 2).
In dem neuen Termin ist die Verhandlung vollständig zu wiederholen. Die

Gläubiger sind an die in dem früheren Termin über den Vergleichsvorschlag abgegebenen Erklärungen in keiner Weise gebunden, insbesondere durch eine frühere zustimmende Erklärung nicht gehindert, jetzt gegen den Vergleich zu stimmen. Auch eine Verbürgung und eine Zustimmung nach § 181 S. 2 haben im neuen Termin keine Wirkung mehr.
Der Zeitpunkt des neuen Termins ist für das Stimmrecht und die Berechnung der Gläubigerzahl maßgebend.
Werden in dem zweiten Termin die gesetzlichen Mehrheiten nicht beide erreicht, so ist der Zwangsvergleichsvorschlag endgültig abgelehnt.

2.3 Die Entscheidung des Gerichts über Bestätigung oder Verwerfung des Zwangsvergleichs

Wenn das Gericht feststellt, daß der Vergleichsvorschlag mit den erforderli- **445**
chen Mehrheiten angenommen wurde, so hat es auch ohne besonderen Antrag über die Bestätigung des Zwangsvergleichs zu entscheiden. Der angenommene Zwangsvergleich bedarf, um als solcher wirksam zu werden, stets der gerichtlichen Bestätigung, (§ 184 Abs. 1). Selbst wenn alle Gläubiger, welche Forderungen angemeldet haben, dem Vergleichsvorschlag zugestimmt haben sollten, würde eine gerichtliche Bestätigung sich nicht erübrigen, weil dann zwar das Konkursverfahren auf Grund des § 202 Abs. 1 eingestellt werden könnte, die Wirkungen eines Zwangsvergleichs bei einer bloßen Einstellung des Verfahrens aber nicht eintreten würden (*J-W*, § 186 Anm. 5; *M-K*, § 184 Anm. 1 und § 186 Anm. 1; *B-St*, § 186 Anm. 1). Ein wirksamer Verzicht auf von amtswegen zu berücksichtigende Ablehnungsgründe ist nicht statthaft (*J-W*, § 187 Anm. 11; *M-K*, § 186 Anm. 1; *B-St*, § 186 Anm. 1).
Ist der Zwangsvergleich, was zulässig ist, unter einer aufschiebenden Bedingung geschlossen, so empfiehlt es sich, mit der Bestätigung bis nach dem Eintritt der Bedingung zu warten. Eine vorherige Bestätigung ist wirksam, der Vergleich hängt jedoch vom Eintritt der Bedingung ab. Fällt sie aus, wird der Vergleich unwirksam, auch wenn der Bestätigungsbeschluß rechtskräftig geworden ist; das Konkursverfahren ist dann fortzusetzen. Die Aufhebung des Konkursverfahrens vor Bedingungseintritt ist auf jeden Fall unzulässig (*J-W*, § 184 Anm. 6; *M-K*, § 184 Anm. 1; *B-St*, § 184 Anm. 1; RG 56, 72).
Vor der Entscheidung über Bestätigung oder Verwerfung des Zwangsver- **466**
gleichs hat das Gericht die stimmberechtigten Gläubiger, den Verwalter und den Gläubigerausschuß **anzuhören** (§ 184 Abs. 2). Die Anhörung dieser Personen ist vorgeschrieben, damit sie Gelegenheit erhalten, Einwendungen gegen das durchgeführte Verfahren, gegen die Gültigkeit und das vom

Gericht festgestellte Ergebnis der Abstimmung, gegen die Zulässigkeit des Zwangsvergleichs usw. geltendzumachen und Anträge auf Verwerfung des Zwangsvergleichs zu stellen und zu begründen. Im Konkurs über einen Nachlaß sind auch die in § 226 Abs. 2 Nr. 2–6 und Abs. 4 bezeichneten Gläubiger zu hören (§ 230 Abs. 2 S. 1). Nach dem Gesetz ist der Schuldner selbst zwar nicht zu hören, jedoch muß ihm Gelegenheit zur Stellungnahme zu vorgebrachten Bedenken gegeben werden.

Die Erklärungen der Beteiligten über den Zwangsvergleich müssen im Termin zur Erörterung gestellt werden, schriftliche Erklärungen sind jedoch nicht ausgeschlossen (*J-W*, § 184 Anm. 9; *M-K*, § 184 Anm. 2; *B-St*, § 184 Anm. 2).

Die Anhörung der genannten Personen braucht nicht sogleich im Vergleichstermin zu geschehen, sondern kann in einem späteren Termin stattfinden, der im Vergleichstermin zu verkünden ist. Eine vom Gesetz bestimmte Frist besteht hier nicht.

447 Der Zwangsvergleich **ist zu verwerfen** von **amtswegen** (§ 186):

1. Wenn die für das Verfahren und den Abschluß des Vergleichs gegebenen Vorschriften nicht beobachtet sind und das Fehlende nicht ergänzt werden kann;
2. wenn ein Fall der Unzulässigkeit des Zwangsvergleichs – § 175 Nr. 2 und § 191 (*J-W*, § 191 Anm. 6 mit weit. Hinw.; *Waldmann* DJ 1943, 518) – eintritt. War die Unzulässigkeit schon vor Vergleichsabschluß eingetreten, aber erst nachträglich bekanntgeworden, so findet § 186 Nr. 1 Anwendung.

Ein Fall der **Nr. 1** ist namentlich anzunehmen, wenn

a) die Zeitgrenze nach § 173 verletzt wurde;
b) der Vergleichsvorschlag nach § 174 unzulässig oder nicht von allen Trägern der GSch-Rolle unterzeichnet war;
c) Unzulässigkeitsgründe nach §§ 175, 191 bestehen (siehe jedoch auch Nr. 2);
d) der Vergleichsvorschlag dem Gläubigerausschuß nicht zur Stellungnahme zugeleitet wurde;
e) die Niederlegung nach § 178 nicht erfolgte;
f) der Termin nicht öffentlich bekanntgemacht wurde (§ 179 Abs. 1 S. 2);
g) die Ladungen unterblieben (§ 179 Abs. 1 S. 3) und die Beteiligten nicht erschienen sind;
h) gegen die Bestimmungen des § 181 verstoßen wird und das Hindernis nicht durch die Zustimmung der zurückgesetzten Gläubiger ausgeräumt wurde;

i) die Kopf- und Summenmehrheit entgegen der ursprünglich getroffenen Feststellung tatsächlich nicht erreicht wurde (§ 182). Dies kann sich auch ergeben durch mangelnde Prozeßfähigkeit, fehlende Vertretungsmacht oder nicht vorgelegte vormundschaftsgerichtliche Genehmigung; weiter durch die Anfechtung der Zustimmungserklärungen wegen arglistiger Täuschung oder Drohung (§§ 119, 123, BGB), sofern sie bei der Anhörung gemäß § 184 Abs. 2 geltend gemacht wird. Nachträgliche Zustimmungen können nicht berücksichtigt werden, gleichgültig, aus welchem Grunde die rechtzeitige Erklärung unterblieb; ebensowenig können Erklärungen nach Schluß der Abstimmung zurückgezogen werden (*J-W,* § 186 Anm. 2);
j) nach h. M. auch dann, wenn die Doppelmehrheit nicht erreicht wurde, weil § 183 nicht berücksichtigt worden ist und dies bei der Feststellung des Abstimmungsergebnisses übersehen wurde. § 183 ist jedoch nach unserer Auffassung wegen seiner Verfassungswidrigkeit nicht mehr anzuwenden.

Bei heilbaren Mängeln ist vor der Entscheidung die Beseitigung des Hindernisses zu versuchen, u. U. durch entsprechende Auflagen mit Fristsetzung. Hierunter fallen u. a. fehlende Vollmachten oder vormundschaftsgerichtliche Genehmigungen oder bei juristischen Personen, deren Mitglieder des Organs nur gemeinschaftlich zur Vertretung berechtigt und im Termin nicht vollständig vertreten sind, der fehlende Vertretungsnachweis (*J-W,* § 186 Anm. 2 und 3; ***M-K,*** § 186 Anm. 2; ***B-St,*** § 186 Anm. 1).

Einen weiteren Verwerfungsgrund enthält § 187 S. 1: Wenn der Zwangsver- **448**
gleich den Konkursgläubigern nicht mindestens den fünften Teil ihrer Forderungen gewährt, so **ist** er zu verwerfen, **sofern** dieses Ergebnis auf ein **unredliches Verhalten** des GSch zurückzuführen ist. Unredlich ist sein Verhalten, wenn es wider Treu und Glauben verstößt, namentlich, wenn der GSch trotz des Bewußtseins, daß der Zusammenbruch bevorsteht, durch Schleuderverkäufe oder andere unwirtschaftliche Maßregeln die Eröffnung des Konkursverfahrens verzögert oder unter arglistiger Verschweigung seiner ungünstigen Vermögenslage andere zum Kredit geben bewogen hat. Auch die Straftatbestände nach § 239, § 240 bieten Anhaltspunkte.

Die Verzögerung der Konkurseröffnung durch unredliches Verhalten des GSch hebt das Gesetz als Grund zur Verwerfung eines den Gläubigern noch nicht 20% bietenden Zwangsvergleichs besonders hervor. Vorausgesetzt wird aber stets, daß das unredliche Verhalten des GSch mit dem geringfügigen Ergebnis des Zwangsvergleichs in ursächlichem Zusammenhang steht.

Die Entscheidung des Gerichts erfolgt nach pflichtgemäßem Ermessen unter Berücksichtigung des Untersuchungsergebnisses.

Es genügt zur Verwerfung des Vergleichs, wenn bei einem persönlich haftenden Gesellschafter, bei dem Erblasser oder einem Erben bzw. bei einem Mitglied des Organs einer jur. Person die Voraussetzungen gegeben sind (*J-W*, § 187 Anm. 9 u. 10; *M-K*, § 187 Anm. 1; *B-St*, § 187 Anm. 1c).

449 Ferner **kann** das Gericht einen nicht mindestens 20% bietenden Zwangsvergleich dann von amtswegen verwerfen, wenn dieses geringfügige Ergebnis ursächlich mit dem **leichtsinnigen Verhalten** des GSch im Zusammenhang steht. Dies kann liegen in übermäßigem Privataufwand (LG München I BB 55, 331), in mangelndem Eigenkapital, der Entgegennahmen von Gefälligkeitswechseln (LG Würzburg KuT 1929, 109), in dem Verbrauch durch Spiel und Wette.

Dagegen bilden Verluste, die auf dem allgemeinen Unternehmerrisiko beruhen, keinen Ablehnungsgrund (LG München I a.a.O.).

Die Unterscheidung zwischen Unredlichkeit und Leichtsinn vergleicht *J-W* (§ 187 Anm. 12) zu Recht mit Vorsatz und Fahrlässigkeit. Ein unredliches Verhalten kann auch bei bedingtem Vorsatz gegeben sein. Weitere Ausführungen hierzu siehe bei *Mohrbutter/Haarmann* KTS 1950, 177 ff. insbes. 180.

450 Nur **auf Antrag** ist der Zwangsvergleich nach § 188 **zu verwerfen:**

1. Wenn der Vergleich – sei es vom GSch, sei es von einem Dritten – durch Begünstigung eines Gläubigers oder sonst in unlauterer Weise zustandegekommen ist;
2. wenn der Vergleich dem gemeinsamen Interesse der nicht bevorrechtigten Konkursgläubiger widerspricht.

Unlauter ist jede gegen Treu und Glauben verstoßende Handlungsweise; insbesondere die ungleiche Behandlung, der Ankauf von Forderungen zu einem die Vergleichsquote übersteigenden Betrag, der Stimmenkauf und die Teilung von Forderungen zur Erzielung der Kopfmehrheiten. Für die Verwerfung genügt hier das unlautere Verhalten eines persönlich haftenden Gesellschafters, des Erblassers oder eines Erben bzw, eines Mitgliedes des Organs einer juristischen Person sowie eines Dritten, gleichgültig, ob es mit oder ohne Willen des GSch erfolgte (*J-W*, § 188 Anm. 4 und 5; *B-St*, § 188 Anm. 1a). Von wesentlicher Bedeutung ist es hier, daß zwischen dem unlauteren Handeln und dem Zustandekommen des Vergleichs ein ursächlicher Zusammenhang bestehen muß. Wäre der Vergleich auch ohne die unlauteren Einwirkungen zustandegekommen, so ist der Antrag abzulehnen.

Das **gemeinsame Interesse** der Konkursgläubiger ist jedenfalls dann verletzt, wenn der Vergleich den Gläubigern weniger bietet, als sie bei Durchführung des Konkurses erhalten würden oder wenn eine höhere Befriedigung aus dem sonstigen Vermögen zu erwarten ist. Auch Bedenken gegen die Sicherheit der Erfüllung der nach dem Vergleich den Gläubigern zu gewährenden Leistungen können den Vergleich als dem gemeinsamen Interesse der Gläubiger widersprechend erscheinen lassen (*J-W,* § 188 Anm. 6; *M-K,* § 188 Anm. 4; *B-St,* § 188 Anm. 2b). Der Vergleich ist hier auch dann auf Antrag zu verwerfen, wenn er mit großer Mehrheit angenommen wurde (*J-W,* § 188 Anm. 7; *M-K,* § 188 Anm. 4; *Kühne,* KuT 1931, 123; 1933, 22; *Mohrbutter* KTS 1956, 179).

Antragsberechtigt sind die nicht bevorrechtigten Konkursgläubiger, und zwar diejenigen, welche im Vergleichstermin stimmberechtigt waren, andere nur, wenn sie ihre Forderung glaubhaft machen und diese angemeldet ist (*J-W,* § 188 Anm. 1).

Im Konkurs über einen Nachlaß sind die Gläubiger der im § 226 Abs. 2 Nr. 2–6 und Abs. 4 bezeichneten Forderungen zu dem Antrag auf Verwerfung des Zwangsvergleichs nur berechtigt, wenn sie glaubhaft machen, daß der Zwangsvergleich ihre berechtigten Interessen verletzt (§ 230 Abs. 2).

Der Antrag kann auch schriftlich gestellt werden, ist aber dann im Termin mit den Beteiligten zu erörtern (*J-W,* § 188 Anm. 2 mit weit. Hinw.; *M-K,* § 188 Anm. 1).

Er ist nur zuzulassen, wenn die tatsächlichen Behauptungen, auf die er gegründet wird und falls dem Antragsteller ein Stimmrecht nicht zusteht, auch die Forderung, gemäß § 294 ZPO **glaubhaft gemacht werden** (§ 188 Abs. 2). Dies kann auch im Erinnerungs- oder Beschwerdeverfahren noch erfolgen (*B-St,* § 188 Anm. 1).

Die Verwerfung ist nur dann auszusprechen, wenn das Gericht der Überzeugung ist, daß ein Verwerfungsgrund vorliegt. Dabei spielt es keine Rolle, ob der Antrag sich auf Nr. 1 oder 2 des § 188 stützt; durch den Antrag sind alle Verwerfungsgründe gedeckt (*J-W,* § 188 Anm. 3).

Ein **Verstoß gegen die Gleichbehandlung** bildet einen Ablehnungsgrund nach **451**
§ 188 und § 186 Nr. 1. Hier wird mit *J-W* (§ 188 Anm. 4) dem § 186 Nr. 1 der Vorzug zu geben sein, da es dort bedeutungslos ist, ob die Sonderbegünstigung erheblich oder unerheblich ist, ob sie Einfluß auf das Abstimmungsergebnis hat oder nicht, ob sie schon vollzogen oder nur versprochen, schließlich, ob sie offen oder verdeckt geschah.

Aus anderen als den oben bezeichneten Gründen kann die Bestätigung des Zwangsvergleichs nicht versagt werden, insbesondere nicht lediglich im Interesse der Moral und der öffentlichen Ordnung.

Das Gericht hat unter Berücksichtigung der erhobenen Einwendungen, der **452**
gestellten Anträge und der von den Antragstellern vorgebrachten Tatsachen zu prüfen, ob einer der Fälle vorliegt, in denen der Zwangsvergleich zu verwerfen ist. Zu diesem Zwecke kann es von amtswegen die ihm erforder-

lich erscheinenden Ermittlungen vornehmen (§ 75). Grundsätzlich wird eine Stellungnahme des Verwalters zu erholen sein.
In den Fällen des § 188 kann aber auch den Antragstellern die Beibringung der Beweise für die angeführten Tatsachen überlassen werden. Die bloße Glaubhaftmachung dieser Tatsachen gewährt wohl ein Recht darauf, daß der Antrag auf Verwerfung des Zwangsvergleichs zugelassen wird und hat demgemäß weitere Erhebungen zur Folge, genügt aber zur Verwerfung des Zwangsvergleichs nicht, hierzu ist nötig, daß das Gericht die volle Überzeugung gewinnt, daß die Voraussetzungen des § 188 vorliegen (*J-W,* § 188 Anm. 3).

453 Der Beschluß des Gerichts, durch den der Zwangsvergleich bestätigt oder verworfen wird, ist schriftlich, und zwar stets mit Gründen abzufassen und im Termin (das kann der Vergleichstermin oder ein darin bestimmter Termin sein, § 84 Abs. 2) zu verkünden (§ 185). Auch die unmittelbare Aufnahme der Entscheidung – mit Gründen – in das Protokoll kann nicht unzulässig sein (*J-W,* § 179 Anm. 7), ist aber nicht zu empfehlen. Die Verkündung der Entscheidung sollte mit Gründen erfolgen und ist im Sitzungsprotokoll festzuhalten (§ 160 Abs. 2 Nr. 6 ZPO); mit ihr beginnt die Rechtsbehelfsfrist zu laufen (§ 189 Abs. 2). Neben der Verkündung sind eine öffentliche Bekanntmachung und eine besondere Zustellung des Beschlusses nicht erforderlich. Nur bei der Entscheidung auf eine Erinnerung oder Beschwerde gibt es kein Verkündungsgebot; hier erfolgt die Zustellung an die Beteiligten (*J-W,* § 185 Anm. 2; *M-K,* § 185; *B-St,* § 185 Anm. 1). Der Inhalt des Zwangsvergleichs braucht in den Beschluß nicht aufgenommen zu werden.
Muster siehe *Schrader-Bauer* Rn 662 und **Anlage G.**

454 Über den Hergang im Vergleichstermin, der nicht öffentlich ist, muß ein **Protokoll** aufgenommen werden, das außer Ort, Datum, Bezeichnung der Sache und der Gerichtspersonen sowie der Namen der erschienenen Beteiligten zu enthalten hat:

1. Die Angabe, welche nicht mit einem bleibenden Stimmrecht ausgestatteten Personen ein Stimmrecht und für welchen Betrag beansprucht haben;
2. die Entscheidung über streitige Stimmrechte, nebst der Angabe, von wem gegen die Stimmrechte Widerspruch erhoben wurde;
3. etwaige Änderungen des auf der Geschäftsstelle niedergelegten Vergleichsvorschlags;
4. die Erklärungen über die Bürgschaftsübernahmen und Pfandrechtsbestellungen unter Beachtung von § 162 ZPO;
5. das Ergebnis der Abstimmung.
   Es ist dabei genau anzugeben, welche Gläubiger für und welche gegen den Vergleich gestimmt haben. Dabei wird zweckmäßig das angefertigte Ver-

zeichnis der stimmberechtigten Forderungen benutzt, das dann als Anlage zum Protokoll dient;
6. Die Angabe, ob und welche Anträge auf Verwerfung des angenommenen Zwangsvergleichs gestellt und wie sie begründet sind;
7. die Entscheidung des Gerichts über die Bestätigung oder Verwerfung des Zwangsvergleichs;
8. im Falle des § 182 Abs. 2 die Angabe, daß der GSch die Anberaumung eines neuen Termins beantragt hat und auf welchen Tag der neue Termin anberaumt ist;
9. im Falle der Annahme und Bestätigung des Vergleichs, die Feststellung, daß die Abschlußunterlagen rechtzeitig niedergelegt wurden und ob sowie welche Einwendungen gegen die Schlußrechnung erhoben wurden;
10. im Falle von oben Nr. 9 soweit ein Gläubigerausschuß besteht, die Anhörung über die Vergütung und Auslagen durch die Gläubigerversammlung.

Der Aufnahme in das Protokoll steht die Aufnahme in ein Schriftstück gleich, das dem Protokoll als Anlage beigefügt und als solche bezeichnet wird. Der Unterzeichnung des Protokolls durch die Beteiligten bedarf es nicht.
Nach der Beendigung des Vergleichstermins ist, wenn der Zwangsvergleich angenommen und bestätigt wurde, zunächst die Rechtskraft des Bestätigungsbeschlusses abzuwarten, bzw. eine Wiedervorlage zur Erholung des Notfristzeugnisses zu verfügen. Wegen der nach rechtskräftiger Bestätigung des Zwangsvergleichs zu treffenden Anordnungen vergleiche unten Rn 458 ff.

Die Anhörung der Gläubiger, des Verwalters und des Gläubigerausschusses **455**
nach Feststellung der Annahme des Zwangsvergleichs kann wegen vorgerückter Zeit oder auch aus anderen Gründen in einen neuen Termin vertagt werden. Ebenso kann nach erfolgter Anhörung der genannten Personen die gerichtliche Entscheidung über die Bestätigung oder Verwerfung des Zwangsvergleichs in einen neuen Termin verlegt werden. In beiden Fällen ist der Termin sofort zu bestimmen und zu verkünden (§ 184 Abs. 2). Öffentliche Bekanntmachung und eine besondere Ladung brauchen nicht zu erfolgen.

Gegen den Beschluß, durch den der Zwangsvergleich bestätigt oder ver- **456**
worfen wird, findet binnen zwei Wochen nach seiner Verkündung die sofortige Beschwerde bzw. befristete Rechtspfleger-Erinnerung statt (§ 189 Abs. 1 und Abs. 2 KO, § 73 Ko, § 11 RpflG). Es ist zulässig, erst mit der Beschwerde einen Antrag auf Verwerfung zu stellen (*J-W*, § 189 Anm. 2; *M-K*, § 189 Anm. 2. **a.M.** die Vorauflage).

Beschwerdeberechtigt sind nur

1. der GSch, im Konkurs einer Personengesellschaft jeder persönlich haftende Gesellschafter, im Nachlaßkonkurs jeder Erbe (§ 211 Abs. 1, § 230 Abs. 1, siehe auch § 230 Abs. 2 S. 22. Halbsatz);
2. die nicht bevorrechtigten Konkursgläubiger, die entweder im Vergleichstermin stimmberechtigt waren, oder zwar ein solches Stimmrecht nicht hatten, aber ihre angemeldete oder nicht angemeldete Forderung glaubhaft machen (*J-W*, § 189 Anm. 1; *M-K*, § 189 Anm. 1; *B-St*, § 189 Anm. 1).

Daß der Beschwerdeführer beim Konkursgericht einen Antrag auf Bestätigung oder Verwerfung des Zwangsvergleichs gestellt hatte, ist nicht erforderlich.
Das Beschwerderecht steht den genannten Personen formell sowohl gegen einen bestätigenden als gegen einen verwerfenden Beschluß zu. Materiell ist es freilich nach allgemeinen Grundsätzen insofern beschränkt, als der formell Berechtigte durch den Beschluß des Konkursgerichts beschwert sein muß (*J-W*, § 189 Anm. 1).
Die Beschwer kann beim Schuldner gegeben sein gegen einen bestätigenden Beschluß, wenn andere, als die vom Schuldner vorgeschlagenen Bedingungen beurkundet wurden oder ein zurückgezogener Vergleichsvorschlag nicht als solcher behandelt wurde. Sie kann aber auch bei einem Gläubiger gegeben sein, der dem Vergleich zugestimmt hat und dem nach Bestätigung des Vergleichs Verwerfungsgründe bekannt wurden. Dem Konkursverwalter steht ein Beschwerderecht nicht zu. Gegen die Entscheidung des Beschwerdegerichts findet eine weitere Beschwerde nicht statt (§ 189 Abs. 3), auch wenn die Beschwerde lediglich aus formellen Gründen verworfen wurde (KG OLG 32, 398; *J-W*, § 189 Anm. 4 mit weit. Hinw.; *M-K*, § 189 Anm. 3; *B-St*, § 189 Anm. 1, **a.M.** Vorauflage).

457 Wenn der Vergleichsvorschlag abgelehnt oder vom GSch zurückgezogen oder der angenommene Vergleich vom Gericht verworfen ist, so kann der GSch stets einen neuen Vergleichsvorschlag oder auch denselben Vorschlag noch einmal einreichen. Das Gericht ist nicht befugt, von amtswegen den neu eingereichten Vorschlag zurückzuweisen, sondern ist hierbei an den Antrag des Verwalters und des Gläubigerausschusses gebunden (§ 176, siehe Rn 428).

3. Die Aufhebung des Konkursverfahrens nach rechtskräftiger Bestätigung des Zwangsvergleichs

3.1 Allgemeines

Ist der Zwangsvergleich von den Gläubigern angenommen und vom Gericht **458** bestätigt worden und hat der bestätigende Gerichtsbeschluß die Rechtskraft erlangt (dadurch sind alle Verfahrensmängel geheilt – *J-W*, § 189 Anm. 5; *M-K*, § 189 Anm. 4; *B-St*, § 189 Anm. 1), so ist das Konkursverfahren aufzuheben. Jedoch ist die Aufhebung nicht, wie man nach dem Wortlaut des § 190 Abs. 1 annehmen könnte, sofort auszusprechen, sondern erst dann, wenn alle Angelegenheiten, deren Regelung noch erforderlich ist, erledigt sind (*J-W*, § 190 Anm. 5; *M-K*, § 190 Anm. 2; *B-St*, § 190 Anm. 1).
Zunächst hat das Gericht nämlich noch

1. das Honorar und die erstattungsfähigen Auslagen für den Verwalter und nach Anhörung der Gläubigerversammlung ggfs. auch für die Mitglieder des Gläubigerausschusses festzusetzen, dies geschieht jedoch zweckmäßigerweise bereits im Zwangsvergleichstermin;
2. einen Termin zur Abnahme der Schlußrechnung des Verwalters anzuberaumen. Ob die Abhaltung eines Schlußtermins und damit eine Abnahme der Schlußrechnung des Verwalters durch die Gläubigerversammlung noch erforderlich ist, ist streitg. Die wohl herrschende Auffassung ist für die Abhaltung, siehe *J-W*, § 190 Anm. 2 mit weit. Hinw. über die ablehnende Haltung und § 86 Anm. 9; *M-K*, § 190 Anm. 1; *B-St*, § 190 Anm. 1; siehe aber auch *Schrader-Bauer*, Rn 665). Dies entfällt, falls die Rechnungsabnahme schon im Vergleichstermin stattgefunden hat.

In der Praxis hat sich gezeigt, daß die Prüfung der Schlußrechnung in vollem Umfange durch das Gericht bereits **vor** dem Vergleichstermin grundsätzlich erforderlich ist. Im wesentlichen bauen die Zwangsvergleiche auf dem Ergebnis der zu erwartenden Schlußverteilung auf; sei es, daß die um den Vorrechtsverzicht des Finanzamtes erhöhte Konkursquote angeboten wird oder die Zwangsvergleichsquote sich aus der Konkursquote und einem weiter zur Verfügung gestellten Betrag zusammensetzt. Die ordnungsgemäß geprüfte Schlußrechnung liegt also hier nicht nur im Interesse des Schuldners, sondern auch der nicht bevorrechtigten Gläubiger, die einen Überblick über die Vermögenslage der Konkursmasse erhalten.
Weiter kann das Gericht selbst prüfen, ob die Voraussetzungen des § 191 gegeben sind; bei einem Verwerfungsantrag nach § 188 Nr. 2 ist eine Glaubhaftmachung der Tatsachen durch die Bezugnahme auf die Schlußrechnung möglich. Die Schlußrechnung ist nebst den Belegen und den Bemerkun-

gen des Gläubigerausschusses spätestens drei Tage vor dem Termin auf der Geschäftsstelle niederzulegen. Das Gericht hat darauf zu achten, daß dies geschieht. Die Frist des § 162 braucht mit Rücksicht auf den beschränkten Zweck des Termins nicht eingehalten zu werden; zu beachten ist nur die Ladungsfrist nach § 217 ZPO. Eine Prüfung der Schlußrechnung durch das Gericht ist im Falle des Zwangsvergleichs in der Regel auch dann erforderlich, wenn die Abnahme im wesentlichen im Interesse des GSch liegt, da dieser meist nicht im Stande ist, die gründliche Prüfung selbst vorzunehmen.

In Ansehung des Inhalts der Schlußrechnung und des Verfahrens bei der Abnahme findet das bei Rn 396 Gesagte entsprechende Anwendung. Zu Einwendungen gegen die Schlußrechnung sind auch die Konkursgläubiger befugt, da sie trotz des Zwangsvergleichs daran interessiert sein können.

459 Weiter hat das Gericht abzuwarten, daß der Verwalter die ihm nach § 191 obliegenden Verpflichtungen erfüllt (*J-W,* § 190 Anm. 2 und § 191 Anm. 1; *M-K,* § 191 Anm. 1; *B-St,* § 191 Anm. 1).

Nach dieser Vorschrift hat der Verwalter die Gläubiger, deren Rechte durch den Zwangsvergleich nicht berührt werden, von amtswegen aus der Konkursmasse zu befriedigen oder, sofern sie Befriedigung noch nicht fordern können, wenigstens sicherzustellen.

Im einzelnen hat er

1. die unstreitigen Masseansprüche und die festgestellten bevorrechtigten Forderungen, soweit sie fällig sind, zu berichtigen. Auch erst nach Bestätigung des Vergleichs entstandene oder bekannt gewordene Masseansprüche fallen hierunter (RGZ JW 1900, 73; *J-W,* § 191 Anm. 3; *M-K,* § 191 Anm. 1; *B-St,* § 191 Anm. 1), auch die gerichtlichen Kosten des Konkursverfahrens;
2. dieselben Forderungen, soweit sie noch nicht fällig sind, ferner alle ihm bekannten streitigen Masseansprüche (dazu gehören namentlich die Kosten schwebender Prozesse), sowie diejenigen angemeldeten, aber noch nicht geprüften oder bestrittenen bevorrechtigten Forderungen, die glaubhaft gemacht sind (§ 294 ZPO), sicherzustellen.

Auch aufschiebend bedingte und betagte Masse- und Vorrechtsansprüche dürfen nur sichergestellt werden (*J-W,* § 191 Anm. 3 und 4; *M-K,* § 191 Anm. 1 und 2; *B-St,* § 191 Anm. 1). Zu den noch nicht fälligen Masseansprüchen gehören insbesondere die Forderungen aus dauernden Rechtsverhältnissen, die nach Beendigung fortbestehen und auf den GSch übergehen.

Ohne Anmeldung wird keine bevorrechtigte Forderung nach § 191 berücksichtig (*J-W,* § 191 Anm. 4; *B-St,* § 191 Anm. 1; **a.M.** Vorauflage). Die

Sicherstellung erfolgt mangels anderweitiger Einigung nach den Vorschriften der §§ 232 ff. BGB.
Ob das Anerkenntnis des Schuldners die Sicherstellung erübrigt, ist bestritten (bejahend: *Senst-Müller,* KV, S. 334; verneinend: *J-W,* § 191 Anm. 2). Soweit eine Sicherstellung vorgeschrieben ist, hat sie für jede einzelne Forderung zu erfolgen. Eine Gesamthinterlegung ist unzulässig (*J-W,* a.a.O.). Die Deckung der auszubezahlenden bzw. sicherzustellenden Verbindlichkeiten gemäß § 191 hat aus der Konkursmasse zu erfolgen. Ggfs. sind die nötigen Mittel flüssig zu machen (*J-W,* § 191 Anm. 2; *B-St,* § 191 Anm. 1). Es ist auch zulässig, daß sie von dritter Seite zur Verfügung gestellt werden, bilden dann aber auf jeden Fall Masse.

Schließlich müssen vor der Aufhebung des Verfahrens auch die Maßregeln **460**
zur Sicherung der **nicht bevorrechtigten Konkursgläubiger,** deren Vornahme etwa laut besonderer Festsetzung die Bedingung für die Wirksamkeit des Zwangsvergleichs bildet, getroffen werden (RGZ 56, 72; *J-W,* § 190 Anm. 6; *M-K,* § 190 Anm. 2; *B-St,* § 190 Anm. 1).
Demnach sind insbesondere **bedungene** Eintragungen in das Grundbuch zu Gunsten der nicht bevorrechtigten Gläubiger abzuwarten. Auf nicht besonders vereinbarte Sicherstellungen haben aber die nicht bevorrechtigten Konkursgläubiger keinen Anspruch. Einen Titel gem. § 894 ZPO zur Eintragung einer Hypothek an den Grundstücken des GSch gewährt ihnen der Zwangsvergleich nicht; eine Sicherungshypothek kann nur unter den Voraussetzungen des § 194 KO und der §§ 866 Abs. 3, 867 Abs. 2 ZPO eingetragen werden.
Das Gericht hat sich vor Aufhebung des Konkurses durch Bericht des Verwalters (sehr oft kann die Erklärung bereits im Vergleichstermin abgegeben werden) oder in anderer geeigneter Art zu vergewissern, daß die vorstehend berührten Maßregeln alle in gehöriger Weise ausgeführt sind.
Abgesehen von dem Falle, daß gewisse Maßregeln zur Sicherung der Konkursgläubiger zur **Bedingung für die Wirksamkeit** des Zwangsvergleichs gemacht sind (*J-W,* § 184 Anm. 3 und 6 und § 190 Anm. 6), ist die Aufhebung des Konkursverfahrens von der Erfüllung der durch den Vergleich den nicht bevorrechtigten Gläubigern gemachten Zusagen nicht abhängig (§ 195).

3.2 Der Aufhebungsbeschluß

Erst nach Erledigung der unter Rn 458–460 besprochenen Angelegenheiten **461**
ist die Aufhebung des Konkursverfahrens zu beschließen. In dem Beschluß ist der Grund der Aufhebung kurz anzugeben. **Muster:** *J-W,* § 190 Anm. 3; *Schrader-Bauer,* Rn 668.

Erläßt das Konkursgericht vorschriftswidrig vor Rechtskraft des Bestätigungsbeschlusses den Aufhebungsbeschluß, so wird dieser wirksam mit Rechtskraft des Bestätigungsbeschlusses bzw. erlangt keine Wirksamkeit, wenn dieser aufgehoben wird. Bei einer Beseitigung des Bestätigungsbeschlusses im Wege der Wiederaufnahme des Verfahrens erlischt die Wirksamkeit des Aufhebungsbeschlusses (*J-W,* § 190 Anm. 4; *B-St,* § 190 Anm. 2).

Eine Anfechtung des Aufhebungsbeschlusses findet nicht statt (§ 190 Abs. 1). Hat jedoch der Rechtspfleger entschieden, so ist die befristete Rechtspfleger-Erinnerung zulässig (§ 11 RpflG). Zur Ausführung des Aufhebungsbeschlusses sind dieselben Maßregeln zu treffen, wie bei der Aufhebung des Konkurses nach vollzogener Schlußverteilung (§ 190 Abs. 2, vgl. auch Rn 412).

Die Aufhebung des Konkurses tritt mit dem Zeitpunkt ein, in welchem die öffentliche Bekanntmachung des Aufhebungsbeschlusses als bewirkt gilt (§ 76; *J-W,* § 190 Anm. 1; *M-K,* § 190 Anm. 4; *B-St,* § 190 Anm. 2).

3.3 Die Wirkungen des Zwangsvergleichs

462 Mit Wirksamkeit der öffentlichen Bekanntmachung über die Aufhebung des Konkursverfahrens (§ 76 Abs. 1, § 190 Abs. 2) erhält der GSch, soweit der Zwangsvergleich nicht ein anderes bestimmt, das Recht zurück, über die Konkursmasse, also namentlich auch über die dazu gehörigen baren Gelder, frei zu verfügen (§ 192). Die Übergabe der Konkursmasse erfolgt seitens des Verwalters an den GSch ohne Mitwirkung des Konkursgerichts. Streitigkeiten, die etwa zwischen dem Verwalter und dem GSch wegen der Aushändigung der Masse entstehen, sind vom Prozeßgericht zu entscheiden.

Forderungen der Masse, insbesondere Schadensersatzansprüche gegen den Verwalter, den Gläubigerausschuß oder Dritte hat nun der Schuldner zu verfolgen (RGZ 78, 188; *J-W,* § 192 Anm. 1 mit weit. Hinw.; *M-K,* § 192 Anm. 2).

Schwebende Prozesse, die durch die Aufhebung des Konkursverfahrens unterbrochen wurden, hat der Schuldner fortzuführen. Eine Unterbrechung tritt nicht ein, wenn der Verwalter anwaltschaftlich vertreten war (§ 246 ZPO), da dessen Vollmacht bis zum Widerruf durch den Schuldner wirksam bleibt (RGZ 73, 314; *J-W,* § 163 Anm. 6; *M-K,* § 163 Anm. 3).

Anfechtungsprozesse werden durch den Zwangsvergleich auf jeden Fall in der Hauptsache gegenstandslos (RGZ 31, 40; *J-W,* § 36 Anm. 15a und § 163 Anm. 6; *M-K,* § 192 Anm. 3 mit weit. Hinw.; *B-St,* § 192 Anm. 2), jedoch ist wegen der Kosten die Fortsetzung zulässig (RGZ 52, 331 und 58, 414).

Keine Berücksichtigung findet die Tatsache der Konkursaufhebung auf

Grund des § 561 ZPO materiellrechtlich im Revisionsverfahren (RGZ 128, 66 m., 135, 347; BGHZ 28, 15/15).
Rechtshandlungen des GSch, die den Gläubigern gegenüber gemäß §§ 7, 8 unwirksam waren, werden nunmehr wirksam. Soweit die Prozeßführungsbefugnis bisher gefehlt hat und nun eintritt, kann dies auch in der Revisionsinstanz berücksichtigt werden (BGHZ 28, 13). Gesellschaften, die durch die Konkurseröffnung aufgelöst wurden, bleiben im Liquidationsstadium, jedoch kann die Fortsetzung beschlossen werden (§§ 144, § 161 Abs. 2 HGB, §§ 274, 278 Abs. 3 AktG, § 60 Nr. 4 GmbHG, § 49 VAG).
Es kann jedoch gem. § 192 vertraglich vereinbart werden, daß der Schuldner die Verfügungsmacht überhaupt nicht oder nur in beschränktem Umfange wieder zurück erhält. Bei der Fortwirkung der Beschränkungen handelt es sich jedoch nicht um eine konkursbedingte, sondern um eine vertraglich vereinbarte. Soweit der Verwalter die Verfügungsmacht behält, handelt er nicht mehr in Ausübung seines Amtes, sondern kraft erteilten Geschäftsbesorgungsvertrages (nähere Ausführungen siehe *J-W,* § 192 Anm. 5 und 6; *M-K,* § 192 Anm. 6).
Der rechtskräftig bestätigte Zwangsvergleich ist wirksam für und gegen alle **463**
nicht bevorrechtigten Konkursgläubiger, auch wenn sie am Vergleichsverfahren nicht teilgenommen oder gegen den Vergleich gestimmt oder ihre Forderungen gar nicht angemeldet haben (§ 193). Eine Ausnahme gilt beim Nachlaßkonkurs: Hier bleiben nach h. M. die Gläubiger, die ihre Forderungen verspätet angemeldet haben vom Vergleich unberührt (vgl. *J-W,* § 230 Anm. 21, *B-St,* § 230 Anm. 3, **a. M.** *M-K,* § 230 Anm. 7). Die sich auf § 1989 BGB berufende h. M. erscheint jedoch nicht unbedenklich; sie vermengt Haftungs**höhe** und Haftungs**gegenstand**. Mit *M-K* (a.a.O.) sind wird der Auffassung, daß § 193 auch hier Geltung hat.
Insbesondere ist der Vergleich auch für absonderungsberechtigte Konkursgläubiger in Ansehung des Betrages, für den sie abgesonderte Befriedigung nicht erlangen, wirksam und bindend.
Auf die nach § 63 Nr. 3 und 4 vom Konkurs ausgeschlossenen Forderungen bleibt der Zwangsvergleich ohne Einfluß (*J-W,* § 193 Anm. 8 mit weit. Hinw.; *M-K,* § 193 Anm. 3); jedoch mit einer Ausnahme: Die unter Nr. 1 und 2 des § 63 genannten Nebenforderungen sind im Zwangsvergleich als erlassen anzusehen und zwar für die ganze Forderung und nicht nur bezüglich des die Quote übersteigenden Betrages (*J-W,* § 193 Anm. 9 mit weit. Hinw.; *M-K,* § 193 Anm. 3; *B-St,* § 193 Anm. 2a).
Ganz beseitigt – auch für die Zukunft – sind sie nur, wenn aus den Bestimmungen des Vergleichsvorschlags zu entnehmen ist, daß sie in Wegfall kommen sollen (RG 92, 185).
Der Zwangsvergleich erstreckt sich auch auf betagte (§ 65), aufschiebend

bedingte (§ 67) sowie auf Forderungen, die zu kapitalisieren sind (§§ 69, 70). Die Forderungen nach §§ 65, 69, 70 werden in ihrer veränderten Form berücksichtigt (*J-W,* § 193 Anm. 3 mit weit. Hinw.; *M-K,* § 193 Anm. 1; *B-St,* § 193 Anm. 1). Aufschiebend bedingten Forderungen steht nur ein Recht auf Sicherstellung durch Hinterlegung der fälligen Beträge zu (§§ 67, 154, 169).

464 *Einzelfälle:*

Schadensersatzansprüche, deren Haftungsgründe vor Konkurseröffnung liegen, nehmen am Zwangsvergleich teil, auch wenn der Schaden zum Zeitpunkt des Vergleichsabschlusses noch nicht feststeht oder erst nachträglich erwächst (RGZ 87, 84; OLG Düsseldorf JW 32, 181; *J-W,* § 193 Anm. 4; *M-K,* § 193 Anm. 1; *B-St,* § 193 Anm. 1).

Gerichtskostenforderungen, die vor Konkurseröffnung entstanden sind, werden vom Zwangsvergleich ergriffen, auch wenn sich der prozessuale Vorgang, für den die Gebühr erhoben wird, auf die Zeit vor und nach dem Konkurs erstreckt (RG JW 1930, 2785; *J-W,* § 193 Anm. 4; *M-K,* § 193 Anm. 2; *B-St,* § 193 Anm. 2). Nicht vom Zwangsvergleich werden erfaßt die Urteilsgebühr sowie der Erstattungsanspruch des Gegners auf Grund einer Verurteilung des Schuldners, die erst nach Konkursbeendigung erfolgt (RG a.a.O.; OLG Marienwerder OLG 21, 79; *J-W* a.a.O.; *M-K* a.a.O.).

Masseansprüche aller Art bleiben vom Zwangsvergleich unbeeinflußt (*J-W,* § 193 Anm. 10; *M-K,* § 193 Anm. 6; *B-St,* § 193 Anm. 2b, jeweils mit weit. Hinw.).

Vorrechtsforderungen, einschließlich deren Zinsen nach § 63 Nr. 1 (RGZ 92, 185) werden vom Zwangsvergleich nicht berührt. Ein Vorrechtsverzicht nach Abschluß des Zwangsvergleichs ist nicht mehr zulässig. Kein Verzicht ist in der Nichtanmeldung des Vorrechts zu sehen, jedoch muß die unterlassene Verfolgung eines Widerspruchs gegen das Vorrecht als Verzicht angesehen werden (*M-K,* § 193 Anm. 4; *B-St,* § 193 Anm. 2e; **a. M.:** *J-W,* § 193 Anm. 11).

Aufrechnungsberechtigte Gläubiger erfaßt der Zwangsvergleich nicht, soweit die Aufrechnungsbefugnis reicht (RGZ 80, 409 ff.; *J-W,* § 193 Anm. 1; *M-K,* § 193 Anm. 7; *B-St,* § 193 Anm. 2c).

Absonderungsberechtigte haben Anspruch auf die Vergleichsrate nur für ihren Ausfall, also für den Betrag, mit dem sie auf ihr Absonderungsrecht verzichten oder aus dem Gegenstand des Absonderungsrechts Befriedigung nicht erhalten. Wenn z. B. ein Gläubiger DM 1000,– zu fordern hat und in Höhe von DM 600,– abgesonderte Befriedigung erlangt, so hat er bei einer Vergleichsrate von 30% vom GSch nicht 300,–, sondern nur DM 120,– (30% der ausgefallenen DM 400,–) zu beanspruchen (RGZ 5, 395; 6, 66; 16, 70;

23, 43; 78, 75; 92, 181; *J-W*, § 193 Anm. 12–15; *M-K*, § 193 Anm. 5; *B-St*, § 193 Anm. 3).

Zu beachten ist, daß bei einer Drittsicherheit (das Vermögen eines Dritten ist zur Sicherheit belastet) der Gläubiger die Quote jedoch aus der gesamten Forderung beanspruchen kann (RG LZ 1910, 158; *J-W*, § 193 Anm. 13, *M-K* a.a.O.).

Ist in dem Konkurs über das Vermögen einer OHG, einer KG oder KGaA **465**
ein Zwangsvergleich zustandegekommen, so begrenzt dieser Vergleich, soweit er nicht ein anderes festsetzt, zugleich den Umfang der persönlichen Haftung der Gesellschafter mit ihrem sonstigen Vermögen (§ 211 Abs. 2). Das gilt nicht für ausgeschiedene Gesellschafter (RGZ 29, 38; 56, 366; 142, 206 ; *J-W*, § 211 Anm. 5; *M-K*, § 211 Anm. 7; *B-St*, § 211 Anm. 2). Kommanditisten haften persönlich für die Zwangsvergleichsquote nur bis zur Höhe ihrer Einlage (*J-W*, § 211 Anm. 4).

Der Zwangsvergleich im Gesellschaftskonkurs wirkt daher mangels abweichender Festsetzungen auf die Konkurse über das Sondervermögen der persönlich haftenden Gesellschafter in der Weise ein, daß auch in diesen Konkursen einerseits die Forderungen der Gesellschaftsgläubiger auf die Vergleichsquote ermäßigt werden, andererseits die Gesellschaftsgläubiger alle ihnen durch den Vergleich eingeräumten Rechte geltend machen können (*J-W*, § 211 Anm. 3; *M-K*, § 211 Anm. 4; *B-St*, § 211 Anm. 2).

Der Grund der Forderung wird durch den Zwangsvergleich nicht berührt; der **466**
Vergleich bewirkt keine Novation. Die Vergleichsansprüche bleiben was sie sind: Darlehens-, Kaufpreis-, Schadensersatzforderungen (RGZ 119, 396; *J-W*, § 193 Anm. 2; *B-St*, § 193 Anm. 1). Er enthält auch kein Schuldanerkenntnis und keinen Verzicht auf Einwendungen.

Der Vergleich bewirkt ferner, soweit er einen Erlaß der Konkursforderungen enthält, kein vollständiges Erlöschen dieser Forderungen, sondern entzieht ihnen nur die Klagbarkeit, macht sie also zur unvollkommenen Verbindlichkeit = Naturalobligation (RGZ 153, 342; 163, 49; *J-W*, § 193 Anm. 5–7; *M-K*, § 193 Anm. 8; *B-St*, § 193 Anm. 4 jeweils mit weit. Ausf.).

Zulässig ist es sogar, für die unvollkommene Verbindlichkeit eine neue Sicherheit zu bestellen (RG LZ 1910, 158; RG LZ 1913, 238; OLG Königsberg Seufert Archiv 66 Nr. 87).

Erfüllt ist der Zwangsvergleich auch dann, wenn der Schuldner die Beiträge an den auszahlenden Verwalter überwiesen und dieser sie veruntreut hat (OLG Hamburg KuT 1931, 43).

Die Rechte der Gläubiger gegen **Mitschuldner** und **Bürgen** des GSch sowie **467**
die Rechte aus einem für die Forderung bestellten Pfandrecht aus einer für sie bestehenden Hypothek, Grundschuld oder Rentenschuld oder aus einer zu ihrer Sicherheit eingetragenen Vormerkung bleiben trotz des Vergleichs in

vollem Umfange bestehen (§ 193 Abs. 2). Gleiches gilt bezüglich der Rechte aus einem Eigentumsvorbehalt und aus Sicherungsübereignungen (*M-K*, § 193 Anm. 12; *B-St*, § 193 Anm. 4), sowie Schuldbefreiungsansprüchen (BGH NJW 1971, 2218).
Der Bürge oder Mitschuldner, der in vollem Umfange in Anspruch genommen wurde, hat gegen den GSch nur ein Rückgriffsrecht in Höhe der Vergleichsquote. Weiter kann der Schuldner nur bezüglich der bezahlten Quote Ansprüche gegen Mitschuldner geltend machen (*J-W*, § 193 Anm. 19; *M-K*, § 193 Anm. 10; *B-St*, § 193 Anm. 5). § 193 S. 2 ist jedoch keine zwingende Regelung; abweichende Vereinbarungen sind zulässig. Auf eine Sicherheit kann der einzelne Beteiligte verzichten. Nicht jedoch genügt ein Mehrheitsabschluß (*M-K*, § 193 Anm. 13; *B-St*, § 193 Anm. 6).
Für Gläubiger, deren Forderungen festgestellt und nicht vom GSch im Prüfungstermin ausdrücklich bestritten sind, findet aus dem rechtskräftig bestätigten Zwangsvergleich gegen den GSch und diejenigen, welche in dem Vergleich für dessen Erfüllung neben dem GSch ohne Vorbehalt der Einrede der Vorausklage verpflichtungen übernommen haben, die Zwangsvollstreckung statt (§ 194).

3.4 Die Kosten des Vergleichsverfahrens

468 Eine besondere Gerichtsgebühr für das Vergleichsverfahren wird nicht erhoben. Die Auslagen für die Veröffentlichungen und Ladungen sind Massekosten nach § 58 Nr. 1 und vom Verwalter zu begleichen nach § 191 Abs. 1.
Für die Entscheidung der Frage, ob der GSch zur Erstattung der den einzelnen Konkursgläubigern durch ihre Teilnahme am Konkursverfahren erwachsenen außergerichtlichen Kosten (insbesondere gem. § 74 BRAGebO) verpflichtet ist, kommt in erster Linie der Inhalt des Zwangsvergleichs in Betracht. Sofern der Zwangsvergleich wegen Erstattung dieser Kosten nichts bestimmt, ist er wohl dahin auszulegen, daß der GSch eine dahingehende Verpflichtung nicht hat übernehmen wollen. Wenn aber der GSch sich zur Kostenerstattung verpflichtet hat, wird in der Regel anzunehmen sein, daß er die vollen Kosten, nicht nur die Vergleichsrate für sie zu zahlen hat. Aber in diesem Fall werden die Gläubiger ihre Kosten nur im gewöhnlichen Verfahren, nicht gemäß § 104 ZPO geltendmachen können, da ihnen für die Kostenforderung ein vollstreckbarer Titel nicht zur Seite steht. Die Feststellung ihrer Forderung im Konkursverfahren umfaßt nicht die Feststellung der Verpflichtung des GSch zur Tragung der Kosten; dies ist schon darum ausgeschlossen, weil die den Gläubigern durch die Teilnahme am Konkursverfahren erwachsenen Kosten nach § 63 Nr. 2 im Konkurs gar nicht geltend gemacht werden können. In der Praxis wird das hier aufgezeigte

Problem nur selten auftauchen, da der Schuldner meist einer dritten neutralen Person dafür eine Entschädigung bezahlt, daß sie die Gläubiger im Termin vertritt und die Erklärungen abgibt.
Der Zwangsvergleich als solcher stellt, wenn auch nach § 194 aus ihm die Zwangsvollstreckung stattfindet, einen vollstreckbaren Titel im Sinne des § 794 ZPO nicht dar, kann insbesondere den unter Nr. 1 des § 794 ZPO bezeichneten Vergleichen nicht zugezählt werden. Vollstreckungstitel ist vielmehr der Tabellenauszug über die Feststellung der Forderung (RGZ 56, 73; *J-W*, § 194 Anm. 1; *M-K*, § 194 Anm. 1; *B-St*, § 194 Anm. 1).

3.5 Anfechtung und Aufhebung des rechtskräftig bestätigten Zwangsvergleichs

Eine Anfechtung oder Aufhebung des rechtskräftig bestätigten Zwangsvergleichs findet nur in sehr wenigen Fällen statt. Die rechtskräftige Verurteilung des GSch wegen betrügerischen Bankrotts hebt für alle Gläubiger von selbst den durch den Zwangsvergleich begründeten Erlaß auf (§ 197 Abs. 1). Ist der Vergleich durch Betrug zustandegekommen, so kann jeder Gläubiger den vergleichsmäßigen Erlaß seiner Forderung nach Maßgabe des § 196 anfechten. Dagegen findet aus anderen Gründen eine Anfechtung nicht statt. Auch gewährt die Nichterfüllung des Zwangsvergleichs den Gläubigern kein Recht, sich nicht mehr an den Vergleich gebunden zu betrachten; es sei denn, daß dieser, was zulässig ist, die kassatorische Klausel enthält (§ 195). **469**
In keinem Falle lebt das aufgehobene Konkursverfahren von selbst wieder auf. Seine Wiederaufnahme findet nur im Falle des § 197, und auch da nur auf Antrag statt.

Teil XI: Die Beendigung des Verfahrens durch Einstellung und seine Wiederaufnahme

1. Die Einstellung mit Zustimmung der Gläubiger

1.1 Allgemeines

470 Wenn ein Zwangsvergleich nicht beabsichtigt wird oder nicht zustande kommt, so kann der GSch die Durchführung des Konkursverfahrens nur dadurch verhindern, daß er sich die Zustimmung sämtlicher Konkursgläubiger zur Einstellung des Verfahrens verschafft und die Einstellung beantragt. Sobald das Konkursverfahren eröffnet ist, hat jeder Konkursgläubiger ein Recht darauf, daß es auch durchgeführt wird; es genügt daher zur Herbeiführung der Einstellung des Verfahrens die Einwilligung des Antragstellers oder die Zurücknahme des Eröffnungsantrages keineswegs. Siehe auch Rn 115. Das Zustimmungsbedürfnis besteht auch dann, wenn der Konkursgrund nachträglich wegfällt oder wenn sich herausstellt, daß sein Bestehen zu Unrecht angenommen worden war (*J-W,* § 203 f. Anm. 2). Wenn in einem Verfahren kein Gläubiger eine Forderung angemeldet hat, ist gleichfalls eine Einstellung notwendig.

1.2 Voraussetzungen der Einstellung des Verfahrens

471 Die Einstellung des Verfahrens mit Zustimmung der Gläubiger erfolgt **nur** auf Antrag des GSch; der Antrag kann schriftlich oder zu Protokoll der Geschäftsstelle gestellt werden.
Antragsberechtigt ist jeder GSch, auch der wegen betrügerischen Bankrotts verurteilte.
Wenn mehrere Personen Träger der GSch-Rolle sind (mehrere persönlich haftende Gesellschafter bei einer OHG oder KG) so müssen den Antrag alle einheitlich stellen (*J-W,* § 209 ff. Anm. 22; *M-K,* § 202 Anm. 5; *B-St,* § 209 Anm. 4; **a. M.:** OLG Dresden LZ 1925, 495). Auch im Nachlaßkonkurs werden die Erben nur gemeinschaftlich den Antrag stellen können (§ 2038 BGB).
Bei juristischen Personen, Vereinen und Genossenschaften ist der Antrag von den zur Vertretung befugten Organmitgliedern zu stellen, bei Gesamtvertretung von allen (*J-W,* § 207 ff. Anm. 29 und 30; **a. M:** *M-K,* § 202 Anm. 5; *B-St,* § 202 Anm. 2c, die in jedem Fall den Antrag von sämtlichen Vorstandsmitgliedern fordern).
Durch den Tod des Schuldners wird das Verfahren nicht berührt (*J-W,* Einl. zu § 202 ff). **Antragsmuster** siehe *Schrader-Bauer,* Rn 679.

Die Einstellung des Verfahrens ist jederzeit zulässig, d. h. von der wirksam erfolgten Eröffnung bis zur Einleitung eines Zwangsvergleichsverfahrens, ja selbst noch nach Abhaltung des Schlußtermins. Nur bei der Genossenschaft und dem Versicherungsverein auf Gegenseitigkeit bestehen Sondervorschriften in § 116 GenG und § 52 Abs. 2 VAG (vgl. dazu *J-W*, § 202 Anm. 6a). **472**

Die Einstellung ist nicht dadurch bedingt, daß die Anmeldefrist bereits abgelaufen ist. Wegen der Bedeutung, die die Anmeldefrist für die Ermittlung der Konkursforderungen hat, gestalten sich jedoch die Voraussetzungen der Einstellung des Verfahrens verschieden, je nachdem ob diese vor oder nach Ablauf der Anmeldefrist geschehen soll. Maßgebend für die Behandlung ist nicht der Zeitpunkt der Antragstellung, sondern der Erlaß der Entscheidung (*J-W*, § 202 ff. Anm. 4; *M-K*, § 202 Anm. 3)

Die Einstellung des Verfahrens **vor** Ablauf der Anmeldefrist ist nur zulässig, wenn sämtliche dem Konkursgericht z. Zt. der Einstellung bekannten Gläubiger zustimmen (§ 202 Abs. 2). Welche Gläubiger als „bekannt" anzusehen sind, bleibt dem pflichtgemäßen Ermessen des Gerichts überlassen. Der Kreis der bekannten Gläubiger wird am besten durch Einsicht in das vom GSch eingereichte Gläubigerverzeichnis, in die Bücher des GSch und in das vom Verwalter aufgestellte Inventar, sowie dadurch festgestellt werden, daß vom Verwalter eine Erklärung gefordert wird, ob außer den in diesen Unterlagen aufgeführten Gläubigern noch andere ermittelt sind. Natürlich kommen als Gläubiger nur die in Betracht, deren Ansprüche in rechtlicher und tatsächlicher Beziehung entweder schon feststehen oder doch wenigstens hinlänglich klargestellt sind. Eine Ersetzung einzelner Zustimmungserklärungen durch Sicherstellung der betreffenden Gläubiger ist nicht zulässig (*J-W*, § 202 ff. Anm. 6).

Da es sich bei § 202 Abs. 2 um eine „Kann-Bestimmung"handelt, ist das Gericht in keinem Falle **verpflichtet,** schon vor dem Ablauf der Anmeldefrist das Verfahren einzustellen.

Die Einstellung des Verfahrens **nach** Ablauf der Anmeldefrist **hat** zu erfolgen, wenn die Zustimmung aller derjenigen Konkursgläubiger beigebracht wird, die bis zum Ablauf der Widerspruchsfrist (vgl. unten Rn 475) Forderungen in vorschriftsmäßiger Weise **angemeldet** haben (§ 202 Abs. 1). Der Zustimmung etwaiger sonstiger bekannter Gläubiger bedarf es in diesem Fall nicht (Ausnahme: Genossenschaftskonkurs, § 116 GenG).

Auch die Zustimmung der Gläubiger angemeldeter Forderungen ist nur insoweit erforderlich, als diese Forderungen bereits festgestellt sind. Was die Gläubiger der übrigen angemeldeten Forderungen betrifft – gleichgültig, ob sie tituliert oder nicht tituliert im Sinne des § 146 Abs. 6 sind (*J-W*, § 202 ff. Anm. 5) – so kann das Gericht beschließen, daß von der Beibringung der Zustimmung dieser Gläubiger im Falle ihrer Sicherstellung oder auch ohne

Sicherstellung abgesehen werden kann (§ 202 Abs. 1 S. 2). Wenn freilich das Gericht eine noch nicht festgestellte Forderung für bestehend erachtet, so muß es zumindest deren Sicherstellung fordern; die Sicherstellung ist nur dann entbehrlich, wenn die angemeldete Forderung als rechtlich oder tatsächlich zweifelhaft oder unbegründet erscheint (*J-W*, § 202 ff. Anm. 5; *M-K*, § 202 Anm. 4; *B-St*, § 202 Anm. 2b). Die Sicherstellung braucht nicht unbedingt nach Maßgabe des § 108 ZPO oder des § 232 BGB erfolgen. Es genügt jede Sicherung, die nach dem Ermessen des Gerichts materiell hinreichend ist. Zur Einstellung des Verfahrens ist die Zustimmung der nicht bevorrechtigten und bevorrechtigten (zu ihnen zählen auch die besonders bevorrechtigten) Konkursgläubiger (auch wenn die Ansprüche bedingt oder betagt sind) erforderlich. Der Zustimmungserklärung der Aussonderungsberechtigten und der Massegläubiger bedarf es nicht.
Die Zustimmung der Absonderungsberechtigten oder der im § 212 bezeichneten Gläubiger ist nur insoweit nötig, als diese Gläubiger Ausfallsforderungen geltend machen und einen Ausfall dartun. Auf die Höhe der einem Gläubiger zustehenden Forderung kommt es nicht an. Die Zustimmung eines Gläubigers erübrigt sich, wenn er die Anmeldung wirksam zurückgenommen hat oder wenn er vollständig befriedigt ist oder wird (*J-W*, § 202 ff. Anm. 5 und 7; *M-K*, § 202 Anm. 4 Abs. 3). Die Quittung des Gläubigers ersetzt daher seine Zustimmungserklärung. Wegen der Prüfung der Echtheit vorgelegter Quittungen gilt das gleiche, was nachstehend unter Rn 473 über die Prüfung der Echtheit der Zustimmungserklärungen bemerkt ist.
Das Kaufen von Zustimmungen ist hier nicht verboten; die §§ 181 und 243 sind nicht anwendbar.
Der Nachweis der Hinterlegung des Forderungsbetrages dürfte die Beibringung der Zustimmungserklärung des Gläubigers einer festgestellten Forderung nicht entbehrlich machen, es sei denn, daß ein Recht auf Hinterlegung (§§ 372 ff. BGB) glaubhaft dargetan wird.

473 Einer besonderen **Form** bedürfen die Zustimmungserklärungen der Gläubiger an und für sich nicht. Beglaubigung der Unterschrift ist nicht erforderlich. Wenn jedoch ein Grund vorhanden ist, an der Echtheit der vorgelegten Erklärungen zu zweifeln, so kann das Gericht sie beanstanden und von amtswegen Ermittlungen anstellen (*J-W*, § 202 ff. Anm. 3).
Die Vertretungsberechtigung der Personen, die für andere Gläubiger Zustimmungserklärungen ausgestellt haben, hat das Gericht von amtswegen zu prüfen.
Die Erklärungen dürfen nicht von Bedingungen abhängig gemacht oder sonst unbestimmt sein; es muß aus ihnen mit Bestimmtheit hervorgehen, daß der Erklärende mit der Einstellung des Konkursverfahrens einverstanden ist. Zulässig sind jedoch Befristungen (*J-W*, § 202 ff. Anm. 3; *B-St*, § 202 Anm.

2d). Der **Widerruf** einer einmal erteilten Zustimmung ist nicht zulässig; die Zustimmung als Prozeßhandlung ist auch nicht wegen Irrtums, Betrugs oder Drohung nach §§ 119 ff. BGB anfechtbar.
Willensmängel können aber im Wege des Widerspruchs gegen die Einstellung des Konkurses (siehe unter Rn 475) geltend gemacht werden.
Die Zustimmungserklärung ist lediglich eine Verzichtserklärung auf Durchführung des Konkurses, nicht ein Verzicht auf die Forderung oder deren Beitreibung. Sie enthält auch keinen Verzicht auf eine Sicherheit (*J-W*, § 202 ff. Anm. 3; *M-K*, § 202 Anm. 4; *B-St*, § 202 Anm. 2b). **Muster** einer Zustimmungserklärung s. *Schrader-Bauer*, Rn 680.

1.3 Das Einstellungsverfahren

Nach Eingang eines Antrags auf Einstellung des Konkursverfahrens hat das **474**
Gericht die Legitimation des Antragstellers zu prüfen und, wenn diese zur Beanstandung keinen Anlaß gibt, auf Grund des vorliegenden Materials (Gläubigerverzeichnis, Inventar, Tabelle), nötigenfalls unter Zuziehung des Verwalters festzustellen, welche Gläubiger der Einstellung des Verfahrens zuzustimmen haben oder wenigstens sicherzustellen sind. Sofern nicht von allen diesen Gläubigern Zustimmungserklärungen bereits vorliegen, ist dem GSch mitzuteilen, welche Zustimmungserklärungen oder welche Sicherstellungen noch für erforderlich erachtet werden. Zur Nachbringung des Fehlenden kann dem GSch eine Frist bestimmt werden, nach deren fruchtlosem Ablauf der Einstellungsantrag ohne Fortsetzung des Verfahrens abgewiesen werden kann. **Muster** s. *Schrader-Bauer*, Rn 681.
Die Entscheidung, die dem Antragsteller zuzustellen und dem Verwalter mitzuteilen ist, kann mit der sofortigen Beschwerde bzw. befristeten Rechtspfleger-Erinnerung (§ 73 KO, § 11 RpflG) angefochten werden.
Das weitere Verfahren braucht erst dann stattzufinden, wenn sämtliche Zustimmungserklärungen und Sicherstellungen, die das Gericht auf Grund des § 202 verlangen zu müssen glaubt, beigebracht und in Ordnung befunden sind. Die in der Vorauflage vertretene Ansicht, daß es genüge, wenn die Erfüllung der Auflagen mit Sicherheit erwartet werden dürfe, wird nicht aufrechterhalten.
Sobald die Voraussetzungen erfüllt sind, wird der Antrag des GSch **öffentlich bekanntgemacht** (Einwendungen dagegen sind nicht zulässig, da es sich nur um eine vorbereitende Verfügung handelt, Gruchot 42, 1129 = JW 1898, 359) und mit den eingereichten Zustimmungserklärungen auf der Geschäftsstelle zur Einsicht der Konkursgläubiger niedergelegt (§ 203). Den Konkursgläubigern wird dadurch Gelegenheit gegeben, etwaige Einwendungen gegen die Einstellung des Verfahrens vorzubringen. Vgl. Rn 475.

Die Bekanntmachung erfolgt gemäß § 76, in der Regel wohl in der Weise, wie die der Konkurseröffnung. Unbedingt nötig ist jedoch nur die Einrükkung in das Amtsblatt des Konkursgerichts. Die Bekanntmachung durch den Bundesanzeiger ist nicht vorgeschrieben. Die Veröffentlichung muß die Angabe enthalten, daß der GSch die Einstellung des Konkursverfahrens beantragt hat. Damit wird zweckmäßig verbunden, daß jeder Konkursgläubiger binnen einer Woche gegen den Antrag Widerspruch erheben kann. Außerdem sollte erwähnt werden, daß die Zustimmungserklärungen von Konkursgläubigern beigebracht sind und auf der Geschäftsstelle von den Beteiligten eingesehen werden können. **Muster** s. *Schrader-Bauer,* Rn 683.

475 Gegen den Antrag des GSch können binnen einer Woche nach dem Zeitpunkt in dem die öffentliche Bekanntmachung als bewirkt gilt (§ 76 Abs. 1 S. 2 KO; zur Fristberechnung: §§ 187, 188 BGB, § 222 ZPO) die Konkursgläubiger (nicht auch der Verwalter oder der Gläubigerausschuß als solcher, sowie Massegläubiger) Widerspruch erheben.

Widerspruchsberechtigt ist jeder Gläubiger, der sich als Konkursgläubiger dem Gericht glaubhaft ausweist. Der Widerspruch kann nicht nur auf unvollständige oder mangelhafte Befriedigung (RG JW 1907, 509; OLG Dresden LZ 1925, 53) oder auf den Mangel der Zustimmung des Widersprechenden sowie auf Mängel des Zustimmungswillens (Irrtum, Täuschung, Drohung), sondern auch darauf gestützt werden, daß die vom GSch beigebrachte Zustimmungserklärung unecht oder unverbindlich sei. Ebenso kann der Widersprechende geltend machen, daß die Zustimmungserklärung eines anderen Konkursgläubigers fehle (*J-W,* § 202 ff. Anm. 8; *M-K,* § 203 Anm. 2; *B-St,* § 203 Anm. 1), denn die Einstellungserfordernisse sind von amtswegen zu prüfen. Daher sind auch Hinweise von Nichtwiderspruchsberechtigten (oder verspätet erhobene Einwendungen) bei der Entscheidung zu berücksichtigen.

Nach dem Ablauf der Anmeldefrist ist jedoch das Widerspruchsrecht dadurch bedingt, daß der Widersprechende eine Forderung angemeldet hat oder doch die Anmeldung bis zum Ablauf der Widerspruchsfrist (§ 203 Abs. 1 S. 3), nicht wie in der Vorauflage vertreten bis zur Entscheidung über den Einstellungsbeschluß, nachholt. Der Widerspruch kann schriftlich oder zu Protokoll des Urkundsbeamten der Geschäftsstelle erklärt werden. **Muster** s. *Schrader-Bauer,* Rn 685.

Die Zurücknahme des Widerspruchs ist jederzeit zulässig.

476 Nach Ablauf der Widerspruchsfrist entscheidet das Gericht über die Einstellung des Verfahrens. Vorher hat es den GSch, den Verwalter und, wenn ein zulässiger Widerspruch erhoben ist, auch den widersprechenden Gläubiger schriftlich oder in einem Termin zu hören (§ 203 Abs. 2). Die Anhörung des Gläubigerausschusses ist nicht erforderlich. Dem GSch kann vor der Entscheidung Gelegenheit gegeben werden, fehlende Zustimmungserklärungen nachzubringen, oder, soweit zulässig, durch Sicherheitsleistung zu ersetzen. Sofern noch Ermittlungen erforderlich erscheinen, muß das Gericht sie von amtswegen anstellen. Für die Entscheidung des Gerichts kommt nur in Betracht, ob die Voraussetzungen des § 202 z. Zt. der Entscheidung erfüllt sind oder nicht. Liegen die Voraussetzungen des Abs. 1 des § 202 vor, so muß das Gericht die Einstellung des Verfahrens beschließen; es erscheint z. B. nicht zulässig, die Entscheidung lediglich aus dem Grunde zu versagen, weil sie dem Interesse der Konkursgläubiger widerspreche (*J-W*, § 202 f. Anm. 9). Liegen dagegen die Voraussetzungen des § 202 nicht vor, so ist die Einstellung des Verfahrens unzulässig, auch wenn dagegen Widerspruch von niemandem erhoben sein sollte. Ein Widerspruch ist weder für die Einstellung des Verfahrens, noch für die Ablehnung des Einstellungsantrages von maßgebender Bedeutung. Er hat nur zur Folge, daß der Widersprechende Gelegenheit erhält, vor der Entscheidung die Gründe seines Widerspruchs dem Gericht darzulegen und daß diese Gründe von amtswegen geprüft werden.

Der Beschluß des Gerichts, wodurch die Einstellung des Verfahrens versagt wird, ist dem GSch und den zustimmenden Gläubigern zuzustellen, da sie beschwerdeberechtigt sind (*J-W*, § 202 ff. Anm. 10; *M-K*, § 203 Anm. 4; *B-St*, § 203 Anm. 1. **a. M.** Vorauflage: Nur GSch beschwerdeberechtigt).

Über die Zustellung des Beschlusses, durch den die Einstellung des Konkursverfahrens angeordnet wird, siehe unter Rn 480.

Durch den Einstellungsantrag und das Verfahren über ihn wird die Fortset- **477** zung des Konkursverfahrens nicht aufgehalten. Die Verwertung und Verteilung der Masse kann ungehindert ihren Fortgang nehmen. Die anberaumten Termine sind ungeachtet des Einstellungsantrages abzuhalten. Dadurch werden auch Mehrkosten in der Regel nicht verursacht; für die Höhe der Kosten ist nur der Ablauf der Anmeldefrist von Bedeutung (§ 50 Abs. 2 GKG).

Für die Einstellung des Verfahrens entstehen keine besonderen Gebühren. **478** Die allgemeinen Verfahrensgebühren nach § 50 GKG sind Massekosten nach § 58 Nr. 1 (*J-W*, § 205 ff. Anm. 3). Für die öffentliche Bekanntmachung und die Zustellungen ist ein Vorschuß nach § 114 GKG zu erheben. Ggfs. ist die Bewilligung des Armenrechts zu prüfen. Ist jedoch eine ausreichende Masse vorhanden, so wird das Gericht ausdrücklich von einer Vorschußanforderung Abstand nehmen, damit dies der Kostenbeamte nicht zu veranlassen hat (OLG München Rpfleger 1970, 218). Schließlich sind auch die Auslagen Massekosten nach § 58 Nr. 1, für die jedoch nach Aufhebung des Verfahrens der Schuldner nur mit der nicht verwerteten Masse haftet (*J-L*, § 57 Anm. 5).

Werden die Voraussetzungen des § 202 nach Anhörung der in § 203 Abs. 2 **479**

bezeichneten Personen trotz etwaiger Einwendungen für gegeben erachtet, so ist zunächst für die Befriedigung der Massegläubiger zu sorgen. Der Einstellungsbeschluß ist erst zu erlassen, wenn die unstreitigen und fälligen Masseverbindlichkeiten berichtigt, die übrigen bekannten Masseansprüche sichergestellt sind (§ 205 Abs. 2; vgl. OLG Dresden JW 1916, 1493; *J-W,* § 205 ff. Anm. 2; *M-K,* § 205). Die Berichtigung und Sicherstellung ist Sache des Verwalters, der erforderlichenfalls dazu vom Gericht anzuhalten ist. Obwohl § 205 Abs. 2 auf § 191 verweist, ist es hier nicht Aufgabe des Verwalters, die Vorrechtsgläubiger zu befriedigen oder sicherzustellen (*J-W,* § 205 ff. Anm. 2; *B-St,* § 205 Anm. 1).
Der Einstellungsbeschluß hat den Grund der Einstellung anzugeben. **Muster** s. *Schrader-Bauer,* Rn 689.
Er tritt in Wirksamkeit, sobald die öffentliche Bekanntmachung als bewirkt gilt (OLG Stettin OLG 19, 202; *J-W,* § 205 ff. Anm. 4; *M-K,* § 205; *B-St,* § 205 Anm. 1 mit weit. Hinw.; **a. M.** OLG Breslau OLG 21, 180), da die sofortige Beschwerde bzw. befristete Rechtspfleger-Erinnerung zwar zulässig ist, aber nach § 572 ZPO keine aufschiebende Wirkung hat.

480 Zur **Ausführung des Beschlusses** ist folgendes zu veranlassen:
Die öffentliche Bekanntmachung des Beschlusses (§ 205 Abs. 1). Diese dient zugleich als Zustellung an alle Beteiligten. Ab Wirksamkeit der Veröffentlichung läuft die Beschwerde- bzw. Erinnerungsfrist einheitlich für alle Beschwerdeberechtigten (= jeder zustimmungsbefugte Konkursgläubiger, der durch die Einstellung beschwert ist; *J-W,* § 202 ff. Anm. 10). Die Ausschreibung erfolgt entsprechend der Bekanntmachung der Konkurseröffnung. Eine Verpflichtung zur Bekanntmachung besteht nur für das Amtsblatt und den Bundesanzeiger (§§ 205 Abs. 2, 111 Abs. 2). **Muster** s. *Schrader-Bauer,* Rn 690.
Neben der Veröffentlichung brauchen besondere Zustellungen oder Mitteilungen an einzelne Beteiligte nicht stattfinden. Sachgemäß erscheint es jedoch, daß der Einstellungsbeschluß dem GSch, dem Verwalter sowie denjenigen Gläubigern, die etwa der Einstellung widersprochen haben, besonders zugestellt wird (*J-W,* § 202 ff. Anm. 10). Ferner sind die Maßnahmen veranlaßt, die bei Aufhebung des Konkursverfahrens zu treffen sind (siehe Rn 412); die Mitteilungen an die Registerbehörde und das Löschungsersuchen an das Grundbuchamt werden zweckmäßig bis zur Rechtskraft des Einstellungsbeschlusses zurückgestellt.
Weiter sind das Honorar und die erstattungsfähigen Auslagen für den Verwalter und die Mitglieder des Gläubigerausschusses festzusetzen und zu veröffentlichen. Von der Anhörung der Gläubigerversammlung nach § 91 Abs. 1, S. 2 kann nach überwiegender Auffassung Abstand genommen werden (*J-W,* § 202 ff. Anm. 9; *Schrader-Bauer,* Rn 687). Die Anberau-

mung eines Termins zur Abnahme der Schlußrechnung des Verwalters erscheint im vorliegenden Fall nicht erforderlich. Wenn die Konkursgläubiger der Einstellung des Verfahrens zugestimmt haben, sind sie bei der Rechnungsabnahme nicht mehr als beteiligt anzusehen. Die Rechnung wird nur dem GSch vorgelegt und dann ist weder ein Termin noch überhaupt die Vermittlung des Konkursgerichts erforderlich (*Schrader-Bauer,* Rn 691; **a. M.** *J-W,* § 202 ff. Anm. 9 und § 86 Anm. 1).
Der GSch erhält, sobald die Bekanntmachung des Einstellungsbeschlusses als bewirkt gilt, das Recht zurück, über die Konkursmasse frei zu verfügen (§ 206 Abs. 1). Diese Wirkung wird durch Einlegung einer Beschwerde gegen den Einstellungsbeschluß nicht aufgehoben. Das Beschwerdegericht kann jedoch gemäß § 572 ZPO einstweilige Anordnungen treffen (*J-W,* § 205 ff. Anm. 6). Das Gericht braucht nicht für die Aushändigung der Masse an den GSch Sorge tragen.
Nach Rechtskraft des Beschlusses sind die zurückgestellten Verfügungen noch zu erledigen und nach Mitteilung der Veröffentlichungskosten die Gerichtskosten zu berechnen.

2. Die Einstellung wegen Unzulänglichkeit der Masse

2.1 Allgemeines

Zweck des Konkurses ist es, aus dem Vermögen des GSch den Konkursgläu- **481**
bigern, also den persönlichen Gläubigern des GSch, eine Befriedigung zu gewähren. Sobald sich herausstellt, daß dieser Zweck nicht oder nicht mehr erreicht werden kann, bedeutet die Fortsetzung des Konkursverfahrens einerseits eine unnütze Aufwendung von Zeit, Mühe und Kosten und behindert andererseits ungerechtfertigterweise die Gläubiger bei etwa möglichen Zwangsvollstreckungen in das nicht zur Konkursmasse gehörige Vermögen des Schuldners.
Nun sind aus der Konkursmasse, die sich nach Befriedigung der Aussonderungs- und Absonderungsansprüche ergibt, vorweg zu berichtigen (§ 60):

1. Die Masseschulden nach § 59 Abs. 1 Nr. 1, 2;
2. die Massekosten im Sinne des § 58 Nr. 1, 2, von diesen zuerst die baren Auslagen;
3. die Masseschulden im Sinne des § 59 Abs. 1 Nr. 3, 4;
4. die Massekosten im Sinne des § 58 Nr. 3;

so daß die Konkursgläubiger nur dann etwas erhalten, wenn nach der Befriedigung aller Masseansprüche die Konkursmasse noch etwas enthält.

Mit Rücksicht hierauf ist in § 204 dem Konkursgericht die Befugnis erteilt, das Konkursverfahren einzustellen, sobald sich ergibt, daß eine die Kosten des Verfahrens entsprechende Masse nicht oder nicht mehr vorhanden ist, mit anderen Worten: wenn nach Berichtigung der Masseschulden und Massekosten von der Konkursmasse nichts übrig bleibt.

Wenn auch nur ein geringer Betrag zur Verteilung kommen kann, ist das Verfahren durch Schlußverteilung abzuschließen, da dann der Weg für eine Nachtragsverteilung offen bleibt.

Ob ein Fall der Unzulänglichkeit vorliegt, hat das Gericht zu ermessen. In vielen Fällen ist es zweifelhaft, ob eine den Kosten entsprechende Masse vorhanden ist oder nicht; in anderen Fällen ist wohl Masse da, zu ihrer Verwertung aber ein solcher Kostenaufwand erforderlich, daß der Verwalter mit den vorhandenen Mitteln die Verwertung nicht durchführen kann. Es kommt ferner vor, daß Massegegenstände nur zur Zeit keinen Wert haben, später aber einen Wert erlangen können. In allen solchen Fällen wird sorgfältig zu erwägen sein, ob wirklich die Einstellung des Verfahrens geboten ist. Bedenklich wäre sie namentlich dann, wenn aussichtsvolle Anfechtungsansprüche bestehen, die nur im Konkurs verfolgt werden können. Nicht selten wird sie sich dadurch vermeiden lassen, daß einzelne Hauptgläubiger dem Verwalter einen zur Deckung der Kosten hinreichenden Vorschuß zahlen. Nach dem Gesetz (§ 107) erstreckt sich dieser Vorschuß nur auf die Massekosten des § 58 Nr. 1 und 2. Hier ergeben sich jedoch Schwierigkeiten, wenn durch die Fortführung des Verfahrens vermehrte Masseschulden entstehen, insbesondere aus einer Prozeß- oder Geschäftsfortführung. Der Verwalter kann sich dann ggfs. schadenersatzpflichtig machen (§ 82). Bei einer derartigen Lage wird das Gericht nur dann von der Einstellung Abstand nehmen können, wenn auch die entsprechenden Masseschulden durch den Vorschuß gedeckt werden können (*Unger* KTS 1961, 97 ff., insbesondere 99; *J-W,* § 204 Anm. 1). Wird der entsprechende Vorschuß bezahlt, so ist das Verfahren nicht einzustellen (§ 204 Abs. 1 S. 2). Auch wenn kein Vorschuß geleistet wird, hat das Gericht von der Einstellung Abstand zu nehmen, falls hinreichende Aussicht auf eine Deckung der Masseverbindlichkeiten besteht; die Entscheidung liegt im Ermessen des Gerichts.

Dagegen ist trotz Anerbietens zur Vorschußleistung das Verfahren einzustellen, wenn keine Aussicht besteht, Masse zu beschaffen (*Unger* KTS 1961, 100; *J-W,* a.a.O.).

Der Vorschuß ist Treuhandgeld, das nur zu dem Zweck verwendet werden darf, zu dem es zur Verfügung gestellt wurde. Da er also nicht Konkursmasse wird, kann auf ihn auch § 60 nicht angewandt werden (*Skrotzki* KTS 1959, 24). Der Vorschußleistende rückt dann von rechtswegen in die Rangstelle, die der durch den Vorschuß gedeckte Massegläubiger hat (*J-W,* § 107

Anm. 4; *M-K*, § 107 Anm. 4; *B-St*, § 107 Anm. 2; siehe auch *Skrotzki* KTS 1959, 24; *Unger* KTS 1961, 102).

§ 204 greift nicht ein, wenn zwar die Masseverbindlichkeiten gedeckt werden können, nicht mehr aber alle bevorrechtigten Konkursgläubiger bzw. nur noch diese. Auch die Vorrechtsgläubiger haben ein Recht auf Durchführung des Konkursverfahrens. Nur wenn die Masse nach teilweiser oder völliger Befriedigung dieser Gläubiger erschöpft ist, kann die Einstellung nach § 204 erfolgen (*J-W*, § 204 Anm. 7).

Es sollte soweit wie möglich vermieden werden, daß durch Auszahlungen nach § 170 die Masse erschöpft wird. Die Restbeträge sind auf Grund der Schlußverteilung auszuschütten, damit der Weg für eine etwaige Nachtragsverteilung offen bleibt, die bei der Einstellung mangels Schlußverzeichnis nicht möglich ist (OLG Celle NdsRpfl 1965, 200).

Im Konkursverfahren einer Genossenschaft darf das Verfahren nur eingestellt werden, wenn auch auf Grund der Nachschußpflicht keine weitere Masse mehr zu erlangen ist (§ 100 Abs. 3 GenG; vgl. *J-W*, § 204 Anm. 1a; *M-K*, § 204 Anm. 3; *B-St*, § 204 Anm. 1). Entsprechendes gilt für den Versicherungsverein auf Gegenseitigkeit, § 52 VAG.

2.2 Das Verfahren

Den Anlaß zu der Einstellung des Verfahrens wegen Unzulänglichkeit der Masse wird in der Regel eine Anzeige des Verwalters ergeben (aber auch jeder andere Beteiligte ist dazu berechtigt), da die Einstellung nicht auf Antrag, sondern von amtswegen erfolgt. Eine zeitliche Beschränkung ist hier nicht gegeben. Sie kann bereits vor dem Wahl- oder Prüfungstermin erfolgen, aber auch erst nach längerer Dauer. **482**

Das Gericht kann aber auch von amtswegen Ermittlungen anstellen. Vor einer Terminsanberaumung wird zweckmäßigerweise die Schlußrechnung des Verwalters angefordert und geprüft (vgl. Rn 391 ff.). Auch sie dient als Grundlage zur Entscheidung über die Einstellung. Soweit der GSch die eidesstattliche Versicherung nach § 125 noch nicht abgegeben hat, ist vorher ein entsprechender Antrag zu empfehlen (*Gutzschebauch* BB 50, 329; *J-W*, § 204 Anm. 4; *B-St*, § 204 Anm. 1).

Sind objektiv die Einstellungsvoraussetzungen gegeben, so bestimmt das Gericht einen Termin zur Anhörung der Gläubigerversammlung. Es ist vorteilhaft, hiermit den Schlußtermin, den Termin zur Anhörung der Gläubigerversammlung über die Vergütungen und Auslagen der Gläubigerausschußmitglieder und, soweit der allgemeine Prüfungstermin bereits stattgefunden hat und ungeprüfte Forderungen vorhanden sind, einen besonderen Prüfungstermin zu verbinden.

Der Termin ist im Amtsblatt zu veröffentlichen. Einzuhalten ist nur die Ladungsfrist (§ 217 ZPO). Soweit die Schlußrechnung noch nicht vorliegt, ist darauf zu achten, daß diese drei Tage vor dem Termin mit den Bemerkungen des Gläubigerausschusses niedergelegt wird. Eine besondere Zustellung neben der Veröffentlichung ist nicht erforderlich, erscheint jedoch an den GSch, den Verwalter und die Mitglieder des Gläubigerausschusses als zweckmäßig. **Muster** einer Terminsbestimmung s. *Schrader-Bauer,* Rn 695. Im **Termin** hat das Gericht vor der Beschlußfassung über die Einstellung die Gläubigerversammlung zu hören (§ 204 Abs. 2), damit die Gläubiger Gelegenheit erhalten, durch Anzeige vorhandener Masse oder durch Vorschußleistung die Einstellung des Verfahrens abzuwenden. Erfolgt ein Erbieten auf Vorschußleistung und wird dieser nicht sofort bezahlt, so ist es zweckmäßig, den Termin kurzfristig zu vertagen – einer Veröffentlichung bedarf es dann nicht mehr § 93 Abs. 2 S. 2 – und dem zahlungswilligen Gläubiger aufzugeben, dem Verwalter den entsprechenden Betrag bis zum neuen Termin bei Vermeidung der Einstellung zu überweisen. Es kann dahingestellt bleiben, ob ein Erbieten auf Vorschußleistung eingeklagt werden kann (siehe hierzu *Levy* KuT 1934, 63), meist wird jedoch der Masse der entsprechende Betrag zur Rechtsverfolgung fehlen. Diesen Schwierigkeiten kann aber mit einer Vertagung aus dem Wege gegangen werden.

Neben den Gläubigern wird das Gericht den Verwalter, u. U. auch den Gläubigerausschuß und den GSch hören; eine gesetzliche Verpflichtung hierzu besteht jedoch nicht.

Hält das Gericht die Voraussetzungen für die Einstellung nicht für gegeben, so nimmt das Verfahren seinen Fortgang. Hat jedoch ein Beteiligter (Gläubiger oder GSch) einen förmlichen Antrag gestellt, so muß eine Beschlußfassung erfolgen. Die Entscheidung, die dem Antragsteller zuzustellen ist, kann mit der sofortigen Beschwerde bzw. befristeten Rechtspfleger-Erinnerung angefochten werden (LG Berlin III LZ 1909, 241; *J-W* § 204 Anm. 5 mit weit. Hinw).

Sind die Einstellungsvoraussetzungen gegeben, so kann die Entscheidung erst getroffen werden, wenn die Masseverbindlichkeiten befriedigt bzw. sichergestellt sind (§§ 205 Abs. 2, 191). Bezüglich der weiteren Tagesordnungspunkte wird auf Rn 126 und Rn 396 verwiesen. Auch nach Einstellung kann der Schlußtermin noch abgehalten werden.

Muster für Terminprotokoll und Einstellungsbeschluß s. *Schrader-Bauer,* Rn 696.

Die Schlußverfügung gleicht der des Schlußtermins, siehe Rn 412. Eine Eintragung in die sog. schwarze Liste, wie nach § 107 Abs. 2, wird durch die Veröffentlichung entbehrlich.

Wirksam wird der Einstellungsbeschluß, wie der nach § 202, mit Wirksam-

keit der öffentlichen Bekanntmachung (§ 76 Abs. 1 S. 2, vgl. Rn 479). Von diesem Zeitpunkt an läuft auch einheitlich die Frist für die sofortige Beschwerde bzw. befristete Rechtspfleger-Erinnerung (§ 73 KO, § 11 RpflG). Im Gegensatz zur Einstellung gemäß § 202 steht hier das Beschwerderecht auch dem Verwalter und GSch zu (*J-W*, § 204 Anm. 5).
Die Veröffentlichung hat im Amtsblatt und im Bundesanzeiger zu erfolgen. **Muster** hierzu s. *Schrader-Bauer*, Rn 699.

In besonderen Ausnahmefällen, so wenn täglich erhebliche, nicht zu deckende Masseverbindlichkeiten entstehen und eine Schadensersatzpflicht des Verwalters und Gerichts entsteht, nicht aber, wenn voraussichtlich im Termin niemand erscheint bzw. keine Vorschußleistung zu erwarten ist, kann von der Anhörung der Gläubigerversammlung abgesehen werden (*J-W* § 204 Anm. 4; **a. M.** bezüglich fehlender Terminsteilnahme, *Schrader-Bauer*, Rn 697 mit weit. Hinw.). Von der Abnahme der Schlußrechnung, die hier noch von erheblicher Bedeutung für die Beteiligten ist, kann auch dann nicht abgesehen werden, wenn der GSch verzichtet hat und Verwalter und Gläubigerausschuß einverstanden sind (*J-W* § 204 Anm. 4; **a. M.** *Werner*, Konkursrichter 1939, 123; *Schrader-Bauer*, Rn 697). **484**

Die Massegläubiger haben an und für sich Anspruch auf volle Befriedigung aus der Konkursmasse. Ein jeder von ihnen kann wegen seiner Forderung Arreste und Zwangsvollstreckungen in die Masse nach Maßgabe der Vorschriften der ZPO erwirken. Sobald sich jedoch herausstellt, daß die Konkursmasse zur vollständigen Befriedigung aller Massegläubiger nicht ausreicht, können diese nur noch **verhältnismäßige** Befriedigung in bestimmter Rangordnung fordern (§ 60). **485**
Das Gericht ist nicht befugt, die Einschränkung des Rechts der Massegläubiger durch einen förmlichen Beschluß festzustellen. Zur Vermeidung einer Haftung ist der Verwalter verpflichtet, die Tatsache der Unzulänglichkeit den Massegläubigern unverzüglich mitzuteilen, oder öffentlich bekanntzugeben (*Unger* KTS 1961, 99 und 100; *J-L*, § 60 Anm. 5, 6, 7; *M-K*, § 60 Anm. 2 und 3; *B-St*, § 60 Anm. 2). Gegen dann unzulässige Zwangsvollstreckungen kann der Verwalter im Wege der Vollstreckungsgegenklage gemäß § 767 ZPO, nicht im Wege der Erinnerungen gemäß § 766 ZPO, vorgehen (RGZ 135, 205; OLG Posen OLG 10, 204; OLG Königsberg JW 1927, 2644; *J-L*, § 60 Anm. 5; *M-K*, § 60 Anm. 1; *B-St*, § 60 Anm. 2; **a. M.** Vorauflage).
Wird eine verhältnismäßige Befriedigung der Massegläubiger erforderlich, so erfolgt sie durch den Verwalter unter dessen Verantwortung ohne ein förmliches Verteilungsverfahren (RG JW 1890, 151). Streitigkeiten sind im Prozeßwege auszutragen. Der Verwalter kann hier in entsprechender Anwendung von § 169 für die Beteiligten hinterlegen (*J-L*, § 60 Anm. 7a; *M-K*,

§ 60 Anm. 4; *B-St,* § 60 Anm. 4; *Müller* KTS 1964, 14 ff., mit eingehender Stellungnahme zur Rangordnung und Hinterlegung).
Der GSch haftet für die nicht beglichenen Masseverbindlichkeiten nach Beendigung des Konkursverfahrens mit seinem gesamten Vermögen, wenn die Schuld bereits **vor Konkurseröffnung** in seiner Person entstanden war. Wurde sie aber erst durch den Verwalter begründet, so haftet der Schuldner nur mit der ihm übergebenen Restmasse (*Müller* KTS 1964, 19 ff.; *J-L,* § 57 Anm. 5; *M-K,* § 57 Anm. 11; *B-St,* § 57 Anm. 2; **a. M.** Vorauflage bezüglich Kosten des Verfahrens, siehe auch *Hallgarten* KuT 1932, 126). Massekostenvorschüsse sind Treuhandgelder und dürfen nur zur Deckung von Massekosten verwendet werden (OLG Stettin KuT 1935, 41).

3. Die Wiederaufnahme des Verfahrens

3.1 Allgemeines

486 Wenn das Konkursverfahren nicht bis zur Schlußverteilung durchgeführt, sondern auf Grund der § 202 oder 204 eingestellt oder infolge Zwangsvergleichs aufgehoben ist, so kann sich ein Anlaß ergeben, über die dem GSch zur freien Verfügung zurückgegebene Konkursmasse von neuem den Konkurs zu verhängen. In solchen Fällen ist jedoch in der Regel nur ein völlig neues Konkursverfahren, für welches die Voraussetzungen der Konkurseröffnung neu vorliegen müssen und welches zu dem vorangegangenen Verfahren in keinerlei Beziehung steht, zulässig.
Die **Wiederaufnahme** findet nur in **einem** Falle, nämlich dann statt, wenn das frühere Verfahren infolge rechtskräftig bestätigten Zwangsvergleichs aufgehoben, der GSch aber wegen vollendeten betrügerischen Bankrotts rechtskräftig verurteilt worden ist (§§ 197, 198). Die Vorschrift des § 197 kommt zur Anwendung, gleichgültig ob die Bestätigung in Unkenntnis der Tatsache erfolgte oder die Verurteilung nach rechtskräftiger Bestätigung stattfand (*J-W,* § 197 Anm. 1; *M-K,* § 197 Anm. 1; *B-St,* § 197 Anm. 1). Erfolgt im Wiederaufnahmeverfahren ein Freispruch, so wird die Folge des § 197 wieder aufgehoben. Keine diesbezüglichen Wirkungen hat die Begnadigung (*J-W,* § 198 Anm. 1 und § 197 Anm. 1; *M-K,* § 197 Anm. 2; *B-St,* § 197 Anm. 1).
Die rechtskräftige Verurteilung des GSch wegen betrügerischen Bankrotts hebt, sofern der Bankrott in Beziehung auf den durch den Zwangsvergleich beendeten Konkurs begangen ist, für alle Gläubiger den durch den Zwangsvergleich begründeten Erlaß auf (§ 197 Abs. 1). Nach solcher Verurteilung des GSch können die am Zwangsvergleich beteiligten Gläubiger wieder ihre

vollen Forderungen, soweit diese noch wirksam sind und zwar unbeschadet der ihnen durch den Zwangsvergleich gewährten Rechte, geltend machen. Sie können wegen ihrer Forderungen das gesamte der Zwangsvollstreckung unterliegende Vermögen des GSch angreifen und insbesondere die Wiederaufnahme des aufgehobenen Verfahrens beantragen (§ 198 Abs. 1). Das Weiterbestehen des Konkursgrundes wird dazu nicht vorausgesetzt.
Sind mehrere Personen Träger der GSch-Rolle, wie bei einer Personengesellschaft oder dem Nachlaß, so genügt die Verurteilung eines persönlich haftenden Gesellschafters bzw. eines Erben, beim Konkurs einer juristischen Person die Verurteilung eines Mitgliedes des vertretungsberechtigten Organs (*J-W,* § 197 Anm. 1 und § 175 Anm. 3 und 4; *M-K,* § 197 Anm. 2; *B-St,* § 197 Anm. 1. Die in der Vorauflage vertretene gegenteilige Ansicht bezüglich der juristischen Person wird aufgegeben).
Die Fortsetzung des alten Konkurses im Wiederaufnahmeverfahren und ein Neu-Konkurs schließen sich gegenseitig aus. Sind Wiederaufnahme und Neu-Konkurs beantragt, so geht der zuerst gestellte Antrag vor. Ist bereits ein neuer Konkurs abhängig, so ist eine Aufnahme nicht mehr statthaft. Nach Beendigung des Neu-Konkurses ist jedoch die Wiederaufnahme des Erst-Konkurses wieder zulässig (*J-W,* § 198 Anm. 6; *B-St,* § 198 Anm. 3. Die in der Vorauflage vertretene Ansicht, daß ein Neukonkurs in einem nachträglich wiederaufgenommenen Konkurs aufgehe bzw. übergeleitet werde, wird aufgegeben).

3.2 Sicherungsmaßregeln vor rechtskräftiger Verurteilung des GSch

Schon vor der rechtskräftigen Verurteilung des GSch können die Konkurs- **487**
gläubiger bei dem Konkursgericht Sicherungsmaßregeln beantragen (§ 197 Abs. 2).
Antragsberechtigt ist jeder Gläubiger, der einen Wiederaufnahmeantrag nach § 198 stellen kann (*J-W,* § 197 Anm. 5). Die herrschende gegenteilige Lehre, daß nur die am Zwangsvergleich beteiligten Gläubiger den Antrag stellen können (*M-K,* § 197 Anm. 4; *B-St,* § 197 Anm. 3 und Vorauflage) kann nicht richtig sein, da man einem Gläubiger, der die Wiederaufnahme beantragen kann, auch das nach dem Gesetz mögliche Recht einer vorherigen Sicherung zugestehen muß, will er nicht Gefahr laufen, daß sein Antrag ins Leere geht. Der Antrag ist zulässig, sobald gegen den Schuldner wegen betrügerischen Bankrotts ein staatsanwaltschaftliches Ermittlungsverfahren eingeleitet ist und solange das eröffnete Verfahren schwebt.
Als Sicherungsmaßregeln kommen alle diejenigen in Betracht, die in dem Vorverfahren vor Eröffnung des Konkurses nach § 106 getroffen werden können (vgl. Rn 106 ff.). Das Gericht ist bezüglich der Art der Sicherungs-

maßregeln an die gestellten Anträge nicht gebunden, entscheidet vielmehr nach freiem Ermessen (*M-K,* § 197 Anm. 4). Erachtet das Gericht die Anordnung von Sicherungsmaßregeln nicht für erforderlich, so hat es den Antrag zurückzuweisen.
Gegen den Beschluß, der dem Antrag stattgibt, steht dem GSch, gegen den zurückweisenden Beschluß dem Antragsteller das Recht der sofortigen Beschwerde bzw. befristeten Rechtspfleger-Erinnerung zu, je nachdem, ob der Richter sich das Verfahren vorbehalten hat oder nicht. Da es sich nur um eine Fortsetzung des bisherigen Konkursverfahrens handelt, muß es bei der bisherigen funktionellen Zuständigkeit verbleiben (ebenso: *Arnold/Meyer – Stolte,* Anm. 18. 4).
Gerichtsgebühr: § 56 Abs. 2 GKG.
Wenn das Gericht Sicherungsmaßregeln verfügt, so muß es das gegen den GSch schwebende Strafverfahren im Auge behalten. Sobald dieses Verfahren eingestellt oder der GSch rechtskräftig freigesprochen ist, hat das Gericht von amtswegen die angeordneten Maßregeln aufzuheben. Dasselbe wird geschehen müssen, wenn nach rechtskräftiger Verurteilung des GSch der Gläubiger, auf dessen Antrag die Maßregeln getroffen sind, binnen einer ihm zu setzenden Frist den Antrag auf Wiederaufnahme des Konkursverfahrens nicht stellt oder wenn ein solcher Antrag zwar gestellt, aber abgewiesen ist.

3.3 Das Verfahren auf Wiederaufnahme

488 Zu dem Antrag auf Wiederaufnahme des Konkursverfahrens ist jeder Gläubiger berechtigt, der an dem aufgehobenen Verfahren teilgenommen hat oder doch hätte teilnehmen können. Dies gilt insbesondere auch für bevorrechtigte, nicht nach § 191 Abs. 2 gedeckte Gläubiger (*J-W,* § 198 Anm. 3; *M-K,* § 198 Anm. 3; *B-St,* § 198 Anm. 1). Kein Antragsrecht haben neue Gläubiger, sie können nur, wenn der Konkursgrund gegeben ist, einen neuen Konkurs beantragen.
Der Antragsteller hat seine Forderung glaubhaft zu machen. Der Feststellung der Zahlungsunfähigkeit bzw. Überschuldung des GSch bedarf es nicht, wie schon bemerkt wurde. Dagegen ist vom Antragsteller glaubhaft zu machen, daß die Verurteilung des GSch wegen betrügerischen Bankrotts rechtskräftig erfolgt ist. Wenn die Voraussetzungen gegeben sind, muß der Schuldner entsprechend § 105 Abs. 2 gehört werden (*J-W,* § 198 Anm. 5; *M-K,* § 198 Anm. 6; *B-St,* § 198 Anm. 1). Dies ist unter anderem erforderlich, um dem Schuldner Gelegenheit zu geben, sich zur Gläubigereigenschaft des Antragstellers zu äußern, sowie zur Abgabe einer neuen Vermögensübersicht und zur Erklärung, ob in der Zwischenzeit nicht ein neuer Konkurs eröffnet wurde.

Ist nicht genügend Masse vorhanden, so findet die Wiederaufnahme nur statt, wenn ein Geldbetrag vorgeschossen wird, der zur Deckung der in § 58 Nr. 1 u. 2 bezeichneten Massekosten ausreicht (§ 198 Abs. 1). Daß auch der Vorschuß die Masseschulden decken muß, wie in der Vorauflage vertreten, ist nicht zu begründen. Als Masse kommt jedoch nicht nur das bei Eröffnung des Konkurses vorhanden gewesene, sondern alles Vermögen in Betracht, was dem GSch **zur Zeit der Wiederaufnahme** des Verfahrens gehört (§§ 198 Abs. 2, 108). Auch die einem Treuhänder zur Erfüllung des Zwangsvergleichs überlassene Befriedigungsmasse gehört dazu (RGZ 145, 253; *J-W,* § 198 Anm. 9; *M-K,* § 198 Anm. 3; *B-St,* § 198 Anm. 2).

Gegen den abweisenden Beschluß, der nach § 107 Abs. 2 in die sog. „schwarze Liste" einzutragen ist, steht dem Antragsteller das Recht der sofortigen Beschwerde bzw. der befristeten Rechtspfleger-Erinnerung zu.

Die Wiederaufnahme des Verfahrens erfolgt durch Beschluß des Konkursgerichts. **Muster** s. *Schrader-Bauer,* Rn 673.

Er ist mit der sofortigen Beschwerde bzw. befristeten Rechtspfleger-Erinne- **489**
rung durch den GSch anfechtbar (*J-W,* § 198 Anm. 5). Örtlich zuständig ist das Gericht, bei dem der durch den Zwangsvergleich beendete Konkurs anhängig war. Funktionell, auch einschließlich der Entscheidung über die Wiederaufnahme, ist der Rechtspfleger, wenn sich der Richter das bisherige Verfahren nicht ausdrücklich vorbehalten hatte (s. oben Rn 487).

In dem Beschluß ist das Vorhandensein der gesetzlichen Voraussetzungen der Wiederaufnahme festzustellen. Die §§ 108, 111, 112, 113 finden auf den Beschluß und dessen Bekanntmachung entsprechende Anwendung.

Die Wiederaufnahme stellt eine Erneuerung dar, die keine rückwirkende Kraft hat. Sie verläuft entsprechend einer Konkurseröffnung. Die zwischenzeitlichen Verfügungen des Schuldners bleiben wirksam, können jedoch im Rahmen des § 199 angefochten werden. Vom Schuldner zwischenzeitlich begonnene oder wiederaufgenommene Prozesse werden gemäß § 240 ZPO unterbrochen.

Das Verfahren ist nur, soweit nötig, zu wiederholen.

Der Konkursverwalter und der Gläubigerausschuß sind neu zu bestellen, da ihr Amt durch die Konkursbeendigung erloschen ist (*J-W,* § 198 Anm. 8 und § 201 Anm. 2; *B-St,* § 198 Anm. 2 und § 201 Anm. 1; *Schrader-Bauer,* Rn 672, **a.M.** *M-K,* § 201 Anm. 1 und Vorauflage, die nur dann eine Neubestellung für erforderlich halten, wenn die bisherigen Personen nicht mehr zur Verfügung stehen). Grundsätzlich werden die früher bestellten Personen wieder ernannt. Hier ist dann ein Wahltermin entbehrlich. Werden dagegen andere Personen bestellt, so muß ein Wahltermin stattfinden (§§ 80, 87; *J-W,* § 198 Anm. 8; *Schrader-Bauer,* a.a.O.). Hinzu kommen der offene Arrest (§§ 110, 118) und die Bestimmung einer neuen Anmeldefrist und eines Prüfungstermins (§ 110), bei denen die Fristen des § 138 einzuhalten sind. Letzteres ist vor allem für die neuen Konkursforderungen unerläßlich. Soweit eine Beschlußfassung nach § 132 erforderlich ist, sind die Tagesordnungspunkte des Prüfungstermins entsprechend zu ergänzen. Hat die frühere Gläubigerversammlung eine Hinterlegungsstelle bestimmt, so bleibt die Entscheidung wirksam (*J-W,* § 201 Anm. 2). Andere, alte Versammlungsbeschlüsse (z. B. nach § 134) sind nicht mehr maßgebend (*J-W,* § 198 Anm. 9).

Der Verwalter hat die Massegegenstände erneut aufzuzeichnen sowie Inventar und Bilanz einzureichen (§§ 123, 124). Mithin ist auch die Abnahme der eidesstattlichen Versicherung erneut zulässig.

Wegen der Gerichtskosten für das wiederaufgenommene Verfahren siehe § 56 GKG.

490 Zur **Teilnahme** an dem wiederaufgenommenen Verfahren sind nicht nur die Gläubiger des früheren Konkurses (die alten Konkursgläubiger), sondern – mit Rücksicht darauf, daß das wiederaufgenommene Verfahren auch das **nach** der früheren Konkurseröffnung vom GSch erworbene Vermögen ergreift – auch die neuen Konkursgläubiger, d. h. diejenigen befugt, die in der Zeit von der Eröffnung bis zur Wiederaufnahme des Verfahrens eine persönliche Forderung an den GSch erworben haben (§ 200 Abs. 2). Die nach Konkurseröffnung entstandenen Zinsen und Kosten (bisher § 63 Ziff. 1, 2!) von alten Konkursgläubigern können als neue Forderungen angemeldet werden. Die alten Gläubiger nehmen teil mit dem noch nicht getilgten Betrage ihrer ursprünglichen Forderung (§ 200 Abs. 1). Die Neu-Gläubiger sind nicht nur zur Teilnahme am Verfahren berechtigt (§ 200 Abs. 2 S. 1), sondern sind Konkursgläubiger mit allen damit verbundenen Rechten und Beschränkungen (*J-W,* § 200 Anm. 3; *M-K,* § 200 Anm. 3; *B-St,* § 200 Anm. 1b).

Die neuen und alten Gläubiger stehen einander grundsätzlich gleich. Die Befriedigung erfolgt einheitlich aus der neuen Konkursmasse. Nur soweit zugunsten der Vergleichsgläubiger im Rahmen des Zwangsvergleichs Sicherheiten bestellt wurden, stehen diese nicht den Neu-Gläubigern zu (§ 200 Abs. 2, S. 2). Insoweit haben die Alt-Gläubiger ein Absonderungsrecht.

Die Vorrechts- und Massegläubiger werden in § 200 Abs. 1 zwar nicht erwähnt, weil sie grundsätzlich befriedigt oder sichergestellt wurden (§ 191). Dies schließt jedoch ihre volle Berücksichtigung im wiederaufgenommenen Verfahren nicht aus. Das Vorrecht wird durch den zwischenzeitlichen Fristablauf weder getilgt, noch brauchen die Masseansprüche im Neukonkurs den Erfordernissen der §§ 58, 59 genügen. Die alten und neuen Vorrechts- oder Masseansprüche werden gleichrangig behandelt. Nur soweit Sicherheiten bestellt wurden (§ 191) besteht ein Absonderungsrecht.

Die **Anmeldung der Konkursforderungen** ist in dem wiederaufgenommenen Verfahren nur insoweit erforderlich, als sie nicht schon früher stattgefunden hat. Der Anlegung einer neuen Tabelle bedarf es daher nicht, vielmehr kann die alte Tabelle dem wiederaufgenommenen Verfahren zugrundegelegt werden, so daß sie dann nur nach Maßgabe der neuen Anmeldungen fortgeführt wird (*J-W,* § 201 Anm. 4). Die Prüfung muß sich auf sämtliche in der Tabelle eingetragenen Forderungen erstrecken. Es ist dies kein besonderer Prüfungstermin im Sinne des § 142. **491**

Das Ergebnis einer früher stattgefundenen Prüfung – mag dabei die betreffende Forderung bestritten oder festgestellt sein – ist jedoch auch für das wiederaufgenommene Verfahren maßgebend. Früher geprüfte Forderungen (auch wenn sie bereits bestritten waren) werden deshalb nur in der Richtung geprüft, ob und wieweit etwa inzwischen eine Tilgung eingetreten ist (§ 201 Abs. 2). Den Widerspruch kann der Verwalter, ein alter oder neuer Gläubiger und der GSch erheben.

Bezüglich des streitigen Betrages ist das Stimmrecht gemäß § 95 Abs. 1 festzustellen.

Den Gläubigern früher festgestellter Forderungen braucht, sofern der Forderung auf Grund einer behaupteten Tilgung widersprochen wird, ein beglaubigter Auszug aus der Tabelle gemäß § 146 Abs. 1 nicht erteilt zu werden, da die frühere Feststellung und deren Eintragung in die Tabelle wie ein rechtskräftiges Urteil gegenüber allen Konkursgläubigern wirkt (§ 145 Abs. 2) und demnach die Gläubiger die Feststellung ihrer wegen angeblicher Tilgung bestrittenen Forderung nicht zu betreiben brauchen (§ 146 Abs. 6). Soweit ein derartiger Widerspruch mit einer Vollstreckungsgegenklage nach § 767 ZPO (*J-W,* § 201 Anm. 6; *B-St,* § 201 Anm. 1; **a.M.** *M-K,* § 201 Anm. 2: Feststellungsklage) nicht rechtskräftig für begründet erklärt wurde, sind auch die früher festgestellten Forderungen trotz einer behaupteten (aber streitigen) Tilgung bei der Verteilung in dem wiederaufgenommenen Verfahren stets zu berücksichtigen (§ 152).

Für das **Verteilungsverfahren** gelten die allgemeinen Vorschriften (§§ 149 ff.). Die Vergleichsansprüche erstarken wieder in voller Höhe, ggfs. mit einem Absonderungsrecht. Wenn Verteilungen stattgefunden haben, so verbleibt es, unter Ansatz der Tilgungsbeträge, dabei. *J-W* (§ 201 Anm. 7) führen weiter aus, daß bei der Verteilung nicht berücksichtigte Gläubiger, alte wie neue, nach Maßgabe des § 155 die nachträgliche Ausgleichung beanspruchen können. Dies führt dazu, daß Neu-Gläubiger, deren Ansprüche vielleicht erst nach Beendigung des Erstkonkurses entstanden sind, nachträglich gemäß § 155 wegen einer Abschlagsverteilung im Hauptkonkurs vorweg zu befriedigen sind. **492**

Hier stellt sich die Frage, ob nicht auch die festgestellten Forderungen, soweit

Abschlagsverteilungen stattgefunden haben, nach § 201 Abs. 2 zu bestreiten sind und bei der Verteilung die tatsächlichen Restforderungen zum Zeitpunkt der Eröffnung des Nachkonkurses die Grundlage bilden. Die nicht berücksichtigten Altgläubiger werden dadurch benachteiligt, doch tragen diese dann daran meist selbst die Schuld. Hinzukommen natürlich die Widersprüche bezüglich der Teiltilgung. Jedoch ist aus dem Gesetz nicht ersichtlich, daß es sich bei § 201 Abs. 2 nur um nachkonkursliche Tilgungen handelt.

493 Die **Beendigung des** wiederaufgenommenen **Verfahrens** kann nur durch Einstellung auf Grund des § 202 oder des § 204 oder durch Schlußverteilung (§ 163) erfolgen. Ein Zwangsvergleich ist nach § 175 Nr. 3 unzulässig.

494 Im **Genossenschaftskonkurs** ist der Zwangsvergleich hinfällig, wenn der Verwalter dem Gericht anzeigt, daß der Vergleich nicht fristgemäß erfüllt ist. Bezieht sich die Anzeige auf Abschlags- oder Ratenzahlungen, so entscheidet das Gericht nach freiem Ermessen, ob der Zwangsvergleich hinfällig wird. Die Anzeige kann erst zwei Wochen nach Ablauf des im Vergleich bestimmten Zahlungstages erfolgen. Wird der Zwangsvergleich hinfällig, so wird das Konkursverfahren ohne Rücksicht auf den Zwangsvergleich fortgesetzt (§ 115e Abs. 2 Nr. 6 GenG).

Die Entscheidung, daß der Zwangsvergleich hinfällig wird, erfolgt durch Beschluß, der dem Verwalter und Schuldner zuzustellen und zu veröffentlichen ist. Eine Wiederaufnahme bedarf es wegen § 115e Abs. 2 Ziff. 7 GenG nicht (siehe auch *Schrader-Bauer,* Rn 675).

Teil XII: Die Rechte der Konkursgläubiger nach Beendigung des Konkurses

1. Die Rechte gegen den Gemeinschuldner

1.1 Allgemeines

Wenn das Konkursverfahren nach erfolgter Schlußverteilung aufgehoben oder mit Zustimmung der Gläubiger oder wegen unzureichender Masse eingestellt worden ist, so können die Konkursgläubiger, soweit sie nicht befriedigt sind, ihre Forderungen gegen den früheren GSch unbeschränkt geltend machen (§ 164 Abs. 1, 206 Abs. 2). Ist der Konkurs durch Zwangsvergleich beendigt, so ist für die Rechte der Konkursgläubiger – abgesehen von den Fällen der §§ 196, 197 – der Inhalt des Zwangsvergleichs maßgebend. Auch im Falle des Zwangsvergleichs sind indessen die Konkursgläubiger hinsichtlich der Verfolgung ihrer Ansprüche gegen den fr. GSch nur denjenigen Beschränkungen unterworfen, welche der Vergleich festsetzt; soweit der Vergleich nicht entgegensteht, haben sie alle die Rechte, die den Gläubigern in den Fällen der Einstellung des Verfahrens und seiner Aufhebung nach vollzogener Schlußverteilung zustehen. 495

Gläubiger, deren Forderungen im Konkurs **nicht festgestellt** sind, haben ihre Ansprüche im gewöhnlichen Prozeßwege gegen den fr. GSch zu verfolgen. Hatten sie vor Konkurseröffnung schon Klage erhoben, so geschieht dies durch Wiederaufnahme des durch den Konkurs unterbrochenen Verfahrens (§ 240 ZPO). Hatten sie vor der Konkurseröffnung bereits für ihre Forderung einen vollstreckbaren Titel erlangt, so können sie von diesem Titel alsbald nach Beendigung des Konkurses Gebrauch machen. Die Vollstreckungsklausel kann schon vorher erteilt werden, aber nur gegen den GSch, nicht gegen den Verwalter (KG OLG 37, 118). 496

Die gleichen Grundsätze gelten für Gläubiger, deren Forderungen zwar im Konkurse festgestellt, vom GSch aber im Prüfungstermin ausdrücklich bestritten sind.

Die Erhebung der Klage oder die Wiederaufnahme des etwa schon anhängigen Prozesses kann **gegen den GSch,** wenn er die Forderung bestritten hat, schon während der Dauer des Konkurses erfolgen, gleichgültig, ob gegen die Forderung von anderer Seite ein Widerspruch erhoben ist oder nicht (§§ 12, 144 Abs. 2; RGZ 24, 407; KG LZ 1914, 203).

Anders als bei den oben Rn 496 Bezeichneten verhält es sich bei **festgestellten** und vom GSch **nicht bestrittenen Forderungen.** Die Feststellung der Forderungen im Konkursverfahren hat nicht nur den Konkursgläubigern 497 gegenüber, sondern, sofern der GSch nicht im Prüfungstermin widerspricht, auch ihm gegenüber die Wirkungen eines rechtskräftigen Urteils (BGH WM 1961, 429). Auf Grund der Feststellung findet daher gegen den fr. GSch nach Beendigung des Konkurses ohne weiteres die Zwangsvollstreckung statt (§§ 164 Abs. 2, 194, 206 Abs. 2). Die Voraussetzungen und der Umfang dieser Zwangsvollstreckung sind unter Berücksichtigung der dabei dem Konkursgericht zufallenden Tätigkeiten wie folgt näher zu erörtern.

498 Erste Voraussetzung der Anwendung der §§ 164 Abs. 2, 194, 206 Abs. 2 ist die, daß eine **Feststellung** der zu vollstreckenden Forderung im **Konkurs** stattgefunden hat (RGZ 22, 155). Die Anerkennung der Forderung seitens des fr. GSch vermag die mangelnde Feststellung nicht zu ersetzen. Eine Feststellung der Forderung liegt aber nicht nur dann vor, wenn im Prüfungstermin weder der Verwalter, noch ein Konkursgläubiger der Forderung widersprochen hat, sondern auch dann, wenn seitens eines Berechtigten ein Widerspruch erfolgt war, dieser Widerspruch aber später zurückgezogen oder im Prozeßwege (durch Feststellungsklage gemäß § 146) beseitigt ist. Die Beseitigung des Widerspruchs und Berichtigung der Tabelle kann auch noch nach Konkursbeendigung erfolgen (*J-W*, § 145 Anm. 3 am Ende; *M-K*, § 145 Anm. 7; *B-St*, § 145 Anm. 4, jeweils mit weit. Hinw.). Unter Berücksichtigung der formalen Vorschriften ist jedoch Voraussetzung, daß die Feststellung der Forderung jedenfalls in die Tabelle eingetragen worden sein muß.

Die Feststellung wirkt auch nur dann gegen den Schuldner, wenn der Konkurs, in dem sie erfolgt ist, das Vermögen des Schuldners unmittelbar betroffen hat. Wird die Zwangsvollstreckung gegen den persönlich haftenden Gesellschafter einer oHG, einer KG oder KGaA beabsichtigt, so genügt dazu die Feststellung der beizutreibenden Forderung im **Gesellschaftskonkurs nicht** (§§ 129 Abs. 4, 161 Abs. 2 HGB, § 278 Abs. 2 AktG; *J-W*, § 164 Anm. 9 mit weit. Hinw.; *B-St*, § 164 Anm. 3; AG München KTS 1966, 122). Ebensowenig genügt die Feststellung im Genossenschaftskonkurs, um die Forderung gegen die haftpflichtigen Genossen vollstreckbar zu machen (§ 109 Abs. 2 GenG).

Wegen der in einem **Nachlaßkonkurs** festgestellten Forderungen, ist die Zwangsvollstreckung gegen die Erben zulässig, jedoch kommt ihnen die Beschränkung der Haftung (§ 1975 BGB) zustatten, ohne daß sie bei der Feststellung besonders vorbehalten zu sein braucht (*J-W*, § 214 Anm. 7 und 12; *M-K*, § 214 Anm. 7; *B-St*, § 214 Anm. 4). Danach ist die Erbenhaftung nach beendetem Nachlaßkonkurs nur in besonderen Fällen von praktischer Bedeutung (*J-W*, § 230 Anm. 2–9). Die §§ 781–785 ZPO finden Anwendung.

499 Außer der Feststellung im Konkurs ist zur Anwendung der §§ 164 Abs. 2,

194 weiter erforderlich, daß der GSch es unterlassen hat, im Prüfungstermin gegen die zu vollstreckende Forderung Widerspruch zu erheben. Der Widerspruch muß, um die Zwangsvollstreckung zu verhindern, im Prüfungstermin vom GSch selbst oder seinem legitimierten Vertreter ausdrücklich erhoben worden sein. Das ist auch dann erforderlich, wenn die Forderung z. Zt. der Konkurseröffnung im Prozeß befangen war. Dem GSch ist jedoch, wenn er den Prüfungstermin versäumt hat, unter entsprechender Anwendung der §§ 232 Abs. 2, 233–236 ZPO **Wiedereinsetzung in den vorigen Stand** zu gewähren; wenn dies geschieht ist auch sein nachträglicher Widerspruch wirksam (§ 165). In Konkursen von AG, GmbH und sonstigen juristischen Personen ist ein Widerspruch nur dann wirksam und zu berücksichtigen, wenn er von den zur Vertretung berechtigten Personen und bei Kollektiv-Vertretung von den sämtlichen gemeinschaftlich zur Vertretung Berechtigten übereinstimmend erklärt ist (*J-W*, §§ 207 ff. Anm. 29 und 30; *M-K*, § 207 Anm. 15; *B-St*, § 207 Anm. 4). Dagegen genügt bei einer oHG und KG der Widerspruch eines jeden einzelnen persönlich haftenden Gesellschafters und zwar auch dann, wenn er nicht vertretungsberechtigt war (*J-W*, § 144 Anm. 6 und § 164 Anm. 9, sowie §§ 209 ff. Anm. 18–22; *M-K*, § 109 Anm. 12; *B-St*, § 209 Anm. 4). Im Nachlaßkonkurs ist bei dem Vorhandensein mehrerer Erben jeder einzelne widerspruchsberechtigt. Jedoch hindert der Widerspruch eines Erben nicht die außerkonkursliche Zwangsvollstreckung gemäß § 164 Abs. 2 gegen die übrigen Erben und deren Eigenvermögen oder in die Anteile der nicht bestreitenden Erben, wohl aber in Gegenstände des Nachlasses (*J-W*, § 214 Anm. 18; *B-St*, § 214 Anm. 4; *M-K*, § 214 Anm. 8).

1.2 Inhalt und Umfang des Zwangsvollstreckungsrechts

Die in § 164 Abs. 2 bestimmte Wirkung der Feststellung im Konkurs tritt für **500**
alle festgestellten Forderungen gegen den GSch ein; also auch für die in den §§ 64–70 bezeichneten Ansprüche. Für Forderungen, welche betagt oder nicht auf einen Geldbetrag gerichtet waren, oder deren Geldbetrag unbestimmt, ungewiß oder nicht in DM festgesetzt war, sowie für Ansprüche auf wiederkehrende Hebungen bleibt die gemäß den §§ 65, 69, 70 erfolgte Umwandlung endgültig bestehen, es sei denn, daß der GSch dagegen im Prüfungstermin ausdrücklich Widerspruch erhoben hat (RGZ 93, 213 und 112, 300; *J-W*, § 164 Anm. 10 und 11 mit weit. Hinw.; *M-K*, § 164 Anm. 1; *B-St*, § 164 Anm. 1). Dies beschränkt sich jedoch auf das Verhältnis zwischen Gläubiger und Schuldner und erstreckt sich nicht auf Bürgen, Drittverpfänder oder einen sonstigen Drittverpflichteten (*J-W*, a.a.O.; *M-K*, a.a.O.; *B-St*, a.a.O.).
Auf den früheren Vollstreckungstitel kann nicht mehr zurückgegriffen wer-

den, selbst wenn er auf eine ausländische Währung lautet (RGZ 112, 297 und 132, 115; *J-W,* § 164 Anm. 6; *M-K,* § 164 Anm. 1; *B-St,* § 164 Anm. 2 jeweils mit weit. Hinw.). Nur soweit der alte Titel über den festgestellten Betrag hinausgeht, z. B. wegen der Zinsen nach Konkurseröffnung, bleibt er maßgebend. Einwendungen gegen Zwangsvollstreckungen aus dem alten Titel sind grundsätzlich mit der Erinnerung nach § 766 ZPO geltend zu machen. Nur wenn sich **inhaltsmäßig** zwischen dem alten Titel und der Feststellung eine Änderung ergeben hat, kann gegen die Vollstreckung aus dem alten Titel mit der Vollstreckungsgegenklage (§ 767 ZPO) vorgegangen werden (*J-W,* § 164 Anm. 6; *B-St,* § 164 Anm. 2).

501 Festgestellte Forderungen, für die ein **Recht auf abgesonderte Befriedigung** besteht, können nach Beendigung des Konkurses unbeschränkt geltend gemacht werden (RGZ 22, 154; dasselbe wird gelten müssen in den Fällen des § 234). Die Beschränkung ihrer Geltendmachung auf den Betrag des Ausfalls, den sie bei der Verwertung des Gegenstandes des Absonderungsrechts erleiden, gilt nur hinsichtlich ihres Teilnahmerechts bei den Verteilungen im Konkurs und entfällt daher mit Beendigung desselben (RGZ 36, 60; *J-L,* § 64 Anm. 11; *M-K,* § 64 Anm. 11; *B-St,* § 64 Anm. 3 mit weit. Hinw.).

Der frühere GSch kann jedoch, wenn der Gläubiger eine dem GemSch gehörende bewegliche Sache in Besitz hat, an der ihm für seine Forderung ein Pfandrecht oder ein Zurückbehaltungsrecht zusteht, der Zwangsvollstrekkung in das sonstige Vermögen insoweit widersprechen, als die Forderung durch den Wert der Sache gedeckt ist (§§ 777, 766 ZPO).

Forderungen, die Gläubiger einer oHG, einer KG oder einer KGaA in dem Konkurs über das Privatvermögen eines persönlich haftenden Gesellschafters geltend gemacht haben, können nach Beendigung des Konkurses gleichfalls in ganzer Höhe, in der sie noch bestehen, gegen den Gesellschafter verfolgt werden, auch wenn die Gesellschaft sich in Konkurs befindet (§ 212). Ist aber der Gesellschaftskonkurs durch einen Zwangsvergleich beendet, so begrenzt der Vergleich, soweit er nicht etwas anderes bestimmt, zugleich den Umfang der Haftung des persönlich haftenden Gesellschafters.

502 **Auflösend bedingte Forderungen** können nach Beendigung des Konkurses unbeschränkt geltendgemacht werden. Sind sie festgestellt und vom GSch nicht bestritten, so findet für sie die Zwangsvollstreckung auch dann statt, wenn nach den maßgebenden Vorschriften der GSch Sicherheitsleistung für den Fall des Eintritts der Bedingung zu fordern berechtigt ist. Steht dem GSch ein Recht auf Sicherheitsleistung zu, so kann dessen Geltendmachung nur nach Maßgabe der §§ 767 ff. ZPO erfolgen.

Für festgestellte, vom GSch nicht bestrittene **aufschiebend bedingte Forderungen** findet nach Beendigung des Konkurses die Zwangsvollstreckung nur nach Eintritt der Bedingung statt (§§ 726, 730 ZPO). Ein Anspruch auf

Sicherstellung solcher Forderungen kann nur im Wege der Klage verfolgt werden, da über die Frage, ob ein aufschiebend bedingt Berechtigter nach dem bürgerlichen Recht Sicherstellung fordern kann, eine Feststellung im Sinne der §§ 144 Abs. 1, 145 Abs. 2 im Konkursverfahren nicht stattfindet. Das Klagerecht ist jedoch ausgeschlossen, wenn der schuldrechtliche Anspruch auf Sicherstellung gemäß § 69 angemeldet und von keiner Seite bestritten wurde, da die Inhaltsänderung des Anspruchs auch nach Beendigung des Konkurses wirkt.

1.3 Form und Inhalt der vollstreckbaren Ausfertigung

Die Zwangsvollstreckung auf Grund der §§ 164 Abs. 2, 194 Abs. 2 erfolgt **504**
unter entsprechender Anwendung der §§ 724–793 ZPO. Zum Zwecke der Zwangsvollstreckung ist dem Berechtigten auf Antrag eine vollstreckbare Ausfertigung derjenigen Urkunden zu erteilen, die das Recht auf die Zwangsvollstreckung begründen. Es sind also mit der Vollstreckungsklausel (§ 725 ZPO) auszufertigen:

Im Falle des Zwangsvergleichs die Schriftstücke, die den Inhalt des Vergleichs ergeben, namentlich also eine Ausfertigung des Vergleichsvorschlages, ergibt sich dieser ganz oder teilweise aus dem Vergleichsprotokoll, so ist eine Ausfertigung der Verhandlungsniederschrift insoweit – auszugsweise – beizufügen (*Schrader-Bauer,* Rn 725; *Bauer* KTS 1960, 50); eine Ausfertigung des gerichtlichen Bestätigungsbeschlusses, dessen Rechtskraft zu bescheinigen ist, verbunden mit einem Auszug aus der Tabelle, der die beizutreibende Forderung und deren Feststellung nachweist (§ 15 Abs. 8 AktO; vgl. auch *J-W,* § 194 Anm. 2; *M-K,* § 194 Anm. 2; *B-St,* § 194 Anm. 1; **Muster:** *Schrader-Bauer* Rn 726, 727 und *Bauer* KTS 1960, 50 ff.); **im Falle anderweitiger Beendigung** nur der Auszug aus der Tabelle (§ 15 Abs. 8 AktO; vgl. *J-W,* § 164 Anm. 7; *M-K,* § 164 Anm. 2 u. 3; *B-St,* § 164 Anm. 2; **Muster:** *Schrader-Bauer* Rn 724 und *Bauer* a.a.O.). Handelt es sich um eine Zwangsvollstreckung gegen einen **Vergleichsbürgen** (s. unten Rn 515 ff.) so ist dessen Bürgschaftserklärung mit auszufertigen (§ 15 Abs. 8 AktO; vgl. *J-W,* § 194 Anm. 2; *M-K,* § 194 Anm. 2; **Muster:** *Schrader-Bauer* Rn 726; *Bauer* a.a.O.).

Wird die vollstreckbare Ausfertigung im Anschluß an einen Zwangsvergleich gegen den Gemeinschuldner oder Bürgen erteilt, so muß es entgegen *Schrader-Bauer* (a.a.O.) und *Bauer* (a.a.O.) zulässig sein, wie folgt zu formulieren:

„Vorstehende Ausfertigung wird dem Gläubiger zur Zwangsvollstreckung nach Maßgabe des anliegenden Vergleichs gegen den GSch . . . – gegen den Bürgen . . . – erteilt.“

Der Zusatz: „Die Forderung ist zinslos", wird als überflüssig betrachtet, da eine Vollstreckung wegen Zinsen mangels Titulierung nicht erfolgen kann. Die Begründung, daß dieser Zusatz als Vorbeugung gegen die Geltendmachung von späteren Zinsansprüchen dienlich sei (*Bauer* a.a.O. Fn 3) kann nicht überzeugen; der Titel weist keine Zinsen aus, kein Vollstreckungsorgan kann etwas vollstrecken, was nicht im Titel genannt ist.

505 Eine gänzliche oder teilweise **Tilgung der Forderung**, deren Beitreibung erfolgen soll, wird von amtswegen insoweit berücksichtigt, als sie infolge des Konkurses stattgefunden hat und aus den Konkursakten ersichtlich ist (vgl. § 164 Abs. 1).

Es sind also bei der Erteilung der vollstreckbaren Ausfertigung zu beachten:

1. die im Konkurs erfolgten Zahlungen (*J-W*, § 164 Anm. 7; *Schrader-Bauer* Rn 721; *Bauer* a.a.O.; *Baade* KTS 1958, 169);
2. der durch den Zwangsvergleich gewährte Erlaß eines Teiles der Forderung.

Sind im Konkurs Zahlungen erfolgt, was auch dann der Fall sein kann, wenn der Konkurs auf andere Art als durch Schlußverteilung beendigt worden ist, so müssen diese aus den Berichten des Verwalters, insbesondere auch aus der Schlußrechnung sowie dem Auszahlungsbericht und den ihnen beigefügten Belegen hervorgehen. Es ist daher in der Regel der nach Abzug der Zahlungen noch verbleibende Betrag der Forderung oder der ausgeschüttete Betrag ziffernmäßig in die Vollstreckungsklausel aufzunehmen (**Muster** siehe *Bauer* a.a.O.). Nur den gezahlten Prozentsatz einzusetzen ist nicht empfehlenswert, da sich Differenzen bei der Berechnung ergeben werden. Die aus der Konkursmasse geleisteten Zahlungen in der vollstreckbaren Ausfertigung nicht zu erwähnen, würde für den Schuldner bedenklich und mit den Absichten des Gesetzes schwerlich vereinbar sein. Zu den entsprechend anzuwendenden Vorschriften der ZPO gehört auch § 757 Abs. 1 worin u. a. bestimmt ist, daß der Gerichtsvollzieher eine teilweise Leistung des Schuldners auf der vollstreckbaren Ausfertigung zu vermerken hat. Diese Vorschrift läßt sich zwar unmittelbar für die bezeichnete Frage nicht verwerten, da sie eine schon vorhandene vollstreckbare Ausfertigung und eine begonnene Zwangsvollstreckung voraussetzt, entsprechend aber muß sie darum für anwendbar erachtet werden, weil das Konkursverfahren selbst sich ebenfalls als eine Art Zwangsvollstreckung darstellt, also die aus der Konkursmasse auf Konkursforderungen geleisteten Zahlungen im Wege der Zwangsvollstreckung erfolgten und deshalb den durch den Gerichtsvollzieher beigetriebenen Zahlungen der Sache nach gleichzustellen sind.

Im Falle des Zwangsvergleichs ist es nicht erforderlich, den vergleichsmäßigen Erlaß in der Vollstreckungsklausel zu vermerken, da ja der mitauszuferti-

gende Vergleich den Erlaß ergibt. Zur Vermeidung von Irrtümern und zur besseren Übersichtlichkeit ist es empfehlenswert, die Vollstreckungsklausel ausdrücklich nur für die nach dem Vergleich den Gläubigern noch zustehenden Ansprüche zu erteilen (*J-W*, § 194 Anm. 2; sowie **Muster** bei *Schrader-Bauer*, Rn 726 und *Bauer*, a.a.O.).
Sofern eine Tilgung nicht infolge des Konkurses, sondern aus anderem Anlaß stattgefunden hat, ist sie bei Erteilung der vollstreckbaren Ausfertigung **nicht** zu berücksichtigen. Es bleibt dem Schuldner überlassen, eine derartige Tilgung im Wege der Einwendungen nach Maßgabe der §§ 767 ff. ZPO geltend zu machen. In Ansehung der Zulässigkeit von Einwendungen, wird der in Abs. 2 des § 767 ZPO bezeichneten mündlichen Verhandlung der Termin gleichzustellen sein, in dem die Feststellung der Forderung erfolgt ist.

Bei **Ausfallsforderungen** können die vollstreckbaren Ausfertigungen in voller 506
Höhe ohne Nachweis des Ausfalls oder Verzichts auf das Absonderungsrecht nach § 726 ZPO erteilt werden (*J-W*, § 164 Anm. 7; *Klemmer* KTS 1960, 73 a. M.; **aM Bauer** a.a.O.: nur bezüglich des nachgewiesenen Ausfalls.). Im Falle des Zwangsvergleichs ist also die vollstreckbare Ausfertigung für die Vergleichsquote der ganzen Forderung zu erteilen, obwohl in diesem Fall den Ausfallsforderungen die vergleichsmäßigen Rechte nur für den Betrag des Ausfalls zustehen (RGZ 23, 43; *J-W*, § 193 Anm. 12 und 13; *M-K*, § 193 Anm. 5; *B-St*, § 193 Anm. 2d) und obgleich auf die Forderungen der Gesellschaftsgläubiger gegen die persönlich haftenden Gesellschafter in der Regel auch der im Gesellschaftskonkurs geschlossene Zwangsvergleich zurückwirkt. Hierauf braucht jedoch von amtswegen keine Rücksicht genommen werden, weil die Verwertung der Gegenstände von Absonderungsrechten durch die Berechtigten nicht im Konkursverfahren, sondern außerhalb desselben betrieben wird (§ 4 Abs. 2); die Rechte der Gesellschaftsgläubiger aber nur durch Vorgänge des von dem Konkurs über das Privatvermögen der Gesellschafter getrennten Gesellschaftskonkurses berührt werden. Für **auflösend-bedingte und betagte Forderungen** können vollstreckbare Ausfertigungen ohne weiteres erteilt werden. Vergleiche Rn 502.
Für **aufschiebend bedingte Forderungen** ist die Erteilung von vollstreckbaren Ausfertigungen erst nach Eintritt der Bedingung und nur dann zulässig, wenn durch öffentliche oder öffentlich beglaubigte Urkunden der Nachweis, daß die Bedingung eingetreten ist, geführt wird (§ 726).

Ist nach dem rechtskräftigen Zustandekommen des Zwangsvergleichs der 507
GSch wegen betrügerischen Bankrotts rechtskräftig verurteilt worden und damit der durch den Vergleich gewährte Erlaß aufgehoben (§ 197 Abs. 1), so kann jeder Gläubiger einer festgestellten Forderung eine vollstreckbare Ausfertigung gegen den GSch (beim Bürgen verbleibt es bei der beschränk-

ten Haftung) für die **ganze** Forderung verlangen, sofern die rechtskräftige Verurteilung des GSch aus den Strafprozeßakten oder anderweit durch öffentliche Urkunden nachgewiesen wird (*J-W,* § 197 Anm. 2; *M-K,* § 197 Anm. 3; *B-St,* § 197 Anm. 1).

508 Für die Erben, Zessionare oder sonstige **Rechtsnachfolger** eines Gläubigers kann eine vollstreckbare Ausfertigung erteilt werden, wenn die Rechtsnachfolge entweder beim Konkursgericht offenkundig oder durch öffentliche Urkunden nachgewiesen ist. Die Eintragung der Rechtsnachfolge in die Tabelle kann nicht verlangt werden (LG Leipzig LZ 1909, 959; *J-W,* § 140 Anm. 8 mit weit. Hinw.) jedoch ist in der Bemerkungsspalte ein entsprechender Hinweis aufzunehmen.

Ist die Rechtsnachfolge offenkundig, so ist dies in der Vollstreckungsklausel zu erwähnen, im übrigen ist die Urkunde auf Grund derer die Rechtsnachfolgeklausel erteilt wurde (§§ 727, 750 Abs. 2 ZPO) genau zu bezeichnen.

Unter den gleichen Voraussetzungen und mit derselben Maßgabe können vollstreckbare Ausfertigungen **gegen** die Erben oder sonstige allgemeine Rechtsnachfolger eines GSch erteilt werden, sofern die Voraussetzungen der § 325 ZPO gegeben sind. Nach Beendigung eines Nachlaßkonkurses sind die vollstreckbaren Ausfertigungen ohne weiteres gegen die Erben zu erteilen, weil diese die Stellung des GSch haben. Kann der nach §§ 726, 727 ZPO erforderliche Nachweis durch öffentliche Urkunden nicht geführt werden, so hat der Gläubiger bei dem Gericht, bei dem das Konkursverfahren anhängig war und wenn der Betrag der Forderungen die amtsgerichtliche Zuständigkeit überschreitet, bei dem LG, zu dessen Bezirk das Konkursgericht gehört, auf Erteilung der Vollstreckungsklausel Klage zu erheben (§ 731 ZPO, §§ 164 Abs. 3, 194 KO).

Wurde bei einem Zwangsvergleich eine **Verfallklausel** aufgenommen, so besteht kein Anspruch auf eine vollstreckbare Ausfertigung in voller Höhe, wenn der Schuldner am Verfalltag die Raten am Postamt einbezahlt (KuT 1932, 206; RGZ 78, 140).

509 Trotz Vorliegen der formellen Voraussetzungen ist die Erteilung der vollstreckbaren Ausfertigung abzulehnen, wenn dafür das **Rechtsschutzbedürfnis** fehlt. Dies ist der Fall bei Konkursen über Personen- und Kapitalgesellschaften, wenn unverwertbare Vermögenswerte nicht mehr vorhanden sind. Gleiches gilt im Nachlaßkonkurs, hier muß jedoch hinzukommen, daß die Erben nur beschränkt haften. Der Gläubiger hat in derartigen Fällen entsprechende Vermögenswerte oder die unbeschränkte Haftung der Erben nachzuweisen, bevor er den Titel erhält.

510 **Zuständig** für die Erteilung der vollstreckbaren Ausfertigung ist grundsätzlich der Urkundsbeamte der Geschäftsstelle (§ 724 ZPO), in den Fällen der §§ 726 Abs. 1, 727–729, 733, 738, 742, 744, 745 Abs. 2, sowie des § 749

ZPO jedoch der Rechtspfleger (§ 20 Nr. 12 RpflG). In den Fällen der §§ 726 Abs. 1, 727–729 kann der Schuldner vor der Erteilung der vollstreckbaren Ausfertigung gehört werden.

Versagt der Urkundsbeamte die vollstreckbare Ausfertigung, so kann der Gläubiger um die Entscheidung des Konkursgerichts nachsuchen. Funktionell zuständig ist hierfür in jedem Fall der Richter (§ 4 Abs. 2 Nr. 3 RpflG). Gegen dessen Entscheidung findet dann die einfache Beschwerde statt (§ 72 KO, § 576 ZPO). Lehnt der Rechtspfleger die Erteilung der vollstreckbaren Ausfertigung ab, so ist dagegen die Erinnerung zulässig (§ 11 RpflG). Gegen die Entscheidung des Richters ist dann wieder die einfache Beschwerde statthaft.

Die vollstreckbaren Ausfertigungen für festgestellte Forderungen, dürfen **511**
grundsätzlich erst erteilt werden, wenn die öffentliche Bekanntmachung über die Aufhebung oder Einstellung als bewirkt gilt (§ 76 Abs. 1). Der bisher wohl herrschende Ansicht, daß bereits **vor** Beendigung des Konkursverfahrens die vollstreckbare Ausfertigung erteilt werden kann (so *M-K,* § 164 Anm. 3 und *B-St,* § 164 Anm. 3) sind *J-W* (§ 164 Anm. 7) unter eingehender Begründung entgegengetreten. Nur in besonderen dort aufgeführten Fällen, z. B. wenn zur Durchführung des Absonderungsrechts ein Titel benötigt wird, kann die Erteilung auch vor Beendigung erfolgen (Ebenso: LG Berlin JW 28, 77 mit Anm. von Bendix; LG Nürnberg-Fürth MDR 1950, 752; AG Kaufbeuren MDR 1961, 696; AG München MDR 1965, 307; LG München I KTS 1965, 51. *Bauer* KTS 1960, 49 hat ebenfalls Bedenken gegen die Erteilung vor Beendigung des Verfahrens).

Über **Einwendungen** des GSch und des Zwangsvergleichsbürgen, die die **512**
Zulässigkeit der Vollstreckungsklausel betreffen, entscheidet in jedem Fall der Konkursrichter nach § 732 ZPO, § 4 Abs. 2 Nr. 3 RpflG bzw. bei einer Klauselerteilung durch den Rechtspfleger gemäß § 11 RpflG. Die Entscheidung kann ohne mündliche Verhandlung erfolgen. Der Konkursrichter kann vor der Entscheidung – auf Antrag oder von amtswegen – eine einstweilige Anordnung erlassen; er kann namentlich anordnen, daß die Zwangsvollstrekkung gegen oder ohne Sicherheitsleistung einstweilen einzustellen oder nur gegen Sicherheitsleistung fortzusetzen sei (§ 732 ZPO). Über Einwendungen anderer Art (§§ 766, 767 ZPO) hat nicht das Konkursgericht, sondern teils das Vollstreckungsgericht (§ 764 ZPO), teils das Prozeßgericht zu entscheiden.

Für die Erteilung einer **weiteren vollstreckbaren Ausfertigung** an denselben **513**
Gläubiger ist § 733 ZPO entsprechend anwendbar. War bereits vor Konkurseröffnung eine vollstreckbare Ausfertigung vorhanden und wird nun ein vollstreckbarer Tabellenauszug erteilt, so ist dies keine weitere vollstreckbare Ausfertigung im Sinne des § 733 ZPO.

514 Für wen, gegen wen und wann vollstreckbare Ausfertigungen erteilt worden sind, ist stets vom Urkundsbeamten der Geschäftsstelle bei den betreffenden Forderungen in der Tabelle, Spalte „Bemerkungen" vor Aushändigung der vollstreckbaren Ausfertigung einzutragen (§ 734 ZPO).

2. Die Rechte gegen den Bürgen des Zwangsvergleichs

515 Die vorstehend (Rn 497) dargelegten Wirkungen der Feststellung der Forderungen im Konkurs treten im Falle des Zwangsvergleichs auch gegen den ein, der sich für die Erfüllung der nach dem Vergleich dem Gemeinschuldner obliegenden Verpflichtungen den Gläubigern gegenüber in rechtsverbindlicher Weise (also mündlich im Vergleichstermin: RG 64, 85 und 143, 102; *J-W*, § 179 Anm. 5; *M-K*, § 173 Anm. 2; *B-St*, § 179 Anm. 1) verbürgt hat. Gegen den Vergleichsbürgen ist die Zwangsvollstreckung für die festgestellten und nicht im Prüfungstermin vom GSch ausdrücklich bestrittenen Konkursforderungen wegen der im Vergleich festgesetzten Leistungen ohne weiteres zulässig, sofern er sich die Einrede der Vorausklage nicht ausdrücklich vorbehalten hat (§ 194). Hat der Bürge aber einen solchen Vorbehalt gemacht, so ist § 194 nicht anwendbar und die Zwangsvollstreckung gegen ihn nur statthaft, wenn gegen ihn ein vollstreckbarer Titel gemäß den Bestimmungen der ZPO erwirkt wird. Dies selbst dann, wenn beim Schuldner die Zwangsvollstreckung erfolglos verlaufen und die Einrede auf Grund des § 773 BGB erloschen ist (LG Berlin KuT 1933, 46; *J-W*, § 194 Anm. 7; *M-K*, § 194 Anm. 8; *B-St*, § 194 Anm. 3; siehe auch noch *Klemmer* KTS 1960, 73).
Bei einer Teilbürgschaft gilt der Prioritätsgrundsatz, d. h. der Bürge hat die Gläubiger bis zur vollen Höhe ihrer Forderungen zu befriedigen in der Reihenfolge, in der die Ansprüche geltend gemacht werden. Nach der Auszahlung der Bürgschaftssumme wird er frei. Der Bürge hat den Einwand, daß die Haftungssumme erschöpft ist, nach 768 ZPO geltend zu machen (*J-W*, § 194 Anm. 6 mit weit. Hinw. auch bezüglich relativer Haftungsbegrenzung – wenn ein bestimmter Prozentsatz der Quote garantiert wird – *M-K*, § 194 Anm. 7; *B-St*, § 194 Anm. 2).
Eine Einschränkung der Garantenhaftung ergibt sich dadurch, daß ein Gläubiger, dessen Anspruch erst nach Abschluß des Zwangsvergleichs festgestellt und vom GSch nicht bestritten wurde, nicht auf Grund des § 194 gegen den Vergleichsbürgen im Wege der Zwangsvollstreckung vorgehen kann, sondern nur die Möglichkeit hat, sich im Rahmen der ZPO einen Titel gegen den

Bürgen zu verschaffen (siehe hierzu mit eingehender Begründung und Hinweisen auf abweichende Ansichten *J-W*, § 194 Anm. 9 u. 10).
Was bezüglich des Vergleichsbürgen gilt, findet entsprechend auch auf den Anwendung, der sich **neben** dem GSch zur Erfüllung der vergleichsmäßigen Verbindlichkeiten verpflichtet hat.

Teil XIII: Die Einziehung der Nachschüsse der Genossen im Konkurs über eine eingetragene Genossenschaft

1. Allgemeines

516 In dem Konkursverfahren über das Vermögen einer eingetragenen Genossenschaft ist aus den Bestimmungen der Statuten (§ 6 Nr. 3 GenG) zu entnehmen, ob und in welcher Höhe eine Nachschußpflicht besteht (§ 105 GenG). Der Firma darf kein Zusatz beigefügt werden, der auf den Umfang der Verpflichtungen zur Leistung von Nachschüssen hindeutet (§ 3 Abs. 3 GenG).
Das Gesetz bietet drei Haftungsarten an (§ 6 Nr. 3 GenG):

a) die unbeschränkte Nachschußpflicht (§ 105 Abs. 1 erste Alternative GenG);
b) die auf eine bestimmte Haftsumme beschränkte Nachschußpflicht (§ 119 GenG);
c) den Ausschluß jeglicher Nachschußpflicht (§ 105 Abs. 1, 2. Alternative GenG).

Die weiteren Ausführungen befassen sich also nur mit den unter a) und b) bezeichneten Haftungsarten.
Die Nachschußpflicht entsteht nicht schon durch den Beitritt, sondern erst durch die Eröffnung des Konkursverfahrens und die Unzulänglichkeit der Masse (RGZ 85, 209 und 123, 248). Daher kann in dem Konkurs eines Genossen die Genossenschaft auch nicht aufschiebend bedingt vor der Konkurseröffnung über ihr Vermögen Nachschüsse als Konkursforderungen anmelden (RGZ 85, 212). Auch bei einer nachträglichen Konkurseröffnung über das Vermögen der Genossenschaft ist dies nicht möglich, da es sich um eine Neuschuld handelt.
Die Erhöhung der Anteile und der Haftsumme kann nach Konkurseröffnung nicht mehr in das Genossenschaftsregister eingetragen werden (RG KuT 1931, 56) und ist im Liquidationsstadium unzulässig (RG KuT 1932, 200).

2. Das Verfahren

517 Das Recht auf Zahlung der Nachschüsse ist im Genossenschaftsgesetz geregelt. Die Einziehung der Nachschüsse der Genossen erfolgt durch den

Verwalter (§§ 109, 113 Abs. 1 S. 2, § 114 Abs. 3, § 115c Abs. 3 GenG). Der Verwalter berechnet, wieviel an Nachschüssen im ganzen erforderlich ist, verteilt die Summe auf die haftpflichtigen Genossen und zieht, nachdem seine Berechnung für vollstreckbar erklärt worden ist, die berechneten Beträge von den Genossen notfalls durch Zwangsvollstreckung ein (§§ 106, 109, 113, 114, 115c, 115d GenG). Die Verteilung der eingezogenen Beträge erfolgt im Wege der Nachtragsverteilung gemäß § 166 KO (§ 115 GenG). Bei einem Konkurs, dessen Abwicklung voraussichtlich längere Zeit in Anspruch nehmen wird, kann der Verwalter mit Genehmigung des Konkursgerichts sowie des Gläubigerausschusses schon vorher im Wege der Abschlagverteilung nach §§ 149–160 an die Gläubiger Ausschüttungen vornehmen (§ 115a GenG).

Mit der Einziehung der Nachschüsse wird aber nicht bis zur Schlußverteilung zugewartet, sondern alsbald nach der Konkurseröffnung vorgegangen. Sobald das Inventar und die Bilanz der Konkursmasse auf der Geschäftsstelle niedergelegt worden sind (§ 124), hat der Verwalter die sogenannte **Vorschußberechnung** aufzustellen, worin der bilanzmäßige Fehlbetrag auf die haftpflichtigen Genossen unter Berücksichtigung der infolge Vermögenslosigkeit einzelner zu erwartenden Ausfälle umgelegt wird (§ 106 GenG). Die Vorschußberechnung wird für vollstreckbar erklärt und alsdann werden die darin berechneten Umlagen sofort eingezogen (§§ 108 Abs. 2 S. 1, 109 GenG). Erweisen sich umgelegte Beträge als uneinziehbar oder erstreiten einzelne zu Beiträgen herangezogene Genossen ihre Befreiung von der Beitragspflicht oder wird aus anderen Gründen durch die berechneten Beträge der Fehlbetrag nicht gedeckt, so sind nach Bedarf **Zusatzberechnungen** aufzustellen (§ 113 GenG). Sobald mit der Schlußverteilung begonnen werden kann und somit feststeht, wieviel an verteilbarer Masse vorhanden ist und auf welchen Betrag sich die bei der Schlußverteilung zu berücksichtigenden Forderungen belaufen, hat der Verwalter, falls die eingezogenen Umlagen noch immer nicht zur Befriedigung dieser Forderungen ausreicht in Ergänzung und Berichtigung der Vorschußberechnung die sogenannte **Nachschußberechnung** aufzustellen, welche den noch zu deckenden Fehlbetrag auf die Genossen, die sich nicht als zahlungsfähig erwiesen haben, umzulegen hat (§ 114 GenG). Auch zur Nachschußberechnung können wieder Zusatzberechnungen erforderlich werden (§§ 114 Abs. 3, 113 GenG). Die Vollstreckbarkeitserklärung der Nachschußberechnung, der etwaigen Zusatzberechnungen und die Einziehung der berechneten Beträge wird wie bei der Vorschußberechnung durchgeführt. Sobald sich mit Sicherheit ergibt, daß auch die Nachschußberechnung zur Befriedigung der Konkursgläubiger nicht ausreicht, können die hierzu erforderlichen Beträge von den innerhalb der letzten 18 Monate vor der Konkurseröffnung ausgeschiedenen Genossen,

soweit sie nicht bereits nach § 75 oder § 76 Abs. 4 GenG der Nachschußpflicht unterliegen, eingezogen werden (§§ 115b, 115c GenG).
Wenn die Bilanz und die Vorschußberechnung vorsichtig aufgestellt werden, so können Zusatzberechnungen wohl sehr häufig erspart und es kann erreicht werden, daß im Wege der Nachschußberechnung nur noch ein verhältnismäßig geringer Betrag einzuziehen ist. Hierzu ist es namentlich dienlich, die Bilanz nach strengen Grundsätzen aufzustellen, die Teilungsmasse nicht zu hoch und die Schulden nicht zu niedrig anzunehmen. Außerdem wird es sich empfehlen, in der Annahme eines „voraussichtlichen Unvermögens" einzelner Genossen (s. § 106 Abs. 2 S. 2 GenG) nicht zu kleinlich zu sein. Da die Beitreibung der berechneten Nachschüsse nach § 106 Abs. 2, § 109 GenG gegen sämtliche Genossen erfolgt, deren Zahlungsunfähigkeit nicht bereits feststeht (bei der Vorschußberechnung sind alle Genossen aufzunehmen – § 106 Abs. 2 S. 1 GenG – während bei der Nachschußberechnung Zahlungsunfähige ausgenommen werden – § 114 Abs. 3 GenG –) und da die eingezogenen Nachschüsse, soweit sie etwa zur Befriedigung der Konkursgläubiger nicht erforderlich sind, den Genossen nach §§ 115 Abs. 3, 115a Abs. 2 115d Abs. 2 GenG zurückgezahlt werden, erwächst dem zahlungsfähigen Genossen durch eine etwas zu hohe Ansetzung der Beiträge in der Vorschußberechnung kein großer Nachteil.

518 Die **Grundsätze** für die **Aufstellung der Berechnungen** sind für alle Arten der Berechnungen im allgemeinen die gleichen und werden deshalb im folgenden zusammengefaßt:
In den Berechnungen ist festzustellen

1. welcher **Fehlbetrag** zu decken ist;
2. welche **Personen** zur Deckung des Fehlbetrages heranzuziehen sind;
3. welche **Beträge** die einzelnen heranzuziehenden Personen zu leisten haben. (Nur die Beträge zur Deckung der Genossenschaftsschulden, nicht auch irgendwelche Forderungen, die die Genossenschaft sonst gegen einzelne Genossen zu haben glaubt, dürfen in die Berechnung aufgenommen werden RGZ 69, 369 = Gruchot 53, 1144.) Zur Geltendmachung gegenüber den Erben des Genossen siehe *Citron* in KuT 1934, 35.

Durch die Umlage ist der Betrag zu decken, um den die vorhandene Teilungsmasse hinter der Gesamtsumme der Massekosten, Masseschulden und Konkursforderungen zurückbleibt. Die in § 63 bezeichneten Forderungen werden nicht berücksichtigt; dagegen sind zu berücksichtigen die Kosten des Umlageverfahrens, die zu den Massekosten gehören.
Bei der Vorschußberechnung kann der zu deckende Fehlbetrag nur schätzungsweise auf Grund der Bilanz festgestellt werden. Bei der Nachschußberechnung, bei der feststeht, wieviel nach Ausschüttung der Konkursmasse zur

vollen Befriedigung der zu berücksichtigenden Konkursforderungen noch fehlt, ist die Summe umzulegen, die nach Heranziehung der bereits eingezogenen Beiträge und der aufgelaufenen Zinsen zur vollen Deckung der zu berücksichtigenden Konkursforderungen noch erforderlich ist. Grundlage für diese Forderungen und den Betrag bildet das im Konkurs aufgestellte Schlußverzeichnis. **Muster** s. *Schrader-Bauer,* Rn 706; *M-M,* § 106 Anm. 5.

Zur Deckung des Fehlbetrages sind sämtliche Genossen solidarisch verpflichtet. Als Mitglieder der Genossenschaft werden behandelt: **519**

1. alle diejenigen, die der Genossenschaft beigetreten und zur Zeit der Konkurseröffnung (RGZ 50, 127) in der beim Amtsgericht geführten Liste der Genossen eingetragen sind (§ 15 Abs. 3 GenG). Die Eintragung einer Vormerkung des Ausscheidens (§ 71 GenG) steht der Geltendmachung des Anspruchs nicht entgegen (RG in Holdheim, Monatsschrift für Handelsrecht und Bankwesen 13, 167; *M-M,* § 105 Anm. 3).
Die Eingetragenen werden als Mitglieder der Genossenschaft behandelt, falls sie nicht darzulegen und zu beweisen vermögen, daß eine rechtsgültige Begründung der Mitgliedschaft nicht erfolgt ist (RGZ 68, 90).
Eine Beitrittserklärung ist nach erfolgter Eintragung, sofern sie nur dem erklärten Willen des Erklärenden entspricht, wegen Irrtums, Betrug oder Drohung nicht anfechtbar (RGZ 57, 292; 68, 344 und 69, 368; *M-M* § 15 Anm. 7 mit weit. Hinw.); sie ist auch nicht deswegen zu beanstanden, weil der Eingetragene nach der Satzung nicht hätte aufgenommen werden dürfen (RGZ 60, 409; *M-M,* § 15 Anm. 1).
Zum Ausscheiden eines Genossen durch Kündigung ist erforderlich, daß die Kündigung rechtzeitig gemäß § 65 GenG erfolgt und das Ausscheiden in der Liste der Genossen eingetragen ist. Erst mit dem Ablauf des Geschäftsjahres, in dem das Ausscheiden eingetragen worden ist, hört der Ausscheidende auf, Genosse zu sein (§ 70 GenG). Auch wenn nur durch Verschulden des Vorstandes der Genossenschaft die Eintragung unterblieben ist, kann der Genosse nicht verlangen, als ausgeschieden behandelt zu werden (OLG Celle OLG 16, 110; LG Hagen NJW 1960, 1303). Der Genosse hat dann nur eine Schadensersatzforderung gegen den Vorstand (RGZ 59, 52). Ist aber vor der Eintragung die Tatsache, auf Grund deren das Ausscheiden und der Jahresschluß, zu dem es beansprucht wurde, auf Antrag des Genossen oder im Falle des § 66 GenG auf Antrag des Gläubigers des Genossen in der Liste vorgemerkt, so tritt an die Stelle des Tages der Eintragung des Ausscheidens unter den in § 71 Abs. 2 GenG bestimmten Voraussetzungen der Tag der Eintragung der Vormerkung (§ 71 GenG).
Scheidet ein Genosse durch Übertragung seines Geschäftsanteils auf einen

anderen aus, so tritt sein Ausscheiden gleich mit der Eintragung oder der nach § 71 GenG erfolgten Vormerkung des Ausscheidens in Wirksamkeit (§ 76 GenG).

2. diejenigen, deren Ausscheiden erst innerhalb der letzten 6 Monate vor der Auflösung der Genossenschaft – mag nun die Auflösung durch Konkurseröffnung oder auf andere Weise bewirkt sein – erfolgt ist (§ 45 GenG). Diejenigen, die infolge der Übertragung ihres Geschäftsanteils auf einen anderen innerhalb der letzten 6 Monate vor Konkurseröffnung ausgeschieden sind, haften jedoch für die Nachschüsse, zu deren Zahlung sie als Mitglied verpflichtet gewesen wären, nur insoweit, als zur Zahlung dieser Nachschüsse der Erwerber ihres Geschäftsanteiles unvermögend ist (§ 76 Abs. 4 GenG).

Die subsidiär haftenden Genossen sind in der Vorschußberechnung mit aufzuführen, damit auf Grund des vollstreckbaren Auszuges auch gegen sie vollstreckt werden kann, wenn auf Grund öffentlicher oder öffentlich beglaubigter Urkunden das Unvermögen des Übernehmers nachgewiesen ist (§ 726 ZPO).

Die Mitgliedschaft eines **verstorbenen Genossen** geht nicht auf die Erben über. Sie endet mit dem laufenden Geschäftsjahr, in dem der Tod erfolgt ist (die Eintragung ist hier bedeutungslos); sie kann im Falle des § 45 GenG aber auch noch weiter bestehen (§ 77 Abs. 3 GenG). In dieser Zeit üben die Erben alle Rechte und Pflichten der Mitgliedschaft aus (§ 77 Abs. 1 GenG). In welchem Umfang – ob nur mit dem Nachlaß oder auch mit ihrem eigenen Vermögen – die Erben für die Verpflichtungen des Erblassers haften, bestimmt sich nach bürgerlichem Recht (§§ 1967 ff. BGB, siehe auch *Citron* KuT 1934/35).

Wenn die Nachschüsse zur Befriedigung der Konkursgläubiger nicht ausreichen, so sind die weiter erforderlichen Beträge von den innerhalb der letzten 18 Monate vor der Konkurseröffnung ausgeschiedenen Genossen, welche nicht schon nach § 75 oder 76 Abs. 4 GenG der Nachschußpflicht unterliegen, zu leisten (§ 115b GenG).

520 Die **Höhe der Beiträge,** die von den in die Berechnung aufgenommenen Genossen zu leisten sind, ist wie folgt zu bestimmen:

Die Genossen haften, wenn nicht die Satzung ein anderes Beitragsverhältnis vorsieht (z. B. bei einer beschränkten Haftpflicht nach dem Verhältnis der Zahl der Geschäftsanteile) nach Kopfteilen (§ 105 Abs. 2 GenG).

Bei der **Vorschußberechnung** und den **Zusatzberechnungen** zu dieser, werden die Beiträge auf sämtliche Beitragspflichtige umgelegt (§§ 106 Abs. 2 S. 1, 113 Abs. 1 S. 2 GenG). Die Höhe der Beiträge ist aber derart zu bemessen, daß durch ein vorauszusehendes Unvermögen einzelner Genossen

zur Leistung von Beiträgen, ein Ausfall an dem zu deckenden Gesamtbetrag nicht entsteht (§§ 106 Abs. 2 S. 2, 113 Abs. 1 S. 2 GenG). Durch die Umlage wird keine fremde Verbindlichkeit übernommen; bei Beteiligung eines Minderjährigen bedarf es daher keiner vormundschaftsgerichtlichen Genehmigung. Ein Rückgriffsrecht ist ausgeschlossen (*M-M,* § 105 Anm. 6 mit weit. Hinw.). Bei der **Nachschußberechnung** werden auf diejenigen Genossen, deren Unvermögen zur Leistung von Beiträgen sich herausgestellt hat, Beiträge nicht verteilt (§ 114 Abs. 3 GenG). Die Beiträge, die auf solche Genossen entfallen würden, werden auf die übrigen umgelegt (§ 105 Abs. 3 GenG).
Bei der Berechnung der Beitragspflicht der **ausgeschiedenen Genossen,** wird der Fehlbetrag, der sich auf Grund der Nachschußberechnung der für die Genossen beigegebenen Bilanz unter Absetzung der von den Genossen tatsächlichen gezahlten Vor- und Nachschüsse ergibt, auf die ausgeschiedenen Genossen verteilt (§ 115c GenG).
Auch unvermögende Genossen sind mit aufzunehmen, jedoch ist dies bei der Berechnung der nachzuschießenden Beträge zu berücksichtigen (*M-M,* § 115c Anm. 1).
Bei allen Berechnungen ist jedoch zu beachten, daß bei einer beschränkten Haftungssumme diese nicht überschritten werden darf (§ 119 GenG).
Muster für ein Verzeichnis der Genossen s. *Schrader-Bauer,* Rn 707; *M-M,* § 106 Anm. 5.

3. Die Verhandlung über die Berechnung, die Feststellung und Vollstreckung

Neben der Berechnung der Nachschüsse hat der Verwalter die Liste der **521**
einzelnen Genossen mit deren genauer Bezeichnung und Anschrift sowie der Angabe der nachzuschießenden Beträge dem Konkursgericht mit dem Antrag einzureichen, sie für vollstreckbar zu erklären. Wird das Genossenschaftsregister nicht bei dem Konkursgericht geführt, so ist dem Antrage eine beglaubigte Abschrift der Satzung und der Liste der Genossen beizufügen (§§ 106 Abs. 3, 113, 114 GenG).
Das Konkursgericht hat zur Erklärung über die Berechnung einen Termin zu bestimmen, der nicht über zwei Wochen hinaus (gerechnet ab Wirksamkeit der öffentlichen Bekanntmachung, § 76 Abs. 1) anberaumt werden darf (§ 107 Abs. 1 GenG). Der Termin ist gemäß § 76 öffentlich bekanntzumachen (§ 107 Abs. 1 S. 2 GenG). Daneben sind die in der Berechnung aufgeführten Genossen durch Aufgabe zur Post (§ 77 Abs. 1 S. 1) besonders zu laden (§ 107 Abs. 1 S. 2 GenG).
Die Bekanntmachung und die Ladungen haben den Gegenstand des Termins

anzugeben, auch ist in ihnen darauf hinzuweisen, daß die Berechnung auf der Geschäftsstelle zur Einsicht der Beteiligten entweder schon niedergelegt ist oder spätestens drei Tage vor dem Termin niedergelegt werden wird (§ 107 Abs. 2 GenG). **Muster** für Terminbestimmung, Veröffentlichung und Ladung s. *Schrader-Bauer,* Rn 709–711.

Diese Niederlegung der Berechnung auf der Geschäftsstelle muß in jedem Fall spätestens drei Tage vor dem Termin erfolgen (§§ 107, 113, 114 GenG). Kann diese Frist nicht eingehalten werden, so ist der Termin zu vertagen, andernfalls besteht ein Anfechtungsgrund nach § 111 GenG.

Die Einsicht der Berechnung auf der Geschäftsstelle ist den Mitgliedern des Vorstandes und des Aufsichtsrates, den Liquidatoren, dem Verwalter, den Mitgliedern des Gläubigerausschusses und jedem in der Berechnung aufgenommenen Genossen, ferner jedem Konkursgläubiger zu gestatten.

522 **Einwendungen** können gegen die Berechnung nur im Termin erhoben werden (RGZ 69, 370). Einwendungsberechtigt ist jeder Genosse (sowie die Personen, die anstelle von Genossen haften), der nach der Berechnung zu einem Beitrag herangezogen werden soll, ferner Vorstand, Aufsichtsrat und Gläubigerausschuß.

Die Einwendungen können sich richten:

Dagegen, daß die allgemeinen Grundlagen der Berechnung (Teilungsmasse, Schuldenmasse) unrichtig angenommen seien,

oder dagegen, daß der Einwendende überhaupt oder zu einem zu hohen Betrag als beitragspflichtig veranlagt sei (zur Zulässigkeit der Aufrechnung s. *M-M,* § 105 Anm. 8 mit weit. Hinw.) oder endlich dagegen, daß ein anderer, der mit heranzuziehen ist, nicht oder in einem zu geringen Beitrag als beitragspflichtig veranlagt sei.

Keine begründeten Einwendungen sind z. B. die betrügerische Verleitung zum Beitritt durch den Vorstand (RGZ 45, 106; 57, 292 und 68, 344), sowie Tatsachen, aus denen der Genosse Schadensersatzansprüche gegen den Vorstand oder Aufsichtsrat zu haben glaubt (OLG Königsberg KuT 1936, 14) so z. B. aus unterlassener Weiterleitung der Kündigung.

In dem Termin sind der Vorstand (bzw. die Liquidatoren), der Aufsichtsrat, der Verwalter und der Gläubigerausschuß, ferner, soweit Einwendungen erhoben werden, die hierbei Beteiligten über die Berechnung und die Einwendungen zu hören (§ 108 Abs. 1 GenG).

523 Das Gericht hat über die Einwendungen zu entscheiden und auf Grund der Satzung, der Liste der Genossen, der Konkursakten und dem Ergebnis der durchgeführten Erörterungen über etwaige Berichtigungen der Berechnung zu befinden. Es kann auch von amtswegen – ohne Einwendungen – die Berechnung prüfen und Berichtigungen veranlassen. Dies wird bereits vor der Terminsanberaumung zweckmäßig sein; § 75 ist hier anwendbar.

Sind die Einwendungen nicht ohne weitere Ermittlungen zu klären, so ist der Einwendende auf den Weg der Anfechtungsklage (§ 111 GenG) zu verweisen.

Die erforderlichen **Berichtigungen** der Berechnung nimmt das Gericht entweder sofort selbst vor oder überträgt sie, wenn dies nicht tunlich ist, dem Verwalter (§ 108 Abs. 2 S. 1 GenG), indem es die Verhandlung und Entscheidung einstweilen aussetzt. Im letzteren Falle hat es einen neuen Termin nicht über eine Woche hinaus anzuberaumen (§ 108 Abs. 2 S. 2 GenG), der nach § 93 Abs. 2 nur durch Verkündung bekanntgemacht zu werden braucht (**a. M.** RG7 137, 243, das erneute öffentliche Bekanntmachung fordert).

Die Entscheidung über die Berechnung ist nach Vornahme der erforderlichen Berichtigungen durch Beschluß im Termin zu verkünden, die Berechnung ist für vollstreckbar zu erklären und sodann mit diesem Beschluß auf der Geschäftsstelle zur Einsicht der Beteiligten niederzulegen (§§ 108 Abs. 2, 113, 114 GenG). Eine besondere Zustellung findet daneben nicht statt.

Muster eines Terminsprotokolls siehe *Schrader-Bauer,* Rn 713.

Gegen die Entscheidung des Konkursgerichts, welche die Vollstreckbarkeit der Berechnung ausspricht, gibt es kein Rechtsmittel (§ 108 Abs. 3 GenG); hat jedoch der Rechtspfleger entschieden, so ist die Erinnerung zulässig (§ 11 RpflG). Dagegen kann jeder Genosse die für vollstreckbar erklärte Berechnung mittels Klage (Gestaltungs-, keine Feststellungsklage, *M-M,* § 111 Anm. 1 mit weit. Hinw.) die gegen den Verwalter zu richten ist, binnen einer Notfrist von einem Monat seit Verkündung der Entscheidung anfechten, sofern er den Anfechtungsgrund im Termin geltendgemacht hat (RGZ 69, 370), oder ohne sein Verschulden geltendzumachen außerstande gewesen ist (RGZ 137, 246; §§ 111 Abs. 1, 113, 114 GenG). Auch ein Rechtsirrtum kann entschuldbar sein (RGZ 50, 131). Dagegen können Genossen, die die Berechnung verspätet angefochten haben, nicht geltend machen, daß ein anderer Genosse mit dem gleichen Anfechtungsgrund obsiegt habe (RGZ 139, 168). **524**

Klagegründe sind nicht nur die Einwendungen, sondern auch wesentliche Verfahrensmängel, wie unterlassene Bekanntmachung des Erklärungstermins, Versagung des rechtlichen Gehörs, Nichteinhaltung der Fristen nach §§ 107, 108 GenG (*M-M,* § 111 Anm. 3). Das in dem Anfechtungsprozeß ergehende Urteil wirkt, wenn es rechtskräftig geworden ist, für und gegen alle beitragspflichtigen Genossen (§ 111 Abs. 2 GenG).

In bestimmten Fällen sind auch Feststellungsklage, sowie Vollstreckungsgegenklage zulässig (siehe hierzu *M-M,* § 111 Anm. 7).

Auf Grund der für vollstreckbar erklärten Berechnung findet gegen die darin **525** aufgeführten Genossen wegen der berechneten Beträge die Zwangsvollstreckung nach den Vorschriften der ZPO statt (nach RGZ 69, 370 = Gruchot

53, 1145 – gilt das selbst für Forderungsbeträge, die zu Unrecht vom Verwalter in die Berechnung aufgenommen sind, wenn der Genosse es versäumt hat, dagegen Einwendungen und ggfs. Anfechtungsklage zu erheben).

Zum Zwecke der Zwangsvollstreckung gegen einen Genossen erhält der Verwalter auf Antrag eine vollstreckbare Ausfertigung der gerichtlichen Entscheidung, verbunden mit einem Auszug der Berechnung, aus dem der von dem Genossen zu leistende Betrag hervorgeht (§§ 109 Abs. 2, 113, 114 GenG).

Muster für vollstreckbare Ausfertigung s. *Schrader-Bauer,* Rn 730; *Bauer* KTS 1960, 51.

Zur funktionellen Zuständigkeit für die Erteilung der vollstreckbaren Ausfertigung siehe Rn 510.

526 Wenn der durch die Übertragung seines Geschäftsguthabens nach § 76 GenG **ausgeschiedene Genosse** wegen der Vorschüsse des Übernehmers auf Grund der Vermögenslosigkeit desselben nach § 76 Abs. 4 GenG in Anspruch genommen werden soll, so hat der Verwalter den Nachweis des Unvermögens des Übernehmers durch öffentliche oder öffentlich beglaubigte Urkunden zu führen (Fruchtlosigkeitsbescheinigung des Gerichtsvollziehers) § 726 ZPO.

Hat der Genosse eine Anfechtungsklage erhoben, so kann er unter den Voraussetzungen und nach Maßgabe der §§ 769, 770 ZPO Einstellung der Zwangsvollstreckung, sowie Aufhebung bereits erfolgter Vollstreckungsmaßregeln beim Prozeßgericht beantragen (§ 112 Abs. 4 GenG).

527 **Aufrechnung** gegen eine Nachschußschuld ist einem Genossen nur gestattet, falls er als Konkursgläubiger Befriedigung wegen seiner Forderung aus den Nachschüssen zu verlagen hat (§ 105 Abs. 5 GenG; *M-M,* § 105 Anm. 8).

Die Ansprüche aus der Vorschuß- und Nachschußberechnung (§§ 106, 114 Abs. 3 GenG) können in beschränktem Umfang nach Anhörung des Prüfungsverbandes und mit Genehmigung des Konkursgerichts **abgetreten** werden (§ 108a GenG).

528 **Vergleiche** des Verwalters mit den einzelnen Genossen über die zu leistenden Nachschüsse können nur mit Zustimmung des Gläubigerausschusses geschlossen werden und bedürfen zu ihrer Wirksamkeit der Bestätigung durch das Konkursgericht (§ 112a GenG). Der Vergleich kann auf teilweisen Erlaß oder Ratenzahlung lauten. Zulässig ist er bei den Vorschüssen nach § 106 GenG, den Nachschüssen nach § 114 GenG, den Ansprüchen aus den Zusatzberechnungen § 113 GenG und den Nachschüssen bei ausgechiedenen Genossen nach § 115b GenG.

Der Vergleich wird hinfällig, wenn der Genosse mit seiner Erfüllung in Verzug gerät (§ 112a Abs. 2 GenG). Soweit nicht ein bestimmter Zahlungstermin bestimmt ist, tritt der Verzug erst durch Mahnung ein. Ist eine Respektsfrist bewilligt, so tritt der Verzug nicht ein, wenn der Genosse innerhalb dieser Frist bezahlt.

4. Die Verteilung der eingezogenen Nachschüsse

Die auf Grund der Vorschußberechnung eingezogenen Umlagen werden 529
nicht sofort an die Konkursgläubiger verteilt, sondern – mit der Ausnahme des § 115a GenG – bis zur Schlußverteilung so, wie es die Gläubigerversammlung auf Grund des § 132 KO beschließt, hinterlegt oder angelegt (§ 110 GenG).
Die Verteilung erfolgt erst, nachdem die Nachschußberechnung für vollstreckbar erklärt worden ist und natürlich nur insoweit, als die eingezogenen Beträge zur Befriedigung der bei der Schlußverteilung zu berücksichtigenden Forderungen erforderlich sind. Die auf Grund der Nachschußberechnung eingehenden Umlagen werden verteilt, sobald und so oft hinreichender Bestand vorhanden ist. Sämtliche Verteilungen werden im Wege der Nachtragsverteilung gemäß § 166 vorgenommen; die Schlußverteilung (Rn 387 ff.) erstreckt sich nur auf das eigentliche Genossenschaftsvermögen (§ 115 GenG). Soweit es keiner Nachschußberechnung bedarf, hat der Verwalter die Verteilung unverzüglich vorzunehmen, nachdem mit dem Vollzug der Schlußverteilung begonnen wurde und der Verwalter festgestellt hat, ob und in welcher Höhe nach der Verteilung des Erlöses ein Fehlbetrag verbleibt (§ 115 Abs. 1 S. 2 GenG). Die Grundlage der Verteilung bilden ausschließlich die auf Grund des festgestellten Schlußverzeichnisses (Rn 399) zu berücksichtigenden Forderungen. Zurückzubehalten sind bei der Verteilung der Nachschüsse nicht nur die Beträge, die auf die in § 168 bezeichneten Forderungen entfallen, sondern auch die Anteile auf solche Forderungen, die zwar im Konkurs als festgestellt zu behandeln, aber vom Vorstand der Genossenschaft oder den Liquidatoren im Prüfungstermin ausdrücklich bestritten sind und deshalb der Genossenschaft gegenüber nicht feststehen. Den betroffenen Gläubigern bleibt es überlassen, den Widerspruch des Vorstandes oder der Liquidatoren durch eine Klage gegen die Genossenschaft zu beseitigen (§ 115 Abs. 2 GenG); die Klage muß auch dann vom Gläubiger erhoben werden, wenn der Anspruch tituliert im Sinne des § 146 Abs. 6 war. Unterliegt der Gläubiger, so nimmt er mit einer festgestellten Forderung trotzdem an einer Schluß- oder Nachtragsverteilung aus der eigentlichen Konkursmasse teil.
Was von den eingezogenen Nachschüssen nach Befriedigung bzw. Sicherstellung der Konkursgläubiger noch übrig bleibt, hat der Verwalter an die

Genossen zurückzuzahlen (§ 115 Abs. 3 GenG). In erster Linie sind dabei die Genossen zu berücksichtigen, die nach § 105 Abs. 4 GenG mehr als von ihnen geschuldet gezahlt haben. Reicht die hierzu vorhandene Masse nicht aus, ist das Fehlende durch Fortsetzung des Nachschußverfahrens, wobei aber die Mehrzahlenden mitheranzuziehen sind, zu beschaffen.
Überschüsse sind weiter an die ausgeschiedenen Genossen zu erstatten, soweit sie nach § 115b, 115 c GenG herangezogen wurden (§ 115d Abs. 2 GenG).
Im übrigen ist der Aufteilungsschlüssel bei der Rückzahlung umstritten, jedoch wird man wohl so verfahren müssen, daß die Beträge zurückzuerstatten sind, die bei einer ordnungsgemäßen Berechnung erhoben worden wären (*M-M,* § 115 Anm. 4 mit weit. Hinw.). Bei einem Konkurs, dessen Abwicklung voraussichtlich längere Zeit in Anspruch nehmen wird (etwa mehr als ein Jahr) kann der Verwalter mit Genehmigung des Konkursgerichts sowie des Gläubigerausschusses die eingezogenen Beträge (§ 110 GenG) schon vor dem Beginn der Schlußverteilung im Wege der **Abschlagsverteilung** (Rn 372 ff.) nach den Vorschriften der §§ 149–160 an die Gläubiger verteilen, aber nur insoweit, als nach dem Verhältnis der Schulden zu dem Vermögen anzunehmen ist, daß eine Erstattung eingezogener Beträge an Genossen (§§ 105 Abs. 4, 115 Abs. 3 GenG) nicht in Frage kommt (§ 115a Abs. 1 GenG).
Sollte sich dennoch nach Befriedigung der Gläubiger ein Überschuß aus der Konkursmasse ergeben, so sind die zuviel gezahlten Beträge den Genossen aus dem Überschuß zu erstatten (§ 115a Abs. 2 GenG). Diese Regelung ist erforderlich, da sonst der Verwalter die Beträge nicht an die Genossen, sondern an die Liquidationsmasse auszuzahlen hätte.

Teil XIV: Die eidesstattliche Versicherung des Gemeinschuldners

Da das Inventar des Verwalters zu einem wesentlichen Teil auf den Angaben des GSch beruht, die dieser auf Grund der Auskunftspflicht (§ 100) zu erteilen hat, macht es § 125 möglich, die Richtigkeit und Vollständigkeit des Inventars durch den GSch an Eides Statt versichern zu lassen. 530

Voraussetzung sind die Anfertigung des Inventars (§ 124), sowie ein zulässiger Antrag (§ 125).

Antragsberechtigt sind der Verwalter und jeder Konkursgläubiger. Bei letzteren ist die Forderungsanmeldung erforderlich, nicht aber die Prüfung (*J-W*, § 125 Anm. 2; *M-K*, § 125 Anm. 2; *B-St*, § 125 Anm. 1). Durch den Widerspruch nach § 900 Abs. 5 ZPO kann der GSch aber den Antragsteller zwingen, seine Forderung nachzuweisen; eine Glaubhaftmachung genügt dann nicht. Ist das Vollstreckungsgericht vom Bestand der Forderung nicht überzeugt, so weist es den Antrag zurück. Hiergegen steht dem Antragsteller das Recht der befristeten Rechtspfleger-Erinnerung (§ 11 RpflG) bzw. der sofortigen Beschwerde (§ 793 ZPO) zu.

Absonderungsberechtigte sind nur antragsberechtigt, soweit sie einen Ausfall erleiden; ansonsten steht Absonderungs- und Aussonderungsberechtigten sowie Massegläubigern kein Antragsrecht zu.

Eine **Antragspflicht** besteht auch für den Verwalter nicht. Wenn jedoch triftige Gründe für einen Antrag bestehen, kann eine Unterlassung zur Schadensersatzpflicht führen (§ 82).

Die Antragsbefugnis besteht von der Anfertigung des Inventars an bis zur Aufhebung des Konkursverfahrens. Selbst wenn das Verfahren nach Schlußverteilung oder rechtskräftiger Bestätigung des Zwangsvergleichs aufgehoben wurde, kann die eidesstattliche Versicherung noch abgenommen werden, wenn zur Zeit der Aufhebung ein zulässiger Antrag vorlag. Ein Rechtsschutzbedürfnis ist hier im Hinblick auf § 166 bzw. §§ 196, 197 gegeben (*J-W*, § 125 Anm. 3; *B-St*, § 125 Anm. 2).

Wurde vor Konkurseröffnung die eidesstattliche Versicherung nach § 807 ZPO abgegeben, die Haft gem. § 901 ZPO vollstreckt oder die eidesstattliche Versicherung im Vergleichsverfahren nach § 69 Abs. 2 VerglO abgegeben, so besteht kein Hindernis für das Verfahren nach § 125. Die Versicherung kann jedoch nur einmal verlangt werden. Auch wenn das Höchstmaß der Erzwingungshaft vollstreckt ist, besteht keine Verpflichtung zur Abgabe der eidesstattlichen Versicherung mehr. Diese wiederum hindert nicht die Abgabe nach § 807 ZPO, soweit nicht § 14 entgegen steht (*J-W,* § 125 Anm. 5; *M-K,* § 125 Anm. 7; *B-St,* § 125 Anm. 1 und 2).

531 **Eidespflichtig** ist nur der GSch, nicht seine Angehörigen oder Angestellten (RG Gruchot 47, 915; *J-W,* § 125 Anm. 1; *M-K,* § 125 Anm. 3). Da die Abgabe der eidesstattlichen Versicherung eine Prozeßhandlung ist, muß sie bei Prozeßunfähigen durch den gesetzlichen Vertreter erfolgen. Die Organe z. B. Vorstand oder Liquidatoren, sind bei juristischen Personen zur Abgabe verpflichtet. Durch Scheinrücktritte können sie sich dieser Verpflichtung nicht entziehen (OLG Nürnberg JW 1930, 3783). Bei einer OHG und KG erfolgt die Abgabe der eidesstattlichen Versicherung durch die persönlich haftenden Gesellschafter, im Nachlaßkonkurs durch die Erben. Sind mehrere Personen Träger der GSch-Rolle, so haben auf Antrag alle die eidesstattliche Versicherung abzugeben. Nur die Personen, die zum Zeitpunkt der Konkurseröffnung gesetzlicher Vertreter waren, sind zur Abgabe der eidesstattlichen Versicherung verpflichtet. (*J-W,* § 125 Anm. 9; *M-K,* a.a.O.; *B-St,* § 125 Anm. 1).

Anders als im Falle des § 807 ZPO erstreckt sich die eidesstattliche Versicherung nach § 125 nicht auf das gesamte Vermögen, sondern erfaßt nur das Vermögen, das in die Konkursmasse fällt (RG HRR 1936, 379; BGH DB 1953, 39; *J-W,* § 125 Anm. 1 (2b); *M-K,* § 125 Anm. 4; *B-St,* § 125 Anm. 1). Sie ist nicht wie nach § 807 ZPO auf das Vermögen zum Zeitpunkt der Versicherungsabgabe, sondern auf den Zeitpunkt der Konkurseröffnung abgestellt. Gegenstände, die der GSch vor Konkurseröffnung durch Scheingeschäfte (§ 117 BGB) veräußert hat und Anfechtungsansprüche nach § 37 gehören ebenfalls zur Konkursmasse (RG HRR 1938, 504; RGSt 66, 152; BGHSt 3, 310, *J-W,* § 125 Anm. 1 (2c); *M-K,* § 125 Anm. 3; *B-St,* § 125 Anm. 1). Auch sie hat der GSch anzugeben.

Der Schuldner ist über den Umfang der Versicherungspflicht im Termin ausdrücklich zu belehren und an Hand der Tatbestandsmerkmale der §§ 30, 31 Nr. 2, 32 entsprechend zu befragen. Bezüglich der Absichtsanfechtung nach § 31 Nr. 1 ist aus § 807 ZPO zu schließen, daß der Gesetzgeber dem Schuldner Angaben über Benachteiligungsabsichten nicht zumutet. Hier ist die Befragung auf objektive Tatbestandsmerkmale eines anfechtbaren Rechtsgeschäfts zu beschränken (*J-W,* § 125 Anm. 1, 2c).

Daneben sind vermögenswerte Anwartschaften aufzuführen.

Völlig wertlose Gegenstände bedürfen keiner Angabe (BGH DB 53, 39).

532 Zuständig für die Abnahme der eidesstattlichen Versicherung ist **nicht** das Konkursgericht, sondern das Amtsgericht, bei dem das Konkursverfahren anhängig ist, als **Vollstreckungsgericht** im Sinne des § 899 ZPO (LG Frankfurt KTS 1955, 191). Im Wege der Rechtshilfe kann jedoch ein anderes

Gericht um Abnahme der eidesstattlichen Versicherung ersucht werden (§§ 156 ff. GVG; *J-W,* § 125 Anm. 1 (3); *M-K,* § 125 Anm. 5; *B-St,* § 125 Anm. 1).

Auf das **Verfahren** finden die §§ 217, 496 Abs. 2, 497 ff., 764, 900 ff. ZPO entsprechende Anwendung. Ausgenommen sind §§ 900 Abs. 2 und Abs. 4, 903, 914, 915 ZPO. Wird dem Antrag auf Anberaumung des Termins nicht stattgegeben, so steht dem Antragsteller das Recht der befristeten Rechtspfleger-Erinnerung (§ 11 RpflG) bzw. der sofortigen Beschwerde (§ 793) zu. Dem Schuldner steht gegen eine Terminsanberaumung nur die befristete Rechtspfleger-Erinnerung (§ 11 RPflG) zu, nicht die Beschwerde, da er seine Rechte im Wege des Widerspruchs nach 900 Abs. 5 ZPO (Spezialvorschrift) wahren kann (*J-W,* § 125 Anm. 4). **533**

Da nach § 14 Abs. 5 AktO und Anm. 2 zu Muster 15 der AktO die Abnahme der eidesstattlichen Versicherung nicht in das M-Register eingetragen wird, sind die Aktenstücke zu den Konkursakten zu nehmen (*J-W,* § 125 Anm. 3 mit weit. Hinw.).

Der Termin ist nicht öffentlich, da es sich um keine Sitzung eines erkennenden Gerichts handelt (§ 169 GVG). Der Anwesenheit des Antragstellers, gleichgültig, ob dies ein Gläubiger oder der Verwalter ist, bedarf es nicht.

Nach den Angaben zur Person hat sich der Schuldner zum Inventar und den oben bezeichneten Anfechtungsansprüchen zu erklären. Er kann nicht nach § 900 Abs. 5 ZPO seinen Widerspruch darauf stützen, daß das Inventar nicht ordnungsgemäß und vollständig vom Verwalter errichtet wurde. Es ist ja gerade der Zweck der eidesstattlichen Versicherung, derartige Mängel zu beseitigen (LG Frankfurt KTS 1955, 191 ff.; *J-W,* § 125 Anm. 5 am Ende; *B-St,* § 125 Anm. 1). Bestehen Zweifel über die Massezugehörigkeit einzelner Gegenstände, so sind diese notfalls im Protokoll zu vermerken, begründen aber kein wirksames Widerspruchsrecht (LG Frankfurt a.a.O.; *J-W,* § 125 Anm. 1 (2e); *B-St,* § 125 Anm. 1).

Bei **Widersprüchen,** insbesondere gegen die Leistungspflicht hat das Gericht nach § 900 Abs. 5 ZPO durch Beschluß zu entscheiden, ebenso beim Ausbleiben des Antragstellers. Ist der Beschluß im Termin verkündet, so bedarf er noch der Zustellung auf Betreiben der Partei. Ergeht er außerhalb des Termins, so ist er von amtswegen zuzustellen. Streitig ist nur, ob der Beschluß an den Prozeßbevollmächtigten oder an den Schuldner zuzustellen ist (vgl. *Wieczorek,* § 900 Anm. D IIIe). **534**

Wird der Antrag auf Abgabe der eidesstattlichen Versicherung abgelehnt, so steht dem Antragsteller, wird der Widerspruch des GSch zurückgewiesen, dem GSch das Recht der befristeten Rechtspfleger-Erinnerung (§ 11 RpflG) bzw. der sofortigen Beschwerde zu (§§ 793, 577 ZPO). Die Abgabe der eidesstattlichen Versicherung erfolgt dann erst nach Rechtskraft der Entscheidung (§ 900 Abs. 5 S. 2 ZPO). Nur wenn ein früherer Widerspruch bereits rechtskräftig verworfen wurde, kann das Vollstreckungsgericht zur Vermeidung von Verschleppungen vor der Rechtskraft die Abgabe der eidesstattlichen Versicherung anordnen (§ 900 Abs. 5 S. 2 ZPO). Zu beachten ist, daß der Schuldner im neuen Termin nur Gründe vortragen kann, die er bisher noch nicht vortragen konnte (*J-W,* § 125 Anm. 5 mit weit. Hinw.).

Hat sich der Schuldner zur Person und zur Sache erklärt, nachdem er über die Anfechtungstatbestände belehrt wurde, so ist das Protokoll insoweit vorzulesen und dies, sowie dessen Genehmigung zu vermerken (§ 162 ZPO). Hierauf muß der Schuldner auf die Bedeutung der eidesstattlichen Versicherung hingewiesen werden (§§ 807 Abs. 2 S. 2, 480 ZPO) sowie auf die Strafbarkeit einer vorsätzlichen oder fahrlässig falschen Versicherung an Eides Statt (§§ 156, 163 StGB). Die anschließende Versicherungsformel kann dann wie folgt lauten: „Nach Belehrung über die Anfechtungstatbestände im Konkurs, sowie die Bedeutung der Versicherung an Eides Statt und die Strafbarkeit einer vorsätzlichen oder fahrlässigen falschen Versicherung an Eides Statt erklärte . . ., daß er/sie nach bestem Wissen nicht imstande sei, außer dem im Inventar bezeichneten und heute erörterten Vermögen noch weiteres zur Konkursmasse gehöriges Vermögen anzugeben, insbesondere ihm/ihr – weitere – anfechtbare Rechtshandlungen nicht bekannt seien; er/sie versicherte dies an Eides Statt." (Siehe auch *Siegelmann* KTS 1963, 158.) Zur Versicherungsformel für einen gesetzlichen Vertreter z. B. Vormund (zwar noch abgestellt auf den Eid) siehe *J-W,* § 125 Anm. 9.

Muster eines Terminsprotokolls siehe *Schrader-Bauer,* Rn 331 und **Anlage J.**

535 Erscheint der Schuldner trotz ordnungsgemäßer Ladung nicht zum Termin, so ruht das Verfahren, wenn kein Haftbefehlsantrag vorliegt. Nach Einreichung desselben ist die Akte dem Richter zur Entscheidung über den Haftbefehl vorzulegen (§§ 20 Nr. 17; § 4 Abs. 2 Nr. 2 RpflG). Die Vollstreckung des Haftbefehls erfolgt nicht von amtswegen, sondern auf Antrag des das Verfahren betreibenden Verwalters oder Gläubigers, durch den der Gerichtsvollzieher beauftrag wird.

Die Abgabe der eidesstattlichen Versicherung und die Anordnung der Haft werden **nicht** in die Schuldnerkartei eingetragen (*B-St,* § 125 Anm. 4).

Die Verweigerung der eidesstattlichen Versicherung bildet im Zwangsvergleichsverfahren einen Ablehnungsgrund (§ 175 Nr. 1).

536 Für das Verfahren zur Abnahme der eidesstattlichen Versicherung nach § 125 einschließlich des Verfahrens über Anträge zu deren Erzwingung werden **Gebühren** nicht erhoben (§ 54 GKG). Die Auslagen, insbesondere die Haftkosten (§ 92 Nr. 11 GKG) hat der Antragsteller zu begleichen (§ 95 Abs. 1 GKG). Betreibt der Verwalter das Verfahren, so gehört insbesondere

der Haftkostenvorschuß nach § 911 ZPO zu den Massekosten nach § 58 Nr. 1.
Ein Gläubiger hat die Kosten selbst zu tragen; nur soweit auf Grund des Versicherungsverfahrens die Masse bereichert wird, besteht ein Erstattungsanspruch nach § 59 Nr. 4.
Nicht gebührenfrei ist das Beschwerdeverfahren (§ 55 GKG). Die Kosten der erfolglosen Beschwerde eines Gläubigers hat dieser selbst zu tragen (§ 97 Abs. 1 ZPO), die der Beschwerde eines Verwalters sind Masseschulden nach § 59 Nr. 1.
Für die Entscheidungen nach § 900 Abs. 5, § 901 ZPO entstehen keine Gebühren. Der Gemeinschuldner hat seine Reisekosten zum Termin selbst zu tragen (§ 788 ZPO; *J-W,* § 125 Anm. 8; *M-K,* § 125 Anm. 9; *B-St,* § 125 Anm. 3).

Teil XV: Auslagen und Honorar des Verwalters

1. Allgemeines

Der Verwalter hat Anspruch auf Erstattung angemessener barer Auslagen und auf Vergütung für seine Geschäftsführung. Der Anspruch für die Vergütung entsteht mit der Tätigkeit, für die Auslagen mit deren Aufwendung (OLG Kassel KuT 1936, 152 = HRR 1936, 1360; *J-W,* § 85 Anm. 4). Fällig im Sinne des § 273 BGB werden die Ansprüche erst mit der gerichtlichen Festsetzung (*J-W* a.a.O.). Zur Honorarfestsetzung ungetreuer Verwalter siehe *Nehrkorn* KuT 1931, 120. Grundlage für die Festsetzung bilden § 85 und die *Verordnung über die Vergütung des Konkursverwalters, des Vergleichsverwalters, der Mitglieder des Gläubigerausschusses und der Mitglieder des Gläubigerbeirats vom 25. 5. 1960* (BGBl I S. 329), in der Fassung vom 22. 12. 1967 (BGBl I S. 1366) bzw. vom 19. 7. 72 (BGBl I S. 1260) im weiteren als *VergVO* bezeichnet (abgedr. bei *B-St,* Anhang 6, und kommentiert von *Böhle-Stamschräder* in KTS 1960, 108).
Die Festsetzung erfolgt durch das Gericht (§ 85 Abs. 1, S. 2 KO, § 6 Abs. 1 VergVO). Private Vereinbarungen über die Vergütung und den Ersatz von Auslagen zwischen dem Konkursverwalter einerseits und den Konkursgläubigern oder dem GSch andererseits sind vor Beendigung des Konkursverfahrens unzulässig und nichtig. Dies ergibt sich aus § 85 und soll die Unabhängigkeit des Verwalters sicherstellen (RG 147, 367; *J-W,* § 85 Anm. 2; *M-K,* § 85 Anm. 15; *B-St,* § 85 Anm. 6).
Auch für Tätigkeiten, die im Zusammenhang mit dem Zustandekommen eines Zwangsvergleichs vom Verwalter ausgeübt werden, sind private Honorar-Vereinbarungen vor Konkursbeendigung nichtig (*J-W,* § 85 Anm. 2; *M-K,* § 85 Anm. 15; *B-St,* § 85 Anm. 1 c). Jedoch können solche Vereinbarungen bei der Festsetzung der Vergütung berücksichtigt werden (LG Kassel JW 1929, 1701 ff.; *J-W,* § 85 Anm. 3 mit weit. Hinw.; *Böhle-Stamschräder* KTS 1960, 110). Hiervon ist jedoch zu unterscheiden die Tätigkeit des Verwalters nach Annahme und Bestätigung des Zwangsvergleichs, insbesondere die Auszahlung der Zwangsvergleichsquote. Diese Tätigkeit wird nicht mehr als Verwalter ausgeübt, sondern auf Grund eines Geschäftsbesorgungsvertrages im Sinne von § 675 BGB. Soweit nicht etwas anderes vereinbart ist, kann hierfür eine zusätzliche Vergütung nach §§ 675, 612 Abs. 1 und 2 BGB beansprucht werden (LG Düsseldorf KTS 1959, 28; OLG Braunschweig KTS 1968, 187; *Mohrbutter* KTS 1967, 181 und 182; *B-St,* § 85 Anm. 1 c und 6).

Unwirksam sind auch Vereinbarungen des Verwalters, daß der Käufer von Massegegenständen Gebühren nach §§ 118, 23 BRAGebO bezahlt (LG Kaiserslautern MDR 1972, 154; *B-St,* § 85 Anm. 6). Gleiches wird bezüglich der Regelung und Herausgabe von Aus- und Absonderungsrechten zu gelten haben.
Nach Verfahrensbeendigung geschlossene Vereinbarungen über ein zusätzliches Honorar sind dagegen wirksam (*J-W,* § 85 Anm. 2 am Ende mit weit. Hinw.).

2. Die Auslagen des Verwalters

Die **allgemeinen Geschäftsunkosten** sind durch die Vergütung abgegolten (§ 5 Abs. 1 S. 1 VergVO). Hierzu gehören der Büroaufwand des Verwalters, sowie Schreibgebühren und Gehälter von Angestellten, die im Rahmen ihrer laufenden Arbeiten auch bei der Konkursverwaltung beschäftigt werden (§ 5 Abs. 1 S. 2 und 3 VergVO). Nach § 5 Abs. 1 S. 4 VergVO gilt dies auch für die Kosten einer **Haftpflichtversicherung.** Dies wird auf alle Fälle dann gelten müssen, wenn es sich um eine allgemeine Haftpflichtversicherung als Konkursverwalter handelt. Die Literatur ist sich jedoch darüber einig, daß in Fällen von besonders großen Haftungsrisiken, für die eine eigene Haftpflichtversicherung abgeschlossen wird, die Überschreitung des Regelsatzes nach § 4 VergVO gerechtfertigt ist (*J-W,* § 85 Anm. 2 b; *M-K,* § 85 Anm. 9; *B-St,* § 85 Anm. 1 e; *Böhle-Stammschräder* KTS 1960, 111; *Stein* KTS 1956, 1). Bei Konkursen mit einer Bruttoaktivmasse von etwa 10 Millionen und mehr, bzw. einer Gläubigerzahl von 2000, 5000 usw., sowie in extremen Ausnahmefällen, kann es bei der Höhe der Versicherungsprämie (die Zahl der Versicherungsgesellschaften, die das Risiko wiederum nur nach Rückversicherung übernehmen, ist sehr begrenzt) dem Verwalter nicht mehr zumutbar sein, nur einen Teil der Kosten erstattet zu erhalten. Hier wird man bei Abschluß der Versicherung dem Verwalter auf Antrag die Genehmigung zu erteilen haben, daß er die Prämie in vollem Umfang als Auslagen der Masse entnehmen kann (so auch *Uhlenbruck* in KTS 1973, 174; **a.M.** mit Hinw. *J-W,* § 85 Anm. 2 b). Es ist jedoch darauf zu achten, daß die Versicherung nur auf ein Jahr abgeschlossen wird. Nach diesem Zeitpunkt ist erneut zu prüfen, ob die Voraussetzungen noch gegeben sind. Erfahrungsgemäß kann dann die Versicherungssumme erheblich reduziert werden und es ist ggf. die Belastung des Verwalters mit der Prämie zumutbar. Da die größten Risiken im ersten Jahr nach der Konkurseröffnung liegen, und die Haftung auch bei Beendigung des Vertrages bestehen bleibt, hat sich diese Verfahrensweise als zweckmäßig erwiesen. Der Abschluß eines Versicherungsvertrages auf eine kürzere Zeit bringt wegen des großen Risikos für die Versicherung nur unwesentliche Einsparungen, die in keinem Verhältnis zur Jahresprämie stehen.

Diese Handlungsweise dürfte auch im Interesse der Gläubiger liegen, da der Verwalter erheblich freier handeln kann und nicht bei jeder zweifelhaften Rechtslage gegenüber kapitalkräftigen Gegnern zurückstecken muß. Bei dieser Verfahrensweise ist es auch möglich, überdurchschnittlich qualifizierte Verwalter zu finden.

540 **Besondere Unkosten,** das sind Kosten, die dem Verwalter im Einzelfall tatsächlich erwachsen, werden erstattet. Hierzu gehören u. a. Reisekosten, Porti, Telefon- und Telegrammgebühren, Ausgaben für Papier und Kosten für die Einstellung von Hilfskräften für bestimmte Aufgaben im Rahmen der Konkursverwaltung (§ 5 Abs. 2 VergVO). Auch soweit vorhandene Hilfskräfte aus besonderen Umständen zur Mitarbeit herangezogen werden, können diese Aufwendungen als Auslagen beansprucht werden (LG Altona KuT 1936, 117; *J-W,* § 85 Anm. 2 b; *M-K,* § 85 Anm. 10; *B-St,* § 85 Anm. 3). Werden jedoch Angestellte auf Rechnung der Masse eingestellt oder weiterbeschäftigt, so sind diese Aufwendungen Masseschulden nach § 59 Abs. 1 Nr. 1.

Keine Auslagen, sondern Masseverbindlichkeiten sind Prozeßkosten eines Rechtsanwalts. War der Verwalter selbst Rechtsanwalt und hat er den Prozeß geführt, so sind seine Gebühren Massekosten (BGH KTS 1971, 200 = Rpfleger 1971, 102). Die Massekosten und Masseschulden kann der Verwalter ohne weiteres aus der Masse entnehmen, er braucht nicht um ihre Festsetzung zum Zwecke der Erstattung nachzusuchen.

3. Das Honorar des Verwalters

541 Die Bemessung der Vergütung des Verwalters für seine Geschäftsführung richtet sich nach der VergVO. Grundlage bildet grundsätzlich die Teilungsmasse, die aus der Schlußrechnung entnommen werden kann (§ 1 Abs. 1 VergVO). Zu ihr gehört die Konkursmasse nach §§ 1 und 2. Vermögenswerte, die ausgesondert werden können, scheiden aus. Absonderungsrechte werden nur hinsichtlich des Übererlöses berücksichtigt; Ausnahme: Vermieterpfandrecht (§ 2 Nr. 1 und 2 VergVO). Massekosten und Masseschulden werden nicht abgesetzt. Nur von einem Rechtsanwalt-Konkursverwalter entnommene Gebühren, die nicht mehr in die Masse geflossen sind, müssen abgezogen werden (§ 2 Nr. 3 VergVO). Bei Aufrechnungen und Geschäftsfortführungen wird nur der Überschuß berücksichtigt (§ 2 Nr. 4 und 5 VergVO). Unberücksichtigt bleibt weiter ein von einem anderen als dem

GSch geleisteter Vorschuß zur Durchführung des Verfahrens, ein von einem Dritten zur Erfüllung eines Zwangsvergleichs bereit gestellten Betrag und ein Verzicht eines Gläubigers auf seine Forderung (§ 2 Nr. 6 VergVO).
Ist der Gesamtbetrag der Forderungen ausnahmsweise geringer als die Teilungsmasse, so bildet er die Bemessungsgrundlage (§ 1 Abs. 2 VergVO).
Die Vergütung richtet sich nach der Vergütungsstaffel (§ 3 Abs. 1 VergVO). Sie enthält die Regelsätze. Bei der Berechnung ist zu beachten, daß sich die Vergütung im allgemeinen aus mehreren Teilbeträgen zusammensetzt, z. B. die Regelvergütung bei einer Teilungsmasse von 50 000 DM aus 15% von 10 000 DM = 1500 DM + 12% aus 40 000 DM = 4800 DM, so daß sich ein Gesamtbetrag von 6300 DM ergibt. Weiteres **Muster** siehe *B-St*, § 85 Anm. 1 b.
Die Vergütung soll in der Regel mindestens 400 DM betragen (§ 3 Abs. 2 VergVO).
Sind **mehrere Konkursverwalter nebeneinander** bestellt, so sind die Vergü- **542**
tungen so zu berechnen, daß sie zusammen den Betrag nicht überschreiten, der in der VergVO als Vergütung für einen Konkursverwalter vorgesehen ist (§ 3 Abs. 3 VergVO).
Bei der Bestellung mehrerer Konkursverwalter **nacheinander,** wird die Vergütung des einzelnen Verwalters nach seiner Schlußrechnung berechnet (*Böhle-Stamschräder* KTS 1960, 110). Der ungetreue Verwalter erhält nur insoweit eine Vergütung, als seine Tätigkeit dem Nachfolger noch zugutekommt (LG Stade MDR 1959, 768).
Von den Regelsätzen kann nach oben oder unten **abgewichen** werden (§ 4 **543**
VergVO). Voraussetzung hierfür ist ein Mißverhältnis zwischen der Tätigkeit und der Regelvergütung (LG Düsseldorf KTS 1963, 61). Dies ist immer dann gegeben, wenn Besonderheiten in der Geschäftsführung des Verwalters vorliegen (§ 4 Abs. 1 VergVO).
Eine Überschreitung des Regelsatzes ist z. B. erforderlich (§ 4 Abs. 2 VergVO) wenn

- die Bearbeitung der Aus- und Absonderungsrechte einen erheblichen Teil der Verwaltertätigkeit ausmacht, ohne daß die Teilungsmasse entsprechend größer geworden ist, oder
- der Verwalter zur Vermeidung von Nachteilen für die Konkursmasse das Geschäft weitergeführt oder Häuser verwaltet hat, ohne daß die Teilungsmasse entsprechend größer geworden ist.

Ein Zurückbleiben kann gerechtfertigt sein (§ 4 Abs. 3 VergVO) wenn

- der Verwalter in einem früheren Vergleichsverfahren als Vergleichsverwalter erhebliche Vorarbeiten für das Konkursverfahren geleistet und dafür eine entsprechende Vergütung erhalten hat; oder

- die Masse bereits zu einem wesentlichen Teil verwertet war, als der Verwalter das Amt übernahm; oder
- das Konkursverfahren vorzeitig beendet wird (etwa durch Aufhebung des Eröffnungsbeschlusses oder durch Einstellung des Verfahrens); oder
- die Teilungsmasse groß war und die Geschäftsführung verhältnismäßig geringe Anforderungen an den Verwalter stellte.

Diese Aufzählung ist nicht erschöpfend (*Böhle-Stamschräder* KTS 1960, 110; LG Oldenburg KTS 1971, 229; siehe hierzu auch *5J-W*, § 85 Anm. 2 a; *M-K*, § 85 Anm. 5 und 6; *B-St*, § 85 Anm. 1 c).
Bezüglich der **Höhe der Überschreitung** der Regelsätze gehen die Ansichten weit auseinander. Soweit bekannt, geht man bis zum 11-fachen Betrag (LG Berlin KTS 1969, 118 – bis 3facher Betrag – LG Augsburg KTS 1974, 241 – 2- bis 3facher Betrag – siehe hierzu *Schmidt* KTS 1970, 147 ff. und KTS 1974, 197 ff.).
Das AG Tübingen (KTS 1975, 135) wählt z. B. als Richtgröße für die Verwaltervergütung im Konkurs einer Aktiengesellschaft für die beiden ersten Jahre nach der Eröffnung des Konkursverfahrens je einen etwa den Bezügen eines Vorstandsvorsitzenden eines Betriebes dieser Größe entsprechenden Betrag, für die folgenden Jahre je $^1/_5$ dieser Bezüge. Diese Entscheidung wird nicht mehr mit der VergVO zu vereinbaren sein.
Das Amtsgericht München hat bisher nie mehr als einen Maximalzuschlag von 100% bewilligt.

544 **Nachtragsverteilungen** können besonders vergütet werden (§ 4 VergVO). Hiervon ist abzusehen, wenn kein neuer Verwalter bestellt ist, die Verteilung keine besondere Mühe erfordert hat und die auszuzahlenden Beträge, sowie die Anzahl der Gläubiger klein waren. Im übrigen muß die Vergütung angemessen sein. Soweit Beträge erst nachträglich zur Masse geflossen sind, bildet ihre Grundlage die Differenz zwischen der Regelvergütung der ursprünglichen Masse und der um den Betrag der Nachtragsverteilung erhöhten Masse (siehe auch LG Düsseldorf KTS 1972, 126; *Bauer* Büro 1959, 50; *Böhle-Stamschräder* KTS 1960, 111; *M-K*, § 85 Anm. 8; *B-St*, § 85 Anm. 1 a).

545 Wenn das Verfahren ungewöhnlich lange dauert oder besonders hohe Auslagen erforderlich werden, kann das Gericht die Entnahme von **Vorschüssen** genehmigen (§ 7 VergVO).
Zur Höhe vertritt das LG München II (KTS 1970, 55) den Standpunkt, daß dieser nur bis zum Betrag der Regelvergütung bewilligt werden darf. Das LG Augsburg (KTS 1974, 241) bewilligt nur etwa $^2/_3$ der Regelvergütung. *B-St* (§ 85 Anm. 1 f.) will bei der Vorschußgewährung die Regelvergütung überschreiten, wenn dies die bisherige Tätigkeit rechtfertigt (so *Schmidt* Anmer-

kung zur Entscheidung des LG München II, a.a.O., und LG Wiesbaden KTS 1973, 76).
Abhängig wird die Entscheidung über die Höhe vor allem davon sein, mit welcher Gesamtvergütung zu rechnen ist. Bei einer Überschreitung des Regelsatzes sollte jedoch bedacht werden, daß dies erhebliche Risiken mit sich bringt, der Verwalter u. U. nicht mehr mit voller Kraft auf den Abschluß des Verfahrens hinwirken wird und ein voller Überblick über die Geschäftsführung und die Teilungsmasse erst mit dem Schlußbericht möglich ist. Dort kann sich jedoch dann ergeben, daß der Vorschuß bereits die endgültig festzusetzende Vergütung überschritten hat.
Muster für einen Vorschußbeschluß siehe *Schrader-Bauer,* Rn 268. Die Genehmigung ist dem Verwalter und einem Gläubigerausschuß mitzuteilen. Für eine Zustellung an den Gläubigerausschuß, wie dies *Schrader-Bauer* (Rn 269) vorsehen, besteht kein Bedürfnis. Die ablehnende Entscheidung ist dem Verwalter zuzustellen, dem dagegen die befristete Rechtspfleger-Erinnerung (§ 11 RpflG) bzw. die sofortige Beschwerde (§ 73) zusteht.
Die **Umsatzsteuer,** die vom Verwalter zu zahlen ist, ist in der Vergütung **546**
enthalten. Nur soweit diese 11% beträgt, erhält er einen Ausgleich in Höhe von 5,5% seiner sonstigen Vergütung (§ 4 Abs. 5 VergVO). In einem Schreiben des Bundesministers für Wirtschaft und Finanzen vom 23. 10. 1972 (F/IV A 1 – S 7235 – 5/72, abgedr. Bundessteuerblatt 1972, Teil I, Seite 547) wird eindeutig zum Ausdruck gebracht, daß die Vergütung für die Tätigkeit der Vermögensverwaltung (Konkurs- und Vergleichsverwaltung, Sachverständige im Sinne von § 85 KO) durch Freiberufler (§ 18 Ziff. 1 Einkommensteuergesetz) dem vollen MWSt-Satz von 11% (§ 12 Abs. 1 UStG) unterworfen ist (ebenso: Plückenbaum-Malitzky, Umsatzsteuer-Gesetz 10. Auflage § 12 Rn 885, 884). Die bisherige Ansicht, daß die Vergütung für Vermögensverwaltung durch freiberufliche Tätige, z. B. Rechtsanwälte, dem ermäßigten Steuersatz unterliegt (§ 18 Abs. 1 Ziff. 3 EStG in Verbindung mit § 12 Abs. 2 Nr. 5 UStG), ist nicht haltbar. (*P-M,* UStG § 12 Rn 777, 783 haben dies schon bisher vertreten, da es sich um keine charakteristische Berufstätigkeit eines Rechtsanwalts handelt).
Unverändert bei einem Steuersatz von 4% bleibt es jedoch bei Konkursverwaltern, deren Gesamtumsatz zuzüglich der darauf entfallenden Steuer im vergangenen Kalenderjahr 60 000,– DM nicht überstiegen hat (§ 19 Abs. 1 UStG; siehe auch LG Hamburg KTS 1974, 118 ff.; *Uhlenbruck* in KTS 1973, 172; **a.M.** AG Bremen Rpfleger 1973, 218).
Die an den Verwalter zu zahlende Umsatzsteuer kann unter bestimmten Voraussetzungen im Wege des **Vorsteuerabzuges** (§ 15 Abs. 1 Ziff. 1 UStG) wieder in die Masse zurückfließen (**a.M.:** LG München I KTS 1970, 60 = Rpfleger 1969, 303):

Zum Vorsteuerabzug sind ausschließlich Unternehmer berechtigt. Nach § 2 Abs. 1 S. 1 UStG ist Unternehmer, wer eine gewerbliche oder berufliche Tätigkeit selbständig ausübt. Dies können natürliche oder juristische Personen, aber auch andere wirtschaftliche Gebilde sein.
Die Voraussetzungen sind also bei einem Konkursverfahren über eine natürliche Person, die in einem abhängigen Arbeitsverhältnis steht oder einem Konkursverfahren über den Nachlaß eines Rentners, nicht gegeben.
Der Gesamtumsatz zuzüglich der darauf entfallenden Steuer im vergangenen Kalenderjahr muß 60 000,– DM übersteigen (§ 19 Abs. 1 UStG). Bei einem geringeren Umsatz ist nur dann ein Vorsteuerabzug zulässig, wenn der Unternehmer spätestens bis zum 10. Tag nach Ablauf des ersten Voranmeldezeitraums eines Kalenderjahres gegenüber dem Finanzamt erklärt, daß er seine Umsätze nicht der Besteuerung nach den Absätzen 1–3 des § 19 UStG, sondern nach den allgemeinen Vorschriften unterwerfen will (§ 19 Abs. 4 UStG). Besonderheiten können sich bei Land- und Forstwirten ergeben (§ 24 UStG). Nach § 14 Abs. 1 Nr. 6 UStG muß auf der Rechnung der auf die Vergütung entfallende Steuerbetrag grundsätzlich gesondert ausgewiesen werden. Nur bei Rechnungen, deren Gesamtbetrag DM 50,00 nicht übersteigt, kann dies unterbleiben (§ 14 Abs. 4 Nr. 2 u. 3 UStG in Verbindung mit § 4 der 1. UStDV). Hier bildet jedoch nicht die Rechnung bzw. der Antrag auf Festsetzung der Vergütung die Grundlage für den Vorsteuerabzug, sondern der Festsetzungsbeschluß des Gerichts (§ 85). Aus diesem Grunde muß der Steuerbetrag – es genügt **nicht** und ist auch nicht erforderlich der **Steuersatz** (*P-M,* UStG, § 14 Rn 154) – im Beschluß betragsmäßig angegeben werden.
Bei der Umsatzsteuer für die **Auslagen** werden 11% gesondert festgesetzt, da die VergVO hier ein dem § 4 Abs. 5 entsprechende Regelung nicht vorsieht.
Bei einem **Vorschuß** auf die Vergütung und Auslagen des Verwalters ist die Umsatzsteuer grundsätzlich noch nicht zu berücksichtigen, sondern erst bei der endgültigen Festsetzung.

4. Das Festsetzungsverfahren

547 Die Festsetzung erfolgt regelmäßig vor Beendigung des Verfahrens durch Aufhebung oder Einstellung, ist aber auch noch danach zulässig (OLG Kassel KuT 1936, 152 = HRR 36, 1360; LG Kiel DR 1939 1798, OLG Karlsruhe NJW 1965, 1023; *J-W,* § 85 Anm. 2 c).
Die Festsetzung, die wegen § 60 getrennt nach Vergütung und Auslagen zu erfolgen hat (§ 6 Abs. 1 S. 2 VergVO), muß auch dann geschehen, wenn die

Masse zur Deckung nicht ausreicht (*J-W,* § 85 Anm. 2 c). Zum Zwecke der Festsetzung der zu erstattenden Auslagen hat der Verwalter ein Verzeichnis davon nebst Belegen und den erforderlichen Erläuterungen dem Gericht einzureichen, da nur die tatsächlichen Auslagen erstattet werden, sofern sie angemessen sind (§ 85 KO, §§ 5 Abs. 2,6 Abs. 4 VergVO).
Im Antrag auf Festsetzung der Vergütung ist darzulegen, inwieweit die in der Schlußrechnung ausgewiesenen Einnahmen als Teilungsmasse anzusehen sind (§ 6 Abs. 3 VergVO). Weicht der Antrag von der Regelvergütung ab, so ist er zu begründen.
Der Antrag soll tunlich mit der Schlußrechnung an das Konkursgericht übersandt werden (§ 6 Abs. 2 VergVO).
Falls ein Gläubigerausschuß vorhanden ist, kann dieser zweckmäßigerweise zu dem Antrag gehört werden. Es besteht jedoch keine Verpflichtung hierzu, ebensowenig müssen die Gläubigerversammlung oder der GSch gehört werden. Die Festsetzung wird grundsätzlich erst nach Prüfung der Schlußrechnung erfolgen, da erst dann das Gericht vollen Überblick gewonnen hat. Soweit das Verfahren durch Schlußverteilung beendet wird, ergeht der Beschluß meist mit der Genehmigung der Schlußverteilung und der Anberaumung des Schlußtermins. **Muster** s. *Schrader-Bauer,* Rn 588.
Die widerspruchslose Aufnahme der Vergütung in die Schlußrechnung hat keine Wirkungen (RG in KuT 1935, 88).
Wird das Verfahren durch einen Zwangsvergleich beendet oder nach §§ 202, 204 eingestellt, so kann die Beschlußfassung im Termin oder später erfolgen.
Eine Pflicht zur Begründung des Beschlusses besteht nicht (AG Dortmund KTS 1970, 68).
In bezug auf die MWSt und den Vorsteuerabzug ist folgendes zu beachten: **548**
Beantragt der Verwalter eine Vergütung von DM 1000,– so erhält er hierzu grundsätzlich einen Ausgleich von 5,5% gemäß § 4 Abs. 5 VergVO = DM 55,–. In der Gesamtvergütung von DM 1055,– sind 11% USt enthalten, die 9,91% der Gesamtsumme sind, also DM 104,55. Dieser Betrag kann ggf. im Wege der Vorsteuer der Masse erstattet werden (siehe auch *Rosenau* KTS 1972, 157).
Das Gericht wird folgenden Beschluß erlassen:
„Die Vergütung des Konkursverwalters wird auf DM 1055,– festgesetzt; in diesem Betrag ist USt in Höhe von DM 104,55 enthalten."
Bei den Auslagen lautet die Entscheidung, wenn DM 100,– zuzüglich MWSt beantragt werden:
„Die Auslagen werden auf DM 100,– zuzüglich USt in Höhe von DM 11,– festgesetzt."
Die Entscheidung ist den Beteiligten zuzustellen oder öffentlich im Amtsblatt **549**

bekanntzumachen. Bei der Beendigung durch Schlußverteilung erfolgt dies mit der Veröffentlichung des Schlußtermins, im übrigen mit der Aufhebung des Verfahrens. An den Verwalter und GSch soll auf jeden Fall eine gesonderte Zustellung erfolgen.
Umstritten ist, ob in die Veröffentlichung der festgesetzte Betrag aufzunehmen ist oder ob die Verweisung auf das Protokoll genügt. *J-W,* § 85 Anm. 5 und *M-K,* § 85 Anm. 17, billigen dies. Jedoch wird man der vollen Veröffentlichung, jedoch ohne Namensnennung des Verwalters den Vorzug zu geben haben; siehe auch *Schrader-Bauer,* Rn 262. **Muster** siehe *Schrader-Bauer,* Rn 588.
Bezüglich der MWSt wird eine getrennte Veröffentlichung der Steuerbeträge nicht für erforderlich erachtet; aufzunehmen ist lediglich die Gesamtsumme.

550 Die Erinnerungsfrist bei der Entscheidung des Rechtspflegers (§ 11 RpflG) bzw. die Frist für die sofortige Beschwerde, wenn der Richter entschieden hat (§ 577 ZPO), beginnt mit der Zustellung bzw. bei der Veröffentlichung mit deren Wirksamkeit (§ 76 Abs. 1).
Beschwerdeberechtigt sind der Verwalter, der GSch und jeder einzelne Konkursgläubiger (*JW,* § 85 Anm. 5; *M-K,* § 85 Anm. 18; *B-St,* § 85 Anm. 3), nicht der Gläubigerausschuß oder einzelne Gläubigerausschußmitglieder. Das Beschwerderecht wird nicht dadurch ausgeschlossen, daß der Verwalter die Beträge in die Schlußrechnung aufgenommen hat und dies unbeanstandet geblieben ist (*J-W,* § 85 Anm. 5; *B-St,* § 85 Anm. 3; RGZ 147, 368).
Die weitere Beschwerde ist unzulässig (§ 568 Abs. 3 ZPO; *J-W,* § 85 Anm. 5; *M-K,* § 85 Anm. 18; *B-St,* § 85 Anm. 3, jeweils mit weit. Hinw.).

551 Die Gebühren- und Auslagenforderungen sind Massekosten nach § 58 Nr. 2. Bei Masseunzulänglichkeit erfolgt Befriedigung nach § 60. Bezüglich des nicht gedeckten Restbetrages haften weder der Antragsteller noch die Staatskasse, sondern nur der GSch, beschränkt auf die wieder in seine freie Verfügung gelangten Massebestandteile (LG Kiel DR 1939, 1798; BH NJW 1955, 339; *J-W,* § 85 Anm. 4; *M-K,* § 85 Anm. 19; *B-St,* § 85 Anm. 4).
Vollstreckungstitel ist der Festsetzungsbeschluß gem. § 794 Abs. 1 Nr. 3 ZPO (*J-W* a.a.O.; *M-K,* § 85 Anm. 18; *B-St,* a.a.O.; BGH WM 1964, 1125).
Dem Verwalter steht für seine Forderung kein Zurückbehaltungsrecht zu, selbst wenn es ein nachfolgender Verwalter vertraglich eingeräumt hätte (RG 53, 190; *J-W* a.a.O.; *M-K,* § 85 Anm. 20; *B-St,* a.a.O.).

5. Vergütung und Auslagen anderer Personen

5.1 Der Sequester

Die Vergütung und die Auslagen des Sequesters werden vom Konkursgericht in entsprechender Anwendung von § 85 Abs. 1 festgesetzt (*J-W*, § 85 Anm. 12; *M-K*, § 106 Anm. 6; LG Köln KTS 1956, 127; LG Düsseldorf KTS 1957, 126; LG München I KTS 1969, 185 = Rpfleger 1969, 212; AG München KTS 1964, 254).
Die Höhe der Vergütung beträgt einen angemessenen Bruchteil der Verwaltervergütung unter Berücksichtigung des Umfanges der Tätigkeit, des Risikos, des Zeitaufwandes und des eingetretenen Erfolgs (AG München KTS 1964, 254; LG München I a.a.O., LG München I Rpfleger 1951, 322; *Noack* KTS 1957, 75 und 76). Für die Bemessung der Sequestervergütung kann grundsätzlich nicht von der „Teilungsmasse" im strengem Sinne der §§ 1, 2 VergVO ausgegangen werden, sondern nur von einer unter entsprechender Anwendung dieser Vorschrift und des § 8 VergVO errechneten freien Vermögensmasse, da sich bei Beendigung der Sequestration noch nicht übersehen lassen wird, welche Teilungsmasse sich ergibt (LG München I KTS 1969, 185 = Rpfleger 1969, 212). Bezüglich der Umsatzsteuer siehe Rn 546.
Der Beschluß über die Festsetzung ist dem Sequester, dem Schuldner und, soweit der Gläubiger die Kosten des Verfahrens zu tragen hat, auch diesem zuzustellen.
Soweit sie beschwert sind, haben sie das Recht der sofortigen Beschwerde (§ 73) bzw. der befristeten Rechtspfleger-Erinnerung (§ 11 RpflG).
Wird das Konkursverfahren eröffnet, so sind die Auslagen und Vergütung Massekosten nach § 58 Nr. 2 (LG Düsseldorf KTS 1957, 126; *J-W*, § 106 Anm. 14; *M-K*, § 106 Anm. 10).
Wird der Sequester zum Verwalter bestellt, so erfolgt keine getrennte Festsetzung, sondern es ist die Sequestertätigkeit bei der Vergütung des Verwalters in entspr. Anwendung von § 4 VergVO zu berücksichtigen (LG München I KTS 1969, 185 = Rpfleger 1969, 212; LG München I, Beschluß vom 6. 3. 1969 – 13 T 102/69).
Wenn die Ansprüche im eröffneten Konkurs Massekosten sind, dann folgt daraus, daß sich der Sequester im Falle der Aufhebung der Sicherungsmaßnahmen nach § 106 Abs. 2 oder nach Zurücknahme des Konkursantrages wegen seiner Vergütungsansprüche nur an den Schuldner halten kann, regelmäßig durch Entnahme aus der sequestrierten Masse. Den Vollstreckungstitel bildet der Festsetzungsbeschluß (§ 794 Abs. 1 Nr. 3 ZPO; vgl. *Noack* KTS 1957, 75). Eine Haftung mit dem sonstigen Vermögen wird man nicht annehmen können (**a.M.** LG Düsseldorf KTS 1957, 126).

Werden die Kosten des Verfahrens dem Gläubiger auferlegt, so hat der Schuldner gegen diesen einen Erstattungsanspruch.
Unter diesen Umständen ist es ratsam, vor Anordnung der Sequestration einen Kostenvorschuß anzufordern (*J-W,* § 106 Anm. 14). Eine Haftung der Staatskasse besteht nicht; auch ist die Vergütung nicht Teil der gerichtlichen Auslagen (LG Köln KTS 1969, 124).

5.2 Gutachter

553 Es gelten die gleichen Grundsätze wie bei der Sequestervergütung. Die Festsetzung erfolgt durch das Konkursgericht. Grundlage bildet das Gesetz über die Entschädigung von Zeugen und Sachverständigen. Der Gutachter erhält also aus der Staatskasse seine Vergütung ausbezahlt, die als Teil der gerichtlichen Auslagen in den Kostenansatz der Gerichtskosten aufzunehmen ist (§ 92 Nr. 4 GKG). Wird das Konkursverfahren eröffnet und der Gutachter als Verwalter bestellt, so gilt die Tätigkeit als durch die Verwaltervergütung abgegolten (Rpfl JB 1959, 307). Zur Höhe des Stundensatzes – zwischen 20 und 30 DM – siehe *Uhlenbruck KTS 1973, 171.*

5.3 Die Mitglieder des Gläubigerausschusses

554 Die Mitglieder des Gläubigerausschusses haben Anspruch auf Erstattung angemessener barer Auslagen und auf Vergütung für ihre Geschäftsführung (§ 91 Abs. 1). Hat jedoch die Gläubigerversammlung beschlossen, daß der Gläubigerausschuß keine Vergütung erhalten soll, sondern nur einen Ersatz der Auslagen, und nahmen die Mitglieder unter diesen Bedingungen das Amt an, so ist dieser Beschluß wirksam (RG HRR 1936, 1247, RG JW 1936, 2927; *J-W,* § 85 Anm. 1).
Grundlage für diese Festsetzung bilden § 91 KO und § 13 VergVO. Die Festsetzung erfolgt nach Anhörung der Gläubigerversammlung durch das Gericht (§ 91 Abs. 1 S. 2), getrennt nach Vergütung und Auslagen (§ 60). Zur Frage der Vergütung eines Beamten als Gläubigerausschußmitglied siehe *Skrotzki* KTS 1958, 105.

555 Zu den **Auslagen** gehören vor allem Reisespesen, Telefongebühren und gelegentlich Aufwand für Schreibmaterial. Hier kann nicht mit Pauschalbeträgen abgerechnet werden, sondern nur die tatsächlich angefallenen Auslagen sind erstattungsfähig. (Siehe auch *Franke* KTS 1955, 117; *Knorr* KTS 1955, 120 ff). Bezüglich der Haftpflichtversicherung gelten die gleichen Grundsätze wie beim Verwalter (siehe hierzu Rn 539 und *J-W,* § 91 Anm. 3; *B-St,* § 91 Anm. 1).

556 Das **Honorar** richtet sich nach Art und Umfang der Tätigkeit. Die Vergütung beträgt regelmäßig DM 15,– je Std. Dies gilt auch für die Teilnahme an Gläubigerausschußsitzungen und für die Vornahme von Kassenprüfungen (§ 13 Abs. 1 VergVO). Unzulässig ist es, einem Rechtsanwalt als Gläubigerausschußmitglied eine Entschädigung nach der BRAGebO zu gewähren. Wird er jedoch als Anwalt für die Masse tätig, so entsteht eine Masseschuld nach § 59 Nr. 2.

Es wird bei der Bemessung des Stundensatzes zu unterscheiden sein, ob es sich um Reisezeiten oder Gläubigerausschußsitzungen handelt (*Franke* KTD 1955, 120). Nicht erforderlich ist es, daß bei allen Mitgliedern der gleiche Satz angewendet wird, vielmehr richtet er sich nach dem Maß der individuell geleisteten Arbeit (LG Königsberg KuT 1934, 168).

Ein **Vorschuß** auf die Vergütung und die Auslagen des Gläubigerausschusses **557**
kann ohne Anhörung der Gläubigerversammlung gewährt werden, jedoch darf er die endgültige Höhe auf keinen Fall erreichen (LG Glogau KuT 1930, 167, LG Altona KuT 1935, 190; *J-W,* § 91 Anm. 3 am Ende).

In der VergVO ist nur geregelt, daß die **Umsatzsteuer** des Verwalters und **558**
Vergleichsverwalters in der Vergütung enthalten ist. § 13 der VergVO, der die Entschädigung der Mitglieder des Gläubigerausschusses regelt, enthält keine den §§ 4 Abs. 5 bzw. 10 Abs. 4 VergVO entsprechende Regelung. Eine analoge Anwendung wird nicht für vertretbar gehalten (**a.M.** *Uhlenbruck* KTS 1973, 173). Vor der Festsetzung ist zu prüfen, ob für das Gläubigerausschußmitglied eine Verpflichtung zur Zahlung der Umsatzsteuer besteht.

Soweit Rechtsanwälte, Rechtsbeistände, Treuhandgesellschaften, Steuerberater usw. bestellt wurden, besteht für sie eine Umsatzsteuerpflicht, da die in Frage stehende Tätigkeit bei diesen Berufen üblich ist (*Plückebaum-Malitzky,* Umsatzsteuergesetz, 10. Auflage, Rn 54 zu § 1–3; *Söll – Ringleb-List – Müller,* Umsatzsteuergesetz, Anm. 40 zu § 2). Sind Kaufleute Gläubigerausschußmitglieder, so ist zu unterscheiden, ob diese Nebentätigkeit als Ausfluß einer selbständigen Berufstätigkeit anzusehen ist oder nicht. Wenn ein Kaufmann z. B. im Rahmen seines Geschäftsbetriebes Waren an den GSch geliefert hat und dann in den Gläubigerausschuß gewählt wurde, so sind die Entschädigungen umsatzsteuerpflichtig (*P-M,* UStG §§ 1–3 Rn 427). Hat der Kaufmann als Privatmann dem GSch ein Darlehen gegeben oder hat dies z. B. ein Pensionäre oder Angestellter, so unterliegen die Bezüge nicht der Umsatzsteuer (*P-M,* UStG §§ 1–3 Rn 131). Eine Unterscheidung zwischen „privaten" und „geschäftlichen" Gläubigern erfolgt nicht, wenn die Berufsbezogenheit gegeben ist, also z. B. bei Rechtsanwälten; sie sind immer umsatzsteuerpflichtig. Gleiches gilt für Firmen als Gläubigerausschußmitglieder. § 4 Nr. 26 UStG, der Steuerbefreiung für ehrenamtliche Tätigkeiten vorsieht, kommt nicht zur Anwendung. Da die Tätigkeit als Gläubigerausschußmitglied keine charakteristische Berufstätigkeit der im § 18 Abs. 1 Nr. 1 EStG genannten Angehörigen eines freien Berufes ist, muß in jedem Fall, soweit eine Steuerpflicht besteht, 11% auf die Vergütung und Auslagen bezahlt werden (§ 12 Abs. 1 UStG). Bezüglich des Vorsteuerabzuges siehe Rn 546.

559 Der Antrag auf Festsetzung der Vergütung und Auslagen wird regelmäßig mit der Schlußrechnung durch den Konkursverwalter eingereicht oder auf Anforderung des Gerichts später. Er ist Voraussetzung für eine gerichtliche Entscheidung. Ein Ausschußmitglied kann jedoch auch auf seine Ansprüche verzichten.

Wegen § 60 sind Vergütung und Auslagen getrennt festzusetzen. Auch nach Aufhebung des Verfahrens müssen der Antrag, die Festsetzung und die Beschwerde dagegen noch zulässig sein (*J-W,* § 91 Anm. 6; *M-K,* § 91 Anm. 4). Vor der Entscheidung des Gerichts ist die Gläubigerversammlung zu hören (§ 91 Abs. 1 S. 2). Dies erfolgt zweckmäßig im Schluß-, Einstellungs- oder Zwangsvergleichstermin. Wegen des Vorsteuerabzuges ist die etwa anfallende Umsatzsteuer getrennt auszuwerfen.

Muster einer Festsetzung im Schlußtermin, allerdings ohne MWSt, siehe *Schrader-Bauer,* Rn 602.

Gegen den Festsetzungsbeschluß steht dem Verwalter, dem GSch und jedem Konkursgläubiger – auch wenn die Entscheidung im Einklang mit der Gläubigerversammlung stattfand – die sofortige Beschwerde (§ 73 Abs. 3) bzw. die befristete Rechtspfleger-Erinnerung (§ 11 RpflG) zu. Auch wenn der Beschluß verkündet wird, bedarf er der Zustellung (§ 73 Abs. 2). Wegen der großen Gläubigerzahl wird diese zweckmäßigerweise durch die öffentliche Bekanntmachung ersetzt. Mit ihrer Wirksamkeit (§ 76 Abs. 1) beginnt dann einheitlich die Beschwerdefrist. **Muster** für die Ausschreibung siehe *Schrader-Bauer,* Rn 620.

Die Veröffentlichung erfolgt meist mit der über die Aufhebung des Konkursverfahrens. Ein Absehen von der Veröffentlichung ist nicht zu empfehlen (siehe hierzu *Schrader-Bauer,* Rn 605).

Die weitere Beschwerde ist unzulässig (§ 72 KO, 568 Abs. 3 ZPO; OLG Königsberg KuT 1934, 168).

560 Die Gebühren und Auslagen der Gläubigerausschußmitglieder sind Massekosten nach § 58 Nr. 2. Bei Masseunzulänglichkeit ist wie bei der Verwaltervergütung zu verfahren (siehe Rn 551).

Teil XVI: Die Gerichtskosten

Gebühren und Auslagen werden nur erhoben, soweit dies durch das Gerichtskostengesetz und andere Kostenbestimmungen angeordnet ist. Im übrigen sind die Amtshandlungen kostenfrei (§ 1 GKG). Bund und Länder, sowie die nach den Haushaltsplänen des Bundes und der Länder für Rechnung des Bundes oder eines Landes verwalteten öffentlichen Anstalten und Kassen genießen Kostenfreiheit. Bundesbahn und Bundespost sind von der Zahlung der **Auslagen** nicht befreit (§ 2 Abs. 1 GKG). Die Träger der Sozialhilfe genießen nach § 118 Abs. 2 S. 2 BSHG Kostenfreiheit. **561**

Bezüglich der Landesverbände des Roten Kreuzes besteht keine einheitliche Regelung (siehe hierzu *Ma* § 2 Anm. 7).

Die Träger der Sozialversicherung sind mit Ausnahme der Rechtshilfeersuchen nach §§ 115, 117 RVO nicht von den Kosten befreit (LG Hamburg Rpfleger 1954, 150; LG Berlin KTS 1955, 157 ff.; *L* § 2 GKG Anm. 2b; *Ma* § 2 Anm. 6). Der Antrag auf Eröffnung des Konkursverfahrens ist **kein** Rechtshilfeersuchen (OLG München Rpfleger 1955, 245; *Ma,* § 2 Anm. 6 und § 48 Anm. 4 mit zahlreichen Nachw.; *B-St,* § 103 Anm. 6; AG Köln KTS 1968, 62).

1. Die Kosten für das Antragsverfahren

Für das Verfahren über den Antrag auf Eröffnung des Konkursverfahrens wird die Hälfte der vollen Gebühr erhoben (§ 49, 48, 10 GKG). Abgegolten wird mit ihr das gesamte Antragsverfahren einschließlich des Eröffnungs- oder Abweisungsbeschlusses, also die Ermittlungen nach §§ 75, 105 Abs. 2, die zwangsweise Vorführung oder Haft des Schuldners, die Siegelung und Entsiegelung der Masse, sowie der Erlaß eines allgemeinen Veräußerungsverbotes (§ 106). **562**

Die hierbei entstehenden Kosten des Gerichtsvollziehers teilt dieser dem Konkursgericht mit (§ 3 Abs. 3 GVKostG, Nr. 4 Abs. 4 GVKostGr). Der Kostenbeamte setzt sie mit auf die Kostenrechnung, zusammen mit den Gerichtskosten. Nach Eingang werden die als sog. durchlaufende Gelder behandelten Beträge an den Gerichtsvollzieher abgeführt (§§ 21, 27 Abs. 7, § 38 Kostenverfügung). Besonders erhoben werden auch die Entschädigungen für Zeugen und Sachverständige (§ 92 Nr. 4 GKG) und die Postgebühren für förmliche Zustellungen (§ 92 Nr. 2 GKG). Bei Haftanordnungen ist zu unterscheiden, ob es sich um eine Beugehaft handelt oder ob sie nur zur Sicherung der Masse dient. Bei ersterer fallen immer Kosten an, bei letzterer nur, wenn sie auch nach den für die Strafhaft geltenden Vorschriften anfielen (*L*, § 92 GKG Anm. 12; *Ma*, § 92 Anm. 16 und 16a). Die mitgeteilten Kosten sind nach § 92 Nr. 11 GKG als Auslagen zu erheben.

Wird das Konkursverfahren eröffnet, so ist die Gebühr, wenn der **Schuldner** den Konkursantrag gestellt hat, auf die Gebühr nach § 50 GKG anzurechnen (§ 50 Abs. 3 GKG). Als Schuldnerantrag wird auch der der Erben, des Nachlaßpflegers oder des Nachlaßverwalters auf Eröffnung des Nachlaßkonkurses behandelt; ebenso die von gesetzlichen Vertretern, Vorstandsmitgliedern, Liquidatoren usw. gestellten Anträge. Die Gebühr wird nicht erhoben, wenn auf einen Vergleichsantrag der Anschlußkonkurs nicht eröffnet wird (§ 57 Abs. 2 S. 2 GKG). Bei der Eröffnung des Anschlußkonkursverfahrens wird sie zwar erhoben, jedoch nach § 50 Abs. 3 GKG auf die Durchführungsgebühr angerechnet, da den Vergleichsantrag nur der Schuldner stellen kann (§ 2 Abs. 1 S. 2 VerglO).

Wird ein Konkursantrag eines Gläubigers nach § 46 VerglO ausgesetzt und der Vergleich bestätigt, so gilt der Konkursantrag als nicht gestellt (§ 84 VerglO), was zur Folge hat, daß keine Gebühr nach § 49 GKG erhoben wird.

Wird der Vergleich nicht bestätigt und der Anschlußkonkurs eröffnet, so entfällt die bereits mit Antragstellung fällige Gebühr nach § 49 GKG **nicht** (LG München 2 vom 15. 3. 1968 7 T 4/68; LG Hamburg MDR 1969, 318; LG Hamburg KTS 1975, 44; *Ma*, § 57 Anm. 11 mit weit. Hinw. auch hinsichtlich der gegenteiligen Auffassung; **a.M.:** *L* § 57 GKG Anm. 3a). Ggfs. kann jedoch § 7 Abs. 1 S. 3 GKG zur Anwendung kommen.

Gleiches gilt, wenn weder der Vergleich bestätigt, noch der Anschlußkonkurs eröffnet wurde. Es ist dann über den ausgesetzten Konkursantrag zu entscheiden.

Mehrere Anträge verschiedener Gläubiger oder der Antrag eines Gläubigers und des Schulders begründen je eine Gebühr. Dies gilt auch für mehrere in einem Schriftsatz verbundene Anträge (sie sind grundsätzlich getrennt zu behandeln), wenn kein innerer Zusammenhang besteht, es sich also z. B. um Gesamtgläubiger handelt (*Ma*, § 49 Anm. 4;*L*, § 49 GKG Anm. 1 C; *J-W*, § 103 Anm. 7).

Nur **eine** Gebühr lösen getrennte Anträge mehrerer Vorstandsmitglieder, gesetzlicher Vertreter oder Liquidatoren eines GSch aus (*Ma* a.a.O.; *L* a.a.O.; *J-W* a.a.O.).

Beantragt ein Gläubiger in einem Schriftsatz die Eröffnung des Konkursverfahrens gegen mehrere Schuldner, so liegen verfahrens- und kostenrechtlich mehrere Anträge vor (OLG Oldenburg Rpfleger 1953, 533; *Ma* a.a.O.). Selbst ein Konkursantrag, der nach Eröffnung des Verfahrens gestellt wird, löst die Gebühr nach § 49 GKG aus. Hier dürfte jedoch § 7 Abs. 1 S. 3 GKG Anwendung finden.

Kostenschuldner bei einem abgewiesenen oder zurückgenommenen Antrag ist für die Gebühren und Auslagen der Antragsteller (§ 96 Ans. 1 GKG). Wird das Verfahren eröffnet, so wird der GSch zum Schuldner der Gebühren und Auslagen (§§ 96 Abs. 2, 105 GKG), es handelt sich dann um Massekosten nach § 58 Nr. § 1 UKO, für die jedoch bei Unzulänglichkeit der Masse hinsichtlich der Gebühr nach § 49 GKG der Antragsteller weiter haftet (§ 96 Abs. 1 S. 1 GKG). Mehrere Antragsteller haften jeweils für die durch den Antrag entstandenen Gebühren. Sind Auslagen, z. B. Gutachterkosten, einheitlich für mehrere Anträge entstanden, so werden diese zwar nach Kopfteilen zum Soll gestellt, jedoch besteht eine gesamtschuldnerische Haftung. **563**

Haben gesetzliche Vertreter, Vorstandsmitglieder, Liquidatoren usw. den Konkursantrag gestellt, so haftet nur die Gemeinschuldnerin und es entsteht keine persönliche Haftung der Antragsteller. Bezüglich der Sozialversicherungsträger siehe Rn 561.

Fällig wird die Gebühr mit Stellung des Antrags (§ 106 GKG). Die Auslagen werden fällig, sobald eine unbedingte Kostenentscheidung oder das Verfahren bzw. die Instanz beendet ist (§ 109 Abs. 1 GKG). Bezüglich der Schreibgebühren siehe § 110 GKG. Hinsichtlich der Auslagen kann sich die Staatskasse durch die Auslagenvorschußpflicht (§§ 114, 115 GKG) sichern. **564**

Unzulässig ist es, die Eröffnung von der Zahlung der Gebühr abhängig zu machen (*M-K,* § 103 Anm. 11; *Ma,* § 49 Anm. 6).

Für die **Wertberechnung** ist beim **Schuldnerantrag** die Aktivmasse (siehe hierzu Rn 569) maßgebend, außer, sie ist höher als die Schuldenmasse (siehe hierzu Rn 570) dann bildet letztere die Grundlage (§ 50 Abs. 1 und 2 GKG). **565**

Hat ein Gläubiger den Antrag gestellt, so bildet die gesamte Forderung (ein Konkursantrag bezüglich eines Teilbetrages ist unzulässig) einschließlich der Kosten und Zinsen bis zum Tage des Eingangs der Antragsrücknahme bei Gericht oder der Entscheidung über die Eröffnung oder Abweisung des Antrages den Wert. Somit sind auch die Gebühren eines Rechtsanwalts für die Antragstellung mit zu berücksichtigen. Dies ergibt sich daraus, daß § 48 GKG die Anwendung von § 4 ZPO ausschließt. Ist die Aktivmasse jedoch geringer als die Forderung, so ist diese maßgebend (§ 51 Abs. 4 GKG).

Zwar sind nach § 13 Kostenverfügung die Kosten alsbald nach Fälligkeit anzusetzen und Kostenvorschüsse zu berechnen, doch wird dies im Antragsverfahren grundsätzlich erst nach dessen Beendigung erfolgen, da meist erst dann die entsprechenden Unterlagen zur Gebührenberechnung vorliegen.

Die von *Schrader-Bauer* (Rn 1025) vorgeschlagene Verfahrensweise, beim Schuldnerantrag unverzüglich eine 3/1 Gebühr und einen Auslagenvorschuß zu erheben, widerspricht einmal § 14 Kostenverfügung und dient zum anderen auf keinen Fall dem Konkursverfahren, weil dadurch die bereits mit der Antragstellung aufs äußerste gespannte Finanzlage des GemSch noch aussichtsloser wird.

2. Kosten für die Durchführung des Konkursverfahrens

566 Für die Durchführung des Konkursverfahrens wird das Dreifache der vollen Gebühr erhoben (§§ 50, 10, 48 GKG). Sie gilt ab die Tätigkeit von der Eröffnung bis zur Aufhebung des Verfahrens, einschließlich der Nachtragsverteilung. Ausgenommen hiervon sind der besondere Prüfungstermin (§ 52 GKG), die Zwangsverwaltung oder Zwangsversteigerung eines zur Konkursmasse gehörigen Gegenstandes (§ 53 GKG), das Beschwerdeverfahren (§ 55 GKG), die Wiederaufnahme des Verfahrens (§ 56 GKG) und die damit zusammenhängenden Sicherungsmaßregeln (§§ 56 Abs. 2, 42 GKG). Wird der Eröffnungsbeschluß durch das Beschwerdegericht aufgehoben, so ist die Gebühr nach § 7 GKG nicht zu erheben (*Ma* § 49 Anm. 3 und 50 Anm. 3; *L* § 49 GKG Anm. 1c).
Die Gebühr ermäßigt sich auf die einfache volle Gebühr, wenn das Verfahren vor Ablauf der Anmeldefrist, und auf das Doppelte der vollen Gebühr, wenn das Verfahren nach diesem Zeitpunkt gemäß §§ 202, 204 KO eingestellt wird (§ 50 Abs. 2 GKG).
Nur dann tritt die Ermäßigung auf die einfache volle Gebühr ein, wenn der Einstellungsbeschluß nach §§ 202, 204 KO vor Ablauf der Anmeldefrist aus der Geschäftsstelle gelangt ist. Wenn die Verzögerung auf einer unrichtigen Sachbehandlung beruht, so ist nach § 7 GKG nur eine volle Gebühr zu erheben (*Ma* § 50 Anm. 5).

567 **Fällig** werden die Gebühren mit Beginn der Durchführungsmaßnahmen (*Ma* § 50 Anm. 7; *L* § 50 GKG Anm. 2 jeweils mit weit. Hinw.).
Nach § 14 Kostenverfügung sind die Gebühren wie folgt anzusetzen:

1. Eine volle Gebühr, sobald eine ausreichende Barmasse vorhanden ist;
2. eine weitere volle Gebühr nach Ablauf der Anmeldefrist;
3. die restliche volle Gebühr bei Beendigung des Konkurses, wenn das Verfahren nicht gemäß § 202, § 204 KO eingestellt wird.

In der Praxis hat es sich als vorteilhaft erwiesen, im allgemeinen nach dem Prüfungstermin eine 2/1-Gebühr gemäß § 50 GKG, die ½-Gebühr gemäß § 49 und die bisher angefallenen Auslagen zum Soll zu stellen, nachdem der

Verwalter die entsprechenden Angaben über die Aktiv- und Schuldenmasse eingereicht hat und eine entsprechende Masse vorhanden ist. Die letzte Gebühr wird vor oder nach Einreichung der Schlußrechnung erhoben.
Bei der Beendigung des Verfahrens durch Einstellung oder Zwangsvergleich sind dem Verwalter die voraussichtlichen Kosten mitzuteilen (§ 14 Abs. 2 Kostenverfügung). Für die Auslagen, deren Fälligkeit sich nach §§ 109, 110 GKG bestimmt, können Vorschüsse nach § 114 Abs. 3 GKG erhoben werden. Insbesondere bei der Beendigung des Verfahrens sind entsprechende Beträge für künftige Auslagen anzufordern, da nach Bekanntwerden der Veröffentlichungskosten über die Aufhebung die Masse bereits in den meisten Fällen verteilt ist (siehe hierzu *Schrader-Bauer,* Rn 1029).

Kostenschuldner für die Gebühren und Auslagen ist nur der GSch (§ 96 **568** Abs. 2 GKG); sie sind Massekosten nach § 58 Nr. 1 KO. Für sie haftet der Verwalter mit der Masse der Staatskasse gegenüber (§ 105 GKG).

Grundlage für die **Wertberechnung** bildet die Aktivmasse; ist sie höher als **569** die Schuldenmasse, so ist letztere maßgebend (§ 51 Abs. 1 und 2 GKG). Für die Berechnung ist die Zeit der Beendigung des Verfahrens entscheidend (§ 51 Abs. 3 GKG).

Aktivmasse ist das gesamte der Zwangsvollstreckung unterliegende Vermögen des GSch, welches ihm zur Zeit der Eröffnung des Verfahrens gehört (§ 1 KO) einschließlich der Früchte und Zinsen, die während des Konkurses aus dem Vermögen erwachsen sind (*Ma* § 51 Anm. 4). Ein weitergeführtes Geschäft ist mit dem Faconwert zu berücksichtigen (*Ma* a.a.O.). Aussonderungsrechte sind abzuziehen; bei den Absonderungsrechten ist nur der Überschuß zu berücksichtigen.
Da der maßgebende Zeitpunkt für den Wert die Beendigung des Verfahrens ist, bildet die Berechnungsgrundlage die Gesamteinnahme laut Schlußrechnung unter Berücksichtigung von durchlaufenden Posten und abgeführten Erlösen aus der Verwertung von Absonderungsrechten, sowie nicht verwertete Vermögensrechte.
Mittel, die ein Dritter für einen Zwangsvergleich gegeben hat und Vermögenswerte, die der GSch nach Konkurseröffnung erworben hat, werden nicht berücksichtigt (*L* § 51 GKG Anm. 2 A).
Nicht abzuziehen sind Masseverbindlichkeiten.

Schuldenmasse sind alle angemeldeten Forderungen nebst Zinsen und Ko- **570** sten bis zur Konkurseröffnung, soweit die Anmeldung nicht zurückgenommen wurde, gleichgültig, ob sie festgestellt, bestritten oder noch nicht geprüft sind. Hinzuzurechnen sind die Masseverbindlichkeiten (§§ 58, 59 KO) einschließlich der gerichtlichen Auslagen, jedoch ohne Gerichtsgebühren.
Zu beachten ist, daß bei einer Nachtragsverteilung durch eine Werterhöhung eine Gebührennachforderung möglich sein kann.

571 Ist der Eröffnungsantrag vom Schuldner gestellt worden, so ist die Gebühr nach § 49 GKG auf die Durchführungsgebühr anzurechnen. Geht dem Konkursverfahren ein Vergleichsantrag voraus, so wird die volle Gebühr, soweit ein Vergleichstermin anberaumt war, oder die halbe Gebühr, wenn der Eröffnungsantrag abgelehnt wurde, nach ; 57 GKG auf die Durchführungsgebühr angerechnet (§ 57 Abs. 2 S. 1). Anrechnung bedeutet, daß die Gebühr nach § 50 um die Gebühr nach § 57 ermäßigt wird. Ein Differenzbetrag ist nachzuerheben. Eine Rückzahlung der nach § 57 Abs. 1 GKG angefallenen Gebühr ist ausgeschlossen, wenn diese höher ist als die nach § 50 GKG zu berechnende Gebühr. Im Falle der Anrechnung bleibt die höhere Gebühr bestehen (*Ma* § 57 Anm. 9 mit weit. Hinw., **a.M.:** *L* § 57 GKG Anm. 3a). Bei den verschiedenen Grundlagen der Wertberechnung (beim Vergleichsverfahren die Aktiva zum Zeitpunkt der Antragstellung; beim Konkurs zum Zeitpunkt der Beendigung des Verfahrens), ist dies keine Seltenheit.

3. Die Kosten eines besonderen Prüfungstermins

572 Für die Anberaumung eines besonderen Prüfungstermins (§ 142 KO) wird die Hälfte der vollen Gebühr nach dem Betrag der einzelnen Forderung, zu deren Prüfung der Termin bestimmt ist, erhoben. Grundlage der Wertberechnung bildet die Konkursquote (§ 52 GKG, § 148 KO).

Die Hälfte der vollen Gebühr (§§ 10, 48 GKG) wird erhoben für die **Anberaumung** des besonderen Prüfungstermins. Die Fortsetzung des allgemeinen Prüfungstermins in einem besonderen Termin ist **kein** besonderer Prüfungstermin. Das weitere Verfahren wird durch die Gebühr des § 50 GKG abgegolten.

Die Gebühr fällt an mit der Anberaumung des besonderen Prüfungstermins. Es ist dann bedeutungslos, wenn die Forderung, etwa infolge Rücknahme oder sonstiger Umstände nicht mehr geprüft wird.

Keine Einwirkung auf den Anfall der Gebühr hat es, wenn der besondere Prüfungstermin mit einem anderen Termin verbunden wird, dies hat nur Bedeutung bezüglich der Auslagen.

Keine Gebühr erwächst, wenn:

- die Forderungsanmeldung nach Ablauf der Anmeldefrist erfolgte, die Forderung aber mangels Widerspruch im allgemeinen Prüfungstermin mitgeprüft wurde;
- die Forderungsanmeldung **vor** der Anberaumung des besonderen Prüfungstermins zurückgezogen wurde;

- die Forderungsanmeldung nach Anberaumung des besonderen Prüfungstermins erfolgte, die Forderung aber in ihm mitgeprüft wurde (**a.M.:** *Uhlenbruck* KTS 1975, 17),
- die Anberaumung eines besonderen Prüfungstermins abgelehnt wurde (*Ma § 52 Anm. 3; L* § 52 GKG Anm. 2).

Die Gebühr wird für die Forderung jedes Gläubigers gesondert erhoben; nicht nur eine Gebühr aus der Summe der angemeldeten Forderungen (*Ma,* § 52 Anm. 4; *L* § 52 GKG Anm. 2 A).
Mehrere Forderungen desselben Gläubigers, zu deren Prüfung der besondere Prüfungstermin anberaumt wurde, sind zusammenzurechnen (*Ma* a.a.O.), auch wenn sie zu verschiedenen Zeitpunkten angemeldet und in verschiedenen Tabellen eingetragen sind. Man wird hier die Vorschrift über die Klageerweiterung entsprechend anwenden müssen. Mit der Terminsanberaumung wird die Gebühr fällig (§ 106 2. Halbsatz GKG).
Für die **Wertberechnung** ist die Konkursquote maßgebend. Wird das Verfah- **573**
ren durch einen Zwangsvergleich abgeschlossen, so ist die Gebühr aus der Quote zu berechnen, die bei einer Schlußverteilung angefallen wäre.
Wird nachträglich nur ein Vorrecht beansprucht, so ist als Wert der Unterschiedsbetrag zwischen der Ausschüttung auf die bevorrechtigte und die nicht bevorrechtigte Forderung anzunehmen.
Wird eine Forderung für den Ausfall geltendgemacht, so bildet den Wert nicht die Quote auf den Ausfall, sondern die Quote auf die ganze Forderung (BayobLG Rpfleger 1974, 112; *Ma* § 52 Anm. 6 mit weit. Hinw.; *L* § 52 GKG Anm. 2 B; *J-W,* § 148 Anm. 5 mit weit. Hinw. auch auf andere Meinung; *B-St,* § 148 Anm. 1 mit Hinw. auf BGH MDR 64, 482 ff. = NJW 1964, 1229 ff. = KTS 1964, 170 und 172; **a.M.** RG JW 39, 498; OLG Karlsruhe MDR 1958, 251; *M-K,* § 148 Anm. 5). Entfällt auf die Forderung keine Quote, so ist die Mindestgebühr zu erheben, § 9 GKG (*Ma* § 52 Anm. 6; *L* § 52 GKG Anm. 2 B; *J-W,* § 142 ANM. 5; OLG Celle KTS 1970, 227; OLG Köln Rpfleger 1974, 22 = KTS 1974, 48 ff.; OLG Köln KTS 1974, 239; MDR 1972, 371. **a.M.** OLG Frankfurt Rpfleger 1970, 211, das als Streitwert mindestens 10% der Forderung aufnimmt.
Kostenschuldner für jede einzelne Gebühr nach § 52 GKG ist nur der **574**
Gläubiger (§ 105 GKG, § 142 KO). Mit Ausnahme der Gesamtgläubiger haftet jeder nur für seine eigene Gebührenschuld. Gläubiger, für die keine Gebühren anfallen (siehe Rn 561) haften nicht mit (*Ma,* § 52 Anm. 7; *L,* § 52 GKG Anm. 2 A).
Für die **Auslagen** z. B. der öffentlichen Bekanntmachung haften alle Gläubi- **575**
ger, für die der Termin anberaumt wurde, samtverbindlich (§ 103 GKG; *Ma,* § 52 Anm. 7; *J-W,* § 142 Anm. 5; *M-K,* § 142 Anm. 4; *B-St,* § 142 Anm. 3).

Die Einforderung erfolgt nach Köpfen. Sie sind grundsätzlich nur von den Gläubigern zu erheben, wenn keine Verbindung mit einem anderen Termin erfolgt. Der Masse sind sie auch dann aufzuerlegen, wenn der Verwalter im Interesse der Abwicklung einen besonderen Prüfungstermin beantragt.
Es ist zulässig einen Auslagenvorschuß zu erheben, § 114 Abs. 3 GKG (*Ma*, § 52 Anm. 7; *J-W*, § 142 Anm. 5).
Soweit ersichtlich, geht die überwiegende Ansicht dahin, daß die Sozialversicherungsträger die Gebühren nach § 52 GKG nicht zu entrichten haben, sondern nur die angefallenen Auslagen, da es sich um Rechtshilfe nach § 115 ff. RVO handele. (*J-W*, § 142 Anm. 7; *M-K*, § 142 Anm. 4, jeweils mit weit. Hinw.; AG München, Beschluß vom 19. 5. 1969 – 32 N 889/66 – **a.M.:** *B-St*, § 142 Anm. 4 unter Hinweis auf AG Köln KTS 1968, 62).
Bezüglich § 2 GKG und der Behandlung von Sozialhilfeträgern siehe Rn 561.
Wenn der Verwalter die Zwangsverwaltung oder Zwangsversteigerung betreibt, so werden die für die Zwangsvollstreckung bestimmten Gebühren besonders erhoben (§ 53 GKG).
Für das Verfahren zur Abnahme der **eidesstattlichen Versicherung** gemäß § 125 KO, einschließlich deren Erzwingung, werden Gebühren nicht erhoben (§ 54 GKG). Dies wird mit der Durchführungsgebühr nach § 50 GKG abgegolten. Die Haftkosten und die Gerichtsvollzieherkosten müssen jedoch vom Antragsteller bezahlt werden.

4. Die Kosten eines Beschwerdeverfahrens

576 Bei einer Beschwerde gegen den Konkurseröffnungsbeschluß (§ 109 KO) oder die Abweisung des Konkursantrages wird immer die volle Gebühr erhoben, ohne Rücksicht auf den Ausgang des Beschwerdeverfahrens (§§ 55, 46, Abs. 1 GKG; *Ma* § 55 Anm. 2; *L* § 55 GKG Anm. 2).
Fällig wird sie mit Eingang der Beschwerde (§ 106 GKG).
Kostenschuldner ist der Beschwerdeführer (§§ 46 Abs. 1, 95 GKG), daneben der Entscheidungsschuldner (§ 99 GKG). Sie haften als Gesamtschuldner (§ 103 GKG). Wird der Beschwerde gegen die Ablehnung der Konkurseröffnung bzw. der Wiederaufnahme stattgegeben, so ist Schuldner der Auslagen der GSch (§ 96 Abs. 2 GKG; vgl. *Ma* § 55 Anm. 3). Bei der Beschwerde des GSch richtet sich der **Wert** nach § 51 Abs. 1–3 GKG, bei der eines sonstigen Antragstellers nach § 51 Abs. 4 GKG (§ 55 Abs. 2 S. 1 u. 2 GKG).
In allen sonstigen Fällen der Beschwerde erwächst die Gebühr nur, wenn die Beschwerde als unzulässig verworfen oder zurückgewiesen wird (§§ 55

Abs. 1, 46 Abs. 2 GKG); die Rücknahme ist gebührenfrei (OLG Celle JW 30, 660; *Ma* § 55 Anm. 4; *L* § 55 GKG Anm. 3).
Fällig wird die Gebühr mit der Entscheidung (§ 106 2. Halbsatz GKG).
Kostenschuldner ist der Beschwerdeführer (§§ 46 Abs. 2, 95 GKG), bzw. der Entscheidungsschuldner (§ 99 GKG).
Auslagen werden nur erhoben bei Zurückweisung oder Verwerfung der Beschwerde oder wenn das Gericht dem Gegner des Beschwerdeführers die Kosten auferlegt (§ 46 Abs. 2 GKG). Kosten, die den Verwalter treffen, sind Massekosten nach § 58 Nr. 1 KO, wenn er die Beschwerde nicht in eigener Sache erhoben hat, ansonsten haftet er persönlich (*Ma* § 55 Anm. 6). Hat der Schuldner die Kosten zu zahlen, so hat er sie aus dem freien Vermögen zu decken, da der Anspruch nach Konkurseröffnung entstanden und somit keine Konkursforderung ist.

Streitwert bei der Beschwerde über die Bestätigung des Zwangsvergleichs ist, **578**
wenn sie der GSch erhoben hat, die Aktivmasse oder die geringere Schuldenmasse (§ 55 Abs. 2 S. 1, S. § 51 Abs. 1–3 GKG), wenn sie ein Konkursgläubiger erhoben hat, seine Konkursdividende, die er bei der Schlußverteilung erhalten hätte (§ 55 Abs. 2 S. 3 GKG; vgl. *Ma* § 55 Anm. 9; *L* § 55 GKG Anm. 4).
Im übrigen bestimmt sich der Wert nach dem Interesse (§ 48 GKG, § 3 ZPO).

5. Die Kosten einer Wiederaufnahme des Konkursverfahrens

Bei der Wiederaufnahme des Konkursverfahrens (§ 198 KO) gelten die **579**
§§ 49–40 GKG entsprechend; für die Durchführung des wiederaufgenommenen Verfahrens wird jedoch die einfache volle Gebühr erhoben (§ 56 Abs. 1 GKG).
Die Ermäßigung tritt nur ein, wenn ein Antrag auf Wiederaufnahme gestellt wird, nicht, wenn ein neuer Konkurs beantragt wird, obwohl die Voraussetzungen für eine Wiederaufnahme vorliegen (*Ma* § 56 Anm. 2).
Mithin ist zu erheben die halbe Gebühr gemäß § 49 GKG, deren Anrechnung gemäß § 50 Abs. 3 GKG mangels Antragsbefugnis des GSch in keinem Falle gegeben ist.
Fällig wird die Gebühr mit Antragstellung (§ 106).
Kostenschuldner siehe Rn 568.
Der **Wert** richtet sich nach der gegenwärtigen Forderung des Antragstellers (die ursprüngliche Forderung kann sich durch Teilbefriedigung und Zinsen verändert haben) bzw. nach der geringeren nunmehrigen Aktivmasse (einschließlich Neuerwerb).

580 Die 1/1 Durchführungsgebühr wird fällig mit Beginn der Durchführung des Wiederaufnahmeverfahrens.
Kostenschuldner ist der GSch (§ 96 Abs. 2 GKG).
Für die Wertberechnung ist die Aktivmasse (einschließlich Neuerwerb) oder die geringere Schuldenmasse (abzüglich geleisteter Zahlungen zuzüglich neuer Verbindlichkeiten) maßgebend.
Wird vor der Wiederaufnahme die Anordnung von Sicherungsmaßregeln beantragt (§ 197 Abs. 2 KO), so werden die in § 42 GKG bestimmten Gebühren nach dem Wert des Gegenstandes, durch den die Sicherung erfolgen soll, besonders erhoben (§ 56 Abs. 2 GKG). Anordnungen nach der Wiederaufnahme werden mit der Durchführungsgebühr abgegolten. Die 1/4-Gebühr wird fällig mit Antragstellung (§ 106 GKG).
Kostenschuldner ist der antragstellende Gläubiger, wenn der Antrag abgewiesen oder zurückgenommen wird. Wird dem Antrag stattgegeben, so ist der Antragsteller nur Schuldner der Gebühren (§ 96 Abs. 1 S. 2 GKG).
Auslagenvorschußpflicht nach § 114 Abs. 1 GKG besteht.
Der Wert bestimmt sich nach dem des zu sichernden Gegenstandes und wird nach oben durch die Aktivmasse begrenzt (*Ma* § 56 Anm. 6; *L* § 56 GKG Anm. 3).
Die Gebühr für die Sicherungsmaßregeln ist auf die Gebühr des § 49 GKG anzurechnen (*L* § 56 GKG Anm. 4; *Ma* § 56 Anm. 7 mit weit. Hinw. auch über abweichende Ansichten).

6. Sonstige Geschäfte

581 Die **Eintragungen** in die öffentlichen Register sind gebührenfrei (§ 115 KO, § 69 Abs. 2 KostO).
Weiter werden keine Schreibgebühren erhoben für die Mitteilung des Vergleichsvorschlages und des Ergebnisses der Erklärungen des Gläubigerausschusses bei der Ladung zum Zwangsvergleichstermin (§ 179 Abs. 1 KO). (Siehe auch *Schrader-Bauer,* Rn 1043).
Für die mündliche Auskunft aus dem **Schuldnerverzeichnis** wird eine Gebühr von DM 0,60, für die Erteilung einer schriftlichen Auskunft eine Gebühr von DM 1,20 erhoben (§ 40 Abs. 3 GKG).
Ein Löschungsverfahren nach § 915 Abs. 2 ZPO ist im Konkurs grundsätzlich ausgeschlossen (§ 107 Abs. 2 S. 3 KO). Wegen der Erteilung von fortlaufenden Abschriften siehe AV d. BJM vom 1. 8. 1955 – BAnz Nr. 156. Die Kosten regeln sich nach den Justizverwaltungskostengesetzen der Länder (siehe hierzu *Schrader-Bauer,* Rn 1044).

7. Anhang

Auf Grund des **Gesetzes zur Änderung des Gerichtskostengesetzes, des Gesetzes über Kosten der Gerichtsvollzieher, der Bundesgebührenordnung für Rechtsanwälte und anderer Vorschriften vom 20. 8. 1975** (BGBl. I S. 2189 ff.) **das am 15. 9. 1975 in Kraft tritt,** ergeben sich folgende wesentliche **Änderungen:** 581

Die Gebühr für das Verfahren über den **Antrag** eines **Gläubigers** auf Konkurseröffnung beträgt mindestens 30 DM (KostVerz. Nr. 1411).
Für einen nach § 46 VerglO ausgesetzten Konkursantrag, der durch Überleitung des Vergleichsverfahrens in das Konkursverfahren (§ 102 VerglO) gegenstandslos wird, entfällt die Gebühr nach Nr. 1411 des KostVerz. gem. Nr. 1412.
Bei der Wertberechnung für einen Gläubigerantrag auf Konkurseröffnung ist grundsätzlich nur noch die Hauptsacheforderung maßgebend; Zinsen und Kosten werden nicht mehr hinzugerechnet (§§ 20, 48 GKG n. F.).
Wenn der Eröffnungsbeschluß auf eine Beschwerde hin aufgehoben wird, braucht nicht mehr § 7 GKG in Anspruch genommen werden, sondern es entfällt die Gebühr 1420 nach KostVerz. Nr. 1421.
Für die **Prüfung** von Forderungen in einem **besonderen Prüfungstermin** (§ 142 KO) werden je Gläubiger 15 DM erhoben (KostVerz. Nr. 1430). Es ist bedeutungslos, ob dieser Termin mit einem anderen verbunden ist. Somit spielt nicht mehr die Terminsbestimmung die entscheidende Rolle, sondern die Forderungsprüfung. Aus dem Gesetzeswortlaut kommt nun auch klar zum Ausdruck, daß je Gläubiger eine Gebühr erhoben wird. Es spielt keine Rolle, ob die Forderungen zu verschiedenen Zeiten angemeldet, oder in verschiedene Tabellen eingetragen wurden. Bei der Prüfung je von einem Teilanspruch in mehreren Terminen fällt je Termin eine Gebühr an.
Daneben werden die Kosten für die öffentliche Bekanntmachung des besonderen Prüfungstermins **nicht** mehr erhoben (KostVerz. Nr. 1903).
Der bisherige § 53 GKG, nach dem für die auf Betreiben des Konkursverwalters erfolgende Zwangsverwaltung und Zwangsversteigerung eines zur Konkursmasse gehörenden Gegenstandes die für die Zwangsvollstreckung bestimmten Gebühren besonders erhoben werden, wurde für entbehrlich erachtet. Wird ein sich aus dem Kostenverzeichnis ergebender Gebührentatbestand verwirklicht, so entsteht auch dann eine Gebühr, wenn dies auf Betreiben des Konkursverwalters geschieht (Bundestags-Drucksache 7/2016 vom 22. 4. 1974 Seite 76).
Der Inhalt der bisherigen § 54 GKG, wonach für das Verfahren zur Abnahme der eidesstattlichen Versicherung nach § 125 KO einschließlich des

Verfahrens über Anträge auf Erzwingung der Abgabe der eidesstattlichen Versicherung (§ 901 ZPO) besondere Gebühren nicht erhoben werden, ist durch die Einbeziehung dieser Fälle in den Begriff »Durchführung des Konkursverfahrens« in Nr. 140 des KostVerz. zum Ausdruck gebracht. (Bundestags-Drucksache 7/2016 Seite 76).

§ 56 GKG wurde ersatzlos gestrichen. Die Wiederaufnahme eines Konkursverfahrens ist künftig gebührenfrei (Bundestags-Drucksache 7/2016 Seite 76).

Für die mündliche oder schriftliche Auskunft aus dem Schuldnerverzeichnis und die Löschung von Eintragungen werden keine Gebühren mehr erhoben (Bundestags-Drucksache 7/2016 Seite 62).

Teil XVII: Die Rechtsanwaltsgebühren

Bei der Vertretung des **Schuldners** im Antragsverfahren erhält der Rechtsanwalt 3/10 der vollen Gebühr (§ 72 BRAGebO) aus der Aktivmasse nach Abzug der Absonderungsrechte (§ 77 Abs. 1 BRAGebO). Ist jedoch die Schuldenmasse geringer, so bildet diese die Grundlage der Wertberechnung (*L* § 77 BRAGebO Anm. 2; **a. M.** *G-S,* § 77 BRAGebO Anm. 2: immer Aktivmasse). Maßgebender Zeitpunkt der Wertberechnung ist die Beendigung des Verfahrens bzw. des Auftrages. Eine Ermäßigung bei vorzeitiger Erledigung des Auftrages ist nicht vorgesehen. **582**

Vertritt der Rechtsanwalt einen **Konkursgläubiger,** so erhält er die Hälfte der vollen Gebühr (§ 72 BRAGebO) nach dem Nennwert der gesamten Forderung einschließlich der Zinsen und Kosten bis zur Entscheidung (§ 77 Abs. 2 BRAGebO). Ermäßigungen sind nicht vorgesehen. Damit wird die gesamte Tätigkeit von der Antragsstellung bis zur Entscheidung über den Antrag abgegolten. **583**

Bei einer Aussetzung des Konkursantrages nach § 46 VerglO und anschließender Bestätigung des Vergleichs (§ 84 VerglO) bleibt die Gebühr ohne Anrechnung auf die Gebühr des § 79 BRAGebO bestehen (*L,* § 72 BRAGebO Anm. 2; *G-S,* § 72 BRAGebO Anm. 5 mit weit. Hinw.).

Bei der Eröffnung des Anschlußkonkursverfahrens können die Gebühren nach § 72 BRAGebO nicht entstehen, dagegen die des § 79 BRAGebO.

Für die **Vertretung im Konkursverfahren,** gleichgültig, ob Mandant ein Gläubiger oder der GSch ist, erhält der Rechtsanwalt die Hälfte der vollen Gebühr (§ 73 BRAGebO). **584**

Der **Wert** richtet sich, wie im Antragsverfahren, bei der Vertretung des GSch nach der Aktiv- bzw. geringeren Schuldenmasse, bei der Vertretung eines Gläubigers nach dessen Forderung (§ 77 BRAGebO).

Daneben entstehen, ausgenommen für die Führung von Prozessen, keine Gebühren. Beschränkt sich die Tätigkeit auf die Forderungsanmeldung, so erhält der Rechtsanwalt nur eine $^{2}/_{10}$-Gebühr (§ 75 BRAGebO).

Die Gebühr nach § 72 BRAGebO wird nicht angerechnet, jedoch kann daneben die Hebegebühr (§ 22 BRAGebO) anfallen.

Beschränkt sich die Tätigkeit des Rechtsanwalts auf die **Anmeldung** einer Konkursforderung, so erhält er $^{2}/_{10}$ der vollen Gebühr (§ 75 BRAGebO) aus dem Nennwert des angemeldeten Anspruchs einschließlich Zinsen und Kosten bis zur Verfahrenseröffnung (§ 77 Abs. 2 BRAGebO). Wird ein Urteil eingereicht, das die bestrittene Forderung feststellt, so steht dies einer **585**

Anmeldung gleich (*L* § 75 BRAGebO Anm. 1; *G-S,* § 75 BRAGebO Anm. 2). Wenn ein Absonderungsberechtigter den Gesamtbetrag seiner Forderung als Ausfallsforderung anmeldet, so ist dieser für die Gebührenberechnung maßgebend. Wird nur der Ausfallsbetrag angemeldet, so bildet er die Grundlage des Gegenstandswertes (*G-S* § 77 BRAGebO Anm. 6). Mehrere Aufträge sind nach § 82 BRAGebO zu behandeln.

586 Für die Tätigkeit im **Zwangsvergleichsverfahren** (gleichgültig, ob der Vergleich zustandekommt oder nicht, bzw. der Gläubigervertreter sich gegen den Vergleich wendet) erhält der Rechtsanwalt eine zusätzliche volle Gebühr (§ 74 BRAGebO). Ermäßigungen durch vorzeitige Beendigung gibt es nicht. Die Gebühren nach §§ 72, 73 BRAGebO werden nicht angerechnet.
Bei der Vertretung des GSch errechnet sich die Gebühr aus der Aktiv- bzw. der geringeren Schudenmasse (§ 77 Abs. 1 BRAGebO). Auch hier sind Zuschüsse von dritter Seite zur Erfüllung des Zwangsvergleichs unberücksichtigt zu lassen.
Wird ein Gläubiger vertreten, so wird die Gebühr nach der voraussichtlichen Konkursdividende, nicht nach der Zwangsvergleichsquote berechnet (§ 77 Abs. 2 BRAGebO; vgl. *Riedl-Sußbauer,* BRAGebO, § 77 Anm. 11). Die Gebühr wird nicht verdient bei bloßer Weitergabe der Terminsladung, es genügt aber zur Entstehung, wenn der Rechtsanwalt den Gläubiger über den Vorschlag berät.
Die Gebühr des § 74 BRAGebO erwächst neben der des § 73 BRAGebO. Der Auftrag zur Vertretung im Zwangsvergleichsverfahren läßt aber die Gebühr nach § 73 BRAGebO nicht entstehen. Die Hebegebühr nach § 22 BRAGebO kann daneben berechnet werden.

587 Im **Beschwerdeverfahren** erhält der Rechtsanwalt $^{3}/_{10}$ der im § 31 BRAGebO bestimmten Gebühren (§ 76 S. 1 Nr. 1 BRAGebO) unter Ausschluß von §§ 32, 33 Abs. 1 und 2 BRAGebO. Richtet sich die Beschwerde gegen den Eröffnungsbeschluß oder den Beschluß über die Bestätigung des Zwangsvergleichs und ist der Auftrag vom Schuldner erteilt, so richtet sich der Wert nach der Aktiv- bzw. der geringeren Schuldenmasse (§ 77 Abs. 1 BRAGebO).
War der Rechtsanwalt im Auftrag eines Gläubigers tätig und richtet sich die Beschwerde gegen den Beschluß über die Eröffnung des Konkursverfahrens, so ist der Nennwert der Forderung entscheidend, richtet er sich gegen den Beschluß über die Bestätigung eines Zwangsvergleichs, so bildet die voraussichtliche Konkursdividende den Streitwert (§ 77 Abs. 2 BRAGebO).
Im übrigen ist der Wert nach § 3 ZPO festzusetzen.
Erinnerungen gegen die Entscheidung des Rechtspflegers fallen erst dann hierunter, wenn der Richter ihnen nicht stattgibt.

588 Im Verfahren über Anträge auf Anordnung von **Sicherungsmaßregeln** im

Falle des § 197 Abs. 2 KO erhält der Rechtsanwalt $^3/_{10}$ der in § 31 BRAGebO bestimmten Gebühren (§ 76 BRAGebO). Die Vorschriften der §§ 32, 33 Abs. 1 und 2 BRAGebO gelten nicht. Auch mehrere selbständige Anträge sind durch die eine Gebühr abgegolten.
Für die Wertberechnung ist § 8 BRAGebO in Verbindung mit § 56 Abs. 2 GKG maßgebend. Somit ist der Wert des zu sichernden Gegenstandes entscheidend, der bei der Schuldnervertretung durch den Wert der Aktivmasse und bei der Gläubigervertretung durch den Wert der Forderung nach oben begrenzt wird (*L*, § 76 BRAGebO Anm. 3).

Das **wiederaufgenommene Verfahren** ist eine besondere Angelegenheit (§ 78 **589**
BRAGebO). Es entstehen die Gebühren neu, eine Anrechnung ist nicht zulässig. Ausgenommen ist die Gebühr für das Konkursantragsverfahren nach § 72 BRAGebO (**a. M;** *G-S* § 78 Anm. 4 mit weit. Hinw.) und § 74, BRAGebO, da ein Zwangsvergleich nach § 175 Nr. 3 KO unzulässig ist.

Nur die Rechtsanwaltsgebühren für das Konkursantragsverfahren (§ 72 **590**
BRAGebO) können angemeldet werden (§ 62 Ziff. 1 KO). Ist jedoch ein Rechtsanwalt Gläubiger, so kann er die Gebühr nach § 72 BRAGebO nicht anmelden, da § 91 Abs. 2 S. 4 ZPO im Konkursverfahren nicht gilt (*G-S*, § 72 BRAGebO Anm. 14). Im übrigen ist § 63 Ziff. 2 KO maßgebend.

Verhandelt der Rechtsanwalt außergerichtlich über einen **Aussonderungs-** **591**
oder Absonderungsanspruch, sowie über **Masseforderungen,** so erhält er die Gebühr nach § 118 BRAGebO; wenn es zum Rechtsstreit kommt, kann er die Gebühren nach § 31 BRAGebO fordern. Nur bezüglich des Ausfalls von Absonderungsberechtigten kommt der 5. Abschnitt der BRAGebO zur Anwendung.

Bespricht der Rechtsanwalt mit dem Verwalter die Frage der Erfüllung oder **592**
Nichterfüllung eines Vertrages, so hat er Anspruch auf die Gebühren gemäß § 118 BRAGebO.
Lehnt der Verwalter die Vertragserfüllung ab, so ist die Schadensersatzforderung eine Konkursforderung. Bei einer Anmeldung derselben findet eine Anrechnung auf die Gebühr nach dem 5. Abschnitt gemäß § 118 Abs. 2 BRAGebO nicht statt (*G-S* vor § 72 BRAGebO Anm. 1c).

Nach dem **neuen Gebührenrecht** (s. oben Rn 581a) ergeben sich folgende **593**
Änderungen:
Wenn sich die Tätigkeit des Rechtsanwalts auf die Anmeldung einer Konkursforderung beschränkt, so erhält er nun $^3/_{10}$ der vollen Gebühr (§ 75 BRAGebO n. F.).
Für das Beschwerdeverfahren wurden die Gebühren von $^3/_{10}$ auf $^5/_{10}$ erhöht (§ 76 BRAGebO n. F.).
Gleiches gilt für Verfahren über Anträge auf Anordnung von Sicherheitsmaßregeln im Falle des § 197 Abs. 2 der KO.

Anhang

Muster A: Eröffnungsbeschluß

Amtsgericht München
Konkurs- und Vergleichsgericht

Geschäftsnummer: 32 N 30/75
(Bitte bei allen Schreiben angeben)

München, den 17. Februar 1975
Justizgebäude
Zimmer Nr. Tel.
Postanschrift: 8 München 35, Postfach
Parteiverkehr: Montag-Freitag von 8.00-12.00 Uhr

Veröffentlichung: 21. 2. 1975

Konkursverfahren

I) **B e s c h l u ß**

Das Amtsgericht München

beschließt

heute um 10.15 Uhr auf den Antrag d es
S c h ü t z e Friedrich, Bankier, 8 München 1, Odeonspl. 5
vertr. durch Justizrat Carl Weise, 8 München 2, Maximilianstr. 10

vom 10. 1. 1975 . gemäß §§ 71 ff, 1o2 ff, ~~XXXXXXX~~ der Konkursordnung:

1) **Über das Vermögen - ~~den Nachlaß~~ - d** es
Gustav Reinhold K u m m e r , Kaufmann
8 München 40, Knorrstraße 1
Alleininhaber der Textilgroßhandlung Gustav Reinhold Kummer
8 München 2, Thalkirchner Str. 3

wird das

K o n k u r s v e r f a h r e n

eröffnet,

da d er **Gemeinschuldner im Gerichtsbezirke die gewerbliche Niederlassung und den allgemeinen Gerichtsstand hat und die Zahlungsunfähigkeit - ~~die Überschuldung~~ - d** es **Gemeinschuldner** s **nach den Feststellungen des Gerichts gegeben ist.**

~~da d. Erblasser zur Zeit des Todes bei dem angegangenen Gerichte den allgemeinen Gerichtsstand hatte und die Überschuldung des Nachlasses nach den Feststellungen des Gerichts gegeben ist.~~

Der Gläubiger hat seine Forderung glaubhaft gemacht.

Der Schuldner hat begründete Einwendungen dagegen nicht erhoben.

2) Als Konkursverwalter wird Rechtsanwalt
Dr. Ferdinand Treunstein in München 2 ,
Schäfflerstraße 10 Telefon: 22 24 28 ,
ernannt.

3) Der offene Arrest gemäß § 118 der Konkursordnung wird erlassen. Allen Personen, die eine zur Konkursmasse gehörige Sache in Besitz haben oder zur Konkursmasse etwas schuldig sind, wird aufgegeben, nichts an den Gemeinschuldner zu verabfolgen oder zu leisten, auch die Verpflichtung auferlegt, von dem Besitz der Sache und von den Forderungen, für die sie aus der Sache abgesonderte Befriedigung in Anspruch nehmen, dem Konkursverwalter bis zum

17. März 1975

einschließlich Anzeige zu machen.

4) Konkursforderungen sind bis zum

20. März 1975

einschließlich bei dem Gericht anzumelden.

5) Termin zur Beschlußfassung über die Wahl eines anderen Verwalters, über die Bestellung eines Gläubigerausschusses, sowie über die in §§ 132, 134, 137 der Konkursordnung bezeichneten Fragen wird auf

Freitag , den 21. März 1975 , 8.00 Uhr
Sitzungssaal 126/I des Justizgebäudes an der Schleißheimer Str. 139
anberaumt.

6) Der allgemeine Prüfungstermin wird auf

Freitag , den 2. Mai 1975 ,8.30 Uhr
Sitzungssaal 126/I des Justizgebäudes an der Schleißheimer Str. 139
anberaumt.

7) Gemäß § 121 der Konkursordnung wird die Postsperre angeordnet. Eingehende Sendungen sind dem Konkursverwalter auszuhändigen. Ausgenommen sind die Sendungen der Staatsanwaltschaften und des Konkursverwalters, sowie die mit dem Vermerk "Trotz Postsperre" versehenen Sendungen der Gerichte.

II) **Verfügung**

1) **Schreiben an Konkursverwalter
unter Beinahme einer Abschrift des Konkurseröffnungsbeschlusses und der Bestallung, sowie der Antragsdurchschriften:**

Es wird hiermit gem. § 129/II KO angeordnet, daß entbehrliche Gelder, Wertpapiere und Kostbarkeiten bei einer Großbank in München zu hinterlegen sind und zwar von anderen Konten getrennt (Bezeichnung: Konkurskonto . . . . Konto Nr. . . . . . .) .

Es obliegt Ihnen die gesamte Konkursmasse in Besitz und Verwaltung zu nehmen (§ 117 KO) und die sämtlichen Gegenstände mit Wertangabe im einzelnen aufzuzeichnen (§ 123 KO). Soll die Aufzeichnung unterbleiben oder ohne Zuziehung einer obrigkeitlichen oder Urkundsperson erfolgen, so bedarf es hierzu der Genehmigung des Gerichts (§ 123/II KO).

Wegen der Anfertigung von Inventar und Bilanz gem. § 124 KO sowie der Schlußrechnung gem. § 86 KO wird auf die Beispiele im Handbuch von Senst "Verwaltung von Konkursen" und im"Leitfaden für Vergleichs- und Konkursverwalter" von Mohrbutter - Haarmann verwiesen.

Inventar und Bilanz sind spätestens vier Monate nach Konkurseröffnung vorzulegen.

Sie werden gebeten zu veranlassen, daß die Geschäftsbücher des Gemeinschuldners (ohne Kontenkartei) <u>sofort</u> zum Abschluß dem Gericht vorgelegt werden.

Ferner bitte ich für die sofortige Ausfüllung des beiliegenden Fragebogens und dessen umgehende Rückleitung an das Gericht zu sorgen.

Den von Ihnen im Wahltermin gem. § 131 KO zu erstattenden Bericht bitte ich schriftlich abzusetzen und einige Tage vor dem Termin, spätestens aber im Termin, dem Gericht vorzulegen.

Ihre Bescheinigung und ein Abdruck des Konkurseröffnungsbeschlusses liegen an.

Um Vorlage eines - ergänzten-Gläubiger - und Schuldnerverzeichnisses binnen 1 Woche wird gebeten.

2) a) Berichtigung des Registers
b) Statistik

3) Öffentliche Bekanntmachungen
a) Bundesanzeiger
b) Bayer. Staatsanzeiger
c) Süddeutsche Zeitung — zu c) und d)
d) Münchner Merkur — auszugsweise

4) Schreiben nach Formblatt an
zuständiges Postamt mit Verwaltung
unter Beinahme einer begl. Abschrift des Konkurseröffnungsbeschlusses

5) Übersendung von Ausfertigungen des Konkurseröffnungsbeschlusses an

   a) Staatsanwaltschaft beim Landgericht München

   b) Amtsgericht München
      1) Amtsgerichtspräsident - [redacted]
      2) Streitgericht
         [redacted]
      3) Vollstreckungsgericht
      4) Gerichtsvollzieher - Verteilungsstelle
      5) Grundbuchamt mit Zusatz:
         Es wird um Mitteilung gebeten, ob der Gemeinschuldner als Eigentümer oder Berechtigter an Grundstücken im dortigen Grundbuch eingetragen ist. Sollte dies der Fall sein, so wird gem. § 113 KO um die Eintragung des Konkursvermerks und Übersendung einer Vollzugsmitteilung ersucht.
      6) Vormundschafts- [redacted]gericht

   c) Oberjustizkasse München
   d) Amtsgericht - Registergericht - München
   e) Präsident des Landgerichts München
   f) Arbeitsgericht München
   g) Zentralfinanzamt München
   h) Hauptzollamt München - Ost
   i) Städt. Einziehungsamt München
   j) AOK München
   k) Arbeitsamt München
   l) Landesversicherungsanstalt Oberbayern
   m) Bundesversicherungsanstalt für Angestellte
   n) Industrie- und Handelskammer - [redacted] München
   o) Berufsgenossenschaft
   p) Postscheckamt München
   q) Geschäftsstelle für Datenverarbeitung
   r) Antragsteller - Vertreter
   s) Gemeinschuldner - gegen Nachweis ("Trotz Postsperre") mit Zusatz: Die Geschäftsbücher (ohne Kontenkartei) sind sofort dem Konkursgericht zum Abschluß vorzulegen.

6) Zustellung je einer Abschrift des Konkurseröffnungsbeschlusses gem. § 111/III KO durch Aufgabe zur Post an
   a) Gläubiger mit Anmeldeformular und Merkblatt Bl. 12
   b) Schuldner Bl. 13

7) Wiedervorlage 10 Tage

Hecht
Richter am Amtsgericht

Erledigt
zu 1) am 19. 2. 1975
zu 2) am 18. 2. 1975
zu 3) am 18. 2. 1975
zu 4) am 17. 2. 1975
zu 5 a)- r)am 19. 2. 1975
zu 5 s) Zum Zwecke der Zustellung zur Post d.d.Gerichtswachtmeister unter vorst.Aktenzeichen am 19. 2. 1975
Fuchs
Just.Ang.als Urk.B.d.Gesch.St.

zu 6)
Abschrift vorst.Beschlusses wurde heute als verschlossene Sendung dem Postamt München 35 zum Zwecke der Aushändigung an (wie Bl. 20/21) durch JW. Müller übergeben.
München, den 20. 2. 1975
Fuchs
Just.Ang.als Urk.B.d.Gesch.St.

Muster B: Protokoll über die erste Gläubigerversammlung (Wahltermin)

Aktenzeichen: 32 N 30/75 München, den 21. März 1975

AMTSGERICHT MÜNCHEN

- Konkursgericht -

Gegenwärtig:

Dachs
Rechtspfleger

Fuchs
Urkundsbeamtin

Verfügung:

1) Nicht anwesenden Gläubigerausschußmitgliedern Abschrift des Protokolls übersenden nebst Merkblatt für Gläubigerausschußmitglieder mit der Aufforderung binnen 10 Tagen zu erklären, ob sie ihr Amt annehmen.

2) Hinterlegungsstelle von der Wahl der Gläubigerausschußmitglieder verständigen nebst der Angabe von Namen und Anschriften und der Mitteilung, daß Befreiung vom § 137 KO nicht erteilt wurde.

3) WV m. Einl. oder 2 Wochen

München, den 21.3.75

Dachs
Rechtspfleger

N i e d e r s c h r i f t

aufgenommen in nichtöffentlicher Sitzung in dem Konkursverfahren über das Vermögen des Gustav Reinhold Kummer, Kaufmann 8 München 40, Knorrstraße 1 Alleininhaber der Textilgroßhandlung Gustav Reinhold Kummer, 8 München 2, Thalkirchner Straße 3

Zum heutigen rechtswirksam bekannt gegebenen

W a h l t e r m i n

erschienen bei Aufruf:

der Gemeinschuldner, Gustav Reinhold Kummer

der Konkursverwalter RA. Dr. F. Treunstein

seitens der Gläubiger bzw. Vertreter
- gem. anliegender Aufstellung Nr. 1 -

Rechtsanwalt Josef Scharf für Fa. Richter & Kühn, bereits legitimiert (b.l.)

Siegfried Diebel, b.l.

Fa. Josef Fischer, unter Übergabe einer Vollmacht (u.Ü.e.V.)

Rechtsanwalt Xaver Streit für
Alexander Cohn, b. l.
Hermann Koch, u. Ü. e. V.

Kummer Emilie, in eigener Sache (i. e. S.)

Justizrat Carl Weise für
Friedrich Schütz, u. Ü. e. V.
Salomon Nathan, b. l.

Maria Wunsch, i. e. S.
Prokurist Andreas Heine in Hamburg für die Fa. Kohl & Walter in Hamburg, ausgewiesen durch begl. Handelsregisterauszug des Amtsgerichts Hamburg und Bundespersonalausweis

seitens der Presse:
Michael Huber,von der Fachzeitschrift für den Textilgroßhandel
Horst Fischer,für die Münchner Neuesten Nachrichten

Das Gericht verkündete folgenden

B e s c h l u ß

Folgenden Personen wird der Zutritt gem. § 175 Abs. 2 GVG gestattet:

1. Michael Huber, von der Fachzeitschrift für den Textilgroßhandel
2. Horst Fischer, für die Münchner Neuesten Nachrichten.

Es wird ihnen jedoch auferlegt, weder über einzelne Gläubiger oder Schuldner zu berichten, noch dritten Personen Mitteilungen darüber zu machen (§ 174 Abs. 2 GVG).
Es wird darauf hingewiesen, daß ein Verstoß mit Freiheitsstrafe bis zu einem Jahr oder mit Geldstrafe bestraft werden kann (§ 353 d StGB).

Der Konkursverwalter erstattete Bericht gem. § 131 KO.

Hierauf wurde den Gläubigern Gelegenheit gegeben, Fragen an den Konkursverwalter zu stellen, die dieser beantwortete.

RA Scharf regte an, den Syndikus des Verbandes des Textilgroßhandels, RA. Fritz Meier in Stuttgart, Meisenstraße 10 als Konkursverwalter zu bestellen, da er hervorragende Fachkenntnisse besitze, die Warenlieferanten persönlich kenne und zur Annahme des Amtes bereit sei.

Die Gläubigerversammlung wurde hierzu gehört. Sie schlug einstimmig RA. Fritz Meier als Konkursverwalter dem Gericht vor.

Das Gericht verkündete folgenden

B e s c h l u ß

Der Vorschlag der Gläubigerversammlung, anstelle des durch das Gericht bei der Konkurseröffnung bestellten Konkursverwalters, Rechtsanwalt Dr. Ferdinand Treunstein, den durch die Gläubigerversammlung einstimmig gewählten Rechtsanwalt Fritz Meier als Konkursverwalter zu bestellen, wird abgelehnt.

Gründe:

Nach dem pflichtgemäßen Ermessen des Gerichts besteht kein Grund, den Rechtsanwalt Dr. Ferdinand Treunstein aus seinem Amt als Konkursverwalter zu entlassen und den von der Gläubigerversammlung gewählten Rechtsanwalt Fritz Meier als neuen Konkursverwalter zu bestellen. Das Gericht ist überzeugt, daß der Konkursverwalter seinen Aufgaben voll gewachsen ist. Er genießt das Vertrauen des Gerichts und hat sich als Konkursverwalter seit Jahren in einer Reihe von Verfahren, auch in der Textilbranche bestens bewährt und sein Amt in allen Fällen objektiv versehen. Berechtigte Klagen aus den Reihen der jeweiligen Beteiligten sind dem Gericht nicht bekannt geworden.

Der dem Gericht vorgeschlagene Verwalter hat, wie RA. Scharf auf Befragung des Gerichts zugestand, keine Erfahrung in der Abwicklung von Konkursen, so daß die Übertragung eines derartig umfangreichen Verfahrens nicht zu verantworten wäre. Außerdem dürfte die Abwicklung erhebliche Schwierigkeiten bereiten, da der Vorgeschlagene in Stuttgart wohnhaft ist. Das Gericht hat in vorliegendem Fall den Eindruck, daß eine Gruppe von Gläubigern glaubt, gerade ihre Interessen würden durch den vom Gericht bestellten Verwalter nicht gewahrt. Der Konkursverwalter hat die Pflicht, in Ausübung seines Amtes die Interessen aller Beteiligten zu vertreten, was bei dem vorgeschlagenen nicht gewährleistet erscheint (§ 80 S. 2 KO).

Bei dem Tagesordnungspunkt über die Bestellung des Gläubigerausschusses

- wurden keine Anträge gestellt -

regte RA. Streit an, 3 ordentliche Mitglieder und 2 Ersatzmitglieder zu bestellen.

Er schlug hierzu vor:
1) Alexander Cohn, Kaufmann in München
2) August Sommer, Angestellter in München
3) Justizrat Carl Weise in München
4) Firma Richter & Kühn in München
5) RA. Xaver Streit

RA. Scharf regte an einen Gläubigerausschuß aus 5 ordentlichen Mitgliedern und 2 Ersatzmitgliedern zu bestellen.

Er schlug hierzu weiter vor:
6) RA. Fritz Meier in Stuttgart
7) Steuerberater Johann Stark in München

Soweit die vorgeschlagenen Gläubigerausschußmitglieder anwesend waren, erhoben sie keine Einwendungen gegen ihre Aufstellung.

Nachdem keine Einstimmigkeit erzielt wurde, regte RA. Streit an, die Sitzung zu einer Besprechung für 15 Minuten zu unterbrechen.

Die Sitzung wurde um 9.50 Uhr unterbrochen und um 10.05 Uhr fortgesetzt.

Da trotz der Unterbrechung keine Einigung erzielt wurde, erfolgte die Feststellung der Stimmrechte.

- Sie ergeben sich aus der Rückseite der Berechtigungsscheine Nr. 1 - ... -

Sie ergeben sich aus der Anlage zum Protokoll.

Die Forderung des Siegfried Diebel wurde vom Konkursverwalter bestritten, da die Waren wieder zurückgegeben wurden. RA. Scharf bestreitete dies vorsorglich, da ihm hierüber nichts bekannt war.

Das Gericht verkündete folgenden

B e s c h l u ß

Dem Gläubiger Stimmliste Nr. 2, Siegfried Diebel, wird kein Stimmrecht gewährt.

RA. Scharf beanspruchte für seinen Mandanten Josef Fischer nur ein Stimmrecht in Höhe von 3.000,-- DM, da er aus dem Spediteurpfandrecht noch 2.000,-- DM zu erzielen hoffe. Einwendungen wurden nicht erhoben.

Die Forderung der Ehefrau des Gemeinschuldners, Emilie Kummer, wurde bezüglich 3.000,-- DM von Justizrat Weise für seinen Mandanten Schütz bestritten, da dieser Betrag wieder zurückbezahlt worden sei.
Frau Kummer erklärte, daß die Überweisung vor 2 Monaten eine andere Forderung betroffen hätte.

Das Gericht verkündete folgenden

B e s c h l u ß

Der Gläubigerin Stimmliste Nr. 6, Emilie Kummer, wird

ein Stimmrecht in Höhe von 3.000,-- DM gewährt.

Zu der Forderung Stimmliste Nr. 7 erklärte Justizrat Weise als Vertreter des Friedrich Schütze, daß er mit einer Ausfallsforderung von 7.000,-- DM rechne. Der Konkursverwalter entgegnete, daß der Ausfall höchstens 5.000,-- DM betrage.

Das Gericht verkündete folgenden

B e s c h l u ß

Dem Gläubiger Stimmliste Nr. 7 Friedrich Schütze, wird ein Stimmrecht in Höhe von 6.000,-- DM gewährt.

Sodann wurde über die Zahl der Gläubigerausschußmitglieder abgestimmt, wie sich aus der Anlage zum Protokoll ergibt.

Somit ist ein Gläubigerausschuß mit 3 ordentlichen und zwei Ersatzmitgliedern zu bestellen.

Hierauf wurde über die Mitglieder des Gläubigerausschusses abgestimmt, wie aus der Anlage ersichtlich ist.

Zu ordentlichen Mitgliedern wurden gewählt:

1) Justizrat Carl Weise, 8 München 2, Maximilianstr. 10
2) Fa. Richter & Kühn, 8 München 82, Feldbergstr. 74
3) August Sommer, Angesteller, 8 München 40, Schleißheimer Str. 49

Zu Ersatzmitgliedern wurden gewählt:

1) Johann Stark, Steuerberater, 8 München 83, Krausestr. 10
2) Alexander Cohn, Kaufmann, 8 München 60, Landsberger Straße 374

Die anwesenden Gläubigerausschußmitglieder erklärten sich zur Übernahme ihres Amtes nach Befragung durch das Gericht bereit. Merkblätter über ihre Rechte und Pflichten wurden ihnen ausgehändigt.

Die Gläubigerversammlung faßte einstimmig folgenden

B e s c h l u ß

1 a) Gelder sind bei der Landesbank unter Konto Nr. 1004, bzw. einem Festgeldkonto, anzulegen.
b) Wertpapiere sind zu hinterlegen bei der Landesbank unter Depot-Nr. 2006
c) Kostbarkeiten sind zu hinterlegen bei der Landesbank im Schließfach 272
- 2) Quittungen des Verwalters über den Empfang von Geldern, Wertpapieren oder Kostbarkeiten von der Hinterlegungsstelle und Anweisungen des Verwalters auf die Hinterlegungsstellen, bedürfen keiner Mitunterzeichnung eines Mitgliedes des Gläubigerausschusses § 137 KO. -
- Falls kein Gläubigerausschuß vorhanden ist:
3 a) Dem Verwalter wird die Genehmigung erteilt das Grundstück in München 40, Knorrstraße 1, eingetragen im Grundbuch des Amtsgerichts München für Milbertshofen Band 10 Blatt 195 freihändig zu veräußern.
b) Dem Verwalter wird die Genehmigung erteilt, das Warenlager im ganzen zu veräußern. -
4) Der Antrag des Schuldners auf monatliche Gewährung einer Unterhaltsleistung von 300,-- DM wird abgelehnt.
- Da über die Fortführung oder Schließung des Geschäfts gegenwärtig nach Ansicht von Justizrat Weise noch nicht entschieden werden sollte, regte er an den Tagesordnungspunkt auf den allgemeinen Prüfungstermin zu verlegen. Einwendungen seitens der Gläubigerversammlung wurden nicht erhoben.

Das Gericht verkündete folgenden

B e s c h l u ß

Der Tagesordnungspunkt über die Fortführung oder Schließung des Geschäfts wird auf den allgemeinen Prüfungstermin vertagt.
o d e r
Da der Geschäftsbetrieb bei Konkurseröffnung bereits geschlossen war, entfällt die Entscheidung über die Fortführung oder Schließung des Geschäftsbetriebes. -

5) Der Geschäftsbetrieb soll geschlossen werden
- bleiben (soweit nach Konkurseröffnung geschlossen) -
- Der Geschäftsbetrieb soll fortgeführt werden, seine Schließung wird in das Ermessen des Konkursverwalters - des Gläubigerausschusses - gestellt. -

6) Auf periodische Berichterstattung und Rechnungslegung wird verzichtet. Der Konkursverwalter ist verpflichtet dem Gericht gegenüber in vierteljährlichen Abständen Bericht zu erstatten.
- Der Konkursverwalter soll der Gläubigerversammlung - dem Gläubigerausschuß - jährlich Bericht erstatten und Rechnung legen. -

Dachs
Rechtspfleger

Fuchs
Urkundsbeamtin

Muster C: Berechtigungsschein für die Teilnahme am Wahltermin bei Großverfahren

Berechtigungsschein

zur Teilnahme am Wahltermin im Konkursverfahren über das Vermögen des Gustav Reinhold Kummer, Kaufmann in München

◯ Gläubiger: ______________________________

Name Vorname

____

Ort Straße

◯ Gläubigervertreter: Rechtsanwalt

____

Name Vorname

____

Ort Straße

Falls Sie an dem Wahltermin teilnehmen, was nicht unbedingt erforderlich ist, ist der Berechtigungsschein, mit Schreibmaschine oder in Druckschrift ausgefüllt, am Terminstag auf jeden Fall mitzubringen und bei der Kontrolle abzugeben. Gläubigervertreter können nur dann am Termin teilnehmen, wenn sie eine schriftliche Vollmacht vorlegen, oder sich diese bereits bei den Akten befindet.

Amtsgericht München
Konkurs- und Vergleichsgericht

- -

Bitte hier abtrennen!

Berechtigungsschein

zur Teilnahme am Prüfungstermin im Konkursverfahren über das Vermögen des Gustav Reinhold Kummer, Kaufmann in München

◯ Gläubiger: ______________________________

Name Vorname

____

Ort Straße

◯ Gläubigervertreter: Rechtsanwalt

____

Name Vorname

____

Ort Straße

Falls Sie an dem Prüfungstermin teilnehmen, ist der Berechtigungsschein mit Schreibmaschine oder Druckschrift ausgefüllt, am Terminstag auf jeden Fall bei der Kontrolle abzugeben. Das Erscheinen ist nicht unbedingt erforderlich. Nur wenn Ihre Forderung bestritten wird, erhalten Sie eine Mitteilung über das Ergebnis der Prüfung.
Gläubigervertreter können nur dann am Termin teilnehmen, wenn sie eine schriftliche Vollmacht vorlegen, oder sich diese bereits bei den Akten befindet.

Amtsgericht München
Konkurs- und Vergleichsgericht

Nur zur Abgabe bei der Kontrolle am Terminstag bestimmt!
Nicht an das Gericht senden!

Stimmliste zur ersten Gläubigerversammlung
in dem Konkursverfahren über das Vermögen
des Gustav Reinhold Kummer, Kfm. in München

Name des Gläubigers und Vertreters siehe Rückseite

Vollmacht des Vertreters liegt an ○

Vollmacht bei der Anmeldung ○

ohne Vollmacht ○

Stimmrechte	1	2	3	4	5	6	7	

Wahlterminsprotokoll

wenn nur der Konkursverwalter erscheint

. . .

erschien bei Aufruf:

der Konkursverwalter RA. Dr.
F. Treunstein

Der Konkursverwalter nahm Bezug auf seinen übergebenen schriftlichen Bericht und erklärte, daß der Geschäftsbetrieb bereits seit Konkurseröffnung geschlossen sei und er bei der Landesbank unter Nr. 1004 ein Konkurskonto errichtet habe.
Eine Beschlußfassung der Gläubigerversammlung unterblieb, nachdem kein Gläubiger erschienen war.
Der Konkursverwalter verpflichtet sich, dem Konkursgericht gegenüber in vierteljährlichen Abständen Bericht zu erstatten.

Dachs — Rechtspfleger

Fuchs — Urkundsbeamtin

Anlage zum Protokoll über den Wahltermin vom 21. 3. 1975
in dem Konkursverfahren über das Vermögen
des Gustav Reinhold Kummer

S t i m m l i s t e

lfd. Nr.	Name des Gläubigers	Gläubiger-vertreter	Angemeldete Forderung	Stimmrecht	Zahl der Gl.Aussch.-Mitgl.		Gläubigerausschußmitglieder						
					3/2	5/2	Cohn	Sommer	JustR. Weise	Richter &	RA Streit	RA Meier	Stark
1	Richter & Kühn	RA. Scharf	1600	1600	-	1600	-	1600	1600	1600	-	1600	1600
2	Diebel Siegfr.	-"-	500	-	-	-	-	-	-	-	-	-	-
3	Fischer Josef	-"-	5000	3000	-	3000	-	3000	3000	3000	-	3000	3000
4	Cohn Alexander	RA. Streit	500	500	500	-	500	500	500	500	500	-	-
5	Koch Hermann	-"-	1800	1800	1800	-	1800	1800	1800	1800	1800	-	-
6	Kummer Emilie		6000	3000	3000	-	-	3000	3000	3000	3000	-	3000
7	Schütze Fried.	JR. Weise	8000	6000	6000	-	6000	6000	6000	6000	-	-	6000
8	Nathan Salomon	-"-	2500	2500	2500	-	2500	2500	2500	2500	-	-	2500
9	Wunsch Maria		1000	1000	1000	-	-	1000	1000	1000	1000	-	1000
10	Kohl & Walter		2200	2200	2200	-	2200	-	2200	2200	2200	-	2200
				21600	17000	4600	13000	19400	21600	21600	8500	4600	19300

Dachs
Rechtspfleger

Fuchs
Urkundsbeamtin

Muster D: Protokoll über den allgemeinen Prüfungstermin

Aktenzeichen: 32 N 30/75 München, den 2. 5. 1975

AMTSGERICHT MÜNCHEN

- Konkursgericht -

<u>Gegenwärtig:</u>

Dachs
Rechtspfleger

Fuchs
Urkundsbeamtin

<u>N i e d e r s c h r i f t</u>

aufgenommen in nichtöffentlicher Sitzung in dem Konkursverfahren über das Vermögen des Gustav Reinhold Kummer, Kaufmann 8 München 40, Knorrstraße 1 Alleininhaber der Textilgroßhandlung Gustav Reinhold Kummer, 8 München 2, Thalkirchner Straße 3

Zum heutigen rechtswirksam bekannt gegebenen

<u>allgemeinen Prüfungstermin</u>

erschienen bei Aufruf:

der Gemeinschuldner, Gustav Reinhold Kummer

der Konkursverwalter RA. Dr. F. Treunstein

seitens der Gläubiger bzw. Vertreter
- gem. anliegender Aufstellung Nr. 1 - ... -

Rechtsanwalt Josef Scharf für Fa. Richter & Kühn, b. l.

Siegfried Diebel, b. l.

Josef Fischer, b. l.

Verfügung:

1) Tabellenauszüge gem. § 146 KO erteilen.
2) Urkundsfeststellung erledigen (§ 145 Abs. 1 S. 2 KO)
3) Zurückweisungsbeschlüsse an Gläubiger und Gläubigervertreter zustellen.
4) WV

2. 5. 1975

Dachs
Rechtspfleger

Justizrat Weise als Gläubigerausschußmitglied und
für die Gläubiger
Friedrich Schütz, b. l.
Salomon Nathan, b. l.
Maria Wunsch, i. e. S.

Die anwesenden Beteiligten wurden vom Gericht über ihr Widerspruchsrecht belehrt und auf die Folgen aufmerksam gemacht (§§ 144, 146 KO).

Hierauf wurden die angemeldeten Forderunge nach Betrag und Vorrecht einzeln erörtert und das Ergebnis sofort in die Konkurstabelle eingetragen.

Das Gericht verkündete folgende

Beschlüsse:

1) Die Forderungsanmeldung Tabelle I Vorrecht I Nr. 1 des Hermann August, 8 München 80, Orleansstr. 4 wird bezüglich des Oktobergehaltes von 800,-- DM als unzulässig zurückgewiesen, da es sich um eine Masseverbindlichkeit und keine Konkursforderung handelt.
Die Eintragung ist in der Tabelle insoweit zu löschen.

2) Die Forderungsanmeldung Tabelle II Nr. 5 der Fa. Josef Bauer, 8 München 2, Neuhauser Str. 4, vertreten durch Rechtsanwalt Peter Neumeier, 8 München 2, Sonnenstr. 4 wird mangels Vollmachtsvorlage als unzulässig zurückgewiesen.
Die Eintragung ist in der Tabelle zu löschen.

3) Die Forderungsanmeldung Tabelle II Nr. 7 b der Maria Ehrlich, 8 München 24, Rosenstr. 101 wird bezüglich der Zinsen mangels Angabe des Zinsfußes als unzulässig zurückgewiesen.
Die Eintragung ist in der Tabelle insoweit zu löschen.

Die Forderungen Tabelle II Nr. 13 und 14 wurden infolge verspäteter Anmeldung und Widerspruch des Konkursverwalters nicht geprüft.

Dachs
Rechtspfleger

Fuchs
Urkundsbeamtin

Muster E: Protokoll über den besonderen Prüfungs-, Einstellungs- und Schlußtermin

Aktenzeichen: 32 N 30/75 München, den 8. 8. 1975
AMTSGERICHT MÜNCHEN
- Konkursgericht -

Gegenwärtig:
Dachs
Rechtspfleger
Fuchs
Urkundsbeamtin

N i e d e r s c h r i f t

aufgenommen in nichtöffentlicher Sitzung in dem Konkursverfahren über das Vermögen des Gustav Reinhold Kummer, Kaufmann 8 München 40, Knorrstraße 1 Alleininhaber der Textilgroßhandlung Gustav Reinhold Kummer, 8 München 2, Thalkirchner Straße 3

Zum heutigen rechtwirksam bekannt gegebenen

besonderen Prüfungs-, Einstellungs- und Schlußtermin

erschienen bei Aufruf:
der Gemeinschuldner, Gustav Reinhold Kummer
der Konkursverwalter RA. Dr. F. Treunstein
seitens der Gläubiger
Maria Wunsch i. e. S.

Nach Belehrung über das Widerspruchsrecht und deren Folgen (§§ 144, 146 KO) wurden die noch nicht geprüften Forderungen nach Betrag und Vorrecht erörtert und das Ergebnis sofort in die Konkurstabelle eingetragen.

o d e r

- Es wird festgestellt, daß ungeprüfte Forderungen nicht mehr vorliegen. -

Der Konkursverwalter berichtete über die Sachlage und wiederholte seine Anregung, das Verfahren mangels einer den Kosten des Verfahrens entsprechenden Masse einzustellen.

Die anwesenden Gläubiger wurden hierzu gehört.

- Wenn kein Gläubiger erscheint:
  Es wurde festgestellt, daß kein Erbieten auf Vorschußleistung vorliegt. -

Sie erklärte sich nicht bereit, einen Vorschuß zur Fortführung des Verfahrens zu leisten und erhob keine Einwendungen gegen die Einstellung des Verfahrens.

Der Konkursverwalter erklärte, daß die Masseansprüche berichtigt und bestrittene sichergestellt sind
- bestrittene nicht vorhanden sind - .

Hierauf verkündete das Gericht folgenden

B e s c h l u ß

Das am 17. Februar 1975 über das Vermögen des
Gustav Reinhold K u m m e r , Kaufmann
8 München 40, Knorrstraße 1
Alleininhaber der Textilgroßhandlung
Gustav Reinhold Kummer,
8 München 2, Thalkirchner Str. 3
eröffnete Konkursverfahren wird mangels einer die Kosten des Verfahrens deckenden Masse eingestellt.

Festgestellt wurde die rechtzeitige Niederlegung der Schlußrechnung mit Belegen.
Einwendungen dagegen wurden nicht erhoben.

Hierauf wurde der Vergütungsantrag des Konkursverwalters bekannt gegeben. Erklärungen hierzu wurden nicht abgegeben.

Das Gericht verkündete folgenden

B e s c h l u ß

Die Vergütung des Konkursverwalters wird auf

DM 422,--

festgesetzt, darin sind 41,82 DM Mehrwertsteuer enthalten.
Die Auslagen werden auf

DM 35,20

zuzüglich 11 % Mehrwertsteuer festgesetzt.

- Zur Festsetzung der Vergütung der Gläubigerausschußmitglieder siehe Schlußterminsprotokoll. -

Die Bestallung wurde zu den Akten übergeben.

Dachs Fuchs
Rechtspfleger Urkundsbeamtin

Muster F: Protokoll über den besonderen Prüfungs- und Schlußtermin

Aktenzeichen: 32 N 30/75 München, den 8. 8. 1975

AMTSGERICHT MÜNCHEN
- Konkursgericht -

Gegenwärtig:

Dachs
Rechtspfleger

Fuchs
Urkundsbeamtin

N i e d e r s c h r i f t

aufgenommen in nichtöffentlicher Sitzung in dem Konkursverfahren über das Vermögen des Gustav Reinhold Kummer, Kaufmann 8 München 40, Knorrstraße 1 Alleininhaber der Textilgroßhandlung Gustav Reinhold Kummer, 8 München 2, Thalkirchner Straße 3

Zum heutigen rechtswirksam bekannt gegebenen

besonderen Prüfungs-, Zwangsvergleichs- und Schlußtermin

erschienen bei Aufruf:
der Gemeinschuldner Gustav Reinhold Kummer
der Konkursverwalter RA. Dr. F. Treunstein
der Bürge Viktor Reich

seitens des Gläubigerausschusses
Justizrat Carl Weise
zugleich für die Gläubiger
Friedrich Schütze, b. l.
Nathan Salomon, b. l.

Nach Belehrung über das Widerspruchsrecht und deren Folgen (§§ 144, 146 KO) wurden die noch nicht geprüften Forderungen nach Betrag und Vorrecht erörtert und das Ergebnis sofort in die Konkurstabelle eingetragen.

o d e r

- Es wurde festgestellt, daß ungeprüfte Forderungen nicht mehr vorlagen. -

Der Konkursverwalter übergab die Bescheinigung sowie den Nachweis der Bekanntmachung gem. § 151 KO zu den Akten.

Es wurde festgestellt, daß die Verteilungsankündigung des Konkursverwalters rechtzeitig am 18. 7. 1975 veröffentlicht wurde.

o d e r

- Es wurde festgestellt, daß die Verteilungsankündigung des Konkursverwalters am ..., also verspätet veröffentlicht wurde.
  Das Gericht verkündete folgenden Beschluß:
  Der Schlußtermin wird vertagt auf ... -

Weiter wurde festgestellt, daß der Schlußbericht, die Schlußrechnung mit Belegen sowie das Schlußverzeichnis rechtzeitig niedergelegt wurden.

- Einwendungen dagegen wurden nicht erhoben. -

Justizrat Weise erhob im Namen des Gläubigers Friedrich Schütze folgende Einwendungen gegen die Schlußrechnung:
Die Bezahlung der Hebegebühr an RA. Dr. Gustav Schlau in Höhe von 20 DM zuzüglich Mehrwertsteuer am 5. 4. 75 (Beleg Nr. 34) sei nicht gerechtfertigt. Es gehöre zu den Aufgaben des Konkursverwalters die Außenstände selbst zu kassieren. Der Verwalter hätte nur eine Prozeßvollmacht an RA. Dr. Gustav Schlau, auf keinen Fall eine Geldempfangsvollmacht, erteilen dürfen.

v. u. g.

Der Konkursverwalter erklärte hierzu:

Ich bin weder bereit die Gebühr zurückzufordern, noch den Betrag aus eigenen Mitteln zu decken.

v. u. g.

RA. Scharf, als Vertreter des Siegfried Diebel, trug folgendes vor:

Es werden Einwendungen gegen das Schlußverzeichnis des Konkursverwalters (Bl. 74) erhoben, da Siegfried Diebel dort nicht aufgenommen worden sei.
Er führte aus, daß die angemeldete Forderung in Höhe von 500,-- DM, vorgetragen in der Tabelle II Nr. 4 zwar im Prüfungstermin vom 2. 5. 1975 von dem Konkursverwalter und Gemeinschuldner bestritten worden sei.
Am 25. 7. 1975 wurde jedoch der Nachweis gem. § 152 KO geführt, daß innerhalb der Ausschlußfrist wegen der bestrittenen Forderung beim Amtsgericht München eine Feststellungsklage erhoben worden sei.

Der Konkursverwalter bestätigte dies.

Hierauf verkündete das Gericht folgenden

Niedergelegt am
8. 8. 1975
Amtsgericht
München
Konkursgericht
Meier
JS als UrkB.
d.Geschäftsst.

B e s c h l u ß

Die Forderung des Siegfried Diebel, Starnberg, Seestr. 5, vertreten durch Rechtsanwalt Josef Scharf, 8 München 60, Bäckerstraße 1 wird in Höhe des angemeldeten Betrages von 500,-- DM in das Schlußverzeichnis aufgenommen (Bl.74).

Gründe

Der Gläubiger Siegfried Diebel hatte durch seinen Vertreter RA. Josef Scharf eine Forderung von 500,-- DM zum gegenständlichen Konkursverfahren angemeldet. Im allgemeinen Prüfungstermin vom 2. 5. 1975 wurde der Anspruch, der in der Tabelle II Nr. 4 eingetragen ist, vom Konkursverwalter und Gemeinschuldner nach Grund

und Höhe bestritten. Ein nachträgliches Anerkenntnis erfolgte nicht. Die Forderung wurde vom Konkursverwalter nicht in das Schlußverzeichnis aufgenommen.
RA. Josef Scharf als Vertreter dies Siegfried Diebel erhob wegen der Nichtaufnahme in das Schlußverzeichnis Einwendungen und begründete diese damit, daß er innerhalb der Ausschlußfrist des § 152 KO den Nachweis der Erhebung der Feststellungsklage bezüglich der bestrittenen Forderung geführt habe.
Das Vorbringen wurde durch den Konkursverwalter bestätigt.
Die Führung des genannten Nachweises hat gem. § 152 KO bis zum Ablauf von 2 Wochen nach der öffentlichen Bekanntmachung des Konkursverwalters (Verteilungsankündigung) zu geschehen.
Die öffentliche Bekanntmachung der Verteilungsankündigung (§ 151 KO) ist durch Einrückung im Bayerischen Staatsanzeiger am 18. 7. 1975 erfolgt. Der Nachweis hierüber wurde von dem Konkursverwalter heute zu den Akten übergeben. Die Bekanntmachung galt also als bewirkt mit dem Ablauf des 2. Tages nach der Ausgabe des Staatsanzeigers (§ 76 Abs. 1 S. 2 KO).
Die Ausschlußfrist begann demzufolge mit dem 22. 7. 1975 und lief mit dem 4. 8. 1975 ab. Der Nachweis der Erhebung der Feststellungsklage erfolgte am 25. 7. 1975, also rechtzeitig.
Dem Antrag auf Aufnahme der Forderung in das Schlußverzeichnis war daher stattzugeben.

Der Verwalter erklärte, daß er Anteile nach § 168 Ziff. 1 KO im Hinblick auf den vom Gericht soeben verkündeten Beschluß zurückbehalten werden.
Er wurde vom Gericht darauf aufmerksam gemacht, daß neben der anteiligen Quote auch die künftigen Prozeßkosten zurückzubehalten sind.

Der Konkursverwalter erklärte weiter, daß an unverwertbaren Vermögenswerten noch die Forderung gegen Fritz Neuhaus in Höhe von 70,-- DM vorhanden sei.

Die Gläubigerversammlung faßte darüber einstimmig folgenden

B e s c h l u ß

Die unverwertbare Forderung gegen Fritz Neuhaus ist dem Gemeinschuldner zu überlassen.

Die Gläubigerversammlung wurde hierauf über die beantragten Vergütungen und Auslagen der Gläubigerausschußmitglieder gehört.
Einwendungen wurden nicht erhoben.
Das Gericht verkündete folgenden

B e s c h l u ß

Die den Mitgliedern des Gläubigerausschusses zu erstattenden baren Auslagen und die ihnen zu gewährenden Vergütungen werden wie folgt festgesetzt:

1) Justizrat Carl Weise
   Auslagen DM 15,-- zuzüglich 11 % Mehrwertsteuer
   Vergütung DM 63,30, darin sind DM 6,27 MWSt. enthalten.
2) Richter & Kühn
   Auslagen DM 10,-- zuzüglich 11 % MWSt.
   Vergütung DM 63,30, darin sind DM 6,27 MWSt enthalten.
3) August Sommer
   Auslagen DM 15,--, Vergütung DM 60,--.

Der Konkursverwalter erklärte, daß er binnen 4 Wochen über den Vollzug der Verteilung berichten werden und beantragte etwaige Kostenerübrigungen seiner Vergütung zuzuschlagen.

Dachs — Rechtspfleger

Fuchs — Urkundsbeamtin

Muster G: Protokoll über den Vergleichstermin

Aktenzeichen: 32 N 30/75 München, den 8. 8. 1975
AMTSGERICHT MÜNCHEN
- Konkursgericht -

Gegenwärtig:
Dachs
Rechtspfleger
Fuchs
Urkundsbeamtin

N i e d e r s c h r i f t

aufgenommen in nichtöffentlicher Sitzung in dem Konkursverfahren über das Vermögen des
Gustav Reinhold Kummer, Kaufmann
8 München 40, Knorrstraße 1
Alleininhaber der Textilgroßhandlung Gustav Reinhold Kummer, 8 München 2, Thalkirchner Straße 3

Zum heutigen rechtswirksam bekannt gegebenen

besonderen Prüfungs- und Schlußtermin

erschienen bei Aufruf:
der Konkursverwalter RA. Dr. F. Treunstein
Justizrat Carl Weise als Gläubigerausschußmitglied und als Vertreter der Gläubiger
Friedrich Schütze, b. l.
Nathan Salomon, b. l.

RA. Josef Scharf für
Fa. Richter & Kühn, b. l.
Siegfried Diebel, b. l.
Fa. Josef Fischer, b. l.

die Ersatzmitglieder
Johann Stark
Alexander Cohn

seitens der Gläubiger
RA. Josef Scharf für
Fa. Richter & Kühn, b. l.
Siegfried Diebel, b. l.
Fa. Josef Fischer, b. l. mit Josef Fischer

RA. Xaver Streit für
Alexander Cohn, b. l.
Hermann Koch, b. l.

Kummer Emilie i. e. S.
Ehrlich Maria i. e. S.

Nach Belehrung über das Widerspruchsrecht und deren Folgen (§§ 144, 146 KO) wurde die noch nicht geprüfte Forderung Tab. II Nr. 14 nach § 141 KO erörtert und das Ergebnis sofort in die Konkurstabelle eingetragen.

Die Stimmrechte wurden erörtert. Das Ergebnis wurde in der Stimmliste vermerkt.

RA. Streit beantragte für seinen Mandanten Alexander Cohn ein Stimmrecht in Höhe von 500,-- DM. Der Konkursverwalter beantragte nur bezüglich des festgestellten Anspruchs von 400,-- DM ein Stimmrecht zu gewähren.

Das Gericht verkündete folgenden

B e s c h l u ß

Dem Gläubiger Stimmliste Nr. 2 Alexander Cohn wird ein Stimmrecht in Höhe von 400,-- DM gewährt.

Zu Stimmliste Nr. 3 - Friedrich Schütze - erklärte der Gläubigervertreter, daß der Ausfall 7.000,-- DM betrage. Widerspruch dagegen wurde nicht erhoben.

RA. Josef Scharf beantragte für seinen Mandanten Siegfried Diebel ein Stimmrecht in Höhe von 250,-- DM.
Der Konkursverwalter war damit einverstanden.

RA. Josef Scharf beantragte für die Fa. Josef Fischer ein Stimmrecht in Höhe von 4.000,-- DM, da ein Ausfall in dieser Höhe zu erwarten sei. Der Konkursverwalter widersprach dem und erklärte, daß der Ausfall höchstens 3.000,-- DM betrage.

Das Gericht verkündete folgenden

B e s c h l u ß

Der Gläubiger Stimmliste Nr. 5 Fa. Josef Fischer erhält ein Stimmrecht in Höhe von 3.500,-- DM.

Frau Emilie Kummer beanspruchte nur ein Stimmrecht in Höhe von 3.000,-- DM.

Zu der Stimmliste Nr. 11 - Maria Wunsch - erklärte der Konkursverwalter ihm sei bereits nachgewiesen, daß die Bürgin in Anspruch genommen wurde und die Forderung beglichen habe.

Das Gericht verkündete folgenden

B e s c h l u ß

Der Gläubigerin Stimmliste Nr. 11 Fa. Kohl & Walter wird ein Stimmrecht in Höhe von 2.000,-- DM gewährt.

Johann Stark, Gläubiger laut Stimmliste Nr. 12, beantragte ein Stimmrecht in Höhe von 500,-- DM. Der Konkursverwalter erklärte, daß mit keinem Ausfall zu rechnen sei. Herr Stark erwiderte darauf, daß er die Sicherheit, den Ring, nicht von dem Gemeinschuldner, sondern von dessen Ehefrau erhalten habe, es sich

also um eine sogenannte Drittsicherheit und keine Ausfallsforderung handle.
Hierauf nahm der Konkursverwalter seinen Widerspruch zurück.

Der Zwangsvergleichsvorschlag des Gemeinschuldners vom 1. Juni 1975 wurde verlesen.

Der Gemeinschuldner erklärte, daß es bei diesem Zwangsvergleichsvorschlag verbleibe.

o d e r

- Der Gemeinschuldner erklärte, daß er folgenden neuen Vergleichsvorschlag unterbreite:

  1. Masseverbindlichkeiten und Vorrechtsforderungen werden voll bezahlt.
  2. Die nicht bevorrechtigten Gläubiger erhalten 30 % ihrer Forderungen und verzichten auf den Rest einschließlich der Zinsen und Kosten nach Konkurseröffnung.
  3. Die Erfüllung erfolgt innerhalb von 6 Wochen nach gerichtlicher Bestätigung des Zwangsvergleichs durch den Konkursverwalter.
  4. Die Zahlungen werden wie folgt sichergestellt:
     a) 10 % können aus der Konkursmasse entnommen werden.
     b) 10 % liegen auf dem Sperrkonto Nr. 604 bei der Bayerischen Staatsbank in München, über das nach rechtskräftiger Bestätigung des Zwangsvergleichs der Konkursverwalter verfügen kann.
     c) 10 % werden von mir innerhalb von 4 Wochen nach rechtskräftiger Bestätigung des Zwangsvergleichs an den Konkursverwalter überwiesen. Für meine Zahlung übernimmt der Bankier Viktor Reich in München, Ludwigstr. 2 die selbstschuldnerische Bürgschaft.
  5. Wird der Vergleich nicht rechtzeitig und vollständig erfüllt, so sollen die ursprünglichen Forde-

rungen in voller Höhe wieder geltend gemacht werden können.

v. u. g. -

Hierauf erklärte der Bankier Viktor Reich:
Für die Erfüllung von 10 %, die der Gemeinschuldner innerhalb von 4 Woche nach rechtskräftiger Bestätigung des Zwangsvergleichs an den Konkursverwalter zu überweisen hat, übernehme ich die selbstschuldnerische Bürgschaft.

v. u. g.

Der Konkursverwalter erstattete Bericht über die Sachlage, wonach für die nicht bevorrechtigten Gläubiger mit einer Konkursquote von 10 % zu rechnen sei. Weiter bestätigte er, im Besitze der Bescheinigung der Bayerischen Staatsbank zu sein, bei der weitere 10 % der Zwangsvergleichsquote hinterlegt seien. Im übrigen halte er den Bürgen für solvent. Weiter sei er bereit die Zwangsvergleichsquote auszubezahlen.
Schließlich bestätigte er noch, daß Feststellungsklagen gem. § 146 KO nicht anhängig seien.

Das anwesende ordentliche Gläubigerausschußmitglied befürwortete den Zwangsvergleich, nachdem ursprünglich nur 20 % geboten wurden.

Es wurde festgestellt, daß die öffentliche Bekanntmachung des heutigen Termins, die Ladung des Gemeinschuldners, des Konkursverwalters und der nicht bevorrechtigten Gläubiger ordnungsgemäß erfolgte und der Zwangsvergleichsvorschlag niedergelegt wurde §§ 78, 179 KO.
Ferner wurde festgestellt, daß der Zwangsvergleichsvorschlag den Erfordernissen des § 174 KO entspricht und der Zwangsvergleich nach §§ 175, 191 KO nicht unzulässig ist.

Sodann wurde über den Zwangsvergleichsvorschlag abgestimmt. Das Ergebnis wurde in den Spalten VI - VII der

Stimmliste vermerkt.

Die Sitzung wurde um 9.40 Uhr zur Errechnung des Abstimmungsergebnisses unterbrochen und fortgesetzt um 10.10 Uhr.

Die Abstimmung wurde um 10.11 Uhr geschlossen.

Das Abstimmungsergebnis wurde bekannt gegeben.

1) Nach Köpfen:

Stimmberechtigte Gläubiger, die anwesend oder vertreten waren	9
Erforderliche Mehrheit	5
Für den Vergleich stimmten	7
Gegen den Vergleich stimmten	2
(Stimmenthaltung wird als Ablehnung bewertet)	

2) Nach Summen:

Stimmberechtigte Forderungen	19.570,--
Erforderliche 3/4 Mehrheit	14.677,50
Für den Vergleich stimmten	15.800,--
Gegen den Vergleich stimmten (einschließlich Enthaltungen)	750,--
Stimmen der Abwesenden	3.020,--

Es wurde festgestellt, daß der Zwangsvergleichsvorschlag mit den erforderlichen Mehrheiten angenommen wurde.

Die anwesenden Gläubiger, Gläubigervertreter, Gläubigerausschußmitglieder und der Konkursverwalter wurden gem. § 184 Abs. 2 KO gehört.

Der Konkursverwalter erklärte, daß Masseverbindlichkeiten und Vorrechtsforderungen bezahlt bzw. sichergestellt sind.

- Bei einem Zwangsvergleich unter 20 % :
  Der Konkursverwalter erklärte, daß ihm Verwerfungsgründe nach § 187 KO nicht bekannt seien. -

Die Gläubigerin Maria Ehrlich beantragte den Zwangsvergleich zu verwerfen, weil, wie sie an Eides Statt versicherte, der Gemeinschuldner soeben seinem Schwager Josef Fischer, Zahlung für dessen ganze Forderung versprochen habe.
Der Gemeinschuldner gestand dies zu, behauptete aber, daß dies erst nach der Annahme des Zwangsvergleichs und nur zum Dank für die von seinem Schwager geleisteten wesentlichen Dienste, auch nur in der Weise geschehen sei, daß er sich ausdrücklich vorbehalten habe, die Art und die Zeit der zu leistenden Zahlungen selbst zu bestimmen.
Josef Fischer, Alleininhaber der Fa. Josef Fischer, bestätigte dies.
Die Gläubigerin Maria Ehrlich gab deren Richtigkeit als möglich zu, beharrte aber auf ihrem Antrage.

Im übrigen wurden keine Einwendungen erhoben.

Das Gericht verkündete folgenden

B e s c h l u ß

Im Konkursverfahren über das Vermögen des Gustav Reinhold K u m m e r , Kaufmann, 8 München 40, Knorrstraße 1, Alleininhaber der Textilgroßhandlung Gustav Reinhold Kummer, 8 München 2, Thalkirchner Str. 3 wird der im heutigen Termin angenommene Zwangsvergleich gerichtlich bestätigt.

Gründe:

Dem vom Gemeinschuldner unterbreiteten Zwangsvergleichsvorschlag haben im heutigen Vergleichstermin von den anwesenden bzw. vertretenen 9 stimmberechtigten Gläubigern 7, deren Forderungen zusammen 15.800,-- DM betragen, ausdrücklich zugestimmt. Die Gesamtsumme der

stimmberechtigten Gläubiger beläuft sich auf 19.570,-- DM.
Hiernach genügen die für die Annahme des Zwangsvergleichs erzielten Mehrheiten dem § 182 Abs. 1 KO, obwohl bei der Berechnung der Mehrheiten die Stimme der Ehefrau des Gemeinschuldners gem. § 183 KO außer Betracht zu lassen ist.
Die für das Verfahren und den Abschluß des Vergleichs gegebenen Vorschriften sind beachtet worden, ein Fall der Unzulässigkeit des Verfahrens liegt nicht vor.

- Auch sind Gründe, den Zwangsvergleich von amtswegen zu verwerfen, nicht bekannt geworden.
  Anträge auf Verwerfung des Zwangsvergleichs wurden von keiner Seite gestellt. -

Ein Antrag auf Verwerfung des Zwangsvergleichs wurde nur von der Gläubigerin Maria Ehrlich gestellt, dieser Antrag ist aber unbegründet, weil

a) nicht feststeht, daß der Gläubiger Josef Fischer durch die Zusicherung voller Zahlung in seiner Eigenschaft als Konkursgläubiger hat begünstigt werden sollen; vielmehr als wahrscheinlich anzusehen ist, daß ihm diese Zusicherung nur als Entgelt für die zur Verfügung gestellten Beträge zur Erfüllung des Zwangsvergleichs gemacht worden ist,
b) der Gemeinschuldner auch die erwähnte Zusicherung erst nach Annahme des Zwangsvergleichs erteilt hat, mithin der Vergleich nicht durch die Zusicherung zustandegebracht sein kann.

Es wurde festgestellt, daß der Schlußbericht und die Schlußrechnung des Konkursverwalters rechtzeitig niedergelegt wurden.
Einwendungen dagegen wurden nicht erhoben.

Die Gläubigerversammlung wurde hierauf über die beantragten Vergütungen und Auslagen der Gläubigerausschußmitglieder gehört.

Einwendungen wurden nicht erhoben.

Das Gericht verkündete hierauf folgenden

B e s c h l u ß

Die den Mitgliedern des Gläubigerausschusses zu erstattenden baren Auslagen und die ihnen zu gewährenden Vergütungen werden wie folgt festgesetzt:

1) Justizrat Carl Weise
   Auslagen DM 15,-- zuzüglich 11 % MWSt = DM 1,65
   Vergütung DM 63,30, darin sind DM 6,27 MWSt enthalten.
2) Richter & Kühn
   Auslagen DM 10,-- zuzüglich 11 % MWSt = DM 1,10
   Vergütung DM 63,30, darin sind DM 6,27 MWSt enthalten.
3) August Sommer
   Auslagen DM 15,--, Vergütung DM 60,--.

Hierauf wurde der Vergütungsantrag des Konkursverwalters bezüglich seines wesentlichen Inhalts bekanntgegeben.
Einwendungen dagegen wurden nicht erhoben.

Das Gericht verkündete folgenden

B e s c h l u ß

Die Vergütung des Konkursverwalters wird auf
DM 1055,--
i.W.: eintausendfünfundfünfzig Deutsche Mark
festgesetzt. In diesem Betrag ist Mehrwertsteuer in Höhe von DM 104,55 enthalten.
Der ihm an Auslagen zu erstattende Betrag wird auf
DM 50,--
i.W.: fünfzig Deutsche Mark

zuzüglich 11 % MWSt = DM 5,50 festgesetzt § 85 KO.

Der Gemeinschuldner und der Konkursverwalter verzichteten auf Zustellung und Rechtsmittel gegen diesen Beschluß.

Der Konkursverwalter übergabe die Bescheinigung zu den Akten.

Dachs	Fuchs
Rechtspfleger	Urkundsbeamtin

Muster H: Stimmliste

A n l a g e zum Zwangsvergleichsprotokoll
vom 8. August 1975
in dem Konkursverfahren über
das Vermögen des

Gustav Reinhold K u m m e r
Kaufmann
8 München 40, Knorrstraße 1
Alleininhaber der Textilgroßhandlung
Gustav Reinhold Kummer
8 München 2, Thalkirchner Str. 3

S T I M M L I S T E

32 N 30/75

I. Fortl. Ziffer	II. Gläubiger	III. Vertreter	IV. Angemeld. Forder.-Betrag DM | Pf	V. Stimmber. Forder.-Betrag DM | Pf	VI. Ja Forder.-Betrag DM | Pf	VII. Nein Forder.-Betrag DM | Pf	VIII. Abwesend Forder.-Betrag DM | Pf	Bemerkungen
1	Fa. Richter & Kühn 8 München 82 Feldbergstr. 74	RA. Josef Scharf 8 Mü. 60 Bäckerstr. 1	1600,-	1600,-	1600,-			
2	Cohn Alexander 8 München 60 Landsberger Str. 374	RA. Xaver Streit 8 Mü. 80 Max-Weber-Platz 1	500,-	400,-	400,-			Stimmrecht durch Beschluß
3	Schütze Friedr. 8 München 1 Odeonsplatz 5	Just.Rat Carl Weise 8 Mü. 2 Maximilianstr. 10	8000,-	7000,-	7000,-			
4	Diebel Siegfr. Starnberg Seestr. 5	RA. Josef Scharf 8 Mü. 60 Bäckerstr. 1	500,-	250,-		250,-		Stimmrecht durch Einigung
5	Fa. Josef Fischer 8 München 80 Heidenaupl. 1	RA. Josef Scharf 8 Mü. 60 Bäckerstr. 1	5000,-	3500,-	3500,-			Stimmrecht durch Beschluß
6	Ehrlich Maria 8 München 24 Rosenstr. 101		500,-	500,-		500,-		Stimmenthaltung
7	Koch Hermann 7 Stuttgart 1 Neuturmstr.33	RA. Xaver Streit 8 Mü. 80 Max-Weber-Pl. 1	1800,-	1800,-	1800,-			
8	Kummer Emilie 8 München 40 Knorrstr. 1		6000,-	3000,-	3000,-			§ 183 KO
9	Nathan Salomon 8 München 2 Karlsplatz 1	Just.Rat Carl Weise 8 Mü. 2 Maximilianstr. 10	1000,-	1000,-	1000,-			
10	Wunsch Maria 8 München 13 Pfauenweg 7		1000,-	1000,-			1000,-	
				20050,-	18300,-	750,-	1000,-	

I.	II.	III.	IV.	V.	VI.	VII.	VIII.	
Fortl. Ziffer	Gläubiger	Vertreter	Angemeld. Forder.-Betrag DM | Pf	Stimmber. Forder.-Betrag DM | Pf	Ja Forder.-Betrag DM | Pf	Nein Forder.-Betrag DM | Pf	Abwesend Forder.-Betrag DM | Pf	Bemerkungen
11	Fa. Kohl & Walter 2 Hamburg Chilehaus		2200,-	2000,-			2000,-	Stimmrecht durch Beschluß
12	Johann Stark 8 München 83 Krausestr. 10		500,-	500,-	500,-			Stimmrecht durch Einigung
13	Zentralfinanzamt München 8 München 2 Alter Hof 1		20,-	20,-			20,-	
			28620,-	22570,-	18800,-	750,-	3020,-	
	Abzügliche Ehefrau gem. § 183 KO			3000,-	3000,-			
				19570,-	15800,-	750,-	3020,-	

Muster I: Protokoll über den Termin zur Abnahme der eidesstattlichen Versicherung

Aktenzeichen: 32 N 30/75 München, den 2. 6. 1975

AMTSGERICHT MÜNCHEN

Vollstreckungsgericht

Gegenwärtig:

Müller
Rechtspfleger

Meier
Urkundsbeamter

N i e d e r s c h r i f t

aufgenommen in nichtöffentlicher Sitzung in dem Konkursverfahren über das Vermögen des Gustav Reinhold Kummer, Kaufmann 8 München 40, Knorrstraße 1 Alleininhaber der Textilgroßhandlung Gustav Reinhold Kummer, 8 München 2, Thalkirchner Straße 3

Zum heutigen

Termin zur Abgabe der eidesstattlichen Versicherung gemäß § 125 KO

erschienen bei Aufruf:
der Gemeinschuldner, Gustav Reinhold Kummer
der Konkursverwalter, RA. Dr. F. Treunstein

Der Gemeinschuldner erklärt sich zur Person und zur Sache.

1) Zur Person:
K u m m e r Reinhold Gustav, Kaufmann, verh., geb. am 8. 10. 1930 in München, wohnhaft 8 München 40, Knorrstraße 1

2) <u>Zur Sache:</u>

Das Inventar des Konkursverwalters ist mir bekannt. Ich habe es geprüft. Es ist vollständig und bedarf keiner Ergänzung.

- Es bedarf folgender Ergänzungen: ... -

- Das Inventarverzeichnis wurde erörtert. Es wurde vom Konkursverwalter und mir gemeinsam aufgestellt. Ich habe nichts mehr hinzuzufügen. -

- Das Inventar des Konkursverwalters ist mir bekannt. Ich kann die Versicherung hierauf nicht abgeben, da es in wesentlichen Punkten unvollständig ist. Nach Belehrung über die Bedeutung der eidesstattlichen Versicherung gem. § 125 KO ergänze ich dasselbe wie folgt: ... -

- Auf Frage des Konkursverwalters: Die angebliche wertvolle Münzsammlung habe ich nie besessen. -

v. u. g.

Nach Belehrung über die Anfechtungstatbestände im Konkurs, sowie die Versicherung an Eides Statt und die Strafbarkeit einer vorsätzlichen oder fahrlässig falschen Versicherung an Eides Statt erklärte
der Gemeinschuldner
daß er nach besten Wissen nicht imstande sei, außer dem im Inventar bezeichneten und dem heute erörterten Vermögen noch weiteres zur Konkursmasse gehörendes Vermögen anzugeben, insbesondere ihm - weitere - anfechtbare Rechtshandlungen nicht bekannt seien und versicherte dies an Eides Statt.

Müller
Rechtspfleger

Meier
Urkundsbeamter

Terminsprotokoll über die Abgabe der eidesstattlichen Versicherung, wenn der Gemeinschuldner nicht erscheint:

. . .

erschienen bei Aufruf:
der Konkursverwalter RA. Dr. F. Treunstein

Es wurde festgestellt, daß der Gemeinschuldner trotz ordnungsgemäßer Ladung zum heutigen Termin nicht erschienen ist.

Der Konkursverwalter beantragt den Erlaß eines Haftbefehls und dessen Übersendung an ihn.

Müller
Rechtspfleger

Meier
Urkundsbeamter

Verfügung:
Herrn Vollstreckungsrichter in Vorlage zur Entscheidung über den Haftbefehlsantrag.

München, den 2. 6. 75

Müller
Rechtspfleger

Muster K: Konkurstabelle

AMTSGERICHT MÜNCHEN
Konkurs- und Vergleichsgericht

Tabelle

der in dem

Konkursverfahren

über

das Vermögen ~~den Nachlaß~~ XXXXXXXXX des Gustav Reinhold K u m m e r Kaufmann
Alleininhaber der Textilgroßhandlung Gustav Reinhold Kummer
8 München 2, Thalkirchner Str. 3

in München 40, Knorrstraße 1

angemeldeten Forderungen.

Konkursverwalter: Rechtsanwalt Dr. Ferdinand Treunstein

München 2, Schäfflerstr. 10
Telefon: 22 24 28
Schrankfach: 10

32 N 30/75

Beanspruchtes Vorrecht	Laufende Nummer	Name, Beruf und Wohnung des Gläubigers	Vertreter des Gläubigers, Hinweis auf die Vollmacht	Tag der Anmeldung	Angemeldeter Betrag DM	Grund der Forderung: urkundliche Beweisstücke
1	2	3	4	5	6	7
			Tabelle	I		
I	1	Hermann August		10. 3.	1500,--	Gehalt Juli 74
		Buchhalter		1975		in Höhe von 700
		8 München 80				DM ~~und Okt. 74~~
		Orleansstr. 4				~~von 800 DM~~
I	2	Kleinau Maria		12. 3.	500,--	Restforderung
		Verkäuferin		1975		Gehalt Mai 74
		Gauting				
		Veilchenweg 4				
I	3	Allg. Ortskranken-kasse München		14. 3.	a) 400,--	Sozialvers.Bei-tr. Mai u. Juni 74
		8 München 2		1975		
		Maistraße 5			b) 20,--	Säumniszuschl.
II	1	Zentralfinanzamt		11. 3.	a) 300,--	LSt Mai u.Juni
		München		1975		1974
		8 München 2			b) 20,--	Säumniszuschl.
		Alter Hof 1		zu a) u. b) tituliert		
III	1	Kath.Kirchenst.A.		13. 3.	24,--	Kirchensteuer
		8 München 2		1975		Mai u. Juni 74
		Karmeliterstr. 1				

Ergebnis der Prüfungsverhandlungen	Berichtigungen	Bemerkungen
8	9	10
2.Mai 1975 Festgestellt bezüglich 700 DM Dachs Fuchs		Die Forderungsanmeldung wurde bezüglich 800 DM mit Beschluß vom 2.5.75 (Bl.34) als unzulässig zurückgewiesen und die Löschung in der Tabelle angeordnet. München, den 3. 5. 75 Fuchs
2. Mai 1975 Festgestellt Dachs Fuchs		
2. Mai 1975 a) und b) Festgestellt Dachs Fuchs		
2. Mai 1975 a) und b) Festgestellt bezüglich b) Vorrecht vom Konkursverwalter bestritten Dachs Fuchs		
2. Mai 1975 Festgestellt Dachs Fuchs		

Beanspruchtes Vorrecht	Laufende Nummer	Name, Beruf und Wohnung des Gläubigers	Vertreter des Gläubigers, Hinweis auf die Vollmacht	Tag der Anmeldung	Angemeldeter Betrag DM	Grund der Forderung: urkundliche Beweisstücke
1	2	3	4	5	6	7
IV	1	Dr. med. Josef Hildebrandt 8 München 40 Georgenstraße 2		20. 3. 1975	150,--	Arzthonorar lt. Rechnung vom 2. 1. 75
			Tabelle	II		
	1	Fa. Richter & Kühn 8 München 82 Feldbergstr. 74	RA. Josef Scharf 8 München 60 Bäckerstr. 1	1. 3. 1975	1600,--	Forderung aus Warenlieferung lt. Rechnung 3. 12. 1974
	2	Cohn Alexander Kaufmann 8 München 60 Landsberger Str. 374	RA. Xaver Streit 8 München 80 Max-Weber-Pl. 1	1. 3. 1975	500,--	Darlehen laut Schuldschein vom 3. 10. 74
	3	Schütze Friedrich Bankier 8 München 1 Odeonsplatz 5	Justizrat Carl Weise 8 München 2 Maximilianstr. 10	2. 3. 1975	8000,--	Kontokorrent-forderung lt. Saldo per 31. 12. 74
	4	Diebel Siegfried Starnberg Seestraße 5	RA. Josef Scharf 8 München 60 Bäckerstr. 1	3. 3. 1975	500,--	Forderung aus Warenlieferung lt. Rechnung vom 23. 9. 74

Ergebnis der Prüfungsverhandlungen	Berichtigungen	Bemerkungen
8	9	10
2. Mai 1975 Festgestellt Dachs Fuchs		
2. Mai 1975 Vom Konkursverwalter bestritten mangels Rückgabe des Originalwechsels Dachs Fuchs	12. Mai 1975 Nunmehr nach Anerkenntnis des Konkursverwalters festgestellt. Dachs Fuchs	
2. Mai 1975 Festgestellt auf den Teilbetrag von 400 DM, Rest vom Konkursverwalter nach Grund und Höhe bestritten. Dachs Fuchs		
2. Mai 1975 Festgestellt als Konkursforderung für den Ausfall Dachs Fuchs		Absonderungsrecht beansprucht. Für den Ausfall.
2. Mai 1975 Vom Konkursverwalter bestritten nach Grund und Höhe Dachs Fuchs		2. Mai 1975 Vom Gemeinschuldner bestritten nach Grund und Höhe Dachs Fuchs

Beanspruchtes Vorrecht	Laufende Nummer	Name, Beruf und Wohnung des Gläubigers	Vertreter des Gläubigers, Hinweis auf die Vollmacht	Tag der Anmeldung	Angemeldeter Betrag DM	Grund der Forderung: urkundliche Beweisstücke
1	2	3	4	5	6	7
	~~5~~	~~Fa. Josef Bauer~~ ~~8 München 2~~ ~~Neuhauser Str. 4~~	~~RA. Peter~~ ~~Neumeier~~ ~~8 München 2~~ ~~Sonnenstr. 4~~ ~~Ohne Vollm.~~	~~3. 3.~~ ~~1975~~	~~140,--~~	~~Speditions-~~ ~~leistungen vom~~ ~~Dezember 1974~~
	6	Fa. Josef Fischer 8 München 80 Heidenauplatz 1	RA. Josef Scharf 8 München 60 Bäckerstr. 1	3. 3. 1975	5000,--	Speditionslei- stungen vom Mai mit November 74
	7	Ehrlich Maria 8 München 24 Rosenstr. 101		20. 3. 1975	a) 500,-- ~~b)~~	Darlehen vom 1. 12. 1974 ~~Zinsen vom 1.12.~~ ~~74 bis Konkurs-~~ ~~eröffnung~~
	8	Koch Hermann 7 Stuttgart 1 Neuturmstr. 33	RA. Xaver Streit 8 München 80 Max-Weber-Pl. 1	20. 3. 1975	1800,--	Wechselforde- derung - Wech- sel vom 11.11. 1974
	9	Kummer Emilie 8 München 40 Knorrstr. 1		20. 3. 1975	6000,--	Darlehensfor- derung laut Schuldanerk. vom 8. 11. 74

Ergebnis der Prüfungsverhandlungen	Berichtigungen	Bemerkungen
8	9	10
		Die Forderungsanmeldung wurde mit Beschluß vom 2. 5. 1975 (Bl. 34) als unzulässig zurückgewiesen und die Löschung in der Tabelle angeordnet. München, den 3. 5. 1975 Fuchs
2. Mai 1975 Festgestellt als Konkursforderung in Höhe des Ausfalls. Vom Verwalter insoweit bestritten, als mehr, als die Ausfallsforderung geltend gemacht wird. Dachs Fuchs		
2. Mai 1975 a) Festgestellt Dachs Fuchs		zu b) Die Forderungsanmeldung wurde mit Beschluß vom 2.5.75 (Bl.34) als unzulässig zurückgewiesen und die Löschung in der Tabelle angeordnet. München, den 3. 5. 1975 Fuchs
2. Mai 1975 Vom Konkursverwalter bestritten mangels Vorlage des Originalwechsels Dachs Fuchs	12. Mai 1975 Nunmehr nach Anerkenntnis des Konkursverwalters festgestellt unter der Bedingung des Art. 39 Wechselgesetz. Dachs Fuchs	
2. Mai 1975 Vom Konkursverwalter und dem Gläubiger Tab. II Nr.14 Johann Stark, 8 München 83, Krausestr. 10 nach Grund und Höhe bestritten. Dachs Fuchs	1. Aug. 1975 Durch Urteil des Landgerichts München I vom 20. 6. 1975 – 10 O 465/75 in Höhe von 3000,-- DM festgestellt. Fuchs	

Beanspruchtes Vorrecht	Laufende Nummer	Name, Beruf und Wohnung des Gläubigers	Vertreter des Gläubigers, Hinweis auf die Vollmacht	Tag der Anmeldung	Angemeldeter Betrag DM	Grund der Forderung: urkundliche Beweisstücke
1	2	3	4	5	6	7
	10	Nathan Salomon Pelzhändler 8 München 2 Karlsplatz 1	Justizrat Carl Weise 8 München 2 Maximilianstr. 10	20. 3. 1975	2500,--	Forderung aus dem Wechsel vom 2. 10. 1974
	11	Wunsch Maria 8 München 13 Pfauenweg 7		20. 3. 1975	1000,--	Forderung aus Übernahme der Bürgschaft ge- genüber Carl Maier
	12	Fa. Kohl & Walter 2 Hamburg Chilehaus		20. 3. 1975	2200,-- tituliert im Betrage von 2000DM	Scheckforderung nebst Spesen lt. VB des AG Mün- chen vom 3.12.74
	13	Fa. Gross & Schmidt 2 Hamburg Nord-Ost-Str. 64		30. 4. 1975	10000,--	Forderung aus stiller Betei- ligung
	14	Johann Stark Steuerberater 8 München 83 Krausestr. 10		30. 4. 1975	~~1000,--~~ 500,--	Honorar für Er- stellung der Ab- schlußunterlagen 1973 lt. Rech- nung vom 10.5.74

Ergebnis der Prüfungsverhandlungen	Berichtigungen	Bemerkungen
8	9	10
2. Mai 1975 Festgestellt unter der Bedingung des Art. 39 WG Dachs Fuchs		
2. Mai 1975 Festgestellt als auf- schiebend bedingte Konkursforderung Dachs Fuchs		
2. Mai 1975 Festgestellt bezügl. des titul. Betrages von 2000 DM unter der Bedingung des Art.34 SchG, Rest vom Kon- kursverwalter nach Grund und Höhe be- stritten Dachs Fuchs	1. Aug. 1975 Anmeldung zurückgezogen s. Bl. 13 der B Akten Fuchs	
8.Aug. 1975 Festgestellt als Konkursforderung in Höhe des Ausfalls Dachs Fuchs		1. Aug. 1975 Anmeldung ermäßigt auf den Betrag von 500 DM s. Bl. 14 der B-Akten Fuchs Absonderungsrecht bean- sprucht, für den Ausfall

Sachverzeichnis

Die Zahlen verweisen auf die Randnummern. Hauptfundstellen sind fett gedruckt.

FSC
www.fsc.org
MIX
Papier | Fördert
gute Waldnutzung
FSC® C083411

Kolibri 360 GmbH
Ferdinand-Jühlke-Straße 7
99095 Erfurt, Deutschland
produktsicherheit@kolibri360.de